André Osterhoff

Die Euro-Rechte

UNRAST

André Osterhoff, geb. 1970, Studium der Politikwissenschaften und Pädagogik in Münster. Zwischenzeitliches Mitglied in der SPD, und als solches 1993 Praktikant bei einem SPD-Europaabgeordneten. 1994 trat er aus der SPD aus und ist seitdem kommunalpolitisch als Parteiloser bei Bündnis90/Die Grünen engagiert.

André Osterhoff

Die Euro-Rechte

Zur Bedeutung des Europaparlaments bei der Vernetzung der extremen Rechten

UNRAST

Die Deutsche Bibliothek - CIP-Einheitsaufnahme

Osterhoff, André:
Die Euro-Rechte : zur Bedeutung des Europaparlaments bei der Vernetzung der extremen Rechten / André Osterhoff. - 1. Aufl. - Münster : Unrast, 1997
ISBN 3-928300-53-9

Osterhoff – Die Euro-Rechte
1. Auflage, Juli 1997
ISBN 3-928300-53-9

Postfach 8020, 48043 Münster - Tel. (0251) 66 62 93
Mitglied in der *assoziation Linker Verlage* (aLiVe)
Umschlaggestaltung: Digidada, Guido Blum, Gernsbach
Satz: UNRAST-Verlag
Druck: Rosch-Buch, Hallstadt

Inhalt

Kapitel IV
Personen und Posten: Die euro-rechte Fraktion als parlamentarisches Zentrum

Kapitel V
Das euro-rechte Netzwerk jenseits der Fraktion

Kapitel VI
Zur parlamentarischen Arbeit der euro-rechten Fraktion

Kapitel VII
„Faul sein für's Vaterland" – die Auseinandersetzung mit den Parlamentsaktivitäten der deutschen Rechts-Abgeordneten im SPD-Europawahlkampf 1994

Kapitel VIII

IX Dokumentarisch-statistischer Anhang 329

X Literatur 351

Einleitung

1. Vorbemerkung

„Ein Gespenst geht um in Europa. Erstmals seit der 'Epoche des Faschismus' kann man von einer grenzübergreifenden, gleichgerichteten und in Ansätzen auch kooperierenden rechtsextremen politischen Bewegung zumindest für die Länder des kapitalistisch-sozialstaatlich entwickelten Westeuropas sprechen. Es mag nicht in jedem Fall eindeutig entschieden sein, ob die Parteien und Bewegungen, an die wir bei solchen Überlegungen denken, den idealtypischen Begriff des Rechtsextremismus, der vor allem an bestimmte Merkmale rechtsextremer Ideologie anknüpft, genügen. Weit häufiger werden sie als 'rechtspopulistisch' bezeichnet, weil ihre Propaganda geringe ideologische Geschlossenheit aufweist, weil ihr letztliches Zurückgehen auf eine Logik der Gewalt meist unkenntlich und unausgesprochen bleibt, weil sie schließlich zugunsten parlamentarischer Erfolge besonders an gängige, nicht als 'extrem' eingeschätzte Ressentiments, Angstaffekte und Vorurteile der populären Alltagskultur appellieren."

So Wolfgang Kreutzberger im Vorwort eines Buches über die *Front National*, welches diese europäische Perspektive selbst jedoch nur in einem kurzen sechsseitigen Exkurs „Wahlerfolge extrem rechter Parteien in Westeuropa und die Fraktion der 'Europäischen Rechten'" thematisiert (Lampe, 1992, S. 5-8 und 39-45). Was in jenem Exkurs nur knapp angerissen werden konnte, soll im Mittelpunkt dieser Ausarbeitung stehen. Hier soll die Vernetzung des Rechtsextremismus in Europa untersucht werden, und speziell welche Rolle das Europäische Parlament als multinationale Volksvertretung in diesem Kontext spielt, sowohl hinsichtlich der direkten parlamentarischen als auch hinsichtlich der indirekten vorparlamentarischen Ebene.

Dabei ist der Europaabgeordnete gemeinhin ein ziemlich unbekanntes Wesen. *Der Spiegel* vermerkte dazu 1986: „Als sich die grüne Abgeordnete Brigitte Heinrich, 1980 wegen angeblichen Waffenschmuggels zu 21 Monaten Haft verurteilt, bei einem CDU-Mann beklagte, sie existiere für die bundesdeutschen Medien nur als Terroristin, entgegnete der: 'Seien Sie doch froh, ich existiere überhaupt nicht.'"

Zugleich schrieb das Blatt, daß „das Spektakel mit seinen Akteuren aus zwölf Nationen, 70 Parteien und mit stets wechselnden Schauplätzen einzigartig auf der Welt" ist (SP, 42/1986, S.99).

Hier zeigt sich eine Lücke, die die vorliegende Arbeit schließen helfen soll. Als nämlich mit den entsprechenden Forschungen 1994 begonnen wurde, schrieb Benno Hafeneger: „Es gibt bisher keine systematische Auseinandersetzung mit der Politik der 'Euro-Rechten' im Europaparlament." (Hafeneger, 1994, S. 218)

2. Zum Forschungsstand

Daß die europäische Dimension des Rechtsextremismus bislang kaum erforscht worden ist, liegt zum einen an primär national-orientierten Forschungstraditionen, welche das komplexe und hinsichtlich der Daten- und der Quellenlage nur mit großem Forschungsaufwand zu bearbeitende Thema bislang weitgehend ausgeblendet haben. Dieser defizitäre Forschungsstand ist zugleich im Thema selbst begründet, da auch die extreme Rechte selbst kaum über klar entfaltete und zugleich konsensfähige Europavorstellungen verfügt (Hafeneger, 1994, S. 225).

Ignatz Bubis meinte indes zur Jahreswende 1993/94, daß die „Organisation, die mittlerweile besteht, diese Vernetzung unter den Rechtsradikalen, (...) schon lange angefangen" habe. „Im Europäischen Parlament hat es angefangen. Dort haben sie die ersten Kontakte untereinander geknüpft." (Bubis, 1994, S.17)

Ganz anders dagegen Michel Surya: „Es kann kein europäisches Modell der Rechtsextremen geben, es gibt nur europäische Rechtsextreme. Das Spiel heißt nicht Europa gegen Europa, sondern Nationen gegen Europa. Im äußersten Fall jede gegen jede." (Surya, 1994, S.28)

Somit gehen die Meinungen darüber, ob es eine internationale oder gar supranationale Organisation der extremen Rechten geben kann, sehr stark auseinander. Das rechtfertigt umso mehr diese Untersuchung, die nun versuchen soll, darauf eine Antwort zu finden.

Dietmar Loch notierte dazu 1991: „Aus Verbindungen zu Personen und vereinzelt belegbaren Kontakten zwischen den rechtsextremen Parteien darf zwar nicht unmittelbar auf eine organisatorisch feste Verflechtung einer 'faschistischen Internationale' geschlossen werden, doch bezeugt Chombart de Lauwe beispielsweise eine enge Verwandtschaft über das durch gemeinsame Publikationen geknüpfte Netz. Eine systematisierende auf dem Ländervergleich basierende Forschung hat hier noch ein weites Arbeitsfeld." (Loch, 1991, S. 18)

Uwe Backes beklagte sich 1987 insgesamt darüber, daß vergleichende Darstellungen zum Rechtsextremismus in den westlichen Demokratien Mangelware seien, selbst wenn die Auswahlkriterien sehr weit gefaßt würden, doch „selbst wenn die gebotenen Informationen halbwegs gesichert und brauchbar sind, handelt es sich selten um echte Vergleiche, sondern zumeist um Zusammenstellungen von Beiträgen über einzelne Länder, wobei die Strukturen der Einzeldarstellungen nicht einmal immer miteinander koordiniert werden." (Backes, 1987, S.112-113)

Bei der entsprechenden Forschung leistete das Europäische Parlament seinerzeit selbst Pionierarbeit, als es 1984 einen Untersuchungsausschuß „Wiederaufleben des Faschismus und Rassismus in Europa" einsetzte, der 1985 einen Bericht über die Ergebnisse der Arbeiten vorlegte (EP-Bericht, 1985). In der darauffolgenden Wahlrperiode setzte das Europäische Parlament dann wiederum einen Untersuchungsausschuß ein, diesmal unter dem Titel „Rassismus und Ausländerfeindlichkeit", der 1991 ebenfalls einen Bericht über die Untersuchungsergebnisse herausgab (EP-Bericht, 1991). Beide Berichte beschränken sich allerdings vor allem auf einzelne Länderdarstellungen.

Die entsprechende Forschung bekam durchaus in der jüngsten Zeit neue Impulse, durch mehr oder weniger systematische Abhandlungen. So in recht gut koordinierter Art und Weise von Armin Pfahl-Traughber (Pfahl-Traughber, 1994a) und in englischer Sprache unter der Herausgeberschaft von Paul Hainsworth (Hainsworth, 1992) sowie unter der Herausgeberschaft von Luciano Cheles, Ronnie Ferguson und Michalina Vaughan (Cheles/Ferguson/Vaughan, 1991); in weniger systematischer Form von den Journalisten Rainer Fromm und Barbara Kernbach (Fromm/Kernbach, 1994a und 1994b), unter der Herausgeberschaft von Hans-Jürgen Schulz (Schulz, 1990) und von Martina Kirfel und Werner Oswalt (Kirfel/Oswalt, 1989 und 1991). In diesen Werken finden sich vor allem Länderstudien, in denen die verschiedenen nationalen rechtsextremen Parteien dargestellt werden, teilweise begleitet von komparativen Analysen.

So fragt Paul Hainsworth zunächst nach dem Wesen der extremen Rechten, zeigt dann die besondere Bedeutung der Themen Immigration, Nationalismus beziehungsweise Nationalpopulismus sowie Anti-Kommunismus und Anti-Marxismus für diese Parteien auf (Hainsworth, 1992, S.1-27).

Bezüglich der Herkunft der speziell in seinem Buch besprochenen rechtspopulistischen Parteien (Front National in Frankreich, FPÖ in Österreich, Vlaams Blok in Belgen, 'Republikaner' in Deutschland und Lega Nord in Italien) hat Armin Pfahl-Traughber deutliche Unterschiede herausgearbeitet, gleiches gilt hinsichtlich der politischen Entwicklung der Parteien, während in allen Parteien ein Mangel an innerer Demokratie vorhanden ist, bei den Politikinhalten und Themen konnte er grundlegende Übereinstimmungen feststellen. Bei dem Verhältnis der Parteien zueinander sieht er aber erhebliche Differenzen, die einer internationalen Kooperation im Wege stehen (Pfahl-Traughber, 1994a, S.119-134).

Hans-Jürgen Schulz fragt daneben vor allem danach, inwieweit die rechtsextremen Parteien als faschistisch einzustufen sind (Schulz, 1990, S.8-20). Festzustellen ist, daß in all diesen Büchern aber die Zusammenarbeit dieser Parteien untereinander eher stiefmütterlich, allenfalls als Randthema, behandelt wird.

Nicht mehr berücksichtigt werden konnten die drei erst kürzlich in französischer Sprache erschienenen Bücher L'internationale de la haine, paroles d'extrême droite, Belgique, France Italie (Lüttich, 1996) von Rinke van den Brink, Horizons noirs; l'extrême droite en Europe (Brüssel, 1996) von Jos Vander Velpen und das ebenfalls in Brüssel erschienene Buch von Eric Roussel Les Rats noirs, l'extrême droite en Belgique francophone. Insbesondere die beiden erstgenannten Titel beleuchten neben den Agitations- und Aktionsformen, den Differenzen und den internen Kämpfen der extremen Rechten auch ihre Bemühungen, sich auf europäischer Ebene zusammenzuschließen, zu dem, was Rinke van den Brink die „Internationale des Hasses“ nennt (LMD/taz, 15.03.1997, S.23).

3. Fragestellungen und Methode

Meine Fragestellung orientiert sich deshalb zentral an der Zusammenarbeit der extrem rechten Parteien im Europäischen Parlament, die sich 1984 zu der Fraktion der Europäischen Rechten (DR) und 1989 zur Technischen Fraktion der Europäischen Rechten (DR), jeweils unter Führung der Front National Le Pens zusammenfanden und nach den Europawahlen 1994 schließlich keine Fraktionsgemeinschaft mehr zustande brachten. Das zentrale Interesse ist es, dabei herauszufinden, inwieweit inzwischen speziell auf europaparlamentarischer Ebene die Bildung einer „nationalistischen Internationale“ – eigentlich ein Widerspruch in sich – fortgeschritten ist.

Aus dieser Sachlage ergeben sich die folgenden Fragestellungen: Welche Hemmnisse, Chancen aber auch Risiken gibt es für extrem rechte Parteien, sich untereinander zu verbinden oder dies besser zu unterlassen? Sind solche dabei vorhandenen Differenzen tatsächlich von inhaltlicher oder doch mehr von taktischer Natur? Inwieweit ergeben sich aus einer höchst offiziellen Verbindung etwa zu einer Fraktion auch handfeste Vorzüge etwa materieller Natur, welche über zuvor gegebene mögliche Differenzen hinweg ein solches Bündnis möglicherweise als sinnvoll erscheinen lassen? Inwieweit ist daneben auch die zumindest offiziell betriebene Ausgrenzung der extremen Rechten schon durch diverse Grenzgänger inzwischen umgangen und damit ausgehöhlt worden?

4. Das Europawahlrecht

Zunächst jedoch sollen an dieser Stelle die Rahmenbedingungen der europäischen parlamentarischen Politik in Grundzügen historisch wie aktuell skizziert werden: Das Europäische Parlament (EP) ging aus der 1952 gegründeten Gemeinsamen Versammlung der Europäischen Gemeinschaft für Kohle und Stahl (EGKS), bestehend aus 78 Vertretern der sechs Mitgliedsstaaten, hervor. Anfangs zählte das EP 142 Abgeordnete aus sechs Mitgliedsstaaten. Ab 1973 zählte die EG neun Mitgliedsstaaten, und das EP wurde auf 198 Sitze erweitert. Bis zur Abhaltung von Direktwahlen wurden die Abgeordneten des EP von 1958 bis 1979 aus der Mitte ihrer nationalen Parlamente entsandt. Infolge der ersten Direktwahl wurde das EP auf 410 Sitze vergrößert, 1981 auf 434 und 1986 518 Sitze erweitert. (Woyke, 1989, S.94)

Bereits seit 1960 hatte das EP verschiedene Entwürfe für allgemeine unmittelbare Wahlen nach einem einheitlichen Wahlsystem ausgearbeitet. Doch erst aufgrund eines Entwurfes (Patijn-Bericht) vom 14. Januar 1975 beauftragte der Europäische Rat der Staats- und Regierungschefs am 17. Mai 1975 den Europarat (Ministerkomitee), einen Bericht über die Europawahlproblematik und deren Lösung vorzulegen. Am 1./2. Dezember 1975 beschloß der Europäische Rat, die erste Direktwahl zum Europäischen Parlament im Mai/Juni 1978 durchzuführen. Jedoch wurde erst am 12./13. Juni 1976 seitens des Europarates eine formelle Einigung über die Sitzverteilung erzielt. Am 20. September 1976 erließ der Europarat den „Beschluß zur Einführung allgemeiner unmittelbarer Wahlen der Abgeordneten der Versammlung" sowie einen gleichnamigen Akt, der die näheren Bestimmungen zur Durchführung der Europawahl enthält, die er den Mitgliedsstaaten nach Maßgabe der nationalen verfassungsrechtlichen Vorschriften anzunehmen empfahl. Durch die Bezeichnung als „Akt" wurde eine Kennzeichnung des Rechtscharakters des Textes vermieden. Nachdem die Ratifizierungsgesetzgebung in den EG-Staaten abgeschlossen war, trat der Akt am 1. Juli 1978 in Kraft. Auf dieser Grundlage konnte schließlich der Rat formell am 25.7.1979 die Abhaltung der ersten Europawahl im Zeitraum zwischen dem 7. bis 10. Juni 1979 beschließen.

Allerdings trifft der Akt keine Vollregelung der Europawahl. Er regelt vielmehr bis zur Schaffung eines einheitlichen Verfahrens die Durchführung der Europawahl nach nationalen Vorschriften (Borries, 1993, S.169). Der Akt legt nur wenige gemeinsame Grundzüge fest, wie das Wahldatum, die Mandatsdauer, die Unvereinbarkeiten und die Mandatsprüfung (Woyke, 1989, S.149). Es liegt auf der Hand, daß dadurch keine Chancengleichheit bei den Wahlen zum Europäischen Parlament für die einzelnen Parteien gewährleistet sein kann, mit schwerwiegenden Folgen insbesondere für kleinere Parteien in Ländern mit vergleichsweise hohen wahlrechtlichen Hürden.

So gibt es seit etwa zwei Jahrzehnten den Auftrag zur Vorlage eines Entwurfs für ein einheitliches Wahlverfahren. Dem kam das EP etwa alle fünf Jahre nach, doch verschwanden entsprechende Pläne unerledigt in den Schubladen des Ministerrats. Aufgrund dessen legte das EP im Juni 1994 kein ausgearbeitetes Konzept mehr vor, sondern lediglich allgemeine Leitlinien (DP, 02.04.1994). Die Einigung auf ein einheitliches Europawahlverfahren scheiterte bisher vor allem am Veto Großbritanniens, welches offenbar auch bei Europawahlen am traditionellen Mehrheitswahlrecht festhalten will; wohingegen alle anderen Mitgliedsstaaten – in unterschiedlicher Ausgestaltung – das Verhältniswahlrecht praktizieren.

Dauses und Fugmann weisen dazu auch auf die mangelnde Repräsentativität der EU-Wählerschaft im EP hin, da die Abgeordneten je nach Herkunftsstaat mit unterschiedlichen Stimmenzahlen legitimiert sind; so vertritt ein Luxemburger Europaparlamentarier, noch nach der Besserstellung der größeren Staaten zur Europawahl 1994, rund 60.000 Einwohner, sein deutscher Kollege dagegen rund 800.000, was einem Verhältnis von 1:13 entspricht. Damit ist die

Mandatsverteilung nicht demokratisch-repräsentativ, sondern die Zusammensetzung des EP aus „Vertretern der Völker der in der Gemeinschaft zusammengeschlossenen Staaten“ entspricht eher der Stimmengewichtung einer föderalen Kammer, wie etwa dem Bundesrat (Dauses/Fugmann, 1995, S.31).

Gleichwohl war es mit dieser Stimmengewichtung von Anfang an möglich, daß die Abgeordneten der drei großen Länder alle anderen überstimmen konnten (Axt/Deppe, 1979, S.85). Nach den 1994 in Kraft getretenen Bestimmungen verfügte das EP über 567 Sitze. Die vier größten Länder, Deutschland (99), Frankreich, Italien und das Vereinigte Königreich (je 87) verfügten dabei zusammen über 360 Sitze – ihnen fehlten also lediglich 18 Stimmen für eine Zweidrittelmehrheit (EP-WG, 1994).

Durch den EU-Beitritt Österreichs, Schwedens und Finnlands 1995 wurde das EP auf 626 Sitze erweitert, so daß erst bei 418 Stimmen eine Zweidrittelmehrheit zustande kommt (EP-Liste, 13.03.1995).

5. Zur Struktur der Arbeit

Es gilt zu beachten, daß sämtliche Aspekte, die mit einem parlamentarischen Mandat und der Mandatserringung im Europäischen Parlament bei den Europawahlen verbunden sind, adäquat berücksichtigt werden. Dieses sollen die nachfolgenden Abschnitte nun leisten:

Zunächst werden die Trägerparteien vorgestellt, die in der Zeit von 1984 bis 1994 an den beiden euro-rechten Fraktionsbildungen beteiligt waren. Dabei soll schwerpunktmäßig von Interesse sein, wie sich die europaparlamentarische Vertretung und die Fraktionsbildungen gerade auf diese Parteien auswirkten. Dazu werden die Programmatiken der Trägerparteien vorgestellt, woran sich im zweiten Kapitel der Versuch einer Standortbestimmung der DR-Fraktion in ihrer Gesamtheit anschließt.

Daran schließt sich die Betrachtung der euro-rechten Zusammenschlüsse im Zuge der Direktwahlen zum Europäischen Parlament seit 1979 an.

Im vierten Teil geht es um eine Darstellung der innerfraktionellen Struktur der DR-Fraktion 1984 bis 1994, dies auch in Bezug zu den personellen Fluktuationen; wiederum unter Erörterung der Folgen für die betreffenden Parteien.

Im fünften Teil geht es um die weitere Vernetzung jener Fraktion inner- und außerhalb des Europäischen Parlaments.

Im sechsten Teil wird deren innerparlamentarische Strategie dargestellt, und im siebten Kapitel über deren Darstellung im öffentlichen Diskurs des SPD-Europawahlkampfes 1994 in der Bundesrepublik Deutschland kritisch reflektiert.

Die Arbeit lag der Philosophischen Fakultät der Westfälischen Wilhelms-Universität in Münster vor, von der sie als Dissertation angenommen wurde.

Kapitel I
Die Trägerparteien der euro-rechten Fraktionen 1984-1994

Nach kurzer Darstellung der nationalen Besonderheiten im Europawahlrecht derjenigen Länder, die in den Jahren 1984 bis 1994 Vertreter in der euro-rechten Fraktion (DR) hatten, werden im folgenden die Geschichte der betreffenden Parteien – in Klammern jeweils die Jahreszahlen ihrer Mitgliedschaft in der DR-Fraktion – sowie Programmatik und Wählerklientel beschrieben.

Dabei ist zu beachten, daß die innere Funktion jener Parteien sowie die Zusammensetzung und die Tätigkeiten ihrer Mitglieder bislang kaum erforscht sind. Gleiches gilt für deren strategische Planungen (Schulz, 1990, S.22), so daß diese Aspekte hier weitgehend außen vor bleiben.

1. Frankreich

1.1. Wahlrechtliche Bestimmungen

Das Europawahlrecht in Frankreich beruht auf dem Gesetz Nr. 77-729 vom 07. Juli 1977 und dem Erlaß Nr. 79-160 vom 28. Februar 1978. Die 87 Mandate (vor 1994: 81) werden nach dem Verhältniswahlsystem und dem d'Hondtschen Verrechnungsverfahren verteilt, wobei das gesamte Staatsgebiet einen Wahlkreis bildet. Dabei gilt es allerdings für die kandidierenden Parteien und Listen, eine 5 %-Sperrklausel zu überwinden. Davon hängt auch die Rückerstattung einer Kaution in Höhe von 100.000 FF ab, die bei der Anmeldung zu hinterlegen ist.

Die Wähler haben nur eine Stimme, eine Veränderung der Listenreihenfolge ist dadurch ausgeschlossen (EP-Buch, 1989, S.24-25; EP-WG, 1989, S.16 und EP-WG, 1994, S.20-21).

1.2. Front National (FN), (1984-1994)

1.2.1. Parteigeschichte

Traditionell orientiert sich der französische Rechtsextremismus an diversen historisch überkommenen politischen Systemen und Vorstellungen, so daß sich deren Aktivisten trotz einer Reihe von Gemeinsamkeiten zunächst nicht auf eine gemeinsame Politik einigen konnten. So gibt es die Richtung des Bonapartismus mit populistischer anti-parlamentarischer und verbal antikapitalistischer

Ausrichtung auf der einen, und den Orléanismus, der eine eher bürgerlich-parlamentarische Stoßrichtung aufweist, auf der anderen Seite. Hinzu kommt eine 'legitimistische' Minderheit, die eine Wiederherstellung der Monarchie anstrebt und den Katholizismus als Staatsreligion fordert. Ihre Mitglieder verstehen sich aufgrund der Vertreibung von Aristokraten während der französischen Revolution als Emigranten im eigenen Land (Vaughan, 1991, S.211-212).

Um diese Zersplitterung zu überwinden, wurde am 5. Oktober 1972 in Paris die Front National (FN) als Sammelbewegung der französischen extremen Rechten gegründet. Initiator war der Ordre Nouveau (ON), der 1969 als Nachfolgeorganisation des im Jahr zuvor verbotenen Occident entstanden war. Der ON trat zuvor auch als Hilfstruppe des damaligen gaullistischen Innenministers Marcellin in Erscheinung.

Zum Präsidenten der neuen Partei wurde der aus dem national-konservativen Lager stammende Jean-Marie Le Pen gewählt, der bereits damals über Erfahrungen in politischen Zusammenschlüssen des Rechtsextremismus verfügte und sich in den Einigungsverhandlungen als geschickter Bündnisstratege erwiesen hatte. Dabei wurde von Anfang an eine elektorale Strategie formuliert, die auf Wahlen und Wahlerfolge anstatt auf militante Aktivitäten setzte.

Wahlerfolge gelangen zunächst nicht, hinzu kamen Abspaltungen als Folge der Umorganisation der zuvor recht strukturlosen Front zu einer straff organisierten und autoritär geführten Partei. Der ON war zwischenzeitlich (1973), nach einer Veranstaltung gegen Arbeitsimmigranten, die in einer Schlägerei mit der Ligue communiste (IV. Internationale) ausartete, 1973 verboten worden. Die Mehrzahl der früheren ON-Mitglieder gründete im November 1974 die Parti des Forces Nouvelles (PFN), unter Führung von R. Gaucher und F. Brigneau, die zunächst per Entrismus bei der gaullistischen Partei und mit Bündnisangeboten an die bürgerliche Rechte politische Erfolge zu verbuchen hoffte, bis hin zum Ordnerdienst (Service d'Action Civique) für die Giscardisten (UDF). Nach dem Scheitern dieser Strategie gab es eine Annäherung an die italienische MSI-DN im Sinne einer euro-rechten Bündnisstrategie.

Damit war zwangsläufig auch wieder eine Annäherung an die FN verbunden, die als rechte Sammelbewegung gerade vor dem Hintergrund der MSI-DN-Erfolge Anfang der siebziger Jahre gegründet worden war. Auch erhielt die FN bei ihrer Gründung von der MSI-DN Plakate und Propagandamittel im Wert von 130 Millionen alten Francs; im Gegenzug übernahm die FN mit der dreifarbigen Flamme in den Nationalfarben als Parteiemblem die MSI-Symbolik. Daneben markierte die Wahlniederlage der Linken zur Nationalversammlung 1978 und der gewaltsame Tod von François Duprat durch einen Bombenanschlag, zuvor führender Kopf in der FN, in der Geschichte der Partei einen Wendepunkt hin zum massenwirksamen Nationalpopulismus.

Infolgedessen stießen auch Leute wie die späteren FN-Europaabgeordneten Jean-Pierre Stirbois und Michel Collinot zur FN. Sie kamen aus dem Mouvement

Jeune Revolution (MJR), welches für ein französisches Algerien kämpfte und zuvor der FN noch eher reserviert gegenüberstand. (Pfahl-Traughber, 1994a, S.31-32; NE, 4/1978, S.53; Loch, 1991, S.18 und Kleiser, 1990, S.82-84). Im MJR gibt es nämlich traditionelle Animositäten gerade gegenüber Vichy-Nostalgikern, da diese Gruppierung eher in der Tradition des nationalistischen Flügels der Résistance und des Gaullismus steht (jw, 19.06.1996, S. 11).

Hatte die FN noch im Januar 1979 nur geringes Interesse gezeigt, an der Europawahl teilzunehmen, auch wegen der damaligen Stärke von Maurassianern in der FN, die auf eine non-elektorale Strategie setzten, kam es nach ermutigenden Ergebnissen bei den Départementswahlen und angesichts der zunehmenden Publizität der Eurodestra diesbezüglich zu einem Kurswechsel. Im April 1979 begannen Verhandlungen zwischen PFN und FN zur Bildung einer neuen Union „pour l'Euro-droite des patries" (Hainsworth, 1992, S.39-40) und schon 1979 gelang eine Einigung über die Aufstellung einer gemeinsamen Europawahlliste. Darüberhinaus war geplant, sich mit den drei Spitzenkandidaten Michel de Saint Pierre, Jean-Louis Tixier-Vignancour und Jean-Marie Le Pen als Bestandteil eines euro-rechten Bündnisses (Eurodestra), dem ferner noch die MSI-DN und die spanische Fuerza Nueva angehörten, den französischen Wählern zu stellen (NE, 5/1979, S.27 und 31).

Doch infolge programmatischer Differenzen und finanzieller Probleme brach dieses hastig gestrickte Bündnis kurz vor dem Stichtag für die Anmeldung zur Europawahl wieder auseinander, so daß die PFN schließlich separat kandidierte und nur 1,3 % der Wählerstimmen erhielt. Ein Grund für diese Wahlschlappe war sicherlich der extrem nationalistische und fremdenfeindliche Wahlkampf der Gaullisten (Hainsworth, 1992, S.39-40), die mit Parolen gegen das „deutsch-amerikanische Europa" rechte Wählergruppen auf ihre Seite zogen (NE, 5/1979, S.29).

Nach dem nationalen Wahldebakel 1981 für die Gaullisten, die durch die PFN unterstützt worden waren, brach die PFN selbst auseinander. Mit ihrer Auflösung war die Zersplitterung der extremen Rechten auf der Parteiebene überwunden, die bislang die politischen Aktivitäten nachhaltig behinderte, da die gegenseitige Konkurrenz von FN und PFN die ohnehin geringen Kräfte für ein öffentlichkeitswirksames Auftreten aufsog. So war es Le Pen zur Präsidentschaftswahl 1981 noch nicht einmal gelungen, die nötigen 500 Unterstützungsunterschriften von Mandatsträgern zu sammeln.

Doch 1983 konnte die FN bereits erste regionale Wahlerfolge verbuchen, so durch den Solidaristen Stirbois in Dreux mit 16,7 % (Pfahl-Traughber, 1994a, S.32-33 und Kleiser, 1990, S.84), weil sich dort die bürgerlichen Gaullisten (RPR) und die rechtsliberale UDF auf ein Wahlbündnis mit der FN einließen (Lampe, 1992, S.58). Stirbois wurde als Generalsekretär schließlich der zweite Mann der Front (Loch, 1991, S.32).

Auch in Marseille, zuvor Hochburg der Linksparteien, profitierte die FN von der Legitimationskrise des politischen Systems (Loch, 1991, S.120-127). Dabei hatten auch Teile der Kommunistischen Partei (PCF) durch rassistische und nationalistische Politik, insbesondere in der Zeit um 1970, mitgeholfen, das Feld für die FN vorzubereiten. Höhepunkt dieser PCF-Politik war der Abriß einer Unterkunft für ausländische Arbeiter in Vitry (EP-Bericht, 1991, S.30). Hinzu kam schließlich aber auch eine lang anhaltende Krise der PCF selbst, aufgrund derer ihre von ihr zuvor unterhaltene Alltagskultur austrocknete. Die Politiker der nichtkommunistischen Linken, insbesondere der 1971 gegründeten Parti Socialiste (PS), die davon zunächst profitierten, haben nichts an dessen Stelle gesetzt (Baier, 1988, S.79). Die FN stieß zudem in ein Vakuum, welches die demoralisierten bürgerlichen Parteien UDF und RPR nach der Wahl 1981, die nach 23 Jahren die Linke wieder an die Regierung brachte, hinterließen. Auch wurde der FN durch einen radikalisierten Diskurs jener Parteien der Nährboden bereitet (Hainsworth, 1992, S.41).

Die Verschärfung der Wirtschaftskrise und ein beschleunigter Konzentrationsprozeß der Unternehmen sowie die sinkende Massenkaufkraft führten seit 1983 zu weitverbreiteten Angst- und Unsicherheitsgefühlen, und die regierenden Linksparteien, welche diesbezüglich noch die vorherigen Hoffnungsträger waren, hatten ihre anfänglichen keynesianischen wirtschaftspolitischen Ansätze aufgegeben und waren zu einer neoliberalen Modernisierungspolitik übergegangen. Somit fiel die Agitation der FN gegen das internationale Kapital, aber vor allem gegen Arbeitsimmigranten, auf fruchtbaren Boden (Kleiser, 1990, S.84).

Im Europawahlkampf 1984 erhielt Le Pen dann auch Unterstützung durch den früheren PFN-Chef Tixier-Vignancour. Damit fand die Zerstrittenheit des Lagers rechts der Gaullisten auch nach außen hin ein demonstratives Ende (Jaschke, 1993, S.37). Le Pen konnte dabei auf frühere Kontakte zurückgreifen, da er sich 1965 als Organisator der Präsidentschaftswahlkampagne Tixier-Vignancours engagiert hatte (Pfahl-Traughber, 1994a, S.42).

Die deutsche rechtsextreme Theorieschrift Nation Europa stellte Le Pen schon im Vorfeld der Europawahl als „Frankreichs neuen Mann“ vor: „Die Chancen der FN sind noch dadurch gestiegen, daß Gaullisten und Giscardisten mit einer bürgerlichen Einheitsliste antreten, an deren Spitze die liberale Simon Veil steht, die viele rechte Wähler abschreckt. Die Masse der Stimmen dürfte die FN jedoch Kommunisten und Sozialisten abjagen, die den Zorn der Arbeiter über die Regierungspolitik zu spüren bekommen.“ (NE, 6/1984, S.50) So war denn auch die Enttäuschung gegenüber der Regierungspolitik und insbesondere den in ihr damals noch vertretenen Kommunisten ein Hauptthema des FN-Wahlkampfes (Kleiser, 1990, S.84).

Während die Gaullisten 1979 und auch nach 1981 noch einen Rechtskurs mit deutlich nationalistischer Ausrichtung fuhren, stand nun eine Frau an deren Spitze, die 1974 als Gesundheitsministerin ein liberales Abtreibungsgesetz durchgesetzt hatte. Damit führte sie viele katholische Integristen der FN zu, so an prominenter Stelle Bernard Antony alias Romain Marie, der Gründer der

Pressure-group Chrétiente-Solidarité. Schon 1979 sah sich Madame Veil aufgrund ihrer jüdischen Herkunft antisemitischen Anfeindungen seitens der FN ausgesetzt.

Populär geworden durch die Erfolge von 1983 und einen Fernsehauftritt Le Pens (Hainsworth, 1992, S.40-41 und Marcus, 1995, S.37), erreichte die FN 1984 mit 2,2 Millionen Stimmen 11 % und ihren nationalen Durchbruch und stellte fortan zehn Abgeordnete im EP. In der folgenden Wahlperiode bildete sie als Gründungsmitglied zusammen mit der MSI-DN und der griechischen E.P.EN. die Fraktion der Europäischen Rechten (Schmidt, 1994, S.399).

Damals maß man dem FN-Ergebnis in Frankreich insofern keine große Bedeutung bei, weil die Wahlbeteiligung überaus gering gewesen sei, und die Europawahlen ohnehin keine große Bedeutung gehabt hätten, so daß der Hang zum Protest- und Wechselwahlverhalten höher als bei nationalen Wahlen gewesen sei.

Das erwies sich sehr bald als Trugschluß. Bei den darauffolgenden Kantonalwahlen 1985 erhielt die FN 8,8 % und bei den Parlamentswahlen im Jahre 1986 schließlich 9,8 %. Damit war sie zur drittstärksten politischen Kraft in Frankreich geworden (Pfahl-Traughber, 1994a, S.33). Zudem hatte sich die FN mit befreundeten Vorfeldorganisationen wie dem Club de l'Horloge und den Comités d'action républicaine (CAR), letztere unter Vorsitz von Bruno Mégret, die 1981 zur Destabilisierung kommunaler und regionaler linker Mehrheiten gegründet worden waren, zum Rassemblement National zusammengeschlossen (NE, 1/1986, S.121 und Kleiser, 1990, S.88). Begünstigt durch ein geändertes Wahlrecht zog die FN mit 35 Abgeordneten in die Nationalversammlung ein, wo sie in den Genuß aller finanziellen und technischen Vorteile einer Fraktion kam und sich als pragmatische Opposition gegenüber der Regierung Chirac profilierte. Sie unterstützte in der Regel die bürgerliche Parlamentsmehrheit, obgleich, trotz knapper Mehrheitsverhältnisse, die Regierungsparteien jede offene Zusammenarbeit mit der FN ablehnten. Der damaligen FN-Fraktion gehörten neben Mégret auch die späteren Europaabgeordneten Bruno Gollnisch und Jean-Claude Martinez an.

Einen historischen Höhepunkt erreichte die FN schließlich im ersten Wahlgang der Präsidentschaftswahlen 1988, als Le Pen 14,4 % der Stimmen auf sich vereinigen konnte. Daraufhin entbrannte kurz vor dem zweiten Urnengang erneut die Frage nach der Einbindung; zumal der gaullistische Präsidentschaftskandidat Chirac auf eine mögliche Unterstützung durch die FN-Wähler angewiesen war (Kleiser, 1990, S.84-85; Hainsworth, 1992, S.43; Lampe, 1992, S.59; FN-Lettre, 1994, S.12 und NE, 2/1986, S.37). Zur FN-Präsidentschaftswahlkampagne konnte sich die FN auch fünf Millionen Francs von ihrer Fraktion im Europaparlament leihen (Fromm/Kernbach, 1994b, S.183).

Bei den darauffolgenden Parlamentswahlen hingegen sank die Zustimmung für die FN auf 9,7 %. Ein leichter Verlust gegenüber 1986, der allerdings von der Wiedereinführung des Mehrheitswahlrechts begleitet war, so daß die FN alle

Parlamentssitze bis auf einen verlor (Betz, 1991, S.6). Im Département Bouches-du-Rhône gab es hierbei zwischen der FN und der bürgerlichen Rechten erstmals konkrete Wahlabsprachen, die der FN zwar keine direkten Erfolge brachte, aber ihrem Ansehen sicherlich förderlich war (Loch, 1991, S.37-38).

Dieses relative Wahldebakel für die FN hatte indes eine parteiinterne Krise zur Folge, zusätzlich geschürt durch eine relative Niederlage bei den Kantonalwahlen im Herbst 1988, wo sich die FN bei 5,3 % wiederfand, sowie durch eine antisemitische Le Pen-Äußerung zu Verwaltungsminister Durafour: „Durafour-Crématoire"; „four-crématoire" ist die französische Vokabel für die Gaskammern in den deutschen Konzentrationslagern. Daraufhin erließ die Regierung ein Dekret, welches jegliches Bündnis auf lokaler Ebene ausschloß, während es zuvor vielfach Wahlabsprachen mit bürgerlichen Lokalpoltikern von RPR und UDF gegeben hatte.

Parteiiniterne Kritiker innerhalb der FN, darunter auch die einzige FN-Parlamentsabgeordnete Yann Piat (Département Var), die sich in ihrer parlamentarischen Tätigkeit von Anfang an Le Pens Vorgaben widersetzte, wurden aus der Partei ausgeschlossen (Loch, 1991, S.41; Lampe, 1992, S.60; EP-Bericht, 1991, S.31 und Hainsworth, 1992, S.43). Madame Piat trat daraufhin zur rechtsliberalen UDF über (Searchlight, 4/1994, S.23).

Aufgrund dieser internen Auseinandersetzungen wurde im Herbst 1988 auf parteiinternen Druck der Posten des Generaldelegierten als Gegengewicht zum Generalsekretär geschaffen; den neuen Posten besetzte Bruno Mégret (Loch, 1991, S.32). Wenig später, am 4. November 1988, verunglückte Jean-Pierre Stirbois tödlich mit seinem Pkw, wodurch sich der innerparteiliche Einfluß des Generalbevollmächtigten Bruno Mégret, der als 'gemäßigt' gilt, noch erhöhte (NE, 11-12/1988, S.43 und 46). Den verwaisten Generalsekretariatsposten übernahm Anfang 1989 schließlich Carl Lang, wodurch die Rivalitäten zwischen dem Generalsekretariat und der Generaldelegation abnahmen (NE, 2/1989, S.44 und Marcus, 1995, S.40-41).

Doch blieb die Gruppe der FN-Europaabgeordneten, im Gegensatz zu den späteren Parteikrisen bei den deutschen *'Republikanern'*, von dieser Krise weitgehend unberührt. Lediglich Olivier d'Ormesson, zuvor eine wichtige Schlüsselfigur in der FN, hatte bereits im November 1987 die Partei verlassen, als Le Pen sich weigerte, sich für seine Äußerung, daß die Gaskammern ein „détail" gewesen seien, zu entschuldigen (Harris, 1990, S.92; siehe auch Abschnitte IV 2.2 und IV 2.5).

Bei der Europawahl 1989 konnte die FN ihren Stimmenanteil gegenüber 1984 auf 11,8 % steigern, verlor jedoch mit absolut 2,1 Millionen Stimmen leicht. Diese Europawahl war indes von einem Absentismus in Höhe von 51,3 % begleitet, der höchste überhaupt seit Gründung der V. Republik 1958. Als relativer Gewinner ging aus den Wahlen die bürgerliche Einheitsliste aus RPR und UDF hervor, während die Hoffnung auf eine starke Zentrumspartei, die diesmal mit Simone Veil als Spitzenkandidatin antrat, enttäuscht wurde. Die traditionellen Linksparteien schnitten eher schwach ab, dafür gelang den Grünen *(Les Verts)* der nationale Durchbruch.

Wiederum wurde die FN Mitglied und führende Kraft der euro-rechten Fraktion, jedoch mit zwei neuen Partnern, den deutschen *'Republikanern'* und dem belgisch-flämischen *Vlaams Blok* (Schmidt, 1994, S.402; Loch, 1991, S.161-163 und Lampe, 1992, S.36). Bei der Nachwahl in Dreux im November 1989 gelang noch der Zugewinn eines Sitzes in der Nationalversammlung durch Marie-France Stirbois, der Witwe des ehemaligen Generalsekretärs; während in Marseille der FN-Kandidat mit 47 % nur knapp unterlag (Betz, 1991, S.6 und Hainsworth, 1992, S.43). Gegenkandidat war dort der aus einfachen Verhältnissen aufgestiegene, parteilose Unternehmer und Präsident des lokalen Fußballclubs *Olympique Marseille* (OM) Bernard Tapie, welcher von Staatspräsident Mitterrand persönlich protegiert wurde (Renner, 1994, S.14-15 und Loch, 1991, S.124-125).

1990 wurde vor dem Hintergrund von Grabschändungen auf einem jüdischen Friedhof in Carpentras ein Anti-Rassismus-Gesetz eingeführt, welches die Auschwitz-Leugnung unter Strafe stellt.

Daneben stiftete die FN durch ihre Ablehnung des Golfkriegs 1991 bei vielen Linken mit ihren diffusen Antiamerikanismen Verwirrung, so daß beispielsweise auch der frühere KP-Philosoph Roger Garaudy zunehmend in rechtes Fahrwasser geriet (jw, 01.02.1996, S.10 und EP-Bericht, 1991, S.68-69). Aus solchen Ressentiments heraus war auch schon zuvor der Filmemacher Claude Autant-Lara der FN beigetreten, der zuvor noch als den Kommunisten nahestehend galt (REP, 9/1989, S.3).

Bei den Regional- und Kommunalwahlen 1992 zeigte sich die zwischenzeitlich erreichte Verankerung der FN an der Basis, als sie erstmals landesweit zur drittstärksten politischen Kraft aufstieg (Jaschke, 1993, S.38).

Bei der Wahl zur Nationalversammlung 1993 erhielt sie trotz Mehrheitswahlrecht 9,25 %. Damit konnte sie aber keinen einzigen Parlamentssitz erlangen. Theo Tannert kommentierte in *Nation und Europa* das Ergebnis mit den Worten: „Der Durchbruch beim Mehrheitswahlrecht dauert nur etwas länger, erfolgt dann aber umso mächtiger." (NE, 4/1993, S.12-13) Immerhin kam die FN aufgrund der Stimmenzahl im ersten Wahlgang erstmals in den Genuß staatlicher Wahlkampfkostenerstattung (NE, 5/1993, S.53).

Die aus dieser Wahl hervorgegangene bürgerliche Regierung strebte unter Innenminister Pasqua nunmehr eine Marginalisierung der FN durch Einführung einer restriktiven Einwanderungspolitik an (Goebel, 1993, S.39). Hierbei konnte Pasqua an Lionel Stoléru anknüpfen, der eine solche Politik als Urheber des Gesetzespaketes *Lois Bonnet-Stoléru* von 1976 bereits unter Giscard d'Estaing betrieb, als die FN freilich noch kaum eine Rolle spielte.

Stoléru kandidierte übrigens 1993, ebenso wie Harlem Désir, der Initiator von *SOS-Racisme*, für die Ökologisten *(Génération Écologie)* (Schmid, 1993, S.31).

Anfang 1994 fiel die frühere FN-Parlamentsabgeordnete Yann Piat einem Mordanschlag zum Opfer. Le Pen meinte dazu, dies wäre nicht geschehen, wenn sie der FN treu geblieben wäre. Nach ihrem Tod konnte die FN in ihrem Wohnort Toulon unter Jean-Marie Le Chevallier schon bald wieder an frühere Erfolge anknüpfen (Searchlight, 4/1994, S.23; Woche, 23/1996, S.20 und taz, 20.06.1995, S.8).

Auch bei der Europawahl 1994 konnte sich die FN behaupten, wenngleich mit leichten Einbußen. Sie erreichte 10,51 %. Dabei erhielt die FN infolge der heraufgesetzten Abgeordnetenzahl einen zusätzlichen Sitz, und stellte nunmehr elf Europaabgeordnete. Dies sind die folgenden Personen; in Klammern der Listenplatz: Bernard ANTONY* (7); Yvan BLOT* (8); Jean Yves LE GALLOU (11) Bruno J.-J.M. GOLLNISCH* (3); Carl LANG (5); Jean-Marie LE CHEVALLIER* (9); Jean-Marie LE PEN* (1); Jean-Claude MARTINEZ* (4); Bruno MÉGRET* (2); Fernand LE RACHINEL (5); Marie-France STIRBOIS (6).

Sieben der 1994 gewählten Europaabgeordneten (*) gehörten bereits in der vorangegangenen Legislaturperiode dem EP an. Drei davon, die Abgeordneten Antony, Le Chevallier und Le Pen, sogar schon seit 1984 (EP-Ergebnisse, 1994, S.31; E&P No 60, 1994, S.1 und EP-Handbuch, 1984).

Die langjährige Abgeordnete Martine Lehideux wurde auf Platz zwölf zurückgestuft und schaffte somit nicht die Wiederwahl. Dafür sollte sie nun Vizepräsidentin der FN werden.

Das Wahlergebnis zeigte, daß sich die FN insgesamt stabilisiert hatte und ist auch insofern beachtlich, als es diesmal eine neue Konkurrenz im rechten Lager gab: Die nationalpopulistische Liste *L'autre Europe* erhielt auf Anhieb 12,33 % und entdendet seit dem 13 Abgeordnete nach Straßburg (EP-Ergebnisse, 1994, S.33; Searchlight, 6/1994, S.23 und 8/1994, S.21 und Renner, 1994, S.18). Dadurch kam das rechtspopulistische Lager jenseits der traditionellen Rechtsparteien RPR und UDF zusammen auf fast 23 %.; nahezu eine Verdoppelung der Stimmen im rechtsextremen Lager.

La Majorité pour l'autre Europe, unter Führung des Monarchisten de Villiers, trat ein für die Wiedereinführung der Todesstrafe (mit Guillotine), das Schließen der Grenzen, die Rückführung der Frauen an den Herd, eine katholische Erziehungspolitik und ein thatcheristisches Wirtschaftsprogramm.

Für *l'autre Europe* zogen unter anderem der Milliardär James (Jimmy) Goldsmith, ein Enkel von Charles de Gaulle, der genauso wie sein Großvater heißt, und der Richter Thierry Jean-Pierre, der zuvor für seine eher 'linken' Ansichten bekannt war, ins EP ein (Searchlight, 7/1994, S.17). 1989 noch führten übrigens die französischen Kommunisten ihren Europawahlkampf unter der Losung „une autre Europe" (Charlot, 1989, S.248).

Dabei ist de Villiers selbst Mitglied der *Parti républicain*, die unter dem Dach der rechtsliberalen Parteienföderation UDF auch Regierungspartei ist. Aus dieser Partei kommen auch die Regierungsmitglieder Gérard Longuet und Alain Madelin, beide mit Vergangenheit im neofaschistischen *Occident*.

Letzterer machte als Minister für Unternehmen und wirtschaftliche Entwicklung die FN durch die Gründung der überparteilichen Bewegung *Mouvement Idées-Action* indirekt hoffähig, da er seine rechtspopulistischen Ziele, die sich ausdrücklich an das italienische Vorbild Berlusconi anlehnen, über die Wochenzeitung *Présent* publik machte (Schmid, 1994, S.32 und Searchlight, 7/1994, S.17). Diese Zeitung veröffentlichte 1991 exklusiv die von Mégret für die FN ausgearbeiteten fünfzig Thesen zur Einwanderung (NE, 5/1992, S.25), und wurde zwischenzeitlich von der französischen Regierung mit einer halben Million Franc subventioniert.

Présent wurde bereits 1975 als katholisch-reaktionäre Publikation durch den späteren FN-Europaabgeordneten Bernard Antony gegründet; sie wurde im Zusammenhang mit der FN auch im EP-Untersuchungsausschußberichten von 1985 und 1991 über den Rassismus in Europa ausdrücklich erwähnt. Mitarbeiter dieser Zeitung ist auch Le Gallou, der von der *Parti républicain* zur FN stieß. Freunde aus dem Umfeld dieser Publikation waren mitbeteiligt bei terroristischen Überfällen auf französische Kinos, die den Film *Die letzte Versuchung Christi* zeigten.

Geleitet wird *Présent* von Jean Madiran und Pierre Durand (Fromm/Kernbach, 1994a, S.186; Marcus, 1995, S.38; Searchlight, 12/1994, S.21; EP-Bericht, 1985, S.42 und 1991, S.30). Letzterer kandidierte 1994 auf Platz 14 der FN-Liste für das Europaparlament (E&P No 60, 1994, S.1).

Die de-Villiers-Bewegung bildete unterdessen zusammen mit zwei niederländischen Calvinisten *(SGP/GPV/RPF)* und den vier Abgeordneten der dänischen Anti-EU-Bewegung *(JuniBevægelsen, Folkebevægelsen mod EF-Unionen)* eine Koordinierungsgruppe *Fraktion Europa der Nationen* (EDN) im EP mit James Goldsmith an der Spitze, Stellvertreter wurde der Däne Jens-Peter Bonde vom *JuniBevægelsen* (EP-Vademecum, 1994, S.44 und EP-Liste, 14.09.1994, S.90 und 12.12.1994, S.94). Nach dem Beitritt des nordirischen UUP-Abgeordneten Nicholson nannte die Gruppe sich *Fraktion der Unabhängigen für ein Europa der Nationen* (I-EDN) (EP-Liste, 17.02.1997, S.77 und 126). Zuvor erfolgte bereits am 22. April 1994 der Zusammenschluß der de-Villiers-Bewegung mit dem allerdings erfolglosen nationalliberalen deutschen *Bund freier Bürger* (BFB) unter Manfred Brunner und der Anti-Maastricht-Bewegung um Margaret Thatcher zum *Arbeitskreis Konföderale Europäer* (Watzal, 1994, S.544).

Durch diese Zusammenschlüsse bekamen die Leute um Le Pen Konkurrenz aus den eigenen Reihen, die es offenbar darauf anlegte, noch mehr in das bürgerliche Lager zu wirken, während die FN-Abgeordneten selbst nun erstmals seit 1984 mangels interessierter Bündnispartner mit einem Status als Fraktionslose (NI) im EP vorlieb nehmen mußten (EP-Liste, 12.12.1994, S.95).

Daraufhin gab Jean-Marc Brissaud, der bisherige Generalsekretär der Fraktion, im eigenen Selbstbewußtsein sichtlich angeknackst, die Durchhalteparole „NOUS CONTINUONS!“ aus und wies darauf hin, daß bei der EDN-Fraktion für den Fall der Abwesenheit Goldsmiths „un ex-communiste dannois" die Fraktion führe (E&P No 62, 1994). Zuvor lobte *Europe et Patries*, das französische Bulletin der euro-rechten Fraktion, jedoch noch die dänischen EU-Gegner für ihr Nein zu Maastricht und fragte dabei nicht nach ihren weiteren politischen Beweggründen (E&P No 45, 1992, S.7).

Begleitet war diese Rechtsentwicklung des Wählerverhaltens von einer geschwächten Linken, insbesondere im Hinblick auf die 'klassischen' Linksparteien. Das Wahlbündnis der Sozialistischen Partei (PS) stürzte bei der Europawahl von 23,6 auf 14,5 % ab, die Kommunisten (PCF) verloren leicht; 6,9 % gegenüber 7,7 %, die Grünen/Ökologisten blieben diesmal draußen. Dagegen kam die neugegründete 'links'populistische Liste *Energie Radicale*, die unter ihrem Spitzenkandidaten Bernard Tapie einen latent nationalistischen Wahlkampf führte, aus dem Stand auf 12,03 % und stellt mit zwölf EP-Sitzen ebensoviele wie die de-Villiers-Bewegung (EP-Ergebnisse, 1994, S.30 und Renner, 1994, S.15-16).

Hinter den Kulissen der FN wurde aber auch schon über eine Ablösung Le Pens spekuliert, der in einem parteiinternen Dokument als „tyrannischer Alter" und „Ewiggestriger" bezeichnet wurde.

Bei der FN fiel ferner auf, daß die Namen wichtiger Parteihierarchen in dem 300-köpfigen Unterstützungskommitee zur Präsidentschaftswahl fehlten, so die FN-Professoren und Europaabgeordneten Bruno Gollnisch und Jean-Claude Martinez (Searchlight, 8/1994, S.21). Allerdings gehörte Gollnisch wiederum der 35köpfigen *Équipe Le Pen* an, die sich zur Präsidentschaftswahl präsentierte, und der auch die früheren Europaabgeordneten Jacques Tauran, Martine Lehideux und Dominique Chaboche angehörten. Martinez ist der einzige amtierende FN-Europaabgeordnete, der darin fehlte, was auch gerade deshalb bemerkenswert ist, da er auf der Europawahlliste weit vorne – auf Platz vier – plaziert worden war (JMLP, 1995; EP-Vademecum, 1994, S.183 und E&P No 60, 1994, S.1). Auch auf zwei früheren Gruppenfotos der *Technischen Fraktion der Europäischen Rechten* aus den Jahren 1991 und 1992 ist er als einziger nicht mit von der Partie (E&P No 49, 1993, S.1 und E&P spécial No 39, S.25).

Daneben bekam Le Pens Image Schäden durch Eskapaden enger Parteifreunde. So ist bekannt geworden, daß sich Yvan Blot mit dem Münchner Neonazi Bela-Ewald Althans getroffen hatte und auch in einen Korruptionsskandal der pharmazeutischen Beratungsfirma *Médiconseil* verstrickt war. Durch den Weggang von Jacques Peyrat, eines der ältesten Mitglieder der *Front*, verlor die Partei nach Angabe des unabhängig-antifaschistischen Magazins *Réflex* das letzte Bindeglied zur Mun-Sekte, welche die Partei zuletzt stark mitfinanziert hatte (Searchlight, 11/1994, S.23). Zuvor war sie durch Pierre Ceyrac auch im EP vertreten, der Vorsitzender der französischen Sektion der Mun-Organisation *Causa-International* ist und Anfang 1994 die Partei verließ (Kleiser, 1990, S.88; Schulz, 1990, S.135 und Marcus, 1995, S.48-49).

Trotz allem erhielt Le Pen bei der Präsidentschaftswahl 1995 schließlich 15 %, und konnte damit das beste Ergebnis in der Parteigeschichte überhaupt verbuchen. Dabei setzte sich die Legitimationskrise der alten *classe politique* fort. Deren drei führende Kandidaten, die Gaullisten Chirac und Balladur sowie der Sozialist Jospin konnten im ersten Wahlgang nur etwas mehr als 60 % der Stimmen auf sich vereinigen; Le Pen lag an vierter Stelle. Dabei kam ihm aufgrund der relativen Patt-Situation zwischen den Lagern der beiden stärksten Kandidaten eine gewisse Schlüsselposition zu, so daß Le Pen seine Wahlempfehlung für den zweiten Wahlgang mit der Forderung nach einer Wahlrechtsänderung verknüpfen wollte, die eine Rückkehr zum Verhältniswahlrecht bedeutet hätte (FR, 25.04.1995, S.1 und 3; SP, 18/1995, S.154 und taz, 25.04.1995, S.1). Zusammen mit de Villiers, den Le Pen als „unlautere Konkurrenz“ bezeichnete, kam die extreme Rechte in Frankreich immerhin auf 20 % der Wählerstimmen. De Villiers erhielt 4,75 %. *SOS-Racisme* machte dafür auch die aktuelle restriktive Immigrationspolitik des gaullistischen Innenministers Charles Pasqua verantwortlich (LM, 25.04.1995, S.7 und FAZ, 28.04.1995, S.6).

Letztlich konnte Le Pen jedoch aus seinem hohen Wahlergebnis kein politisches Kapital schlagen, zumal sich lediglich Jospin für das Verhältniswahlrecht aussprach, jedoch bei der Stichwahl gegen Chirac unterlag. Letzteren bezeichnete Le Pen auf einer Kundgebung am 1. Mai als „schlimmere Variante des Sozialismus“, gleichwohl seien beide „Kandidaten des Auslands“, so daß er seinen Anhängern die Wahl freistelle (FR und taz, 02.05.1995, S.2 und FAZ, 28.04.1995, S.6).

Während sich Frankreichs Linke darüber stritt, inwieweit ‘ihr’ Präsident Mitterand das seinerzeitige Aufkommen und Erstarken der FN mitzuverantworten hatte (Baier, 1995, S.11), grenzte sich Nachfolger Jacques Chirac beim Präsidentschaftswahlkampf verbal scharf von Le Pen ab. Dafür stieg dessen langjähriger Wegbegleiter Madelin nach seinem Wahlsieg weiter auf, und übernahm unter Premierminister Juppé das Wirtschafts- und Finanzministerium (SP, 20/1995, S.164 und taz, 20/21.95.1995, S.8). Nach nur dreimonatiger Amtszeit mußte dieser jedoch infolge von Protesten gegen seinen ultraliberalen Kurs wieder zurücktreten, damit die Regierung ihr soziales Image aufpolieren konnte (jw, 28.08.1995, S.3 und 9). Madelins Anhänger in der UDF sind es aber nach wie vor, die sich gegen eine offensive Bekämpfung der FN durch die Regierung aussprechen (jw, 26.06.1996, S. 8).

Die widersprüchliche Haltung der Regierung gegenüber der extremen Rechten wird vielleicht besonders deutlich durch die Tatsache, daß Eric Raoult, Chef des neu eingerichteten ein Ministeriums für Integration und Kampf gegen Exklusion, sogleich denunziativ *SOS-Racisme* in die Nähe einer heimlichen Komplizenschaft mit Le Pen rückte, der wiederum „Nein zum antifranzösischen Rassismus“ forderte. Unterdessen plädierte selbst der Präsident von *SOS-Racisme*, Fodé Sylla, für eine gewisse Einwanderungskontrolle und ließ seine Organisation gleichzeitig Erkundigungen für Minister Raoult einholen (Kowalsky, 1995, S.44-45).

Bei den Kommunalwahlen im Juni 1995 konnte die FN ihre lokale Verankerung ausbauen, wenngleich sie landesweit 'nur' 6,6 % erhielt. Dabei konzentrierte sie sich auf die Hochburgen der Präsidentschaftswahl. So erhielt sie in Vitrolles (Bouches-du-Rhône) mit Bruno Mégret als Spitzenkandidat 43 %. Noch bei den Kommunalwahlen 1989 hatte dort die FN lediglich 11,75 % erhalten. In Dreux (Eure-et-Loir) fiel die FN mit 35 % für Marie-France Stirbois deutlich zurück (1993:49 %), und in Toulon (Var) kam Jean-Marie Le Chevallier mit 31 % ebenfalls auf Platz 1.

Insgesamt konnte die FN in 116 von 230 Städten mit mehr als 30.000 Einwohnern in der Stichwahl antreten, und obwohl die traditionellen Rechtsparteien diesmal Wahlabsprachen mit ihr ablehnten (SZ, 13.06.1995, S.2 und 4; LM, 13.06.1995, S.34 und 45 und Becker, 1995, S.8), gelang es ihr erstmals in einer Großstadt mit etwa 160.000 Einwohnern den Bürgermeister zu stellen, nachdem Jean-Marie Le Chevallier in Toulon die Stichwahl für sich entscheiden konnte. Ebenso besetzte die FN in den kleineren Städten Orange mit Jacques Bompard und in Marignane mit Daniel Simonperi die Bürgermeisterämter.

Letztere Stadt liegt im Département Bouches-du-Rhône, ebenso wie Vitrolles, wo Mégret aber in der Stichwahl knapp geschlagen werden konnte, nicht zuletzt durch den Wahlhelfer Bernard Tapie.

In Nizza schließlich übernahm der FN-Abtrünnige Jacques Peyrat, der seinen Austritt aus der Partei lediglich damit erklärt hatte, daß er „ohne Etikett leichter wählbar" sei, das Amt des Bürgermeisters (FR, 20.06. 1995, S.2; taz, 20.06.1995, S.1; LM, 20.06.1995, S.4-5).

Bei den Wahlen zur Nationalversammlung 1993 kam die FN im Wahlkreis Nizza 2 auf 48,8 %. Schon der damalige Bürgermeister Médecin von der RPR, zu der Peyrat schließlich 1996 übertrat, ließ Sympathien für die FN erkennen (jw, 26.06.1996, S. 8; Pfahl-Traughber, 1994a, S.34 und EP-Bericht, 1991, S.69). In den übrigen FN-Hochburgen, wie etwa Dreux, wurde der Durchmarsch der 'Front' durch 'Republikanische Fronten' aller anderen Parteien verhindert (taz, 20.06.1995, S.8 und 10).

Am 29. August 1995, kam der stellvertretende Bürgermeister Toulons, Jean-Claude Poulet-Dachary, also die rechte Hand Le Chevalliers, unter mysteriösen Umständen ums Leben. War er zuvor in der Partei heftig angefeindet worden, so gilt er nach seinem Tod parteiintern als Märtyrer (jw, 31.08.1995, S.8 und 19.06.1996, S.11 und Woche, 23/1996, S. 20), obgleich die FN und ihr Ordnerdienst bei den Mordermittlungen als Haupttatverdächtige galten (jw, 19.06.1996, S. 11).

Schließlich unterstützte die FN bei einer Nachwahl in Toulon mit dem Sozialisten Maurice Janetti erstmals aus Protest gegen die angebliche Ausgrenzung durch die bürgerliche Regierung einen Kandidaten der Linken, der dadurch mit einer knappen Mehrheit von 50,5 % gewählt wurde. In der südfranzösischen

Stadt Sete wurde durch dieselbe neue Taktik der FN – durch die Unterstützung linker Kandidaten Druck auf die Regierung Juppé auszuüben – ein Kommunist neuer Bürgermeister (jw, 19.03.1996, S.9; SZ, 27.03.1996, S.7 und NE, 5/1996, S.24). Zuvor geriet Le Chevallier in Toulon durch die Aufdeckung finanzieller Unregelmäßigkiten im Kommunalwahlkampf in die Bedrouille, wobei die FN gegen die Bestimmung verstoßen hatte, die eine Kandidatur des Verwalters der Wahlkampffinanzen verbietet. Deshalb drohte sogar eine Annullierung der Wahl (jw, 23.10.1995, S.10).

Im Juni 1996 zeichnete sich bereits die Tendenz ab, daß ca. acht Prozent der Wähler Chiracs zu Le Pen abgewandert sind (jw, 26.06.1996, S.8).

Daraufhin inszenierte Premier Juppé eine Verhaftung von über 200 Afrikanern in einer Pariser Kirche als abschreckendes Medienspektakel, woraufhin Le Pen sich als Fremdenfeind scharf überholt sah und seine Position dahingehend radikalisierte, daß er nun von der angeblichen Ungleichheit der Rassen sprach.

Dies löste eine breite Welle der Empörung aus, so daß Justizminister Toubon ein verschärftes Anti-Rassismus-Strafgesetz ausarbeitete (jw, 24.09.1996, S.9 und Woche, 42/1996, S.27), während die von einigen Parlamentsabgeordneten erhobene Forderung nach einem juristischen FN-Verbot in der Nationalversammlung von einer großen Mehrheit abgelehnt wurde (jw, 13.09.1996, S.11).

So sahen sich die bürgerlichen Parteien gezwungen, bei zwei Kantonalwahlen im September 1996 (Toulon und Chaville) im zweiten Wahlgang gemeinsam mit den Linksparteien „republikanische Fronten" gegen die FN zu bilden (jw, 24.09.1996, S.9).

Mittlerweile hatte es einen Wechsel in der FN-Führungsspitze gegeben: Bruno Gollnisch hatte Ende 1995 Carl Lang als FN-Generalsekretär abelöst. Darin zeigt sich auch eine weitere Intellektualisierung der Partei, Gollnisch ist Professor in Lyon (ak 401/1997, S.10 und E&P No 60, 1994, S.1), verkörpert dabei aber im Gegensatz zu Mégret, der sich als 'Neu-Heide' versteht, den traditionellen Katholizismus (Woche, 42/1996, S.27). Beide sind, ebenso wie Lang, Vertreter einer neuen Generation der *Front*; technokratischer, auf ein respektables Image bedacht, ideologisch vor allem durch die *nouvelle droite* geprägt und weit entfernt von Vichy oder der *Algérie Française* (Marcus, 1995, S.174).

Insbesondere könnte Bruno Mégret angesichts seines jüngsten kommunalen Erfolgs in Vitrolles vom Februar 1997 eine zunehmend wichtige Rolle spielen. In Vitrolles mußte die Kommunalwahl von 1995 wegen Unregelmäßigkeiten bei der Stimmauszählung wiederholt werden, woraufhin es der FN erstmalig gelang, in einer Stichwahl mit einer absoluten Mehrheit gegen eine „republikanische Front" aller anderen politischen Kräfte zu gewinnen (SP, 8/1997, S.153). Da Mégret selbst wegen einer Überziehung des Wahlkampfetats von 1995 nicht erneut kandidieren durfte, schickte er als Spitzenkandidatin die eigene Ehefrau ins Rennen. Er selbst zog allerdings im Hintergrund die Fäden und spielte auch im Wahlkampf die erste Geige (jw, 04.02.1997, S.9).

Sollten sich in Zukunft bei der *Front National* diese Personen gegenüber Le Pen behaupten können, könnte sich hier eine Linie durchsetzen, die vom Personenkult mit charismatischem Führer wegführen würde; mit entsprechenden Konsequenzen sowohl für die nationale, hinsichtlich einer möglichen Einbindung, als auch für die europaparlamentarische Ebene, in bezug auf eine erneute Fraktionsbildung.

Zusammenfassend ist festzuhalten, daß die FN inzwischen zur festen Größe im Europäischen Parlament geworden ist. Anders als bei den nationalen Parlamentswahlen, bei denen die FN als starke Fraktion in der Nationalversammlung von 1986 bis 1988 nur ein recht kurzes Zwischenspiel hatte, ist der europäische wahlrechtliche Hintergrund durch die Jahre unangetastet geblieben.

1.2.2. Front National - Programmatik und Wähler

Als Theoretiker der FN treten vor allem Bruno Mégret und Jean-Yves Le Gallou in Erscheinung, die 1989 erstmals eine Theoriezeitschrift der FN publizierten (NE, 5-6/1989, S.71). Beide kommen aus dem *Club de l'Horloge* (CdH), der traditionell ein Bindeglied zwischen den parlamentarischen Rechten, der FN und der GRECE – der *Nouvelle Droite* um Alain de Benoist –, mit welcher der CdH freilich offiziell nichts zu tun haben will, bildet.

Der CdH wurde 1974 gegründet und veranstaltet seit 1978 regelmäßig Kolloquien, Konferenzen und Seminare. In den achtziger Jahren verstand sich der CdH als Forum der gesamten rechten Opposition gegen Mitterrand, mit besten Verbindungen zu den französischen Eliteschulen und den Spitzenbeamten der Ministerien.

Yvan Blot fand durch den 'Uhrenclub' von der gaullistischen RPR zur FN, er amtiert als Ehrenpräsident des Clubs. Dabei gibt es gemeinsame Werthaltungen mit Politikern der bürgerlichen Parteien, wie Giscard d'Estaing und Charles Pasqua, etwa in der Frage des Blutrechts. Auch saß Bruno Mégret bevor er zur FN stieß, gerade auf Betreiben Pasquas, noch von 1979 bis 1981 im ZK der gaullistischen RPR. Doch hat der *Club de l'Horloge* durch den Wechsel seiner führenden Vertreter zur FN derzeit seine bislang wichtigste Rolle, als Transmissionsriemen zwischen gemäßigter und extremer Rechter zu wirken, verloren.

Club-Mitglied Mégret konzipierte und organisierte bis zum April 1988 die Präsidentschaftskampagne, bei der er Le Pen ein staatsmännisches Image gab. Daraufhin wurde er zum Generalbevollmächtigten der Partei befördert, Anfang 1994 wurde er Stellvertreter Le Pens. Während sein Vorgänger Stirbois, auch er war ein aktiver Mitarbeiter im *Club de l'Horloge*, einen eher autoritären kaderorientierten Kurs verfolgte, setzt Mégret heute auf die „intellektuelle Selbstbehauptung". Ihm reichen dabei zwei Prinzipien, um die FN-Ideologie zu beschreiben: Identität und Stärke.

Zu letzterem vermerkt er: „Ohne Stärke gibt es kein Überleben, weil alle Nationen – wie jeder lebende Organismus – entweder wachsen oder schrumpfen. Die Lebewesen leben und sterben (...) Wenn ein Staat nicht untergehen will, muß er seine Ausbreitung suchen." Auf Europa bezogen mündete dies in der Zielsetzung, „Europa erneut zu einem großen Machtblock zu machen, da seine Zivilisation sonst untergehen wird." (Blume, 1989, S.107-108; Fromm/Kernbach, 1994b, S.229 Rollat, 1989, S.125-127; E&P No 60, 1994, S.1, ak 401/1997, S.10 und NE, 3/1994, S.30) Seine innenpolitische Entsprechung findet das Prinzip der Stärke darin, daß die FN programmatisch für eine weitgehende Entstaatlichung der Gesellschaft bei gleichzeitiger Stärkung der Exekutive eintritt. Le Pen fordert zu diesem Zweck eine nationale Revolution, die unabwendbar sei und „den Staat auf seine nützlichen Funktionen zurückführen" soll, „auf seine Hoheitsfunktionen, auf all das, was niemand außer ihm leisten kann, das heißt auf die nationale Verteidigung, die Polizei, die Justiz, die Diplomatie und auf ein Minimum an allgemeiner Verwaltung".

Ferner agitiert Le Pen gegen die etablierten Parteien, „la bande de quatre", die dafür verantwortlich seien, daß der Staat seine Hauptaufgaben vernachlässige (Loch, 1991, S.83-86 und SP, 46/1996, S.179) und untermauert dies mit mit populistischen Parolen gegen die Korruption, wie z.B. „Tous pourris, tous coupables" – Alle verfault, alle schuldig. Dabei rechnet Le Pen eher mit einer Implosion des Systems, das an seiner eigenen Erstarrung zugrunde gehe. (Schmid, 1994, S.33)

Um diesen sogenannten 'Hauptaufgaben' gewachsen zu sein, muß – so fordert die FN – das Amt des Präsidenten mit weiteren Machtbefugnissen ausgestattet werden. Gleichzeitig steht sie für die Einführung weitgehender plebiszitärer Demokratieelemente. Dabei gibt sich die FN als die eigentliche Gralshüterin der Demokratie. Dem entsprechend nimmt die französische *Association pour le Developpement de la Democratie directe* (A3D) unter der Führung des FN-Europaabgeordneten Yvan Blot bei der Demokratiedebatte der Euro-Rechten eine zentrale Rolle ein (NE, 5/1992, S.17-18).

Bei genauerer Betrachtung der Programmatik erweist sich der demokratische Anstrich jedoch als Farce. Strenge Gesetze zur Kriminalitätsbekämpfung sowie gegen Abtreibung und Homosexualität sollen erlassen, die Todesstrafe wieder eingeführt und auch die Polizei aufgerüstet werden. Dergestalt empfiehlt sich die FN einerseits als 'law and order'-Partei und andererseits als traditionsbewußte Partei, die auf den Wert der Familie als Grundlage der Nation verweist.

Wirtschaftspolitisch stand die FN zunächst für einen ultraliberalen Wirtschaftskurs, bei dem ein Schlußstrich „unter die Steuerinquisition" gezogen werden soll. Der „populäre Kapitalismus" gibt dabei vor, sich an den Interessen der Hauptwählerklientel der FN, den Händlern und Handwerkern, zu orientieren. Ansonsten zeigt sich die FN wirtschaftspolitisch bodenständig. Besonders hervorgehoben werden der Schutz der Landwirtschaft und das Privateigentum an Grund und Boden. Dabei stand die FN Anfang 1996 vor der delikaten Situation, daß eine knappe Mehrheit von 54 % ihrer Anhänger „Sympathie“ oder „Solidarität“ für die damalige Streikwelle äußerte, während dies bei den bürgerlichen Parteien nur auf 21 % ihrer Anhänger zutraf.

In jüngster Zeit traten dazu verstärkt protektionistische Forderungen in den Vordergrund. So startete die FN 1993 ihre Kampagne für „une nouvelle protectionisme“, mit Stoßrichtung gegen das Freihandelsabkommen GATT, und ‘argumentierte’ mit der Formel „Freihandel = Arbeitslosigkeit + Armut“. Von der ehemals erhobenen Forderung nach Privatisierung des öffentlichen Sektors nahm die Partei mittlerweile jedoch Abstand.

Trotz der mehrheitlichen Sympathie ihrer Anhängerschaft mit den Streikenden von 1996 tritt die FN nach wie vor dafür ein, Arbeitnehmer- und Gewerkschaftsrechte massiv einzuschränken, und versucht, die Macht der Gewerkschaften durch die Gründung eigener ständischer Berufsorganisationen zu untergraben. Dementsprechend diffamierte Le Pen Streiks generell als „archaisches und ruinöses Mittel der Regelung sozialer Konflikte“, wobei laut der Parteizeitung *National Hebdo* „diejenigen, die nichts tun, die anderen am arbeiten hindern“ würden. Bruno Gollnisch meinte angesichts der Streikwelle 1996, daß „Opfern“ für die Lohnabhängigen „nur in einem nationalen Rahmen zugestimmt werden“ könne, dabei wolle sich die FN „nicht dem Diktat der Gewerkschaften unterwerfen“. In *National Hebdo* wurde das dann auf die griffige Formel „Weder Juppé noch die Gewerkschaften, sondern Frankreich“ gebracht.

Bereits seit 1985 agitiert die FN mit dem Schlagwort der „préference nationale“, was bedeutet, daß Franzosen bei der Vergabe von Wohnungen und Arbeitsplätzen sowie im gesamten öffentlichen Leben Vorrang vor den übrigen Bewohnern erhalten sollen. Bei der FN ist somit denn auch der Nationalismus, der alle Bereiche durchdringt, der Kitt zwischen den Klassengegensätzen; der Nationalstaat gilt als „Wächter der Volksseele“.

Angestrebt wird eine Harmonie zwischen „moralischer“ und „natürlicher Ordnung“, worin das Prinzip der Identität wesentlich zum Tragen kommt. Als größte Bedrohung werden die „Weltgesellschaft“ und der sogenannte „mondialisme“, gesehen, welcher „die Nationen zerstören, die Völker und die Kulturen mischen, die Grenzen und die Unterschiede beseitigen“ wolle. Verknüpft wird dies mit apokalyptischen Visionen: „(...) wir sind in einer zusammenhanglosen Welt angelangt, in einer anarchistischen, exzessiven Welt, in der die Menschen nicht mehr die Verantwortung für ihr Handeln tragen.“ Le Pen verstieg sich sogar zu der Behauptung: „Es gibt kein mögliches Überleben, wenn das christliche Abendland nicht die Wurzeln der natürlichen Ordnung wiederfindet.“ (ER, 10/1993; ak 387, 1996, S.13; jw, 15.05.1997, S.8; Marcus, 1995, S.109-115; Loch, 1991, S.83-86 und 1994, S.232) Also zurück zu traditionellen Bindungsmustern. Le Pen brachte dies im Wahlkampf auf den einen simplifizierenden Nenner: „Die Familie ist uns näher als die Nachbarschaft, die Nachbarschaft näher als die Nation, und die Nation näher als der Rest der Welt.“ (Blume, 1989, S.107) Dabei ist die Vorstellung eines organischen Zusammenschlusses dazu bestimmt, die innere Homogenität der Gruppe und damit verbunden aber auch ihre Isolierung nach außen zu verstärken (Hastings, 1993, S.117).

Gegen das 'Äußere', das durch Immigration in die homogene Gruppe der Nation eindzudringen versucht, müssen die 'natürlichen Wurzeln' verteidigt werden. Daher soll forciert die Rückkehr von Immigranten gezwungen werden, ohne Rücksicht auf die jeweilige politische Situation im Herkunftsland. Darüberhinaus soll das Staatsangehörigkeitsrecht restriktiver gestaltet werden (Loch, 1991, S.83-86). Hierzu stellte Mégret Ende 1991 „50 konkrete Maßnahmen" zur „Regelung des Problems der Einwanderung" vor. Darin wird angestrebt, z.B. Einwanderern aus dem Maghreb oder aus Schwarzafrika rückwirkend die französische Staatsbürgerschaft abzuerkennen. Prinzipiell müsse zur Erlangung der Staatsbürgerschaft das geltende „droit de sol", also das Territorialprinzip, durch das „droit de sang", das Blutrecht, ersetzt werden (Lampe, 1992, S.83-84). Dieser Gedanke fiel durchaus auf fruchtbaren Boden, da es schon zuvor in Frankreich unter reaktionären Politikern immer wieder Zweifel gab, ob die Nation als Bekenntnis- statt als Schicksalsgemeinschaft nicht doch ein zu schwaches und unwägbares Konstrukt in einem Universum der Konkurrenz und des Krieges sei (Ebermann/Trampert, 1995, S.316-317).

Ideologische Grundlage für diesen Blut- und Boden-Nationalismus ist ein Ethnozentrismus, der aus einer behaupteten „naturgegebenen Andersartigkeit" das Vorhandensein „natürlicher" Hierarchie schlußfolgert.

Daß dieses Konstrukt reichlich fragwürdig ist, zeigt sich auch daran, daß der FN verdiente Hilfstruppen durchaus willkommen sind, worin sich auch das Erbe des (post)kolonialen imperialen Nationalismus niederschlägt (jw, 04.06.1996, S.7). So konnte beipielsweise der frühere rumänische Diplomat Gustave Pordea, der erst 1983 Franzose wurde, bereits 1984 über die FN-Liste ins Europaparlament einziehen (SP, 42/1986, S.99).

Am 30. August 1996 schließlich bekannte sich le Pen offen zur „Rassentheorie", er persönlich glaube an die Ungleichheit der Rassen. Das ist selbst für die FN ein Novum, wurde jedoch in der Folgezeit von Le Pen mehrfach bekräftigt; ihm gehe es darum, eine Politik zu fördern, welche die Homogenität des französischen Volkes sichere. Und: „Die Tatsache, daß es verschiedene Rassen gibt, wird ja sogar in unserer Verfassung anerkannt."

Mégret schließlich begründete die Überlegenheit der europäischen Zivilisation damit, daß sie „die ganze Welt erobert" habe. Le Pen selbst brachte dieser Diskurs fünf Fernsehauftritte und drei Radiointerviews ein, in denen er darauf verweisen konnte, daß in seiner Partei auch Araber, Moslems, Schwarze und Juden vertreten seien, deren Mitgliedschaft in der Partei er aber auch für seine rassistische propaganda benutzt: „Ja, es gibt eine diskriminierte Rasse in diesem Land, deren rechte beschnitten werden und der die Achtung versagt wird. Das sind die Franzosen von altem Schrot und Korn (...)"

Sozialdemagogisch behauptete er, daß die Einwanderung von Politikern gefördert worden sei, „um eine Reservearmee billiger Arbeitskräfte zu schaffen, aber ohne die entsprechenden wirtschaftlichen und sozialen Vorkehrungen zu treffen." Immigranten sollten stattdessen in der Tradition ihrer Vorfahren „zu Hause am Aufbau der eigenen Nation mitarbeiten. Diese Gesellschaft mit ihrem Rassengemisch und der sozialen Gleichmacherei wird immer mehr Elend und am Ende sogar Tote produzieren." (Woche 42/1996, S.27; jw, 13.09.1996, S.11 und SP, 46/1996, S.174-176)

Antisemitismus spielt zwar für die Mobilisierung der FN nur eine untergeordnete Rolle, jedoch ist er sehr wohl dazu geeignet, die Partei in die Schlagzeilen zu bringen. So etwa mit dem Wortspiel „Durafour-crématoire" oder durch Le Pen, der den Holocaust als „ein Detail in der Geschichte des 2. Weltkrieges" bagatellisierte (Loch, 1991, S.83-86 und Hastings, 1993, S.112-113). Zwar nannte er die „Deportation und Ermordung von Juden und Widerstandskämpfern durch die Nazis einen einzigartigen Tatbestand", fügte dann aber hinzu: „(...) das währte höchstens vier Jahre." Im gleichen Atemzug verwies er dann auf das „viel größere Verbrechen der sowjetischen Gulags", welches sich über Jahrzehnte hingezogen habe.

Ferner meinte er, daß „diese ewige Debatte" um den Nazismus mit seinen Konzentrationslagern „mit dem Ende des Zweiten Weltkriegs hätte abgeschlossen sein müssen", was letztlich bedeutet, daß sie erst gar nicht hätte angefangen werden sollen (SP, 46/1996, S.176). Noch am Wahlabend der Präsidentschaftswahl 1995 ließ sich Le Pen zu antisemitischen Ausfällen hinreißen (SP, 20/1995, S.164).

Angesichts ähnlich gearteter Ausfälle durch den Armenpriester Abbé Pierre, der zuvor für die extreme Rechte einer der meistgehaßten Männer war, bot sich für Le Pen die Chance, den Abbé mit Galileo Galilei und dessen Verurteilung durch die französischen Bischöfe mit der katholischen Inquisition zu vergleichen. Gleichwohl duldet Le Pen aber den katholischen Fundamentalisten Bernard Antony in seinen Reihen, für den gerade das Mittelalter mitsamt der Inquisition den „Höhepunkt der französischen Kultur" darstellt, dem das Jahrhundert der Aufklärung ein Ende gesetzt habe (Schmid, 1996, S.36-88; jw, 15.05.96, S.9).

Außenpolitisch ist die FN traditionell in erster Linie antikommunistisch geprägt. Vor diesem Hintergrund wurde auch de Gaulles Vision eines „Europas der Vaterländer" kritisiert. Dessen 1966 getroffene Entscheidung, also die Abkehr von den USA, sei ein „schwerwiegender Fehler gewesen, der von den sowjetischen Führern und der KP mit heftigem Beifall begrüßt wurde". Stattdessen setzte die FN in den achtziger Jahren auf eine atlantisch orientierte Außenpolitik, verbunden mit einer Reintegration in die NATO. Infolge der Veränderungen in Osteuropa trat Anfang der neunziger Jahre aber verstärkt ein eurozentristisches Modell in den Vordergrund, dessen hauptsächliches Ziel es sein sollte, ein „autonomes europäisches Verteidigungsbündnis" zu errichten (Loch, 1991, S.83-86 und Hastings, 1993, S.112-113). Mégret bringt dieses Europa-

Verständnis der FN auf den Punkt: „Europa macht nur Sinn, wenn es sich auf der Basis seiner eigenen Identität gründet. Die Identität Europas liegt dabei nicht in seinem ökonomisch-industriellen System. (...) Die Besonderheit Europas liegt in seiner Zivilisation. Wir sind für Europa, für Grenzniederlegungen zwischen unseren Staaten, unter der Bedingung, daß die Grenzen zwischen Europa und dem Rest der Welt tatsächlich aufrechterhalten werden.“ (Blume, 1989, S.107)

Im Vorfeld der Europawahl 1989 stellte auch Le Pen sein Europabild vor: „Europa ist das Endergebnis einer geschichtlichen und völkischen Entwicklung. Zudem ist es auch als geographischer Begriff genau ein- bzw. abgegrenzt“. Zu der äußeren Eingrenzung Europas kommt eine Abgrenzung im Innern: „Es darf keine Völkerwanderung innerhalb der EG geben. Frankreich soll französisch geprägt und Deutschland soll eben Deutschland bleiben. Dies ist nur im Rahmen eines Staatenbundes möglich. Die völkische wie kulturelle Vielfalt stellt einen unsagbaren Reichtum dar, der nicht in einer New-York-Gesellschaft untergehen darf.“ Daher sieht er die Gefahr „im internationalen Utopismus – in der 'Eine-Welt-Utopie', im sogenannten Ein-Weltlertum, das die Völker vernichten will“: „Die Notwendigkeit nationaler Grenzen wird durch die europäische Union nicht überflüssig. Sie muß den einzelnen Völkern bleiben, um ihre Identität, ihre Freiheit und Unabhängigkeit zu verteidigen.“ Hierin kommt freilich eine etwas andere Einschätzung der innereuropäischen Grenzen zum Tragen, als dies bei Mégret der Fall ist.

Gleichwohl soll Europa auch nach Meinung Le Pens nach außen hin ökonomisch stark sein, da in wirtschaftlicher Hinsicht „eine große Bewährungsprobe und Herausforderung gegenüber den USA und Japan zu bestehen“ sei, wogegen es auch die europäische Grenze zu verteidigen gäbe (NE, 5-6/1989, S.72-73). Aus ihrem später stärker werdenden Antiamerikanismus heraus lehnte die FN dann 1991 unter dem Slogan „Mitterrand – der Krieg. Le Pen – der Frieden“ eine französische Beteiligung am damaligen Golfkrieg ab; wobei sie auch viele 'Linke' mit ihren diffusen Antiamerikanismen zu desorientieren vermochte (jw, 01.02.1996, S.10). Die Bezugnahme auf internationale Fragen ist für die FN gerade deshalb so bedeutend, weil sie die ständige Bedrohung des kleinen Frankreichs von allen Horizonten und die Vorstellung eines weltweit tobenden Kampfes benötigt, um den inneren Zusammenhalt der durchaus heterogenen FN zu gewährleisten. Mit seiner Stellungnahme zum Golfkrieg löste Le Pen erstmals eine öffentlich ausgetragene Führungskrise aus, bei der sich die verschiedenen 'Sensibilitäten' innerhalb der FN, pro-westlich orientierte Vertreter aus der Bewegung *Algérie française* einerseits und 'Nationalrevolutionäre' sowie Kader der *nouvelle droite* andererseits, gegeneinander stellten.

Die FN weist mehrere weitgehend autonome ideologische Pole auf. Dabei bleibt bei den inneren Rivalitäten dem FN-Chef als oberstem Schiedsrichter die Kontrolle über die Balance vorbehalten (jw, 19.06.1996, S.11). In der öffentlichen Präsentation ist die FN stark führerzentriert, wobei Le Pen als Mann des Volkes, sogar als die Inkarnation des französischen Volkes präsentiert wird. Sie inszenieren einen enormen Personenkult um den Parteivorsitzenden (Pfahl-Traughber, 1994a, S.42-43), bis hin zum überlebensgroßen Le Pen-Portrait über der Tribüne beim FN-Parteifest *Bleu-Blanc-Rouge* (BBR) (NE, 11-12/1994, S.25). Gleichzeitig präsentiert sich Le Pen quasi stellvertretend für seine Wähler, die sich in der Regel als Zukurzgekommene fühlen und entsprechende Agressionen hegen, auch als 'outsider' und 'Rebell' (Loch, 1994, S.233 und SP, 46/1996, S.174).

Den Europawahlkampf 1989 führte die FN unter der Parole „Dites leur cinq lettres – LE PEN – liste Europe et Patrie“ (Charlot, 1989, S.248). 1994 gab die FN den Slogan „Contre l'Europe de Maastricht. Allez la France! Votez Le Pen“ aus, worin sich der extreme Nationalismus und zugleich der Personenkult um den Parteivorsitzenden manifestieren. Gegen das Europa von Maastricht wurde „une France française dans une Europe européenne“ gesetzt (FN, 1994). Die Parole „Allez la France“ zeigt dabei eine gewisse Anlehnung an das italienische Vorbild von Berlusconis *Forza Italia* (Searchlight, 7/1994, S.13).

1995 führte die FN bei der Wahl des Staatspräsidenten erneut einen 'populistischen' Wahlkampf mit dem zentralen Thema der Einwanderung (NE, 10/1994, S.27). Im Hinblick auf die seit 1993 amtierende konservative Regierung Balladur wurde der angeblich ausgebliebene Wechsel in der Politik thematisiert: „Mais où est le changement?“ Die 'Lösung': „Avec Le Pen ça va changer“. In diesem Zusammenhang wurde die Immigration bildhaft als ein höhnisch grinsender Drache dargestellt, vor dem der Musketier Balladur mit seiner Androhung von Gegenmaßnahmen als kleine, schwächliche Witzfigur erscheint (FN-Broschüre, 1995). Dem FN-Diskurs spielten gängige Klischees in die Hände, über die die französische Tageszeitung *Le Monde* am 28.09.1995 schrieb: „Früher hieß es: Islam = Fundamentalismus, heute: Araber = Terrorist“ (Kowalsky, 1995, S.39). Die Wählerschaft wurde aufgefordert durch ihr Votum für die FN das Blatt zu wenden „Tournons la page. En avant pour la 6e république“, um eine neue Republik zu schaffen, die sechste. Als Hauptthemen wurden weiterhin die Arbeitslosigkeit, die Korruption, die Unsicherheit und die Steuern genannt (FN-Heft).

Noch 1972 bezeichnete Le Pen die FN als „soziale, populäre und nationale Rechte“, während er die Beschreibung als „rechtsextrem“ deutlich zurückwies (Marcus, 1995, S.130). Da freilich in Frankreich traditionell die Neogaullisten unter Chirac der Rechten zugeordnet werden, bemühte sich Le Pen im Laufe des Jahres 1995 darum, seine Partei mit der Formel „Nicht rechts, nicht links: französisch!“ davon abzusetzen (NE, 11-12/1995, S.28 und jw, 19.06.1996, S.11). Dazu betonte Blot den Gegensatz zwischen sozialer Demokratie, von ihm als weltbeherrschende „Ideologie der Dekadenz“ diffamiert, einerseits, und der Nationalen Front andererseits; welche an die Stelle des alten Links-Rechts-Gegensatzes getreten sei (Marcus, 1995, S.108).

Dieser Diskurs fand bislang eine überdurchschnittliche Zustimmung in der Altersgruppe der 35 bis 49-jährigen, in jüngster Zeit vermehrt auch bei Jungwählern. Die FN-Wählerschaft lebt überwiegend in Städten mit 200.000 Einwohnern, die zumeist auch industrielle Ballungsräume sind, und geographisch vor allem in den östlichen und südlichen Landesteilen Frankreichs, in denen sich auch viele Immigranten angesiedelt haben. Doch erhält die FN dort mehr Zuspruch aus den angrenzenden 'besseren' Vierteln als aus den tatsächlichen sozialen Brennpunkten, wohinter wohl kleinbürgerliche Ängste stehen dürften, in diese Konflikte hineingezogen zu werden. Schwer wiegt dabei auch die durch eine mangelnde soziale Infrastruktur verursachte „malaise social“, was vor allem in den sogenannten 'Schlafstädten' der Fall ist, in denen es keine Vereinsstrukturen und kaum kulturelle Angebote gibt. In jüngster Zeit ist jedoch eine verstärkte Zustimmung aus anderen Regionen und somit eine Erweiterung der geographischen Basis feststellbar.

Die FN-Wählerschaft ist zu über 55 % männlich, doch zeigen die Wahlergebnisse von 1993, daß sich die geschlechtsspezifische Kluft verringert. Seit Mitte der achtziger Jahre erhielt die FN Zuspruch aus sämtlichen sozialen Schichten, während zuvor noch die Präferenzen bei den Angestellten, Arbeitern, Kleinunternehmern und Handwerkern überdurchschnittlich hoch waren. Lediglich der Akademiker-Anteil ist unterdurchschnittlich repräsentiert, gleiches gilt in noch stärkerem Maße für die praktizierenden Katholiken. Insgesamt ist die Wählerschaft also 'interklassizistisch' (Pfahl-Traughber, 1994a, S.43-44; Loch, 1994, S.230-231 und Kleiser, 1990, S.86-87). 1995 stieg der Zuspruch der FN insbesondere bei den abhängig Beschäftigten, sowohl bei den Arbeitern als auch bei den Angestellten. Bei ersteren lag Le Pen bei den Präsidentschaftswahlen sogar an der Spitze. Der Journalist Alain Bihr bringt es auf die griffige Formel: „1988 beherrschte Le Pen den 'Laden', 1995 beherrscht er die Fabrik.“ Dagegen konnte diesmal de Villiers Teile des alten Mittelstands für sich gewinnen, die Le Pen den Rücken gekehrt hatten (LMD/taz, 15.12.1995, S.9).

Insgesamt gesehen werden die FN-Wähler weniger durch Personen und durch die Partei als solche, sondern vor allem durch die Themen und die Vorschläge der FN angesprochen. Besonders signifikant ist dies bei den Themen der „Einwanderung“ sowie der „inneren Sicherheit“ der Fall (Pfahl-Traughber, 1994a, S.44). Die FN kann dabei vor allem deshalb an Anziehungskraft gewinnen, weil das übrige politische Establishment offenbar zu sehr mit sich selbst beschäftigt ist und die Linksparteien in einer ökonomischen Krisensituation weniger denn je eine tragfähige Alternative aufweisen können. Stattdessen überlassen sie das Feld solch fragwürdiger Figuren wie Bernard Tapie, der zwar die Sprache der Vorstädte spricht und mit diesem populistischen Kurs durchaus Anklang findet, als Unternehmer, bekannt für seine skrupellosen Sanierungsgeschäfte, jedoch selbst mitverantwortlich an der „malaise social“ ist.

So könnte es Le Pen, wenn ihn nichts aufhält, letztendlich gelingen, sich durch Anheizung der sozialen Spannungen, die dann in einem sozialdemagogischen Diskurs ethnisch-rasssistisch umgedeutet würden, als fragwürdiger Retter aus einer Situation anzubieten, die er selbst mitgeschaffen hat.

2. Italien

2.1. Wahlrechtliche Bestimmungen

Grundlage für die Wahlen zum EP in Italien bildet das Gesetz Nr. 18 vom 24. Januar 1979. Dieses wurde mit dem Gesetz vom 9. April 1984 geändert, nach dessen Maßgabe die EP-Wahlen 1984 und 1989 stattgefunden haben. Am 18. Januar 1989 kam als weitere Änderung das Gesetz Nr. 9 hinzu und am 21. Februar 1994 der Gesetzeserlaß Nr. 128.

Gewählt wird nach dem Verhältniswahlsystem, das kleineren Parteien prinzipiell größere Chancen zum Einzug ins Parlament bietet. Die Stimmenauszählung und die Sitzverteilung erfolgt auf nationaler Ebene. Es gibt zwar eine Einteilung in fünf Wahlkreise, nämlich Nordwest, Nordost, Mittelitalien, Süditalien und die Inseln, doch Wahlkreisstimmen, die für eine Sitzzuteilung nicht ausreichen, wurden bei früheren Europawahlen auf einen anderen Wahlkreis übertragen, seit 1994 werden sie im gesamten nationalen Wahlgebiet addiert.

Zusätzlich gibt es das System der Präferenzstimmen, nach denen die Sitzverteilung für die einzelnen Listen erfolgt. (EP-Buch, 1989, S.26-27; EP-WG, 1989, S.20 und EP-WG, 1994, S.24-25)

2.2. Movimento Sociale Italiano – Destra Nazionale (MSI-DN) und Alleanza Nazionale (AN), (1984-1989)

2.2.1. Parteigeschichte

Bereits im Sommer 1945 organisierten sich Italiens Altfaschisten in der *Fronte dell'Uomo Qualunque* (Jedermannsfront), die bei den Wahlen zur Konstituante 5,3 % erhielt; im Süden sogar 9,7 %. Danach zerfiel sie in Monarchisten und Faschisten. Die Organisation der Monarchisten nannte sich zunächst *Partito Democratico di Unità Monarchio (PDIUM)*, ab 1954 erfolgte eine Spaltung in die *Partito Monarchico Popolare* (PMP) unter Achille Lauro und die *Partito Nazionale Monarchico* (PNM) unter Covelli. 1959 nahm die PNM wieder die alte Bezeichnung PDIUM an, und 1960 erfolgte die Wiedervereinigung mit der PMP (Murphy, 1978, S.361 und 365 und Stammen, 1978, S.103).
Die Neofaschisten organisierten sich in der *Movimento Sociale Italiano* (MSI), die nach 1946 legal als offenkundige Nachfolgeorganisation der verbotenen faschistischen Partei aufgebaut werden konnte. Bereits im Wahlkampf 1947 zeigte sich, daß sie über eine beträchtliche Basis verfügte; in fast allen Regionen war sie bereits wieder organisiert. Aufgrund der Kontinuität ihrer Existenz, seit 1948 ist die MSI ununterbrochen mit Abgeordneten im Parlament vertreten, verfügt sie darüber hinaus über eine ausgebaute Infrastruktur mit zahlreichen Vorfeldorganisationen.

Obwohl die Verfassung von 1948 „die Wiedererrichtung der faschistischen Partei, gleich unter welcher Form" untersagte, wurde erst 1953 durch die Verabschiedung des *Legge Scelba* seitens der Regierung der ernsthafte Versuch unternommen, mit diesem Verbot Ernst zu machen. Doch das Gesetz kam nicht zur Anwendung, und die MSI konnte durch das Hochspielen des Themas sogar neue Erfolge verbuchen. Zudem ließen sich bereits auf lokaler wie nationaler Ebene Christdemokraten auf Absprachen mit den *missini* ein und trugen damit zu deren Festigung und Etablierung bei. Dies ging soweit, daß der DC-Ministerpräsidenten Adone Zoli 1957 durch die Erlaubnis zur Überführung des Mussolini-Leichnams in dessen Heimatort erteilte. Bestärkt wurde dieser Kurs durch die katholische Kirche und durch die antikommunistische Polarisation während der Ära des Kalten Krieges. Ein Versuch zur indirekten Regierungsbeteiligung der MSI scheiterte im Juli 1960 durch eine heftige Massenbewegung.

Daraufhin trat die Regierung Tambroni zurück, und die Wende zur Bildung der *centro-sinistra*-Koalitionen mit der sozialistischen Partei (PSI) wurde eingeleitet. Dies war begleitet von dem kirchenoffiziellen Dialog zwischen Marxismus und Christentum sowie der Entspannungspolitik in den USA unter Kennedy (Rosenbaum, 1975, S.43-47; Rosenbaum, 1976, S.99-101; Schulz, 1990, S.17 und Renner, 1994, S.60). Unter Einbindung der PSI bildete sich aber andererseits auch ein mächtiger antikommunistischer Verbund, *Comunione e Liberazione* (CL), als Interessensgemeinschaft für bonapartistische Lösungen heraus.

Die innere Struktur der MSI war jedoch schon vor den Parlamentswahlen 1958 in verschiedene Strömungen (Correnti) zerfallen. Schon traditionell gibt es in der Partei Gegensatz zwischen einem sich als eher elitär verstehendem legalistischen Flügel aus Notabeln und Traditionalisten, der sich an parlamentarische Spielregeln hält, und einem Flügel mit außerparlamentarisch-militanter Strategie, der versucht, auf die Linke überzugreifen. Dazwischen steht der eng mit der *Terza Posizione* und mit Rauti verbundene terroristische Flügel, der in seiner ideologischen Position schwankt und 1956 als *Ordine Nuovo* vorübergehend die Partei verließ.

Eine weitere Strömung war die Almirante-Gruppe, die als radikal-faschistische Strömung die innerparteiliche Opposition vorzog (Visentin, 1990, S.76-77 und Rosenbaum, 1975, S.41-42). Nach dem Tode Michelinis im Sommer 1969, der seine Vision von der Bildung eines großen Rechtsblocks nicht hatte einlösen können, trat Giorgio Almirante an die Spitze der MSI, woraufhin zahlreiche Extremisten in die MSI zurückströmten, mit denen Almirante in der innerparteilichen Opposition stets Kontakt gehalten hatte. Dadurch verschärften sich die innerparteilichen Gegensätze, und Almirante bediente sich dieser Strömungen seit dem 'Heißen Herbst' 1969 mittels einer Doppelstrategie aus Straßen- und Wahlpolitik, bei der durch Provokationen auf den Straßen, Streikbruch in den Fabriken und Unruhestiftung in Demonstrationen die Atmosphäre weiter angeheizt und die Polarisierung vorangetrieben wurde. Diese Strategie der Spannung wurde begleitet durch blutige Bombenattentate, Aufstände, Überfälle und Straßenschlachten, deren faschistischer Charakter von staatlichen Stellen vertuscht wurde.

Zu den Hintermännern vermerkt Fernando Visentin: „Diese Faschisten sind wirkliche echte Terroristen, die von Geheimdiensten und Polizei des demokratischen Staates instrumentalisiert werden. Sie sind nicht einfach Strolche oder Revolverhelden.“ So war Giuseppe *Pino* Rauti, führender Vertreter des militanten Flügels, in den siebziger Jahren der Hauptorganisator zahlreicher Massenmorde, die durch herrschende Kreise inspiriert und gedeckt wurden.

Für die MSI zahlte sich diese Strategie aus. Zugänge von verschreckten Bürgern und jugendlichen Schlägern bis hin zum 1972er Wahlerfolg von 8,7 %, welcher jedoch später nicht wiederholt werden konnte, waren die zählbaren Resultate. Zeitgleich wurde die innerparteiliche Struktur reorganisiert und gestrafft. In diese Zeit fiel auch die Vereinigung mit den Monarchisten von der PDIUM, woraufhin sich die Partei den Namenszusatz *Destra Nazionale* (DN) gab.

In der Folgezeit konnte die nun als MSI-DN auftretende Partei durch finanzkräftige Finanziers ein Presseimperium mit einem beachtlichen publizistischen Potential aufbauen; doch aufgrund der daraufhin verstärkten antifaschistischen Wachsamkeit blieb der gesellschaftliche Rechtsruck insgesamt aus. Somit war von Italien aus kein stabilisierender Effekt für die Militärdiktaturen in Portugal und Griechenland zu erwarten, die Mitte der siebziger Jahre denn auch zusammenbrachen (Rosenbaum, 1976, S.101 und 1975, S.72-75, 81, 92 und 104 und Visentin, 1990, S.76). Die MSI-DN erreichte bei späteren Wahlen durchweg fünf bis sieben Prozent der Stimmen (Raith, 1989, S.136-137).

Das Gewicht des militanten Flügels verstärkte sich 1976, als sich eine Gruppe ‘gemäßigter’ Parlamentsabgeordneter, 18 von 35 Abgeordneten und neun der 14 Senatoren, unter ihnen die Monarchisten Laro und Covelli, abspaltete und eine Gruppe namens *Constituente di Destra-Democrazia Nazionale* (CdD-DN) gründete (Murphy, 1978, S.362-363 und Schrenck-Notzing, 1977, S.60). Dies riß aber keine größeren Lücken in die MSI-DN, im Gegenteil, sie durfte sich ob der antikommunistischen Stimmung, die durch die indirekte Mitregierung der Kommunistischen Partei (PCI) im *compromesso storico* zu jener Zeit aufgekommen war, im Aufwind fühlen (NE, 2/1977, S.14 und 3/1977, S.45 und Murphy, 1978, S.344).

Aufgrund der traditionellen Verankerung entsandte die MSI bereits vor der Abhaltung von Direktwahlen ihre Vertreter ins EP. Ein Nachschlagewerk des Europäischen Parlaments nennt diesbezüglich die Namen:

Mario MARINA (MSI) vom 27.02.1958 bis 27.05.1959; Giovanni ANGIOY (MSI) vom 05.03.1958 bis 24.10.1968, Lando FERRETTI (MSI) vom 27.05.1959 bis 21.01.1969, Alfredo COVELLI (PDIUM/ MSI-DN) vom 21.01.1969 bis 16.10.1979, Nicola ROMEO (MSI) vom 21.01.1969 bis 26.10.1972, Pino

ROMUALDI (MSI-DN) vom 16.10.1972 bis 15.10.1976, Valerio DE SANCTIS (MSI-DN) vom 26.10.1972 bis 15.10.1976 (EP-Buch, 1989, S.47-72).

Bei der ersten Direktwahl zum EP am 10. Juni 1979 errang die MSI-DN 5,4 % und damit vier Mandate (Schmidt, 1994, S.395). Auf den Straßburger Parlamentssitzen nahmen daraufhin Pino ROMUALDI (Rom, Präsident der Partei), Giorgio ALMIRANTE (Rom, Generalsekretär), Antonio BUTTAFUOCO (Sizilien) und Franceso PETRONIO (Mailand) Platz (NE, 8/1979, S.51). Romualdi ist übrigens ein unehelicher Sohn Mussolinis, war Mitbegründer der MSI, jedoch seinerzeit noch wegen Kriegsverbrechen untergetaucht(Rosenbaum, 1975, S.136).

Am 17. Juni 1984 erhielt die MSI-DN mit 6,5 % der Stimmen fünf Sitze und war Gründungsmitglied der euro-rechten Fraktion, zusammen mit der FN unter Le Pen und der griechischen E.P.EN. (Schmidt, 1994, S.399). Personell blieb bei der MSI-DN Abgeordnetengruppe alles beim alten; der neu hinzugewonnene fünfte Sitz wurde durch Antonio Tripodi besetzt (EP-Handbuch, 1984; vgl. Abschnitt III 1.1).

Das fraktionelle Zusammengehen mit Le Pen hatte dabei keine negativen Auswirkungen auf die nationale Ebene, im Gegenteil: An dem MSI-DN-Parteitag 1985 nahmen erstmalig die Generalsekretäre der Christdemokraten (DC) und der Sozialisten (PSI) teil, „wie das unter den Parteien in Italien sonst auch üblich ist“, so *Nation Europa*. „Dies wird allgemein dahingehend bewertet, daß die italienische Rechte sich nicht nur als politische Kraft etabliert hat, sondern als solche jetzt auch allgemein anerkannt wird.“ (NE, 1/1985, S.59) Vorangegangen war 1983 die Aufforderung des damaligen PSI-Generalsekretärs Bettino Craxi, die Ausschlußpolitik gegen die MSI-DN zu beenden (Renner, 1994, S.64). Im selben Jahr wurde er der erste ‘sozialistische’ Ministerpräsident Italiens, wobei es ihm nach den Niederlagen der Linken in den siebziger Jahren und dem Scheitern des *compromesso storico* 1979 gelang, die Gewerkschaften korporativ in die kapitalistische Modernisierung des Landes zu integrieren (Seifert, 1992, S.20 und Feldbauer, 1996, S.115). Im Gegenzug betrachtete die MSI-DN die PSI als potentiellen Bündnispartner in einem „patriotischen Sozialismus“ gegen Amerikanismus und westlichen Kapitalismus (Sidoti, 1992, S.152).

Aufgrund der rivalisierenden Flügel in der MSI-DN trat aber die innere Zerrissenheit immer weiter in den Vordergrund, bis sie nach dem Tod Almirantes 1988 offen zum Ausdruck kam: Ende 1987 trat zunächst der vergleichsweise ‘gemäßigte’ Gianfranco Fini an die Parteispitze, mußte aber schon bald wieder dem Druck der Militanten weichenund wurde er bereits im Januar 1990 durch Rauti wieder abgelöst (Backes, 1990, S.9).

Wesentlichen Anteil daran dürfte die Schlappe infolge der Europawahl 1989 gehabt haben, bei der die MSI-DN zwar nur leicht auf 5,5 % fiel, aber bei der darauffolgenden euro-rechten Fraktionsbildung außen vor blieb (Schmidt, 1994, S.402). Somit mußten sich die vier MSI-DN-Abgeordneten Gianfranco FINI,

Christiana MUSCARDINI, Antonio MAZZONE und Giuseppe RAUTI, überdies alles Neulinge im EP, mit dem Status als Fraktionslose (NI) begnügen (EP-Vademecum, 1992, S.162, 174 und 210; EP-Vademecum, 1994, S.100 und EP-Liste, 25.10.1991, S.74). *Nation Europa* dazu: „– eine Entscheidung, die den Sieg Rautis über den glücklosen Fini beeinflußt haben dürfte." (NE, 1/1990, S.51)

Daran schlossen sich Wahlschlappen bei den Regional-, Provinzial- und Kommunalwahlen an (NE, 5/1990, S.47), die zu heftigen innerparteilichen Kontroversen über den künftigen Kurs führten (NE, 6/1990, S.53). Rauti setzte mehr auf Bewegung – *„movimenti"* –, als auf parlamentarische Politik; damit gewann er durchaus auch Mitglieder hinzu, vor allem bei jüngeren Leuten und Arbeitern. Die Linke reagierte zudem auf Rautis Umarmungsstrategie eher hilflos (Raith, 1990, S.351).

Während sich infolge häufender Parteiaustritte aus dem Mittelbau sich teilweise schon die regionalen Strukturen vor allem im Norden auflösten, (NE, 1/1991, S.49), gewann die *Lega Nord* dort zunehmend an Bedeutung.

Die bestehende Polarisierung zwischen Fini, mitsamt den hinter ihm stehenden Pragmatikern, Modernisten und Nationalkonservativen, und Rauti, mit den Populisten, intransigenten Katholiken und den Ideologen eines republikanischen Neo-Faschismus als Verbündeten spitzte sich deutlich zu. Daraufhin wurde ein parteiinternes Exekutivkommitee zur Wiederherstellung der Einheit eingerichtet, in dem jedoch Finis Gefolgsleute eine offensichtliche Mehrheit innehatten (NE, 3-4/1991, S.76).

Nach einer weiteren Wahlniederlage, zudem in der traditionellen MSI-Hochburg Sizilien, trat Rauti zurück und am 6. Juli 1991 wurde Fini erneut zum Generalsekretär der Partei gewählt. Der unterlegene Gegenkandidat hieß Mennetti, Rauti selbst hatte sich gar nicht erst aufstellen lassen (NE, 7-8/1991, S.78-79). Kurz darauf spaltete sich die Gruppe *Fascismo e libertà* um Senator Giorgio Pisanò ab.

In der Folgezeit war Fini nun darum bemüht, die Partei aus dem Ghetto zu befreien und dabei mittels Kooperation statt Konfrontation, den Weg in die Präsidialrepublik zu bereiten (NE, 9/1991, S.51-52). Unter seiner Führung konnten die *missini* auf Anhieb wieder an frühere Erfolge anknüpfen, und mit ihren präsidialen Staatsvorstellungen fanden sie zudem Anklang bei Staatspräsident Cossiga. Mit der Nominierung der Duce-Enkelin Alessandra Mussolini gelang Fini schließlich „ein Coup, der auch innerparteiliche Gegner mattsetzte". Die Abspaltung *Fascismo e Libertà* dagegen verschwand nach den Parlamentswahlen vom 5. April 1992 in der Bedeutungslosigkeit, während sich die MSI-DN auf 8,7 % verbesserte und mit 55 Sitzen ins Parlament einzog, woraufhin Pisanò zur MSI-DN/AN zurückkehrte (NE, 2/1992, S.45 und 5/1992, S.22-23; Sidoti, 1992, S.171 und Searchlight, 11/1994, S.21).

Am 11. Mai 1992 legte Fini sein EP-Mandat nieder, für ihn rückte vier Tage später Pietro Mitolo nach (EP-Vademecum, 1992, S.169 und EP-Vademecum, 1994, S.100).

1993 gelangen der MSI-DN erstmals spektakuläre Kommunalwahlerfolge, wobei sie sich ein Vakuum zunutze machen konnte, welches die korrumpierten alten Regierungsparteien DC und PSI mitsamt ihren Klientelismus hinterlassen hatten. Begleitet war diese Staatskrise von einer gesamtgesellschaftlichen Wiederentdeckung autoritärer Modelle, zumal das demokratische System an die Grenzen seiner Leistungsfähigkeit gelangt war, sowie von der finalen Entmachtung der Gewerkschaften. Dies gelang der seit 28. Juni 1992 amtierenden Regierung unter dem stellvertretenden PSI-Vorsitzenden Giuliano Amato durch einen „Solidarpakt für Stabilität", den die Gewerkschaften mitunterzeichnet hatten und auf die die Regierung den Zorn in der Bevölkerung über Steuererhöhungen und Sozialleistungskürzungen umzulenken vermochte.

Ab Ende April 1993, stand dann der parteilose frühere Notenbankpräsident Carlo Azeglio Ciampi an der Regierungsspitze. An seiner Regierung waren erstmals Politiker der linksdemokratischen Partei (PDS), die aus der früheren Kommunistischen Partei (PCI) hervorgegangen war, beteiligt. Ciampi vermochte sich jedoch nicht einmal ein Dreivierteljahr im Amt zu halten, was in seiner Schuldenpolitik und dem nahenden Staatsbankrott begründet war. Vor dem Hintergrund der restriktiven Bestimmungen des Maastrichter Vertrags zur Europäischen Union, die eine jährliche Neuverschuldung von über 3 % des Bruttoinlandsprodukts verbieten, war diese Politik nicht weiter tragbar. Beide Regierungen stießen bei der MSI-DN auf Ablehnung, doch verstand es insbesondere die sezessionistische *Lega Nord*, aus diesem Umstand politischen Profit zu schlagen.

Der italienische Medienunternehmer Berlusconi unterstützte bei den folgenden Kommunalwahlen erstmals Fini, der sich, mit dessen Medienunterstützung im Rücken, in der Stichwahl um den Bürgermeisterposten von Rom bewarb und mit 46,9 % nur sehr knapp dem konkurrierenden Linksbündnis unterlag. Damit hatte Fini allerdings insofern einen Durchbruch erreicht, als daß die MSI-DN von nun an als wählbare Kraft auf nationaler Ebene akzeptiert wurde. Gleichzeitig trug sich Berlusconi jedoch auch mit dem Vorhaben, mit einer eigenen Partei zu den nationalen Parlamentswahlen anzutreten (Renner, 1994, S.65-66; AdG, 1992, S.36919 und 1993, S.37809; Uesseler, 1993a, S.520-521, Wolf 1994, S.43-44 und Seifert, 1993, S.36).

Unter der Führung Finis bildete die MSI-DN 1994 das Wahlbündnis *Alleanza Nazionale* (AN), um die eigene Bündnisfähigkeit zu unterstreichen. Dies wurde durch eine überraschende Spitzenentscheidung eingeleitet; es gab weder eine innerparteiliche Diskussion noch einen Gründungskongreß. Stattdessen wurde die AN auf einer Versammlung nicht gewählter Lokalfunktionäre und handverlesener Fini-Vertrauter per Akklamation gegründet, und während alle übrigen Parteien ihre Listen weitestgehend mit Neulingen besetzten, gab es bei der AN eine personelle Kontinuität von 95 % gegenüber der alten MSI-DN (Trautmann, 1994, S.13). Gleichwohl gelang es der MSI-DN damit endgültig, aus der politischen Isolation auszubrechen und an Breitenwirkung zu gewinnen. Um angesichts des neuen Mehrheitswahlrechts bessere Startchancen zu haben, erfolgte der Zusammenschluß mit der *Forza Italia* und Umberto Bossis *Lega Nord* zum *Polo della libertà* (Pol der Freiheit), der schließlich zur Beteiligung an der Regierung Berlusconi führte.

Im Laufe der Zeit gelang es Fini sogar, sich positiv von Regierungs- und Koalitionspartner Berlusconi abzusetzen, da er seine Bewegung, aufgrund des bisherigen offiziellen Ausschlusses von staatlichen Ressourcen, als unkorrumpiert präsentieren konnte. Berlusconi hingegen hatte eben gerade aufgrund dieser Einbindung, protegiert vor allem durch Repräsentanten der alten *partitocrazia*, allen voran der 'Sozialist' Bettino Craxi, sein Medienimperium aufbauen können. Die dabei angewandten illegalen Praktiken wurden schließlich durch das sogenannte *Mammi-Gesetz* nachträglich legalisiert.

Gleichwohl hatte die MSI-DN/AN überhaupt erst durch die Inanspruchnahme jenes Medienkartells die öffentliche Aufmerksamkeit erlangen können, die ihr schließlich zum nationalen Durchbruch verhalf (SP, 44/1994, S.171-172; Poggio et al, 1994b, S.112 und Renner, 1994, S.7, 66 und 92-94).

Bei den nationalen Parlamentswahlen am 28. März 1994 gewann die AN, bei 13,5 % der Stimmen, 109 Parlaments- und 48 Senatssitze, in Rom erreichte Fini sogar über 50 %. Insgesamt gewann das Rechtsbündnis 300 von 475 Direktmandaten, weitere 66 Sitze kamen über die Liste hinzu (AdG, 1994, S. 38813 und Searchlight, 3/1995, S.20). Demgegenüber war die Linke – zusammengeschlossen in dem sehr heterogenen Bündnis der *Progressisti*, aus sich selbst heraus kaum mobilisierungsfähig, sondern positionierte sich nur über die Abgrenzung von Berlusconi und seinen neuen Freunde (Renner, 1994, S.52-54).

Ferner hatte deren stärkste Kraft, die PDS, auch kaum Neues zu bieten, um sich in dieser Situation als echte Alternative darstellen zu können (Hausmann, 1994, S.264-265). Sie war zu sehr dem Milieu der traditionellen lohnabhängigen Arbeit verhaftet und übersah dabei die Bedeutung der modernen Netzwerkunternehmen mit ihren dezentralen Strukturen (Poggio et al, 1994a, S.111).

Andere 'Linke' liefen gleich zu Berlusconi über, so die Europaabgeordneten Maria Magnani Noya und Guiliano Ferrara von der PSI des ehemaligen Berlusconi-Förderers Bettino Craxi. Ferrara ist von Beruf Journalist und arbeitete in dieser Eigenschaft schon seit 1989 für Berlusconis *Canale 5*. Schließlich erhielt er das Amt des Parlamentsministers sowie des Sprechers des Ministerrats und erfreute sich auch bei der AN-Mehrheitsströmung um Fini großer Beliebtheit.

Auch Teile der sozialdemokratischen Partei Italiens (PSDI), die im vorherigen Wahlkampf noch zusammen mit der Volkspartei (PPI) und der republikanischen Partei (PRI) das *Centro*-Bündnis bildete, schlossen sich Berlusconi an. Der britische Labour-Europaabgeordnete Glyn Ford forderte in dem britischen antifaschistischen Magazin *Searchlight* deren Ausschluß aus der Sozialistischen Internationalen: „Wir haben in der Vergangenheit Konservative mit Sozialisten verbündet gesehen, doch Sozialisten, die sich mit Faschisten verbünden, sind völlig unerträglich." (EP-Vademcum, 1992, S.92; Searchlight, 4/1994, S.23 und 5/1994, S.15; Ritter, 1989, S.144; Renner, 1994, S.74 und taz, 24.10.1995, S.14) Diese Affinitäten rührten allerdings unter anderem daher, daß bereits in früheren Zeiten auch von links die Forderung erhoben wurde, den Staat zu modernisieren und wie ein Unternehmen zu organisieren (Poggio et al, 1994b, S.110).

Zeitgleich formierte sich mit dem Wahlsieg Berlusconis eine für die größere Öffentlichkeit sichtbare rechte Presse und rechte Kultur (SP, 19/1994, S.158). Viele Ex-Faschisten waren auch im engen Mitarbeiterstab von Berlusconi selbst zu finden (Uesseler, 1994b, S.583), während von den fünf AN-Ministern nur drei zuvor schon der MSI-DN angehörten und alle fünf zudem keine Schlüsselministerien besetzten (Trautmann, 1994, S.13).

Durch den gesellschaftlichen Rchtsruck bestärkt nahm die Gewalttätigkeit der MSI-Jugend gegenüber Immigranten und linken Politikern zu; während angesichts zweifelhafter Verbindungen zur neuen *classe politica* die Mafia ihre Geschäfte unbehelligt weiterverfolgen konnte.

Sie selbst verübte Bombenanschläge auf Büros der Linksparteien (PRC und PDS) in Rom, Neapel und Palermo. Einen schweren Schlag hatte sie zuvor noch im November 1993 mit dem Wahlerfolg der Anti-Mafia Partei *La Rete* des früheren Christdemokraten De Luca erhalten, die 1994 mit den Linksparteien im *Progressisti*-Block zusammenging, jedoch 1994 in Sizilien nur noch auf zehn bis 12 % kam (Searchlight, 5/1994, S.13-17). Zudem gelang es Berlusconis Medienimperium noch, wie spätere Untersuchungen nachwiesen, rund 8 % der Wählerstimmen zu dessen Gunsten zu verschieben (Uesseler, 1995a, S.785-786).

Zu einem Bündnis mit Fini hatte Berlusconi im Vorfeld vor allem der ultraliberale Wirtschaftsprofessor Antonio Martino geraten (Uesseler, 1994d, S.1122), der später in dessen Regierung Außenminister wurde.

Indes wollte gerade er dann Berlusconis Partei als Retterin in einer Situation darstellen, die sie selbst mit geschaffen hatte. Im Hinblick auf die AN meinte er: „Wären wir als Forza Italia nicht angetreten, hätten sich diese Rechten den Wählern als einzige Alternative zu den Linken angeboten. So haben wir nicht nur den Sieg der Linken verhindert, sondern auch den der ganz Rechten." (SP, 21/1994, S.138)

In der neuen Regierung spielte insbesondere Guilano Ferrara, der starke Mann hinter Berlusconi, eine zwielichtige Rolle. Er hatte schon seinen früheren Europawahlkampf für die PSI aus Schmiergeldern bestritten und gilt auch als Urheber des Dekrets zur Entlassung korrupter Delinquenten aus dem Gefängnis, womit die Regierung Berlusconi allerdings einen Mißerfolg landete (taz, 24.10.1995, S.14).

Daneben profitierte gerade die MSI/AN von dem Mythos, daß die Mafia unter Mussolini effektiv bekämpft worden sei; auch wenn es nicht der historischen Wahrheit entspricht, zumal die Mafia als antikommunistische Hilfstruppe benötigt wurde und selbst mit der deutschen SS kollaborierte (Searchlight, 5/1994, S.15).

An den jüngsten Wahlerfolgen der AN wurde freilich auch deutlich, daß hohe Stimmenanteile für weit rechts stehenden Parteien eben nicht von dem Charisma und vom markigen Populismus des Vorsitzenden abhängen müssen. Der Spiegel vermerkte zu Fini: „Er sieht aus und spricht wie der Gymnasiallehrer, der er ist.“ Der charismatischere Fini-Vorgänger Almirante, auch er war von Beruf Lehrer, vermochte zwar seinerzeit die Plätze Roms mit Zuhörern zu füllen, fuhr aber für die MSI-DN weitaus weniger Wählerstimmen ein (SP, 44/1994, S.172).

Bei der Europawahl 1994 verlor die AN leicht, sie sank gegenüber der nationalen Parlamentswahl von 13,4 % auf 12,5 % ab. Während des Wahlkampfes machte sie, nach Darstellung von Searchlight, kaum Anstalten, ihren faschistischen Charakter zu verbergen. Mafiose Anschläge auf Autos und Häuser von politischen Opponenten waren an der Tagesordnung (Searchlight, 7/1994, S.12 und 19).

Fini trieb dabei ein Doppelspiel. Als Rechtfertigung für sein 'gemäßigtes' Auftreten bei einer AN-Versammlung meinte er gegenüber jungen Skinheads: „Laßt mich nicht ein Wort zuviel sagen, weil sich hier sicher ein paar Journalisten eingeschlichen haben.“ (SP, 19/1994, S.148-150) Gleichzeitig schienen die 'Staßenfaschisten' der AN jedoch auch zunehmend lästig zu werden, da sie nicht zum neuen moderaten Image passen, bei dem politische Gewalt und Straßenterror durch die Staatsgewalt und das parlamentarische Gerangel der demokratisch gewählten AN-Vertreter ersetzt werden sollen (Searchlight, 3/1995, S.20).

Die AN stellt nunmehr elf Abgeordnete im EP:

Cristiana MUSCARDINI*, Amedeo AMADEO, Nello MUSUMECI, Roberta ANGELILLI, Gastone PARIGI, Spalato BELLERE, Giuseppe Umberto RAUTI*, Marco CELLAI, Salvatore TATARELLA, Gianfranco FINI*, Antonello TRIZZA (EP-Ergebnisse, 1994, S.36 und 38). Drei der AN-Abgeordneten (*) gehörten bereits zuvor schon einmal dem EP an, und Marco Cellai gehörte bereits zur Zeit der MSI-DN-Mitgliedsschaft in der DR-Fraktion 1984-1989 die letzten zehn Monate dem EP an (EP-Liste, 12.12.1994, S.95 und EP-Vademecum, 1994, S.60). Während der Periode 1989-1994 war er eine wichtige Verbindungsperson zur euro-rechten Fraktion (vgl. V 2.1).

Das Wahlergebnis wurde allgemein als Bestätigung für den 'pragmatischen' Kurs Finis gewertet, auch wenn im folgenden alle Abgeordneten erneut fraktionslos (NI) blieben. Kurz darauf spalteten sich im Juli 1994 80 altgediente MSI-DN-Mitglieder ab und gründeten die *Movimento di opposizione nazionale* (MON) (Renner, 1994, S.72-73).

Fraktionslos blieb zunächst auch der PSDI-Abgeordnete Enrico Ferri, der zu den nationalen Wahlen auf Berlusconis Liste kandidiert hatte und deswegen von der *Sozialistischen Fraktion* des EP ausgeschlossen wurde.

Berlusconi selbst kandidierte zur Europawahl in sämtlichen Wahlkreisen, obwohl eine Unvereinbarkeit zwischen dem Amt des Regierungschefs und einem Straßburger Mandat bestand. Berlusconi erhielt 30 % der Stimmen; die dadurch gewonnenen Sitze gingen an weithin unbekannte Kandidaten seiner Parteiliste. Die EP-Abgeordneten der *Forza Italia*, 27 an der Zahl, bildeten schließlich die

Fraktion Forza Europa (FE) unter Vorsitz des Abgeordneten Giancarlo Ligabue (EP-Liste, 12.12.1994, S.90; EP-Vademecum, 1994, S.99, Renner, 1994, S.156 und Searchlight, 8/1994, S.23). Diese Fraktionsgründung geschah auch deshalb, weil Berlusconi nicht die erhoffte Unterstützung des deutschen Bundeskanzlers Helmut Kohl für eine Aufnahme der Abgeordneten seiner Partei in die *Fraktion der Europäischen Volkspartei* (PPE) erhielt (Trautmann, 1994, S.12), in die wohl die Abgeordneten der aus der DC hervorgeangenen *Partito Populare Italiano* (PPI) aufgenommen wurden (Jansen, 1996, S.43). Der *Fraktion Forza Europa* schloß sich im weiteren Verlauf dann auch Ferri an, blieb aber PSDI-Mitglied (EP-Liste, 13.03.1995, S.29).

Ein fraktioneller Zusammenschluß der AN-Abgeordneten mit jenen der *Forza Italia*, wie von Rauti vorgeschlagen, kam indes nicht zustande (Renner, 1994, S.72), ebensowenig eine Mitgliedsschaft in der gaullistisch bestimmten *Fraktion der Sammlungsbewegung der Europäischen Demokraten* (RDE), wie von Fini angestrebt (NE, 4/1994, S.16 und Searchlight, 8/1994, S.23). Dafür fusionierte im Sommer 1995 eben diese RDE-Fraktion mit der *Forza Europa* zur *Fraktion Union für Europa* (UPE), der Ligabue und Jean-Claude Pasty gleichberechtigt vorsitzen. Bei dieser Gelegenheit liefen allerdings die Abgeordneten Enrico Ferri und Pier Ferdinando Casini, die sich der mit Berlusconi verbündeten kleineren christdemokratischen Formation CCD angeschlossen haben, zur PPE-Fraktion über (Jansen, 1996, S.49; EP-Liste, 13.03.1995, S.100; 12.02.1996, S.99 und 17.02.1997, S.36).

Im weiteren Verlauf schien sich auch der taktische Schachzug Finis per *Alleanza Nazionale* auszuzahlen. Denn während die Regierung Berlusconi durch Proteste gegen ihre neoliberale Sparpolitik in eine Krise geriet, fuhr der Koalitionspartner AN auf Kosten der *Forza Italia* neue Wahlerfolge ein. So geschehen bei den Kommunalwahlen vom 20. November 1994. In der Presse galt Fini bereits als Kronprinz Berlusconis, auch wegen seiner Loyalität gegenüber dem Regierungschef (Möller, 1995, S.22-23). Denn schon bei der Kabinettsbildung hatte er, im Gegensatz zu *Lega Nord*-Chef Bossi, dem Dritten im Bunde, eher zurückhaltend agiert (Renner, 1994, S.67).

Doch hinter dieser scheinbar zurückhaltenden Fassade gelang es gerade der AN mit sicherem Instinkt, Schlüsselstellungen in allen Bereichen zu okkupieren (Uesseler, 1996b, S.469). So wurde der Altfaschist Mirko Tremaglio Untersekretär für Verteidigung und übernahm Mitte 1994 auch den Vorsitz des Parlamentsausschusses für auswärtige Angelegenheiten (Searchlight, 7/1994, S.18).

Der ehemalige Pressesprecher Almirantes wurde schließlich Vize-Direktor im öffentlich-rechtlichen Fernsehkanal RAI 1. RAI 2 war eng mit der PSI Craxis verknüpft und dessen sich jetzt unabhängig gebende Parteigänger profitierten im besonderen Maße von der Neubesetzung der bislang streng nach Parteiproporz besetzten Posten. Der Chef von RAI 3 wurde urplötzlich entlassen und erhielt daraufhin sofort Angebote der Berlusconi-Firma *Fininvest* (WP, 47/1994, S.17).

Die Regierung Berlusconi amtierte nur 226 Tage. Infoge eines Generalstreiks gegen ihren sozialen Crashkurs wurde sie im Dezember 1994 zum Rücktritt gezwungen. Ausschlaggebend dafür war die Aufkündigung der Koalition durch die *Lega Nord* (Feldbauer, 1996, S.7). Die daraufhin Ende 1994 gebildete 'Expertenregierung' Dini war schließlich zu schwach, um die von Berlusconi eingesetzten AN-Staatsbürokraten abzusetzen. Im Parlament hatte Dini nur eine relative Mehrheit von 302 Abgeordneten hinter sich, die AN- und *Forza Italia*-Abgeordneten enthielten sich bei der Vertrauensabstimmung zur Absicherung seiner Regierung größtenteils der Stimme. So behielt die AN die Kontrolle über nahezu alle italienischen Staatsinstitutionen und die staatlichen Industrieunternehmen bei, wenn auch die Minister ausgewechselt wurden. (DP, 27.01.1995, S.16; Woche, 12/1995, S.25; AdG, 1995, S.39653 und Searchlight, 3/1995, S.20). Zwei Tage nach Einsetzung der Regierung Dini vollzog die MSI-DN ihre endgültige Auflösung (Bobbi/Busse, 1995, 38'29-47'55 und Fülberth, 1996a, S. 28). Als Gäste waren Vertreter des gesamten politischen Spektrums, einschließlich der PDS, anwesend. Lediglich die Kommunisten (PRC) und die nationale Partisanenorganisation blieben dem Spektakel demonstrativ fern. Beim Auflösungs-Kongreß und der vollständigen Überführung der Partei in die AN kam es wieder zu Flügelkämpfen, bis hin zu Handgreiflichkeiten zwischen den Delegierten (taz, 30.01.1995, S.8 und Searchlight, 3/1995, S.20).

Daraufhin spaltete sich ein Teil der Partei ab, was Fini insofern nur recht sein konnte, da er damit die Ernsthaftigkeit der Erneuerung suggerieren konnte. Auch Rauti kehrte der AN den Rücken und vertrat wieder die alte MSI im Europaparlament.

Der Spiegel über Fini: „Jetzt darf er umso lauter behaupten, daß die Nationale Allianz faschistenfrei sei. Die Schnellreinigung wirkte: In einer von der Wochenzeitschrift *L'Espresso* veröffentlichten Umfrage erklärte jeder dritte ungeniert, er sei rechts. Vor einem Jahr war nur etwa jeder zehnte Italiener zu einer solchen Aussage bereit." (SP, 7/1995, S.135 und EP-Liste, 13.03.1995, S.106)

Bei den Regionalwahlen im April 1995 stagnierte indes die Zustimmung für die *Alleanza Nazionale* wie auch für die *Forza Italia*, was Berlusconi gleichwohl nicht davon abhielt, nationale Parlamentsneuwahlen zu fordern. Dazu ist festzuhalten, daß in einigen traditionellen Hochburgen der Rechten, so in Sizilien, nicht gewählt wurde (taz, 25.04.1995, S.8 und jw, 25.04.1995, S.10). Zur gleichen Zeit kam Berlusconi durch eine Volksabstimmung über ein neues Mediengesetz etwas in die Defensive, was sich möglicherweise zugunsten Finis auswirken könnte, auch was die Gewichtsverhältnisse im *Polo della libertà* anbelangt. Gleichwohl durfte Berlusconi durch höchstrichterlichen Beschluß pausenlos seine Spots gegen das Gesetzesvorhaben über die ihm bislang noch zur Verfügung stehenden Kanäle laufen lassen (Migge, 1995, S.11).

Die öffentlich-rechtliche Konkurrenz von der RAI hingegen 'verzichtete' im Vorfeld gänzlich darauf, bezahlte Informationssendungen zu den Referenden auszustrahlen. Dabei ist zu beachten, daß Berlusconis Holding bereits 95 % aller Werbeausgaben im kommerziellen Sektor kassierte, die teilweise mit mafiosen Praktiken eingetrieben wurden, ferner kontrollierte sie 60 % des Marktes für TV-Werbung; gerade 35 % hielt daneben noch die öffentlich-rechtliche RAI.

Bei den Berlusconi-Sendern wurden die Spots der Gegenseite schließlich nach der Sandwich-Methode – das Einbinden der Spots des politischen Kontrahenten zwischen zwei Berlusconi-Spots – entwertet und lächerlich gemacht. Das Abstimmungsergebnis, bei einer Wahlbeteiligung von nicht viel mehr als 50 %, stärkte Berlusconis Position auf allen Ebenen und damit auch sein europaweit einzigartiges Medienmonopol, welches er durch Beteiligungen an der RAI jetzt noch weiter ausbauen könnte.

Allerdings darf ab 1996 eine Einzelperson nur noch 20 % der landesweiten Programme kontrollieren (SZ, 13.06.1995, S.3; FR, 13.06.1995, S.1 und Uesseler, 1995a, S.784-786), was sich für Berlusconi aber nicht allzu negativ auswirken dürfte, da die potentiellen Kaufinteressenten, Rupert Murdoch oder Leo Kirch, ganz ähnliche politische Interessen verfolgen (jw, 13.06.1995, S.8). Zudem verstummten die Absichten der Regierung Dini zur (Wieder-)Herstellung der Chancengleichheit im Medienbereich gerade immer dann, wenn Berlusconi Verkaufsabsichten äußerte (Uesseler, 1995b, S.685).

Ferner war der Ruf nach sauberen Händen, also einer aktiven Bekämpfung mafioser Erscheinungen kaum noch zu hören. Dieser Kampf wurde insbesondere durch den Staatsanwalt Di Pietro verkörpert, der jedoch deutliche Sympathien für Berlusconis *Forza Italia* erkennen ließ. Gegen Di Pietro wurde schließlich selbst ein Strafverfahren eingeleitet, woraufhin er in einem theatralischen Akt zurücktrat, ohne sich zu den Anschuldigungen zu äußern (Uesseler, 1996, S.1-2; SZ, 16.11.1996, S.4 und jw, 07.05.1996, S.9). Unterdessen spielen vor allem die italienischen Gewerkschaften zunehmend die Rolle einer unkorrumpierten Ordnungsmacht, wenngleich sie zur Zeit betrieblich und tarifpolitisch eher auf dem Rückzug sind (Voss, 1995b, S.40-41).

Nach der Ablehnung eines Rücktrittsgesuchs Dinis durch den Staatspräsidenten, zum Jahreswechsel 1995/96, zeichnete sich die Bildung einer Allparteienkoalition ab. Eine entsprechende Forderung Berlusconis traf in der PDS erstmals auf Wohlwollen; was mit der positiven Haltung Massimo d'Alemas zur kapitalistischen Modernisierung korrespondierte. Dieser großen Koalition standen die AN ebenso wie die Kommunisten ablehnend gegenüber, wenngleich die AN für den damit verbundenen Rechtsschwenk der PDS lobende Worte fand.

Berlusconis Image sank aufgrund staatsanwaltschaftlicher Ermittlungen gegen ihn weiter ab; in Wahlumfragen wurde die *Forza Italia* zwischenzeitlich von der AN überflügelt (jw, 2.1.1996, S.8; ak 387, 1996, S.11 und Renner, 1994, S.172), weshalb die Regierung Dini Neuwahlen zunächst fürchtete (taz, 2.1.1996, S.1).

Am 12.1.1996 trat Dini schließlich doch zurück, zumal er keine parlamentarischen Mehrheiten mehr hinter sich vereinigen konnte (FR, 13.1.1996, S.2). Das lag vor allem an den Attacken der Rechtsparteien, wobei gerade Fini jede Möglichkeit nutzte, sich als Führungspersönlichkeit zu profilieren, während Berlusconi auf ein schnelles Comeback spekulierte (ak 387, 1996, S.11). Während die Erosion des Parteiensystems deutlich fortschritt (SP, 16/1996, S. 162), konnte die AN ihren Mitgliederstand gegenüber der MSI von 1994 mehr als verdoppeln.

Die AN stellte schließlich auch ihren früheren Minister Domenico Fisichella kalt, der zusammen mit der PDS und der *Forza Italia* eine Verfassungsreform entworfen hatte, bei dessen Ausrichtung, Stärkung des Präsidenten gegenüber dem Parlament im Sinne eines autoritären Präsidialsystems, sich zwar die Rechte insgesamt durchsetzen konnte, die aber Fini schließlich doch nicht weit genug ging (SP, 7/1996, S.130-131 und ak 387, 1996, S.11). Bemühungen um eine Regierungsneubildung unter dem früheren Minister Antonio Maccanico blieben unterdessen erfolglos und die Verfassungsreform kam nicht voran, da gerade Fini hier von vornherein eine genaue Festlegung jener Reform ohne Verhandlungen forderte. Schließlich mußte Staatspräsident Scalfaro das Parlament auflösen und Neuwahlen ausschreiben (taz, 15.02.1996, S.1).

Der Wahlsieg des 'Mitte-Links'-Bündnisses *Ulivo*, bestehend aus 13 verschiedenen Parteien und Gruppen, bei den Neuwahlen am 21. April 1996 beruhte dann eigentlich nur darauf, daß jenes bei minimalen Wählerverschiebungen, begünstigt durch das Mehrheitswahlrecht, die meisten Direktmandate gewann. An der Spitze steht der formell parteilose Wirtschaftsprofessor Romano Prodi, der für die Volkspartei (PPI) kandidierte, und der zuvor schon einmal von einem AN-Minister als mögliches Mitglied für die Europäische Kommission genannt worden war.

Insgesamt zeichnete sich im Wählerverhalten aber eher ein weiterer Rechtsruck ab, zumal das rechte Lager, also die Parteien im 'Pol' Berlusconis, die Pannella-Liste, die *Lega Nord* und die Liste Dini, letzterer hatte sich mit Prodi verbündet, zusammen auf 60 % der Stimmen kam. Nur aufgrund der inneren Divergenzen und Spaltungen gelang es nicht, das Wahlergebnis in politische Macht umzumünzen.

So erhielten die darüber hinaus noch separat kandidierenden Traditionsfaschisten der *Fiamma tricolore* unter Rauti in Süditalien zwischen 1 und 2,5 % und brachten durch Wahlkreiskandidaturen den 'Pol' mehrfach um den Wahlsieg, in Sizilien errangen sie sogar einen Senatorenposten. Die AN konnte, von zwei Ausnahmen abgesehen, in allen Regionen zulegen und steigerte sich insgesamt auf 15,7 %, wobei sich Rom und Umgebung mit 30,9 % als absolute AN-Hochburg herauskristallisierte, Auch die Liste Rautis erzielte in der Hauptstadt ihre Spitzenwerte mit Resultaten zwischen 4 % und 6,8 %, während die *Forza Italia* bei 20,6 % der Stimmen leicht verlor und ihr bestes Ergebnis in Sizilien mit 32 % erreichte (SoZ, 9/1996, S. 12; SZ, 23.04.1996, S.1; SP 16/1996, S.162; AdG, 1996, S. 40984 und Fülberth, 1996a, S.29).

Die Regierung Prodi stützt sich unterdessen neben der PPI vor allem auf die PDS. Deren Vorsitzender Massimo d'Alema, dessen Partei die tragende Säule des Parteienbündnisses *Ulivo* ist, gewann an Wertschätzung bei den Berlusconi-Sendern, als er versprach, sich für ein Verbot von Werbesendungen im Staatsfernsehen RAI stark zu machen (taz, 20./21.04.1996, S. 9); im Gegenzug wird d'Alema von den Berlusconi-Sendern hofiert. Trotz Kritik seitens der Kommunisten, angesichts seiner früheren Nähe zu Berlusconi wie auch zu Fini, wurde schließlich der Staatsanwalt Di Pietro Bauminister in der Regierung Prodi (jw, 07.05.1996, S.9).

Fini spekulierte unterdessen auch auf baldige Neuwahlen, angesichts der inneren Gegensätze der politischen Kräfte, welche die Regierung Prodi tragen (NE, 5/1996, S. 24). Zunächst jedoch befand sich die AN in einem Abwärtstrend, den Fini erst im September 1996 stoppen konnte, als sich seine Partei an die Spitze einer medienwirksamen Demonstration gegen den Sezessionismus der *Lega Nord*, welcher in der Proklamation des norditalienischen Staates *Padania* eine neue Qualität annahm, stellte. Hierbei warf er der in bezug auf föderalistische Reformen durchaus konzessionsbereiten Regierung Prodi vor, zu schlafen (jw, 17.09.1996, S.8).

Auch bei den Protesten gegen die restriktive Haushaltspolitik jener Regierung gelang es ihr, im Verein mit der *Forza Italia* Berlusconis, in Rom die Initiative zu übernehmen (jw, 11.11.1996, S.1 und 3). Die Billigung des Sparhaushalts wurde schließlich begleitet von einem pompös inszenierten Rücktritt des Ministers Di Pietro, der schon zuvor des öfteren mit Prodi angeeckt war. Konkreter Hintergrund für diesen Schritt waren neue Ermittlungen gegen ihn wegen Korruption, von denen er aus dem Fernsehen erfuhr.

Di Pietros hohe Popularität, die von seinem Nimbus als 'Saubermann' zährt, stieg durch dessen Rücktritt rapide an, ohne daß er sich zu den Vorwürfen erklärt hätte (FR, 16.11.1996, S.2; FAZ, 16.11.1996, S.1 und SZ, 16.11.1996, S.4). Zuvor war er bereits drei Mal unter Korruptionsverdacht geraten, doch wurde in allen drei Fällen ein Prozeß niedergeschlagen (jw, 16.11.1996).

Zur MSI-DN/AN auf europaparlamentarischer Ebene ist unterdessen zusammenfassend festzuhalten, daß sie bei der euro-rechten Vernetzung zwar wichtige Pionierarbeit leistete, aber das EP für sie nie so bedeutsam war, wie für ihre französischen Kollegen. Der größte Durchbruch gelang ihr ohnehin auf der nationalen Ebene, durch eine 'passive Revolution', also losgetreten durch Teile der *classe politica*, ohne Initiative der Bevölkerung, lediglich durch sporadisches und unmethodisches Umstürzlertum begleitet. Dabei kann sich die MSI/AN gerade deshalb als salonfähig präsentieren, weil sie auf europaparlamentarischer Ebene seit 1989 erzwungenermaßen nicht mehr mit der FN Le Pens in einer Fraktion sitzt.

Zur Zeit kann sich die AN überdies als einzige konsequente Oppositionspartei zur Regierung Prodi präsentieren, deren Sparpolitik vor dem Hintergrund der

Kriterien von Maastricht vor allem die bei den Wahlen ausschlaggebende Mittelschicht trifft. Denn sie erscheint zum einen als weitgehend unkorrumpiert, gerade auch im Gegensatz zu Berlusconi, und hat im Gegensatz zu den Kommunisten auch mehr politischen Spielraum. Denn jene sehen sich mehr oder weniger gezwungen, Prodis Sparpolitik zähneknirschend mitzutragen, dem die eigene Programmatik hinten angestellt wird, um die fragile Mehrheit im Parlament nicht zu gefährden.

2.2.2 Movimento Sociale Italiano – Destra Nazionale (MSI-DN) und Alleanza Nazionale (AN); Programmatik und Wähler

Als sich nach dem Zweiten Weltkrieg die italienischen Faschisten in der *Fronte dell Uomo Qualunque* sammelten, richteten sie sich an den wirtschaftlich ruinierten Mittelstand und verunglimpften die Resistenzia als „Rülpser des Nordens". Sie entzogen sich dabei in der Nachkriegsrealität durch Demagogie und Ablehnung jeder politischen Verantwortung.

Nachdem der Qualanquismus verschwunden war, wurde er von der Nationalen Rechten und den Faschisten als Propagandaform gegen die Demokratie übernommen, wobei an Ignoranz und niedrige Instinkte appelliert wurde. Nino Tripodi rief 1946 zur „nationalen Reorganisation" auf (Rosenbaum, 1975, S.34-36).

Seit der Gründung der MSI 1946 bis hin zur aktuellen AN gibt es keine programmatische Abschwörung von der mussolinischen Doktrin und nicht einmal zwischenzeitlich bezüglich der Methode dieser Bewegung. Deswegen ist es streng genommen sogar inkorrekt, sie als neo- oder ex-faschistisch zu bezeichnen.

Das einzige Zugeständnis an die veränderte Situation bestand in ihrem Gründungsprogramm darin, das gerade untergegangene Regime nicht wiedererrichten zu wollen. Dies war allerdings ein eher taktisches Manöver und insofern der neuen politischen und gesetzlichen Lage geschuldet, als daß die MSI sonst ein sofortiges Verbot riskiert hätte (Uesseler, 1994a, S.551-552). In ihrem ersten Programm betonte sie die fundamentale Rolle der Nation, forderte den Arbeiterstaat im Sinne einer korporativen Partnerschaft zwischen Kapitalbesitzern und Lohnabhängigen, den Katholizismus als Staatsreligion, Außenpolitik im Sinne nationalistischer Demonstration oder sogar als zivilisiernde Mission seitens der italienischen Nation. In erster Linie wollte sie der neuen Republik durch Kündigung des Friedensvertrags ihre Legitimationsgrundlage entziehen. Ferner argumentierte sie angesichts des sich abzeichnenden kalten Krieges für einen 'dritten Weg' zwischen Kapitalismus und Kommunismus, bei dem die Nation und die nationale Gemeinschaft als ein über alles stehender Wert mit eindeutig antipluralistischer Zielsetzung der *partitocrazia* entgegengesetzt wurde.

Mit einer taktischen Mäßigung und der Selbstdarstellung als Verteidiger der „Christlichen Zivilisation" gegen den Bolschewismus gelang ihr in den fünfziger

Jahren schon eine erste Bündnispolitik mit der DC (Chiarini, 1991, S.26-28). Dazu bediente sie sich von der ersten Stunde an der Parole „Nicht verleugnen, nicht restaurieren!". Mit „Nicht verleugnen" suggerierte man, sich nicht aus der Verantwortung für die Vergangenheit davonstehlen zu wollen, das „Nicht restaurieren" ermöglichte hingegen den Brückenschlag zu jenen Kräften, die aus patriotischer Motivation heraus im Bürgerkrieg gegen Mussolini gekämpft hatten (Fromm/Kernbach, 1994b, S.234). Dieser Formel bediente sich Fini noch 1994 (Ferraris, 1994, S.8).

1970 gab Almirante auf dem MSI-Parteitag die Abkehr vom „anachronistischen" Faschismus bekannt, um damit der Partei ein modernisiertes Erscheinungsbild zu geben. Daraufhin wurden die Schwarzhemden und der romanische Gruß abgeschafft und die Sprache aktualisiert, auch in der Parteipropaganda nahm man Abschied vom heroischen Klassizismus. Infolgedessen wurden Wandparolen publiziert, die an die unmittelbaren Alltagsorgen der italienischen Bevölkerung anknüpften, von der ansteigenden Arbeitslosigkeit über die hohen Steuerlasten, bis hin zur sozialen Verelendung. Almirante forderte, daß man in die Gewohnheiten der Leute und ihre Art zu sprechen eindringen müsse, um die Partei wirklich zu verankern. Damit wurde die Partei begrenzt diskursfähig und Almirante erhielt sogar eine Audienz beim Papst (Cheles, 1991, S.43-44 und Pfahl-Traughber, 1994a, S.23).

Die verschiedenen Flügel der *Movimento Sociale* haben zwar unterschiedliche Vorstellungen hinsichtlich der Strategie und Taktik, nicht jedoch hinsichtlich ihrer Ziele. Bei diesen unterschiedlichen Vorstellungen geht es dabei auch immer um die „richtige Interpretation des Vermächtnisses Mussolinis" (Uesseler, 1994a, S.551-552). In diesem Kontext ist auch die thematische Öffnung der Partei in den achtziger Jahren für das Thema Ökologie zu sehen. Damit hat sie nach den Worten Finis „den großen Bogen von der einstigen Hochschätzung der Erde und der Heimat zur aktuellen Besorgnis von Millionen Menschen um den Verlust eben dieser Erde geschlagen". Gleichwohl bleibt aber auch die enge Verquickung der Partei mit faschistischen Schlägertrupps, so daß es sich „bei der Wandlung der faschistischen Partei nicht um eine tatsächliche Demokratisierung zur Mitte hin handelt, sondern um den Versuch, ihren alten politischen Zielen ein modernisiertes Erscheinungsbild zu geben" (Raith, 1989, S.137-138).

Rauti versuchte dies durch einen 'Linksruck' der MSI-DN zu erreichen. Seine innerparteilichen Gegenspieler forderten allerdings, gerade angesichts der Umbrüche in Osteuropa, eine Darstellung als 'Law and Order'-Partei und die Abkehr von einem Neofaschismus, der den Duce als „Vordenker des Jahres 2000" verklären wolle. Der Mussolini-Faschismus sei ein für allemal Geschichte (NE, 6/1990, S.53). Rauti spekulierte indes auf die „Waisen des Karl Marx" und wollte die MSI zum „4. Pol" der italienischen Politik ausbauen (NE, 1/1991, S.49). Zwar stiftete die neue Orientierung unter Rauti auch bei den italienischen Linksparteien Verwirrung, wohl aber eher wegen deren eigener programmatischer Schwäche, infolgedessen sie es versäumt hatten, sich mit den neurechten Thesen auseinanderzusetzen. Eher dünn gesät sind nämlich Einsichten, wie die des Sozialphilosophen Norberto Bobbio: „Wenn Rechte und Linke sich heute auf die gleichen Autoren beziehen, so heißt das weder, daß es eine ideelle Gemeinsamkeit zwischen ihnen gibt, noch daß sie auf identische Ziele hinsteuern. Was beide verbindet, ist die Kritik, mitunter der Haß auf den bürgerlichen Staat. Doch die Liebe beider gilt ganz unterschiedlichen Dingen: Die Linken möchten die substantielle Gleichheit aller Gesellschaftsmitglieder und sehen daher die demokratische Gleichheit lediglich als formal an; den Rechten dagegen ist die Tatsache, daß in der Demokratie jeder Bürger eine Stimme hat, reine Gleichmacherei und sie wollen dies zugunsten eines vertikalen Systems von Verantwortlichkeit des 'Besseren', 'Höheren' oder wie immer sie es definieren, ändern." (Raith, 1990, S.351-352) Rutilo Sermonti, Rautis Berater, schrieb 1974: „Unser Staat ist organisch. In ihm sind Individuen oder Persönlichkeiten in eine feste hierarchische Bindung gestellt – einen Egalitarismus gibt es nicht. Der organische Staat ist qualitativ strukturiert nach dem Wert des Einzelnen." (Rosenbaum, 1975, S.23)

Der Kampf gegen den 'Egalitarismus' ist nach wie vor ein zentraler Punkt. Die damit verknüpfte Hierarchisierung der Rechte der einzelnen Gesellschaftsmitglieder von oben nach unten wurde ebenso beibehalten wie die sich dazu umgekehrt verhaltenden Pflichten (Uesseler, 1994c, S.257). Die diesbezügliche programmatische Modernisierung besteht allenfalls darin, daß es jetzt eine untergeordnete Rolle spielt, ob ein Mann oder eine Frau an der Spitze der Hierarchie steht. Allerdings propagierte selbst die MSI-Frauenorganisation *Le Api* mit ihrem Eintreten für „Familie und Mutterschaft" ein patriarchalisches Menschenbild. „Der MSI lehnt Emanzipation sicher nicht ab. Wir sind dabei, der Frau zu einer Rolle zu verhelfen, die in der Gesellschaft nötig ist. Wenn die Frau ihre Aufgaben klar erkennt, braucht man nicht von Emanzipation zu sprechen." (Fromm/Kernbach, 1994b, S.239-240)

Das gilt es auch angesichts des aktuellen AN-Programms zu beachten, welches von Werner Raith aufgrund seiner zahlreichen Allgemeinplätze als „Nullachtfuffzehn-Programm" bezeichnet wird. Doch dies bedeutet eben keine Abkehr von der Vergangenheit, da bereits frühere Wahlprogramme der MSI nach Darstellung von Barbara Rosenbaum „Formelkataloge von Nationalismen, faschistischer Apologetik und voller Allgemeinplätze" waren (taz, 30.01.1995, S.10 und Rosenbaum, 1975, S.21).

Die aktuelle Programmatik erklärt Raith damit: „Entweder Finis Truppe ist ein reiner Postenakquirierungsverein geworden, wie alle Parteien vor ihm. Oder sie camoufliert, wie viele fürchten, nur ihre Absichten, um später den Schafspelz fallen zu lassen." (taz, 30.01.1995, S.10) Freilich könnte statt des 'entweder oder' hier auch ein 'sowohl als auch' stehen: Die AN möglicherweise als „Postenakquirierungsverein" auf dem Weg zu einem autoritären Staat. Darin bestünde letztlich überhaupt kein Gegensatz.

Als Konzession an die neue Situation nahm die AN in ihrem 'neuen Kurs' wohl Abschied von ihrer korporativistischen Wirtschaftsprogrammatik, doch Domenica Fisichella gab zu verstehen, daß es noch andere Formen des Korporativismus gäbe (Searchlight, 3/1995, S.20). Allerdings neigte anfangs selbst auch Mussolini dem Manchester-Kapitalismus zu (Kleiser, 1990, S.86), und Reinhard Kühnl weist darauf hin, daß der Faschismus ohnehin keine originäre wirtschaftspolitische Ausrichtung habe (Kühnl, 1990, S.47).

Aktuell stellt sich die AN – ganz in der Tradition Mussolinischen Denkens – als einziger Garant der Staatswirtschaft dar, die unter Mussolini deshalb eingeführt wurde, um seinerzeit die Industrialisierung Italiens voranzutreiben. Hierbei kann sich die AN auch die Angst um die im Zuge der Privatisierungen in Gefahr geratenen Arbeitsplätze zunutze machen. Davon ist auch der Großteil der mittelständischen Wirtschaft und der Kleinindustrie betroffen, welcher von den Aufträgen der staatlichen Holdings abhängig ist, so daß Fini auch bei Privatunternehmern auf Unterstützung hoffen kann (Uesseler, 1996b, S. 469).

Im aktuellen Parteistatut findet sich allerdings die Formulierung: „Rassismus und Antisemitismus sind undemokratische Haltungen, die strikt abzulehnen sind." (taz, 30.01.1995, S.8) Auch das ist kein völliger Bruch mit der Vergangenheit, da die MSI-DN nie so offen rassistisch war wie etwa FN oder REP, und auch im Mussolini-Faschismus die Rassenfrage eine weitaus geringere Rolle spielte, als etwa im deutschen Nationalsozialismus. Gleichwohl hätte sich nach dem Verblassen des Antikommunismus für die MSI-DN durchaus die Chance geboten, dieses Thema in den Mittelpunkt ihrer Agitation zu rücken.

Sofern populistischer Rassismus aufflammte, schloß sich die MSI-DN-Führung dem zwar an, trat aber nirgendwo organisatorisch in Erscheinung. Auch Rauti wich nach seiner Wahl zum Generalsekretär nicht von dieser Linie ab. Er ging sogar so weit, die Länder im Trikont als natürlichen Bündnispartner gegen die kapitalistischen Metropolen zu betrachten und verwarf den Rassismus als politisches Mittel. Auch als die Parteibasis ihm darin nicht länger zu folgen bereit war, und Fini wieder als Generalsekretär eingesetzt worden war, nahm das Thema in der MSI-DN nicht an Bedeutung zu. Vielmehr nahmen sich die *Lega Nord*, mit ihrem sezessionistischen Rassismus gegen Einwanderer und Süditaliener, und Außenminister De Michelis (PSI) dieses Themas an (Braun, 1993, S.124-125 und 128-129). Auch durch die Einrichtung eines Immigrationsministeriums 1990, welches bald darauf wieder abgeschafft wurde, konnte sich die PSI, die dieses Ministerium besetzte, vorübergehend profilieren.

Zur niederen Bedeutung dieses Themas ist generell anzumerken, daß Italien zum einen ein klassisches Auswanderungsland ist, und daß zum anderen Immigranten zumeist außerhalb der Produktion stehen und daher nicht als 'Konkurrenz' im Kampf um Arbeitsplätze wahrgenommen werden (Visentin, 1990, S.78-79 und Beuttler, 1995, S.29 und 33). Allerdings richtet sich die MSI/AN sehr wohl gegen „offene Grenzen". Zwar propagiert sie nicht den „gesunden Volkskörper", doch ihre 'Lösung' der Immigrationsfrage, nämlich dort die Grenze zu ziehen, wo die Absorbtionsfähigkeit des Volkes und der Gesellschaft aufhöre, ist letztlich desselben Geistes Kind (Uesseler, 1994c, S.257). Zwischenzeitlich verkündete sie auch die Parole „Zuerst die Italiener" (Greß, 1994, S.195). Man vergleiche dies mit den Slogans „Les Français d'abord" (FN), „Eigen Volk eerst" (VB) und „Deutschland zuerst!" (REP).

Antisemitismus ist bei der MSI/AN ebenfalls offiziell verpönt. Aus diesem Grund werden auch die unter Mussolini seit 1938 geltenden Rassengesetze verworfen. Auf Vorbehalte Israels gegenüber den fünf AN-Ministern reagierte Fini betont „verständnisvoll": „Ich hoffe, die Prüfung zu bestehen, die die israelische Regierung uns aufgelegt hat." (Renner, 1994, S.57-58) Zur gleichen Zeit benutzte aber AN-Arbeitsminister Mastella die Lüge von der „Jüdischen Weltverschwörung", indem er die „jüdische Lobby" in New York für die Schwäche der Lira verantwortlich machte (Renner, 1994, S.172). Darüberhinaus initiierte die MSI in der Vergangenheit durchaus eine Reihe 'antizionistischer' Kampagnen, die bei der alten Politikerelite auf ein mehr als sympathisierendes Echo stießen (Visentin, 1990, S.78).

Inhaltlich-programmatisch sprach Fini mit gespaltener Zunge: Im Wahlkampf 1994 versicherte er zwar, daß Italien „Freiheit, Demokratie, Solidarität und die Ablehnung jeder Diktatur brauche", lobte aber in einem Zeitungsinterview auch die Herrschaft des Duce, an der bis zum Erlaß der Rassengesetze 1938 nichts auszusetzen gewesen sei. Freilich schaffte Mussolini bereits 1922 die Demokratie ab, dazu Fini: „Es gibt Zeiten, in denen die Freiheit nicht den höchsten Wert darstellt." (SP, 44/1994, S.171-172) Das korrespondiert durchaus mit der programmatischen Vorgabe von Almirante, der „Rückkehr zu den idealistischen Ursprüngen des Faschismus", also zum korporativen Ständestaat und zum Kampf gegen den „Internationalen Plutokratismus" (SP, 19/1994, S.148-150). Senatspräsident Scognamiglio, der von der früheren liberalen Partei Italiens (PLI) zur *Forza Italia* kam, formulierte bezüglich der Ambivalenz der AN nach ihrem Regierungseintritt, wohl nicht ohne Naivität:

„Mein eigener Schluß ist, daß Finis Ambivalenz nur ein Problem für den Parteivorsitzenden Fini ist. Für mich bleibt entscheidend, daß er sich ganz klar auf die Seite der Demokratie gestellt hat." (SP, 26/1994, S.128) Dabei übersieht er nicht nur die Hintergründe jener Ambivalenz, sondern reflektiert auch nicht Finis Demokratieverständnis, mit welchem durchaus ein plebiszitärer Führerstaat gemeint sein könnte. Noch 1991 nahm Fini an einer Tagung der französischen *Association pour le Developpement de la Democratie directe* (A3D) unter Vorsitz des FN-Europaabgeordneten Yvan Blot teil, die eben dieses autoritäre Politikmodell anstrebt (ER, 7/1991; NE, 6/1991, S.50 und 5/1992, S.17-18).

In dem neuen AN-Programm wird formell auf die Forderung nach historischer, ideologischer und kultureller Fortsetzung der faschistischen Vergangenheit verzichtet (NE, 3/1995, S.24). An diesem Doppelspiel beteiligt sich auch Alexandra Mussolini. So sagte sie einerseits, sie habe ihren Großvater gar nicht gekannt und der Faschismus sei Geschichte; andererseits ließ sie auf der entsprechenden Kundgebung „die gigantische Persönlichkeit des Duce“ hochleben. Und Fini machte den Duce gar zum Maßstab für Koalitionspartner Berlusconi, der sich noch erheblich anstrengen müsse, um dessen Format zu erreichen (Fromm/Kernbach, 1994b, S.238 und 246).

Ein offenkundiger Geschichtsrevisionismus tritt zutage, wenn die Rückkehr der slowenischen Adriagebiete Istrien, Dalmatien und Fiume, die nach 1945 an Jugoslawien abgetreten werden mußten, ins Auge gefaßt wird (SP, 19/1994, S.148). Völlig unvermittelt kam das aber nicht, da die MSI/AN damit nur eine Politik zuspitzt, die zuvor von dem ‘sozialistischen’ Außenminister De Michelis betrieben wurde, der bereits 1992 die Gründung eines autonomen Gebiets Istrien angeregt hatte (Renner, 1994, S.63). Mit ihren Gebietsansprüchen stößt die MSI/AN bis heute freilich auf starke Vorbehalte in Südtirol, einschließlich deren *Südtiroler Volkspartei* (SVP), die der Modernisierung der MSI zur AN mißtrauisch gegenüber steht (Trautmann, 1994, S.12).

Auch wird gefordert, daß der 24. Mai, an dem Italien an der Seite Englands und Frankreichs in den 1. Weltkrieg eintrat, um die italienischsprachigen Gebiete Österreich-Ungarns zurückzugewinnen, zum „Tag des Vaterlands“ erklärt werden soll. Dafür setzte sich vor allem AN-Kultusminister Domenico Fisichella ein (SP, 21/1994, S.137). Er ist dem faschistischen Kulturdenken verhaftet und hält Rockmusik für einen Ausdruck von „Unkultur“ (Uesseler, 1994b, S.585).

Der Politologe Pietro Ignazio hält die Behauptung, daß die AN eine moderate rechte Bewegung sei, für „Unsinn“ und schätzt sie vielmehr als wahltaktischen Schachzug ein (SP, 21/1994, S.137). Auch Rolf Uesseler warnt: „Die AN wurde nach Erfolgen bei den Kommunalwahlen im Spätherbst gegründet und ist nichts anderes als die leicht erweiterte neofaschistische Partei (...), die sich nur ein respektableres Outfit zugelegt hat. Verglichen mit Fini sind Leute wie Schönhuber Liberaldemokraten.“ (Uesseler, 1994a, S.551) Schließlich gab es auch bei der MSI schon zuvor mehrfache Strategiewechsel sowie Umwandlungen von Organisations- und Machtstrukturen (Uesseler, 1994b, S.586).

Traditionell sprach die MSI/AN von Anfang an den größten Teil jenes Potentials an, welches auch nach dem Niedergang des Mussolini-Regimes bereit war, sich politisch zu engagieren. Darüberhinaus war und ist das rechtsextreme Lager aber sehr viel größer, als jene Wählerkreise, welche die MSI/AN repräsentierte und politisch zu binden vermochte. Zudem sind alte und neue Faschisten vielfach in den staatlichen Exekutivorganen vertreten, welche generell ein spezielles Wählerreservoir der MSI bilden.

Durch dieses Klientel getragen hat sich die MSI/AN bei Wahlen, mit einem nahezu konstanten Wählerpotential, als viertstärkste Partei behaupten können und ist als nationale Partei mittlerweile fast gleichmäßig im ganzen Land präsent. Es gibt jedoch ein leichtes Übergewicht im Süden, obgleich der Faschismus historisch in Norditalien entstand und auch die traditionelle halbkoloniale Ausbeutung des Südens fortsetzte. Ihre Hochburgen liegen in den Regionen Kampanien und Kalabrien; ferner in der mittelitalienischen Region Lazium und in den norditalienischen Regionen Trentino Alto Adige (Südtirol), wo sie die italienischen 'Siedler' vertritt, welche seinerzeit durch den Mussolini-Faschismus dorthin „verpflanzt“ wurden, und schließlich in Friuli Venezia Giulia.

Als Anti-System-Partei ist sie dabei traditionell für diejenigen Wählerschichten attraktiv, die einerseits nicht vom Klientelismus und Assistenzialismus etwa der DC bedient werden, andererseits aus dem Solidarpakt der Gewerkschaften herausfallen und ferner der ideologischen Ausrichtung der MSI wenig Bedeutung zumessen (Uesseler, 1994c, S.254-256 und Visentin, 1990, S.76-77 und 79).

Damit könnte sie angesichts der fortschreitenden kapitalistischen Modernisierung auf Kosten der Lohnabhängigen unter der 'Mitte-links'-Regierung Prodis schon bald neue Sympathien gewinnen; auch ist die Politik der italienischen Kommunisten, diese Regierung bei aller verbalen Kritik angesichts der knappen parlamentarischen Mehrheitsverhältnisse faktisch doch zu stützen, in den Augen vieler keine glaubwürdige Alternative.

2.3. Aufstieg, Geschichte und programmatischer Diskurs der Lega Lombarda und Lega Nord (Lega)

Während es sich bei der MSI-DN um eine in Italien traditionell verankerte Partei handelt, ist die *Lega* eine noch recht junge Erscheinung, die, obgleich sie bei der euro-rechten Fraktionsbildung bislang keine Rolle spielte, hier doch erwähnt werden soll, zumal Armin Pfahl-Traughber sie mit dem Etikett „rechtspopulistisch“ versieht und sie dadurch mit der *Front National* Le Pens, den *'Republikanern'* und dem *Vlaams Blok* auf eine Stufe stellt (Pfahl-Traughber, 1994a).

Die ersten Ligen bildeten sich bereits gegen Ende der sechziger Jahre in Piermont, Venetien und der Lombardei. Sie bemühten sich um die kulturellen und historischen Eigenheiten der Bevölkerung dieser norditalienischen Regionen (Poggio et al, 1994b, S.106).

Bei den Europawahlen 1989 wurden erstmals zwei Vertreter der *Lega Lombarda* in das EP gewählt, doch mit ihrem seinerzeit erreichten Ergebnis von 1,8 % hob sie sich kaum vom Heer der italienischen Kleinparteien ab (Betz, 1991, S.7). Gleichwohl erreichten sie in der Lombardei selbst 8,1 % und damit ihren Durchbruch, nachdem sie bereits seit den nationalen Parlamentswahlen 1987 mit je einem Abgeordneten in Senat und Abgeordnetenkammer vertreten waren (Backes, 1990, S.7). Ins Europaparlament wurden die Legisten Luigi Moretti und Francesco Enrico Speroni gewählt.

Sie schlossen sich dort der *Regenbogen-Fraktion* (Groupe Arc-en-Ciel au Parlement Européen; ARC) an, die überwiegend aus Repräsentanten regionalistischer und föderalistischer Parteien besteht, wie etwa der *Scotish National Party* (SNP), der flämischen *Volksunie*, der *Unione Valdostana-Partido sardo d'azione* und der *Partido Andalucista* Spaniens (Greß, 1994, S.197; EP-Vademecum, 1992, S.5, 171, 242 und 257 und EP-Liste, O8.03.1993, S.78).

Bei den folgenden Kommunal- und Regionalwahlen 1990 wurde die *Lega* mit 20,2 % zur zweitstärksten Fraktion im Regionalparlament; zeitgleich mit der Krise der MSI-DN unter Rauti, die aus diesem Grunde die Protestwähler, die größtenteils von den traditionellen Parteien der Christdemokraten und Sozialisten kamen, nicht an sich zu binden vermochte (NE, 5/1990, S.47 und Backes, 1990, S.7).

Dem vorausgegangen waren handfeste ökonomische Modernisierungsprozesse in Norditalien während der achtziger Jahre, wobei die chaotische Entwicklung bei den kleinen und mittleren Industrien in Verbindung mit dem Anwachsen des Dienstleistungssektors jenseits jeglicher politischer, industrieller oder administrativer Planung stattfand. Diese Firmen wurden aber in das korrupte System der Vergabe öffentlicher Mittel eingebunden (Poggio et al, 1994b, S.108).

Anfang 1991 erfolgte der Zusammenschluß der föderalistischen Bewegungen aus der Lombardei, dem Piemont, aus Ligurien, dem Veneto, der Emilia Romagua und der Toskana zur *Lega Nord* (NE, 2/1991, S.42).

Anders als Pfahl-Traughber, sieht Franz Greß die *leghe* als Bestandteil einer umfassenderen Tendenz zu dezentralisierter Politik und kultureller Selbstbestimmung in Europa, deren Erfolge auf das engste mit der Krise des Nationalstaats als politischem Ordnungsrahmen verknüpft seien, und vermerkt dazu: „Hiermit ist vereinbar, daß die Anhänger der Ligen eher Gemeinsamkeiten mit Anhängern der Parteien der Neuen Linken und Alternativ- Parteien teilen als mit der Rechten." (Greß, 1994, S.197) Doch übersieht Greß dabei, daß diese Anhänger keinen sehr großen Einfluß auf den politischen Kurs der *Lega* haben, da wesentliche Entscheidungen nur im engsten Führungskreis um Umberto Bossi fallen: „Entgegen dem allgemeinen Prinzip der Dezentralisierung, dem sich die *Lega* politisch verpflichtet fühlt, ist die innerparteiliche Organisation auf eine Weise strukturiert, die die hochgradig zentralisierten und hierarchisierten Entscheidungsprozesse zu erhalten erlaubt." (Schmidtke, 1994, S.86) Dabei kommt der *Lega* ihre Selbsteinschätzung als Bewegung zugute; alles ist ständig im Fluß, und die Richtung bestimmt dabei immer der Generalsekretär Bossi (Uesseler, 1992a, S.1466). Im Gegensatz zu allen anderen italienischen Parteien gibt es bei der *Lega* weder ein Zentralkommittee noch einen ordentlichen Parteivorstand. Als wichtigster Ideologielieferant galt bislang Gianfranco Miglio, der freilich selbst nie *Lega*-Mitglied gewesen ist (Searchlight 3/1994, S.17).

Andererseits korrespondiert der von Greß erwähnte Trend zur „kulturellen Selbstbestimmung", wie ihn die *Lega* aufgreift, durchaus mit dem Ethnopluralismus-Konzept der 'neuen' Rechten. Dabei zeigt ein solch unreflektierter Regionalismus seinen letztlich reaktionären Charakter darin, daß er bei Betrachtung der Region als naturgegebener Ganzheit, unter völliger Außerachtlassung der sozialen Widersprüche, eine sehr aggressive Dynamik entfalten kann (Hethey, 1991, S.159-160).

Miglio meinte auch, daß sich die Süditaliener anthropologisch von ihren nördlichen Landsleuten unterscheiden, und verwendete das alte faschistische Argument, daß letztere einen stärkeren Sinn für soziale Werte hätten (Searchlight 2/1994, S.16). Im Falle der *Lega* entlud sich dies in einer sozialdarwinistischen Orientierung auf die „produktiven Staaten des Nordens" und gegen die „Parasiten des Südens" (Umberto Bossi, nach: Möller, 1995, S.23). Deshalb sollte nach deren Vorstellungen im Zuge einer Föderalisierung des italienischen Staates der Vertreterschlüssel für die Regionalkammer des Parlaments nach der Höhe des geleisteten Steueraufkommen bestimmt werden (Uesseler, 1992b, S.342). Während sich die *Lega* ihre Ansprechpartner bei den Nutznießern der Zweidrittelgesellschaft suchte, halten ihre Vorfeldorganisationen 'Autonomer Arbeitgeberverband' (ALIA) und die 'Autonome Gewerkschaft' (SAL) den Gegensatz zwischen Kapital und Arbeit für überholt und setzen auf die regionale Volksgemeinschaft, auf ein klassenübergreifendes Bündnis zwischen Arbeitern und Unternehmern. Dafür ist die SAL auch bereit, ganz im Gegensatz zu den traditionellen Gewerkschaftsverbänden Italiens, die Rechte der Lohnabhängigen zur Disposition zu stellen. SAL und ALIA verstehen sich entsprechend mehr als Transmissionsriemen der *Lega*, denn als echte Interessensvertretungen (Uesseler, 1992a, S.1468).

Somit steht der Regionalismus der *Lega* gewiß nicht im Gegensatz zu internationalen Kapitalinteressen, im Gegenteil: Er war eng verbunden mit einem sich als wohlstandschauvinistisch gebärdenden Wirtschaftsliberalismus, der sich vor allem gegen Transferzahlungen an den Süden richtete. Dabei ist freilich insgesamt keine stringente Programmatik feststellbar, stattdessen begnügt sich die *Lega* mit wenigen Programmpunkten und Ecksätzen, wobei die politische Mobilisation eher durch vage Schlagworte geleistet wird, die je nach Opportunität neu gewichtet werden können (Schmidtke, 1994, S, 88-91 und Uesseler, 1992b, S.342). Bossi benutzt dazu bisweilen eine vulgäre Rhetorik, die in ihrer Brutalität und in ihrem Sarkasmus eine faschistoide, intolerante Stoßrichtung bekommt (Searchlight, 3/1994, S.17). Die weitgehende Entideologisierung der *Lega*-Politik ist auch deshalb äußerst reaktionär, weil dadurch ihre programmatische Interessenlosigkeit ummäntelt werden kann, hinter der sich eine Art kaufmännisches Denken verbirgt, das nur das Ziel der Stimmenmaximierung unter punktuellem Einsatz namhafter Geldmittel vor Augen hat (Stubbe-da Luz, 1994, S.88-89 und 92-93).

Die heterogene Anhängerschaft der *Lega* wurde vor allem durch das gemeinsame Feindbild der traditionellen politischen Eliten und durch die Überzeugung, die Politik selber in die Hand nehmen zu müssen, geeint (Uesseler, 1992a, S.1467). Dabei beschwörte die *Lega*, ganz wie die klassischen rechtspopulistischen Steuerzahlerprotestparteien in Dänemark (*Fremdskridtpartiet* unter

Mogens Glistrup in den siebziger Jahren) oder Frankreich (Poujadisten in den fünfziger Jahren), den Gegensatz zwischen rechtschaffenen, arbeitsamen und produktiven Bürgern und dem Zugriff der Krake Staat mit den korrupten „römischen Systemparteien", die bloß „reden" (Braun, 1993, S.131-132). Daran schloß sich die Aufforderung Bossis an, „redlich verdientes Geld lieber jenseits der Grenzen anzulegen", worauf die Regierung in Rom mit Polizei und Staatsanwaltschaft drohte (NE, 11-12/1992, S.43).

Diese Ressentiments rührten daher, daß die innovativen Klein- und Mittelunternehmen im Zuge des ökonomischen Aufschwungs Italiens zur Industrienation bezüglich der staatlichen Unterstützung laufend unterprivilegiert wurden. Es entstand ein Bruch innerhalb des unternehmerischen Bürgertums; zwischen modernen postfordistischen Netzwerkunternehmen mit einem großen Maß an Flexibiltät und den Selbständigen der zweiten Generation mit ihren mehrheitlich individualistisch-liberalen Einstellungen, die sich vom Staat kaum geschützt fühlen, jedoch das zentrale Arbeitskräftereservoir jener Netzwerke bilden.

Als die Linksparteien diese dann auch noch zum Feindbild aufbauten, indem sie sie etwa der Steuerhinterziehung bezichtigten, trieben sie diese geradewegs in die Arme der *Lega*.

Als weiteres großes Wählerreservoir der *Lega* zählen die Rentiers, die große Mengen staatlicher Schatzanweisungen und Kreditzertifikate besitzen und seit jeher entschieden zu reaktionären Meinungen neigen. Sie wohnen zu etwa 70 % in Norditalien (Poggio et al, 1994a, S.109-111).

Zum ernstzunehmenden politischen Faktor wurde die *Lega* schließlich 1992, als sie mit 55 Abgeordneten und 25 Senatoren in die nationalen Parlamentskammern einzog und sich weitere kommunale Wahlerfolge anschlossen (Schmidtke, 1994, S.84-85). In 125 Städten und Gemeinden sowie in sieben Provinzialräten erhielten die Legisten absolute Mehrheiten (Searchlight, 2/1994, S.16).

Parallel dazu setzte die *Lega* neue Akzentuierungen in ihrer Agitation: Anstelle der anfänglichen Anfeindung der südlichen Landsleute, der „terroni" aus Kalabrien und Sizilien, traten ab 1989 nichteuropäische Einwanderer als neues Feindbild in ihrer Rhetorik auf. So wurde nach den Europawahlen die aggressive Abgrenzung gegenüber der Zuwanderung aus Nicht-EG-Staaten ins Programm aufgenommen. Zuvor hatte dieses Thema in der Propaganda der *Lega Lombarda* nicht einmal eine untergeordnete Rolle gespielt.

Vor den nationalen Parlamentswahlen 1992 verlagerte sich der politische Diskurs im Wahlkampf noch stärker auf die Kritik der etablierten Parteien, um die *Lega* als einzige wirklich neue Kraft erscheinen zu lassen (Schmidtke, 1994, S.91-92; Braun, 1993, S.131 und Renner, 1994, S.34-35). Im selben Jahr wandte sich der Medienunternehmer Berlusconi der *Lega* zu. „Dessen 'feeling' für den Legaführer Bossi nimmt in dem Maße zu, wie der Stern seines früheren Gönners und Kampfgefährten Craxi im Sinken begriffen ist." Verkündete Bossi zuvor noch: „Wir wollen ein Land ohne Monopole und große Wirtschaftsgruppen mit einer soliden sozialen Harmonie", nahm er dies jetzt zugunsten Berlusconis Medienimperium zurück (Uesseler, 1992a, S.1468). Somit wandelte sich die *Lega* von einer populistischen Protestbewegung in ein Sammelbecken, in welchem immer mehr rechte und reaktionäre Kräfte aus Wirtschaft, Politik und Gesellschaft tonangebend wurden (Uesseler, 1993b, S.911). Zeitgleich bemühte sich auch die katholische Kirche, welche zuvor Präferenzen für die christdemokratische Partei (DC) aufwies, verstärkt um eine Annäherung an die *Lega* (Poggio et al, 1994b, S.109).

Allerdings stagnierte die Zustimmung für die *Lega* bei den Kommunalwahlen 1993, der „Durchmarsch ans Meer" gelang nicht, während gleichzeitig der MSI-DN der kommunale Durchbruch gelang. In Venedig erhielt der *Lega*-Kandidat dennoch 44,4 % (Seifert, 1994, S.35 und Searchlight, 2/1994, S.22).

Schließlich ging die *Lega* 1994 mit der MSI/AN mittels des 'Scharniers' der *Forza Italia* unter Berlusconis Führung im *Polo della libertà* zusammen. In der Lombardei machten Anfang 1994 *Lega* und MSI-DN auch gemeinsam Front gegen Festivitäten zum 50jährigen Jubiläum der Resistenzia. Berlusconi kam Bossi dabei durch seine politische Prioritäten, daß Sachverstand statt 'Ideologie' regieren und die Politik durch jene gestaltet werden solle, die mitten im Wirtschaftsleben stehen, durchaus entgegen (Schmid, 1994, S.32-33 und NE, 3/1994, S.31).

Darüber traten vorherige Differenzen vor allem mit der MSI/AN in den Hintergrund, wenngleich es im Wahlkampf zwischen den Parteien Feindseligkeiten gab, sicherlich nicht zuletzt der eigenen Profilierung wegen. Armin Pfahl-Traughber sieht einen inhaltlichen Knackpunkt im Verhältnis zur MSI-DN in der Rolle des Nationalstaats: „Die zentrale Ausrichtung von Politik auf einen 'starken' einheitlichen Nationalstaat läßt sich mit einer Orientierung auf eine Region und der Forderung nach Schwächung des Nationalstaats kaum in Einklang bringen." (Pfahl-Traughber, 1994a, S.154) Dies wohl auch vor dem Hintergrund der zuvor von der *Lega* propagierten Konföderation dreier Bünde Nord-Zentrum-Süd; mit regionaler Steuer- und Finanzhoheit und damit eindeutig antizentralistischer Stoßrichtung (Uesseler, 1992a, S.1467 und Renner, 1994, S.34). Auch wäre die *Lega* in der sogenannten Südtirol-Frage, anders als die MSI-DN, durchaus zu Kompromissen bereit (Searchlight, 2/1994, S.16).

Dagegen machte sich Fini noch im Herbst 1992, als infolge des Aufstiegs der *Lega* alle anderen italienischen Parteien einen regionalistischen Kurs steuerten, zum bedingungslosen Fürsprecher des Zentralstaates, für dessen Erhalt er sogar zur Hinnahme eines Bürgerkriegs bereit wäre (Renner, 1994, S.64). Hier ging es also primär um handfeste materielle Verteilungskämpfe zwischen dem industrialisierten Norden und dem wirtschaftlich ärmeren Süden der Republik. Allerdings fand die darauf folgende 'Föderalismus'-Debatte der anderen Parteien kaum Anklang, da sie dem Alltagsdenken der Leute vielmehr fremd war (Poggio et al, 1994b, S.111), und so rückte auch Bossi nach 1994 aus machtstrategischem Kalkül vom Sezessionsimus ab (Renner, 1994, S.34).

Die Zustimmung für die *Lega* stagnierte bei den nationalen Parlamentswahlen 1994 (Schmidtke, 1994, S.84-85), als sie landesweit auf 8,4 % kam. Durch Berlusconis großzügige Bündnispolitik erhielt die *Lega* mit 118 Abgeordneten dennoch die größte Fraktion in der Deputiertenkammer; im Senat erhielt sie 58 Sitze. Zudem gelang es ihr durch das Befriedigen von Rachebedürfnissen und der Sehnsucht nach unbelasteten Saubermännern auch bei denjenigen Sympathien zu gewinnen, denen die „Republik des Nordens" ziemlich gleichgültig ist (Renner, 1994, S.56 und 37; CDS, 21.04.1996, S.3; AdG, 1994, S.38813 und Woche, 12/1995, S.25).

Im gemeinsamen Regierungsprogramm stimmte die MSI/AN schließlich föderalistischen Reformen zu, während gleichzeitig die *Lega* ihre Zustimmung zur Stärkung der zentralen Staatsgewalt gab (NE, 5/1994, S.15 und Renner, 1994, S.34). Letzteres geht durchaus konform mit dem schon zuvor bei der *Lega* vorhandenen und praktizierten Demokratieverständnis: Führung und Volk in direkter Beziehung zueinander, dagegen Ablehnung von Repräsentativprinzip und Konkurrenzdemokratie (Pfahl-Traughber, 1994a, S.156-157).

Als *Lega*-Chefideologe Gianfranco Miglio daraufhin kein Ministeramt erhielt, wandte er sich beleidigt von Bossi ab und warf ihm Despotismus und Verrat an den vorherigen separatistischen Zielen vor (Renner, 1994, S.36). Seine Rolle übernahm Roberto Manzoni, die Nummer zwei der *Lega*, der pikanterweise das Innenministerium innehatte, wo über die Migrationspolitik entschieden wird und das traditionell als starke Säule eines Zentralstaates gilt(Poggio et al, 1994b, S.112).

In der Regierung Berlusconi gelang es Bossi, den drohenden Untergang der *Lega* durch oppositionelles Taktieren aufzuhalten (Möller, 1995, S.23). So forderte er, daß sich der Regierungschef von *Fininvest* trennen solle, und löste damit eine gewisse Krisenstimmung aus (SP, 32/1994, S.117). Bei den Europawahlen im Juni 1994 erreichte die *Lega Nord* nur noch 6,6 % und lag damit unter ihrem nationalen Wahlergebnis (Renner, 1994, S.37-38). Sie hatte aber gegenüber der *Lega Lombarda* von 1989 deutlich zugelegt und entsandte nun folgende sechs Abgeordnete nach Straßburg: Umberto BOSSI, Marco FORMENTINI, Gipo FARASSINO, Marilena MARIN, Raimondo FASSA und Luigi MORETTI

Letzterer gehörte bereits zuvor dem EP als *Lega Lombarda*-Vertreter an (EP-Ergebnisse, 1994, S.36 und 38 und EP-Vademecum, 1992, S.171). An dem Umgang mit den *Lega*-Abgeordneten im EP zeigt sich deutlich der inkonsequente Umgang in Bezug auf die Isolierung der Regierung Berlusconi im EP. Einerseits wurde die italienische Regierung, nach der Aufforderung des Vorsitzenden des Rates der jüdischen Organisationen in Frankreich, sie wegen der Berufung faschistischer Minister zu sanktionieren, vom EP ermahnt, „den Grundsätzen, die zur Gründung der Europäischen Geminschaft führten, treu" zu bleiben", andererseits fanden die an der Regierung beteiligten 'Legisten' Aufnahme in der liberalen Fraktion des EP, die jetzt *Fraktion der Liberalen und Demokratischen Partei Europas* (ELDR) heißt. Daneben bildeten die Europaabgeordneten der *Forza Italia* mit der *Fraktion Forza Europa* (FE) kurzerhand eine eigene Parlamentsgruppe, während die AN-Abgeordneten fraktionslos (NI) blieben (EP-Liste, 14.09.1994, S.84, 86 und 91 und Feldbauer, 1996, S.92).

Angesichts einer offensichtlich bislang weitgehend ausgebliebenen Gegenpolarisierung durch die Linke verwunderte diese Einbindung der *Lega* nicht (Möller, 1995, S.23). In Italien wurde für die Zeit nach Berlusconi schon laut über eine Übergangsregierung unter Beteiligung aller Parteien nachgedacht, die von der *Lega Nord*-Parlamentspräsidentin Irene Pivetti angeführt werden könnte (SP, 41/1994, S.169), die bereits mit antisemitischen Sprüchen und Lob für Mussolinis Frauenpolitik auf sich aufmerksam gemacht hatte (Schmid, 1994, S.32).

Europapolitisch steht die *Lega* für ein programmatisch festgehaltenes Ordnungsmodell, das einen Dreischritt vorsieht: Gemeinde – Region – Europa/Brüssel (Uesseler, 1992a, S.1467). Die EU-Zentrale nicht als Feindbild, sondern als positiver Bezugspunkt. Das mag wohl ein wichtiger Grund für die fraktionelle Einbindung der *Lega* im EP gewesen sein. An ihrem reaktionären Charakter ändert das aber nichts. Dies wird bei genauerer Betrachtung der europapolitischen Konzeption der *Lega* deutlich: Sie will 'ihren' Großraum Norditalien nämlich mit den dynamischsten Gebieten der EG verbinden (Uesseler, 1994c, S.262), womit der Weg in Richtung eines sozialdarwinistisch orientierten Kerneuropa ginge. Auf informeller internationaler Ebene schloß sich die *Lega Nord* hierzu mit der FPÖ Haiders und dem Kreis um Lady Thatcher in Großbritannien zur *Freiheitlichen Union* zusammen, in welcher auch bürgerliche Politiker der französischen und der deutschen Regierungsparteien Mitglieder sind (Schmid, 1994, S.32-33).

Nachdem sich Bossi mit Berlusconi im Herbst 1994 vollends überworfen hatte, profilierte er sich mit antimonopolistischen Gedanken und warnte vor dem Medienkonzern Berlusconis: „Wenn dagegen kein Damm errichtet wird, dann breitet es sich über die ganze Welt aus. Vom Orwellschen 'Großen Bruder' wären wir dann nicht mehr weit entfernt." Als Bossi das Bündnis mit Berlusconi beendete, nahm er sogar in Kauf, daß ihm ein Drittel der *Lega-Nord*-Abgeordneten daraufhin die Gefolgschaft aufkündigte (Woche 12/1995, S.25) und die *Lega Italiana Federalista* gründete (AdG, 1995, S.39731). Auch die *Lega*-Europaabgeordnete Marilena Marin zog nicht mit und wechselte im EP die Fraktion; weg von den Liberalen (ELDR), hin zur *Forza Europa* (FE) beziehungsweise zur Fraktion *Union für Europa* (UPE) (Moritz, 1995, S.8-9 und EP-Liste, 13.03.1995, S.54).

Bossi selbst zu seinem politischen Standort: „In Italien gibt es zwei Rechte. Eine klerikal-faschistoide unter Berlusconi und eine liberaldemokratische christliche Rechte, zu der wir und die breite Basis der Volkspartei gehören." (Woche, 12/1995, S.25) In dieser Lagebeschreibung kommt gleichwohl ein deutlicher Rechtsruck zum Ausdruck, da sich vor Berlusconi nur die MSI-DN selbst ausdrücklich als rechts bezeichnete (Helms, 1994, S.36).

Auf einem Sonderparteitag der *Lega* im Februar 1995 wurde Bossi mit deutlicher Mehrheit als Parteichef bestätigt, woraufhin der frühere Innenminister Roberto Maroni aus der Partei austrat und sein Abgeordnetenmandat niederlegte. Darüberhinaus wurde eine Ergänzung des Parteinamens in *Lega Nord – Italia Federale* (LN-IF) gebilligt (AdG, 1995, S.39731).

Bei den Regionalwahlen im April 1995 zahlte sich der Bruch Bossis mit Berlusconi aus; die *Lega* konnte sich bei 6 % der Stimmen behaupten (taz, 25.04.1995, S.8). Die nachfolgende Regierung Dini scheiterte nicht zuletzt auch an der *Lega*, von der sie schließlich keine Unterstützung mehr erhielt, da eine von ihr in die Wege gebrachte Verschärfung des Ausländerrechts der *Lega* nicht weit genug ging (ak 387, 1996, S.11).

Bei den Parlamentsneuwahlen am 21.04.1996 konnte sich die *Lega* mit Stimmenanteilen zwischen 13 % und 35 % im Norden als landesweit viertstärkste politische Kraft etablieren, und dies ganz ohne Bündnispartner, auf den sie hätte Rücksicht nehmen müssen. Sie erhielt trotz ihrer Beschränkung auf den Norden des Landes im Landesdurchschnitt 10,1 % der Stimmen, wobei sie in Oberitalien mit 21 % zur stärksten Kraft avancierte, was ihr 76 Sitze in der Abgeordnetenkammer sowie 43 Senatssitze einbrachte, und dies, obwohl sie vor der Wahl ein klar sezessionistisches Programm verabschiedet hatte (SoZ, 9/1996, S.12; CDS, 21,04.1996, S.3; taz, 23.04.1996, S.1; SP, 18/1996 S.160 und 163 und SZ, 23.04.1996, S.1).

Dadurch wird auch Jens Renner bestätigt, der schon zuvor feststellte: „Umberto Bossi zeichnet sich durch einen ausgesprochenen Machtinstinkt aus, der ihn auch vor spektakulären Kurskorrekturen nicht zurückschrecken läßt." (Renner, 1994, S.32) Nach der Verwirklichung von Marktliberalismus und Föderalismus wolle die *Lega Nord* indes von der politischen Bühne verschwinden, da ihre Existenz dann keinen Sinn mehr ergäbe (Poggio et al, 1994b, S.110).

Noch vor der Wahl rief Bossi am 24.03.1996 eine „Verfassung des Nordens" aus und betonte bei dieser Gelegenheit, daß die Region nur dann weiter dem italienischen Staat angehören könne, wenn dieser sich in eine Föderation umwandle (jw, 27.03.1996, S.10). Zwei Wochen nach der Wahl plädierte Bossi dafür, daß Italien bezüglich der Spaltung den Weg der Tschechoslowakei gehen solle, wobei es getrennte Kassen und zwei Banken geben solle, damit der im Norden erwirtschaftete Reichtum nicht länger im Süden verschleudert werde (SZ, 06.05.1996, S.2). Schließlich berief er in Venedig eine provisorische Regierung für den neuen Staat *Padanien* mit der eigenständigen Währung *Lip* ein. Darüberhinaus wurde ein spezielles „Parlament" eingerichtet, welches seitdem regelmäßig in Mantua tagt. Als „Präsident der provisorischen Regierung für die Unabhängigkeit Padaniens" amtiert Giancarlo Pagliarini, der in der Regierung Berlusconi noch Haushaltsminister war.

Dennoch nimmt die *Lega* auch weiterhin mit ihren Abgeordneten an der Parlamentsarbeit in der römischen Zentrale teil (SP, 21/1996, S.161 und 38/1996,

S.170; jw, 28.06.1996, S.10 und 24.07.1996, S.10). Die öffentliche Proklamation „Padanias“ am 15. September 1996 wurde dann auch zum Flop, da nach polizeilichen Angaben nur 10.000 Personen teilnahmen. Die *Lega* selbst spricht allerdings von 50.000 bis 75.000 Teilnehmern.

Regierungschef Prodi bot Bossi jetzt aus einer Position der Stärke heraus den Dialog an, während Bossi der Regierung eine Einjahresfrist für Verhandlungen über eine friedliche Ablösung des Nordens setzte. Staatspräsident Scalfaro drohte daraufhin mit juristischen Schritten (jw, 17.09.1996, S.8), und am darauffolgenden Mittwoch wurde die Mailänder Zentrale der *Lega* von der Polizei durchsucht sowie gegen deren Führer Verfahren wegen des Verdachts der Bedrohung der Einheit und Integrität Italiens eingeleitet (jw, 20.09.1996, S.10).

Diese Politik zeigt, wie sich die Regierung Prodi von der AN Finis, die sich bei diesem Anlaß als Garant des Zentralstaates präsentieren konnte, in die Defensive treiben läßt; nämlich im Sinne einer Strategie, die doch eher auf (zentral)staatliche Repression als auf föderalistische Konzessionen setzt, was die entsprechenden Spannungen eher noch verschärfen dürfte.

3. Griechenland

3.1. Wahlrechtliche Bestimmungen

Die gesetzlichen Grundlagen für die Durchführung der Europawahlen in Griechenland sind das Wahlgesetz vom 20. Juli 1981 (Amtsblatt der griechischen Regierung Nr. 188/81) und das Gesetz Nr. 1443/84 (Amtsblatt der griechischen Regierung Nr. 73 A vom 22.05.1984) Nach den Vorgaben dieser Gesetze bildet ganz Griechenland ein einziges Wahlgebiet, in dem 24 Abgeordnete, ab 1994 25 Abgeordnete, per Verhältniswahl in das EP gewählt werden.

Präferenzstimmen sind unzulässig, die Wahllisten dürfen jeweils höchstens 24 Personen umfassen, die Sitzverteilung geschieht nach Maßgabe der Listenreihenfolge, ebenso das Nachrücken von Ersatzkandidaten. Eine Sperrklausel besteht nicht (EP-Buch, 1989, S.22-23; EP-WG, 1989, S.13 und EP-WG, 1994, S.16).

3.2. Ethniki Politiki Enossis (E.P.EN.), (1984-1989)

3.2.1. Parteigeschichte

Griechenlands jüngere Geschichte, seit der Befreiung 1828 von einer über 400 Jahre andauernden Herrschaft bis weit in die Zeit nach 1945, ist durch ein konfliktreiches Erbe mit einer ökonomischen Instabilität, die durch das privilegierte, aber ökonomisch undynamische Bürgertum in einem weitgehend agrarischen Land noch verschärft wurde, gekennzeichnet. Die politische Landschaft wurde nach 1945 ferner durch verfassungswidrige Aktivitäten des Königs polarisiert, hinzu kamen ständige Einmischungen der jeweiligen „Schutzmacht" (Großbritannien, USA) in die inneren Angelegenheiten des Landes, die fast immer zur Stützung der Rechten erfolgte. Dementsprechend kontrollierten die Rechtsparteien die Gewerkschaften, waren der Konkurrenz finanziell überlegen und manipulierten das Wahlrecht zu ihren Gunsten. Hinzu kam eine fragile Legitimität durch die parallele Existenz politischer Entscheidungsfaktoren, wie Militär und Geheimdienst, welche die Regierung kontrollierten, beziehungsweise ihr ihren Willen aufzwangen. So nahm das Militär eine mächtige Position fernab jedweder parlamentarisch-demokratischer Kontrolle ein, bis hin zum Putsch mittlerer Offiziere 1967 (Kapetanyannis, 1991, S.191 und Katsoulis, 1978, S.215-218). Von 1967 bis 1974 herrschte ein autokratisches Obristenregime. Nach seinem Sturz kam dessen Nachfolgepartei, die *Ethniki Parataxis* (E.P.; Nationales Lager) unter der Führung von Spyros Theotòkis und Stefanos Stefanòpoulos bei den Wahlen 1977 noch auf 6,8 % der Stimmen.

Während Teile der Armee über Jahre hinweg Putschpläne schmiedeten, und Terrororganisationen aufgebaut wurden, von denen die bedeutendste die *Bewegung der Nationalen Erweckung* war, zerfiel die E.P. als Wahlpartei recht schnell

(Schulz, 1990, S.139 und 160). Ihre Parlamentsabgeordneten schlossen sich größtenteils der konservativen *Nea Dimokratia* (N.D.) an, auf deren Liste Theotokis schließlich 1981 wieder ins Parlament gewählt wurde. Begünstigt wurde die Fusion durch ein Wahlrecht, welches die Großparteien begünstigt: Bei den Wahlen 1977 benötigte ein N.D.-Bewerber durchschnittlich 12.480 Stimmen, um gewählt zu werden, ein E.P.-Kandidat dagegen 69.970 Stimmen, so daß die 6,8 % E.P.-Stimmen für fünf Mandate ausreichten, während die N.D. bei 42 % der Stimmen auf 172 Sitze kam.

Im Wahlkampf 1977 hatte die E.P. noch schwere Vorwürfe gegen die N.D. erhoben, weil gerade deren Präsident Karamanlis auch auf eine deutliche Distanz seiner Partei zu der autoritären Rechten bedacht war, da er in dieser Koalition von Royalisten und Änhängern der Militärjunta eine nationale Gefahr sah.

1979 wurde die *Komma Proodeftikon* (K.P.; Progressive Partei) durch Spyros Markezinis gegründet, der 1973 in einem Marionettenregime des Militärs Premierminister war. Bei den Parlamentswahlen 1981 erhielt sie lediglich 1,7 %. Bei den ersten Direktwahlen zum EP, die in Griechenland infolge des späteren Beitritts am 18. Oktober 1981 nachgeholt werden mußten, erhielt sie 2 % und damit einen Sitz in Straßburg. K.P.-Parteiführer Markezinis hatte jedoch nicht selbst kandidiert, da er nicht mit dem Einzug seiner Partei in Straßburg gerechnet hatte (Dimitras, 1992, S.254). Der EP-Sitz wurde zunächst ab dem 17.12.1981 von Apostolos Papageorgiou eingenommen, vom 17.09.1982 bis zum 20.10. 1982 von Ilias Glykofridis, und vom 16.11.1982 bis zum 23.07.1984 von Georgios Alexiadis (EP, 1982, S.395; EP-Buch, 1982, S.106 und EP-Buch, 1989, S.35, 73 und 86). Die ebenfalls weit rechts stehende konkurrierende *Kinima Ellinon Metarythmiston* (K.E.ME.) kam bei diesen Wahlen lediglich auf 0,9 %.

1979 hatte sich auch die militant-neonazistische *Enomeno Ethniko Kinema* (EN.E.K.; Vereinigte Nationalistische Bewegung) gegründet, wobei sich der griechische Neonazismus insbesondere auf den Hitler-Verehrer General Metaxas berufen kann, der durch einen Militärputsch am 4. August 1936 an die Macht kam und Griechenland bis zur Besetzung 1941 durch deutsche Truppen beherrschte. An das historische Datum des Militärputsches erinnert auch die nazistische *Partei des 4. August* (K4A) (Dimitras, 1992, S.254-256; Katsoulis, 1978, S.216-219; EP-bericht, 1985, S.47 und Schulz, 1990, S.160). Insgesamt mangelte es der griechischen extremen Rechten in der Zeit nach 1974 aber an stabilen Führungsorganisationen und seriösen Führungsfiguren (Kaptetanyannis, 1991, S.202).

Im Januar 1984 erfolgte eine Umorganisation der Kräfte und die *Ethniki Politiki Enossis* (E.P.EN.; Griechische Nationalpolitische Union) wurde gegründet. An ihrer Spitze stand George Papadopoulos, der von 1967 bis 1973 griechischer Premierminister war und danach, im Jahre 1973, für einige Monate als Präsident der Republik amtierte. Er führte die Partei vom Gefängnis aus. Allerdings hörte die K.P. mit Gründung der E.P.EN. nicht gleich auf zu bestehen, sondern trat zur Europawahl 1984 noch einmal an, vor allem um an Geldmittel aus dem

Fonds des Europaparlaments zu gelangen und auf diesem Weg die Wahlkampfschulden von 1981 zu begleichen. Ihr Stimmenanteil fiel allerdings auf 0,2 % (Dimitras, 1992, S.254-256).

Dagegen erreichte die E.P.EN. bei dieser Wahl 2,3 %, trotz einer starken Polarisation zwischen den Großparteien, die ihre Ursachen in der Niederlage der N.D. gegenüber den Sozialisten (PA.SO.K.) bei der Wahl 1981 hatte. Das reichte für einen Sitz in Straßburg und die strategisch wichtige Gründungsmitgliedschaft der euro-rechten Fraktion (Kirfel/Oswalt, 1989, S.196 und Kapetanyannis, 1991, S.203). Kurz nach dieser Fraktionsgründung erhielt die E.P.EN. euro-rechte Unterstützung für die Freilassung des seinerzeit seit zehn Jahren inhaftierten Generals und E.P.EN.-Vorsitzenden Papadopoulos (NE, 1/1985, S.58). Le Pen forderte bei einer Pressekonferenz im Dezember 1984 in Athen die Freilassung der „politischen Gefangenen“. Zu diesem Zeitpunkt hielt er gerade in Athen eine euro-rechte Fraktionssitzung ab, die gewalttätige Protestdemonstationen auslöste (Kapetanyannis, 1991, S.203).

Bei nationalen Parlamentswahlen schnitt die E.P.EN. zwischenzeitlich schlechter ab: 1985 erlangte sie 0,6 %, und bei der Wahl 1989, die zeitgleich mit der Europawahl stattfand, 0,3 %. Bei der Europawahl selbst erreichte sie mit 1,2 % zu wenige Stimmenprozente für ein Mandat im EP. Bei dieser Wahl kandidierten allerdings weitere vier kleine rechtsextreme Parteien, die EN.E.K., die *Neoi Politikoi* (Neue Politik), die *Ethnikoi Agonistai* (Nationale Militante) und die *Evropaiko Ekonomiko Kinima* (Europäische Wirtschaftsbewegung), die zusammen etwa 0,6 % der Stimmen erhielten (Dimitras, 1992, S.254-256).

Verantwortlich für diese Niederlage dürfte nach Einschätzung von Panayote Elias Dimitras auch das euro-rechte Bündnis mit Le Pen gewesen sein, das dem Image der E.P.EN. geschadet habe (Dimitras, 1992, S.266). Gleichzeitig gab es 1989 durch die Kandidatur der *Dimokratiki Ananeossi* (DI.ANA.; Demokratische Erneuerung) eine neue Konkurrenz im konservativen Lager, die mit 1,4 % der Stimmen einen Sitz erhielt. Deren Abgeordneter Dimitrios Niania schloß sich im EP der neogaullistisch dominierten *Fraktion der Sammlungsbewegung der Europäischen Demokraten* (RDE) an (EP-Vademecum, 1992, S.179; Kirfel/Oswalt, 1989, S.196 und EP-Ergebnisse, 1994, S.26).

Nach den Wahlniederlagen 1989 sollte sich die E.P.EN. am 10. September 1989 auf Befehl der inhaftierten Parteiführer auflösen, da dies angeblich eine Vorbedingung für deren zukünftige Freilassung war. Schließlich war es ein offenes Geheimnis, daß die E.P.EN. als deren Interessensvertretung gegründet worden war. Daraufhin gründeten die meisten früheren E.P.EN.-Politiker die *Ethniko Komma* (E.K.; Nationale Partei). Die E.K. erhielt allerdings bei den nationalen Parlamentswahlen 1990 lediglich 0,1 % (Dimitras, 1992, S.256).

Aufgrund dieser Schlappe trat die griechische extreme Rechte offenbar wieder als E.P.EN. an, und nach dem Zwischentief gelangen ihr wieder einige örtliche Wahlerfolge (NE, 6/1992, S.53). Ins Nichts stürzte die E.P.EN. dann bei den griechischen Parlamentswahlen am 10. Oktober 1993, wo sie sich bei 0,14 % wiederfand. Stattdessen gelang der *Politiki Anixi* (POL.AN.; Politischer Frühling), einer Rechtsabspaltung der N.D., auf Anhieb mit 4,9 % der Einzug ins Parlament (NE, 1/1994, S.19).

Begleitet wurde diese Wahl von einer nationalistischen Welle in Griechenland, die sich konkret an der Mazedonien-Frage manifestierte, was Winfried Wolf dadurch erklärt, daß damit von den innenpolitischen und ökonomischen Problemen abgelenkt werden sollte. So betrug das Staatsdefizit 1993 mit umgerechnet 19 Milliarden DM 15 % des Bruttoinlandsprodukts (BIP); so daß 1994 die Hälfte der Staatseinnahmen für den Schuldendienst ausgegeben werden mußte. Die Bedingungen des Maastrichter Vertrages, nach denen die jährliche Neuverschuldung 3 % des BIP nicht übersteigen darf dürften diese haushaltspolitische Entscheidung maßgeblich beeinflußt haben (Searchlight, 6/1994, S.23 und Wolf, 1994, S.43).

Konkurrierend zur E.P.EN., die nach wie vor als eine dem Obristenregime verhaftete Partei gilt, hat sich Anfang 1994 eine neue Partei namens 'Griechische Front' gegründet. Zu dieser neuen Partei sind nach Abgaben von *Nation und Europa* große Teile der E.P.EN. gestoßen, insbesondere jüngere Leute, aber auch Überläufer aus der N.D.. Für eine Kandidatur für das Europäische Parlament sei allerdings die Zeit noch zu kurz gewesen (NE, 9/1994, S.19). So trat bei der Europawahl noch einmal die E.P.EN. an und erreichte 0,78 %, zuwenig für ein parlamentarisches Comeback in Straßburg (E&P No 62, 1994, S.3).

Dem gegenüber konnte die POL.AN. einen weiteren Wahlerfolg für sich verbuchen, der ihr bei 8,65 % zwei EP-Sitze einbrachte. Die Abgeordneten Katerina Daskalaki und Nikitas Kaklamanis schlossen sich der *Fraktion der Sammlungsbewegung der Europäischen Demokraten* (RDE), beziehungsweise später der *Fraktion Union für Europa* (UPE) an. Die fünf Jahre zuvor noch erfolgreiche DI.ANA., die in jener RDE-Fraktion vertreten war, hatte ihren Sitz nicht halten können (EP-Ergebnisse, 1994, S.27; EP-Liste, 12.12.1994, S.91 und Moritz, 1995, S.8-9).

Bei den nationalen Parlamentsneuwahlen im September 1996 gelang keiner dieser Parteien der Einzug ins Parlament, auch die POL.AN. ging leer aus. Ihr Wähleranteil fiel auf 2,94 %, womit sie knapp an der Drei-Prozent-Hürde scheiterte (jw, 24.09.1996, S.1 und 25.09.1996, S.10). Diese Wahl war von einem scharfen Rechtskurs der N.D. und ihres Spitzenkandidaten Evert bestimmt, der sich denoch nicht auszahlte, so daß nach der Wahlniederlage jetzt eine Spaltung der Partei droht. Als Sieger aus diesem Urnengang ging trotz leichter Verluste die PA.SO.K. unter dem Pragmatiker Simitis hervor, und dies obwohl Simitis den Wahlkampf nicht wie noch sein Vorgänger Papandreou mit nationalistischen Ausfällen gegen die Türkei geführt hatte, sondern auf den Dialog mit Ankara und auf die verstärkte Integration Griechenlands in die EU setzte (SP, 40/1996, S.184). Letzteres führt freilich vor dem Hintergrund der Masstrichter Kriterien auch zu umfassenden Kürzungen bei den Sozialleistungen.

Diese Kapital-freundliche Politik stärkte gleichzeitig die Linksopposition, so daß auch drei kleinen Linksparteien der Einzug ins Parlament gelang (jw, 24.09. 1996, S.1 und 8). So scheint es zunächst, daß die extreme Rechte in diesem ökonomisch eher peripheren Land derzeit nur eine marginale Rolle spielt. Eine Situation, die sich freilich durch das Versagen der Linken, die derzeit im Aufwind sind, auch wieder wenden könnte. Auch könnte der drohende Zerfall der konservativen N.D. zur Herausbildung einer neuen Kraft am rechten Rand führen, die möglicherweise auch eine gewisse Magnetfunktion auf die zersplitterte extreme Rechte in Griechenland ausüben könnte.

3.2.2. Ethniki Politiki Enossis (E.P.EN.) – Programmatik und Wähler

Die extreme Rechte in Griechenland steht grundsätzlich auf drei Säulen. Erstens ein strikter Antikommunismus, zumal der gemäßigt-rechte Ministerpräsident Karamanlis 1974 das Verbot der Kommunistischen Partei (K.K.E.) aufhob. So fanden sich in der 1977 gegründeten E.P. dann auch Monarchisten, Neofaschisten und diejenigen konservativen Politiker zusammen, die mit der „sozialistischen Öffnung" des Ministerpräsidenten nicht einverstanden waren.

Zweitens traditionelle Werte, die als unentbehrliches Element der hellenisch-christlichen Zivilisation gesehen werden und drittens das Bekenntnis zur Monarchie. Seit 1967 leitet der König nicht mehr die Regierungsgeschäfte, 1973 wurde die Monarchie abgeschafft und 1974 durch ein Referendum deren Wiedereinführung auch von der Bevölkerung mehrheitlich abgelehnt.

Darüberhinaus setzte sich die E.P. für eine Rückkehr Griechenlands in die NATO ein und forderte eine Generalamnestie für die verurteilten Initiatoren des Militärputsches (Dimitras, 1992, S.260 und Katsoulis, 1978, S.235). Auch die E.P.EN. spricht sich in ihrer Eigenschaft als griechische Obristenpartei offen für eine Rehabilitierung des Militärregimes aus. Dabei fühlt sie sich den „hellenistischen christlichen Idealen" verpflichtet, und will an die Stelle des bürgerlichen Parlamentarismus ein autoritäres System setzen (Schulz, 1990, S.139). Sie glaubt an die Freiheit, den „konstruktiven" Parlamentarismus und die Privatinitiative in der Wirtschaft, sie lehnt den „versklavenden Totalitarismus, alle Formen von Sozialismus und den parasitären Staat" ab. Ihr Zwölf-Punkte-Programm besteht aus:

1. Restaurierung und Bereinigung des Parlamentarismus
2. Rückkehr zur liberalen Wirtschaft
3. Stärkung individueller Agrarproduktion
4. Ausgewogene Sozialpolitik
5. Wiederherstellung einer unabhängigen Justiz
6. Dienstleistungen mit menschlichem Charakter

7. Wiedererringung nationaler Stärke
8. Schutz der Kirche vor Verleumdung
9. Wiederherstellung der Erziehung und Ausbildung
10. Verteidigung der geschichtlichen Wahrheit
11. Realistische Außenpolitik
12. Informationen über das Zypernproblem

Die 1989 nach Auflösung der E.P.EN. daraus hervorgegangene Ethniko Komma (E.K.; Nationale Partei) bemühte sich um eine stärkere programmatische Ausdifferenzierung. Sie empfahl sich wirtschaftspolitisch als ultraliberale Steuerprotestpartei, die die Einkommensteuer abschaffen und durch indirekte Steuern ersetzen wollte. Der Staatssektor müsse zurückgestutzt und die Landwirtspensionen „multipliziert" werden. Auch forderte die E.K. eine „Hellenisierung" von Erziehung und Ausbildung und setzt verstärkt nationalistische Akzente, mehr noch als die E.P.EN dies tat. Das schlug sich in Forderungen nach einem „Europa der Vaterländer", der Selbstbestimmung für Zypern und der in Albanien lebenden Griechen nieder. Die Zusammensetzung des Parlaments solle nach dem einfachen Verhältniswahlrecht bestimmt werden und auch eine Vertretung für den „emigrierten und eingesperrten Hellenismus" in Albanien und in der Türkei aufweisen. Ergänzt wurde dies später durch rassistische Mobilisierung gegen die in Griechenland lebende moslemische Minderheit (Dimitras, 1992, S.265).

Auch die E.P.EN. lehnte den Vertrag von Maastricht ab, weil sie dadurch eine Majorisierung Griechenlands durch die vier stärksten Nationen der EU befürchtete. Dimitriadis verweist in diesem Zusammenhang auf die „qualifizierten Mehrheiten im Ministerrat". Die E.P.EN. setzte auf ein Europa der Nationen, gegen das Europa der Völker, welches zu Vermassung und Identitätsverlust führe.

Weiter versuchte sie sich durch Ressentiments gegen das politische Establishment profilieren, das sie in Griechenland durch die N.D. einerseits und die PA.SO.K. andererseits repräsentiert sieht, sowie durch die drei kleineren Parteien, die sich an dem Spiel beteiligten, und sich, falls geboten, gegenseitig die Bälle zuspielten (Dimitriadis-Brief[1]). Daneben kopierte die herrschende Politik auch reaktionär-nationalistische Slogans, was wohl mit ein Grund dafür sein dürfte, daß die extreme Rechte selbst kaum Anklang findet. So waren die griechischen Sozialisten mit der Parole „Griechenland gehört den Griechen" sehr erfolgreich (Dimitras, 1992, S.251-252).

Die zeitweiligen Wahlerfolge der E.P.EN. und der anderen rechtsextremen Parteien rührten vor allem daher, daß sich das 1974 gestürzte Obristenegime eine soziale Basis im Staatsapparat sowie in Teilen des Bürgertums hatte aufbauen können (Schulz, 1990, S.139), die aber im weiteren Verlauf offenbar größtenteils durch die anderen Parteien angesprochen werden konnte.

Aufgrund dessen gibt es kaum aussagekräftige Daten über die Zusammensetzung der E.P.EN.-Wählerschaft. Insgesamt ergibt sich jedoch das Bild, daß die extreme Rechte in Griechenland auf besonderen Zuspruch bei älteren Wählerschichten, beim selbständigen Mittelstand sowie bei Hausfrauen stieß. 1977 fand die E.P. noch stärkeren Zuspruch bei gut ausgebildeten Bevölkerungsschichten, während 1984 die E.P.EN. und die EN.E.K. sowie in geringerem Maße die K.P. eher bei schlechter ausgebildeten Wählern Anklang fanden.

Wahlerfolge gelangen diesen Parteien zumeist in traditionell konservativ geprägten Gegenden. Dieses sind die nördlichen Grenzregionen, einige Bezirke im Landesinnern, die meisten Gebirgsgegenden sowie fünf von sieben Bezirken in Peloponnesien. Dabei konnten sie sich die geschürten Ressentiments gegen Moslems zu Nutze machen, was sich in den Bezirken Xanthi und Rodopi, wo der Großteil der griechischen Moslems lebt, in entsprechenden Wahlergebnissen niederschlug (Dimitras, 1992, S.256-258).

Insgesamt zeigt die derzeitige Situation aber, daß die neoliberale Modernisierungspolitik der griechischen „Sozialisten" eher kleinen Linksparteien Aufwind gibt.

4. Vereinigtes Königreich (Nordirland)

4.1. Wahlrechtliche Bestimmungen

Die Rechtsgrundlage für die Europawahl im Vereinigten Königreich besteht aus dem Wahlgesetz vom 05. Mai 1978, geändert durch den *European Assembly Elections Act* von 1981. Dieser sieht das traditionelle Mehrheitswahlrecht mit einem Wahlgang für die englischen (66, ab 1994: 71), die schottischen (8) und die walisischen (4, ab 1994: 5) Sitze vor. Dagegen werden die drei nordirischen MEP in einem einzigen Dreier-Wahlkreis nach dem auch in der Republik Irland gültigen Verhältniswahlrecht bestimmt. Dabei gilt für Stimmverrechnung und Sitzverteilung das System der übertragbaren Einzelstimme. Jeder Wähler gibt seine Stimme für einen Kandidaten ab und legt zusätzlich noch eine Reihenfolge der Kandidaten fest, denen seine Stimme dann zufallen soll, falls der Favorit bereits die für seine Wahl erforderlichen Wählerstimmen erreicht hat, oder falls jener wegen zu geringer Stimmenzahl bereits ausgeschieden ist (EP-Buch, 1989, S.29-30 und 25-26; EP-WG, 1989, S.18 und 27 und EP-WG, 1994, S.22 und 32).

4.2. Ulster Unionist Party/ Official Unionist Party (UUP/OUP), (1987-1989)

4.2.1. Parteigeschichte

Die Parteienformierung in Nordirland ist vor dem Hintergrund einer jahrhundertelangen politischen, wirtschaftlichen und sozialen Unterdrückung katholischer Iren durch protestantische Briten zu sehen. Daraus erwuchs die vorgeblich religiös motivierte Feindseligkeit (Boden, 1993, S.124-125); wobei in Irland die Situation einer 'doppelten Minderheit' besteht: Im gesamtirischen Kontext bilden die Protestanten eine Minderheit, im nordirischen hingegen die Katholiken.

Dies brachte wirtschaftspolitisch, sowohl bei der Vergabe von öffentlichen Wohnraum und öffentlichen Jobs als auch bei Arbeitsplätzen in der Industrie, eine religiös orientierte Apartheidspolitik durch die britische Krone mit sich. So blieben die Facharbeiterjobs auf den Werften nahezu ausschließlich Protestanten vorbehalten, während die Katholiken vor allem in der Leinenindustrie tätig waren. Begleitet war dies vom rasanten ökonomischen Aufstieg Belfasts, während der Süden rückständig blieb.

Die Grenze zwischen Nordirland und der unabhängigen Republik Irland ist heute die einzige in Westeuropa, die mit massiven militärischen Mitteln gesichert wird. Im Rahmen der Antiterrorgesetzgebung ist es selbst möglich, nordirischen Bürgern das Betreten anderer britischer Landesteile zu untersagen, was einem „internen Exil" gleichkommt.

Mit der Teilung Irlands 1921/22 erhielt Nordirland ein eigenes Parlament, was es weder in Schottland noch Wales gibt, und eine völlige innenpolitische Autonomie, wobei die Macht der Protestanten durch Wahlkreismanipulationen noch maximiert wurde. Seit seiner Gründung wurde Nordirland von der eigenen politischen Elite ununterbrochen durch Notstandsgesetze regiert. Durch die Teilung verlor die irische Republik auch ihr wichtigstes Industriezentrum (Schulze-Marmeling, 1994a, S.171-178). Heute weist Nordirland eine extrem schwache, deformierte und abhängige Ökonomie auf, die Arbeitslosenquote ist die höchste in der EG/EU (Schulze-Marmeling, 1990, S.34). Aus diesem Grund blieb Nordirland wirtschaftspolitisch weitgehend vom rigorosen Monetarismus der Tory-Regierung unter Margaret Thatcher verschont: „Während in England und Schottland eine Werft nach der anderen ihre Tore schloß, erhielt Harland & Wolff, viele Dekaden lang das industrielle Rückgrat des protestantischen working-class-Loyalismus, im Zeitraum 1977-86 Subventionen im Umfang von 350 Millionen Pfund."

Dazu meinte der britische Nordirland-Minister Patrick Mayhew im April 1993: „Die Provinz kostet uns drei Milliarden Pfund im Jahr. Drei Milliarden Pfund für eineinhalb Millionen Menschen! Für uns steht dort weder ein strategisches noch ein wirtschaftliches Interesse auf dem Spiel. Aber solange die Mehrheit im Königreich bleiben will, zahlen wir die drei Milliarden, ohne zu murren." Da aber auch die katholische Community von dem Ausbau der nordirischen Ökonomie zu einer Dienstleistungsgesellschaft profitiert und sich ihre Aufstiegsmöglichkeiten deutlich verbesserten, wird diese keynesianische Wirtschaftspolitik auch kaum in Frage gestellt (Schulze-Marmeling, 1994a, S.205-206, 188 und 196-197).

Neben dem religiös-kulturellen Gegensatz traten Klassengegensätze innerhalb der protestantischen Bevölkerung Nordirlands bislang in den Hintergrund, zumal protestantische Arbeiter durch eine spezielle Vorfeldorganisation von sozialistischer oder republikanischer Politik weitgehend ferngehalten werden konnten (Doerries, 1989, S.274-275 und Boyle, 1991, S.71). Dies ist der *Ulster Worker's Council* (UWC), dessen loyalistisch motivierte Arbeitskämpfe ihm die Gegnerschaft der übrigen britischen Gewerkschaften einbrachten (Arthur/Jeffery, 1989, S.13).

Waren die protestantischen Lohnabhängigen in früheren Jahren traditionell sozial besser gestellt als ihre katholischen Kollegen, so ist das heute nur noch bei etwa 20 % der Fall. So gesehen hat der ökonomische Niedergang die materiellen Grundlagen des Unionismus selbst unterminiert und insbesondere auch die protestantische Arbeiterschaft getroffen. Die entsprechenden Arbeitsplatzverluste konnten nur teilweise durch eine massive Aufstockung der staatlichen 'Sicherheitskräfte' und einem Ausbau des gesamten 'Sicherheitssektors' aufgefangen werden; in dem heute jeder zehnte Protestant arbeitet (Schulze-Marmeling, 1994a, S.196-197).

Die Partei der loyalistischen Protestanten ist traditionell die UUP, die es bereits seit 1892 gibt. Sie besitzt jedoch insgesamt mehr Bewegungs- als Parteicharakter.

Deren wichtigste Vorfeldorganisation ist der militante Oranier-Orden *(Orange Order)*, der als Sammelbecken der Loyalisten gilt, die jede Beteiligung der irischen Republik an den Angelegenheiten Nordirlands ablehnen. Dieser Orden hebt den religiös-kulturellen Gegensatz mittels protestantischer Traditionspflege hervor (Raschke, 1978, S.278-279 und McElholm, 1996, S.804). Er entstand 1795 als einer der damals zahlreichen Geheimbünde zum Schutze protestantischer Pächterinteressen und sorgte dabei für eine Vertiefung und Verfestigung der konfessionellen Spaltung. Aufgrund seiner Größe, mit einem besonders in ländlichen Regionen weitverzweigten Netz an Logen, über die er vielfältig Einfluß nimmt, war bis 1969 für die nordirischen Protestanten, die eine politische Laufbahn einschlagen wollten, eine Mitgliedschaft in diesem Orden praktisch Verpflichtung (Hermle, 1979, S.116 und 119-121). Der frühere UUP-Vorsitzende James Molyneaux war in diesem Orden der Oberste Großmeister der Loge des königlich Schwarzen Tempels (Tieger, 1985, S.125-126).

Das nordirische Parteiensystem hat sich Ende der sechziger Jahre entlang der Haupttrennlinie der Gesellschaft von Unionisten/Protestanten gegen Nationalisten/Katholiken neu formiert. Dabei waren die Unionisten vormals eng mit der Konservativen Partei liiert (Sturm, 1991, S.234). Hintergrund dieser Neuformierungen waren Meinungsverschiedenheiten bezüglich der Behandlung der katholischen Bevölkerungsminderheit und des Verhältnisses zu Großbritannien. Diese entzündeten sich konkret an der Öffnungspolitik O'Neills gegenüber den Katholiken. Diese war begleitet von einer sich formierenden Bürgerrechtsbewegung integrationistischen Ursprungs, die für gleiche Lebensbedingungen wie auf dem britischen *mainland* und die Gleichberechtigung der katholischen Bevölkerung eintrat. Sie richtete sich jeoch auch gegen korrupte katholische Amtsträger; während die Protestanten ihrer aggressiven Ablehnung dieser Bewegung in staatlich gedeckten Pogromen Ausdruck verliehen.

Die 1971 eingeführte Internierung, die eine bis zu sechs Monaten dauernde Inhaftierung ohne Gerichtsverfahren in Sammellagern ermöglichte, führte schließlich zur Radikalisierung der katholischen Community, die nicht mehr an die Reformierbarkeit Nordirlands glauben mochte. Sie trat daher für eine Vereinigung mit der irischen Republik ein, und auch die militante IRA erhielt auf Anhieb größeren Zulauf. Ein einheitliches Vorgehen der Katholiken war jeoch aufgrund der internen Klassenspaltung unmöglich.

Als die Erhaltung des konstitutionellen Status Nordirlands gefährdet schien und sich mit Ian Paisleys *Free Presbytarians* eine evangelische Läuterungsbewegung formierte, die sich auch gegen die säkulären Tendenzen der ökumenischen Bewegung und die Permissivität wandte, expandierte das Parteienspektrum; nicht aber die eigentlichen Politikinhalte (Raatz, 1990, S.61-62 und

Schulze-Marmeling, 1994a, S.178-180 und 189). Im April 1970 wurde die bireligiöse *Alliance Party* (AP) gegründet sowie vier Monate später die *Social Democratic and Labour Party* (SDLP) als bislang parlamentarisch erfolgreichste katholisch-nationalistische Kraft in der Geschichte Nordirlands. 1971 spaltete sich von der UUP die *Democratic Unionist Party* (DUP) um Paisley ab und 1973 gründete sich die noch radikalere *Vanguard Unionist Party* (VUP).

Dadurch ihrer Monopolstellung beraubt, verlor die UUP 1972 die Kontrolle über die nordirische Politik (Raschke, 1978, S.278-279 und Arthur/Jeffery, 1989, S.8). Schließlich brach 1972 die nordirische Selbstverwaltung, das *Stormont-System*, aufgrund der Weigerung der mit der IRA verbündten *Sinn Féin*, sich daran zu beteiligen, zusammen, so daß nun London mittels eines eigens eingerichteten Nordirlandministeriums die Regierungsgeschäfte übernahm. Diese Einmischung bedeutete allerdings auch zunächst einmal das Ende der historisch bedingten Allianz zwischen englischen Tories und nordirischen Unionisten (Schulze-Marmeling, 1994a, S.180). Bei den Parlamentswahlen 1973 erhielt die UUP gerade noch 23 von 87 Sitzen. Begünstigt wurde diese Wahlniederlage durch das zuvor eingeführte Mehrheitswahlrecht, welches gerade Paisley, der dieses System als „unbritisch“ beschimpft hatte, ironischerweise eine Chance einräumte, eine parlamentarische Vertretung zu erlangen. Vor allem zwischen UUP und DUP entbrannte im Wahlkampf eine extreme Gegnerschaft darüber, wer denn nun die wirklichen Loyalisten seien (Arthur/Jeffery, 1989, S.52-53).

1975 trat die UUP bei den Verfassungskonventswahlen erstmals unter der Bezeichnung *Official Unionist Party* (OUP) an (Raschke, 1978, S.278-279).

Vor diesem Hintergrund haben offen faschistische Verbände in der loyalistischen protestantischen Bewegung nie eine starkc Organisation aufbauen können. Sie selbst ist jedoch mit ihrem Antikommunismus sowie ihrem Eintreten für einen britischen Imperialismus eine der stärksten reaktionären Bastionen in Europa geworden. Sowohl die sich mehr auf die protestantische Arbeiterschaft stützende *Democratic Unionist Party* (DUP) als auch die eher bürgerliche *Official Ulster Unionist Party* (OUP/UUP) sind von erklärten Faschisten infiltriert, die auch bereit sind, etwa mit der *National Front* zu kollaborieren.

Beide Parteien unterstützen auch paramilitärische Gruppen wie die *Ulster Defense Association* (UDA) (Schulz, 1990, S.139), die aber inzwischen offiziell verboten ist, nachdem es in den achtziger Jahren eine personelle und ideologische Rechtsradikalisierung gegeben hatte (Fromm/Kernbach, 1994b, S.171-172).

Im Verhältnis zur *National Front* (NF) dürfte es zwischenzeitlich Irritationen gegeben haben, nachdem diese sich in ihrer Parteizeitung auch schon einmal für die Unabhängigkeit von Ulster aussprach. Gleiches will aber auch die offensichtlich nach wie vor existente UDA (NE, 4/1987, S.63 und Schulze-Marmeling, 1994a, S.202), die ansonsten eher mit der *British National Party* (BNP) kooperiert, während die NF eher Verbindungen zur *Ulster Volunteer Force* (UVF) unterhält. Die UVF wiederum unterhält mit der *Progressive Unionist Party* (PUP) auch eine eigene politische Kraft (Fromm/Kernbach, 1994b, S.169).

Seit den ersten Direktwahlen 1979 wurde die UUP/OUP durch John David Taylor im EP vertreten (EP-Buch, 1989, S.104). Diese Wahl brachte einen Überraschungserfolg der DUP, die, obwohl sie als noch recht junge Partei längst keine so starke Verankerung an der Basis besaß, fast 30 % erhielt; mit 170.688 Vorzugsstimmen für Paisley (Arthur/Jeffery, 1989, S.57).

Im selben Jahr trat James Molyneaux an die Spitze der UUP/OUP (AdG, 1995, S.40286). Bei den Europawahlen 1984 setzte sich der Trend von 1979 fort. Die *Official Ulster Unionist Party* erhielt 21,5 %, die *Democratic Unionist Party* Paisleys 33,6 %. Damit entsandten beide jeweils einen Abgeordneten ins EP (Kirfel/Oswalt, 1989, S.196). Letztere hatte bislang keine organisatorischen Bindungen zur euro-rechten Fraktion, wenngleich der *'Paisleyism'* mit seinem charismatischen Führer durchaus Parallelen zum *'Lepenisme'* aufweist, zumal Paisley auch berüchtigt für seine Beleidigungen ist und ebenso wie Le Pen das Schreckbild einer weltweiten kommunistischen Verschwörung verbreitet (Hainsworth, 1992, S.45 und Tieger, 1985, S.127).

Es blieb diesbezüglich bei eher informellen Verbindungen durch den rechtskonservativen *Monday-Club* zum DUP-Unterhausabgeordneten Enoch Powell. Er kam erst 1973 nach Nordirland und war auch Beobachter auf einem MSI-Parteitag. Powell ist wohl der exponierteste Vertreter der Konspirations-Theorie, hinter der die Angst steckt, England könnte Nordirland 'verraten' und an die Republik Irland abtreten. Allerdings überwarf er sich später mit Paisley, da ihm dessen Haltung zu den Paramilitärs zu extrem war. Dieser Konflikt entbrannte konkret daran, daß sich Paisley ohne Rücksprache mit der UDA verbündete (Harris, 1990, S.32; Arthur/Jeffery, 1989, S.57; Schulz, 1990, S.139 und Tieger, 1985, S.136). Bei den Wahlen 1987, die ganz im Zeichen des Anglo-Irischen Agreements (AIA) standen, verlor Powell seinen Sitz an einen Vertreter der katholischen SDLP (Arthur/Jeffery, 1989, S.18).

Dieses Agreement war wegen der erstmaligen Beteiligung der Dubliner Regierung ein Durchbruch; jedoch war die protestantische Mehrheit daran nicht beteiligt worden (McElholm, 1996, S.806). Das Abkommen verfolgte zwar primär die Absicht, die militärische Kampagne der IRA und ein Erstarken der *Sinn Féin* einzudämmen, doch wertete es zugleich die SDLP auf (Schulze-Marmeling, 1994a, S.196).

Aus Protest schloß sich Taylor im selben Jahr der euro-rechten Fraktion an. Dadurch waren die 'offiziellen' Unionisten dann auch mit einem Stand auf dem blau-weiß-roten Fest (BBR) der *Front National* vertreten (Hainsworth, 1992, S.45; NE, 7/1987, S.65 und Taylor-Brief). Die protestantischen Wähler dankten der OUP/UUP die Gegnerschaft zum Agreement 1987 mit einem Ergebnis von 37,8 % und die DUP Paisleys kam lediglich auf 11,7 % (Boyle, 1991, S.72). Zuvor hatte Taylor noch zusammen mit den regierenden britischen Konservativen der *Fraktion der Europäischen Demokraten* (ED) angehört (EP-Handbuch, 1984, S.202 und 238). Diese Fraktion löste sich wiederum drei Jahre nach den Europawahlen von 1989 auf und ihre Mitglieder wechselten zur *Fraktion der Europäischen Volkspartei* (PPE) (Jacobs/Corbett/Shackleton, 1992, S.59-60).

1989 erhielt die OUP/UUP bei den EP-Wahlen 22,2 %, hatte also gegenüber 1984 etwas zugelegt und die DUP wies mit 29,9 % gegenüber 1984 Verluste auf. Freilich hatte dies auf die Sitzverteilung im EP keinen Einfluß, beide stellten wieder je einen Abgeordneten. Den dritten EP-Sitz Nordirlands errang mit 25,5 % wiederum die SDLP. *Sinn Féin* (9,15 %), *Alliance* (5,22 %) und fünf andere kandidierende Parteien konnten keine Abgeordnete ins EP entsenden (Kirfel/Oswalt, 1989, S.196 und Jacobs/Corbett/Shackleton, 1992, S.285). Dabei zeigte gerade das UUP/OUP-Ergebnis, daß die Mitgliedschaft Taylors in der euro-rechten Fraktion offensichtlich weder im positiven noch im negativen Sinne großartige Auswirkungen auf den Zuspruch für seine Partei hatte.

Gleichwohl sah sie im Vorfeld der Europawahl 1989 Erklärungsbedarf gegenüber ihren Wählern, unter der Headline „Winning friends for Ulster in Europe“ erklärte sie:

„Die allermeisten der 520 MdEPs gehören verschiedenen Fraktionen innerhalb des Europäischen Parlaments an. Mitgliedschaft heißt, daß ein MdEP nicht isoliert ist – er hat mehr politischen Einfluß und Unterstützung und das bedeutet, daß er für die Angehörigkeit mehrerer Fachausschüsse des Parlaments nominiert wird. Nach jeder Europawahl werden die Fraktionen neu gruppiert. Der Ulster Unionist MdEP wird sich derjenigen neuen Fraktion anschließen, welche für die Bedürfnisse Nordirlands am geeignetsten ist.“ (UUP-Manifesto, 1989, S.4)

Dieses Statement dürfte sich allerdings auch gegen den DUP-Abgeordneten Paisley gerichtet haben, der es seit seinem Einzug ins EP 1979 vorzog, diesem ununterbrochen als fraktionsloser Abgeordneter (NI) anzugehören (Jacobs/Corbett/Shackleton, 1992, S.78).

Ferner trat die UUP/OUP mit einem neuen Spitzenkandidaten an, allerdings mit einer eher technisch-zweckrationalen Begründung: „Da Ulster nur drei MdEPs stellt, hat die Ulster Unionist Party in Anbetracht der Tatsache, daß die Plenar- und Ausschußsitzungen des Eurpäischen Parlaments alljährlich 200 Tage in Anspruch nehmen, entschieden, daß ihr Kandidat Jim Nicholson ein Vollzeit MdEP sein muß.“ (UUP-Manifesto, 1989, S.4) Auch diese Verlautbarung war nicht ohne Stoßrichtung gegen den Europaabgeordneten Paisley, der seit 1970 auch Unterhausabgeordneter für North Antrim und zugleich noch Vorsitzender seiner Partei ist. Auch der SDLP-Vertreter Nordirlands im EP, John Hume, vertritt gleichzeitig seit 1983 den Wahlkreis Foyle im Unterhaus und ist ebenso Vorsitzender seiner Partei.

Taylor gehörte zeitgleich für den Wahlkreis Strangford dem Unterhaus an (EP-Handbuch, 1984, S.107, 254 und 202 und EP-Ergebnisse, 1994, S.48). Taylor selbst zu seiner Nichtkandidatur 1989: „Dies war eine persönliche Entscheidung und *keine, die von der Ulster Unionist Party gefordert wurde.*“ (Taylor-Brief; Hervorhebung im Original)

Taylors Nachfolger Nicholson schloß sich 1989 der *Fraktion der Europäischen Volkspartei* der Christdemokraten (PPE) an. Dies war das Ergebnis von Verhandlungen, die Taylor nach eigener Angabe bereits im März 1989 mit den deutschen Abgeordneten Otto von Habsburg und Egon Klepsch geführt hatte; drei Jahre bevor sich die britischen Konservativen dieser Fraktion anschlossen. Daß er sich 1987 nicht selbst der Fraktion anschließen konnte, begründete er mit der Mitgliedschaft der aus der Republik Irland kommenden konservativen *Fine Gael*-Abgeordneten, stellte aber fest: „Die PPE war bei weitem die Fraktion, die ich bevorzugte.“ (Taylor-Brief und Jacobs/Corbett/Shackleton, 1992, S.64-65)

1994 errang die OUP/UUP wiederum ein Mandat im EP (133.459 Stimmen), doch wurde sie von der DUP (163.246 Stimmen) ein weiteres Mal überflügelt (EP-Ergebnisse, 1994, S.46). Indes benötigt der nordirische Loyalismus, wie er in der DUP und UUP/OUP politisch vertreten ist, klare Abgrenzungen und Feindbilder. Diese aber kamen ihm nach der Waffenstillstandserklärung der IRA vom August 1994, der im Dezember 1993 die *joint declaration* vorangegangen war, nun zunehmend abhanden. Dabei zeigte sich die UUP, anders als die DUP Paisleys, gegenüber der *Sinn Féin* in Grenzen dialogbereit. Sie will letztlich vermeiden, daß London, frustriert von protestantisch-unionistischer Intrasigenz, die nordirischen Provinzen an die irische Republik abgibt. Allerdings ist die wacklige Unterhausmehrheit des britischen Premiers Major gerade von den Stimmen der Unionisten abhängig, was ihren Spielraum entsprechend einengt.

In der Bevölkerung hingegen nehmen die Sympathien für den protestantisch-loyalistischen Paramilitarismus erheblich zu. 1993 kam der *Belfaster Telegraph* in einer Umfrage zu dem alarmierenden Ergebnis, daß mittlerweile vier von zehn Protestanten paramilitärische Gewalt unterstützen würden; während die entsprechenden Verbände, UVF und UDA, vordem unter den Protestanten erheblich unpopulärer waren als die IRA unter den Katholiken.

Die UUP besteht ihrerseits darauf, daß Friedensverhandlungen nur dann geführt werden, wenn die IRA ihre Waffen abgegeben hat. Doch lehnt die britische Regierung bislang auch eine Amnestie der IRA-Gefangenen ab, obwohl dies für einen dauerhaften Frieden unabdingbar wäre.

Die Unterstützung der loyalistischen Parteien durch die protestantische Mittelschicht fällt allerdings mehr und mehr aus. Dies könnte allenfalls durch eine ideologische Modernisierung aufgehalten werden, die aber durch Kontroversen im unionistischen Lager selbst erschwert wird (Schulze-Marmeling, 1994a, S.200 und 207-209 und 1994b, S.1428 und 1431-1432; McElholm, 1996, S.806 und jw, 23.10.1995, S.9). In deren Folge hatte sich der UUP-Vorsitzende Molyneaux bei seiner Wiederwahl im März 1995 erstmals einem Gegenkandidaten zu stellen und erklärte schließlich am 28. August des selben Jahres sogar seinen Rücktritt.

Zu seinem Nachfolger wurde am 8. September David Trimble gewählt, der sich in zwei Wahlgängen gegen vier Mitbewerber durchzusetzen hatte. Trimble gilt als Vertreter einer harten Linie (AdG, 1995, S. 40286 und 40329) und verkörpert einen neuen, gleichermaßen aggressiven wie populistischen Stil des unionistischen Lagers.

Als im Februar 1996 die IRA infolge der sich wieder verschärfenden Konfliktsituation den Waffenstillstand aufkündigte, wurde *Sinn Féin* von den Friedensgesprächen ausgeschlossen.

Dem ging die Weigerung voran, als Vorbedingung für die Verhandlungen die Waffen abzugeben, da dies in den Augen *Sinn Féins* vielmehr ein zu erzielendes Resultat der Verhandlungen sei.

Unter dem Vorwand, daß alle Beteiligten ihre Ziele ausschließlich mit friedlichen Mitteln verfolgen sollten, wurde *Sinn Féin* schließlich auch von dem Ende Mai 1996 gebildeten Nordirland-Forum ausgeschlossen. Doch kann ohne *Sinn Féin*, die immerhin 25 % des katholischen Elektorats Nordirlands repräsentiert, letztlich kein tragfähiger Frieden erreicht werden (Woche, 42/1996, S.12 und McElholm, 1996, S.801-808).

Im Juli drohte die Situation aufgrund des traditionellen jährlichen Aufmarsches des *Oranier-Ordens* durch einen überwiegend katholischen Straßenzug zu eskalieren. Während im Vorjahr noch eine friedliche Übereinkunft dahingehend erzielt werden konnte, daß der Durchmarsch über Nacht und ohne Trommelwirbel stattfand, verschärfte sich jetzt die Situation.

Trimble dazu: „Allgemein herrscht das Gefühl, daß wir den Republikanern schon mehr als genug nachgegeben haben", und sagte fürs erste seine Teilnahme an den Belfaster Friedensverhandlungen ab. So war es ihm zu verdanken, daß die Auseinandersetzung um den Marsch letzlich zu einem Versuch ausartete, das ganze Land lahmzulegen. Sein Vize John Taylor meinte angesichts des zunächst verhängten Marschierverbots, daß der Friede nunmehr „jederzeit zusammenbrechen" könne (FR, 10.07.1996, S.3 und McElholm, 1996, S.808). Daraufhin gab die nordirische Polizei, die *Royal Ulster Contabulary* (RUC), nach vier Tagen dem Druck der Oranier nach und räumte unter Einsatz von Gummigeschossen die Marschroute, was sie in den Augen der Katholiken wieder einmal zur Hilfstruppe der protestantischen Majorität machte John Hume sprach von einer „schändlichen Entscheidung" und schließlich eskalierte die Gewalt auf beiden Seiten (FR, 12.07.1996, S.1 und 13.07.1996, S.1 und 3).

Als bekannt wurde, daß die Polizei bereits am 10. Juli beschlossen hatte, dem Oranier-Orden nachzugeben, so daß die Kompromißverhandlungen der kirchlichen Vertreter tags darauf zu einem reinen Ablenkungsmanöver wurden, zog sich die SDLP auch aus aus dem Nordirland-Forum zurück, (taz, 15.07.1996, S.8).

Zudem wurde publik, daß sich Trimble anläßlich des Oranier-Marsches heimlich mit Führern der UVF getroffen hatte (jw, 20./21.07.1996, S.9). In dieser Situation riefen IRA und loyalistische Terrorgruppen ihre Anhänger zur Zurückhaltung auf, um die Konfliktsituation nicht noch zusätzlich anzuheizen (FR, 15.07.1996, S.3).

Unterdessen wechselte der UUP-Europaabgeordnete James Nicholson von der *Fraktion der Europäischen Volkspartei* (PPE), der unter anderem auch die britischen Konservativen und die irischen *Fine Gael*-Abgeordneten angehören, zur *Fraktion der Unabhängigen für das Europa der Nationen* (I-EDN), die vor allem von der de-Villiers-Bewegung *l'autre Europe* getragen wird, und der keine irischen Abgeordneten angehören.

Gerade dadurch dokumentiert sich der Rechtsruck, der derzeit die UUP durchzieht, ebenso wie die erneute Distanzierung gegenüber den britischen Konservativen wie schon 1987, als es dadurch zum Bündnis mit Le Pen kam.

Zu den britischen Unterhauswahlen im Mai 1997 unterstützte die UUP das Anliegen der neugegründeten *Referendum Party*, die einzig dazu ins Leben gerufen worden war, ein Referendum über die zukünftigen Beziehungen Großbritanniens zur EU durchzusetzen. Diese Partei trat zwar in Nordirland nicht an, doch unterstützte ihr Chef Sir James Goldsmith die UUP mit einer Wahlkampfbeihilfe über 250.000 £. Der französisch-britische Milliardär Goldsmith ist Europaabgeordneter von *l'autre Europe*, und als solcher ebenso wie der nordirische UUP-Abgeordnete Nicholson Mitglied der I-EDN-Fraktion (EP-Liste, 17.02.1997 und Sturm, 1997, S.8).

4.2.2. Ulster Unionist Party/ Official Unionist Party (UUP/OUP) – Programmatik und Wähler

Der eigentliche programmatische Daseinszweck der UUP/OUP bestand von Anfang an in der Aufrechterhaltung der Union mit England. Das bedeutet konkret: Aufrechterhaltung der Teilung der irischen Insel, Einbindung in das Vereinigte Königreich, Bindung an die britische Krone, jedoch nicht an die demokratischen Traditionen. Dazu kommt das unionistische Selbstverständnis einer elitären und auserwählten Siedlergemeinschaft, die ständig Verrat durch das Mutterland wittert. Dies wurde stets begleitet von einer scharf antikatholischen Stoßrichtung, auch gegen die nordirische Selbstverwaltung und die Republik Irland. Dabei gibt es bei den Protestanten eine sehr viel stärkere Ablehnung einer denkbaren Vereinigung mit der Republik Irland, als im Gegenzug Katholiken diese überhaupt anstreben (Boyle, 1991, S.71 und Nowak, 1994, S.79). Auch die Republik Irland wäre an einer solchen Vereinigung höchstens als Fernziel interessiert, so daß sie den nordirischen Nationalisten, anders als London den Unionisten, keinerlei militärische oder finanzielle Unterstützung gewährt. Hierzu ist festzuhalten, daß der nordirische Guerillakrieg und die militärische Repression im Alltagsbewußtsein der (Süd-)Iren nahezu keine Rolle spielen (Schulze-Marmeling, 1994a, S.181-184).

Bei Wahlen in Nordirland spielen Wahlkampfthemen aus Großbritannien so gut wie keine Rolle. So hatten die Wahlen von 1987 nur ein Thema, nämlich die Haltung der Parteien zum anglo-irischen Abkommen (Sturm, 1990, S.235). Dieser Vertrag erkennt formell an, daß eine Mehrheit der Nordiren ihren derzeitigen Status beizubehalten wünscht. Dadurch wird aber eben auch die Beibehaltung des Status von einem entsprechenden Mehrheitswillen abhängig gemacht (Boyle, 1991, S.76), und zum Mißfallen der Unionisten erhält die Republik Irland eine beratende Rolle, worauf in der nordirischen Politik Rücksicht genommen werden muß.

Erst vor diesem Hintergrund wird die Ablehnung des Vertrages durch die UUP/ OUP und die Bedeutung des Fraktionswechsels im EP verständlich. Deren Vorsitzender, James Molyneaux, erklärte „wir werden von einer Nation an eine andere ausgeliefert, gebunden und geschnürt wie ein ofenfertiger Truthahn" (Arthur/Jeffery, 1989, S.16 und 18), und der EP-Abgeordnete Taylor äußerte anläßlich seines Eintritts in die euro-rechte Fraktion: „Von 1979 bis 1987 gehörte ich der Fraktion der Europäischen Demokraten an, doch nachdem die britische Konservative Partei in London das Anglo-Irische Abkommen dem nordirischen Volk ohne deren Zustimmung aufzwang, entschied ich, daß ich nicht länger mit einer Fraktion verbunden bleiben könnte, in welcher die britischen Konservativen die bei weitestem größte Partei waren." (Taylor-Brief)

Programmatisch gab es im Europawahlmanifest von 1989 durchaus Anknüpfungspunkte an die Euro-Rechte, so beispielsweise auf dem Gebiet der inneren Sicherheit: „Ulster Unionism accepts the Single Market of 1992 but firmly believes that there must be controls on the movement of terrorists and animal diseases." Dem innereuropäischen Grenzabbau stand man somit eher kritisch gegenüber, die gemeinsame Euro-Währung wurde abgelehnt, da die Partei befürchtete, daß der Einfluß und die Kontrolle einer zentralen Europäischen Bank gegenüber der *Bank of England* die Wahlfreiheit der Briten bezüglich ihrer Wirtschaftspolitik einschränken werde. Schließlich wurde eine nordirische Vertretung im EU-Ministerrat eingefordert.

Die EG wurde aber nicht, wie etwa bei den REP, als finanzielle Last gesehen, sondern es wurde vielmehr herausgestrichen was Nordirland, aufgrund der abweichenden sozioökonomischen Situation, an Transferzahlungen von Seiten der EG/EU erhält. Die UUP wollte diesen Umstand als ihren Erfolg verstanden wissen. Durch die wirtschaftliche Liberalisierung erhoffte man sich darüberhinaus Vorteile, sofern nur die Handelsbedingungen fair seien. „The move which will obviously stimulate American trade in Europe, could mean a reduction in costs for Northern Ireland farmers." (UUP-Manfesto, 1989)

Da durch die eher schlechte ökonomische Situation die Union und ihre Politik der Abgrenzung vom Süden immer weniger materiell zu begründen ist, erfährt der Unionismus aktuell eine 'Kulturalisierung' und 'Ethnisierung' beziehungsweise eine Entwicklung zum 'echten' Nationalismus. Diese Entwicklung des

Unionismus zum protestantischen Ulster-Nationalismus korrespondiert mit rassistischer Abgrenzung, was sich in einem Triumphalismus und der massiven Einschüchterung von Katholiken niederschlägt und ideologisch durch das Gerede von der Existenz einer eigenständigen „Ulster-Rasse" untermauert wird.

„Die konzeptionellen Antworten auf die Krise des Unionismus und protestantischer Identität sind deprimierend. Die Grenzen des nordirischen Staates bestimmen auch die Enge unionistischen Denkens." Dabei konkurriert das UUP-Modell der Totalintegration Nordirlands in Großbritannien mit dem der *'devolution'*, also interner Autonomie, wie es weitgehend von der DUP vertreten wird; während die paramilitärische UDA wiederum einen unabhängigen nordirischen Staat fordert (Schulze-Marmeling, 1994a, S.175, 197-198 und 202).

Traditionell konnte die UUP dabei unter ihrer Ideologie des protestantischen Unionismus radikale Presbyterianer, konservative Anglikaner, Landadel und städtische Industriearbeiter zu einem Block vereinen (Raatz, 1990, S.60). Doch in den letzten Jahren verbürgerlichte sich die UUP/OUP zusehends, und die protestantische Arbeiterschaft tendiert inzwischen mehr und mehr zur DUP unter Paisley tendiert (Schulz, 1990, S.139).

5. Bundesrepublik Deutschland

5.1. Wahlrechtliche Bestimmungen

Die Rechtsgrundlage für die deutschen Europaabgeordneten ist das Wahlgesetz vom 16. Juni 1978, welches seitdem mehrmals geändert wurde, zuletzt am 11. November 1993.

81 MdEP wurden 1989 in Deutschland gewählt, 1994 waren es 99 Abgeordnete, die nach dem Verhältniswahlsystem bestimmt werden, und deren Parteien bzw. Vereinigungen mindestens 5 % der auf Bundesebene abgegebenen Stimmen erhalten haben müssen. Die Listenreihenfolge wird von den Parteien festgelegt, nach deren Maßgabe die Sitzverteilung erfolgt. Freiwerdende Sitze werden durch Ersatzkandidaten, sofern benannt, besetzt; ansonsten gilt die Liste.

Die Stimmenverrechnung geschieht auf Bundesebene nach dem Hare-Niemeyer-Verfahren, nach diesem Verfahren werden auch die Sitze zwischen den Landeslisten einer Partei aufgeteilt, sofern sie nicht mit einer einheitlichen Bundesliste zur Wahl antrat. (EP-Buch, 1989, S.21-22; EP-WG, 1989, S.11 und EP-WG, 1994, S.14)

5.2. Die 'Republikaner' (REP), (1989-1991)

5.2.1. Parteigeschichte

Die REP wurden am 27. November 1983 in München als Rechtsabspaltung der CSU gegründet, in einer Zeit, als sich die CSU starken innerparteilichen Spannungen ausgesetzt sah. Kritisiert wurden an der CSU Machtmißbrauch, Ämterpatronage sowie mangelnde innerparteiliche Demokratie. Die Rolle des damaligen bayerischen Ministerpräsidenten Strauß bei der Einfädelung eines Milliardenkredits für die DDR war es, die den endgültigen Anstoß zur Gründung der REP gab.

Neben dem Fernsehjournalisten Franz Schönhuber gehörten die ehemaligen CSU-Bundestagsabgeordneten Franz Handlos und Ekkehard Voigt zur ersten 'Führungstroika' der REP. Anfängliche Auseinandersetzungen drehten sich um die Frage, ob die REP eine rechtskonservative CSU-Alternative werden sollten, hochgradig auf bäuerliche und klerikal-katholische Kreise zugeschnitten, wie es dem damaligen Vorsitzenden Handlos vorschwebte, oder eine modernisierte rechtsextremistische Partei mit populistischen Charakter nach Vorbild der *Front National* Le Pens. Letzteres verfolgten Schönhuber und Voigt.

Schönhuber setzte sich schließlich nach heftigen Auseinandersetzungen, die durch innerparteiliche Rivalitäten und persönliche Animositäten auf die Spitze getrieben wurden, durch und übernahm im Juni 1985 den Bundesvorsitz. Kurz zuvor war Ekkehard Voigt aus der Partei herausgedrängt worden. Bereits bei den bayerischen Kommunalwahlen 1984 erzielte die Partei über freie Listen erste Erfolge, 1985 gelangte sie durch Übertritte von CDU-Abgeordneten an Sitze in der Bremer Bürgerschaft (Behrend/Prenzel, 1990, S.30-31 und Pfahl-Traughber, 1994a, S.65-67). Im selben Jahr übernahm Harald Neubauer das Amt des Generalsekretärs (Fromm, 1994, S.151).

Unter Schönhubers Führung gelang der Partei bei den bayerischen Landtagswahlen am 12. Oktober 1986 ein erster Achtungserfolg, zu den Europawahlen 1984 war sie noch nicht angetreten. Doch auch nach dem bayerischen Erfolg mangelte es der stark bayerisch geprägten Partei bundesweit noch an organisatorischer Substanz. So wurde die Kandidatur zur Bundestagswahl 1987 wieder zurückgezogen (Stöss, 1989, S.194-201).

Im Mai 1987 schloß sich infolge der Neuwahl des Bundesvorstands auf dem Bremerhavener Parteitag eine parteiinterne Krise mit einer Reihe von Parteiaustritten an, welcher auch die vorherigen Parteivize Gabriele Riffert und Dieter Berger zum Opfer fielen. Sie verloren ihre Posten und wurden kurze Zeit darauf aus der Partei ausgeschlossen. Neue stellvertretende Bundesvorsitzende wurden Konteradmiral Günter Poser, Wolfgang Klinke, Johanna-Christina Grund und Professor Emil Schlee (Nandlinger, 1991, S.10 und SP, 43/1987, S.92-94). Grund und Schlee kamen aus dem Spektrum der Heimatvertriebenen, was bereits zu diesem Zeitpunkt andeutete, daß sich eine 'Vertriebenen-Connection' innerhalb der REP herausbildete. Zu jener kann auch der gebürtige Ostpreuße und spätere EP-Abgeordnete Hans-Günter Schodruch gezählt werden, der sich in den siebziger Jahren noch bei der *Arbeitsgemeinschaft Vierte Partei* und der CSU im Rheinland engagierte (Paul, 1989, S.136 und ER, 12/1990).

Bei den darauffolgenden Bremer Bürgerschaftswahlen erhielten die REP 1,2 %, während die DVU-Liste D einen Landtagssitz errang (Fromm, 1994, S.152).

Nach dem Abflauen parteiinterner Krisen gelang den REP bei der Wahl zum Berliner Abgeordnetenhaus am 29. 1. 1989 erstmals mit 7,5 % der Stimmen die Überwindung der Sperrklausel. Sie erhielt auf Anhieb elf Mandate im Abgeordnetenhaus und weitere 36 in den Bezirksversammlungen. Damit gelang ihr der Durchbruch just in einem Stadtstaat, in dem die NPD aufgrund alliierter Restriktionen – erst Mai 1990 lief das öffentliche Betätigungsverbot für die NPD in Berlin aus – nicht hatte kandidieren dürfen. Die Berliner NPD hatte deshalb im Januar 1989 auch eine Wahlempfehlung für die REP ausgegeben, zumal viele ihrer ehemaligen Mitglieder dort eingetreten waren, während die DVU eine rechtsextreme Kleingruppe unterstützte.

Im Europawahlkampf 1989 entbrannte hingegen ein starker Machtkampf im rechtsextremen Lager zwischen der DVU-Liste D unter Vorsitz des Verlegers Dr. Gerhard Frey, der sich den Wahlkampf bis zu 18 Millionen DM kosten lassen wollte und dabei auch von der NPD personell unterstützt wurde, und den REP, die 'nur' auf Wahlkampfmittel in Höhe von 3,5 Millionen zurückgreifen konnten. Gleichwohl wurde ein enormer Propagandaaufwand auf beiden Seiten betrieben, und es fanden publikumsträchtige Wahlkundgebungen statt, die von heftigen Gegendemonstrationen begleitet wurden.

Mit bundesweit 7,1 % der Stimmen gelang aber nur den REP als „die stärker eingeführte Marke“ (Ernst Uhrlau, Verfassungsschutz Hamburg) mit sechs Abgeordneten der Einzug ins Europaparlament, während die DVU-Liste D, mit 1,6 % deutlich abgeschlagen, außen vor blieb (Stöss, 1989, S.194-201 und 1994, S.56-57 und SP, 22/1989, S.30). Zur DVU „mit dem NS-Devotionalienhändler Frey“ an der Spitze meinte Schönhuber: „Es wäre ein verhängnisvoller Fehler, wenn wir uns mit jenen einließen, die im Verfassungsschutz als Rechtsextreme eingestuft sind, ob zu Recht oder zu Unrecht. Warum soll ich mich ausgerechnet mit einer Gruppierung einlassen, die ideologisch und biologisch zum Aussterben verurteilt ist, die alten Zeiten nachtrauert.“ (SP, 6/1989, S.28)

Wenngleich der hohe Stimmenanteil für die REP durch die vergleichsweise geringe Wahlbeteiligung und der bei Europawahlen eher vorhandenen Bereitschaft zum Protestwählen etwas relativiert wird (Backes/Moreau, 1994, S.80), so muß doch gesehen werden, daß hier erstmals seit den Erfolgen der NPD in den sechziger Jahren eine Partei rechts von den Unionsparteien (CDU/CSU) die 5 %-Hürde überwinden konnte.

Zusammen mit den Abgeordneten der *Front National* und des belgischen *Vlaams Blok* bildeten die REP-Abgeordneten daraufhin die *Technische Fraktion der Europäischen Rechten* im EP (Schmidt, 1994, S.402).

Wie oben bereits angedeutet, sah sich die Partei schon vor ihren ersten Wahlerfolgen starken Zu- und Abwanderungen ausgesetzt. Auch danach rissen die innerparteilichen Rivalitäten und Machtkämpfe nicht ab und zogen zahlreiche Parteiausschlüsse nach sich.

Angesichts der Umbruchssituation in Osteuropa und des damit verbundenen Zusammenbruchs der DDR wurde die deutsche Frage plötzlich realpolitisch sehr aktuell. Aufgrund dessen wurde innerparteilich eine stärkere deutschlandpolitische Profilierung gefordert, was Schönhuber jedoch abblockte. „Er war damals gerade vollauf (...) in die Verbrüderung mit dem ‘Front National’ unter Jean-Marie Le Pen involviert und warnte mich vor meiner geplanten Parlamentsaktion zugunsten des Selbstbestimmungsrechts der deutschen Südtiroler, weil dies die französischen Freunde hätte vergraulen können.“ (Grund, 1992, S.28)

Im Sommer 1990 kam es zu einer Auseinandersetzung, bei der Schönhuber und der damalige REP-Generalsekretär und Europaabgeordnete Neubauer einen Kampf um die Parteiführung austrugen und sich dabei wechselseitig rechtsextremer Umtriebe bezichtigten (Backes, 1990, S.11). Im Mai 1990 kündigte Schönhuber an, bei den Wahlen zum bayerischen Landesvorsitz gegen Neubauer zu kandidieren. Der Rechtsextremismus-Vorwurf gegenüber Neubauer wurde in einer Erklärung vom 18. Mai 1990 von den übrigen fünf REP-Europaabgeordneten zurückgewiesen, da er der Partei nur öffentlichen Schaden zufüge. Zudem wandten sie sich offen gegen die Kandidatur Schönhubers.

Sieben Tage später, am 25. Mai, trat Schönhuber zunächst vom Parteivorsitz zurück und am 30. Juni wurde er von dem bayerischen Landesschiedsgericht, welches von Neubauer und seinen Anhängern dominiert wurde, aus der Partei ausgeschlossen. Zuvor hatten die übrigen fünf REP-Abgeordneten bereits Emil Schlee zu ihrem Sprecher bestimmt, tolerierten aber, daß Schönhuber in der Fraktion verblieb.

Zum Rücktritt Schönhubers vermerkte der Europaabgeordnete Klaus-Peter Köhler: „Ich hätte mir für diesen Mann, dem unsere Partei so ungeheuer viel zu verdanken hat, einen besseren Abschied gewünscht!“ Auch nach den Worten Johanna Grunds hätte Schönhuber wegen „seiner Verdienste einen besseren Abgang verdient gehabt“. Voraussetzung dafür wäre aber ihrer Meinung nach eine stärkere innerparteiliche Solidarität gewesen. In der Zwischenzeit amtierte sie als geschäftsführende Bundesvorsitzende. Sie propagierte einen neuen Führungsstil: „Unsere Partei muß sich auch ohne einen ihrer Gründer politisch und organisatorisch durchsetzen, wird sich von der sogenannten ‘Ein-Mann-Partei’, die sie im Grunde genommen nie war, zur Gemeinschaft echt mitdenkender und mitentscheidender Persönlichkeiten wandeln.“

Nur kurz darauf erfolgte allerdings die Rücknahme des Parteiausschlusses Schönhubers durch das Bundesschiedsgericht der Partei und er wurde im Juli 1990 auf dem Parteitag im niederbayerischen Ruhstorf mit 376 von 563 abgegebenen Stimmen ebenfalls wieder zum Bundesvorsitzenden der REP gewählt. Sein Gegenkandidat war Professor Emil Schlee, MdEP, auf den 179 Stimmen entfielen. Ebenfalls wurde auf diesem Parteitag die komplette Führungsspitze mit treuen Gefolgsleuten Schönhubers neubesetzt (Malzahn/Gast, 1991, S.48; Pfahl-Traughber, 1993, S.49; REP, 7/1990, S.2-3 und 8/1990, S.5 und Nandlinger, 1991, S.14-15). Neubauer nannte diesen Parteitag rückblickend „eine parteiinterne Bartholomäusnacht“ (NE, 11-12/1994, S.7).

Diese innerparteilichen Querelen blieben auch für die Gruppe der Europaparlamentarier nicht folgenlos: Bereits auf dem bayerischen Landesparteitag im August 1990 hatte Schönhuber schwere Vorwürfe gegen seine Straßburger Kollegen wegen angeblicher finanzieller Unregelmäßigkeiten erhoben. Im September 1990 entband die REP-Parteispitze ihre MdEP, mit Ausnahme Franz Schönhubers, „mit sofortiger Wirkung von ihren Verpflichtungen gegenüber der Partei“ und leitete Parteiausschlußverfahren gegen sie ein, denen dann die Europaabgeordneten Johanna Grund und Harald Neubauer zum Opfer fielen (Lepszy/Veen, 1993, S.77-78).

Zu den Ausschlüssen äußerte sich der betroffene Neubauer selbst: „Tatsache ist, daß ich – wie auch Frau Grund und andere – vom Bundesschiedsgericht unter Herrn Mühlberger Mitte 1990 ausgeschlossen wurde, nachdem das bayerische Landesschiedsgericht den von Herrn Schönhuber eingereichten Ausschlußantrag zurückgewiesen hatte. Die Begründung war nicht etwa, ich sei ‘rechtsextrem’, sondern ich hätte als bayerischer Landesvorsitzender schuldhaft zu einem verzögerten Versand der Einladung zum Bundesparteitag in Ruhstorf beigetragen. Der Vorwurf war an den Haaren herbeigezogen. Wäre er richtig gewesen, hätte jener Bundesvorstand gar keine Ordnungsmaßnahme ergreifen können, da dann ja auch der Parteitag in Ruhstorf ungültig gewesen wäre." (Neubauer-Brief) Gleichwohl hatte Neubauer seinen Austritt aus der NPD 1981 noch mit der angeblichen Linksentwicklung der Partei begründet (Behrend/Prenzel, 1990, S.31).

Johanna Grund: „(...) ich wurde am 16. Oktober 1990 von Schönhubers Volksgerichtshof, genannt 'Bundesschiedsgericht', aus dieser Partei ausgeschlossen. Gegenstand war im Zuge der Hexenjagd nach dem Parteitag von Ruhstorf mein kritisches Verhalten gegenüber dem administrativen und selbstherrlichen Führungsstil des Bundesvorsitzenden Schönhuber und mein Bemühen um eine in der Öffentlichkeit vertretbare und überzeugende konservative Sachpolitik. Ich gehörte zu den Protagonisten der Intellektualisierung dieser Partei und wurde deshalb von der Führung nach Ruhstorf, die diese Intellektualisierung nicht wollte, aus der Partei entfernt. Äußerer Anlaß meines Ausschlusses war das Bemühen, die Parteizeitung 'Der Republikaner' dem alleinigen Einfluß des Bundesvorsitzenden zu entziehen." (Grund-Brief) Dem war die Auflösung des 1989 gegründeten Republikanischen Hochschulverbandes (RHV) vorangegangen, deren Verantwortliche dabei Kritik am „billigen Populismus" Schönhubers und der „ungehemmten Tätigkeit von Extremisten" übten (SP, 19/1990, S.122 und Gessenharter, 1994, S.155).

Auf dem Ruhstorfer Parteitag war allerdings Rolf Schlierer, ein Exponent der Intellektualisierung der Partei, in den REP-Bundesvorstand gewählt worden. Er galt jedoch auch von Anfang an als Kronprinz der Partei (SP, 29/1990, S.58).

Schönhuber zu den Parteiausschlüssen: „Wir haben uns all jener Elemente entledigt, die unsere demokratische Legitimation in Zweifel gezogen hatten." (taz, 27.04.1994) Aus Protest dagegen trat der erst kurz zuvor in Ruhstorf gewählte Stellvertreter Schönhubers Walter Möbius von seinem Amt zurück, das am 8. September Hermann Voss übernahm (Nandlinger, 1991, S.15).

An dem Tag, als Frau Grund aus der Partei ausgeschlossen wurde, fällte der REP-Bundesvorstand den Beschluß, daß die „Technische Fraktion der Europäischen Rechten ein Zusammenschluß von verschiedenen Parteien und nicht von Einzelpersonen" sei, und machte so die Fraktionsmitgliedschaft von der Parteimitgliedschaft abhängig. Dieser Beschluß zielte natürlich gegen die Abgeordneten Neubauer und Grund. „Abgeordnete, die aus der Partei 'Die Republikaner' ausgeschlossen werden, müssen auch aus der Technischen Fraktion ausgeschlossen werden", und die sich daraus ergebenden personellen und finanziellen Änderungen bedürften der Zustimmung des REP-Bundesvorsitzenden, was dann auch in der Fraktionsgeschäftsordnung festzuhalten sei. Dem habe nach Darstellung Schönhubers auch Professor Schlee zugestimmt, sei jedoch danach in Straßburg umgefallen (REP, 1/1991, S.5).

Franz Schönhuber bezüglich seines eigenen Fraktionsaustrittes, der dann schließlich im Dezember folgte: „Es ist nicht möglich, daß man mit einer Gruppe zusammenarbeitet, die gegen die Republikaner arbeitet. Das wäre Nonsens, ein geradezu absurdes Verhalten, und ich bin in dieser Beziehung zu keinem Kompromiß bereit. Wir haben lange genug gewartet und immer wieder Versuche unternommen, und insbesondere mit Prof. Schlee eine Verständigung gesucht." (REP, 12/1990, S.3) Der Betreffende dazu: „Unter völliger Verkennung des Abgeordnetenstatus verlangte er dann noch, daß nun auch alle anderen fünf deutschen Fraktionsmitglieder die Fraktion verlassen müßten, drohte mit Ausschlußverfahren und zeigte auch sonst seinen hinterhältigen Charakter." (Schlee-Interview)

Der Streit ging also vor allem darum, ob die Parteiräson oder die Gewissensfreiheit des Abgeordneten im Vordergrund zu stehen hat, und speziell in diesem Konflikt, wie weit die Toleranz einer Parteiführung gegenüber derlei Gewissensgründen sein darf.

Um die inhaltliche Distanz zu seinen (früheren) Parteifreunden zu untermauern, verglich Schönhuber das Zusammengehen der REP-Abgeordneten in einer Fraktion mit Neubauers *Deutschen Allianz/Vereinigte Rechte* (DA/VR) mit einer Fraktionsgemeinschaft aus CSU und PDS (REP, 1/1991, S.5). Die Parteizeitung der *'Republikaner'* erregte sich dabei darüber, daß aus der *Deutschen Rundschau* angesichts eines wohlwollenden Berichts über David Irving unter der Verantwortung Harald Neubauers „braune Jauche" triefe: „Es ist auch bemerkenswert, daß sich ein Professor Schlee in diesem Kreis offenbar wohler fühlt als unter Republikanern." (REP, 12/1990, S.7) Dabei veranlaßte Schlees Beitritt zu den REP seinerzeit noch die FAZ zu der Behauptung, daß man diese Partei wohl kaum als „rechtsradikal" bezeichnen könne (Gessenharter, 1994, S.155).

Hingegen sahen Schönhubers vorherige Fraktionskollegen in der Identitätskrise der Partei, in deren Folge die REP nicht mehr an die Wahlerfolge des Vorjahres anknüpfen konnten, den eigentlichen Grund für Schönhubers Austritt aus der *Technischen Fraktion der Europäischen Rechten* im Dezember 1990 und für sein Zerwürfnis mit Le Pen. So erhielten die REP bei den Landtagswahlen im Saarland 3,3 %, in Niedersachsen nur noch 1,5 %; noch weniger gab es bei den Landtagswahlen in den fünf neuen Bundesländern. Mit 3,1 % schaffte sie ein Jahr nach dem Wahlerfolg auch nicht den Wiedereinzug in das Berliner Abgeordnetenhaus. Selbst bei der bayerischen Landtagswahl wurde mit 4,9 % die Sperrklausel zum Einzug in den Landtag verfehlt. Bei der Bundestagswahl am 2. Dezember 1990 lag die Zustimmung der Wähler zu den REP nur noch bei 2,1 %.

Nach Meinung der Fraktionskollegen sei bei Schönhubers Austritt auch persönliche Eifersucht gegenüber den Erfolgen Le Pens mit im Spiel gewesen. (ER, 1/1991 und Backes/Moreau, 1994, S.83). Schönhuber meinte, er brauche jetzt „nach dem Verlassen der Fraktion im Europäischen Parlament (...) keine Kompromisse mehr zu machen, die uns hier geschadet haben." (ER, 12/1990, S.3)

Bei den drei verbliebenen REP-Abgeordneten Köhler, Schlee und Schodruch, fielen Anfang 1991 Austritt und Ausschluß aus der Partei mehr oder weniger zusammen (Lepszy/Veen, 1993, S.78). Zur selben Zeit, vom 2. bis 3. Februar, hielt die Partei in Augsburg einen Parteitag ab, und bestätigte Schönhuber mit einer knappen Zweidrittelmehrheit als Bundesvorsitzenden (Nandlinger, 1991, S.17).

Zu Schlees Rückzug aus der Partei erklärte er selbst: „Unser Widerstand reizte seinen Rachedurst hervor, sein erbärmliches Verhalten zeigte seine ganze Kleinkariertheit. Ausschlußverfahren liefen zum Teil mit Widersprüchen. Am 24. April erklärte ich meinen Partei- und Fraktionsaustritt." (Schlee-Interview) Gleichwohl war Schlee 1987 noch als Schönhubers Günstling zu dem schleswig-holsteinischen Landesvorsitz der *'Republikaner'* gekommen, obwohl sein Amtsvorgänger Hagen Palleske jenen weiterhin für sich beanspruchte und in diesem Zusammenhang darauf aufmerksam machte, daß innerparteiliche Demokratie nur vorgetäuscht werde (SP, 43/1987, S.94 und 27/1989, S.59). Schlee hatte zuvor der *Unabhängigen Wählergemeinschaft Schleswig-Holstein* (UWSH) angehört, aus der er nach Darstellung Rolf Schlierers durch Intrigen des damaligen Ministerpräsidenten Uwe Barschel und seines Mitarbeiters Pfeiffer herausgeekelt worden sei (Schlierer, 1988, S.132), was Schlierer freilich nicht daran hinderte, später selbst Schlee als „Denunziant" zu brandmarken, nachdem er angeblich Schönhuber Stasi-Mitarbeit vorgeworfen habe (REP, 9/1993, S.2).

Nach dem Parteiaustritt Schlees 1991 war Schönhuber nunmehr der einzige verbliebene Europaparlamentarier mit REP-Parteibuch. Damit hatte er sein Ziel erreicht, daß die Partei *Die Republikaner* auch faktisch nicht mehr in der *Technischen Fraktion der Europäischen Rechten* vertreten war.

1991 gelangen den REP keine Wahlerfolge, aber, als im April 1992 die innerparteiliche Krise weitgehend abgeklungen schien, erreichten sie in Baden-Württemberg ihr bisheriges Spitzenergebnis von 10,9 % und damit 15 Sitze im Landtag (Backes/Moreau, 1994, S.83-84). Damit hatte der baden-württembergische REP-Landesverband offenbar auch den Rücktritt des Europaabgeordneten Köhler vom Landesvorsitz infolge des Ruhstorfer Parteitags von 1990 verkraftet, unter dessen Ägide der Landesverband 1989 seinen Aufstieg erlebte (SP, 29/1990, S.59).

Die erstmals kandidierende *Deutsche Liga für Volk und Heimat* (DLVH) erreichte insgesamt nur 0,5 % (NE, 3/1992, S.19 und Backes/Moreau, 1994, S.110) und die ebenfalls konkurrierende NPD kam auf 0,9 % (Fromm, 1994, S.41 und Stöss, 1989, S.196). Notgedrungen bildeten CDU und SPD in Baden-Württemberg eine große Koalition, um ein Mitregieren der REP zu verhindern (FR, 22.07.1995, S.3).

Begleitet war dieser Wahlkampf von antisemitischen Tendenzen bei den politischen Eliten: „Kanzler Kohl attackiert den Jüdischen Weltkongreß, der SPIEGEL zeichnet Gregor Gysi als hakennasigen 'Drahtzieher', die FAZ lobt antisemitische Bücher und die Hamburger Polizei fahndet nach orthodoxen Juden." (Elsässer, 1992a) Die REP selbst wurden im Vorfeld durch die Medien weitgehend ignoriert (Hundseder, 1993, S.81).

Im selben Jahr gelang aber auch der DVU der Einzug in den Landtag von Schleswig-Holstein. Dagegen lag der dortige REP-Landesverband bei 1,2 % der Stimmen weit abgeschlagen zurück (Backes/Moreau, 1994, S.59 und 83). Nach Schlees Austritt aus der Partei hatte Thomas Schröder den Landesvorsitz übernommen, war jedoch schon wenige Monate später zusammen mit fast dem gesamten Landesvorstand wieder zurückgetreten (NE, 3-4/1991, S.72 und 9/1991, S.50).

Im weiteren Verlauf erwies sich die REP-Fraktion im Landtag Baden-Württembergs unter der Führung Rolf Schlierers, im Gegensatz zur Gruppe der Europaabgeordneten, als personell recht stabil; bis April 1995 verließ lediglich ein Abgeordneter die Fraktion. Mit den verbliebenen 14 Abgeordneten kam die REP-Fraktion im Sommer 1995 in eine Schlüsselrolle, als sie infolge von Streitigkeiten innerhalb der Regierungskoalition für die parlamentarischen Mehrheiten ausschlaggebend wurde. Die DVU-Fraktion in Schleswig-Holstein hatte hingegen, bedingt durch Aus- und Übertritte zur DLVH, nur eine recht kurze Existenz (Lepszy/Veen, 1993, S.61-78 und 83-87; NE, 5/1995, S.14; LT Ba-Wü, 1995a, S.13 und FR, 22.07. 1995, S.3).

Bei den wenig später stattfindenden Berliner Kommunalwahlen erreichten die REP unter Werner Müller 8,3 % (NE, 6/1992, S.50). Bernhard Andres, unter dessen Führung die Berliner REP Anfang 1989 ihren spektakulären Durchbruch erzielt hatten, war noch im selben Jahr aus der Partei ausgetreten und hatte Ende 1989 *Die Deutschen Demokraten* gegründet (SP, 1/1990, S.42).

Um die Fluktuation besser in den Griff zu bekommen, beschloß die Partei auf ihrem Deggendorfer Parteitag am 13./14. Juni 1992 eine Reihe von Satzungsänderungen (Jaschke, 1993, S.86). Ferner suchte die Partei jetzt den Schulterschluß zu Überläufern aus der SPD und beabsichtigte die Einrichtung einer öffentlich-rechtlichen Stiftung (SP, 24/1992, S.31). Zudem erhielt sie 1993 durch den Parteiwechsel des vorherigen CDU-Abgeordneten Rudolf Krause einen Sitz im Bundestag (SP, 19/1993, S.59 und E&P No 56, 1993, S.13).

Vor diesem Hintergrund ist auch die weitere Bedeutung der Gründung der *Deutschen Liga für Volk und Heimat* (DLVH) und ihrer Vorgängerorganisationen zu sehen, da jene Gruppierung hinsichtlich der inneren Konsolidierung der REP insofern einen positiven Effekt ausübte, als sich in ihr aus taktischen Gründen nunmehr unerwünschte Mitglieder organisierten (Pfahl-Traughber, 1993, S.77). Durch die Konstituierung der DLVH und auch durch die rassistischen Tiraden einiger Politiker der etablierten Parteien in der damaligen Asylrechtsdebatte bot sich zudem für Schönhuber zwischenzeitlich die Gelegenheit, sich als vergleichsweise 'gemäßigt' darzustellen (Renner, 1994, S.80).

Trotzdem verfehlten die *'Republikaner'* bei der Bürgerschaftswahl in Hamburg im September 1993 mit 4,8 % knapp den Einzug in die Bürgerschaft. Die

DVU erhielt 2,8 %. Darüberhinaus konnte vor allem die neugegründete *Statt-Partei*, eine Art Bürgerbewegung ohne Programm unter Vorsitz des ehemaligen CDU-'Rebellen' Markus Wegner, die auf Anhieb mit 5,6 % der Stimmen den Einzug in die Bürgerschaft schaffte, von der Legitimitätskrise der etablierten Parteien profitieren (Backes/Moreau, 1994, S.96; SP, 37/1993, S.29 und 39/1993, S.29). Bei dem darauffolgenden Versuch, die *Statt-Partei* bundesweit auszudehnen, rutschte sie jedoch aufgrund massiver innerer Querelen schon bald wieder in die Bedeutungslosigkeit ab (Schmid, 1994, S.32). Unterdessen hatten die Innenminister von Bund und Ländern beschlossen, die REP gezielt vom Verfassungsschutz beobachten zu lassen (Gössner, 1993, S.76).

Die gemäßigte Camouflage der REP wurde dann auch, als sich dies nicht auszahlte und die Partei eher überflüssig schien, fallengelassen. Im März 1994 nach einem Brandanschlag auf die Lübecker Synagoge verbuchte Schönhuber schließlich durch antisemitische Ausfälle gegen Ignatz Bubis, den Vorsitzenden des *Zentralrats der Juden in Deutschland*, neue Schlagzeilen (Renner, 1994, S.80 und DAS, 01.04.1994).

Daraufhin setzte in der Öffentlichkeit eine Verbotsdiskussion ein, was die Partei zu nutzen versuchte, indem sie sich als verfolgte Unschuld präsentierte und sich nichteinmal scheute, dabei auch Parallelen zur Judenverfolgung im sogenannten 'Dritten Reich' zu ziehen (taz, 27.04.1994).

Das neue alte verbalradikale Parteiprofil konnte die REP jedoch auch nicht wieder in das Europaparlament zurückbringen. Bei der Europawahl 1994 mit gerade noch 3,9 % scheiterten sie sehr deutlich an der 5 %-Sperrklausel. Angesichts eines ähnlichen Ergebnisses für die Bonner Regierungspartei FDP, die mit 4,1 % nun ebenfalls nicht mehr im EP vertreten ist, stufte Schönhuber dieses Ergebnis als „respektabel" ein. 1989 hatte die FDP mit 5,6 % noch vier Mandate erhalten, und damit zwei weniger als seinerzeit die REP (EP-Ergebnisse, 1994, S.9 und 13 und NE, 7-8/1994, S.21). In der Grauzone zwischen FDP und REP hatte bei dieser Wahl überdies der „nationalliberale" *Bund Freier Bürger* (BFB) unter Manfred Brunner kandidiert, der aber deutlich unter 1 % der Stimmen blieb (Schmid, 1994, S.32-33). Eine Konkurrenz durch die DVU gab es diesmal nicht, denn nach der Hamburger Wahlniederlage, bei der sie mit 2,8 % für REP entscheidende Stimmen zur Überwindung der Sperrklausel auf sich vereinigt hatte, hatte sie die Europawahlkandidatur zurückgezogen (SP, 20/1994, S.59 und Backes/Moreau, 1994, S.71). Dagegen kandidierte im rechten Parteienspektrum diesmal auch die NPD und kam auf 0,2 % (SP, 17/1995, S.88).

In bezug auf potentielle interne Streitigkeiten wurden die REP-Europaparlamentskandidaten diesmal zur Mandatsrückgabe im Falle des Parteiaustritts verpflichtet, was freilich grundgesetzwidrig ist (VS-NRW-SWJ, 1995, S.14). Schließlich eskalierte der immer weiter schwelende interne Konflikt und Schönhuber wurde mitten im Bundestagswahlkampf 1994 als Parteivorsitzender abgesetzt. Anlaß war eine gemeinsame Presseerklärung des REP- und des DVU-

Vorsitzenden vom 22. August 1994, die 'wie eine Bombe' einschlug. Darin formulierten sie das Ziel der Bildung einer gemeinsamen rechten Abwehrkraft „gegen die linke Volksfront".

Sein ehemaliger Generalsekretär Neubauer meinte in diesem Zusammenhang: „Ohne Ruhstorf ist die jetzige Situation nicht zu verstehen. Damals warf Franz Schönhuber den Kritikern seines Führungsstils – unbegründet aber medienwirksam – 'Rechtsextremismus' vor. (...) Nun steht Schönhuber selber als 'Rechtsextremist' da. Sein Treffen mit Frey bot der innerparteilichen Opposition das lang ersehnte Stichwort zur Palastrevolte." (NE, 9/1994, S.15 und 11-12/1994, S.7-8 und SP, 25/1994, S.33) Damit vollzog der REP-Vorsitzende gleichwohl das, was Neubauers DLVH-Parteifreund Jürgen Schützinger bereits Anfang 1993 ansprach: „Wieso eigentlich reichen sich Dr. Gerhard Frey und Franz Schönhuber nicht endlich die Hände?" (VS, 1994, S.133) Schönhuber selbst zu dem Schulterschluß mit dem DVU-Vorsitzenden: „Ich wollte, daß die gegenseitigen Angriffe aufhören. Mir ging es nicht um eine Zusammenarbeit mit der DVU. Aber ich habe mich gegen Kontaktsperren gegenüber Menschen gewandt, die rechts von uns stehen." (SP, 41/1994, S.25)

Als parteiinterne Gegenspieler gegen das Bündnis mit der DVU profilierten sich daraufhin bei den *'Republikanern'* der stellvertretende Bundesvorsitzende Alexander Hausmann und Rolf Schlierer. Letzterem wurde freilich, ebenso wie Schönhuber, selbstherrliche Arroganz nachgesagt, die seinen Politikstil präge (SP, 33/1994, S.50). Trotzdem wurde Schlierer auf dem REP-Bundesparteitag am 17. Dezember 1994 mit 56 % der Stimmen der Parteitagsdelegierten zum Nachfolger Schönhubers bestimmt (SP, 52/1994, S.35 und NE, 2/1995, S.22).

Einer von Schlierers Stellvertretern ist Rudolf Krause, der Schönhubers Kurs insofern fortsetzt, als daß auch er Kontakte etwa zur NPD sucht und dabei für eine „Einheitsfront der nationalen Solidarität" plädiert. Schlierer selbst steht solchen Einigungsversuchen offiziell eher ablehnend gegenüber. Gleichwohl bemühte er sich aber im Hinblick auf die baden-württembergische Landtagswahl im März 1996 darum, Wahlabsprachen mit der konkurrierenden DLVH zu führen, um eine Konkurrenz unter Rechten zu verhindern.

Da die *'Republikaner'* es über ihre internen Querelen auch versäumt hatten, drei Millionen DM Wahlkampfkostenerstattung von der Bundestagswahl 1994 fristgerecht zu beantragen, wird die dadurch hochverschuldete Partei zunächst an Infrastruktur abbauen müssen. So ist bereits das Bonner Büro aufgelöst und das Erscheinen der Parteizeitung eingestellt worden.

Schlierer möchte die Partei dennoch, nach dem Vorbild von Jörg Haiders FPÖ, auf Erfolgskurs bringen. Dazu favorisierte er einen „neuen Politikstil" und eine „Mitgestaltung in unserem politischen System" (SP, 25/1994, S.33 und 52/1994, S.35-36; NE, 2/1995, S.22; 6/1995, S.17 und 1/1996, S.21).

Wo die REP als politische Kraft schon nicht mehr ernstgenommen wurden, war es denn auch gefahrlos möglich, daß in der *Frankfurter Allgemeinen Zei-*

tung ein geschichtsrevisionistischer Aufruf „Gegen das Vergessen" anläßlich des 50. Jahrestages des Ende des Zweiten Weltkriegs erschien, unter dem neben den Namen der stellvertretenden REP-Vorsitzenden Ottmar Wallner und Ingeborg Seifert auch der Name des Bundesministers für Wirtschaftliche Zusammenarbeit, Carl-Dieter Spranger, auftauchte (SP, 15/1995, S.91). Ein Unterzeichner der SPD, der frühere Bundesminister Hans Apel, zog daraufhin, freilich nur aus formalen Gründen, seine Unterschrift zurück, und seine Partei verlangte vom CDU-Kanzler Kohl eine Distanzierung, worauf jener erklärte, daß er nichts zu erklären habe (Reinecke, 1995, S.43-44 und Köhler, 1995, S.12). Kurz darauf stufte das Landesamt für Verfassungsschutz in Sachsen-Anhalt bei der Vorstellung seines Verfassungsschutzberichts 1994 als letztes Bundesland die REP als rechtsextrem und damit als verfassungsfeindlich ein (FAZ, 28.04.1995, S.5).

Daß die Attraktivität der REP insgesamt gesunken ist, zeigt sich auch daran, daß zur Aschermittwochskundgebung 1995 nur etwa 700 Zuhörer kamen, während es in den vorherigen Jahren bis zu 10.000 waren (NE, 4/1995, S.24-25). Schönhuber selbst versucht sich in jüngster Zeit als Fürsprecher einer Sammlung von rechts nach dem Vorbild der *Front National* Le Pens. Dabei suchte er auch den Schulterschluß mit denjenigen Kräften, die mit der Parteiführung Schlierers unzufrieden sind, und auch mit denen, die er seinerzeit selbst aus der Partei vergrault hatte, wie beispielsweise Harald Neubauer (NE, 7-8/1995, S.9 und FR, 04.11.1995, S.5). Dem waren regelmäßige Treffen in der bereits länger bestehenden Düsseldorfer 'Herrenrunde', sowie einem Parsonenkreis, der sich seit 1991 in Berlin unter dem Titel 'Das Dienstagsgespräch' zusammenfindet, vorangegangen, an denen auch schon mal der FPÖ-Vorsitzende Haider teilgenommen hatte, der jedoch unterdessen in einem *Spiegel*-Interview seine Nähe zu Schlierer und seine Distanz zu Schönhuber betonte (Mayr/Zellhofer, 1995, S.26-28 und Purtscheller, 1995 S.18).

Unter Kritik am „Schmusekurs" Schlierers und unter Hinweis auf menschenverachtendes Verhalten innerhalb der Partei sowie deren angebliche Unterwanderung durch den Verfassungsschutz kehrte Schönhuber im November 1995 schließlich den REP den Rücken. Anfang 1991 hatte er noch unter Verweis auf Ruhstorf apodiktisch geäußert: „Es würde keinen Parteivorsitzenden Schönhuber mehr geben, wenn die REPUBLIKANER sich mit Verfassungsfeinden zusammentun. Wer diesen Weg gehen möchte, ist ein Wanderer ins Nichts." Schlierer wertete diesen Schritt Schönhubers als zwangsläufige Konsequenz einer längeren Entwicklung. Zuvor hatte es eine heftige Debatte um den Parteiausschluß Schönhubers gegeben, der aber von den REP-Führungsgremien abgelehnt wurde (SZ, 17.11.1995, S.2, FR, 17.11.1995, S.4 und REP, 1/1991, S.4). Festzuhalten bleibt, daß die REP mit dem Parteiaustritt Schönhubers auch den letzten ihrer ehemaligen Europaabgeordneten verloren haben. Dabei ist Schönhuber ironischerweise letztlich auch das Opfer des eigenen Kurses geworden, auch wenn er diesen zwischenzeitlich wieder zugunsten entsprechender Sammlungsbemühungen am rechten Rand korrigierte.

Trotz dieser Abgrenzungsbemühungen Schlierers versagte das Oberverwaltungsgericht Münster mit Urteil vom 8. Dezember 1995 den REP die Genehmigung der *Franz-Schönhuber-Stiftung*, da sie das Gemeinwohl gefährde und somit keine verfassungsmäßige Legitimation besitze (VS-NRW, 1996, S.65); während noch im März 1994 die Erste Kammer des Verwaltungsgerichts Düsseldorf das nordrhein-westfälische Innenministerium verpflichtet hatte, jene Stiftung zuzulassen (Hundseder, 1995, S.39).

Bei der baden-württembergischen Landtagswahl 1996 konnte Schlierer seine Position trotz des desolaten inneren Zustands der Partei festigen, als den REP bei 9,1 % der Stimmen mit 14 Sitzen der Wiedereinzug in den Landtag gelang, was einen Stimmenverlust von 1,8 % und den Verlust eines Landtagsmandats gegenüber 1992 bedeutete. Dennoch gelang damit erstmals in der Nachkriegszeit einer Partei rechts von der CDU der Wiedereinzug in ein Landesparlament. Dazu bemerkte Schlierer am Wahlabend, daß die REP „eine feste Größe im Land" geworden seien und sich vom „Image einer Protestwahlpartei" entfernt hätten.

In den Augen Schönhubers stellt sich Schlierer gemäßigter dar, als er ist. So hatte sich der baden-württembergische REP-Landesvorsitzende Christian Käs, Schlierers 'Mann fürs Grobe', noch wenige Wochen vor der Wahl mit 50 militanten Karlsruher Neonazis getroffen (SP, 14/1996, S. 28-29; ak 389, 1996, S.9; SZ, 27.03.1996, S.4; FR, 25.03.1996, S.1 und 26.03.1996, S.8). Im Vorfeld dieser Wahl war überdies der frühere REP-Landesvorsitzende Köhler Mitte 1995 als rechter Flügelmann der FDP in Erscheinung getreten, der vom Kreisverband Heidenheim zum Landtagskandidaten gewählt wurde, jedoch aufgrund massiven parteiinternen Protests seine Kandidatur wieder zurückziehen mußte (NE, 7-8/1995, S.12 und jw, 24.05.1995, S.6). Zeitgleich scheiterte die DVU in Schleswig-Holstein bei 4,3 % knapp an der Sperrklausel, wobei in diesem Falle eine Konkurrenz durch die DLVH hinzukam, die 0,2 % erhielt und die in Baden-Württemberg nicht antrat. In Rheinland-Pfalz unterstützte die DLVH hingegen die REP, die dadurch 3,5 % erhielten (NE, 4/1996, S.16 und 5/1996, S.22; FR, 26.03.1996, S.8). Bei den darauffolgenden niedersächsischen Kommunalwahlen gab es dann erstmals auch „Bündniskandidaturen" mit der NPD. Insgesamt gelang den REP dort, wo sie antraten, vielfach der Einzug in die Stadträte, nicht dagegen der NPD (jw, 02./03.10.1996, S.4).

So stehen die REP bei allen Querelen der Vergangenheit, einschließlich deren aktuellen Nachwirkungen, relativ gut da, zumal wenn bedacht wird, daß die rechtsextreme Konkurrenz von DVU, NPD und DLVH wie auch dem „nationalliberalen" BFB derzeit als weitgehend marginalisiert erscheint. Das bietet eine durchaus gute Ausgangslage für eine bundesweite (Re-)Konsolidierung der REP; denn derzeit sind sie noch vor allem ein süddeutsches Phänomen, mit bayerischen Wurzeln und mit baden-württembergischer Verankerung.

Schlierers potentielle Erfolgsstrategie besteht offensichtlich darin, sich offiziell zwar nicht auf rechte Bündnisse einlassen zu wollen, diese inoffiziell aber doch zuzulassen, wenn es ihm opportun erscheint. Damit vollzieht er einen Spagat, durch den er gleichzeitig eine gewisse Magnetwirkung auf den 'alten' Rechtsextremismus ausübt, ohne dabei bürgerlichen Wählerschichten vor den Kopf stoßen zu müssen.

5.2.2. Die 'Republikaner' (REP) – Programmatik und Wähler

Als die REP 1989 zur Europawahl antraten, lagen von ihnen zwei aktuelle programmatische Erklärungen vor:

Das 'Siegburger Manifest' von 1985 enthält die ersten programmatischen Leitlinien der REP. Eine Erklärung des rechtsintellektuellen 'Deutschen Nationalrats' von 1984, Unterzeichner waren unter anderem Hellmut Diwald, Robert Hepp, Bernard Willms und Armin Mohler, taucht fast wörtlich in der Präambel wieder auf.

Das Programm der Republikaner von 1987 ersetzte das erste Grundsatzprogramm der Partei von 1983 (Jaschke, 1993, S.112-116). Die eigene Verortung findet zwischen den Unionsparteien und den Parteien des Rechtsextremismus statt, aber eindeutig „rechts von der Mitte". Bereits in der Namensgebung, die keine Assoziation an historisch belastete und verstaubte Vorbilder zulassen soll, kommt das Bemühen um ein moderates Image zum Ausdruck. Hierbei kam es ihnen allerdings lange Zeit auch sehr gelegen, daß sie vom Verfassungsschutz allenfalls als rechtsradikal und nicht als rechtsextremistisch eingestuft und somit auch nicht observiert wurden. Überdies bemühte man sich seitens der REP um eine formelle Abgrenzung vom Links- wie Rechtsextremismus (Stöss, 1989, S.205-210). Bei näherer inhaltlicher Betrachtung gibt es allerdings durchaus programmatische Übereinstimmungen mit den Parteien des alten Nationalismus, aufgrund der pro-westlichen Ausrichtung der REP jedoch eher mit der DVU als mit der NPD.

Die Distanz der REP zu den Unionsparteien ist ungleich größer und wurde durch das radikalisierte Programm von 1987 mit dem Titel „Zur Lage der geteilten Nation und des deutschen Volkes" noch vertieft. Auf die vorherige Etikettierung der REP als „konservativ-liberale Volkspartei" wurde dabei gänzlich verzichtet.

Deutschlandpolitisch wurde noch 1983 ein „Dreistufenplan" zur Wiedervereinigung vorgelegt, der sich im 1987er-Programm nicht mehr findet. Gleichwohl wird die Wiedervereinigung darin als vorrangiges Ziel bezeichnet, wobei vom Fortbestand des Deutschen Reiches ausgegangen wird, verquickt mit neutralistischen Untertönen: „Das Ziel der Wiedervereinigung Gesamtdeutschlands ist höher zu bewerten als ein Verbleib der Bundesrepublik Deutschland in der Nordatlantischen Verteidigungsgemeinschaft. Deshalb darf die Bündnispartnerschaft auf dem Weg zur Einheit Deutschlands kein unüberwindliches Hindernis darstellen."

Zur Europawahl 1989 wurde von den REP die „Dinkelsbühler Erklärung zur Europawahl vom 3. Dezember 1988" als Wahlprogramm verabschiedet. Das Europawahlprogramm stand unter dem Motto „Ja zu Europa, nein zu dieser EG". Darin wird die nationalneutralistische Position bekräftigt, verknüpft mit dem Motto „Deutschland zuerst!". Auf nationaler Ebene wird eine obrigkeitsstaatliche Konzeption befürwortet, bei der „Staatsräson und Gemeinwohl" Vorrang vor „Parteiräson und Gruppeninteressen" haben sollen, also eine autoritär-antidemokratische Stoßrichtung. Wirtschaftspolitisch wird ein mittelstandsorientierter Liberalismus vertreten, bei dem sich die REP als Anwalt der 'kleinen Leute' darstellen, denen es um „sozialen Frieden" geht. Klassengegensätze sollen durch eine „Veränderung des Bewußtseins", durch welche „das Gefühl der Zusammengehörigkeit und Leistungsgemeinschaft aller Arbeitenden" erreicht werden soll, kaschiert werden. Das einigende Moment soll die Nation sein, die Hinwendung zu „nationaler Selbstbestimmung und geistig-moralischer Erneuerung". Richard Stöss bewertete die REP-Programmatik als „eine äußerst geschickt formulierte Gemengelage von christlich-abendländischem und deutschnationalem Konservatismus" (Stöss, 1989, S.205-210 und Schmollinger, 1986, S.1926 und 1951-1952). So thematisierten die REP während des Europawahlkampfes weitverbreitete Ressentiments gegen die Bürokratie, gegen Transferzahlungen („Deutschland als Zahlmeister Europas") und die geplante Währungsunion. Ferner schürten sie massiv Ängste vor einem zunehmenden Import von organisiertem Verbrechen und Drogen (Hrbeck, 1989, S.257).

Um auf europäischer Ebene nicht mit der *Front National* und dem *Vlaams Blok* in einen Topf geworfen zu werden, stellte sie besonders den technischen Charakter der Fraktionsbildung im EP heraus und distanzierte sich damit in gewisser Weise von ihren Bündnispartnern (Backes, 1990, S.5). Auch nach den Wahlerfolgen 1989 um den Anschein von Verfassungstreue bemüht, wurden in den nachfolgenden Grundsatzprogrammen von 1990 und 1993 umstrittene Formulierungen gemäßigt, freilich ohne daß sich dadurch der tatsächliche Gehalt der Programmatik wesentlich änderte. So wurde die offene Forderung nach Einschränkung der Pressefreiheit fallengelassen, stattdessen forderten *„Die REPUBLIKANER"* jetzt „größere Ausgewogenheit" und „mehr Meinungsvielfalt in den Medien". Schönhuber ließ das 1990er-Programm von einer Kommission unter der Leitung von Prof. Emil Schlee erstellen, die Präambel kam im wesentlichen von dem rechtslastigen Erlanger Professor für Geschichte Hellmut Diwald. Die Aussagen zur Verteidigungspolitik wurden unter der Mithilfe von General a.D. Franz Uhle-Wettler formuliert, und das Programm angeblich extra von einem REP-nahen Mitarbeiter des Verfassungsschutzes überprüft, damit „keine verfassungsfeindlichen Kommas übersehen" werden. Das wies jedoch ein interner Kenner zurück: „Die Spekulation, wonach 'Juristen' und 'Verfassungsschützer' das Programm ausjäten, ist – ich muß sagen: leider – barer Unsinn und wird dadurch nicht wahrer, daß Wissenschaftler sie weitererzählen." Dieses Programm fand großen Anklang in der Partei und wurde auch von den Mitgliedern mitgetragen, die Schönhuber in den darauffolgenden innerparteilichen Machtkämpfen selbst als extremistisch bezeichnete.

Ein weiterer wesentlicher Punkt in diesem Programm beschäftigt sich mit der Rolle der Frau in der Gesellschaft, die vor allem auf die Mutterrolle reduziert wird, da wahre „Gleichberechtigung (...) nur unter Berücksichtigung ihrer spezifischen Werte und Fähigkeiten verwirklicht werden" könne. Darüberhinaus wird Familienpolitik als Bestandssicherung eines angeblich bedrohten Volkes und als dessen „Gesunderhaltung" verstanden. Vor diesem Hintergrund wird das Abtreibungsverbot zur Überlebensfrage der deutschen Nation aufgebauscht.

Bei öffentlichen Auftritten der Partei wurde diese durchaus detaillierte Programmatik dann durch einen aggressiven Rassismus überlagert, indem nahezu alle gesellschaftlichen Problemfelder mit der Anwesenheit von Ausländern in Deutschland in Verbindung gebracht wurden: Von der Arbeitslosigkeit und Beschäftigungskrise über Kriminalität und Pflegenotstand bis hin zu Wirtschaftskrise und Wohnungsnot.

Dieser Diskurs wurde von der Partei selbst bestätigt: „Die unkontrollierte Masseneinwanderung ist im politischen Problemkatalog nicht alles, aber ohne deren Lösung ist alles andere nichts." So auch in der Ökologiefrage, wo der Umweltschutz reaktionär gewendet auf Basis eines biologistischen Menschen- und Gesellschaftsbildes zum 'Lebensraumschutz' wird. Die Distanzierung von militanter rassistischer Gewalt erfolgt dabei nur hinsichtlich des eigenen Handelns, gleichwohl gilt den Tätern und ihren Motiven ein verstecktes Verständnis, da sie verharmlosend als 'Heißsporne' bezeichnet werden.

Als schuldig an der sozialstaatlichen Misere gilt ohnehin eher die herrschende Politik, wobei dem liberalen Demokratieverständnis eine identitäre Gemeinschaftsideologie entgegengestellt wird, mit der Tendenz zum autoritären Staat, der die Durchsetzung des Ideals der Volksgemeinschaft inszeniert und organisiert. Dies sei notwendig, um gegen den inneren Feind vorzugehen, welcher die Schuld an der bis dato noch mangelhaften Verwirklichung der Volksgemeinschaft trage.

Dabei werden Volk und Nation gleichgesetzt. Die sich daran anschließende Stoßrichtung ist ein chauvinistisches Machtstaatsdenken, welches die funktionierende volksgemeinschaftliche Gesellschaftsformierung im Innern auch als Folge dessen betrachtet, daß der Staat 'deutsche Interessen' nach außen hin mächtig zur Geltung bringen kann. Durch dieses Konstrukt kann der innere Feind mit dem äußeren Feind verknüpft werden: „Deshalb lehnen wir das Verhalten der Altparteien ab, Politik hinzunehmen als Fortführung der feindlichen Kriegspropaganda mit den Mitteln der Umerziehung und (...) Infiltration und Medien.“ (Pfahl-Traughber, 1993, S.51-52 und 1994a, S.67-68 und 71-74; Gessenharter, 1994, S.158; Worm, 1995, S.98-101 und Kellershohn, 1993. S.93-94)

Den Europawahlkampf 1994 führten die REP ohne spezielles Wahlprogramm mit der Parole „Volksabstimmung. Nein zu Maastricht. Jetzt“. Während dieser Kampagne wurde Deutschland als Melkkuh der EU mit einer zerlaufenden D-Mark am Hals dargestellt (REP-FB, 1994).

Repräsentative Aussagen über die politische und soziale Zusammensetzung der Wählerschaft sind angesichts der stark schwankenden Wählerzustimmung für diese Partei nur bedingt möglich. Insgesamt erhielten die REP Zustimmung aus allen Schichten der Bevölkerung sowie aus allen Altersschichten, so daß hier durchaus von einer ‘kleinen Volkspartei’ gesprochen werden kann, die jedoch bislang auf eine überdurchschnittliche Zustimmung in der Unterschicht, das heißt bei einfachen Arbeitern und bei Facharbeitern, stieß. Auch wurden die REP bislang überdurchschnittlich von Männern gewählt. Dabei wird die Wählerschaft stark durch die Programmatik und die politischen Motive angesprochen, so daß hier die zwischenzeitlich erhobene These der ‘Protestpartei’ zu kurz greift, da die REP-Wähler sehr wohl dezidiert rechtsextreme Orientierungen aufweisen (Pfahl-Traughber, 1994a, S.77-80).

In Baden-Württemberg fanden die REP 1992 noch insbesondere bei Selbständigen Anklang sowie bei denjenigen Arbeitern, denen in den achtziger Jahren der berufliche Aufstieg gelungen war. Dazu wäre zu ergänzen, daß bei den REP-Wählern dem realen Aufstieg ins Kleinbürgertum gerade in Zeiten der Rezession die Angst vor dem (Wieder-)Abstieg folgt (Steinmetz, 1994, S.35 und Hakker, 1992, S.44). Entsprechend stammten die REP-Spitzenergebnisse vor allem aus dem ‘Wohlstandsgürtel’ rund um Stuttgart, also gerade einer Region, die innerhalb dieses Bundeslandes, welches an sich schon das höchste Pro-Kopf-Einkommen im Bundesdurchschnitt aufweist, noch zusätzlich begütert ist (Elsässer, 1992a, S.48-49).

Bei den baden-württembergischen Landtagswahlen 1996 waren die REP die einzige Partei, bei denen es keinen nennenswerten Wähleraustausch gegenüber 1992 gab (FR, 26.03.1996, S.8). So lagen die REP-Hochburgen auch diesmal wieder im ‘Speckgürtel’ um Stuttgart und damit in Gegenden, in denen auch die FDP überdurchschnittliche Ergebnisse erzielte. Schwach blieben sie dagegen vor allem in ländlich-katholischen Gegenden. Dabei wählten 16 % der Wähler aus der Arbeiterschaft die REP, fast doppelt so viele wie in der Gesamtbevölkerung. Diese Wähler kamen dabei vor allem aus dem Bereich der ‘Proleten’, das heißt denjenigen Arbeitern, die im Zuge der technologischen Revolution aus der Kernarbeiterschicht herausgedrängt wurden.

Allerdings kamen diese Wähler eher von der CDU als von der ‘klassischen’ Arbeiterpartei SPD, die durch ihre Anti-Aussiedler-Kampagne zwar als Zuarbeiter der REP verdächtigt und angefeindet wurde, dadurch aber auch selbst bestimmte Wählerkreise an sich binden konnte. Wahlanalysen zeigten, daß die

SPD an alle Parteien Stimmen abgab, außer eben die REP. Propagandistisch wiesen die REP diese SPD-Politik zurück, auch wenn in REP-Broschüren auf die angebliche finanzielle Belastung der Sozialkassen durch Aussiedler hingewiesen wurde, denn: „Solange Spätaussiedler als Angehörige unseres Volkes an unsere Türe klopfen, haben sie Vorrang vor zuwanderungswilligen Ausländern. Künftig werden wir die sozialistischen Pseudohumanisten der SPD an ihre Aussiedlerhetze erinnern. Von solchen Heuchlern und verlogenen Moralisten lassen wir uns keine Vorhaltungen machen." (Rolf Schlierer zitiert nach: jw, 19.03.1996, S.4 und ak 389, 1996, S.9)

Insgesamt zeigt sich eine gewisse (landes-)parlamentarische Etablierung der REP, die sie in der rechtsextremen Szene in einem besseren Licht als die DVU erscheinen läßt.

5.3. Deutsche Liga für Volk und Heimat (DLVH), (1991-1994)

5.3.1. Parteigeschichte

Als Vorläuferorganisation der DLVH kann die am 18. Januar 1991 gegründete *Deutsche Allianz / Vereinigte Rechte* (DA/VR) angesehen werden. An ihrer ersten öffentlichen Versammlung nahm tags darauf auch die Europaabgeordnete Johanna Grund teil (NE, 1/1991, S.47). Vorangegangen war dem die Gründung des *Arbeitskreises Vereinigte Rechte* (AVR) für „eine ehrliche deutsche Rechtspartei" im Herbst 1990 (SP, 48/1990, S.90).

Die DA/VR mußte sich jedoch nach einer gerichtlichen Auseinandersetzung mit einem Versicherungsunternehmen, das seinen Namen mißbraucht sah, umbenennen. Aufgrund dieser Auseinandersetzung frohlockte zunächst der Kölner Vereinsvorsitzende Markus Beisicht, die „große Schlacht" werde „nette Publicity" bringen. Doch die Versicherung obsiegte und die DA/VR nannte sich ab Mitte 1991 nur noch *Förderverein Vereinigte Rechte.*

Die Konstituierung schloß sich am 3. Oktober 1991 unter der Bezeichnung *Deutsche Liga für Volk und Heimat* (DLVH) an. Als prominente Gründungsmitglieder traten der vorherige NPD-Vorsitzende Martin Mußgnug, der *Nation und Europa*-Verleger Peter Dehoust, Franz Glasauer und der ehemalige REP-Generalsekretär Harald Neubauer in Erscheinung (Backes/Moreau, 1994, S.104-107; NE, 9/1991, S.43; SP 30/1991, S.66 und Wagner, 1994, S.34).

Durch letzteren war die DLVH von Anfang an mit einem Vertreter im EP und in der euro-rechten Fraktion vertreten (EP-Vademecum, 1992, S.177). So war die DLVH aus dem Stand heraus in der Lage, internationale Kontakte zu nutzen. Der FN-Europaabgeordnete Yvan Blot war auf dem Gründungskongreß der DLVH anwesend und überbrachte Glückwünsche von Le Pen (NE, 10/1991, S.48). Internationale Kontakte waren aber wohl schon früher vorhanden. Zumindest behauptete der frühere Neonazi-Führer Michael Kühnen, daß Neubauer früher Mitglied in der NSDAP/AO gewesen sei. Diese Aussage könnte allerdings rein taktisch gewesen sein, da Kühnen durch die DLVH eine Konkurrenz rechts von den REP befürchtete. Neubauer jedenfalls bestreitet diese Mitgliedschaft vehement, und der NSDAP/AO-Vorsitzende Gary Rex Lauck sagte dazu lediglich: „Kein Kommentar." (ID, 1992, S.42-43)

Die grenzüberschreitende Zusammenarbeit der DLVH reichte bis in die kommunalen Verbände. Die Kölner DLVH veranstaltete am 16. Juni 1992 „eine öffentliche Anhörung zur Ausländer- und Asylanten-Problematik". Als Referenten traten neben Neubauer und den Kölner Ratsherren Manfred Rouhs und Markus Beisicht, die ebenfalls von den REP zur DLVH übergetreten waren, auch zwei belgische Gesinnungsgenossen auf: Der Lütticher AGIR-Stadtrat Willi Freson und der VB-Parlamentsabgeordnete Filip Dewinter (NE, 6/1992, S.51).

Neubauer wurde zu einem der drei gleichberechtigten DLVH-Vorsitzenden bestimmt, die beiden anderen waren anfangs der frühere baden-württembergische NPD-Vorsitzende Jürgen Schützinger und der von den *'Republikanern'* kommende Berliner Rudolf Kendzia (Pfahl-Traughber, 1993, S.76). Letzterer gehörte zuvor der REP-Fraktion im Berliner Abgeordnetenhaus an, war in den fünfziger und sechziger Jahren Mitglied in der *Deutschen Reichspartei* (DRP) und der NPD, später in der CDU (Fascher, 1994, S.115).

An die Stelle von Kendzia trat später der schleswig-holsteinische Landtagsabgeordnete Ingo Stawitz, der zuvor DVU-Landesvorsitzender war (Wagner, 1994, S.34-35 und Lepszy/Veen, 1993, S.87). Franz Glasauer wurde DLVH-Generalsekretär, Peter Dehoust Beisitzer im Bundesvorstand (DLVH-Unterlagen, 1993). Mit dieser kollektiven Führungsmannschaft sollen offenbar persönliche Eifersüchteleien, die bei den *'Republikanern'* zu mehrfachen Spaltungen geführt hatten, unterbunden werden. Daneben hat auch der *Europa Vorn*-Herausgeber Manfred Rouhs, der vor den Europawahlen die Nähe zum *Bund Freier Bürger* (BFB) unter Manfred Brunner suchte, um den BFB „zu einer authentischen Rechtspartei zu entwickeln", in der DLVH eine wichtige Rolle inne (SP, 3/1994, S.39).

Durch Aus- und Übertritte hatte die DLVH zwischenzeitlich zahlreiche Parlamentsmandate mit entsprechender materieller Infrastruktur erhalten können, so etwa durch DVU-Überläufer in Bremen und Schleswig-Holstein, wobei die DLVH in letzterem Falle mit vier Abgeordneten unter der Führung von Ingo Stawitz sogar den Fraktionsstatus im Landtag erlangen konnte. Infolge eines Nominierungsparteitages für die darauffolgende Landtagswahl kehrte jedoch ein Abgeordneter, der zuvor bei der Wiederaufstellung durchgefallen war, der DLVH den Rücken, worauf diese ihren Fraktionsstatus wieder einbüßte (Backes/Moreau, 1994, S.108; NE, 5/1995, S.15 und 9/1995, S.21).

Die Gründung der DLVH nach dem Muster der NPD-Gründung 1964 war der Versuch, eine rechtsextreme Sammlungsbewegung zu initiieren (Jaschke, 1993,

S.89-90). Aufgrunddessen duldet die DLVH Doppelmitgliedschaften gleichzeitig in REP, DVU und NPD. Durch die Ablehnung der DLVH durch jene Parteien hat sie aber effektiv bislang eher zur weiteren Zersplitterung des rechtsextremen Lagers beigetragen (Pfahl-Traughber, 1993, S.76-77).

Abgesehen von einigen lokalen Erfolgen in Baden-Württemberg, die sie vor allem der Prominenz ihrer Mitglieder Mußgnug und Schützinger verdankte, konnte die DLVH bislang kaum Wahlerfolge verbuchen. Bei der Landtagswahl in Baden-Württemberg 1992 erreichte sie beispielsweise nur 0,4 % (Backes/Moreau, 1994, S.107).

Zur Europawahl 1994 trat die DLVH, ebenso wie zu den Bundestags- und Landtagswahlen 1994, gemäß ihres Grundsatzes, die Einheit der Rechten zu fördern, gar nicht erst an (NE, 3/1994, S.29). Vor diesem Hintergrund machte dann auch der Austritt Neubauers aus der euro-rechten Fraktion (vgl. IV 2.1 und IV 2.2) Sinn, um etwaige Verhandlungen zwischen Le Pen und Schönhuber nicht zu behindern. Dies nicht zuletzt auch deshalb, weil die Verbindung der REP zur Eurorechten – bei allen Querelen – nie gänzlich abgerissen war (E&P No 50, 1992, S.12; No 52, 1993, S.10 und No 53, 1993, S.19). Dieser Entscheidung war jedoch auch ein gescheiterter Europa-Kongreß der DLVH vorausgegangen, der für Februar 1994 geplant war, für den jedoch Le Pen seine Teilnahme frühzeitig abgesagt hatte (Backes/Moreau, 1994, S.116).

Infolge der sich 1995 verschärfenden Krise bei den REP konnte die DLVH ihren Anspruch als Sammlungsbewegung ansatzweise einlösen, als es zu Initiativen zur Einigung bisher zerstrittener Rechtsparteien kam. Stützpfeiler dieser Bestrebungen waren neben Neubauer und dem nordrhein-westfälischen DLVH-Landesvorsitzenden Markus Beisicht auch der ehemalige REP-Vorsitzende Schönhuber sowie der *Nation und Europa*-Herausgeber Peter Dehoust. Die Sammlungsbemühngen mündeten in der Verabschiedung des sogenannten *Rheinischen Appells* auf einem ersten Treffen im Juni 1995 im nordrhein-westfälischen Bergisch-Gladbach, worin zur Bildung vieler 'runder Tische' im Bereich der Rechts-Parteien aufgefordert wird. Neben hochrangigen Vertretern der DLVH und der REP waren unter anderem auch Unterzeichner aus den Reihen der NPD und der DVU mit von der Partie, auch wenn der DVU-Vorsitzende Frey dieser Idee eher reserviert gegenüberstand. Auch Leute vom *Aufbruch '94-Freier Deutscher Wählerbund* beteiligten sich an diesem Appell. Der *Aufbruch '94*, an dessen Gründung auch der frühere REP-Europaabgeordnete Emil Schlee beteiligt war und in dem sich zwischenzeitlich auch seine Kollegin Grund engagierte, konstituierte sich 1993 und litt seitdem unter internen Richtungskämpfen.

An dem zweiten Treffen zur Einigung der Rechten, Anfang September 1995, beteiligten sich auch Vertreter des *Vlaams Blok*; dabei wurde der *Pulheimer Appell* verabschiedet, welcher an den *Rheinischen Appell* anknüpfte (FR, 04.11. 1995, S.5; VS-NRW-ZB, 1995, S.23-25 und Backes/Moreau, 1994, S.191-192). Unterdessen wurden beim DLVH-Bundesparteitag im Herbst 1995, an dem auch

REP-Funktionäre teilnahmen, die drei bisher amtierenden Bundesvorsitzenden Harald Neubauer, Ingo Stawitz und Jürgen Schützinger wiedergewählt.

Die Einigungsbemühungen wurden darüberhinaus durch die Bildung des *Förderkreis Bündnis Deutschland* im Oktober 1995 intensiviert, welcher im Januar 1996 erstmals eine eigene Zeitung publizierte.

In der Folgezeit kam es zu Wahlabsprachen zwischen den rechten Parteien. Die DLVH verzichtete zugunsten der *'Republikaner'* auf eine Teilnahme an den baden-württembergischen Landtagswahlen 1996, während sich umgekehrt die REP zugunsten der DLVH nicht an der schleswig-holsteinischen Landtagswahl beteiligten (NE, 11-12/1995, S.21-22 und VS-NRW, 1996, S.67). Durch die Konkurrenz der DVU bei jener Wahl am 24. März verlief diese aber gleichwohl enttäuschend, die DLVH erhielt gerade einmal 0,2 %, während die DVU noch auf 4,3 % kam. Aufgrund dieser Schlappe beschloß die DLVH am 14. April 1996, ihren Parteistatus abzulegen, um fortan als überparteiliche Vereinigung weiterzuwirken. Dabei verwies man auch auf die gelungene Kooperation zwischen DLVH und REP bei den rheinland-pfälzischen Landtagswahlen, wo die REP 3,5 % erhalten hatten (NE, 4/1996, S.16 und 5/1996, S. 22-23; FR, 26.03.1996, S.8).

5.3.2. Deutsche Liga für Volk und Heimat (DLVH) – Programmatik und Wähler

Im Januar 1991 druckte *Nation Europa* erstmals Auszüge aus dem Programm der DLVH-Vorläuferorganisation *Deutsche Allianz/Vereinigte Rechte* (DA/VR) ab. In der Präambel wird auf den „Umbruch“ in Mitteleuropa hingewiesen, aufgrund dessen „überkommene Ordnungsmuster versagen“ und „neue politische Konzepte“ gefragt seien, wobei „wieder einmal Deutschland im Brennpunkt des Geschehens“ stehe. Deshalb wird „für Deutschland der Status eines in seinen auswärtigen Beziehungen neutralen mitteleuropäischen Staates“ angestrebt.

Weiter wird darin gegen die „Überfremdungspolitik“ und die endgültige Preisgabe der „deutschen Ostgebiete“ gehetzt.

Die Forderung nach „Verwirklichung der Volkssouveränität durch Einführung von Volksbefragung und Volksentscheid“ findet sich interessanterweise im Punkt fünf des Programms, der die „innere Sicherheit“ thematisiert, mit entsprechend restriktiven Forderungen dahingehend, daß es etwa für „Rauschgifttäter, Terroristen, Schwerkriminelle und Sexualtäter (...) keinen Hafturlaub geben“ dürfe. Damit wird gleichzeitig suggeriert, daß diese Gruppen außerhalb des Volkes beziehungsweise der „Volkssouveränität“ im Wege stünden; so daß zur angeblichen „Bekämpfung“ jener Gruppen letztlich auch antidemokratische Methoden eingesetzt werden können.

Wirtschaftspolitisch wird gegen den „Gemeinsamen Markt ('Europa 92')“ und für „die Stärkung einer am Gemeinwohl orientierten Sozialen Marktwirtschaft“

Stellung bezogen; wobei sich die Wirtschafts- und Steuerpolitik „an den Interessen des deutschen Marktes und der deutschen Arbeitnehmer“ orientieren solle. (NE, 1/1991, S.51-52)

In der damaligen Golfkrise solidarisierte sich die DA/VR übrigens mit dem Irak und lud am 16. März 1991 zu einer „Informationsveranstaltung“ mit Harald Neubauer und dem irakischen Botschafter Dr. Mudhafar A. Amin ein. (NE, 2/1991, S.41)

Die oben dargestellten Programmpunkte werden auch im Programm der DLVH mit einem Umfang von gerade einmal vier Seiten unter dem Motto „Eine neue Zeit! – Ein neues Programm! – Eine neue Kraft!“ fortgeführt. Dieser eher geringe quantitative Umfang, der eine starke Detailliertheit vermeidet, dürfte sicherlich dem Anspruch der DLVH, als rechtsextreme Sammlungsbewegung zu fungieren, geschuldet sein.

Die geopolitischen 'Visionen' der Präambel des Programms der DA/VR wurden allerdings nicht in ihrer Schärfe beibehalten, stattdessen heißt es jetzt, in abgemilderter Diktion: „Deutsche Außenpolitik muß von dem Streben diktiert sein, nationale Interessen kompromißbereit und mit friedlichen Mitteln durchzusetzen. Überkommene Bündniszugehörigkeiten sind im Licht aktueller Entwicklungen zu prüfen“. Tendenziell hat das Programm also eine potentiell nationalneutralistische Stoßrichtung.

Dann kommt aber doch noch ein aggressiver völkischer Nationalismus zum Vorschein: „Deutschland hat Anspruch auf uneingeschränkte Gleichberechtigung. Die 1945 vorgenommene Aufteilung der Welt nach Siegern und Besiegten muß endgültig überwunden werden. (...) Deutschland hat Anspruch auf Wiederherstellung seiner völkerrechtlichen Grenzen. (...) Wir Deutsche können unser Lebensrecht nur sichern, wenn wir die Grundsätze nationaler Interessenwahrung beachten.“ (DLVH-Unterlagen, 1993)

Auch die „Ausländerpolitik“ soll demnach „den berechtigten Schutzinteressen des deutschen Volkes“ entsprechen.

Völkisch verquickt, fordert die DLVH im Bereich Ökologie „konsequenten Natur- und Artenschutz als Ausdruck der Liebe zu Volk und Heimat“ und bekennt sich „zu einer freien Marktwirtschaft mit hoher sozialer und ökologischer Verpflichtung.“ Dabei kämpft sie „gegen Wirtschaftsmonopole jeder Art, setzt sich für einen gesunden Mittelstand und eine weitestmögliche Privatisierung von Staatsunternehmen ein.“ Gewerkschaftlicher Interessensvertretung von Lohnabhängigen steht sie offensichtlich eher ablehnend gegenüber; vielmehr sollen, korporatistisch orientiert, „betriebsinterne Mitbestimmung und Mitverantwortung (...) die Solidarität zwischen Arbeitgebern und Arbeitnehmern stärken.“ Dazu sollen „Politik und Wirtschaft (...) personell entflochten werden.“

Ferner müsse vor allem die „Landwirtschaftspolitik (...) wieder unter nationale Kompetenz.“ Denn: „Die deutsche Landwirtschaft soll befähigt bleiben, die Ernährung des eigenen Volkes auch in Krisenzeiten zu sichern. Grundlage muß der bäuerliche Familienbetrieb sein." Und: „Deutsche Leistungskraft soll in erster Linie dem eigenen Volk und seiner Wohlfahrt nutzen."

So wir dann auch europapolitisch gefordert: „Das Europa der Zukunft muß ein Europa freier Völker sein. Deshalb lehnen wir jeden Zentralismus ab. (...) Souveränitätsverzichte müssen auf ein Minimalmaß beschränkt bleiben." (Pfahl-Traughber, 1993, S.75-77 und DLVH-Unterlagen, 1993)

Da die DLVH sich bislang kaum selbst an Wahlen beteiligt hat, und wenn dann nur mit sehr dürftigen Ergebnissen (vgl. I 5.3.1), liegen kaum Analysen über die Wählerschaft speziell dieser Partei vor.

Daran zeigt sich, daß die Kandidatur einer solchen Formation, trotz ihres Anspruchs als Sammlungsbewegung, kaum auf Resonanz stößt. Die meisten Stimmen gehen bei Konkurrenzkandidaturen dann doch eher zu den REP und der DVU. Die DLVH erscheint bei Kandidaturen zu Wahlen eher wie das fünfte Rad am Wagen der Rechtsextremen Parteienlandschaft. Darum ist auch die jüngst vollzogene Ablegung des Parteistatus nur konsequent und entspricht dem eigenen Selbstverständnis als Sammlungsbewegung, wenngleich es ein Selbstverständnis ist, das bislang nur ansatzweise praktisch eingelöst werden konnte.

6. Belgien

6.1. Wahlrechtliche Bestimmungen

Infolge der Föderalisierung Belgiens wurden die wahlrechtlichen Bestimmungen in den letzten Jahren mehrfach geändert. Ursprünglich bildete das belgische Wahlgesetz vom November 1978 die Grundlage, welches durch neue Bestimmungen zur Durchführung der Europawahlen geändert wurde. Am 2. und am 11. Februar 1984 wurde ein neues Wahlgesetz von der Abgeordnetenkammer und vom Senat verabschiedet, welches dann am 27. Februar in Kraft trat.

Die Wahlen 1994 wurden durch das Gesetz vom 23. März 1989 geregelt, welches aber durch das Gesetz vom 16. Juli 1993 über die föderale Staatsstruktur geändert wurde. Entsprechend lag im Juni 1994 ein nur noch zu verabschiedender Gesetzentwurf vor, der das passive und aktive Wahlrecht regelt. Für die Europawahl wurde das Verfahren zur Einschreibung in die Wählerlisten übergangsweise durch ein ministerielles Rundschreiben geregelt. Grundsätzlich ist jedoch in all den Bestimmungen das Verhältniswahlrecht ohne Sperrklauseln festgeschrieben.

1989 gab es drei Wahlkreise – Region Flandern, Region Wallonien und Brüssel. Hinzu kommt eine Einteilung in Wählerschaften: 1989 wurden 13 der 24 Abgeordneten von der niederländischsprachigen Wählerschaft (Flandern und Brüssel) und elf von der französischsprachigen (Wallonien und Brüssel) gemeinsam mit der deutschsprachigen Wählerschaft gewählt. Die deutschsprachige Wählerschaft hat 1994 einen eigenen Wahlbezirk und damit eine eigene parlamentarische Vertretung zuerkannt bekommen. Dadurch stellt sie jetzt einen Abgeordneten im EP, entsprechend verringert sich der Anteil der französischsprachigen Wählerschaft auf 10, obwohl Belgien in diesem Jahr mit 25 Abgeordneten einen Vertreter mehr im EP stellt. Jener ist nämlich der niederländischsprachigen Wählerschaft zuerkannt worden, die jetzt mit 14 Abgeordneten vertreten ist.

Die Stimmenverrechnung geschieht nach dem d'Hondtschen Verfahren in den Wahlgebieten, die Brüsseler geben ihre Stimme für eines der Sprachgebiete ab. (EP-Buch, 1989, S.19-20; EP-WG, 1989, S.7-8 und EP-WG, 1994, S.10-11)

6.2. Vlaams Blok (VB), (1989-1994)

6.2.1. Parteigeschichte

In Belgien stellen seit der nationalen Unabhängigkeit 1831 die Flamen die überwiegende Bevölkerungsgruppe dar, doch waren die Wallonen traditionell die ökonomisch Stärkeren, die Französisch als Landessprache durchsetzten und auch kulturell beherrschend wurden. Traditionell äußerte sich der flämische Nationalismus so zunächst vor allem in schul- und kulturpolitischen Forderungen.

Im Ersten Weltkrieg wurde Flandern einerseits durch deutsche Besitzansprüche, die mit der Unterstützung flämischen Unabhängigkeitsbestrebungen einhergingen, aufgewertet, und andererseits erstarkte das flämische Selbstbewußtsein durch den 'heroischen Kampf' gegen die deutschen Eindringlinge. Dies führte dazu, daß in Flandern ein 'Blut-und-Boden-Nationalismus' gedieh, welcher sich in dem Schlachtruf „Alles voor Vlaanderen" niederschlug.

1933 wurde der *Vlaams Nationaal Verbond* (VNV) gegründet, der zu den Wahlen 1936 unter der Bezeichnung *Vlaamse Blok* antrat und 16 Sitze erhielt. Während die Parlamentarier eher gemäßigt agierten, hatte auf der Straße der faschistische Flügel das Sagen. Später kooperierte der VNV mit den faschistischen Rexisten Walloniens und nahm dafür vom Sezessionismus und den großniederländischen Ideen Abstand. Während des Zweiten Weltkriegs kam es in Flandern aus nationalistisch-separatistischen Erwägungen zu massiver Kollaboration mit den Deutschen.

Der wirtschaftliche Aufstieg Flanderns verstärkte sich nach dem Zweiten Weltkrieg, als in Flandern im Zuge der industriellen Modernisierung ein ungeahnter Boom einsetzte, während die traditionellen Industrien im wallonischen Landesteil niedergingen. Dadurch erfuhr der flämische Nationalismus insbesondere in der Gegend um Antwerpen erneut einen massiven Aufschwung.

1954 konnte erstmals nach dem Zweiten Weltkrieg ein flämischer Nationalist einen Parlamentssitz erringen; im gleichen Jahr wurde die *Volksunie* (VU; Volkseinheit) als älteste der heutigen regionalistischen Parteien Belgiens gegründet. 1962/63 wurden erstmals Sprachgrenzen festgelegt.

In den siebziger Jahren drohte der Sprachenstreit das Land unregierbar zu machen, bis hin zum historischen Höhepunkt der VU, die in 1974 Flandern 18,9 % der Wählerstimmen erhielt. 1970 war bereits eine Neuaufteilung Belgiens in vier Sprachengebiete, drei Kulturgemeinschaften und drei ökonomische Regionen erfolgt. Ferner saßen aufgrunddessen jetzt je zwei Minister für Kultur und Erziehung in der Regierung. Schließlich wurde 1977 der *Pakt von Egmont* beschlossen (Husbands, 1992, S.135; Schulze-Marmeling, 1994a, S.263-271 und VB, 1993, S.11). Dieser Pakt ist eine wesentliche Grundlage für die seitherige Föderalisierung des belgischen Staates.

Die *Volksunie* (VU), welche sich im Laufe der Zeit politisch geöffnet hatte, trug jenen *Pakt von Egmont* der Regierung Tindemans mit einer Zweidrittelmehrheit des VU-Parteirates mit. Bei den Parlamentswahlen 1978 verlor die VU sechs Sitze, weil sich auch die flämischen Christdemokraten (CVP) regionalistisch radikalisiert hatten. Dadurch entstand ein poitisches Vakuum, so daß als Ausdruck derjenigen politischen Kräfte, die sich für eine noch weitergehende politische Autonomisierung oder gar Separierung der niederländischsprachigen Landesteile aussprechen, im Vorfeld der Parlamentswahlen 1978 die beiden zunächst konkurrierenden Parteien *Vlaams-Nationale Partij* (VNP) und *Vlaamse Volkspartij* (VVP) mit einem gemeinsamen Wahlbündnis unter der Bezeichnung

Vlaams Blok in Erscheinung traten. Wenngleich darin die nationalliberal ausgerichtete VVP dominierte, konnte lediglich Karel Dillen von der rechtsnationalistischen VNP aus der gemeinsamen Kandidatur Kapital schlagen, da ihm über die Antwerpener Liste als einzigem der Einzug ins Parlament gelang. Daraufhin kündigte die VVP das Wahlbündnis wieder auf und nahm 1979 erfolglos an den ersten Direktwahlen zum EP teil (Backes, 1990, S.12 und Mudde, 1994, S.102-104).

Während sich die *Volksunie* (VU) im weiteren Verlauf weiter verbürgerlichte, steht der davon abgespaltene *Vlaams Blok* in Treue zum Geist der 'Revolte' auf religiösem Hintergrund – protestantische Flamen versus katholische Wallonen –, dem Messianismus und der Utopie der flämischen Bewegung. So heißt die Inschrift auf dem 84 Meter hohen Ijzertoren am westlichen Stadteingang von Diksmuide, welcher bis heute eine Pilgerstätte für europäische Nationalisten und Neofaschisten ist, „Alles für Flandern – Flandern für Christus". Dorthin pilgern anläßlich der Ijzerbedevaart, die ursprünglich zur Erinnerung an die an der Ijzer-Front im Ersten Weltkrieg gefallenen flämischen Soldaten eingerichtete worden war, jährlich etwa 30.000 bis 50.000 Menschen, deren politisches Spektrum von Vertretern der Christdemokraten, der *Volksunie* und des *Vlaams Blok* bis hin zu offen neofaschistischen Kräften reicht. Dabei kam es in den letzten Jahren regelmäßig zu Auseinandersetzung zwischen den 'Vlaamsgezind' und separatistischen Extremisten (Trom, 1990, S.112-113 und Schulze-Marmeling, 1994a, S.271)

Etwa ab 1984 setzte ein ideologischer Modernisierungsprozeß des VB ein, der mit einer Zentralisierung der Parteistruktur verbunden war, sich aber nicht sofort auszahlte, so daß der VB bei der Europawahl 1984 nur 2,1 % der Stimmen erhielt. 1985 wurde wiederum nur Dillen mit 2,2 % ins nationale Parlament gewählt. Beide Ergebnisse wurden parteiintern als herbe Enttäuschung aufgefaßt, waren aber gleichzeitig Auslöser der „Operation Erneuerung", in deren Folge es zu einer weitgehenden Verjüngung der Parteiführung kam, wobei insbesondere Kader nationalistischer Jugend- und Studentenorganisationen Spitzenfunktionen übernahmen (Mudde, 1994, S.104-107). Die Führungsriege des VB 1989: Karel Dillen (63), Eric Deleu (26), Roeland Raes (31), Gerolf Annemans (30) und Filip Dewinter (27).

Seit 1985 suchten die „gutgekleideten jungen Männer des Vlaams Blok" auch öffentlich Anschluß an die *Odal*-Gruppe (VMO-*Odal*), die aus der 1982 offiziell verbotenen Privatmiliz *Vlaamse Militanten Orde* (VMO; Flämischer Militanter Orden) hervorgegangen war. Der VMO unterhielt nämlich rege Kontakte zur deutschen *Wiking-Jugend* und dem *Ku-Klux-Klan* und war an einem umfangreichen Netzwerk paramilitärischer Übungslager beteiligt, an welchem auch die 1980 verbotene deutsche *Wehrsportgruppe Hoffmann* regelmäßig teilgenommen hatte. 1993 gab es eine offizielle Neugründung des VMO, der seitdem als „Plakat- und Knüppelgarde" des *Vlaams Blok* gilt (Raijer, 1989, S.169; EP-Bericht, 1985, S.37 und Searchlight-Bericht, 1994, S.4).

Erste Erfolge gelangen dem VB nach seiner 'Erneuerung' 1987 mit 3 % und einer Sitzverdoppelung von einem auf zwei Sitze im Parlament, in Antwerpen gab es 10 %. Bei den Kommunalwahlen im Oktober 1988 zog er bereits mit 17,7 % der Stimmen als drittstärkste Fraktion in den Stadtrat von Antwerpen ein und erhielt erstmals auch Sitze außerhalb seiner traditionellen Hochburg.

Trotz der danach ausbrechenden Flügelkämpfe zwischen 'Traditionalisten' und 'Modernisierern', infolge derer die 'Traditionalisten' größtenteils austraten, zumal auch Dillen sich hinter die junge Garde stellte, konnte der VB weitere Erfolge verbuchen: Bei den EP-Wahlen 1989 erreichte er 6,6 % und einen Sitz für Dillen und damit auch den strategisch entscheidenden Sitz zur Bildung der eurorechten Fraktion (Loch, 1991, S.16; Schulze-Marmeling, 1994a, S. 263 und 271; Schmidt, 1994, S.402). Im selben Jahr trat Dillen den Parteivorsitz an Dewinter ab und wurde Ehrenvorsitzender auf Lebenszeit.

Bei den nationalen Wahlen im November 1991 gelang dem VB mit 10,4 % eine Verdreifachung des Resultates von 1987, er erhielt nunmehr zwölf Parlamentssitze und sechs Senatorensitze. Zudem entwickelte er sich mit 25 % zur stärksten Fraktion in Antwerpen. Dadurch ist er jetzt in der Flämischen Investitionsgesellschaft, ebenso wie im Aufsichtsrat des flämischen Rundfunks und Fernsehens, und im flämischen Kulturrat vertreten (NE 12/1991, S.36 und 3/1992, S.23; Schlenker, 1992, S.338; Leggewie, 1992, S.238 und Mudde, 1994, S.105-107). Verursacht ist dieser Aufstieg des VB unter anderem durch die hohe Verschuldung des belgischen Zentralstaates, welche 1994 über der jährlichen Bruttowertschöpfung der gesamten Gesellschaft lag, während der Maastrichter Vertrag bezüglich der jährlichen Neuverschuldung enge Grenzen festsetzt (Wolf, 1994, S.42-43). Ferner profitierten auch die belgischen Grünen *(Ecolo-Verts/Agalev)* und der Polit-Abenteurer Van Rossem mit seiner *Lijst Rossem* von der Krise der traditionellen Parteien (Schlenker, 1992, S.338).

Bei den Europawahlen 1994 konnte der VB mit 12,5 % das Ergebnis von 1989 nahezu verdoppeln (Mudde, 1994, S.107), so daß er nunmehr zwei Vertreter nach Straßburg entsendet. Das sind Karel Dillen und Frank Vanhecke. Letzterer, Jahrgang 1959 und zuletzt stellvertretender Generalsekretär des *Vlaams Blok*, gehört zu den jungen Kräften der Partei (EP-Biographien, 1994, S.20). Diesmal blieben die VB-Abgeordneten fraktionslos (NI), ebenso wie ihre bisherigen Fraktionskollegen von der französischen FN (EP-Liste, 12.12.1994, S.95).

Hingegen fand Jaak Vandemeulebroucke, ders eit 1981 die *Volksunie* im EP vertritt, 1994 Aufnahme in der *Fraktion der Radikalen Europäischen Allianz* (ARE) und bekleidet dort das Amt des Schatzmeisters. Zuvor hatte er der *Regenbogenfraktion* (ARC) angehört (Trom, 1990, S.112; EP-Liste, 13.03.1995, S.86 und 103; EP-Handbuch, 1984, S.212). Anfang der siebziger Jahre, vor dem Erstarken des VB, bewegte sich auch Vandemeulebroucke noch in rechtsextremen Kreisen. *Nation Europa* druckte 1973 von ihm eine „Botschaft der flämischen

Jugend" ab, eine Rede, die er am 1. Juli 1973 auf der 46. Ijzerbedevaart gehalten hatte (NE, 9/1973, S.54-56).

Bei den Ende 1994 stattfindenden Kommunalwahlen behauptete der VB in Antwerpen mit 28 % seine Stellung als stärkste Fraktion. Auch stellte er nunmehr in der Hauptstadtregion Brüssel einen Abgeordneten (NE, 11-12/1994, S.26). In Flandern wurde er damit zur viertstärksten Partei und ist mittlerweile auch in ländlichen Gegenden verankert (Searchlight, 7/1994, S.15). Im Antwerpener Stadtrat hat sich in der Zwischenzeit eine große Koalition aller Parteien zusammengefunden, um ein Mitregieren des VB zu verhindern.

Doch gibt es insbesondere bei den flämischen Christdemokraten, den Liberalen und auch bei der *Volksunie* die Haltung, daß der VB nicht in eine Märtyrerrolle gedrängt werden dürfe. So war es dem VB im Februar 1994 möglich, zum Auftakt des Europawahlkampfes den Fischmarkt an der Israelstraat zur Verfügung gestellt zu bekommen, wo sich auch europäische Gesinnungsgenossen ein Stelldichein gaben und wo mit einem unterhaltsamen Rahmenprogramm ein breitenwirksamer Wahlkampf betrieben wurde (SP, 21/1995, S.195-160; Bartz/Biedenkopf/Fromm, 1994, 25:40-30:08 und Husbands, 1992 S.145-146).

Aktuell dürfte dem VB die Zerstrittenheit der etablierten Parteien und besonders der Korruptionsskandal der flämischen Sozialisten zugute kommen. (jw, 20.05.1995, S.10) Bei den darauffolgenden Parlamentswahlen am 21. Mai erhielt der VB 12,2 % (NE, 6/1995, S.20).

Wie bei der MSI/AN zeigt sich auch beim VB, daß rechte Wahlerfolge nichts mit dem Charisma des Parteivorsitzenden zu tun haben müssen. „Mit dem blassen 63jährigen Journalisten und ehemaligen Abgeordneten Karel Dillen hat der Vlaamse Blok (sic!) (...) nicht gerade ein Zugpferd an der Spitze." (SZ, 22.07. 1989) Gleichwohl vermerkte der Europaabgeordnete Hans-Günter Schodruch nach seinem Austritt bei den REP im Sommer 1991 über seinen flämischen Fraktionskollegen: „Gerne hätten wir Deutschen auch so einen Chef gehabt." (ER, 8/1991)

Schließlich gab Dillen, nachdem er bereits 1989 den Vorsitz formal an Dewinter abgegeben hatte, jedoch als Ehrenvorsitzender nach wie vor innerparteilich das letzte Wort hatte, Mitte 1996 den Parteivorsitz endgültig ab. Sein Nachfolger wurde der Europaabgeordnete Frank Vanhecke (NE, 7-8/1996, S. 27-28 und Mudde, 1994, S.107).

Die latente Fragilität des belgischen Zentralstaats zeigte sich schließlich auch angesichts des aufsehenerregenden Falls um den Kinderschänder Dutroux im Spätsommer 1996, wenngleich Wallonen und Flamen zunächst im Schmerz darüber vereint scheinen (SP, 38/1996, S.162). Als Folge des Skandals wurde wieder der Ruf nach der Todesstrafe laut, die erst im Juni 1996 endgültig abgeschafft worden ist (SP, 35/1996, S.34). In dieser Situation mischte sich der belgische König mit seiner Forderung nach „völliger Klarheit" erstmals nach Ende des Zweiten Weltkriegs öffentlich in die Regierungsgeschäfte ein.

Ins politische Zwielicht geriet schließlich auch die wallonische *Parti Socialiste* in Liège (Lüttich), die eine mafiose Günstlingswirtschaft bei der Vergabe öffentlicher Aufträge etablierte und deren Vertreter André Cools 1991 unter mysteriösen Umständen ermordet wurde. Dabei waren gerade die in Wallonien traditionell regierenden Sozialisten bislang das verläßliche Bollwerk gegen alle Bestrebungen, den Finanzausgleich unter den Regionen zugunsten Flanderns zu verändern (SP, 38/1996, S.162 und 165). Dieser Korruptionsskandal dürfte im weiteren Verlauf Wasser auf die Mühlen des sezessionistischen *Vlaams Blok* sein.

Speziell in Liège (Lüttich) könnte von der derzeitigen Situation darüberhinaus noch die völkisch-rechtsextreme Gruppierung *AGIR* profitieren, die dort ihre lokale Hochburg hat. Schon zuvor bekam sie dort 3,4 % der Stimmen und damit einen Sitz im Stadtrat. Sie unterhält traditionell gute Beziehungen zum *Vlaams Blok* (NE, 6/1992, S.51).

Aus Angst, vom ökonomisch starken Flandern vollends abgehängt zu werden, könnte darüberhinaus in Wallonien aber auch die ultra-belgisch ausgerichtete *Front National-Nationaal Front* verstärkten Zulauf erhalten, deren Verhältnis zum *VB* freilich eher gespannter Natur ist (Searchlight, 7/1994, S.15; NE, 6/1994, S.15 und LMD/taz, 15.12.1995, S.7).

6.2.1. Vlaams Blok (VB) – Programmatik und Wähler

Als Denkfabrik des VB gilt die Organisation *Were Di*, deren Führungspersönlichkeiten fast identisch mit denen des VB sind (Raijer, 1989, S.169). Bis Ende der siebziger Jahre wurden *Were Di* und ihre monatliche Publikation *Dietsland Europa* von Karel Dillen, Roeland Raes, Bert van Boghout, Luc Vermeulen und Karl Lacroix geleitet. Letzterer wurde nach dem Kriege wegen seiner Mitgliedschaft in der SS verurteilt. Nach seiner Haftentlassung engagierte er sich in der *Volksunie*.

1973 verabschiedete *Were Di* ein erstes, sehr inhaltsarmes Grundsatzprogramm, welches 1985 aktualisiert wurde. Jenes wies denn auch frappierende Ähnlichkeit mit dem Programm des VB auf.

Die Grundannahme von *Were Di* ist die von der Ungleichheit des Menschen hinsichtlich seiner Talente, seiner Leistungsfähigkeit, seiner Kreativität und seiner Charakterstärke, die rassentheoretisch untermauert wird, so daß damit letzlich auch eine Ungleichwertigkeit gemeint ist. Laut Eigendarstellung beruhen diese Annahmen auf 'Erkenntnissen' von Autoren wie Konrad Lorenz, Alain de Benoist, Alexis Carrel, Cyriel Verschaeve, Wies Moens, August Borms und Joris van Severen.

Einigen jüngeren Leute von *Were Di*, angeführt von Luc Vermeulen und Bert van Boghout, waren die Aktivitäten ihrer Organsation zu moderat, sie forderten zu mehr Aktionen auf. Sie verließen *Were Di* 1976, um die *Voorpost* zu gründen, die bald durch gewalttätige Ausschreitungen (auch) gegen Einwanderer auf sich aufmerksam machte (Gijsels/Velpen, 1993, S.95-97). Ihrem Selbstverständnis nach will sie gleichzeitig Aktions- und Bildungsgruppe sein (NE, 8-9/1990, S.51).

Die klassische Themen des VB selbst sind „Amnestie für die Kollaborateure" (die „flämischen Patrioten") und „Unabhängigkeit für Flandern".

Erst seit 1984 befindet sich das Thema Immigration, das „vreemdelingenprobleem", im Zentrum der Wahlkampagnen (Trom, 1990, S.112-113 und VB-Open, S.28). „Der Vlaams Blok (...) fordert eine nahtlose Einwanderungssperre, eine Neuregelung des Status politischer Flüchtlinge und die Förderung der Rückreise bei der Mehrzahl nichteuropäischer Ausländer." (VB, 1993, S.17) Hier gab es eine deutliche Anlehnung an die FN, deren Formen der Agitation unter dem VB-Motto „Eigen Volk eerst!" übernommen wurden. Die Assimilierung von Migranten gilt dabei als Völkermord. Als aggressive und barbarische Bedrohung der flämischen Kultur werden insbesondere Moslems dargestellt. Dazu wird das bedrohliche Bild eines zukünftigen Flanderns gezeichnet, in dem mehr Moscheen als Kathedralen stehen (Mudde, 1994, S.108-109). „Das hat mit Rassismus nichts zu tun, vielmehr mit Selbstverteidigung. (...) Unsere Lösung ist die einzige positive Lösung, um die gefährlichste Zeitbombe, die lauter und lauter tickt, unschädlich zu machen." (Dillen, zit. nach: NE, 3/1992, S.24) Dementsprechend stand auch das nationale Wahlprogramm für die Parlamentswahlen vom November 1991 unter dem Motto „Zur Selbstverteidigung"; illustriert durch ein Paar Boxhandschuhe (Fromm/Kernbach, 1994a, S.91).

Gleichzeitig wird gegen Entwicklungshilfe polemisiert, die ohnehin nur in die militärische Aufrüstung der dortigen Herrscher münde: „Geld voor derde wereld – Geweld" (Geld für die dritte Welt – Gewalt) heißt es auf einem VB-Aufkleber (VB-Open, S.30).

Der VB beschreibt seine Programmatik selbst als „nationalistisch, solidarisch und rechts". Der Schwerpunkt liegt dabei auf dem Nationalismus, welcher sich auf die Ideologie einer „natürlich gewachsenen und gegebenen Volksgemeinschaft" stützt. Dagegen gilt ihnen Belgien als ein „auch heute noch (...) von den Frankophonen beherrschter Kunststaat". Versinnbildlicht wird dies u.a. durch VB-Aufkleber, die eine Klopapierrolle in den Farben der belgischen Trikolore zeigen, dazu der Aufdruck „Dit is belgisch" (Dies ist belgisch), und einen Sarg in denselben Farben: „Belgien tot, Vlandern groß!" Für patriotische Flamen gibt es auch einen flämisch-nationalen Personalausweis im Sortiment des VB.

Praktisch soll diese Politik zu einem „völlig unabhängigen Flandern mit Brüssel als Hauptstadt" führen, welches mit den Niederlanden und Südflandern, das ist ein kleiner Teil im Nordwesten Frankreichs, eine niederländische Föderation bilden soll (Mudde, 1994, S.108-109; VB-Open, S.30-31 und VB, 1993, S.7 und 17). Die angestrebte Föderation werde dann einen unabhängigen Platz in einem „Europa freier Völker" einnehmen, welches nach außen hin wehrhaft gegenüber Rußland und den USA sein müsse. Brüssel dürfe nicht „Europas

Hauptstadt" werden, da dies „den flämischen Charakter Brüssels und der Randgemeinden noch weiter zersetzen würde" und damit auch ein „Zuzug von noch mehr Ausländern" verbunden sei. Hier kann gleichzeitig auch an traditionelle Ressentiments gegen den 'frankophonen Ölfleck' Brüssel angeknüpft werden.

Aufgrund seines völkischen Nationalismusverständnisses unterstützt der VB außenpolitisch sowohl die südafrikanischen Buren als auch die Südtiroler. Filip Dewinter, 1989: „Dies ist fast eine Art politisches Dogma. Bei der Ijsserbede-Fahrt singen wir jedes Jahr auch die südafrikanische Nationalhymne."

Die „natürliche" Volksgemeinschaft stützt sich auf einen „Solidarismus" im inneren, nämlich auf ein dreiteiliges sozial-ethisches Modell. Dies meint einen „organischen" Aufbau mit kleineren und größeren Gemeinschaften innerhalb eines harmonischen Ganzen. Dazu seien „die Monopolstellung der Gewerkschaften (...) zu durchbrechen", die „freie Industrie" zu fördern und die Stellen im öffentlichen Dienst dem „eigenen Volk vorzubehalten". Dergestalt kann an den traditionellen flämischen Konservatismus angeknüpft werden, welcher starke Präferenzen für Privatinitiativen aufweist, während in Wallonien eher staatsinterventionistische Forderungen Konjunktur haben.

Daran schließen sich autoritäre Forderungen nach 'Law and Order', dem Schutz der Jugend vor Drogen und Pornographie und gegen Abtreibung an.

Die Polarisierung von rechts geschieht auch gegen Politiker der etablierten Parteien. In der Bevölkerung vorhandene Ressentiments werden aufgegriffen und „volksnationalistisch" aufgeladen, indem deren Politik als „antiflämisch" hingestellt wird. „Die Politiker der etablierten Parteien stehen nicht im Dienste des Volkes, sondern kümmern sich in erster Linie um ihre Partei, ihren Clan, ihre Gewerkschaft." Unter Verweis auf die „aberwitzige Schuldenlast von 10.000 Milliarden bfrs" wird als Mittel im Kampf gegen das „Politbanditentum" die Verschlankung des Staates eingefordert. Auch eine Reihe öffentlicher Dienstleistungen seien zu privatisieren (Mudde, 1994, S.108-110; Schulze-Marmeling, 1994a, S.269-270; NE, 2/1989, S.47; VB-Open, S.30 und VB, 1993, S.17-19).

Bei der Lossagung von Belgien geht es letztlich um handfeste Verteilungskämpfe. Frank Vanhecke: „Es ist bekannt, daß Flandern im belgischen Staat für die katastrophale Lage des sozialistisch verwalteten Wallonien aufkommen muß. Man weiß, daß es sich hierbei jedes Jahr um etwa 290 Milliarden belgische Franken handelt, umgerechnet etwa 14,5 Milliarden Mark" (NE, 10/1994, S.20).

Den Europawahlkampf 1994 führte der VB schließlich unter dem Motto „Grote kuis!" (Großreinemachen), bildhaft dargestellt durch einen Besen. Die belgische Presse verwies daraufhin auf den peinlichen Umstand, daß bereits die faschistischen Rexisten um Léon Degrelle 1936 mit demselben Slogan und demselben Emblem in den Wahlkampf gezogen waren (NE, 9/1994, S.18 und Fromm/Kernbach, 1994b, S.176).

War der VB in seiner Wählermobilisierung anfänglich noch primär ein Antwerpener Phänomen, änderte sich dies etwa ab 1982. Seit 1989 gab es bedeutsamere Stimmenanteile aus den Regionen bis Mechelen und der Richtung nach Sint-Niklaas, wobei auch stärkere Einbrüche in traditionelle Hochburgen der Sozialdemokraten und der Liberalen gelangen. Aufgrunddessen avancierte die VB-Wählerbasis zum Gegenstand sozialwissenschaftlicher Untersuchungen. Ab 1991 breitete sich die Zustimmung für den VB „wie ein Ölfleck" auf ganz Flandern aus, wenn auch in unterschiedlicher Stärke.

Der VB traf bei den Europawahlen 1989 auf eine überdurchschnittliche Zustimmung bei den einfachen Berufsgruppen und bei den gering Gebildeten, vor allem in der Altersgruppe der 35-45jährigen, daneben aber auch bei über 45jährigen mit einer höheren Bildung.

Einen überdurchschnittlichen Anteil von Männern gab und gibt es in der VB-Wählerschaft allerding nicht. 1991 weitete sich die Zustimmung für den VB auf alle Bevölkerungsschichten aus, wobei aber eine überdurchschnittliche Präferenz bei den Unterschichten und den unteren Mittelschichten erhalten blieb. Hinzu kamen jetzt überdurchschnittlich viele Jungwähler im Alter von 18-25 Jahren.

Hauptgründe für deren Wahlverhalten waren die ablehnende Haltung gegenüber Migranten, ebenso die Unzufriedenheit mit der etablierten Politik, während traditionelle flämisch-nationalistische Überzeugungen nur eine untergeordnete Rolle spielten. Das soll jedoch nicht darüber hinwegtäuschen, daß etwa die Hälfte der VB-Wählerschaft zu einer Überbewertung des eigenen Volkes gegenüber anderen Völkern neigt (Mudde, 1994, S.113-115).

7. Zusammenfassung: Gemeinsame Entwicklungslinien

7.1. Die rechtspopulistische Modernisierung in den achtziger und neunziger Jahren

Bei allen Unterschieden im Detail gibt es in den Grundzügen der rechtspopulistischen Bewegungen der Moderne wichtige Parallelen, so etwa die vereinfachte Dichotomie von Volk und Elite, die vor allem durch Wertehaltungen und weniger durch tatsächliche Interessen gekennzeichnet ist. Die Rechtspopulisten appellieren an das 'Volk' und dabei insbesondere an die 'einfachen Leute', im Gegensatz zu den Eliten, jedoch nicht an bestimmte Schichten, Klassen, Berufsgruppen oder Interessen.

Schließlich folgt aus dieser Haltung eine antipluralistisch motivierte Abneigung gegen (etablierte) Parteien und Interessensgruppen sowie gegen eine durchstrukturierte öffentliche Meinung. Entsprechend antwortet der Populismus „auf die Repräsentationskrisen parlamentarischer Systeme, auf Blockierungen des turnusmäßigen Wechsels von Regierung und Opposition und auf den ausbleibenden Generationswechsel." (Leggewie, 1989, S.137-138 und 1993, S.110-111 und Jaschke, 1993, S.32) Im Zeitalter der 'Wert- und Ideenverwirrung' ergibt sich eine Chance für Rechtspopulisten neuen Typs, wenn sie einen 'völlig anderen Kulturentwurf und eine andere Menschen- und Lebensauffassung' anbieten können. „Nicht ewiggestrig, sondern progressiv, prinzipiell neu. Nicht mehr rechts oder links, sondern vorne." (Scharsach, 1992, S.28) Dabei ist zu beachten, daß nicht die Theorie, sondern die Praxis, nicht Programmdebatten, sondern Rituale, nicht politisches Denken, sondern Haltung, Gesinnung und Weltanschauung die extreme Rechte prägen, deren Parteien Hans-Gerd Jaschke nicht als Programm-, sondern als Weltansschaungsparteien bezeichnet.

Sie verkünden eine Botschaft, bei der die Welt in Schafe und Böcke eingeteilt wird. Daher sagen ein Blick in die Parteizeitung, eine Rede des Parteiführers sowie einige Eindrücke von Parteiversammlungen mitunter mehr über deren Zielrichtung aus, als tiefsinnige Programm-Analysen.

„Es geht ausschließlich darum, die Weltanschauung der Rechten zu zelebrieren, emotionale Kräfte freizusetzen, Gemeinschaft zu exerzieren. (...) Was zählt, sind politische Ästhetik, die triumphale Geste, Geschlossenheit, politische Religiosität". Dabei enthalten Weltanschauungen Deutungsmuster, die im Gegensatz zu einer theoriegeleiteten Wirklichkeitsauffassung dazu tendieren, sich gegen empirische Erkenntnisse abzuschotten, oder aber diese nur als äußerliches Material aufzunehmen und zu instrumentalisieren.

Gleichwohl wird dadurch die Programmatik, die im nächsten Kapitel auch noch näher untersucht wird, nicht überflüssig; es ist nur in Betracht zu ziehen, daß darüber kaum eine Diskussion an der Basis stattfindet. Vielmehr ist sie das Produkt taktischer Überlegungen der Führungsspitze. So werden, um den politischen Gegnern möglichst wenige Angriffsflächen zu bieten, vielfach allzu extreme Formulierungen vermieden (Jaschke, 1993, S.106-108 und Kellershohn, 1993, S.89). Auch werden Parteiprogramme im innerparteilichen Machtkampf instrumentalisiert, so daß dabei der Verweis auf die Programmatik durchaus auch zu Ausschlüssen 'Abtrünniger' führen kann (Gessenharter, 1994, S.159).

Von zentraler programmatischer Bedeutung ist bei der extremen Rechten generell der Begriff der Identität, hier insbesondere eine nationale Identität, die noch in einen völkisch determinierten Ethnozentrismus ausarten kann. Zum Schutz dessen wird ein starker Staat eingefordert, der sich gleichermaßen gegen Immigration und Kommunismus zur Wehr setzen müsse (Hainsworth, 1992, S.9).

Als rechtspopulistisch erscheinen im Rahmen der hier besprochenen Parteien vor allem die *Front National*, der *Vlaams Blok* und die *'Republikaner'*; denen allesamt erst in den achtziger Jahren die parlamentarische Verankerung gelang.

Daneben erscheint die Transformierung der alten MSI-DN in Italien zur *Alleanza Nazionale* (AN) als Übergangsphänomen. Zu sehr den alten Vorstellungen verhaftet, um sich als dauerhaft erfolgreiche rechtsextreme Partei zu etablieren, war in dem Kontext der hier vorgestellten Parteien speziell die griechische E.P.EN.

Daß auch ein moderner Rechtspopulismus allein noch kein Erfolgsgarant ist, wenn eine innere Selbstzerfleischung diesbezügliche Chancen hemmt, zeigt sich an deutschen *'Republikanern'*. Auch wenn sich mit der DLVH eine Partei bildete, die den Anspruch erhebt, eine Brückenfunktion zu denjenigen Kräften zu bilden, welche eher dem „alten", weniger populistisch agierenden rechtsextremen Feld (NPD und DVU) zuzuordnen sind (Pfahl-Traughber, 1994a, S.21-22) ist dies nicht als Abkehr vom Rechtspopulismus zu verstehen. Vielmehr sieht die DLVH ihre großen Vorbilder gerade in den erfolgreichen rechtspopulistischen Parteien wie der französischen *Front National*, dem belgischen *Vlaams Blok* und auch der *Freiheitlichen Partei Österreichs* (FPÖ) (Mayr/Zellhofer, 1995, S.29).

Eine ganz spezielle Rolle spielt die nordirische UUP/OUP, die auch in ausgesprochen umfassenden Werken über die extreme Rechte in Europa, die also auch bislang wenig beachtete Länder mit einschließen, keine spezielle Erwähnung findet (Hainsworth, 1992 und Cheles/Ferguson/Vaughan, 1991). Sie steht nicht außerhalb einer offenen Regierungsbeteiligung, sondern ist vielmehr traditionell eine tragende Säule der nordirischen Politik; was sie jedoch, als es ihr opportun erschien, nicht daran hinderte, zeitweilig auf parlamentarischer Ebene mit den europäischen Parteien der extremen Rechten zusammenzugehen. Sie ist freilich insofern reaktionär, als auch ihre Legitimität stark von identitätsstiftenden Frontstellungen abhängt; die jedoch in noch extremerer Form von der konkurrierenden DUP Paisleys vertreten werden, welche auch noch stärker als ausgesprochene Führerpartei mit extrem rechter Agitation in Erscheinung tritt.

Zu den weiteren Ingredienzen des Rechtspopulismus, die speziell in den neunziger Jahren in den Vordergrund traten, gehört die Forderung, daß bei politischen Entscheidungen der Sachverstand anstelle der „Ideologie“ im Vordergrund stehen solle, so daß es nicht mehr zu politischen Grabenkämpfen, sondern zu nüchtern-fachlichen Entscheidungen komme. Die Regierungen sollten von Personen getragen werden, die mitten im Wirtschaftsleben stehen, ‘moralisch reine’, unpolitische Fachleute, „nicht jene, an deren Händen der schmutzige politische Morast klebt“.

Der einhellige Tenor der Rechtspopulisten lautet: Der politische Apparat wie auch der „parasitäre Staat“ müsse auf das Notwendigste reduziert werden. Die Ideologie eines offensiven Nationalismus äußert sich nur noch verhalten, kann aber bei Bedarf auch aktiviert und in ungehemmter Form verabreicht werden.

Als Vorläufer dessen können die in den siebziger Jahren entstandenen skandinavischen *'Fortschrittsparteien'* Dänemarks und Norwegens gesehen werden (vgl. zu Dänemark V 4.8). Der erfolgreichste Exponent dieser ‘demokratischen’ Demagogie gegen die „Diktatur der etablierten Parteien“ und deren „Filz und Privilegien“ ist aktuell Jörg Haider, der Führer der österreichischen *Freiheitlichen* (FPÖ) (vgl. V 2.4).

Einen vergleichbaren solchen politischen Diskurs verfolgen in Italien Berlusconis *Forza Italia* und die *Lega Nord*, im Falle Frankreichs der sich ‘links’ gebende Unternehmer Bernard Tapie ebenso wie der dezidiert rechte „Anti-Tapie“ de Villiers, sowie die sich an Berlusconi orientierende *Mouvement Idées-Action* des Ministers Alain Madelin, während die *Front National* in diesem Zusammenhang noch zu sehr mit den ‘klassischen’ rechtsextremen Themen identifiziert wird, was sich freilich bald ändern könnte.

Letzteres gilt auch für die deutschen *'Republikaner'* und noch deutlicher für die *Deutsche Liga für Volk und Heimat*, so daß sich in deren Windschatten und jenseits der traditionellen bürgerlichen Parteien zwischenzeitlich ein Vakuum für solche Neugründungen wie die *Statt-Partei* und den *Bund freier Bürger* auftat; wenn auch mit eher mäßigen Erfolgen (Schmid, 1994, S.32-33 und Renner, 1994, S.17-18). Dafür leistete sich speziell in Deutschland die ‘klassische’ Sozialdemokratische Partei 1994 einen Europawahlkampfdiskurs mit deutlich rechtspopulistischen Anklängen, allerdings nicht sonderlich erfolgreich, was das Wahlergebnis anbelangt (vgl. VII). Dieses Beispiel lenkt auch den Blick darauf, wie sich das übrige politische Umfeld der ‘etablierten’ Parteien durch die Existenz rechtsextremer und rechtspopulistischer Parteien deren Diskurs teilweise übernimmt, dies zunächst aus dem fragwürdigen Kalkül daraus, diese damit schlagen zu wollen; und wenn dies nicht gelingt, mit ihnen vielleicht dann doch eine Zusammenarbeit anzustreben.

Die jüngste Modernisierungswelle des Rechtspopulismus blieb angesichts der Parteigründungen, die diese hervorrief, nicht ohne Auswirkungen auf die Fraktionsbildung im Europaparlament.

Während die Abgeordneten der hier im Mittelpunkt stehenden ‘klassischen’ rechtsextremen Parteien (*Alleanza Nazionale*, *Front National*, *Vlaams Blok*) nach der EP-Wahl 1994 fraktionslos blieben, gelang es in deren Windschatten einigen anderen rechts angesiedelten Europaparlamentariern, Fraktionen ins Leben zu rufen, die es vor der Europawahl 1994 noch nicht gab: Die Fraktionen *Europa der Nationen* (EDN), die vor allem von der de-Villiers-Gruppe getragen wird und *Forza Europa* (FE).

Schwieriger zu verorten ist demgegenüber die ebenfalls neugegründete *Fraktion der Radikalen Europäischen Allianz* (ARE), die vor allem von der Tapie-Gruppe getragen wird (EP-Liste, 12.12.1994, S.90 und 94-95 und EP-Liste 08.03.1993, S.73-81). Wenngleich bei transnationalen Fraktionen, aufgrund von einigen Differenzen bei den nationalen Trägerparteien, eine Einordnung auf einer Links-Rechts-Skala nur sehr bedingt möglich ist (Naßmacher, 1992, S.250 ff), kommt hier doch insgesamt ein gewisser europaparlamentarischer Rechts-Ruck zum Ausdruck, der bei einer allzu verengten Perspektive auf die 'klassischen' rechtsextremen Parteien allzuleicht aus dem Blickfeld gerät.

7.2 Die Bedeutung der Führer

Unter dem Titel „Die Rückkehr der Führer" gaben Martina Kirfel und Walter Oswalt 1989 kurz nach der Europawahl ein Buch heraus, in dem von verschiedenen Autoren die extrem rechte Szene auf europäischer Ebene beschrieben wird. Damals waren gerade die *'Republikaner'* ins Europaparlament gelangt und die *Front National* hatte sich dort stabilisiert. Beiden Parteien standen Führungspersonen des kalkulierten Skandals an der Spitze, und sie waren dann auch die stärksten Kräfte bei der euro-rechten Fraktionsbildung im EP (Kirfel/Oswalt, 1989).

Umstritten ist, ob sie über Charisma verfügen, so daß zunächst zu erörtern wäre, was eigentlich Charisma ist.

Claus Leggewie spricht Schönhuber ein solches im eigentlichen soziologischen Wortsinne ab, da damit nach der Definition Max Webers auch „magische Fähigkeiten, Offenbarungen und Heldentum, Macht des Geistes und der Rede" verbunden sei, welches sich im ewig Neuen und dem „Außerwerktäglichen" niederschlüge. „Schönhuber habe Charisma? Er ist ein Populist der gewöhnlichen Sorte. Stark ist er nur vor den eigenen Leuten im Zelt und vor der Kamera, wenn ihm Interviewer, Talkmaster und Moderatoren seine Märchenstunden durchgehen lassen." (Leggewie, 1993, S.154)

Fünf Jahre später läßt sich die folgende Tendenz feststellen: Insgesamt ist auf europäischer Ebene ein weiteres Anwachsen extrem rechter Parteien zu beobachten, besonders signifikant bei der italienischen *Alleanza Nazionale*, die auf 12,5 % gegenüber 5,5 % für die MSI 1989 kam, und beim belgischen *Vlaams Blok*, der sich von landesweit 4,1 % 1989 auf 7,8 % 1994 steigern konnte (Kirfel/Oswalt, 1989, S.197 und EP-Ergebnisse, 1994, S.36 und 21).

Doch geht dies eben nicht einher mit Führungspersönlichkeiten in der oben geschilderten Form: Der *Vlaams Blok* kommt nämlich auch ohne einen solchen inzwischen auf zweistellige Ergebnisse. Gleiches gilt für die aus der italienischen MSI-DN hervorgegangene *Alleanza Nazionale* und ihre spekatakulären Durchbrüche. Neben den eher blassen, dafür aber umso erfolgreicheren Parteivorsitzenden Dillen/Dewinter/Vanhecke und Fini wirken Leute wie Schönhuber und Le Pen inzwischen sogar eher anachronistisch bis störend.

Im Falle der *'Republikaner'* wirkte sich Schönhubers egomanischer Führungsstil negativ auf die innere Struktur der Partei aus, im Falle der *Front National* blieb der Personenkult um Le Pen nicht ohne Negativauswirkung auf die Fraktionsbildung im EP 1994 (siehe auch III 6.4), und das wiederum nicht ohne Rückwirkung auf den inneren Zusammenhalt der Partei.

Vor diesem Hintergrund wäre es sehr gefährlich, den neuen REP-Vorsitzenden Rolf Schlierer, aber auch die sich derzeit hinter Le Pen herauskristallisierende neue Führungsgeneration der *Front National* (Bruno Mégret, Bruno Gollnisch, Carl Lang) diesbezüglich zu unterschätzen. Eher könnten solchen geschmeidig erscheinenden Polit-Managern noch verstärkt Einbrüche in gutbürgerliche Schichten gelingen. Dem 'jugendlich' wirkenden Jörg Haider gelang in Österreich sogar der Einbruch in zuvor klassisch sozialdemokratische Milieus, womit ihm hier eine Vorreiterrolle zufallen könnte, die ihm aber von Le Pen mit einem zunehmend sozialdemagogischen Diskurs bereits wieder streitig gemacht wird.

Rinke van den Brink stellt zu der Bedeutung von Führerpersönlichkeiten fest: „Zwar müssen sich die rechtsextremen Gruppierungen, wenn sie Boden gewinnen wollen, um eine Führerfigur scharen, doch sind sie zugleich darauf angewiesen, ein demokratisches Erscheinungsbild zu zeigen, das der freiheitlichen Tradition der meisten Mitgliedsstaaten der Europäischen Union entspricht. Denn von einem gewissen Entwicklungsstadium an wirkt das Etikett einer faschistischen Herkunft als kaum überwindbares Hindernis." (LMD/taz, 15.12.1995, S.7; Riess, 1996b, S.36 und jw, 15.05.97, S.8)

Dabei sieht sich die populistische Anhängerschaft infolge des Modernierungsprozesses mehrheitlich in einer Opferrolle, woraus Präferenzen für charismatische oder im engeren Sinne populistische Volkstribune erwachsen, die einerseits Mittelmäßigkeit verkörpern, aber andererseits zugleich aus der Menge herausragen. So geben sich selbst intellektuelle Führer der europäischen extremen Rechten vielfach anti-intellektuell.

Diese Volkstribune bedienen sich einer manipulativen Rhetorik, die teilweise schon von der herrschenden Politik übernommen wurde, um die Bevölkerung über die Konflikt- und Spaltungslinien der modernen Gesellschaft hinweg einbinden zu können (Leggewie, 1989, S.137-138 und 1993, S.110-111). Für Wahlerfolge primär ausschlaggebend, dürfte dabei, wie Jens Renner festgestellt hat, die Flexibilität der Parteiführer sein, sich in unterschiedlichen Milieus bewegen zu können, d.h. einerseits jugendlichen Elan und 'Modernität' zu verkörpern, gleichzeitig aber nicht die 'alten Kämpfer' des Faschismus vor den Kopf zu stoßen (Renner, 1994, S.82). Dieses Geschick mag denn auch in gewissen Sinne auf deren Anhänger 'magisch' wirken; so daß die Führer gerade dadurch in deren Augen letztlich doch an 'Charisma' gewinnen.

Diesen Spagat nicht zu schaffen, ist dabei das Dilemma derjenigen Parteien, die es trotz euro-rechter Unterstützung bislang nicht geschafft haben, national erfolgreich zu werden, beziehungsweise deswegen wie die griechische E.P.EN. ihre anfänglichen Erfolge verspielt haben.

Auf der anderen Seite könnte sich dadurch auch rechts davon ein Vakuum auftun, in welches noch radikalere Gruppen hineinstoßen könnten, falls sie die Gunst der Stunde für sich zu nutzen wissen. Ansätze dazu sind bereits erkennbar: Die italienischen Traditionsfaschisten unter Pino Rauti konnten mit einigem Erfolg bei den jüngsten Wahlen die *Fiamma tricolore* etablieren (SoZ, 9/1996, S. 12). Französische Neonazis, denen die FN Le Pens zu 'lasch' ist, gründeten am 4. April 1987 die *Parti Nationaliste Français et Européen* (PNFE) (Fromm/Kernbach, 1994b, S.29), die auch Kontakte zur belgischen Gruppe *l'Assault* (Angriff) im Raum Brüssel unterhält (EP-Bericht, 1991, S.21).

Auf deutscher Seite bildete die 1979 gegründete *Freiheitliche Deutsche Arbeiterpartei* (FAP) einen Rekrutierungsort des militanten Neonazismus; nach ihrem Verbot im Februar 1995 spielen in diesem Bereich zunehmend die NPD und ihre Jugendorganisation JN eine wichtige Rolle. Wahlerfolge kann sie allerdings derzeit kaum erzielen (Fromm/Kernbach, 1994b, S.155; SP, 17/1995, S.88-90 und VS-NRW, 1995, S.73, 81 und 100).

Kapitel II
Programmatik und Selbstverständnis der Euro-Rechten

> „Die rechten Ultras geben sich europäisch – grenzübergreifend. Ihr Europa der Vaterländer wollen sie der zentralistischen EU-Bürokratie entgegenhalten. Das gemeinsame Ziel: Ein weißes Europa der auserwählten Völker, in dem sogenannte Artfremde nichts zu suchen haben. (...) Die Lösung aller Probleme liegt für sie in der Abwendung von der Weltgemeinschaft und ihren Organisationen, z.B. EU oder UNO: Deutschland den Deutschen, Frankreich den Franzosen, Flandern den Flamen: Das ist ihr Europakonzept. Ihr Ziel: Ein völkisches Europa, das auf den kulturellen Wurzeln seiner Bewohner gegründet ist.“ (Bartz/Biedenkopf/Fromm, 1994, 30:08 – 32:15)

1. Die programmatische Europäisierung der extremen Rechten

„Blieben bei Nationalisten traditionell nationale Rivalität und Konkurrenz vorherrschend, einen die Euro-Rechte andererseits gemeinsame Anti-Haltungen, wie sie dem National-Populismus überall eigen sind.“ (Leggewie, 1989, S.137)

Die Modernisierung des Rechtsextremismus in den achtziger Jahren geht auf Faktoren zurück, die im Zuge der Internationalisierung der Politik aufgetreten sind. So hat die Angleichung der europäischen Wirtschafts- und Sozialsysteme die bisher national kolorierten Populismen einander näher gerückt. „Der Poujadismus der 50er Jahre hatte noch mehr französische Züge als der Populismus des Poujadisten Le Pen; (...) Diese (...) Nivellierung entspricht europaweiten Anpassungen der politischen Inszenierung, Rhetorik und Wahlkampfführung, von der die ‘Neuparteien’ nur durch ihren anfänglichen Amateurismus ausgenommen sind.“ (ebd.)

Insgesamt geht mit der ideologischen Erneuerung der extremen Rechten auch eine verstärkte europäische Zielorientierung einher, welche, nach Einschätzung von Uwe Worm, das eigentlich trennende Moment der ‘neuen’ gegenüber der ‘alten’ Rechten sei (Worm, 1995, S.52). Hinter der Modernisierung steckt auch die zuvor geleistete Ideologiebildung durch die *Nouvelle Droite* mit ihrer Denkschule *Groupe de récherches et d'études pour une civilisation européenne* (GRECE) (Hafeneger, 1994, S.213).

Zu den Ausgangsbedingungen meinte Benno Hafeneger noch 1990 eher skeptisch, daß es für die extreme Rechte konzeptionell schwierig werde, die nationalen Rivalitäten zu überbrücken und ausgesprochene „Anti-Europäer" unter einer europäischen Idee zu vereinen. Denn die historischen Anleihen aus der SS-Tradition – der „weißen Garde gegen die rote Gefahr" –, reichen für eine transnationale Sammlungsbewegung nicht mehr aus, so daß eine Europa-Idee heute moderner und populistischer sein und vor allem ökonomisch und kulturell begründet werden müsse (Hafeneger, 1990, S.49). Die entsprechenden Europabilder der „alten" und „neuen" Rechten, die heute in der Programmatik und Politik der extremen Rechten nebeneinander stehen, unterscheidet er wie folgt:

„1. Die Alte Rechte vertritt die Konzeption eines ethnisch homogenen und ökonomisch autarken 'Europa der weißen Rasse' mit Abschottungs- und Festungscharakter. Das zentrale Ideologem ist ein 'Euronationalismus', der ausländerfreie Volksgemeinschaften und Kulturen im 'Lebensraum Europa' verspricht.

2. Die Neue Rechte verknüpft eurozentristische Vorstellungen mit Forderungen nach strenger Kontrolle und Regulierung von Immigration sowie Anpassungspostulaten an die nationale bzw. europäische Kultur. Angestrebt wird eine modernisierte, mit Selbstbestimmung und Ethnopluralismus begründete Verknüpfung von Föderalismus, Nationalismus auf der einen Seite und Europa auf der anderen Seite." (Hafeneger, 1994, S.224).

Aufwind bekommt die extreme Rechte dabei aktuell durch eine offen geführte Diskussion der rechtskonservativen Eliten in Europa, die den Begriff der 'Identität' wiederentdeckt. Das Zusammenleben von Menschen verschiedener Sprachen, Religionen und Kulturen in einem Staat wird als „Kunstprodukt", gar als „Völkergefängnis" verdammt, während umgekehrt die Zersplitterung eines „Volks" über mehrere Staatsgrenzen hinweg entsprechend als „widernatürlich" gilt (Scharang, 1992, S.42 und Ebermann/Trampert, 1995, S.312-313).

2. Die ideologische Verortung der Euro-Rechten

Nur im Vorfeld der ersten Direktwahlen zum EP 1979 gab es eine parteienübergreifende programmatische Plattform der Euro-Rechten. Deren Aussagen wurden indes sogleich von Maurice Bardèche mit den Worten relativiert: „Was da schriftlich im Programm niedergelegt ist, spielt keine so große Rolle. Programme werden von den Umständen diktiert. Aber wie sich die EURORECHTE *gibt*, das kann viel bedeuten; Begriffe wie Ehrenhaftigkeit, Ernsthaftigkeit, Selbstzucht, Mut, Anstand, als Tugenden des einzelnen; Ansehen, Redlichkeit, Offenheit, Verantwortungsbewußtsein als Kraftquelle, (...)." (NE, 9/1978, S.48; Hervorhebung im Original)

Dennoch soll in den folgenden Abschnitten eine Standortbestimmung der Euro-Rechten in ihrer Gesamtheit versucht werden.

2.1. 'Direkte Demokratie' versus liberales Demokratieverständnis

Bei der extremismustheoretischen Einordnung der Euro-Rechten, die sich speziell an deren Haltung zur Demokratie festmacht, ist zunächst zu beachten, daß auch in bürgerlichen Demokratien gewisse Entscheidungen wie beispielsweise darüber, ob jemand am Fließband steht oder den Profit des Produktes einnimmt, nicht demokratisch gefällt werden. Die real existierende bürgerliche Demokratie ist, ebenso wie der Faschismus, eine mögliche Herrschaftsform des Kapitals und eben nicht das Ende der Geschichte.

Ferner weist Adorno darauf hin, daß auch der Nationalsozialismus eine Dialektik der Aufklärung entfaltet hat, insofern er „durch Politisierung der Massen, gegen seinen Willen, der Demokratisierung in gewissem Sinn sogar vorgearbeitet" habe. „Aber Demokratie hat sich nicht derart eingebürgert, daß sie die Menschen wirklich als eigene Sache erfahren, sich selbst als Subjekte der politischen Prozesse wissen." Somit muß Demokratie zwangsläufig abstrakt bleiben (Hethey, 1991, S.18-19), wodurch gleichzeitig Appelle an 'unsere' Demokratie, sie als höchstes Gut zu bewahren, schließlich von vorneherein zur Wirkungslosigkeit verurteilt sind. Dem liberalen Demokratieverständnis kann schließlich auch entgegengehalten werden: „Wenn das Demokratie ist, was ich hier erlebe, dann pfeife ich auf die Demokratie." (Kühnl, 1992, S.734)

Bei der *Eurodestra* von 1979 war allerdings noch keine deutlich antiparlamentarische Stoßrichtung zu erkennen. Vielmehr stellte sie in ihrer programmatischen Plattform eine Reihe von Grundsätzen speziell über die Wahlordnung des zu wählenden Europäischen Parlaments auf:

„ – Proportionale und integrale Wahl, mit der vollen Verwertung aller Stimmen und Listen, ohne Sperrklauseln; – Übernahme des Systems der Vorzugsstimmen: die Auswahl der Mandate soll den Wählern und nicht den Parteien anvertraut sein; – Unvereinbarkeit zwischen europäischem und nationalen Mandat; – Wahlrecht für alle Staatsbürger der europäischen Länder, wo immer auch in der Welt ihr Wohnsitz sei." (NE, 2/1979, S.35)

Später ging sie dann aber in die Offensive, indem sie den Begriff der Demokratie in ihrem Sinne umdeutete, und Vertreter der *Front National* und der ihnen nahestehenden *Association pour la developpement de la democratie directe* (A3D) unter Yvan Blot sich mit der Forderung nach 'direkter Demokratie' als die 'eigentlichen' Demokraten zu gerieren versuchten. Was an realem Demokratiegehalt hinter diesen Schlagworten steckt, bleibt selbstverständlich zu hinterfragen.

Nach Darstellung von *Nation Europa* herrschte bei einem Wochenend-Kolloquium der A3D 1991 „Übereinstimmung (...) unter den Vertretern der europäischen Rechten darin, die bloß repräsentative Demokratie durch Einführung plebiszitärer Elemente wie Volksbefragung und Volksentscheid zu erweitern und somit aus der Bevormundung durch gesellschaftliche Funktionseliten zu befreien." Über die dahinterstehenden Eigentumsverhältnisse wird freilich kein Wort verloren (NE, 5/1992, S.17-18).

Bei der italienischen *Lega Nord* wird übrigens dem eigenen Selbstverständnis nach ebenfalls 'direkte Demokratie' praktiziert, die mit einem identitärem Politikverständnis einhergeht, so daß mit der 'Demokratie' letztlich nur gemeint ist, daß bereits getroffene Entscheidungen lediglich nachträglich massenhaft bejubelt werden. „Im Grunde genommen handelt es sich bei diesem Vorgang um ein idealtypisches Beispiel für eine 'Führerdemokratie', womit keine politisch-ideologischen, aber sehr wohl formal-strukturelle Gemeinsamkeiten zum deutschen Nationalsozialismus festgestellt werden können." (Pfahl-Traughber, 1994a, S.156-157) Das gilt sicherlich für das bereits etablierte NS-Regime. Hans-Henning Scharsach sieht allerdings vor dem Hintergrund der Frühgeschichte der NSDAP durchaus auch ideologische Parallelen: „Heute wie damals bedeutet Populismus einen Spagat zwischen dem Bekenntnis zur Demokratie und der Bekämpfung jener Interessensgruppen, die jene repräsentieren." (Scharsach, 1992, S.30)

Aktuell stimmte die *Lega* in der Regierung Berlusconi schließlich auch einer italienischen Präsidialrepublik zu, deren angestrebte Einführung nach Ansicht des früheren Verfassungsgerichtspräsidenten Ettore Gallo einem „Staatsstreich" gleichkäme (Renner, 1994, S.148-149).

Der linke französische Publizist Jean-Paul Curnier stellte 1992 zur supranationalen Unterhöhlung der westlichen Demokratien fest, daß die Tätigkeit nationaler Regierungen infolge der Internationalisierung zunehmend auf eine subalterne Rolle reduziert wird, welche sich bestens für Statisten eignet. Für diese gehe es nur noch darum, „ihre eigene Situation und die wenigen besonderen Merkmale zu karikieren, wegen derer sie berufen wurden. Ein jeder bemüht sich also auf möglichst lächerliche Weise darum, das zu sein, was er normalerweise ist, und wofür man ihn berufen hat."

Der größte Teil der Entscheidungen über das gemeinsame Schicksal wird außerhalb jeder gemeinschaftlichen Kontrolle, Beratung und Beschlußfassung getroffen, wobei die Geschwindigkeit weltweiter Interaktionen, ob es sich nun um Rüstung, internationale Politik, Wirtschaft oder Finanzen handelt, die tatsächliche Souveränität der Völker auf ein Minimum reduziert. „Betrachtet man es unter diesem Gesichtspunkt, haben sich die Demokratien bereits als solche aufgegeben und zwar schon seit langem."

Die westlichen Demokratien haben die Schwelle ihrer reellen Möglichkeiten überschritten. „Sie haben keine Zukunft mehr und leben von nun an täglich in diesem Paradox: aus ihrer fehlenden Zukunft eine Zukunft machen zu müssen." (Curnier, 1994, S.78-79 und 83) Das Demokratiedefizit des modernen Staates spiegelt sich auch auf der europäischen Ebene wider, da mit der EU-Kommission und dem Rat zwei Gremien politisch verantwortlich sind, die direkt und indirekt aus den nationalen Regierungen hervorgehen (Wolf, 1994, S.90-92).

Le Pen ist einer der Demagogen, die die vorhandenen Ressentiments über die Demokratidefizite der EU nationalistisch aufladen. Seinen Gegnern unterstellt er wörtlich: „Die One-World-Anhänger wissen dies: Die Nationen sind für sie gegenwärtig das größte Hindernis für ihr Streben nach totaler Kontrolle“, und fordert weiter, „‘Nein’ zur Diktatur der ‘Einen Welt’ zu sagen, die ebenso heimtückisch wie gefährlich ist und Anstalten macht, sich zu etablieren“. Seine scheinbar anti-diktatorische Polemik gipfelt unverholen in der Aufforderung zu Gewalt: „Hier liegt die Wichtigkeit unseres Einsatzes. Folglich dürfen wir in diesem Titanenringen keine einzige Waffe außer acht lassen. Die Anwesenheit einer starken Gruppe von Abgeordneten der Rechten im Europäischen Parlament bedeutet ein Schlüsselelement in diesem Einsatz.“ (NE, 4/1994, S.8)

Yvan Blot stellt in diesem Zusammenhang der Technokratie von Maastricht ein volksbezogenes Demokratieverständnis gegenüber: „Die Völker melden sich heute immer lauter mit der Forderung nach Mitsprache zu Wort.“ Dabei wollen die „Parteien der politischen Rechten (...) den Völkern das Wort wiedergeben, das durch ein zunehmendes intolerantes und ignorantes Establishment in Beschlag genommen wurde, und zwar sowohl auf der Ebene der Mitgliedsstaaten als auch auf Gemeinschaftsebene.“ Zum Gewicht der EG/EU-Gremien behauptet er ferner: „Die aus der Debatte um ‘Maastricht’ siegreich hervorgegangene Institution ist in der Hauptsache die EG-Kommission – (...) mit einer Art politischer Investitur (sic!), die ihr nunmehr zugestanden wird, mit einer Erweiterung ihrer Kompetenzen infolge der Umkehrung des Subsidiaritätsprinzips. Angesichts dieser enormen Machtkonzentration werden dem Europäischen Parlament dagegen lediglich einige Krümel zugestanden, mittels derer es seine Zustimmung erteilen kann.“ Doch Blot will nicht die Stärkung der Legislative, sondern der Exekutive, er redet gar der Abschaffung des Europäischen Parlaments das Wort: „Die Verträge müssen geändert werden, jedoch in einer einer anderen Richtung. *Der Rat muß das einzige Organ einer Konföderation sein.* (...) Die Organisation Europas kann nicht gegen die Demokratie erfolgen. (...) So und nicht anders sieht die vorhersehbare Entwicklung aus.“ (NE, 5/1992, S.18; Hervorhebung von mir, A.O.)

Nach der Europawahl 1994 machten die italienischen Europaparlamentarier der *Alleanza Nazionale* (AN) und der *Forza Italia* deutlich, daß ihnen die Befugnisse sowohl des Europaparlaments als auch der Kommission zu weit gingen. Man sah darin eine angeblich unerträgliche Einmischung in innere Angelegenheiten (Uesseler, 1994d, S.1123).

Die deutschen Mitglieder der *Technischen Fraktion der Europäischen Rechten* lehnen das EP ebenfalls wegen des supranationalen Charakters ab: „Nach gegenwärtiger Lage müssen wir geradezu froh sein über die begrenzten Befugnisse des Europäischen Parlaments. Denn dort kann keine Nation auf besondere Rücksichtnahmen hoffen. Und die deutschen Abgeordneten neigen ohnehin dazu, ‘europäischer’ zu sein als jeder andere Europäer.“

Als Korrektiv fordern sie daher eine Länderkammer, „dem deutschen Bundesrat vergleichbar", womit die Macht der nationalen Regierungen gegenüber dem Parlament gestärkt würde. Das Demokratiedefizit würde sich dadurch zwar effektiv vergrößern, aber die Rechte will schließlich „keinen Bundesstaat, sondern einen Staatenbund", der „zugleich aber eine enge Zusammenarbeit vor allem politisch und wirtschaftlich" unter dem Motto der „Zusammenarbeit statt Totalintegration" anstreben soll (ER, 4/1992). Eine solche enge Zusammenarbeit wird mit der Triadenkonkurrenz 'Europa-Nordamerika-Japan/Ferner Osten' gerechtfertigt, ganz im Sinne einer klassischen territorialen Großmachtpolitik, in welcher es Hegemonien und Rivalitäten gebe, bei denen es um das eigene Überleben gehe (Hafeneger, 1994, S.221).

Deshalb setzen sie dem Drohbild der „Welteinheitsgesellschaft, regiert von einem 'großen Bruder' mit seiner Technokratenkaste" (ER, 4/1992) ein identitär-völkisches Demokratieverständnis entgegen: „Wenn Demokratie, korrekt aus dem Griechischen übersetzt, 'Volksherrschaft' heißt, dann sind wir als europäische Rechte die letzten wirklichen Demokraten. Denn wir wollen die Völker in ihrer Identität und Souveränität schützen. Wo es keine Völker mehr gibt, kann auch keine Volksherrschaft sein – höchstens amorphe Masse, Ochlokratie oder die Manipulation durch 'Eingeweihte'. Dem müssen wir wehren." (Neubauer, zit. nach: NE, 6/1991, S.50)

Man beachte die Anlehnung an den Orwellschen Begriff vom 'großen Bruder', wodurch sich die Orwellisierung des Demokratiebegriffs durch die extreme Rechte selbst um so geschickter verkaufen läßt.

Ob daneben die von Neubauer genannte „Manipulation durch 'Eingeweihte'" nicht vielmehr ein Problem von Macht und Herrschaft an sich ist, diese Frage stellt sich für ihn offensichtlich nicht. Insofern wird eine durchaus berechtigte Kritik an dem 'Geheimwissen' politischer Eliten in eine fragwürdige und extrem gefährliche, völkisch-nationalistische Richtung umgelenkt und schließlich suggeriert, daß es in einem ethnisch 'reinen' Volk keine „Manipulation durch 'Eingeweihte'" geben könne. Damit kann letzlich auch jeder Völkermord an sogenannten 'Nichtvölkischen' zum Schutze der 'Demokratie' legitimiert werden.

Im weiteren stellen die deutschen DR-Abgeordneten fest: „Wenn wir uns also dem Ziel verschreiben, die Völker zu erhalten, sind wir zugleich Streiter für demokratische Überschaubarkeit und Kontrolle." (ER, 4/1992) Man beachte, womit hier Demokratie assoziiert wird; nicht mit Freiheit, sondern mit Überschaubarkeit und Kontrolle, die tendenziell die Freiheit ersticken könnten, möglicherweise im Namen der Verteidigung der völkisch-identitär definierten Freiheit gegen den inneren und äußeren Feind.

Der 'neu'rechte Denker Alain de Benoist gab die völkische Apokalypse schließlich als Rechtfertigung für die Diktatur vor, als er verkündete: „Untergang ist schlimmer als Diktatur." Um also 'das Volk vor dem Untergang zu schützen', in welchen es durch den Liberalismus, also durch Ansprüche auf demokratische und soziale Rechte. hineingetrieben werde, müsse schließlich eine Terrorherrschaft errichtet werden (Meyer, 1991, S.284). Hier kann auch ein Rückgriff auf Arthur Moeller van den Bruck genommen werden, dessen Kernthese in seinem Buch „Das Dritte Reich" aus dem Jahre 1923 lautete: „Am Liberalismus gehen die Völker zugrunde." (Ullrich, 1994, S.58)

So sah bereits der deutsche Staatsrechtler Carl Schmitt zwar einen Gegensatz zwischen Liberalismus und Demokratie, nicht aber zwischen Demokratie und Diktatur: „Die Kraft einer Demokratie zeigt sich darin, daß sie das Fremde und Ungleiche, die Homogenität Bedrohende, zu beseitigen und fernzuhalten weiß."

In dessen Denken erscheint die Diktatur gar als konsequente Form der Demokratie. Diese Diktatur soll aber nicht nur auf Repression, sondern auf manipulativ erzeugtem Meinungskonsens beruhen. „In dieser Sicht erscheint das Volk nicht aus mündigen, reflektierenden Individuen, sondern aus einer passiven Masse, die sich lediglich im zustimmenden Zuruf, in der Akklamation äußert. Ein so erzeugter Wille basiert nicht auf einem rationalen Kalkül der Interessen und Meinungen, er ist vielmehr Resultat einer bewußt erzeugten irrationalen und emotional aufpeitschenden Stimmung, die durch manipulierende Agitation reale Heterogenität überdeckt." (Pfahl-Traughber, 1994b, S.20-21 und Möller, 1994, S.347)

Ein derlei völkisches und national-identitäres Demokratieverständnis kann allerdings nur deshalb auf fruchtbaren Boden fallen, weil derzeit die Linke dem kaum etwas entgegenzusetzen hat. Sie hat die Verbindung zu ihren ideologischen Wurzeln aufgegeben, obwohl gerade dort, z.B. in den Schriften Rosa Luxemburgs, die nach Meinung Jürgen Elsässers „heute so verzweifelt aktuell" sind, politische Lösungsansätz zu finden wären; wie ihre harsche Kritik am Nationalismus und schließlich Radikalisierung des Internationalismus zum Antinationalismus: „Das 'Volk' soll das Recht auf Selbstbestimmung haben. Aber wer ist denn das 'Volk', wer ist der Mächtige, wer hat das 'Recht' der berufene Vertreter des 'Volkes' und seines Willens zu sein? (...) Mit dem 'echten' Willen des Volkes geht es wohl ähnlich wie mit dem echten Ring in 'Nathan der Weise': Er verschwand, und es scheint fast unmöglich, ihn wiederzufinden und von Fälschungen und Nachahmungen zu unterscheiden." (Elsässer, 1994a, S.395, 399) Wie aktuell diese Kritik an der bundesdeutschen Linken ist, zeigte sich in der von großen Teilen der Linken, einschließlich der PDS-Bundestagsfraktion, unterstützten Forderung nach der Selbstbestimmung Tibets. Darin wird nicht die tatsächliche Demokratisierung des Landes gefordert, sondern vielmehr der Errichtung eines religiös-feudalistischen Staates Vorschub geleistet, an dessen Spitze „Seine Heiligkeit" der Dalai Lama stehen wird, der sich anmaßt, alleiniger Vertreter des tibetischen Volkes zu sein (Ditfurth, 1996, S.117-120).

2.2. Kulturnation Europa

Schon die *Eurodestra* von 1979 legte einen ihrer Programmschwerpunkte auf die Kulturpolitik: „Der europäische Ministerrat und das europäische Parlament sollen große kulturelle Initiativen fördern, die Europa seine Rolle als kulturellen Mittelpunkt der Welt wiedergeben. Es soll ein europäisches Kulturinstitut gegründet werden, gegliedert in Sektionen, die zuständig sind für jedes der humanistischen und wirtschaftlichen Fächer, mit der Aufgabe, die Aktivitäten der Kulturinstitute der einzelnen Länder zu koordinieren. Es wird ein europäisches Jugendfest gestiftet werden. In jedem Land der Gemeinschaft wird zum Studium der europäischen Sprachen und der europäischen Kultur ermutigt werden." (NE, 2/1979, S.36)

In einer schärferen Diktion schrieben schon damals die deutschen *Jungen Nationaldemokraten* (JN): „Alle Völker in ganz Europa müssen sich das Selbstbestimmungsrecht, die Einheit, Unabhängigkeit und Freiheit erkämpfen. Dies ist zugleich ein Kampf für die Erhaltung ihrer Traditionen, ihrer Kulturen und der Erhaltung ihrer jeweiligen nationalen Identität, welche von der 'One world'-Ideologie der Wodka-Cola-Imperialisten zerstört werden (...)." (NE, 5/1979, S.26)

Der Antiamerikanismus der extremen Rechten geht auf die Ideologiebildung durch die *Nouvelle Droite* zurück, nach der Nationalsozialismus und Stalinismus nur als flüchtige historische Erscheinungen betrachtet werden. Vielmehr sei der wahre Totalitarismus viel älter und struktureller Art, nämlich aus der christlichen Idee der Gleichheit aller Menschen vor Gott abgeleitet.

Da diese Gleichheitsidee auch Eingang in irdische Verfassungen fand, werden in der 'neu'rechten Lesart die Vereinigten Staaten von Amerika als erster totalitärer Staat der Erde definiert. Die Folge dessen sei der 'melting pot', welcher ohne Rücksicht auf Herkunft und 'Qualität' alles gleichmacherisch in sich aufnehme. Der aus der Denkrichtung der *Nouvelle Droite* kommende Armin Mohler pflichtet dem bei: „Die von der amerikanische Ostküste ausgehende antiautoritäre Erziehung wollte die Deutschen in ihrem Kern umkrempeln – und hat dies mindestens für eine Generation erreicht." (Baier, 1994, S.251) Deshalb hätten nach dem Zweiten Weltkrieg letztlich die „alten Mächte des Liberalismus und des Sozialismus" triumphieren können (Assheuer/Sarkowicz, 1992, S.197).

Entsprechend warnen Jahre später die deutschen Mitglieder der technischen Rechten vor dem „europäischen Orkus", in welchem die Deutschen infolge der „Umerziehung zu Geschichtslosigkeit und nationaler Selbstverleugnung (...) am Ende zusammen mit einem Teil der 'Sieger'" verschwänden, und fordern, daß die „Völker des Kontinents (...) zusammenrücken" müssen, „um nicht einzeln durch den Rost der Weltpolitik zu fallen." Zwar sei die „Bedrohung aus dem Osten (...) durch den Zerfall des Sowjetimperiums geringer geworden. Doch gleichzeitig müssen wir zur Kenntnis nehmen, daß sich die andere Supermacht um so ungenierter auf dem west-östlichen Divan räkelt.

Moskaus Teilrückzug aus dem Weltgeschehen – übrigens ein Rückzug der nicht unwiderruflich ist – hat ein Vakuum hinterlassen. Und in dieses Vakuum stoßen nun die USA, verkleidet als 'Weltpolizist', so als ob Halloween ein internationaler Feiertag wäre. (...) Wer zur amerikanischen Dominanz nein sagt, muß ja sagen zu Europa. Denn die Uneinigkeit unseres Kontinents in außen- und verteidigungspolitischen Fragen ist das Einfallstor jener raumfremden Macht, die aus ihrer kurzen Geschichte absolut nichts mitbringt, was einem Polizisten angemessen wäre." (ER, 4/1992) Dergestalt wird an unterschwellige Ängste vor einer Unterdrückung von 'außen' appelliert und gleichzeitig suggeriert, daß die 'eigene' Repression vor dem Hintergrund einer mythologisierten europäischen Kultur etwas angeblich qualitativ besseres sei.

In der rechten Lesart gelten 'Volksgruppen' und 'Rassen' als Träger jeweils spezifischer kultureller Werte und Verhaltensregeln. Aus deren Erbanlagen wird soziobiologisch die „naturgegebene Vielfalt" der Ethnien erklärt. An diesen formalen Differenzbegriff schließen sich im 'neu'rechten 'Ethnopluralismus'-Diskurs immer auch Hierarchievorstellungen und Bewertungen von Völkern und Kulturen an.

Dies habe jedoch nichts mit Rassismus oder Xenophobie zu tun, da die unterlegten – ethnisch-kulturellen begründeten – Verschiedenheiten „eindeutig" seien. Diese kulturellen Eigenheiten dürften denn auch nicht „gemischt" werden, da dies den „Zerfall" und das „Ende der Völker" zur Folge haben werde (Hafenegger, 1994, S.222-223).

Bei den auf solche Argumentation aufbauenden Nationalismen unterschied Hannah Arendt den völkischen vom westlichen Nationalismus. Letzteren erkannte sie vor allem in Frankreich: „Der Chauvinismus vor allem französischer Prägung (...) konnte sich in allen möglichen romantischen Verherrlichungen der Vergangenheit, der Toten- und Ahnenkulte ergehen. Er konnte ein unglaubliches Vokabular der Großsprecherei ersinnen und versuchen, die ganze Nation mit 'gloire' und 'grandeur' besoffen zu machen; aber er hat niemals behauptet, daß Menschen französischer Abstammung, die in einem anderen Lande geboren und erzogen, ohne Kenntnis der französischen Sprache und Kultur, nur dank mysteriöser Qualitäten ihres 'Blutes' Stammesfranzosen seien." (Elsässer, 1994a, S.402-403)

Dies scheint indes von der Realität inzwischen überholt. In Frankreich gab es auch unter reaktionären Politikern immer mal wieder Zweifel, ob die Nation als Bekenntnis- statt als Schicksalsgemeinschaft nicht doch ein zu schwaches und unwägbares Konstrukt in einem Universum der Konkurrenz und des Krieges sei (Ebermann/Trampert, 1995, S.316-317). Bruno Mégret machte schließlich in seinen „fünfzig konkreten Vorschläge zur Lösung des Einwanderungsproblems" klar deutlich, daß die „französische Identität (...) an das Blut gebunden" sei, zumal im „Gegensatz zu dem, was die Verteidiger eines multikulturellen Frankreichs behaupten (...) die Bevölkerung (...) seit ihren Ursprüngen homogen geblieben" sei, aufgrunddessen er sich für das Blutrecht einsetze (Surya, 1994, S.25). So fand innerhalb der französischen Rechten eine programmatische Annäherung an den „volksnationalisme" des *Vlaams Blok* statt, der sich zuvor nur schlecht mit dem etatistischen Nationalismusverständnis der FN unter einen Hut bringen ließ.

Dillen hatte noch 1992 dazu erklärt: „Die Deutschen und ich als Flame gehen aus vom Volksbegriff von Herder, die Franzosen vom Staatsbegriff Renans." (NE, 3/1992, S.24 und Gijsels/ Velpen, 1992, S.156) Jener Renan hatte sich 1871 über entsprechende völkische Nationalismen beim östlichen Nachbarn mit den Worten mokiert: „Fast überall, wo sich die hitzigen deutschen Patrioten auf ein altes germanisches Recht berufen, können wir ein noch älteres keltisches belegen, und vor den Kelten lebten dort, wie man sagt, die Allophylen, die Finnen, die Lappen; und vor den Lappen waren es die Höhlenmenschen und vor den Höhlenmenschen nur die Orang-Utans. Für eine solche Geschichtsphilosophie gibt es als dingliches Recht in der Welt nur das Recht der Orang-Utans, die ungerechterweise von der bösen Zivilisation vertrieben worden sind." (Ebermann/ Trampert, 1995, S.312)

Zur Konstruktion von Nationalismen notieren Ebermann/Trampert: „Damit sich die behauptete Zugehörigkeit zu einer Schicksalsgemeinschaft in den Köpfen der Menschen festsetzen kann, muß ihnen diese Zugehörigkeit alt erscheinen. Daß alles von altersher so sei, festigt die Gemeinschaftsbande. Die Steigerung von 'alt' in 'ewig', womit das Alltagsbewußtsein 'natürlich' assoziiert, was wiederum so viel wie 'unumstößlich' bedeutet. Deshalb wachen die Hüter des Nationalismus auch heute noch, wo er sich weltweit hat durchsetzen können, über die Fortwirkung zweier Lügen: 1. Die Nation sei nicht erst durch den Kapitalismus entstanden, sondern eine uralte Form der Ordnung menschlicher Gemeinschaften. 2. Gleichgültig, wie fürchterlich die eigenen Vorfahren in der Vergangenheit gewütet haben, ist diese eine ruhmreiche gewesen. Beides vermittelt den Landsleuten, sie stünden in einem zeitübergreifenden Kontext des Guten, von dem sich der Rest der Welt eine Scheibe abschneiden könne." (Ebermann/Trampert, 1995, S.328)

Dabei geht gerade von dem Begriff der 'Identität' auch ein Zauber aus, nämlich in dessen positiver Konnotation, mit der Sehnsucht nach einer „heilen Welt, die, wenn schon draußen nicht, so doch drinnen existiert, tief in der Person, tief in der Geschichte, tief im Volk. Und würde man bis zum unverdorbenen Ursprung gelangen, erschlösse sich, indem man von vorne beginnt, eine herrliche Zukunft. Identität ist Inbegriff des Stillstands: Stillstand beim utopischen Ursprung, hinter den es nicht weiter zurückgeht; Stillstand in der utopischen Zukunft, in der alle Hoffnung erfüllt ist, das Vergehen von Zeit keinen Sinn mehr hat."

Die Suche nach Identität korrespondiert mit einer Todessehnsucht, die aus einer Ohnmacht heraus resultiert, „derer es bedarf, um dem Weltlauf gewissermaßen mit vollem Bewußtsein ohnmächtig zusehen zu können", zumal wenn die soziale Frage von vornherein nach dem Motto 'lieber tot als rot' tabuisiert wird. „Das ist in der logischen Figur der Identität eingeschrieben: Nur im Tod stimmt das Ich vollkommen mit sich überein." Eine Ideologie, die zwangsläufig in der Verherrlichung von Krieg und Heldentod mündet. Die Aufschrift eines Nazi-Kriegerdenkmals in Hamburg „Deutschland muß leben und wenn wir sterben müssen" bringt es auf den Punkt. Der Nationalismus spielt deshalb eine so wichtige Rolle, weil „der Bürger auf der Suche nach seiner Identität, auf dem Wege in sein Inneres, schon deshalb nicht weit kommt, weil dieses nicht tiefer ist als eine Pfütze", so daß er die eigene zur nationalen Identität ausweitet (Scharang, 1992, S.43-44 und Ebermann/Trampert, 1995, S.19-20).

Als weiteres rechtes europapolitisches Kernthema formulierte bereits die *Eurodestra* 1979 Leitlinien zur „europäischen Verteidigung", in denen es unter anderem hieß, damals noch weniger deutlich gegen die USA gerichtet, aber schon mit euro-neutralistischer Stoßrichtung: „Die europäische Verteidigung (...) darf nicht davon absehen, das atlantische Bündnis zu respektieren, solange Europa die Mittel noch nicht haben wird, seine eigene militärische Unabhängigkeit zu garantieren." Die Fortsetzung des Atlantischen Bündnisses werde zwar deshalb befürwortet, doch solle zusätzlich der europäische Ministerrat einen europäischen militärischen Generalstab berufen, der über eine zahlenmäßig begrenzte, integrierte europäische Interventionsstreitmacht verfügen solle, die gleichwohl in der Lage sein müsse, zumindest die anfängliche Verteidigung der europäischen Interessen zu gewährleisten (NE, 2/1979, S.35-36). Giorgio Almirante forderte damals die Einheit Europas in militärischer und sozio-ökonomischer Hinsicht, um „Europa vom Diktat von Yalta zu befreien", so daß es bürgerlich-politisch von der sowjetischen Bedrohung und vom 'amerikanischen Modell' gleichermaßen unabhängig sei. „Europa zu schaffen, setzt voraus, daß die kurzsichtigen Nationalismen überwunden werden und daß die Völker Europas wissen, daß es innereuropäische Kriege nicht mehr geben wird." (NE, 5/1979, S.29)

Die Rolle der USA, ihre ökonomische Vormachtstellung und deren eigentliches Zentrum analysiert man sehr genau. Zustimmend wird Joachim Fernau zitiert: „Gewiß, die Adresse für Staatsgeschäfte ist für die westliche Welt noch immer Washington, aber es ist eine Deckadresse für Provinzler. Eingeweihte richten ihre Briefe gleich nach New York. Es wäre Blindheit, nicht zu sehen, daß jetzt alles von dort erledigt wird. Und das Gesetz der Wallstreet ist nicht politisch, es ist merkantil."

Verbunden wird das mit der kulturellen Dimension „Fernau war ein guter Beobachter. Wo zur Romantik neigende und moralisch gründelnde Deutsche höchste ethische Werte bemühten, heißt es anderswo in bewährter Tradition: 'Business as usual!'", und dem kulturellen Erbe als einigendes Band der europäischen Völker, welches dagegen verteidigt werden müsse: „Dieses Erbe muß erhalten werden. Es darf nicht unter die Räder mondialistischer Gleichmacherei geraten, darf nicht der 'One World' zum Opfer fallen. Gemeinschaftlich müssen wir uns wehren gegen die Veräußerlichung, Entseelung und Mechanisierung des Lebens. (...) Deshalb dürfen wir Europa nicht den Kommissaren und Bürokraten in Brüssel überlassen. Ihr politischer Auftrag unterscheidet sich von unseren Zielvorstellungen ganz fundamental: Sie wollen einen europäischen Bundesstaat nach amerikanischem Muster. Wir wollen einen europäischen Staatenbund aus freien Völkern und Nationen. (...) Erstmals in der Geschichte bedrohen sich die Völker nicht gegeneinander, sondern sind miteinander der gleichen Gefahr ausgesetzt, der Gefahr kollektiver Selbstauslöschung durch die Preisgabe ureigener Rechte und die Hinnahme einer kontinentalen Nivellierung." 1992 verwiesen die deutschen Rechts-Abgeordneten durchaus korrekt auf eine Reihe US-amerikanischer Verfehlungen, jedoch in einer überzeichnenden Verallgemeinerung: „Von der Indianerausrottung über die Negerversklavung bis hin zu Hiroshima, Vietnam und Irak – ein einziger Irrweg von Irrtümern, Ignoranz und Selbstgerechtigkeit". Daraus wird weitergehend ein verkürzter kulturalistischer Schluß gezogen, der seine Ignoranz gegenüber handfesten ökonomischen Implikationen in der eigenen Hemisphäre aufweist: „Ein Schulbeispiel dafür, daß zivilisatorisch-technischer Fortschritt zum Gewinnen von Kriegen taugt, aber die Geisteswerte alter Kulturen nicht zu ersetzen vermag." (ER, 4/1992)

Deutschland müsse in diesem Kontext das Büßerhemd des Besiegten von 1945 ablegen und sich daran erinnern, daß es von jeher das von christlicher, will heißen egalitärer, Arroganz geschmähte Land war (Assheuer/Sarkowicz, 1992, S.199). Hinzu kommt die Klage über eine angeblich dekadente und verweichlichte Zivilisation, was jedoch anhand der Berge von Opfern, die gerade die Staaten hinterlassen haben, die allgemein als westlich zivilisiert gelten, eine grobe Dummheit ist (Ebermann/Trampert, 1995, S.251).

Ein wesentliches europolitisches Thema, das sich aus den ethnopluralistischen Vorgaben der Euro-rechten ergibt, ist die kulturrassistische Thematisierung von Zu- und Einwanderung, die mit affektgeladenen Bedrohungsbegriffen wie „Zustrom", „Flut" und „Überschwemmung" zur „Überfremdung" des „weißen Europa" aufgebauscht wird. Die Ethnie wird zur zentralen politischen Kategorie erklärt und damit die Ethnisierung von Politik begründet. Daran knüpft die Forderung nach „Trennung der Ethnien" beziehungsweise nach einer ganz pragmatischen „Begrenzung des Ausländeranteils" und der „Ausweisung von Scheinasylanten und kriminellen Ausländern" an (Hafeneger, 1994, S.223-224). Dabei geht es gerade auch um die Aufrechterhaltung von Mythen, etwa den Mythos der christlichen Gesellschaft, welche allen Notleidenden helfe. Dieser würde durch die Anmaßung der Flüchtlinge systematisch zerstören. So kann der extremen Rechten auch der Spagat zwischen christlich-reaktionären Kreisen und solcher Neuheiden gelingen, die in der christlichen Idee der Gleichheit aller Menschen vor Gott den Ursprung des Totalistarismus sehen (Baier, 1994, S.251).

Ferner zerstören Fremde den von den Rechten gerne genutzten Mythos, daß der gesellschaftliche Reichtum allein das Werk der jeweiligen Nation und „unserer harten Arbeit" sei (Rommelspacher, 1991, S.86). Deshalb ist die Begegnung mit Fremden meist eine narzißtische Kränkung, die umso stärker ausfällt, je mehr die einzelnen der dominanten Kultur verhaftet sind, also davon ausgehen, daß sie selbst die Norm repräsentieren. Diese Selbstgerechtigkeit ist bereits Ausdruck einer Dominanzkultur und wird durch Abschottung und Ausschluß von Fremden immer weiter abgesichert und bestätigt. „Je mehr diese Dominanzattitüde verinnerlicht wurde, desto mehr verunsichert das Fremde." (Rommelspacher, 1991, S.86)

Frankreich ist diesbezüglich im Vergleich zur Bundesrepublik Deutschland zwar ein erfahrenes Einwanderungsland, gemessen an den USA aber ein relativ junges, das sich von Migranten gerade auch mit dem Trauma der eigenen kolonialen Vergangenheit konfrontiert sieht (Kowalsky, 1995, S.39). Denn Frankreich verlor sein früheres Kolonialreich erst infolge grausamer Kriege, während die Entkolonialisierung für Großbritannien mit geringeren Reibungsverlusten vonstatten ging (Bourdet, 1994, S.18).

Michael Scharang: „Der Tausch des Gleichen mit dem Ungleichen, zu einer Art Naturrecht geworden, konstituiert das bürgerliche Individuum, das sich nur realisieren kann, in dem es andere übertölpelt. Diesen Vorgang als Leistung darzustellen und die daran Beteiligten als Elite und nicht als Gauner, ist die Aufgabe der bürgerlichen Moral."

Gerade daraus können 'Denkzettel'-Stimmen für extrem rechte Parteien resultieren, da die Opfer dieser Moral mitunter inniger anhängen als die Täter, so daß sich die ständig Übervorteilten nichts mehr ersehnen, als auch einmal jemandem eins auswischen zu können (Scharang, 1992, S.44). Dies funktioniert vor allem in den kapitalistischen Zentren deshalb, da, wie schon Lenin erkannte, „durch ein Monopol Extraprofit erzielt wird, d.h. ein Profitüberschuß über den in der ganzen Welt üblichen, normalen kapitalistischen Profit. Von diesem Extraprofit können die Kapitalisten einen Teil (...) verwenden, um ihre Arbeiter zu bestechen, um eine Art Bündnis der Arbeiter der betreffenden Nationen mit ihren Kapitalisten gegen die übrigen Länder zu schaffen." (Elsässer, 1994a, S.405)

Durch die Affinität zur jeweiligen Macht- und Herrschaftskultur kristallisiert sich in der Wählerschaft rechtsextremer Parteien auch eine gewisse männliche Dominanz heraus, die wohl dadurch begründet ist, daß der Rechtsextremismus auch der extremste Ausdruck männlich-patriarchalischer Dominanzkultur ist (Rommelspacher, 1991, S.85), in die sich gleichwohl aber in jüngerer Zeit zunehmend auch Frauen einbinden lassen.

So berichtete *Europa Rechts* 1993 über eine Veranstaltung der *Femmes d'Europe*, der Frauenorganisation der *Front National*: „Auch FN-Vorsitzender Jean-Marie Le Pen war gekommen, um vor den zahlreichen Gästen seine Zufriedenheit darüber zu bekunden, daß sich immer mehr Frauen für die politische Rechte engagieren. Neubauer und Schodruch (...) konnten in den mehrstündigen Gesprächen (...) wertvolle Anregungen auch für die Arbeit in Deutschland gewinnen." (Fromm/Kernbach, 1994c, S.6-7 und ER, 6/1993) Der 35-köpfigen *Équipe Le Pen* zur Präsidentschaftswahl 1995 gehörten mit der *Femmes d'Europe*-Vorsitzenden Martine Lehideux und Marie-France Stirbois allerdings auch nur zwei Frauen an (JMLP, 1995).

2.3. Machtkerneuropa

> „Ouvriers français et allemands, unissez-vous, travaillez pour la défense de l'Europe." Deutsches Propagandaplakat zur Anwerbung von Franzosen zum 'Arbeitseinsatz' in Deutschland 1944 (Delacor, 1994, S.12).

Bei der europäischen Neuordnung von rechts kommt insbesondere der deutsch-französischen Achse eine herausragende Bedeutung zu (Worm, 1995, S.54). Im Zentrum der *Nouvelle Droite* steht „Le couple franco-allemand", und im Gleichschritt mit de Benoist empfiehlt auch Gerd-Klaus Kaltenbrunner die Rekonstruktion der Achse Deutschland-Frankreich, den „beiden seit dem neunten Jahrhundert getrennten Nachfolgestaaten des einstigen Reiches Kaiser Karls des Großen." (Assheuer/Sarkowicz, 1992, S.165 und 199) Bereits 1979 verwies *Nation Europa* darauf, daß „eine vertrauensvolle deutsch-französische Zusammenarbeit für die Zukunft Frankreichs, Deutschlands und Europas unumgänglich" sei.

Dies geschah unter Berufung auf de Gaulle, dessen Anliegen es gewesen sei, die europäischen Staaten zusammenzuschließen, um daraus „eine der drei Weltmächte zu schaffen und – wenn notwendig – eines Tages Schiedsrichter zwischen dem sowjetischen und dem angelsächsischen Lager zu werden". Als Vorbedingung forderte er: „ (...) um Europa zu schaffen, muß man Deutschland verankern. Es ist die Grundlage zu Europa. Wenn nicht, wird es mit Europa bergab gehen."

In den Aussagen der *Eurodestra* von 1979 war der damit verbundene ökonomische Sozialdarwinismus noch nicht so offenkundig; wenngleich aber unterschwellig doch vorhanden. Danach sollten „Europaparlament und Ministerrat (...) Prozeduren entwickeln und anwenden, die geeignet sind (...) die jetzigen Störungen zu überwinden, den Reichtum jedes einzelnen Landes zu bewerten, um zu verhindern, daß die schwächeren Volkswirtschaften von den stärkeren überflutet werden, aber auch, daß die stärkeren Volkswirtschaften nicht gezwungen sind, für die Mängel der andern zu zahlen".

Dabei sollte eine weitgehende Autarkie im Inneren bei gleichzeitiger Stärke nach außen gewährleistet sein: „Europa soll sich auf die Produktion spezialisieren, in denen es technologische Überlegenheit behalten wird. Gleichzeitig soll es in sich selbst die Mittel finden, eine genügend vielseitige Industrie zu behalten, damit es von niemandem abhängig wird." Auch sollte den ärmeren EG-

Ländern schon damals das Instrumentarium der Wechselkurspolitik zur Besserung ihrer Position genommen werden: „Nur eine mit fester Parität gegenüber den verschiedenen nationalen Währungen ausgestattete europäische Währung wird das Gegeneinander-Ausspielen von Mark und Franc, Gulden und Lira verhindern. (...) Um die Konkurrenz zwischen den verschiedenen europäischen Unternehmen neu zu beleben, ist es schließlich notwendig, die Steuer- und Sozialbelastungen der verschiedenen Länder zu harmonisieren." (NE, 2/1979, S.25-27) 1989 warnte jedoch Harald Neubauer vor einer Währungsunion als „einem Geleitzug, dessen langsamster und marodester Teilnehmer das allgemeine Tempo" bestimme, und bei welcher die „Hartwährungen" abgewertet würden; wobei er dann auch positiv auf entsprechende „schwere Bedenken" seitens der Deutschen Bundesbank Bezug nahmt.

Allerdings gab es in der Zielsetzung, „Europas Wirtschaftskraft und Unabhängigkeit zu stärken", durchaus Übereinstimmung mit den Anhängern der Europäischen Währungsunion: „Die Ausgestaltung des ECU und die Schaffung eines gemeinsamen europäischen Währungsraums ist fraglos geboten, um die nach wie vor starke Abhängigkeit der Gemeinschaft vom Dollar zu mindern und letztlich zu überwinden." Daraus folgt: „Unser Ja gilt auch in der Währungspolitik einer Staatengemeinschaft, nicht einem konföderalen Zusammenschluß mit höchst unvollkommenen demokratischen Organen", da es sich bei der Wirtschafts- und Währungspolitik „um die ureigensten" staatlichen Rechte handele, die „seine Existenz und Wohlfahrt" unmittelbar berührten. (REP, 12/1989, S.5)

„Achtzig Millionen deutscher Bürger halten die europäische Lokomotive unter Dampf, müssen sich in diesem Haus aber wie Trittbrettfahrer vorkommen", beklagte sich sein Kollege Klaus-Peter Köhler (ER, 11/1991). Reinhard Kühnl vermerkte zu den handfesten wirtschaftlichen Hintergründen, daß sich die enorme ökonomische Potenz der europäischen Zentralmacht heute wie damals – jeweils nach verlorenen Kriegen – nur schwer in politisch-militärische Macht und – gestützt auf diese – in erweiterte ökonomische Expansion umsetzen läßt (Kühnl, 1993, S.31).

Dem SPD-Altbundeskanzler Helmut Schmidt wurde die offen zur Schau getragene Machtpolitik aber schließlich zu bunt: „Wenn die Deutschen sich mit ihren arroganten Forderungen an die Geldpolitik der Nachbarn so aufspielen, dann muß man sich nicht wundern, wenn antideutsche Gefühle wieder wach werden." (SP, 1/1996, S.29) Der harten Linie der deutschen Bundesbank versuchte schließlich Frankreich eine Zeit lang durch eine Politik des *fort franc* entgegenzusteuern; bis hin zur Erschöpfung der Devisenreserven, so daß schließlich die deutsche Bundesbank selbst helfend eingreifen mußte (Fülberth, 1992, S.39).

Doch war der wirtschaftspolitische Berater der französischen Regierung, Jean-Paul Fitoussi, 1996 davon überzeugt, daß eher die Stabilitätskriterien aufgegeben werden, als daß die Währungsunion endgültig verabschiedet würde (Woche, 6/1996, S.17). Zu den dahinterstehenden realen Interessenskonstellationen notierte im Januar 1992 die *International Herald Tribune*, daß das wiedervereinigte Deutschland leise versuche, „Einfluß auf die französische Nuklearstrategie zu erhalten, um dafür im Gegenzug Frankreich bei der deutschen Finanzpolitik mitreden zu lassen“ (Küntzel, 1996, S.19). Im selben Jahr fand in Frankreich eine Volksabstimmung über den Maastrichter Vertrag statt, welcher nur mit sehr knapper Mehrheit angenommen wurde; die Gegnerschaft gegen den Vertrag zog sich dabei quer durch alle politischen Lager. Dahinter steckten auch Befürchtungen, die ökonomische Übermacht Deutschlands noch stärker als bisher zu spüren zu bekommen.

Georg Fülberth stellt zu den handfesten Überlegungen beim westlichen Nachbarn fest: „Seit längerem schon macht in Frankreich die offizielle Rechte – diesseits von Le Pen – ihre Witze über Präsidenten Mitterrand, der viel zu lange versucht habe, die Deutschen mit den obsoleten Mitteln des Ost-West-Konflikts zu zähmen. Heute habe man sich dagegen an die Lehre Macchiavellis zu halten, daß der, wer einen Stärkeren nicht bezwingen kann, sich mit diesem verbünden müsse.“ (Fülberth, 1992, S.38-39; SP, 51/1995, S.127 und 4/1996, S.109) Dieser Logik folgten aus Mitterrands Sicht auch die Verträge von Maastricht, die eine europäische Einbindung und Kontrolle Deutschlands gewährleisten sollten (Möller, 1994, S.341).

Als Folge der deutschen Einheit konnten in den Jahren 1989 bis 1991 aber gerade französische Unternehmen eine erfolgreiche Kapitalexportoffensive betreiben, während die Treuhand ansonsten ausländische Unternehmen fast durchweg abblitzen ließ. Der Verdacht, daß dadurch die Zustimmung Frankreichs zur deutschen Einheit erkauft wurde, drängt sich geradezu auf. So gaben Mitte 1990 Frankreichs Staatspräsident und seine Regierung abrupt ihre Ablehnung zur deutschen Einheit auf, obgleich damit die deutsche Konkurrenz mittelfristig ähnlich gestärkt wird, wie es 1871 mit der deutschen Einheit der Fall war.

Der spätere gaullistische Premierminister Balladur, in dessen Kabinett mehrere Vertreter der *Nouvelle Droite* saßen, hatte auch schon geraume Zeit vor dem CDU-Politiker Schäuble offen über das Konzept eines Kerneuropa mit Deutschland und den kleinen Zwischenstaaten gesprochen. Bereits im Dezember 1993 hatte der damalige französische Außenminister Alain Juppé auch um deutsche Unterstützung bei dem Versuch gebeten, bereits ausgehandelte Teile eines neuen GATT-Programms mit protektionistischer Note „neu zu verhandeln“. Davon abgesehen sind die großen Hochtechnologie-Projekte in der EU ohnehin fast reine deutsch-französisch-niederländische Koproduktionen (Wolf, 1994, S.64 und Kratz, 1995, S.185). Deutschland ist dabei zwar die dominierende Nation in der EG, muß aber ständig Rücksicht auf die anderen Mitglieder nehmen, da es 'primus inter pares' und nicht Alleinherrscherin ist, so daß es seine hegemoniale Position mit dem eifersüchtig auf sein Prestige bedachten Frankreich in Einklang bringen muß (Saña, 1992, S.100).

Die FN-Europaparlamentarier unter Generalsekretär Brissaud forderten 1994, daß die künftige europäische Konföderation unter der Direktion des „Tandem Franco-Allemand“ stehen solle. (E&P No 61, 1994, S.34) Die *Front National* selbst wendet sich auch in ihren europapolitischen Vorstellungen gegen den „selbstmörderischen Mythos“ des freien Welthandels (mythe suicidaire du libre-echange), welcher nur zur Abwanderung von Unternehmen führe und damit eine soziale Wüste hinterlasse, und gegen die monetäre Utopie, die geplante europäische Einheitswährung, und spricht sich für protektionistische Maßnahmen aus, wobei der „neue Protektionismus“ „selektiv“ und „modern“ sei (E&P No 61, 1994, S.13-16). Dieser „moderne Protektionismus“ richtet sich gleichzeitig aber auch gegen das „Bauernsterben“, welches zum Verlassen von „Scholle und Kirchturm“ und damit zur Aufgabe von „Identität“ zwinge (Surya, 1994, S.25-26).

Heleno Saña hat festgestellt, daß es gerade Deutschland und Frankreich waren, die für die Gleichmacherei in der EU verantwortlich seien, da sich beide Nationen durch den Hang auszeichneten, „alles zu kontrollieren und zu normieren, auch wenn sich das seit dem Zweiten Weltkrieg formell in einem föderalistischen Rahmen abspielt.“ Und: „Diese zwei zur Normierung tendierenden Länder wollen nun ihre administrativen und politischen Traditionen auf den gesamten EG-Raum übertragen. Die EG entstand und entwickelte sich mehrere Jahre ohne die Einbeziehung Englands und seiner parlamentarisch-liberalen Tradition; deshalb gelang es Frankreich, Deutschland (und Italien), den Parlamentarismus als störenden Faktor auszuschalten bzw. ihm eine rein formale, dekorative Tradition zuzuweisen.“ (Saña, 1993, S.50-52) Somit sind Gleichmacherei und Demokratiedefizit eben nicht „mondialistisch“, sondern hausgemacht, was die rechte Demagogie noch auf die Spitze treibt, und das deutsch-französische Tandem damit als völlig absurde Scheinlösung entlarvt. Vor diesem Hintergrund warnt auch der linksliberale Publizist Lothar Baier vor der „Firma Frankreich“ (Baier, 1988), und der Tübinger Professor für Wirtschaftsrecht Wernhard Möschel spricht von einer „Europapolitik zwischen deutscher Romantik und gallischer Klarheit“ (Möschel, 1995, S.10).

Um innerhalb der Kerneuropadiskussion deutsche Interessen zu wahren, forderten die deutschen rechtsextremen EP-Abgeordneten einen „Staatenbund“, in dem „Deutschland als Herz Europas (...) wieder zu sich selbst finden“ müsse, „zu seiner geschichtlich gewachsenen Identität und seiner geopolitischen Funktion als Brücke und Drehkreuz europäischer Entwicklung“, wobei eine „gesamteuropäische Neuordnung (...) durch den Zerfall des Ostblocks möglich geworden“ sei. „Warschau, Prag und Budapest sind nicht minder europäisch als Porto, Palermo und Patras.“ (ER, 4/1992) Johanna Grund schrieb im Herbst 1989: „Es gibt kein Verfassungsziel 'westeuropäische Integration', aber es gibt das Fundamentalziel unseres Staates, die 'Einheit und Freiheit Deutschlands' zu vollenden. (...) Die zügige Wiedervereinigung Deutschlands ist unverzichtbar, für Deutschland um der Freiheit willen, für ganz Europa um des Friedens willen. Denn Deutschland ist das Herz Europas. Das Herz Europas ist krank, und ohne gesundes Herz wird der gesamte Körper Europas krank und anfällig bleiben.“ (REP, 9/1989, S.10)

Die rechten ‘Vordenker’ Willms und Kleinewefers meinten bereits 1988, daß Europapolitik „im Sinne einseitiger Westbindung“ historisch ohne Wurzeln sei (Assheuer/Sarkowicz, 1992, S.200 und 230), was sich in gewisser Weise auch gegen Frankreich richten könnte: Bereits im Dezember 1992 publizierte der damalige Außenminister Genscher im italienischen Magazin *L'Espresso* zusammen mit einem Artikel eine Landkarte, die drei wirtschaftlich zu unterscheidende Prosperitätszonen in Europa anzeigt, nach der „ein Franzose, der diese Karte sieht“ sich fragen muß, ob in den Augen eines deutschen Politikers „Zagreb viel wichtiger als Marseille oder Bordeaux“ sei (jw, 26./27.10.1996, S.2).

Doch im Grundsatz teilen auch die französischen Vertreter von der *Front National* diese großeuropäische Stoßrichtung, die bestehende EU der zwölf oder 16 sei schließlich auch zu klein, um ökonomische, politische und militärische Stärke zu erreichen (E&P No 61, 1994, S.35-36). Neben der deutsch-französischen Fraktion gibt es freilich auch eine andere Gruppierung in der ‘neuen’ Rechten, welche die europäische Führungsrolle allein einem wiederauferstandenen Deutschen Reich zutraut, so Peter Binding vom neuheidnischen Thule-Seminar: „Will Europa seine Identität wiedererlangen, muß es sich seiner germanischen Wurzeln bewußt werden, die sich in den einzelnen Nationalgeschichten verzweigt haben.“ Dazu brauche die künftige „Nation Europa“ auch die Anbindung an „unsere eigenen ethnischen Ursprünge“, an die „Strukturen der vorchristlichen, germanischen Geisteswelt“ (Assheuer/Sarkowicz, 1992, S.199). Was ideologisch als „Recht auf Anderssein“ verbrämt und durch eine Ideologie der „Besonderheit“ verklärt wird, ist letztlich nichts anderes als die Rechtfertigung von Ausbeutungs- und Unterdrückungsverhältnissen. Auch die *Nouvelle Droite* macht deutlich, daß nicht nur ‘verschieden’, sondern auch ‘ungleich’ bedeutet (Baier, 1994, S.251).

Mit Bezug auf diese europäischen Machtverhältnisse warnte England schließlich vor einer Europäischen Währungsunion, in der faktisch die Deutschen tonangebend seien, doch besitzt es nicht genug Gewicht, um sich der deutsch-französischen Achse ernsthaft widersetzen zu können, zumal auch die anderen EG-Länder kaum Widerstand leisten, sondern sich vielmehr wie Vasallen der Achse Bonn-Paris benehmen (Saña, 1993, S.62-63 und jw, 06.02.1996, S.1). Dabei erklären sich speziell die Ängste Großbritanniens vor den völkischen Nationalismen auch dadurch, daß jene möglicherweise im ‘multinationalen’ Vereinigten Königreich Schule machen könnten, wo bereits heute Schotten und Nordiren ihrerseits auf ein „Selbstbestimmungsrecht der Völker“ verwiesen.

Dies ist aber derzeit nicht der Fall, ist doch der nordirische Nationalismus vor allem antikolonial und antiimperialistisch motiviert, während in Schottland ein westlich orientierter bürgerlicher Nationalismus vorherrscht, der sich wiederum vom nordirischen dadurch unterscheidet, daß er sich strikt konstitutionell verhält (Schulze-Marmeling, 1994a, S.49-50). Vor diesem Hintergrund ist es bemerkenswert, daß die hier besprochene Fraktion zwischenzeitlich durch einen nordirischen Abgeordneten Verstärkung erhielt; der aber aus dem anti-irisch-nationalistischen Lager der Unionisten kam (vgl. IV 2.1).

Margaret Thatcher sah in den Maastrichter Verträgen einen „überhasteten Föderalismus, als Mittel, Gulliver zu fesseln", wobei jedoch Frankreich im weiteren Verlauf nur die Rolle des deutschen Junior-Partners zufiele (Möller, 1994, S.341). Deren nationalistisch motivierte Kritik an der Währungsunion stieß gleichwohl auch auf Zustimmung bei der deutschen extremen Rechten, so etwa bei Harald Neubauer (REP, 12/1989, S.5).

Um den Machtkern Europas herum gruppieren sich schließlich die Regionen. Der MSI-DN-Generalsekretär Giorgio Almirante machte zwar 1979 deutlich, daß seine Partei versucht habe, „alle an die Pflicht der nationalen Einheit zu erinnern; aber es gibt die regionale Realität". Daraus folgerte er: „Wir haben es hingenommen, und wir säumen nicht, uns durch unsere Regionalabgeordneten um die Lösung der Regionalprobleme zu kümmern. In Europa wird die Rede anders sein; es wird nicht die Regionen als solche zu betrachten haben, sondern sich der großen Wirtschafts- und Sozialräume annehmen müssen, um die gegenwärtigen Unausgeglichenheiten, die sehr schwerwiegend sind, zu überwinden." (NE, 5/1979, S.30) Hier wurde also noch an eine ökonomische Egalisierung appelliert.

Indes ist die italienische Krisensituation in den neunziger Jahren wenig dazu angetan, dieses Land ökonomisch an Kerneuropa anzuschließen (Uesseler, 1995b, S.686). Als 1994 die Kerneuropadiskussion auch auf deutscher Seite, seitens der Regierungsparteien, öffentlich lanciert wurde, wurden daraufhin viele empörte Stimmen in der Regierung Berlusconi, einschließlich der MSI-Nachfolgepartei AN, laut, zumal Italien Gründungsmitglied der EG ist.

Die *Lega Nord* hielt sich diesbezüglich zurück, und Fachleute aus der Wirtschaft verwiesen auf Unterlassungen und Fehler, die diesen Status verursacht hätten. Gleichzeitig vollzog aber die Regierung Berlusconi einen Paradigmenwechsel hin zum regressiven Nationalismus, dem Europa hintenanzustellen sei, und lehnte schließlich den Maastrichter Vertrag und die darin enthaltenen Konvergenzkriterien offen ab (Uesseler, 1994d, S.1120-1123).

Andererseits versuchen die sezessionistische *Lega Nord* Italiens wie auch der belgisch-flämische *Vlaams Blok* an dem Kern zu partizipieren, und begründen nicht zuletzt mit dieser Diskussion ihre Ablehnung der bestehenden staatlichen Bezugsrahmen (NE, 10/1994, S.20 und Uesseler, 1994c, S.262). Diese Haltung korrespondiert freilich auch mit der Tatsache, daß eine wohlstandschauvinistische extreme Rechte in den ökonomisch peripheren EU-Ländern des Südens mit einer besonders schwierigen sozialen Lage wie Portugal, Griechenland und Spanien bislang keine durchschlagenden Erfolge erzielen konnte (LMD/taz, 15.12.1995, S.7).

In diesem Zusammenhang äußerte der französische General Pierre Gallois seine Besorgnis darüber, daß speziell die deutsche Politik die Zweiteilung Italiens und Belgiens erwarte, wenn nicht gar fördere. Im Hinblick auf die „Mitteleuropa"-Politik Deutschlands – mit deutlich osteuropäischer Stoßrichtung – stellte er im weiteren fest: „In der ehemaligen Tschechoslowakei, in Polen, Rumänien, Bulgarien, in Kroatien und Slowenien herrscht die Deutschmark. Und Deutschland hat mit Kroatien an die Geschichte angeknüpft und sich angestrengt, Jugoslawien aufzulösen." Kroatien und Slowenien wurden sogleich von der Europäischen Wirtschaftsgemeinschaft fasziniert und in Erwägungen wirtschaftlicher Zusammenarbeit einbezogen, während die südlichen Republiken des Balkans als rückständig zurückgewiesen wurden (jw, 26./27.10.1996, S.2). Darüberhinaus lieferte speziell die Spaltung der Tschechoslowakei den Sudetendeutschen eine willkommenene Chance, öffentlichkeitswirksam Entschädigungen für die Enteignungen nach dem Krieg einzufordern.

Auch Polen sah sich genötigt, der deutschen Minderheit weitgehende Rechten einzuräumen und auf Entschädigungsansprüche für deutsche Nazi-Verbrechen zu verzichten, damit die deutsche Regierung sich schließlich im Gegenzug zur endgültigen Anerkennung der Oder-Neiße-Grenze bereit fand (Möller, 1994, S.350 und 341-342).

Trotz allem kritisierten die deutschen Mitglieder der *Technischen Fraktion der Europäischen Rechten* 1992 jedoch den Euro-Regionalismus; freilich vor allem deshalb, weil sie um die Integrität der eigenen Nation gegenüber den Bundesländern fürchteten: „Um Bonn und Berlin kümmert man sich nicht mehr. Man fragt statt dessen in München oder Mainz nach. Eine absurde Vorstellung." (ER, 4/1992)

2.4. Zusammenfassung

Es zeigt sich, daß auch die als rechtspopulistisch angesehenen Parteien keinen homogenen ideologischen Block bilden, da unterschiedliche nationale Traditionen und daraus resultierende Nationalismusverständnisse (Herder versus Renan) in die einzelnen Parteien hineinwirken (NE, 3/1992, S.24). Dies schlug sich schon in der diffizilen Fraktionsbildung 1989 nieder, die 1994 schließlich völlig unterblieb (vgl. III 6.3 und III 6.4).

So standen denn auch auf europaparlamentarischer Ebene Differenzen im Vordergrund, besonders hinsichtlich der 'Südtirol-Frage', in welcher sich deutsche *'Republikaner'* und italienische *missini* nicht verständigen konnten, und die andererseits die französische *Front National* in eine gewisse Zwickmühle brachte.

Die verschiedenen nationalen Traditionen der Euro-Rechten können ehemalige diktatorische Regimes sein, wie etwa der italienische Faschismus, oder der spanische Franquismus, ebenso auch antidemokratische Strömungen wie etwa die „konservative Revolution“ in Deutschland oder die auch daran anknüpfenden „eurofaschistischen“ Intellektuellen in Frankreich (Pfahl-Traughber, 1994a, S.15-16).

In konkreten politischen Fragestellungen stehen sich die Vorstellungen der verschiedenen nationalen Parteien teilweise sogar diametral gegenüber. So befürwortet etwa die FN Le Pens die Todesstrafe sowie die NATO als militärisches Bündnis, während die deutschen 'Republikaner' beides ablehnen (REP, 1/1991, S.3). Dazu kommt etwa auch die Konfliktlinie einer ultraliberalen (FN) gegenüber einer eher korporativistischen (MSI/AN) Wirtschaftsprogrammatik (Hainsworth, 1992, S.12). Bei der Thematisierung der sogenannten Migrationsproblematik wäre schließlich noch zu beachten, daß etwa die *immigrés* in Frankreich größtenteils aus den ehemaligen Kolonien stammen, was bei den Migranten in Deutschland nicht der Fall ist (Bertram, 1994, S.13).

Schließlich gibt es auch unterschiedliche europapolitische Vorstellungen, welche nicht zuletzt durch handfeste Machtinteressen und die daraus resultierende 'Kerneuropa'-Diskussion impliziert sind, die in der jüngsten Zeit gerade auch von der offiziellen Politik offen forciert wurde.

Bei allen Differenzen, die eine europaweite Verständigung extrem rechter Kräfte behindern mögen, lassen sich doch einige zentrale ideologische Gemeinsamkeiten herausarbeiten; die freilich effektiv separierend wirken. Die aktuelle Europadiskussion innerhalb der extremen Rechten differenziert Benno Hafenegger in zwei Aspekte:

„– Als defintio ex negativo werden die Europavorstellungen der demokratischen Parteien abgelehnt. Diese sind im Spektrum von ökonomischen, sozialen, ökologischen, multikulturellen und demokratischen Interessen und Orientierungen zu verorten.

– Formelhafte begriffliche Hinweise deuten dabei auf eine eigene – zu den demokratischen Parteien und dem demokratischen Verfassungsstaat konkurrierende – autoritäre, anti- bzw. 'postdemokratische' Europakonzeption in Form der definitio ex positivo hin. Im Kern geht es dabei um eine eurozentristische Konzeption, um ein 'weißes Europa', das im Spannungsverhältnis von alt-neuem 'Regionalismus/Föderalismus – Nationalismus – und Euronationalismus' begründet wird.“ (Hafeneger, 1994, S.212)

Zu ihren programmatischen Kernpunkten gehören dabei unter anderem soziale Fragen, verknüpft mit einer harten Linie gegen Kriminalität und Drogen, woran sich der Ruf nach dem starken Staat anschließt, eine privatwirtschaftliche Wirtschaftsprogrammatik, Abwehr von Zu- und Einwanderung, ferner die Wendung gegen den Maastrichter Vertrag sowie die Kritik an einer ineffizienten Bürokratie, welche dann auch mit einem populistischen Steuerprotest verquickt wird. Dabei findet zwar keine offene Infragestellung der Demokratie statt, doch mündet deren völkisch-identitäres Demokratieverständnis letztlich in einen radikalen Abbau demokratischer Rechte, und damit insbesondere in eine Schwächung der Legislative gegenüber der Exekutive.

Darüberhinaus werden für Europa militärische Stärke und eine diesbezügliche Zusammenarbeit mit den anderen Ländern Europas gefordert. Der Hauptfeind und Agressor blieb bis zum Zusammenbruch der Blockkonfrontation die Sowjetunion, dies aus der antikommunistisch motivierten Ablehnung des Klassenkampfes heraus, antiliberalistisch motiviert, spielen heute die USA als Feindbild eine größere Rolle.

Ihre Europapolitik führt die Rechte unter einer gemeinsamen Kritikperspektive, die sich – mit nationalen Präferenzen untermauert – gegen das bestehende institutionelle Gefüge richtet: „Ja zu Europa – nein zu Brüssel" und „Europa ja – Maastricht niemals". Dem werden Formeln vom „Europa der Vaterländer" und der „Selbsbestimmung der Völker, der Regionen und Nationen" entgegengesetzt.

Dadurch werden auch Begriffe aufgenommen, die zum Bestand der verschiedenen liberaldemokratischen Parteien gehören, jedoch von der extremen Rechten für die eigenen Zwecke umgewertet und gegen die 'Brüsseler Bürokratie' und die 'Eurokraten' instrumentalisiert werden. Damit geht dann das Angebot einher, die wirklichen Interessen und Besitzstände von sozialen Schichten wie der Bauern, Handwerker und der „kleinen Leute" zu vertreten; das Bindungsangebot richtet sich somit sowohl an marginalisierte Gruppen und Modernisierungsverlierer als auch an etablierte und integrierte gesellschaftliche Kernschichten (Hafeneger, 1994, S.217).

Insgesamt lassen sich nach Hafeneger anhand der Europakonzeptionen der extremen Rechten vier zentrale Ideologeme herausarbeiten:

1) Antiamerikanismus und gegen Verwestlichung

2) Europäische Identität gegen den Zerfall der okzidentalen Struktur

3) Ethnopluralismus – für ein Europa der Ethnien

4) Gegen Zu- und Einwanderung (Hafeneger, 1994, S.220-224).

Anhand der oben erörterten Sachlage ließen sich noch die folgenden vier Punkte hinzufügen:

5) Orientierung an einem zentraleuropäischen Machtkern – Frankreich und/oder Deutschland

6) Völkisch-Identitäres Demokratieverständnis mit antiparlamentarischer Stoßrichtung

7) Protektionistische Wirtschaftsordnung mit nationaler Präferenz gegen freien Welthandel

8) Großeuropäische Stoßrichtung nach Osten

Hans-Martin Lohmann stellt zusammenfassend fest: „Es ist nicht ohne Ironie: Während sich die deutsche Linke *cum grano salis*, bei allerdings stark ermäßigter Kapitalismuskritik, mit der untragischen liberalen Kultur des Westens längst ausgesöhnt hat, klagt die Neorechte mit der Rehabilitierung von 'Nation', 'Staatsgesinnung' (Ernst Forsthoff) und 'Mittellage' etwas ein, dessen Fundament sie selbst zu zerstören hilft, indem sie jenes Produktionsverhältnis, das Nation, Tradition und Geographie ebenso hinwegfegt, wie es für die globale

Bedrohung der natürlichen und sozialen Umwelt verantwortlich ist, nicht nur unangetastet läßt, sondern sogar blind affirmiert." (Lohmann, 1994, S.16; kursiv im Original)

Gerade aus dieser Dialektik heraus ergeben sich indes neue Chancen für die politische Rechte: „Nachdem auch in der öffentlichen Wahrnehmung die bisherigen Abweichler und Opponenten zu Konformisten geworden sind, erscheinen vor allem die Rechten als Unangepaßte. So ruft die Kritik am Westen in einer Epoche, in der die Befreiung vom Kapitalismus nichts mehr zählt, auf der einen Seite eine Intensivierung des von ihm selber praktizierten Sozialdarwinismus und auf der anderen Seite – als Gegenappell – die falsche Verteidigung des 'westlichen' Kapitalismus hervor." (Ebermann/Trampert, 1995, S.245)

3. Faschistische Kontinuitäten und Diskontinuitäten bei der Euro-Rechten

> „Für die Einordnung politischer Kräfte ist primär deren tatsächlicher Charakter und nur sekundär deren Selbstdefinition entscheidend. Daß der Faschismus (wie auch der Liberalismus oder der Konservatismus) heute nicht mehr derselbe ist wie vor fünfzig Jahren, ist eine Banalität." (Kühnl, 1992, S.733)

> „Geschichte wiederholt sich nicht als Stereotyp. Die objektiven Bedingungen ändern sich wie die subjektiven Voraussetzungen. Ein 'moderner' Faschismus würde sich vollständig vom stiefelknarrenden Giftgas-KZ-Nazismus unterscheiden. (...) 1933 steht nicht vor der Tür. Technofaschismus kommt vielleicht in respektiertem, gesellschaftlich schon breit verankertem Gewand: (...) Eine bestimmte Form antifaschistischer Politik verschwendet alle Kraft auf die ausschließliche Beschäftigung mit dem traditionellen Typus von Faschismus und geht damit in die Falle, nicht auf künftige, völlig anders erscheinende Verkleidungen derselben menschenverachtenden Herrschaftsform vorbereitet und mit ihr auseinandersetzungsfähig zu sein."
> (Ditfurth, 1991, S.376-377)

3.1. Faschistische Analogien in der Programmatik

Bei der Beurteilung der europäischen rechtsextremen Parteien hinsichtlich möglicher faschistischer Analogien wäre zunächst zu erörtern, ob es überhaupt eine verbindliche Faschismus-Definition geben kann, da der akademische Diskurs seit Jahrzehnten gänzlich von der These beherrscht ist, daß die nationalen Besonderheiten es verbieten, einen allgemeinen Faschismus-Begriff zu definieren. Vielmehr habe es nur in Italien den eigentlichen Faschismus gegeben, während der deutsche Nationalsozialismus schon wegen der unvergleichlichen Verbrechen des Holocausts etwas ganz anderes gewesen sei. Die Frage nach den spezifischen nationalen Besonderheiten hat sicherlich ihre Berechtigung und bedarf eigentlich einer Erklärung, die jedoch an dieser Stelle nicht gleistet werden kann.

Was bei einer zu genauen Differenzierung aber verborgen bleibt, ist das soziale Wesen des Faschismus, welches in der totalitären und brutalen Bekämpfung all jener politischen Kräfte und Ideen besteht, die in der Tradition der Aufklärung und der Französischen Revolution auf die Universalität der allgemeinen Menschenrechte bestehen und – gleich auf welchem Weg – politische und soziale Gleichheit der gesellschaftlichen Individuen realisieren wollen.

Unterdessen hat auch der konservative Historiker Ernst Nolte – in Konkurrenz zur Linken – einen Faschismusbegriff mit allgemeingültigem Ansprch definiert, doch konnte auch dieser sich im Diskurs nicht durchsetzen, da er u.a. wohl zu deutlich die Interessenlage der herrschenden Klassen gegenüber dem Faschismus thematisierte (Kühnl, 1996, S.42-43). Auf Noltes Kriterien griff allerdings Dietmar Loch zurück, um damit die französische *Front National* auf faschistische Analogien hin zu untersuchen: 1. Antimarxismus, 2. Antiliberalismus, 3. Führerprinzip, 4. Parteiarmee, 5. tendenzieller Antikonservatismus und 6. Totalitätsanspruch.

Dabei kommt Loch zu dem Schluß, daß die Punkte Antiliberalismus, Parteiarmee, tendenzieller Antikonservatismus und Totalitätsanspruch auf die FN bislang nicht zutreffen, vermerkt aber: „Gleichwohl sind faschistische Züge in der diffusen FN-Ideologie nicht zu leugnen. Der 'Antikommunismus' steht hierbei an vorderster Stelle und auch beim 'Führerprinzip' sind Ansätze deutlich. Der Front National ist eine mit faschistischen Tendenzen durchsetzte Kraft."

Bei genauerer Analyse erkennt man, daß die FN aber eine nationale Revolution einfordert, was durchaus als tendenzieller Antikonservatismus interpretiert werden kann. Friedrich Hacker vermerkt zum angeblich antikonservativen Element des Faschismus, daß jener trotz seiner revolutionären Rhetorik zutiefst konformistisch ist. „Zwar will er scheinbar vieles oder sogar alles, selbstverständlich zu seinen Gunsten, ändern aber nur, um einen ursprünglichen Zustand zu verwirklichen (...)." Und das Identitätsprinzip wirkt letztlich eben auch antiliberal und damit totalitär; zumal zu dessen Durchsetzung auch ein entsprechender Repressionsapparat gerechtfertigt werden könnte. Und die Spekulation, daß als eine Art 'Wächter' schließlich auch eine Parteiarmee aktiv werden könnte, liegt gar nicht so fern, wenngleich sie auch real bislang nur ansatzweise (Ordnerdienste, Schlägertrupps) zu erkennen sein mag (Loch, 1991, S.80-89; Meyer, 1991, S.277 und Hacker, 1992, S.121).

In diesem Zusammenhang weist allerdings Hans-Jürgen Schulz darauf hin, daß der Faschismus theoretisch wenig schöpferisch ist, sondern vielmehr die jeweils vorherrschenden reaktionären Ideologien übernehme. Das sind „das Bekenntnis zur jeweiligen Gesellschafts- und Wirtschaftsordnung, Idealisierung einer

Volksgemeinschaft, in der alle Menschen in ein hierarchisches Gefüge eingeordnet sind, den Glauben an eine harmonische Gesellschaft, die durch einen starken Staat garantiert wird, ein biologistisches Gesellschafts- und Menschenbild, damit auch Sozialdarwinismus, Antikommunismus, Militarismus und die Heldenverehrung, Rechtfertigung des Krieges und des Rechtes des Stärkeren, autoritäre Ordnungsvorstellungen und damit die Vorliebe für starke Männer und Führer, Elitevorstellungen, Nationalismus und Verherrlichung der nationalen Geschichte, und meist auch Rassismus, wenn auch nicht immer Antisemitismus. Die Frau soll stets Mutter werden und im Hause bleiben. Oft wird die Ideologie auch mit der Religion verbunden." Da viele der Werte, die von extrem Rechten und auch Neofaschisten vertreten werden, auch von Konservativen hochgehalten werden, werden sie oft vorschnell mit Faschisten gleichgesetzt. Dabei unterscheiden sich Faschisten von Konservativen allerdings dadurch, daß erstere die Ideologie konsequenter vertreten und bestimmte Aspekte, wie imperialistische Zielsetzungen und Rassismus, stärker betonen und dazu eine sozialdemagogische, meist auch vordergründig antikapitalistische Agitation betreiben (Schulz, 1990, S.13-14).

Der 'moderne' Rechtspopulismus kommt – im Gegensatz zu den weniger populistisch agierenden und letztlich in Sektierertum verharrenden Nostalgikern – dem historischen Faschismus insofern sehr viel näher, da gerade auch Hitler und Mussolini als Populisten begannen, deren Parteien sich als jugendliche Protestparteien an der 'Spitze des Fortschritts' empfahlen, und wie „die Nachahmer der neunziger Jahre (...) ihren Anhängern ein unterhaltsames Kontrastprogramm zum mausgrauen politischen Alltag" boten.

„Die alten Nazis sterben aus. Die Neuformierung am rechten Rand aber sorgt dafür, daß sie Junge bekommen, die viel gefährlicher sind. Unbefangen die 'Gnade der späten Geburt' für sich in Anspruch nehmend, können sie jede Verbindung zum Hitlerfaschismus zurückweisen. Sie sind damit schwerer zu erkennen und anzugreifen. Wer sich nur oberflächlich mit den Inhalten ihrer Politik auseinandersetzt, hat wenig Chancen, sie zu entlarven." Und die Distanzierung von Hitler bereitet schon deshalb keine Probleme, weil nichts am Nazifaschismus neu war, für alles gab es historische Vorbilder. Somit läßt sich rechtsextremistisches Gedankengut aus historischer Tradition auch ohne Berufung auf den Nationalsozialismus ableiten. Dabei muß nur auf jene Vorlagen zurückgegriffen werden, aus denen bereits Hitler 'Mein Kampf' zusammenschusterte (Scharsach, 1992, S.19-20). Diesbezüglich ist heute die rassistische Ausländerfeindlichkeit das entscheidende Moment der ideologischen Kriegsführung (Meyer, 1991, S.278).

Reinhard Kühnl definiert dabei als '(neo-)faschistisch' den rechten Flügel der extrem rechten Parteien, der ideologisch alle Restbestände von Liberalität und universalistischen Menschenrechtsauffassungen getilgt hat (Kühnl, 1992, S.733). Das korrespondiert mit den Kriterien für die Faschismusdiskussion, die der grüne Europaabgeordnete Frieder Otto Wolf wie folgt zusammengefaßt hat: „Erstens die offene Negation der elementarsten Menschenrechte für bestimmte Kategorien menschlicher Individuen durch deren Herabsetzung zu *'Untermenschen'* (...); zweitens die ebenso offene Negation jeder Art von gesellschaftlicher Autonomie und Diversifikation durch das Prinzip der politischen *Gleichschaltung*; drittens die offene Negation von Demokratie und Recht durch das *Führerprinzip*; viertens aber auch der schrankenlose *Opportunismus* gegenüber den etablierten ökonomischen und sozialen Mächten, die der Faschismus jeweils durch Zusagen der Beteiligung an einer aggressiv zu gewinnenden großen Beute einzubinden verstand." (Wolf, 1995, S.39)

3.2. Faschismus, Gewalt, 'Law and Order'

„Faschismus verwendet Gewalt nicht nur bedenkenlos und schnell, sondern auch lieber als alle anderen Mittel. Für Faschisten oder diejenigen, die es werden wollen, ist Gewalt stark libidinös besetzt und sexualisiert", so Friedrich Hacker. Dabei wird Gewalt ideologisch in jeder Form verherrlicht, symbolisiert und mythologisiert, so etwa als „Reinigung" von der Dekadenz (Hacker, 1992, S.127). Anhand der Haltung zur Gewalt läßt sich Faschismus schon eher herausarbeiten, gerade auch in Abgrenzung zum Konservatismus.

In Bezug auf die Konservativen stellt Hans-Jürgen Schulz fest, daß diese „einst den Untertan und heute den obrigkeitstreuen Staatsbürger" erzogen, nicht jedoch „schwer kontrollierbare faschistische Rabauken oder Terroristen. Sie wollen andere Mittel einsetzen als Faschisten." Damit sind sie auch für das Kapital leichter kontrollierbar, weshalb ihnen in der Regel der Vorzug gegenüber Faschisten gegeben wird. Doch können Konservative in Notzeiten von der Verteidigung der parlamentarischen Demokratie abrücken und den Faschisten die Macht übertragen (Schulz, 1990, S.13-14).

In diese Richtung gingen martialische Äußerungen des FN-Generalsekretärs0 Bruno Gollnisch, der 1996 in bezug auf die von der FN propagierte „nationale Revolution" verkündete: „Das Härteste steht jetzt bevor. Es kann bis zum Opfer unseres Lebens gehen. Wir werden gewinnen. Aber in diesem Kampf gibt es keinen Platz für die Lauwarmen, die Zögerlichen, die Undisziplinierten. Wir sind mit Jean-Marie Le Pen die heroische Vorhut der Verschworenen, der Unbeugsamen." (Woche, 42/1996, S.27)

Grundsätzlich stehen militante Neonazis derzeit mit 'moderaten' rechtspopulistischen Parteien in einer negativ-dialektischen Beziehung. Das heißt, daß rechtsextrem motivierte Anschläge häufig willkommener Anlaß für rechtspopulistische 'Law and Order'-Kampagnen sind, oftmals gepaart mit abstrusen Verschwörungstheorien, die von den eigentlichen Hintermännern ablenken sollen. Dem spielt auch die staatliche Medienpolitik in die Hände, durch die Legenden von 'irregeleiteten Einzeltätern' gestrickt werden, die auch von Teilen der Linken geteilt werden, so daß nach den handfesten organisatorischen Hintergründen schon gar nicht mehr gefragt wird.

Begünstigt wird dies durch langwierige und schlampig durchgeführte Ermittlungen. So behauptete auch der damalige Generalbundesanwalt von Stahl nach dem Anschlag auf ein Asylbewerberheim in Mölln im November 1992 gebetsmühlenartig, daß von rechtsterroristischen Organisationsformen keine Rede sein könne. Jedoch weist der zuständige Landesverfassungsschutz darauf hin, daß es in der dortigen Region eine besonders enge Verbindung zwischen unorganisierten und organisierten Neonazis gebe.

Als wichtiger Aspekt des Pogroms von Rostock-Lichtenhagen im August 1992 ist die Medienhetze gegen Migranten zu nennen, die unter anderem in der *National-Zeitung* des Dr. Frey ihren Platz fand. Militante Aktivisten, die in Gruppen unter dem Dach der *Gesinnungsgemeinschaft der Neuen Front* (GdNF) aktiv sind, hatten die Stimmung dort zusätzlich angeheizt und leisteten über die *Hilfsgemeinschaft für Nationale Gefangene* (HNG) auch Rechtshilfe bei Verhaftungen (jw, 23.10.1995, S.11; Siegler, 1993, S.13-16, 67-68; Uesseler, 1994c, S.266 und Walden/Abel, 1992, S.18-19).

In der Polizeilichen Kriminalstatistik (PKS) wurden fremdenfeindliche, rassistische und neonazistische Gewalttaten lange Zeit eher stiefmütterlich behandelt. Obwohl es diesbezüglich zwischen 1982 und 1993 eine Steigerung um das Zwanzigfache gab, war dies bis Herbst 1991 kein Thema für die damit befaßten Sicherheitspolitiker. Die Polizei interessierten nur solche Delikte, die sich offen gegen den Staat richteten, so daß die Gewinnung von Erkenntnissen über die Gefährdung von Minderheiten und über den Alltagsrassismus außen vor blieb (ER, 8/1992 und Seidel-Pielen/Farin, 1994, S.821-822). Das änderte sich erst unter dem Eindruck der Ereignisse rund um Hoyerswerda, zu denen sich der EP-Abgeordnete Schodruch (DR) in einer Parlamentsdebatte wie folgt äußerte: „In Hoyerswerda haben Reporter Jugendliche unter Alkohol gesetzt und diese dann zum Angriff auf eine Emigrantenunterkunft animiert. Diese einer rechten Gruppierung untergeschobene Tat ist als Nachricht weltweit verbreitet worden."

In der Folgezeit nutzen die staatlichen Eliten die neonazistische Militanz, um ihrerseits eine Verschärfung des Repressionsapparats zu propagieren. So diente gerade das Pogrom in Hoyerswerda dazu, darauf zu verweisen, daß dort der Rechtsstaat Schaden genommen habe. Indirekt wurde sogar Verständnis für die Täter aufgebracht, indem etwa konstatiert wurde, daß „die Bevölkerung durch den massenhaften Mißbrauch des Asylrechts überfordert" sei. Dabei wird kaum hinreichend darüber nachgedacht, ob die staatlichen 'Lösungen' dem Phänomen überhaupt gerecht werden, oder ob sie nicht tatsächlich noch mehr zusätzliche Repressalien für die Opfer der faschistischen Gewalt, die Migranten und Linken, bedeuten. Als Beispiel sei hier nur die Verschärfung des Demonstrationsrechts genannt.

Andererseits gerät die Exekutive des Staatsapparates durch diese Aufrüstung selbst zunehmend außer Kontrolle. Gerade aus diesem demokratischen Vakuum heraus hat er ein noch leichteres Spiel als zuvor, faschistische Gewalt zu decken und damit auch indirekt zu fördern (Siegler, 1993, S.22-31 und Ebermann/Trampert, 1991, S.10-12), wie es sich z.B. bei dem Hamburger Polizeiskandal zeigte, als ein Polizist über Mißhandlungen seiner Kollegen gegenüber Ausländern auspackte, und dabei besonders auf die Brutalität der Koordinierungsgruppe Rauschgift hinwies (SP, 10/1995, S.32).

Hinzu kommt, daß gerade auch auf der supranationalen EU-Ebene entsprechende Bestrebungen zur Etablierung eines gemeinsamen Polizei-Apparats längst in vollem Gange sind, wenn auch mit anderen Begründungen, als ausgerechnet zur Abwehr neonazistischer Gewalt (Wolf, 1994, S.47-50 und Voss, 1995a, S.32-33).

Eine komparative Studie von Jaap Van Dobelaer unter dem Titel „De staat paraat?“ (Amsterdam, 1995) untersuchte den Grad der Gefährdung einer Reihe westeuropäischer Demokratien durch rechtsextreme Gewalt. Dabei gelangt er zu dem zweifelhaften Ergebnis, daß „die belgische Demokratie am stärksten gefährdet“ und „die deutsche Demokratie am besten gegen die Bedrohung des Rechtsextremismus gefeit“ sei. Frankreich verfüge zwar über „beachtliche strafrechtliche Sanktionselemente, die jedoch nur relativ selten zur Anwendung“ kämen (LMD/taz, 15.12.1995, S.7). Bei einer so verengten Analyse, die sich lediglich auf Wehrhaftigkeit staatlicher Instrumentarien bezieht, gerät allzu leicht aus dem Blick, daß die Anwendung derselben möglicherweise selbst keiner demokratischen Kontrolle unterliegt und sich damit in letzter Analyse gegen diejenigen richten könnte, die dieses Defizit aufheben wollen.

In Anbetracht der jüngeren Geschichte sei in diesem Zusammenhang darauf hingewiesen, daß an der ersten Phase des Holocausts etwa viermal mehr Angehörige der Ordnungspolizei als der SS-Einsatzgruppen beteiligt waren, wie es der amerikanische Historiker Richard Breitman feststellte (taz, 14.11.1996).

Aktuell wäre auf den bundesdeutschen Verfassungsschutz hinzuweisen, welcher anfangs noch primär an der Verteidigung der Demokratie orientiert war, sich immer stärker entpolitisierte und mehr und mehr zu einem ausschließlich an der Effizienz orientierten, staatschützerisch-defensiven Staatsorgan verselbständigte (Jaschke, 1989, S.172-174). Auch in der Bundeswehr, in der Gewalt ohnehin als alltägliches 'Arbeitsmittel' akzeptiert ist, nehmen fremdenfeindliche Tendenzen offensichtlich zu, wie es im März 1997 offen zutage trat, als ein größerer Trupp von bis zu 15 Rekruten in Detmold Jagd auf Ausländer machte. Pikanterweise waren fünf von ihnen noch zuvor für eine Friedensmission der deutschen SFOR-Einheiten in Bosnien vorgesehen gewesen, deren Teilnahme besonders strengen Auswahlkriterien unterliegt (taz, 19.03.1997, S.5).

So haben gerade die 'modernen' rechtspopulistischen Parteien einen nicht zu unterschätzenden Teil ihrer Basis gerade in den entsprechenden Repressions- und Verteidigungsorganen: So fanden die *'Republikaner'* in der Vergangenheit einigen Zuspruch bei Bundeswehr- und gerade auch bei Polizeiangehörigen, die von Schönhuber vor allem wegen ihrer Verkörperung deutscher Tugenden von 'Recht und Ordnung' besonders umworben wurden. Aus jenen Berufsgruppen konnten die REP wichtige Funktionäre rekrutieren, so an prominenter Stelle etwa den früheren baden-württembergischen Landesvorsitzenden und Europaabgeordneten Klaus-Peter Köhler, von Beruf Kriminalhauptkommissar, oder den West-Berliner Spitzenkandidaten Polizeiobermeister Bernhard Andres, der den erlernten 'Polizeigriff' auch gegen innerparteiliche Gegenspieler anwandte. Die politische Affinität zu den REP sorgte allerdings für Auseinandersetzungen in der *Gewerkschaft der Polizei* (GdP), deren Vorsitzender Hermann Lutz in die Offensive ging, den Diskurs der REP mit dem NSdAP-Programm verglich und die Gewerkschaftsmitglieder in einem Rundschreiben nachdrücklich vor Partei warnte (Jaschke, 1993, S.85).

Als REP-Funktionsträger aus den Reihen der Bundeswehr und des Bundesgrenzschutzes, sei hier beispielsweise der Konteradmiral a.D. Günter Poser genannt, dessen Beitritt zu den REP 1987 für diese Kreise auch eine gewisse Signalwirkung hatte (Müller, 1989, S.54-56 und Jaschke, 1993, S.84-85 und 81). Begünstigt wurde diese Affinität zu den REP durch die Tatsache, daß Staatsdiener über Jahre hinweg keine disziplinarrechtlichen Konsequenzen für ihr Engagement in dieser Partei befürchten mußten, da eine entsprechende Einstufung durch den Verfassungsschutz zunächst nicht vorgenommen wurde (Woche, 16/1994, S.6). Die REP sprachen sich zwischenzeitlich gar selbst für eine Beibehaltung des deutschen Radikalenerlasses aus, welcher es verbietet, daß Mitglieder verfassungsfeindlicher Organisationen im Staatsdienst beschäftigt werden (REP, 1/1994, S.4).

Schließlich brauchen die *'Republikaner'* und die 'ehrenwerten' Herren von der NPD oder der DVU die militanten Banden, deren Ausdrucksformen sich nahtlos an die der Nazis anschließen, auch dafür, um sich selbst mit weißer Weste darstellen zu können (Meyer, 1991, S.279). Sollten die Verbindungen dann doch offen zu Tage treten, können die Taten durch das Ziel gerechtfertigt werden. So geschehen im Falle des Sascha Sent, der 1992 Mitarbeiter der REP im badenwürttembergischen Landtag wurde und im Jahre zuvor noch eine Brandflasche gegen ein Pforzheimer Jugendzentrum werfen wollte. Sein Dienstherr assistierte dem Brandstifter mit den Worten, daß er doch „lediglich" eine „Kriminalitätsbrutstätte" angezündet habe. Erst als die Presse davon erfuhr, wurde er entlassen (Woche, 16/1994, S.5). Darüber hinaus wurden auch rassistisch motivierte Straftaten von REP-Mitgliedern begangen oder zumindest gedeckt. „Während der Rep-Vorsitzende Franz Schönhuber sich in seiner Argumentation peinlich darum bemüht, den Bereich des Strafgesetzbuches zu meiden, geht seiner Anhängerschaft immer wieder der braune Furor durch." (Andreas Juhnke, in: Woche, 16/1994, S.6)

Auch in Österreich schaden rassistisch motivierte Straftaten scheinbar wenig dem Aufschwung des Rechtspopulismus, wie er dort durch die FPÖ unter Jörg Haider verkörpert wird. Ganz im Gegenteil, als dort eine fremdenfeindlich motivierte Vereinigung namens *Bajuwarische Befreiungsarmee* seit 1993 mehrere Briefbombenserien verschickte und die diesbezüglichen Fahndungsergebnisse eher dürftig blieben, wurde allgemein von einem „Waterloo der österreichischen Strafjustiz" gesprochen. Dies schadete insbesondere dem SPÖ-Innenminister Caspar Einem, der zuvor den Nimbus des 'Anti-Haider' hatte, nun aber im kommenden Nationalratswahlkampf im Herbst 1995 in das Kreuzfeuer der Kritik geriet. Schließlich arbeitete Haider auch mit abstrusen Verschwörungstheorien und deutete an, daß die Briefbomben dazu dienen könnten, „um mich zu verhindern".

Caspar Einem fühlte sich schließlich genötigt festzustellen, daß ein klarer Trennungsstrich zwischen den Briefbombenattentätern und dem Milieu des „landläufigen Rechtsextremismus" zu ziehen sei. Weiter wollte er dann ein ausgesprochen fragwürdiges 'Ermächtigungsgesetz' für den ohnehin bereits weitgehend außer Kontrolle geratenen Polizeiapparat durchsetzen und damit genau das vollziehen, was Haider lange gefordert hatte, und was dieser somit als seinen Erfolg hätte reklamieren können (SP, 43/1995, S.171-172; Purtscheller, 1995, S.9-11; NE 6/1995, S.18-19 und 7-8/1995, S.16-17).

Ebermann/Trampert fassen die faschistische Strategie zusammen: „Systematisch wird Gewalt geschürt und produziert, so daß die dadurch Verunsicherten sich schutzsuchend um sie (die Faschisten, A.O.) gruppieren. Den Verängstigten wird um den Preis Schutz gewährt, daß sie ihrerseits Täter werden und den zur Jagd freigegebenen Menschen Gewalt antun. Die in einen Angstzustand versetzte Bevölkerung wird nach einem starken Mann rufen, der die Ordnung wieder herstellt. Wenn die Kräfteverhältnisse es zulassen, stehen die Faschisten dann selber zur Verfügung, um Ruhe und Ordnung einzurichten." (Ebermann/Trampert, 1995, S.239)

Dasselbe gilt natürlich auch für Italien. Der italienische Staatsapparat instrumentalisierte bereits in den siebziger Jahren faschistische Schlägertrupps für Provokationen gegen die nach links radikalisierten Arbeiter und Studenten, um dadurch einen Vorwand zur polizeistaatlichen Unterdrückung zu erhalten (Visentin, 1990, S.75). Aufgrund der engen Verfilzung sowohl mit der Mafia als auch mit dem Nazi-Terroristen Friedrich Schaudinn wurden später infolge entsprechender Ermittlungsergebnisse die italienischen Geheimdienste SISDE und SISMI aufgelöst (Searchlight, 5/1994, S.15).

Die *Forza Italia* Berlusconis wollte schließlich sogar zusätzlich „zu dem bereits existierenden und uneingeschränkt einsatzfähigen Bürgerkriegsapparat (...) verstärkt 'Kontaktbereichsbeamte' ('poliziotti di quartiere') einsetzen, um eine 'engmaschige Überwachung' ('viglianza capillare') vor allem in den städtischen

'Problemgebieten' zu gewährleisten. Die für den Kampf gegen die 'organisierte Kriminalität' geforderten Spezialeinheiten lassen sich bei Bedarf natürlich auch gegen revoltierende Massen einsetzen" (Renner, 1994, S.148).

Auch die *Front National* in Frankreich hat eine beachtliche Basis in Armee und der Polizei, bis hin zur FN-nahen Polizeigewerkschaft FPIP, deren Generelsekretär Serge Lecanu sich freilich in der noch radikaleren *Parti Nationaliste Français et Européen* (PNFE) engagierte. Er wurde 1989 im Zusammenhang mit einem Anschlag auf ein Immigrantenheim in Nizza verhaftet (Kleiser, 1990, S.89 und EP-Bericht, 1991, S.31).

Die FN selbst etablierte schließlich die *Front National de la Police* (FNP), die erstmals bei den Berufsvertretungswahlen im Dezember 1995 kandidierte und bereits 1996 zur viertstärksten von 14 Gewerkschaftsorganisationen der Polizei aufgestiegen war (ak 387, 1996, S.13; SP, 37/1996, S.170 und Uesseler, 1994c, S.265). Zudem unterhält die FN noch einen eigenen Ordnerdienst *Défense, Protection et Sécurité* (DPS), welcher als 'FN-Sturmtruppe' gilt und dessen Stärke und genaue Ausrüstung niemandem bekannt ist (Woche, 22/1996, S.27).

Ganz gezielt setzt die Partei Le Pens bei ihrer Basisarbeit im öffentlichen Dienst an, wo der Frust besonders groß ist. So konnte die FN auch im Bereich des Strafvollzugs eine Berufsorganisation etablieren, deren Chef Damien Francès zuvor der kommunistischen CGT angehörte (stern, 43/1996, S.178-181).

Unter Berücksichtigung der Geschichte ist allerdings darauf hinzuweisen, daß der Faschismus trotz 'Parteiarmee' noch nie aus eigener Kraft die Macht hat erkämpfen können, weder 1922 in Italien noch 1933 in Deutschland. Auch die Parteimiliz der Falangisten spielte im spanischen Bürgerkrieg nur eine Nebenrolle. Die Machtbasis Francos rekrutierte sich in erster Linie aus dem Offizierscorps, welches sich zur Stützung ihrer Macht später allerdings einer kontrollierten faschistischen Massenbewegung als Hilfstruppe bediente.

Darum handelt es sich bei dem Begriff der 'Machtergreifung' um eine terminologische Irreführung, mit welcher speziell die NSdAP in Deutschland seinerzeit suggerieren wollte, sie sei aus eigener Kraft an die Macht gelangt. Dieser Begriff wurde nach 1945 gleichwohl von bürgerlichen Kräften bereitwillig aufgegriffen, um die eigene Mittäterschaft zu verschleiern.

Nach einer solchen Machtübertragung und der damit einhergehenden Suspendierung der demokratischen Kontrollmechanismen können sich freilich faschistische Terrorbanden, staatlich gedeckt, unverschämter denn je austoben (Kühnl, 1992, S.733 und 1993, S.30-31; Schulz, 1990, S.91 und Hacker, 1992, S.116).

Pogrome können schließlich auch noch durch ein ganz offiziell vertretenes völkisches Nationalismusverständnis gefördert werden. Denn während ein etatistischer Nationalismus in rassistischer Gewalt primär eine Bedrohung für den Staat sieht, welcher gerade auch daraus sein Selbstverständnis bezieht, daß Menschen verschiedener Abstammung die gleichen Bürgerrechte besitzen, richtet sich das völkische Nationalismusverständnis schon in seiner harmlosesten

Form nach innen, wobei dann die menschliche Seele als Verkörperung allgemeiner Stammeseigenschaften angesehen wird. Da aber die Seele offenbar nicht etwas sein kann, was 'verkörpert', wird die Aushilfe im 'Blut' gefunden (Ebermann/Trampert, 1995, S.319-320).

Daher ist die Kehrseite der Stärke des Faschismus die Schwäche der bürgerlichen Demokratie – und die anhaltende Krise der dahinterstehenden Produktionsverhältnisse – sowie schließlich der Arbeiterbewegung als zumindest potentieller Gegenmacht.

3.3. Faschismus und Kapitalmodernisierung

Bei einer Reduktion des Neofaschismus auf Straßengewalt und Rowdytum gerät schnell die strukturelle Gewalt der dahinterstehenden Formierungspolitik aus dem Blickfeld (Kratz, 1995, S.256).

Arno Klönne hat diesbezüglich ein erhebliches Forschungsdefizit ausfindig gemacht: „Es sind kaum Untersuchungen zu der Frage vorhanden, wie denn jugendspezifische rechtsextreme Risiken und in der 'erwachsenen' Gesamtgesellschaft etablierte Weltbilder und Verhaltensweisen ineinandergebunden sind, in welcher Weise jugendliche individuelle Gewaltbereitschaft und 'erwachsenengesellschaftliche' strukturelle Gewalt miteinander verknüpft sind und schließlich, in welchem Verhältnis 'auffälliger' oder militanter Rechtsextremismus zu 'seriösen', nicht extremistisch erscheinenden Formen eines politischen Sozialdarwinismus steht. (...) Der verengte Blick auf 'Rechtsextremismus und Gewalt' als 'Jugendproblem' oder als 'Randständigkeit' schützt vor der unangenehmen Nachdenklichkeit über die gar nicht 'jugendlichen' und auch nicht 'randständigen' Hintergründe des derzeitigen Untergangs globaler zivilgesellschaftlicher Hoffnungen." (Klönne, 1994, S.141)

Zu den ökonomischen Implikationen, die den Aufstieg von Kräften der extremen Rechten derzeit begünstigen, zählt Wolfgang-Fritz Haug die Vollendung des Weltmarktes auf Grundlage hochtechnologischer Produktivkräfte oder anders ausgedrückt, den Übergang zum transnationalen Kapitalismus, dem eine rasante Verschärfung der Konkurrenz voranging. Begleitet ist dies von dem fieberhaften Ringen um eine neue Aufteilung der Welt, wobei die deutsche 'Wiedervereinigung' nur eine der Verrückungen darstellt. „Die Japaner kommen", fungierte als das symbolische Schreckwort für diese Konkurrenz, auch zur Abwehr gewerkschaftlicher Forderungen, die in der vorherigen Boomphase noch korporativ eingebunden worden waren. So sind historische Parallelen zum Fordismus, der in Italien und in Deutschland faschistische Formen angenommen hatte, auch nur mit Vorsicht zu ziehen (Haug, 1992, S.420-421). Zu den sozialpolitischen Implikationen dieser Entwicklung der neunziger Jahre heißt es in der *Wirtschaftswoche*: „Die Einsicht macht sich überall in Europa breit:

Wer in die Europäische Währungsunion will, wer die drückende Last der Sozialbeiträge drücken will (...), muß die üppigen Wohlfahrtssysteme schleunigst umbauen.“ Dabei rühmt man sich etwa in den Niederlanden, daß das „Klima zwischen Regierung, Arbeitgebern und Gewerkschaften, (...) ‘harmonisch’ geblieben“ sei (WW, 48/1995, S.46).

Im Gegensatz dazu weist Jean-Paul Fitoussi, Wirtschaftsberater der französischen Regierung, darauf hin, daß die – bürgerliche – Demokratie zwar auf einem Gesellschaftsvertag beruhe, welcher ein gewisses Bedürfnis an Gleichheit befriedige, aber: „Wir sind heute an der Bruchstelle dieses Vertrages angelangt. Der Fall des Kommunismus bedeutet nicht, daß der Kapitalismus bei guter Gesundheit ist. Wenn wir heute nicht mehr soziale Gerechtigkeit in unseren Gesellschaften schaffen, zerbricht die Demokratie.“ (Woche, 6/1996, S.17) Es bleibt jedoch die Frage unbeantwortet, wie die Balance weiterhin gewährleistet werden soll, wenn die Kapitalmodernisierung und die Standortkonkurrenz die Spielräume nachhaltig einengt und die dafür benötigten Mittel an sich bindet.

Dann fängt der Sozialstaat die Krise nicht mehr wie früher auf, sondern gibt sie an die Wehrlosen weiter und administriert diese Politik in dem Glauben, Schlimmeres zu verhüten. Die Politik stellt sich gegenüber den ökonomischen Umwälzungen blind und kämpft umso verzweifelter um die Bewahrung ihrer vermeintlichen Autonomie, je heftiger die Eruptionen sind.

In diesem Spannungsfeld ist es die Rolle des Rechtspopulismus, den Kampf für ein menschenwürdiges Leben aller in den Kampf einer sozialen Gruppe gegen andere um die Erwerbschancen umzufunktionieren. Dieser wird zugleich in einen „national“-korporativen Kampf um ein priviligiertes Leben der leistungsfähigen „Volksgenossen“ transponiert (Haug, 1992, S.424-426 und Riess, 1996b, S.36). „Es ist ein politisches Paradox, daß der Nationalismus seinen wahnwitzigsten und schlimmsten Ausdruck gerade dann findet, wenn das Nationalstaatensystem zum größten Hindernis für die progressive Gestaltung der Produktivkräfte der Menschheit wird.“ (David North in: BSA, 1993, S.60)

Allerdings gibt es bei allen Expansionstendenzen nach wie vor kaum supranationale Unternehmenszusammenschlüsse, die gleichgewichtige Standbeine in zumindest zwei Nationalstaaten aufweisen, nicht einmal auf der so viel beschworenen deutsch-französischen Achse, so daß die Volkswirtschaften diesbezüglich bislang nur sehr bedingt die nationalstaatlichen Ordnungsrahmen überschritten haben; allenfalls in Form von Zweigniederlassungen (Wolf, 1994, S.65-66). Diese sind jedoch nicht unbedingt ein Hindernis für mögliche Kriege faschistischer Regimes, wie etwa das Arrangement des US-Konzerns *Ford* und das Agieren von dessen deutscher Konzerntochter im Zweiten Weltkrieg zeigte; einschließlich dessen Beteiligung an der Rüstungsproduktion und der Profitierung durch Zwangsarbeit (Frings, 1995, S.26-28). Damit partizipierte der Konzern an der rentabelsten Synthese von Produktivität und Tod, die dem Nationalsozialismus gelang, „indem er Millionen Zwangsarbeiterinnen und Zwangsarbeiter in seine Produktion trieb, ohne sie zu versorgen“ (Ebermann/Trampert, 1995, S.41).

Im Gegenzug übernahmen die deutschen NS-Eliten sehr viele Anregungen, Instrumentarien und Methoden aus den USA; die hier einen deutlichen Produktivitätsvorsprung aufwiesen. Über die Auswirkungen speziell auf die Automobilindustrie berichtet Karl-Heinz Roth: „Sie holten sich von Ford nicht nur die Spezialmaschinen, die Ingenieure und das Know How, damit die gerade von den fertiggestellten Mirafiori-Werken abgezogenen italienischen Bauarbeiter die ‘Kathedrale von Fallersleben’ bauten. Sie importierten auch eine ganze Philosophie mitsamt den aus ihr entsprungenen Herrschaftsmethoden des ‘Personal Management’, um sie in gesamtgesellschaftliche Dimensionen auszuweiten. Was sich davon nicht realisieren ließ, war immer noch nützlich zur Manipulation der öffentlichen Meinung.“ (Roth, 1990, S.91)

Somit wirken sich aber gerade auch die dahinterstehenden Modernisierungsstrategien des Kapitals effektiv reaktionär aus; Friedrich Hacker zum speziellen Charakter des Neofaschismus in diesem Spannungsfeld: „Archaische Vorstellungen werden mit modernen technologischen und propagandistischen Mitteln durchgesetzt.“ Deswegen benutzt der Faschismus die Modernität bis zu ihrer letzten Möglichkeit, während liberal-konservative Kreise diese aus verschiedenen Beweggründen bekämpfen, nicht zuletzt aus Angst vor den daraus resultierenden sozialen Verwerfungen.

„Zwar gibt es Auffassungen des Faschismus als Protest gegen die Moderne und gegen soziale Entwicklung überhaupt, sozusagen als Kostümierung des Widerstandes gegen Modernitätsschübe, die entschärft und immunisiert werden. Viel wahrscheinlicher ist jedoch die Denunziation der Moderne als traditions- und wertefeindlich, gleichzeitig wird sie benutzt und ausgenutzt zur Wiederherstellung eines verherrlichten alten Zustands.“ (Hacker, 1992, S.73-74)

Dabei sind es in der marxistischen Analyse gerade die zugrundeliegenden Produktionsverhältnisse, die den spezifischen Charakter des Faschismus ausmachen. Der phänomenologische Vergleich formaler Äußerlichkeiten ist eher eine typische Herangehensweise bürgerlich-demokratischer Wissenschaft, wobei denn auch der ‘Faschismus’-Vorwurf mehr einen diffamierenden als einen analytischen Charakter aufweist.

Diese Herangehensweise wurde aber auch von „links“-dogmatischen Kreisen übernommen, z.B. als sie in den achtziger Jahren die damalige Volksrepublik Polen mit dem Vorwurf des ‘Sozialfaschismus’ belegten. Der trotzkistische Publizist Peter Schwarz definiert in Abgrenzung dazu Faschismus als „die Mobilisierung des Kleinbürgertums zur Zerschlagung der Arbeiterklasse im Interesse des Finanzkapitals“. Dessen „expansionistische Ausdehnung“ bezeichnet er als „Imperialismus“ (Schwarz, 1988, S.109-110).

Dabei war der historische Faschismus kein einseitiges Kommandounternehmen von oben nach unten, wie es damals von den Kommunisten unter Berufung auf Dimitroff suggeriert wurde, um sich mit Führerkult, patriarchalen Selbstherrlichkeiten und dem eigenen latenten Rassismus und Antisemitismus nicht auseinandersetzen zu müssen. Vielmehr bezog er seine Anziehungskraft aus dem propagandistischen Vorhaben, eine antibürgerliche Revolution zu entfalten, welche vorhandene soziale Gegensätze – im Gegensatz zu den Liberalen –nicht leugnete, sondern sie in den Rang einer volksgemeinschaftlichen „natürlichen Ordnung" erhob, gegen das „bürgerliche Geschwätz vom demokratischen, fairen Wettstreit unterschiedlicher Interessen". Es geht also nicht um die dynamische Nutzbarmachung sozialer Widersprüche, sondern um deren Eliminierung, so daß der Faschismus in gewissem Sinne als Kapitalismus sans Phrase bzeichnet werden kann (Lupus, 1992, S.104-108).

Leo Trotzki: „Die Reihe ist ans faschistische Regime gekommen, sobald die 'normalen' militärisch-polizeilichen Mittel mitsamt ihrer parlamentarischen Hülle für die Gleichgewichtserhaltung für die Gesellschaft nicht mehr ausreichen. Durch die faschistische Agentur setzt das Kapital die Massen des verdummten Kleinbürgertums in Bewegung, die Banden deklassierter, demoralisierter Lumpenproletarier und all die zahllosen Menschenexistenzen, die das gleiche Finanzkapital in Verzweiflung und Elend gestürzt hat." Dem widerspräche dann auch in keiner Weise, daß sich zwischenzeitlich ein Übergangsregime herausbildet; welches Merkmale beider Regimes in sich vereint (BSA, 1993, S.72).

Abschließend wäre darauf zu verweisen, daß es derzeit keine speziellen Wählergruppen der hier besprochenen rechtsextremen Parteien gibt, und damit auch keine spezifische Klassenverankerung, was u.a. durch die gesamtgesellschaftliche Auflösung traditioneller Klassenmilieus und der klassenunspezifischen Politik der großen europäischen Volksparteien bedingt ist. Eine rechtspopulistische Partei kann gerade dadurch ihre Anziehungskraft gewinnen, daß sie selbst als 'Volks'partei auftritt – das Feindbild des 'Ausländers' definiert dabei das 'Volk' –, worüber alle Gesellschaftsschichten und Klassen angesprochen werden (Kühnl, 1992, S.740; Rommelspacher, 1991, S.85 und Schulz, 1990, S.21).

3.4. Versuch einer Einordnung

Zunächst ist festzuhalten, daß die offen faschistischen und gewaltbereiten Kräfte in den angesprochenen Parteien derzeit nur eine untergeordnete Rolle spielen und ein Rückzug der martialisch wirkenden Führerpersönlichkeiten erkennbar ist. Auf der anderen Seite ergeben sich daraus für die Parteien und ihre „braintrusts" neue Chancen, in den herrschenden Konsens eingebunden zu werden.

Doch in bezug auf die Programmatik deutet sich schon jetzt eine weitere Rechtsverschiebung an. Sie findet z.B. bei der FN einen deutlichen Ausdruck in der offenen Abkehr vom etatistischen Nationalismus hin zum völkischen Blutrecht.

Und genau jenes völkische Rechtsverständnis ist viel eher als der Etatismus dazu angetan, neonazistische Gewalt ideologisch zu rechtfertigen. Die hier besprochenen Parteien können in ihrer Gesamtheit also die Rolle von Durchlauferhitzern für Milieus aus der bürgerlichen Mitte hin zum Neofaschismus spielen.

Somit lautet die abschließende Einschätzung, daß die derzeit parlamentarisch verankerte extreme Rechte potentiell faschistisch ist; will heißen: Sie könnte bei einer sich verschärfenden sozioökonomischen Krise eine wichtige Steigbügelhalterfunktion für eine faschistische Machtübertragung darstellen oder sie sogar schließlich selbst verkörpern.

Das verdeutlicht letztlich deren Gefährlichkeit und zeigt auch die Notwendigkeit den europäischen Rechtsextremismus durch eine unabhängige, zugleich aber koordinierte Gegenmobilisierung mit internationalistischer Perspektive zu bekämpfen. Zu diesem Zweck ist es unerläßlich, daß der Kampf gegen Rassismus und Faschismus nicht nur als Kampf um eine bessere Ideologie, die abstrakt bleiben muß, sondern als sozialer Kampf um eine andere, bessere Wirklichkeit begriffen wird, der massenwirksam erlebbar wird (Lupus, 1992, S.113).

Sollten die damit verbunden Hoffnungen jedoch nachhaltig enttäuscht werden, könnten sehr schnell die entsprechenden Verhältnisse kippen, zumal durch die populistische Modernisierung der parlamentarischen extremen Rechten ein politisches Vakuum entstehen könnte, in das noch weitaus radikalere Gruppen oder Parteien hineinstoßen könnten.

Kapitel III
Die Fraktionsbildung im Europäischen Parlament

1. Einführung in die rechtlichen Bestimmungen

Die gemeinsame Versammlung der *Europäischen Gemeinschaft für Kohle und Stahl* (EGKS) vom 16. Juni 1953 beschloß eine Erweiterung der damals gültigen Geschäftsordnung, die den Abgeordneten erstmals das Recht zur Bildung von Fraktionen einräumte. Diese Regelung ist in den Geschäftsordnungen des europäischen Parlaments (jeweils Artikel 29 Absatz 2) bis heute fortgeschrieben worden.

Eine Fraktion gilt demnach als gebildet, wenn beim Parlamentspräsidenten eine Gründungserklärung eingereicht worden ist, die den Namen der Fraktion, die Unterschriften ihrer Mitglieder und die Zusammensetzung des Fraktionsvorstands enthält. Diese wird dann im Amtsblatt der Europäischen Gemeinschaften veröffentlicht (Borries, 1993, S.220-221). Mitgliedschaften von Abgeordneten in mehreren Fraktionen gleichzeitig sind untersagt.

1958 wurde zudem die innerparlamentarische Sitzordnung geändert, die seit dem primär nach Fraktionen erfolgt. Die Fraktionsvorsitzenden sitzen in der vordersten Reihe ihrer Fraktionssektoren, ihnen zur Seite sitzen die Stellvertreter sowie die Mitglieder des Fraktionsvorstands und dahinter die 'einfachen' Fraktionsmitglieder in alphabetischer Reihenfolge. Zuvor war die alphabetische Reihenfolge das einzig entscheidende Kriterium der Sitzordnung. Bei der Fraktionsbildung sind quantitative Mindeststärken vorgeschrieben: Während der ersten Wahlperiode 1979-1984 und auch noch nach den Europawahlen 1984 waren zur Bildung einer Fraktion 21 Parlamentarier nötig, wenn diese aus nur einem Mitgliedsland kamen, bei zwei Mitgliedsländern mindestens 15 Parlamentarier, und nur noch zehn Parlamentarier bei drei und mehr Mitgliedsländern.

Die Vergrößerung des EP durch den Beitritt Portugals und Spaniens 1986 hatte entsprechende Auswirkungen auf die Kriterien zur Fraktionsbildung (EP, 1982, S.98; Jacobs/Corbett/Shackleton, 1992, S.136 und Woyke, 1989, S.121): „Zur Bildung einer Fraktion ist eine Mindeststärke von dreiundzwanzig Mitgliedern vorgesehen, wenn diese aus einem einzigen Mitgliedsstaat stammen. Diese Zahl beläuft sich auf achtzehn, wenn die Mitglieder aus zwei Mitgliedsstaaten und auf zwölf, wenn sie aus drei oder mehr Mitgliedsstaaten stammen."

Diese Bestimmungen wurden mit Beginn der vierten Wahlperiode 1994 und im Zuge einer weiteren Vergrößerung des EP dahingehend geändert, daß es nun zur Fraktionsbildung mindestens 26 Parlamentarier bedarf, wenn diese aus einem einzigen Mitgliedsstaat stammen. Bei zwei Mitgliedsstaaten sind mindestens 21 und bei drei Mitgliedsstaaten mindestens 16 Abgeordnete notwendig. Bei vier und mehr Mitgliedsländern sind seitdem mindestens dreizehn Abgeordnete vorgeschrieben (EP-GO, 1993, S.33).

Generell geht von den Fraktionen eine bedeutsame integrative Wirkung aus, da sie in ihren internen Sitzungen und Diskussionen die mitunter kontroversen nationalen Standpunkte ihrer Mitgliedsparteien im Vorfeld überbrücken müssen, um tragfähige Kompromißlösungen zu erreichen. Dies hatte auch Rückwirkungen auf die einzelnen Mitgliedsparteien, deren Standpunkte sich einander annäherten (Stammen, 1978, S.262).

2. Zur quantitativen Einordnung der euro-rechten Fraktion im EP

Für die folgende Betrachtung werden zunächst die Daten vom 08. März 1993 zugrunde gelegt. Damals waren im EP insgesamt 518 Abgeordnete vertreten, von denen 497 in den verschiedenen Fraktionen organisiert waren. Von diesen 497 waren wiederum 360 in den Großfraktionen der *Sozialisten* (S) und der *Europäischen Volkspartei/Christdemokraten* (PPE) organisiert. Gemeinsam hielten beide Fraktionen somit eine Zweidrittelmehrheit im EP (346 Abgeordnete). Angesichts dieser Größenverhältnisse war und ist es ein leichtes, quantitativ kleine Fraktionen in ihren Wirkungsmöglichkeiten einzugrenzen, so auch die *Technische Fraktion der Europäischen Rechten* (DR), die zu jenem Zeitpunkt gerade einmal 14 Abgeordnete zählte (EP-Liste, 08.03.1993, S.73-81).

Die Mehrheit der beiden Großfraktionen reduzierte sich nach den Europawahlen 1994 auf 355 von 567 Abgeordneten. Sie ist dennoch nach wie vor stark genug, um, bei entsprechender Einigkeit, problemlos Standpunkte durchzusetzen. Um eine Zweidrittelmehrheit zu erreichen, müssen lediglich 23 weitere Abgeordnete gewonnen werden. Hierzu könnte beispielsweise auf die liberale Fraktion (ELDR) zurückgegriffen werden, die im Dezember 1994 43 Mitglieder zählte (EP-Liste 12.12.1994 und Dauses/Fugmann, 1995, S.29-30).

3. Rechtlicher Status einer Fraktion im Vergleich zu fraktionslosen Abgeordneten

Die Geschäftsordnung des Europäischen Parlaments stattet die Fraktionen mit zahlreichen Rechten aus:

Zunächst gehören sämtliche Fraktionsvorsitzende dem Erweiterten Präsidium an, während die fraktionslosen Abgeordneten dort nur durch bis zu zwei Vertreter ohne Stimmrecht vertreten sind (EP, 1982, S.97). Darüberhinaus können die Fraktionen durch die von ihnen benannten und vom Parlament gewählten Vizepräsidenten im Präsidium einen wichtigen Einfluß auf die Entscheidungen nehmen, die parlamentarische Belange betreffen. Dadurch haben die Fraktionen maßgeblichen Anteil bei der Aufstellung des Tagesordnungsentwurfs für die Plenarsitzungen. Plenar- und Präsidiumsbeschlüsse über Einsetzung, Kompetenzen, Vorsitz und Mitgliedschaft der parlamentarischen Ausschüsse werden von den Fraktionen vorbereitet. Ferner stimmen sie sich bei der Benennung von Berichterstattern in den Ausschüssen über ihre Obleute ab (EP-Buch, 1989, S.118).

Die Fraktionen haben in der parlamentarischen Arbeit das Recht, eine Debatte über aktuelle, dringliche und wichtige Fragen zu beantragen. Ansonsten müssen mindestens 23 Abgeordnete (vor 1987: 21) zusammenkommen; der Antrag muß aber auf alle Fälle mit einem Entschließungsantrag verbunden werden. Entschließungsanträge als solche können von jedem Abgeordneten eingereicht werden.

Bis 1984 konnten die Fraktionen oder mindestens fünf Parlamentsmitglieder eine Aussprache zu einem aktuellen Thema von allgemeinem Interesse unmittelbar im Anschluß an die Fragestunde verlangen, doch wurde diese Regelung inzwischen aus der Geschäftsordnung gestrichen.

Nach wie vor haben aber die Fraktionen, die Ausschüsse, sowie eine gewisse Anzahl von Abgeordneten das Recht, eine Anfrage zur mündlichen Beantwortung mit anschließender Aussprache zu beantragen. Ebenso kann eine Fraktion – oder mindestens 23 Abgeordnete (vor 1987: 21) – eine namentliche Abstimmung beantragen.

Die Fraktionsvorsitzenden oder mindestens 23 Abgeordnete (vor 1987: 10) können den Schluß oder die Vertagung einer Aussprache beziehungsweise die Unterbrechung oder den Schluß der Parlamentssitzung beantragen.

Die Fraktionen können ferner die Zusammensetzung der interparlamentarischen Delegationen mitbestimmen und deren Mitglieder benennen (EP-Buch, 1989, S.118; EP-GO, 1984, S.34-35; EP-GO, 1987, S.51 und EP-GO, 1993, S.38-43, 87, 93). Jeder Abgeordnete hat daneben das Recht, Anfragen zur mündlichen Beantwortung ohne Aussprache und zur schriftlichen Beantwortung zu stellen (EP, 1982, S.108 und 111 und EP-GO, 1993, S.40).

Darüberhinaus legt die Geschäftsordnung für die Fraktionen aber keinen rechtlichen Status fest. Vollzieht eine Fraktion einen Akt, welcher rechtliche Folgen hat, wie etwa die Einstellung von Personal, so handelt sie dabei, aufgrund einer entsprechenden Bevollmächtigung, als Vertreter des Parlaments (EP-Buch, 1989, S.118).

Insgesamt bleibt anhand der bestehenden Regelungen festzuhalten, daß die Position der Fraktionen gegenüber fraktionslosen Abgeordneten durch die Jahre gestärkt worden ist, und letztere in ihren parlamentarischen Wirkungsmöglichkeiten eingeschränkt sind.

Gleichzeitig ist dadurch aber auch die Autorität der Fraktionsführungen über ihre Mitglieder gewährleistet, wenn diese nicht in ihrer Eigenschaft als Abgeordnete, sondern nur im Namen ihrer Fraktion entsprechende Dokumente einbringen dürfen, oder aber sich ansonsten erst eine größere Anzahl von Mitstreitern für ihr Anliegen suchen müssen.

4. Materielle Vorteile einer Mitgliedsschaft im Europäischen Parlament und die Fraktionsprivilegien

> „Die MEPs wären keine Politiker, wüßten sie nicht die Vorteile des Mandats zu nutzen, das ihn nicht nur ein angenehmes Auskommen sichert, sondern auch noch weltweit die Türen öffnet." (SP, 42/1986, S.99)

1996 waren speziell die großzügigen Spesen-Regelungen bei der An- und Abreise zum EP, die für alle Abgeordneten in gleicher Weise gelten, Thema einer Ausgabe des *Spiegel.* Diese Spesen-Regelungen haben für die schlechter besoldeten südeuropäischen Volksvertreter auch die Funktion eines sozialen Ausgleichs, da die Abgeordnetendiäten nämlich nach wie vor nach nationalem Ermessen gezahlt werden (SP, 29/1996, S. 73-74). Claus Leggewie vermerkte 1989 in diesem Zusammenhang: „Front National, REPs und andere Neulinge haben ironischerweise Europa alles zu verdanken: Aufwertung, Finanzierung, Infrastruktur. Ohne die europäischen Wahlgänge wäre ihr Organisationsaufbau kaum so rasch vorangeschritten. Die koordinierte Parlamentarisierung ist damit eine verbreitete und vorherrschende Strategie der europäischen Rechten geworden." (Leggewie, 1989, S.137)

Über diese Zuwendungen hinaus gelangen die extremen Rechten auch an Mittel in Form einer öffentlichen Parteienfinanzierung und der Wahlkampfkostenerstattung, was wiederum jeweils im nationalen Ermessen liegt.

Für einen internationalen Vergleich hinsichtlich der unterschiedlichen Mindestanforderungen und Bemessungsgrenzen stehen bislang weder ausreichende Informationen über die Ausgaben und Einnahmen der Parteien, noch verläßliche Maßstäbe über deren Leistungen zur Verfügung (Naßmacher, 1994, S.239-244).

Doch auch die Fraktionsbildung im Europaparlament ist mit handfesten materiellen Vorteilen verbunden. Die speziell für Fraktionen bereitgestellten Mittel beliefen sich 1990 auf 15% des parlamentarischen Gesamtbudgets. Die entsprechenden Haushaltsposten sind der Punkt 3705, welcher die Ausgaben für Sekretariatsposten betrifft, woran allerdings auch die fraktionslosen Abgeordneten beteiligt sind, der Punkt 3706, welcher die übrigen politischen Aktivitäten abdeckt, und der Punkt 3708, über den die Fraktionen ihre PR-Arbeit finanzieren.

Da über letzteren Punkt auch Konfliktlinien zwischen einzelnen nationalen Trägerparteien in den Fraktionen aufbrachen, wurden dessen Bestimmungen zur Vergabe der Mittel schließlich dahingehend geändert, daß sie jetzt ausdrücklich für die Öffentlichkeitsarbeit der Gesamtfraktion vorgesehen sind (Jacobs/Corbett/Shackleton, 1992, S.78).

Infolge der internen Streitigkeiten bei der *Technischen Fraktion der Europäischen Rechten* kam es auch zu Streitigkeiten um die Gelder. So erhob Schönhuber gegen seine früheren Parteifreunde aus der Gruppe der Europaabgeordneten schwere Vorwürfe wegen angeblicher finanzieller Unregelmäßigkeiten (Lepszy/Veen, 1993, S.77-78). Andererseits mußte sich die frühere REP-Abgeordnete Grund nach ihrem Fraktionsaustritt die ihr zustehenden Haushaltsmittel vor dem Europäischen Gerichtshof erstreiten, weil die Fraktion jene einbehalten, und ihr wie ihrem Kollegen Schlee auch zwei Sekretariatskräfte vorenthalten hatte (DZ-JF, 29/1994, S.20 und Jacobs/Corbett/Shackleton, 1992, S.77).

5. Außentagungen der Fraktion

Neben den drei normalen Tagungsorten des EP, Straßburg, Brüssel und Luxemburg, haben die Fraktionen zur Knüpfung und Intensivierung internationaler Kontakte die Möglichkeit, Außentagungen durchzuführen. Sie sind grundsätzlich berechtigt, jährlich zwei ihrer Sitzungen außerhalb ihrer Arbeitsorte abzuhalten. Dabei können je nach den in der Fraktion vorherrschenden Nationalitäten auch getrennte Vorbereitungssitzungen der jeweiligen nationalen Abgeordneten in deren Herkunftsländern stattfinden (EP-Buch, 1989, S.119). Bei der *Fraktion der Europäischen Rechten* hätte sich herfür aufgrund er Dominanz der *Front National* besonders Frankreich angeboten. Doch: „Zahlreiche politisch motivierte Begegnungsreisen haben Le Pen nicht nur in europäische Länder wie Belgien, Spanien, Griechenland, die Schweiz und Italien, sondern auch ins nichteuropäische Ausland geführt." (Loch, 1991, S.18)

Aus dem Buch *Un Espoir pour l'Europe*, in welchem Texte von Fraktionsmitgliedern abgedruckt sind, die sie bei diversen Fraktionssitzungen referiert haben, geht hervor, daß die Mitglieder der DR-Fraktion schon in den 80er Jahren viel in Europa unterwegs waren:

Athen (Dezember 1984), Rom (April 1985), Paris (Dezember 1985), Palermo (Juni 1986), Berlin (November 1986), Thessaloniki (Dezember 1986), London (Februar 1987), Lissabon (Juli 1987), Paris (Dezember 1987)

Damals vereinte die Fraktion Mitglieder aus Frankreich, Italien, Griechenland und, seit 1987, aus dem Vereinigten Königreich. In diesen Ländern hielt sie auch die meisten ihrer Außentagungen ab. Aus dem Rahmen fallen nur die Tagungen in Berlin und Lissabon.

Unter der Annahme, daß die in dem Buch genannten Außentagungsorte tatsächlich die einzigen entsprechenden Orte gewesen sind, kann festgestellt werden, daß die *Fraktion der Europäischen Rechten* damals noch nicht so sehr vom offiziell empfohlen Rahmen von jährlich zwei Außentagungen abwich (Le Pen, 1987 und EP-Buch, 1989, S.119).

Diese Praxis änderte sich später aber deutlich, wie die britische Tageszeitung *The Guardian* im Juni 1993 aufdeckte. Als Tagungsorte allein im Jahre 1991 ermittelte sie Paris, Dublin, Rom, Wien, Venedig, London (zwei mal), Lissabon, Madrid und Nizza. „Diese Auswahl der Tagungsorte ist unter anderem deshalb bemerkenswert, weil die Fraktion lediglich Mitglieder aus Frankreich, Deutschland und Belgien hat." Diese Konferenzen brachten Kosten in Höhe von insgesamt 389.778 britischen Pfund (rund 1,3 Millionen DM) für die europäischen Steuerzahler mit sich. Davon entfielen 38% auf Reise- und Hotelkosten, 18% für die Mitarbeiter, 14% für Dolmetscher und die übrigen 30% wurden für sonstige Zwecke, wie Saalmieten, Telefon und Verwaltungskosten, verwendet (Fromm/Kernbach, 1994b, S.183-184 und Guardian 17.06.93).

Insgesamt stellte das Europäische Parlament 1993 13,8 Millionen ECU für die verschiedenen Außentagungen bereit, gegebenenfalls erhöhbar auf 14,6 Millionen ECU, was insgesamt 2,3% des gesamten Parlamentshaushalts ausmachte. Davon waren 4,5 Millionen für die Fraktionen vorgesehen. Die übrigen Gelder verteilten sich auf Außentagungen der Kommission und andere Organe (Quästoren, Büro etc.), interparlamentarische Delegationen, AKP, gemischte parlamentarische Delegationen sowie ad-hoc Missionen und dergleichen (DOC-EU, 1993).

Durch die Pressemeldungen Mitte 1993 wachgerüttelt, versuchte das EP, diesem offensichtlichen Mißbrauch entgegenzusteuern (Guardian, 24.06.1993). Der entsprechende Vorschlag für ein völliges Verbot der Sitzungen fand jedoch keine Mehrheit im EP, so daß es diesbezüglich bei drei parlamentarischen Anfragen blieb (Guardian, 29.06.1993).

Allerdings wurden sich die beiden großen Fraktionen im EP – Sozial- und Christdemokraten – unter dem Eindruck der *Guardian*-Berichterstattung im Juni 1993 dahingehend einig, daß vom Haushalt für das Jahr 1994 sämtliche Gelder für Außentagungen abgezogen werden sollten (Guardian, 25.06.1993).

Es bleibt festzuhalten, daß die euro-rechte Fraktion in neun von zehn Jahren ihres Bestehens relativ unbehelligt vom EU-Haushalt finanzierte Außentagungen durchführen konnte, um ihre internationalen Kontakte zu pflegen, ehe das Europäische Parlament, wachgerüttelt durch die Presse, darauf aufmerksam wurde.

Um festzustellen, wie sich dies konkret auswirkte, wurden die Protokolle der 80 Fraktionssitzungen seit September 1991 vom Autor durchgesehen. Daraus geht hervor, daß sie die letzten beiden Außentagungen im Jahre 1991 in den bereits oben erwähnten Städten Madrid, 3. Oktober 1991 (PRO:GG/IME/Ü/0005), und London, 4. Dezember 1991 (PRO:OD/IME/Ü/0010), abhielt.

Ferner lassen sich daraus die Außentagungen des Jahres 1992 ablesen, wobei sich zeigt, daß die Fraktion in jenem Jahr bescheidener als 1991 war, da sie während dieses Zeitraums 'nur' vier Außentagungen abhielt, in Klammern dazu die Dokumentennummern der Sitzungsprotokolle:

3. März 1992, Paris (F) (PRO:OD/IME/Ü/0014); 30. Juni und 2. Juli 1992, Bunratty (IRL) (PRO:OD/IME/Ü/0022 und 0023); 22. Oktober 1992, Palmela (P) (PRO:MH/IME/Ü/0027); 9. und 10. Dezember 1992, Rom (I) (PRO:MH/IME/Ü/0030 und 0031)

Im Jahre 1993 tagte sie schließlich noch in drei Städten:

15. April 1993, Florenz (I) (PRO:MH/IME/Ü/0041); 11. und 12. Mai 1993 Sevilla (E) (PRO:GG/IME/Ü/0044 und 0045); 17. Juni 1993, Korfu (GR) (PRO: OD/IME/Ü/0048)

Die Tagung in Korfu war schließlich der Anlaß für die Untersuchung des *Guardian*, die Außentagungen zu thematisieren. Die Zeitung zitierte ferner Jean-Marc Brissaud mit dem Vorhaben, weitere Außentagungen vom 5.-9. Juli 1993 in Edinburgh, vom 18.-22. Oktober 1993 auf Madeira und in der Zeit vom 8.-12. November 1993 in Berlin abzuhalten (Guardian, 21.06.1993).

Doch fand tatsächlich nur zu dem Novembertermin eine weitere Außentagung statt, jedoch nicht in Berlin, sondern im französischen Toulouse, auf welcher am 9., 10. und 11. November drei Fraktionssitzungen abgehalten wurden (PRO: MH/IME/Ü/0058, 0059 und 0060). Schließlich folgten 1994 bis zur Europawahl im Juni drei weitere Außentagungen:

11. bis 13. Januar 1994, Lyon (F) (PRO:PM/IME/Ü/0064, 0065 und 0066); 12. und 13. April 1994, Paris (F) (PRO:CS/IME/Ü/0074 und 0075); 21. Juni 1994, Sesimbra (P) (PRO:JMB/IME/Ü/0080)

Daran wird deutlich, daß die DR-Fraktion in der letzten Phase ihrer Existenz, zumal nach den Berichten im *Guardian*, verstärkt in Frankreich tagte. Dabei handelte es sich aber nicht, wie vom EP vorgesehen, lediglich um Außentagungen der FN-Abgeordneten, sondern aus den Protokollen geht hervor, daß die Fraktionssitzung in Toulouse am 9. November 1993 von dem Abgeordneten Dillen (*Vlaams Blok*) und einen Tag später von Herrn Schodruch (deutsches Fraktionsmitglied, parteilos) geleitet wurde. Letzterer leitete auch die Sitzung am 11. Januar 1994 in Lyon, und am 12. Januar 1994 hielt Neubauer einen Vortrag zum Thema „Europa – Nation – Region“, am Tag darauf referierte Dillen ebenfalls zu diesem Thema.

Aufgrund der Einschränkung der Außentagungen und dem damit verbundenen Verlust an materieller Attraktivität war die Fraktion zuletzt in ihren Möglichkeiten zur Bildung eines euro-rechten Netzwerkes offenbar erheblich eingeschränkt. Ein Umstand, der dazu beigetragen haben dürfte, daß nach den Europawahlen 1994 keine rechtsextreme Fraktion mehr zustandekam (vgl. III 6.4), gerade auch wegen der nunmehr geringeren materiellen Attraktivität.

5.1. Exkurs: Das Versagen der parlamentarischen Haushaltskontrolle bei den Fraktionsreisen

In der Regel arbeiten im zuständigen Haushaltskontrollausschuß nur die Hälfte der Mitglieder regelmäßig mit. So wurden die entsprechenden Finanzskandale nicht vom Parlament selbst, sondern von der Presse aufgedeckt (SP, 19/1994, S.20), wie eben auch in dem hier genannten Falle (Fromm/Kernbach, 1994b, S.183-184).

Die Vorsitzende des Ausschusses für Haushaltskontrolle ist seit 1994 die CDU-Abgeordnete Diemut R. Theato, die auch Mitglied im Haushaltsausschuß ist. Zuvor gehörte sie als einfaches Mitglied sowohl dem Ausschuß für Haushaltskontrolle als auch dem Haushaltsausschuß an.

Auf eine Anfrage zu den DR-Fraktionsreisen teilte sie, seltsam einsilbig, im März 1995 folgendes mit: „Leider sind alle verfügbaren Informationen zu dem Thema, (...) schon in dem Artikel des 'The Guardian' erschienen. Sie werden auch verstehen, dass es nicht die Rolle unseres Ausschusses ist, Daten betreffend Vergleiche in der Arbeitsweise der Fraktionen des Parlaments für eine wissenschaftliche Arbeit zu erstellen und zu sammeln." (EP-Liste, 08.03.1993, S.87 und 100; EP-Liste, 12.12.1994, S.76, 100 und 113 und Theato-Brief[1])

Wie wenig dem EP selbst an einer Transparenz der Ausgaben gelegen ist, zeigte sich bei der Ermittlung der Kosten für die Fraktionsreisen, wozu der Journalist John Carvel, der die Affäre publik gemacht hatte, feststellte, daß keine offizielle Aufzeichnung über die Gesamtausgaben für solche Außentagungen existiere. Doch parlamentarische Dokumente ermöglichten es ihm, die Ausgaben der Generalsekretariate zu vergleichen.

Dabei zeigte sich, daß die *Technische Fraktion der Europäischen Rechten* 1991 pro Kopf 8.394 britische Pfund in Anspruch genommen hatte, mehr als das dreifache jeder anderen Fraktion.

Daraufhin hatte die niederländische Sozialdemokratin Annemarie Goedmakers angekündigt, daß man den Rechnungshof mit weiteren Nachforschungen beauftragen wolle. Sie wurde 1994 nicht wieder ins EP gewählt (Guardian, 17.06. 1993 und 24.06.1993 und EP-Ergebnisse, 1994, S.43).

Detlev Samland, der Vorsitzende des Haushaltsausschusses, der unter anderem auch für die Frage der „Mittelübertragungen im Rahmen der Bewilligung der Ausgaben" zuständig ist und bei „Wahrnehmung seiner Zuständigkeiten (...) eng mit dem Ausschuß für Haushaltskontrolle" zusammenarbeitet, war in dieser Affäre auch nicht auskunftsfreudiger. Über seine Mitarbeiterin Katrin Gaertner ließ er im Juli 1995 mitteilen, daß es eine tabellarische Auflistung der Kosten und Tagungsorte der Fraktionen nur für das Jahr 1991 gebe. „Ich bitte Sie, die zugesandten Informationen vertraulich zu behandeln."

Zu diesem Zeitpunkt war der frühere SPD-Europaabgeordnete Dieter Rogalla der Sache jedoch weiter nachgegangen, und Frau Theato teilte ihm schließlich im Juni 1995 mit, daß das Sekretariat ihr bestätigt habe, daß der Ausschuß diesen Vorgang, als er in der Presse veröffentlicht wurde, debattiert habe. „Weiterhin wurde von seiten des Sekretariats der Rechnungshof gebeten, die Angelegenheit zu prüfen, und der Berichterstatter, Herr Tomlinson, wurde beauftragt, die Angelegenheit zu verfolgen. Da der Rechnungshof sich weigerte, dieser Angelegenheit nachzugehen, verfügt unser Ausschuß nur über die statistischen Daten, die schon in dem Artikel des 'The Guardian' erschienen sind, wie Sie der beigefügten Dokumentation entnehmen können.“ (Theato-Brief[2])

Tomlinson ist britischer *Labour*-Abgeordneter, ebenso wie Glyn Ford, der diesbezüglich im Vorfeld ein konsequentes Durchgreifen eingefordert hatte (EP-Vademecum, 1994, S.103 und S.274 und Guardian, 17.06.1993). Dies geschah unter Hinweis darauf, daß die *Technische Fraktion der Europäischen Rechten* sich mit ihrem Vorgehen offensichtlich nicht an die 1992 gefällte interfraktionelle Abmachung gehalten habe, keine überproportional großen Anteile aus parlamentarischen Mitteln in Anspruch zu nehem (Guardian, 24.06.1993).

Tatsächlich ist Tomlinsons Arbeitsdokument eine Auflistung sämtlicher Außentagungsorte der Fraktionen des Jahres 1991 beigefügt. Aus der hervorgeht, daß die zehn Fraktionen des EP in jenem Jahr insgesamt 43 Außentagungen durchführten, von denen sich die Großfraktionen *Sozialistische Fraktion* (S) und *Europäische Volkspartei* (PPE) vier bzw. fünf Tagungen leisteten.

Auch die anderen kleineren Fraktionen entfalteten eine weitaus geringere Reisetätigkeit. So hielt die *Regenbogenfraktion* (ARC) vier Außentagungen ab; die *Koalition der Linken* (CG) zwei, die *Fraktion der Grünen* (V) fünf, die *Fraktion der Vereinigten Europäischen Linken* (GUE) eine, die *Fraktion der Sammlungsbewegung der Europäischen Demokraten* (RDE) drei, die *Liberale und demokratische Fraktion* (LDR) fünf und die *Fraktion der Europäischen Demokraten* (ED) vier. Dies alles wurde von der *Technischen Fraktion der Europäischen Rechten* mit zehn Außentagungen bei weitem übertroffen.

Interessant ist auch der Vergleich mit den Ausschüssen des EP, da diese 1991 jeweils nur eine Außentagung durchführten (Ausnahmen: Der Landwirtschaftsausschuß genehmigte sich zwei solcher Reisen, der Haushaltsausschuß keine), und auch die übrigen parlamentarischen Organe führten jeweils nur eine Außentagung durch.

In Tomlinsons Dokument findet sich auch eine Auflistung über die Fraktionsreisen des Jahres 1990, die im *Guardian* nicht erwähnt worden sind. In jenem Jahr veranstaltete die DR-Fraktion acht von insgesamt 52 Fraktionsaußentagungen, stand damit aber nur an zweiter Stelle hinter der *Fraktion der Europäischen Volkspartei* (PPE), die tatsächlich zehn durchführte; während die *Sozialistische Fraktion* (S) immerhin fünf mal außer Haus tagte.

Die Zahlen der anderen Fraktionen für 1990: ED: 7, GUE: 2, LDR: 5, V: 6, RDE: 4, CG: 2, ARC: 3 (EU-DOC, 1993 und Guardian, 17.-29.06.93).

Ausschußvorsitzender war im März 1993 der Franzose Alain Lamassoure, der bei seinem Ausscheiden aus dem EP im selben Jahre, da er nach den französischen Parlamentswahlen Europaminister wurde, den Vorsitz an Jean-Louis Bourlanges angab. Beide gehörten, ebenso wie deren deutsche Nachfolgerin Diemut Theato, der erwähnten PPE-Fraktion an.

Jene ist mit 162 Mitgliedern (März 1993) im Europaparlament quantitativ eine ernstzunehmende Größe (EP-Liste, 08.03.1993 und 25.10.1993; FAZ, 24.05. 1994, S.5 und Goebel, 1993, S.39). Kein Wunder also, daß Frau Theato sich an dieser Thematik nicht weiter die Finger schmutzig machen wollte und Herrn Rogalla empfahl, sich stattdessen an den Parlamentspräsidenten Klaus Hänsch zu wenden, da jener „vielleicht die Möglichkeit hätte, diese Untersuchung durchführen zu lassen" (Theato-Brief[2] und EP-Vademecum, 1994, S.125).

Es ist allerdings höchst fraglich, ob er das Format aufbringen kann, hier gegen die Interessen einer Großfraktion vorzugehen. *Der Spiegel* notierte ferner, daß bei wichtigen Entscheidungen eine Mehrheit der Europaparlamentarier gegeben sein muß; unabhängig von den tatsächlichen Anwesenheiten, so daß es dadurch längst zur Herausbildung einer informellen großen Koalition gekommen. Summa sumarum blieben ohnehin fast alle EU-Finanzskandale, die bisher ans Licht gekomen sind, folgenlos (SP, 19/1994, S.20).

Den Europaparlamentariern blieb in der entsprechenden Parlamentsdebatte angesichts der durch die Presse aufgedeckten Außentagungen nur ein antifaschistisches Säbelrasseln übrig, worauf Bruno Gollnisch betont 'unschuldig' entgegnen konnte, daß sich seine Fraktion strikt an die Geschäftsordnung des Parlaments halte, in der für alle Fraktionen die Möglichkeit vorgesehen sei, in Europa zusammenzutreten; auch habe sie die Ausgaben dafür beschränkt. Weiter: „Wenn die Geschäftsordnung so geändert werden sollte, daß alle Fraktionen – wohlgemerkt *alle* Fraktionen – nur noch in Brüssel oder Straßburg tagen dürfen, wären wir dafür ohne weiteres offen, aber eine diskriminierende Behandlung darf es auf keinen Fall geben." Er versuchte also, seine Fraktion als verfolgte Unschuld hinzustellen, die von abgeblicher Diskriminierung bedroht sei. Seine Berufung auf die Geschäftsordnung geht freilich ins Leere, da diese darüber überhaupt keine näheren Bestimmungen enthält und die Fraktionsreisen auf informeller Ebene geregelt werden.

Sein Kollege Karel Dillen entgegnete dem Abgeordneten Alexander Falconer, der gegen eine mögliche Außentagung in Schottland Massenkundgebungen und Hotelboykotts organisieren wollte: „An Herrn Falconer gewandt, möchte ich sagen, daß er mit seinem Aufruf zur Gewalt (...) den Beweis dafür liefert, daß links und Sozialismus Synonyme für Haß, Terror, Gewalt und alle vergleichbaren Begriffe sind." So wird mit der Unterstellung von Gewalt beim politischen Gegner, welcher selbst nur gewaltfreie Protestformen angesprochen hatte, zugleich vorzüglich von der Gewalttätigkeit im eigenen Lager abgelenkt (EP-Verhandlung, 21.06.1993, S.3-5 und EP-GO, 1993).

Insgesamt zeigt die hier dargestellte Sachlage, daß es primär notwendig ist, dafür Sorge zu tragen, daß extreme Rechtsparteien erst gar nicht ins Parlament kommen. Denn die diesbezügliche Aufmerksamkeit der anderen politischen Kräfte endet spätestens dort, wo sie selbst im negativen Sinn betroffen sein könnten. So berichtetete am 17.06.1996, auf den Tag genau drei Jahre nach der Berichterstattung des *Guardian*, das Fernsehmagazin *Report aus München* über die Zweckentfremdung von Mitteln des Europäischen Parlaments speziell seitens der *Fraktion der Sozialdemokratischen Partei Europas* (PSE) für eine Konferenz der sozialdemokratischen Mitgliedsparteien im März 1996 in Portugal, die zum Schein als EP-Fraktionsvorstandssitzung deklariert worden war (Guardian, 17.06.1993 und Spegel, 1996).

6. Euro-rechte Formierung zu den Europawahlen und die Fraktionsbildung im Europaparlament

6.1. Die Europawahlen 1979

Bereits die ersten Direktwahlen zum Europäischen Parlament bewirkten im Vorfeld für die transnationale Formierung des Rechtsextremismus einen Schub nach vorne: Im Juni 1978 organisierte die französische *Parti des Forces Nouvelles* (PFN) ein Treffen mit der italienischen MSI-DN und der spanischen *Fuerza Nueva* (FN), dem auf Initiative der MSI-DN ein Treffen in Rom am 20. April des selben Jahres, an dem der spanische FN-Führer Blas Piñar und Pascal Gauchon, die Nummer zwei der PFN, teilnahmen, vorangegangen war.

Tagungen in rascher Folge in Neapel, Madrid und Paris schlossen sich an (Hainsworth, 1992, S.39 und Feldbauer, 1996, S.91-92). MSI-DN, PFN und FN erarbeiteten als *Eurodestra* gemeinsame Richtlinien für das zu wählende EP sowie für eine künftige gemeinsame Politik (NE, 2/1979, S.35). „Der große Erfolg der Zusammenkunft der EURORECHTEN ist ein Zeichen des Erwachens, das bisher zu erreichen keinem Wahlkampf gelungen ist. Keinesfalls ist er der Ausdruck blinden Glaubens etwa an die Zukunft eines europäischen Parlaments, das sowieso Gefahr läuft, eine Vereinigung ohne wirkliche Macht zu werden. Seine einzige Aufgabe dürfte darin bestehen, Symbol einer Sehnsucht zu sein. Es wird sich gar sehr anstrengen müssen, um zu einem einheitlichen Willen zu gelangen.“ (Maurice Bardèche, in: NE, 9/1978, S.47)

Doch schon damals gab es Akzentunterschiede zwischen den Trägerparteien. Dazu zitierte *Nation und Europa* die *Allgemeine Wochenzeitung der Juden* vom 18.08.1978: „Giorgio Almirante gibt freimütig zu, Kontakte nicht nur zum rechten Flügel der britischen Konservativen, sondern auch zur rassistischen 'National Front' Englands zu suchen. Die französische PFN würde zwar gerne mit der bundesdeutschen CSU und den britischen Konservativen anbandeln, nicht jedoch mit der 'Nationalen Front'. Einig ist man sich innerhalb der Eurorechten hingegen in der Ablehnung von Bündnissen mit deutschen Neonazis." (NE, 9/1978, S.46)

So wurde ein Zusammengehen mit der NPD unter Hinweis auf deren Nazismus abgelehnt (Habbe, 1981, S.80). Daraufhin trat die NPD, die sich seinerzeit überdies in einer finanziellen und organisatorischen Krise befand, gar nicht erst zur Europawahl an (VS, 1980, S.21).

Die *Allgemeine Wochenzeitung der Juden* analysierte die euro-rechte Strategie wie folgt: „Eben diese halbwegs glaubwürdige Distanz der PFN zum offenkundigen Neonazismus erklärt auch die besondere Rolle, die den Leuten um Tixier-Vignancour innerhalb der 'Eurorechten' zugefallen ist. Sie sollen, insbesondere mit Blick auf die ersten Direktwahlen zum Europäischen Parlament, die extreme Rechte in Europa salonfähig machen."

Als potentiellen deutschen Verbündeten betrachtete die *Eurodestra* den damaligen CSU-Vorsitzenden Franz-Josef Strauß (Hainsworth, 1992, S.39), wozu sich Almirante seiner guten Kontakte zur bayerischen CSU, insbesondere zu Otto von Habsburg und dessen *Paneuropa-Union* (PEU), rühmte (Meyer/Rabe, 1980, S.131-133). Habsburgs Kandidatur für das Europaparlament wurde auch von der DVU vehement unterstützt (Linke, 1994, S.119).

Mit gewissem Bedauern mußte die Zeitschrift *Nation Europa* aber schließlich feststellen, daß in „Westdeutschland (...) die Europäische Rechte leider noch nicht wählbar" sei; bei Strauß, der die damalige Europawahl auch als Testlauf im Hinblick auf eine potentielle bundesweite Ausdehnung der CSU betrachtete, fand die Formierung der europäischen Rechten also offenbar keine große Gegenliebe (NE, 5/1979, S.27-31 und SP, 18/1978, S.18).

Stattdessen initiierte Strauß die Gründung der *Europäischen Demokratischen Union* (EDU) unter Beteiligung der französischen Gaullisten, der britischen Konservativen und des portugiesischen CDS, die freilich über die *Hanns-Seidel Stiftung* auch Kontakte mit offen reaktionären Kreisen in Spanien (*Alleanza Popular*), Portugal (Institut für portugiesische Studien – *MIRN*) und Griechenland unterhielt (Axt/Deppe, 1979, S.107 und Meyer/Rabe, 1980, S.137-143).

Die drei Kernparteien der *Eurodestra* richteteten daraufhin ihren Blick auf mögliche Bündnispartner in Griechenland, Portugal und den beiden Landesteilen Belgiens, „die aber noch nicht offizielle Trägergruppen geworden" seien und damit zunächst für ein engeres Zusammengehen außer Betracht blieben. Die Spanier wiederum wählten 1979 noch nicht mit – Spanien trat erst 1986 der EG bei –, so daß letztlich nur MSI-DN und PFN als tatsächlich zu wählende Trägerparteien übrigblieben. Die italienische Namensgebung des Bündnisses weist dazu auf eine gewisse Dominanz der MSI-DN hin und tatsächlich wurden die politischen Vorstellungen der *Eurodestra* in einem *Nation Europa*-Interview schließlich von dem MSI-DN-Generalsekretär Giorgio Almirante erläutert.

Er erhoffte sich Zustimmung von anderen rechten Abgeordneten und Kontaktnahmen „mit allen europäischen Kräften, die mit Sicherheit antikommunistisch, mit Sicherheit antimarxistisch sind", um eine „Anti-Links-Koalition zu realisieren". In diesem Zusammenhang verwies er auf die über Jahre hinweg gewährte Unterstützung seiner Partei für die italienischen Christdemokraten (DC), wies aber auch darauf hin, daß sich in der Zwischenzeit die Situation gewandelt habe, da die DC keine antikommunistische 'Sperre' mehr darstelle.

In bezug auf den Euro-Nationalismus wandte er sich gegen die Agitation gegen ein „deutsch-amerikanisches Europa", wie sie damals von den französischen Gaullisten vertreten wurde. Allerdings lehnte er auf europaparlamentarischer Ebene eine Strategie des Angriffs und der Konfrontation ab, „denn wir sind zu wenige, um uns diesen Luxus erlauben zu können" (NE, 5/1979, S.27-31 und Kirfel/Oswalt, 1989, S.198).

Die MSI-DN war schließlich auch die einzige Partei der *Eurodestra*, die aus den Direktwahlen Kapital schlagen und mit 5,5% der Stimmen vier Abgeordnete nach Straßburg entsenden konnte (NE, 8/1979, S.51). Eine Fraktionsbildung scheiterte am Fehlen ausreichend starker Bündnispartner. Allenfalls der Abgeordnete der dänischen *Fremskridtpartiet* (FRP) wäre in Frage gekommen (Backes, 1990, S.4), doch fand er Aufnahme in der *Fraktion der Europäischen Demokraten für den Fortschritt*, deren stellvertretender Vorsitzender er wurde (EP, 1982, S.390). Dagegen blieb der Abgeordnete der ebenfalls weit rechts stehenden griechischen *Komma Proodeftikon* (K.P.; Progressive Partei), der 1981 ins EP entsandt wurde, fraktionslos (Dimitras, 1992, S.255 und EP, 1982, S.395).

6.2. Die Europawahlen 1984

Im Vorfeld der zweiten Direktwahlen gab es keine gemeinsame euro-rechte Plattform mehr. Aber die schon fünf Jahre zuvor erprobte französisch-italienische Zusammenarbeit konnte diesmal in eine Fraktionsbildung eingebracht werden, da die nationalen Wahlen entsprechend 'gut' ausgefallen waren. Daran wird deutlich, daß Europawahlen primär national gewonnen werden und supranationale Zusammenschlüsse darüber in den Hintergrund treten.

Die *Front National*, die anläßlich der *Eurodestra*-Formierung 1979 bereits kurzzeitig mit der PFN zusammengegangen war, erhielt mit 11% der Stimmen zehn Mandate, die MSI-DN mit 6,5% fünf. Hinzu kamen 2,3% für die griechische E.P.EN. und damit ein Sitz im EP (Kirfel/Oswalt, 1989, S.196-197 und NE, 5/1979, S.31). Die zehn Franzosen, die fünf Italiener und der eine Grieche bildeten gemeinsam die *Fraktion der Europäischen Rechten* (DR). Im Gegensatz zu 1979 zeigte sich diesmal eine quantitative Dominanz der Franzosen, so daß „erwartungsgemäß der Vorsitzende der Front National, Jean-Marie Le Pen" Fraktionsvorsitzender wurde (NE, 8/1984, S.54), der sich äußerst überschwenglich zeigte: „Die Nachricht von deren Einrichtung schlug dann auch wie eine

Bombe ein. Bis dahin war das Europäische Parlament vor allem ein Forum der linken Gleichmacherei, aber wir wollten das ändern.“ (NE, 4/1988, S.27)

Das euro-rechte Bulletin *Europe et Patries* zog eine weitgehend positive Bilanz der Fraktionsarbeit, trotz angeblicher Anfeindungen durch die übrigen Abgeordneten und auch trotz des Austritts des französischen Vizepräsidenten der Fraktion, Olivier d'Ormesson (E&P No 56, 1993, S.5). Le Pen zufolge besitze die Fraktion dabei „zwei Haupteigentümlichkeiten: Ernsthaftigkeit und Zielstrebigkeit.“ (NE, 4/1994, S.6) Hierin zeigt sich im Vergleich zu 1979 offensichtlich ein deutlicherer Hang zur Konfrontation gegenüber den übrigen politischen Gruppierungen, und dies trotz der gewissen inneren Fragilität, aufgrund der Anne Breton die Fraktion 1987 als Assoziation von Parteien ohne starke föderale Elemente chrakterisierte (Breton, 1987, S.17).

Darüberhinaus gelang es der Fraktion immerhin, soviel an Attraktivität zu gewinnen, daß im selben Jahre der nordirische Abgeordnete der *Ulster Unionist Party* (UUP) von der *Fraktion der Europäischen Demokraten* (ED) zur DR-Fraktion überwechselte (Taylor-Brief). Die im selben Jahre ins EP gewählten Vertreter der semi-franquistischen spanischen *Alleanza Popular* (AP) schlossen sich allerdings der ED-Fraktion an (Kirfel/Oswalt, 1989, S.198), obwohl die AP noch zwei Jahre zuvor mit einer Delegation bei einem euro-rechten Treffen in Rom vertreten war (NE, 11/1985, S.48). Die 1986 aus der *Fuerza Nueva* hervorgegangene *Frente Nacionale* kam bei dieser Wahl mit ganzen 0,63% gar nicht erst ins Parlament (Gilmour, 1992, S.213).

6.3. Die Europawahlen 1989

Die Europawahl 1989 verkomplizierte die Situation gegenüber 1984 insofern, als sich die Zahl potentieller Bündnispartner für eine Fraktionsbildung vergrößerte. Während die Ergebnisse der FN konstant blieben, verlor die MSI-DN einen Sitz und der E.P.EN. gelang nicht mehr der Einzug ins EP. Dafür entsandten die deutschen *'Republikaner'* (REP), der *Vlaams Blok* (VB) und die norditalienische *Lega Lombarda* erstmals Abgeordnete (Backes, 1990, S.4). Letztere schied für eine Fraktionsbildung jedoch von vornherein aus, da sich deren Vertreter der *Regenbogen-Fraktion* (ARC) im Europaparlament anschlossen, die überwiegend aus Repräsentanten regionalistischer und föderalistischer Parteien besteht (Greß, 1994, S.197).

Mit der Fraktionsbildung 1989 zwischen FN, REP und VB – die italienische MSI-DN blieb außen vor – kamen recht junge Parteien zusammen, denen erst in den achtziger Jahren der Aufstieg zu breitenwirksamen Organisationen gelungen war. Sie hatten es allesamt verstanden, reaktionäre Politikinhalte mit modernen Formen der Agitation und der Wählermobilisierung zu verbinden (Pfahl-Traughber, 1994a).

Trotz dieser eigentlich starken Ausgangslage für eine gemeinsame politische Plattform kam eine solche wieder nicht zustande, und bei der Fraktionsbildung wurde lediglich eine „technische Zusammenarbeit“ vereinbart, so daß sich die Fraktion schließlich offiziell *Technische Fraktion der Europäischen Rechten* (DR) nannte (Lepszy/Veen, 1993, S.76).

Wohlwollend kommentierte dies die *Junge Freiheit* mit den Worten: „Die Fraktion stellt einen technisch-administrativen und damit neuartigen Zusammenschluß dar, der den einzelnen Parteien inhaltliche Bewegungsfreiheit gewährleistet.“ (JF, 4/89, S.4) Damit solle innerfraktionellen Zerwürfnissen vorgebeugt und verhindert werden, daß eine Gruppierung für Äußerungen der anderen verantwortlich gemacht werde. Besonders die REP stellten in der Folgezeit den technischen Charakter der Fraktion heraus. Nach Einschätzung von Uwe Backes „ein Schachzug zur Entkräftung des Argumentes, das Bündnis mit Gruppierungen wie FN und Vlaams Blok entlarve ihren rechtsextremen Charakter“. (Backes, 1990, S.5) Hans-Günter Schodruch dazu: „Diese Konstruktion bringt uns REPUBLIKANERN den Vorteil, daß wir unsere Politik ohne Rücksichtnahme auf andere Partner verfolgen können. Allerdings kann heute schon erfreut festgestellt werden, daß die bisher zutage getretene Übereinstimmung aller Partner die beste Garantie dafür bildet, grundsätzlich auch in politischer Hinsicht von einem gemeinsamen Fundament auszugehen.“ (REP, 9/1989, S.2)

Die Ablehnung einer gemeinsamen Plattform wird aber auch aus der Kritik an den anderen Fraktionen heraus gerechtfertigt, da sich die Abgeordneten in Straßburg nicht nach Nationalitäten, um die Interessen der jeweiligen Nation zu vertreten, sondern ideologisch gruppieren: „Es soll keine spezifisch französischen, italienischen und deutschen Interessen mehr geben. Alles wird europaweit über den Leisten der jeweiligen Mehrheitsideologie geschlagen. Momentan geben die Sozialisten den Ton an.“ (ER, 4/1992)

Allerdings war die Bildung einer technischen Fraktion im EP kein völliges Novum, da es bereits nach der Europawahl 1979 eine elf Mitglieder starke *Fraktion für die technische Koordinierung und Verteidigung der unabhängigen Gruppen und Abgeordneten* gab; die tatsächlich nur einen rein funktionellen Charakter hatte (EP-Buch, 1989, S.118).

Demgegenüber waren die Affinitäten zwischen den Trägerparteien der *Technischen Fraktion der Europäischen Rechten* doch deutlich größer: Nach der Fraktionsbildung kam es im Herbst 1989 zu einem Treffen in Berchtesgaden, auf dem Schönhuber und Le Pen große Sympathien füreinander bekundeten (Jaschke, 1993, S.36). Wenig später wurden auf einer Tagung in Bad Reichenhall Vereinbarungen über periodische Arbeitstreffen, den regelmäßigen Austausch von Gastreferenten, sowie über gegenseitige publizistische Schützenhilfe getroffen. So trat auf einem Informationsabend in München beispielsweise Yvan Blot als Gastreferent in Erscheinung (REP, 12/1989, S.3).

Im folgenden soll nun den ideologisch-programmatischen Bruchlinien nachgegangen werden, die die Herausbildung einer politischen Fraktion verhinderten.

Franz Schönhuber sagte dazu: „Die heftigste Ablehnung einer politischen Fraktion kam von den Flamen, deren Präsident Dillen seine Zustimmung immer von der Billigung durch sein oberstes Parteigremium abhängig machte. Er praktizierte damit ein Verfahren, das ich für richtig hielt und das vor kurzem auch unsere Partei anwandte." (REP, 1/1991, S.3)

Karel Dillen vom Vlaams Blok meint auf die Frage „Warum technische Fraktion?": „Weil wir viele gemeinsame Standpunkte haben, die wir zusammen verteidigen, aber auch einige, die grundverschieden sind. Die Deutschen und ich als Flame gehen aus vom Volksbegriff von Herder, die Franzosen vom Staatsbegriff Renans. Dies verhindert freilich nicht, daß wir einen gemeinsamen Kampf führen und führen müssen." (NE, 3/1992, S.24)

So wirkten trotz Angleichung via „modernem" Rechtspopulismus noch traditionell bedingte Differenzen nach. So ließ sich der vor allem für die Traditionalisten des *Vlaams Blok* wichtige „volksnationalisme" nur schlecht mit dem etatistischen Nationalismusverständnis der französischen FN unter einen Hut bringen (Gijsels/ Velpen, 1992, S.156). Hinzu kommt, daß es auch im wallonischen Teil Belgiens eine extreme Rechte gibt, die sich stark am französischen Vorbild ausrichtet und dabei im wesentlichen auf einem doktrinären Nationalismus gründet, während die flämische extreme Rechte eng mit der Bewegung für Autonomie verbunden ist (Trom, 1990, S.109). Die FN Le Pens war wiederum darauf bedacht, nicht die politische Unterstützung der französisch sprechenden Belgier im wallonischen Landesteil zu verlieren (REP, 1/1991, S.3).

Gleichwohl schürte auch Le Pen in seinen Wahlkampfauftritten traditionelle Regionalpatriotismen. Er selbst bekannte sich als Bretone, um das in der Bretagne traditionell starke Regionalbewußtsein mit durchaus antizentralistischer Stoßrichtung für sich auszunutzen. Bezüglich nationaler Minderheiten sagte er zwar Ja zur Selbstbestimmung in kultureller, nicht jedoch in politischer Hinsicht. „Ich lehne den Regionalismus ab, wenn er zum Drang nach Separatismus führt." (Leist, 1981, S.127-137; Kirfel, 1989, S.116 und NE, 4/1988, S.27)

Für die Fraktionsbildung im Europaparlament hatte, wie Cas Mudde feststellte, der VB-Abgeordnete Dillen „aufgrund seines konsequenten Vorgehens und taktischen Geschicks bedeutsamen Anteil" (Mudde, 1994, S.106). Die *Süddeutsche Zeitung* ließ sich in ihrer Betrachtungsweise noch eher von Äußerlichkeiten leiten: „Neben den politischen Showmastern Franz Schönhuber und Le Pen wird Dillen, der frühere Renault-Arbeiter, so scheint es, blaß bleiben." (SZ, 22.07.1989)

Ihm kam aber bei der Fraktionsbildung insofern die zentrale Rolle zu, als seine Stimme bei der Entscheidung zwischen *'Republikanern'* und MSI-DN letztlich die ausschlaggebende gewesen sein dürfte. Mit dem Europawahlergebnis wäre nämlich nach der Geschäftsordnung auch eine Fraktion aus FN, VB und

MSI-DN rechnerisch möglich gewesen. Sie hätten es zusammen auf 15 Abgeordnete gebracht, drei über dem vorgeschriebenen Minimum bei einer trinationalen Fraktion (EP-GO, 1993, S.33). Dillen sprach sich aber deutlich gegen eine Kooperation mit den Italienern aus (Husbands, 1992, S.142). Schönhuber war ihm mit seinen Bedingungen zur Fraktionsbildung entgegengekommen: „Ausschluß des MSI aus diesem Bündnis [und] Aufnahme des flämischen Blocks, um Fraktionsstatus zu erlangen". (JF, 4/89, S.4)

Für Schönhuber verbot sich ein Zusammengehen mit den Italienern „allein schon wegen der in der Nachfolge des Faschismus stehenden Südtirolpolitik des MSI" (JF, 4/89, S.4). Die REP folgten also nicht der Politik der NSDAP, die seinerzeit die Südtiroler dem Achsenpartner Mussolini preisgab (Behrend/Prenzel, 1990, S.98). Speziell unter Hinweis auf diese historische Achse meinte Schönhuber: „Ich will nichts gegen den MSI sagen, ich kenne ihn nicht. Ich kenne nur Herren Fini, der den Eindruck eines ganz und gar korrekten und demokratischen Menschen vermittelt. Aber für einen Deutschen ist es beinahe unmöglich, einer Gruppe anzugehören, von der man sagen wird: 'Seht nur, die Faschisten sind unter sich', 'die neue Achse Rom-Berlin'. Verstehen sie, das ist nicht leicht, und ich muß bis heute in Deutschland hart dagegen ankämpfen." (Fromm/Kernbach, 1994b, S.182)

Umgekehrt wollte die MSI-DN auch mit den REP keine Fraktion bilden, da die Zusammenarbeit mit den *'Republikanern'* wegen der „unannehmbaren ausländerfeindlichen Positionen" und der Forderung nach Eindeutschung des italienischen Südtirol unmöglich sei (Jaschke, 1993, S.36-37). Gleichwohl ist dies exakt dieselbe Konfliktlinie, wie sie auch schon zwischen Mussolini und Hitler mit seiner 'Heim ins Reich'-Politik bestand, ehe sich schließlich die italienische Seite durchsetzen konnte (Feldbauer, 1996, S.92).

Der VB-Abgeordnete Dillen unterstützte in dieser Auseinandersetzung die REP, wobei er in Hinblick auf Südtirol (Alto Adige) einen Vergleich mit der Bedeutung Brüssels für die Flamen zog, das der *Vlaams Blok* als die Hauptstadt eines künftigen flämischen Staates betrachtet (Husbands, 1992, S.142).

Diese Frontstellung sei nach Darstellung des Fraktionsbulletins *Europe et Patries* aber lediglich ein Resultat gegenseitigen Betrugs und gegenseitiger Desinformationen gewesen. Dennoch wird das Zustandekommen der Fraktion als „une nouvelle victoire des forces de la droite nationale" gefeiert, ein Sieg, welcher nur durch Mißstimmungen geschmälert werden könnte (E&P No 56, 1993, S.5).

Nach Schönhubers Darstellung entzogen sich die FN-Abgeordneten allerdings daraufhin bei „Abstimmungen in Südtirolfragen (...) einem Votumsdilemma durch Abwesenheit" (REP, 1/1991, S.3). Innerhalb der FN stieß das Bündnis mit den REP auch auf einige Kritik aus den eigenen Reihen, so bei Jean Madiran, dem Herausgeber von *Présent*, der hier von einem Verrat gegenüber der MSI-DN sprach (Marcus, 1995, S.161).

Vor dem Hintergrund der differierenden Nationalismusverständnisse akzeptierte Le Pen auch bei der Fraktionsbildung nur widerstrebend das von Schönhuber reklamierte „Recht des deutschen Volkes, in einem einigen und freien deutschen Staat mit garantierten Rechten zu leben"; womit der REP-Vorsitzende die „Grenzen von 1937" meinte (DP, 15.04.1994).

Ausschlaggebend für die FN das Bündnis mit Schönhuber einzugehen war schließlich auch der Umstand, daß die MSI-DN mit ihren damaligen ständigen Flügelkämpfen zwischen eher nationalrevolutionären und stärker konservativ-etatistischen Strömungen weniger gute Zukunftsaussichten für ein dauerhaftes Zusammengehen zu bieten schien (Fromm/Kernbach, 1994b, S.183).

Das sollte sich allerdings als Trugschluß erweisen. So gab es angesichts der Streitigkeiten bei den deutschen Abgeordneten, in deren Folge Schönhuber die Fraktion verließ, bei der FN dann auch Bestrebungen, die MSI-DN erneut in die Fraktion einzubinden. Entsprechende Optionen sprach Le Pen in einem Interview mit der Zeitung *Le Figaro* an. Einzelbeitritten von MSI-Mitgliedern stünde nichts im Wege, wenn es keine fundamentalen politischen Unterschiede gäbe, wozu Le Pen gerade die Südtirol-Frage nicht zähle. Derlei Avancen wurden vom damaligen MSI-DN-Vorsitzenden Rauti jedoch als undenkbar zurückgewiesen (REP, 1/1991, S.3-4).

6.4. Die Europawahlen 1994

Bereits im Vorfeld der Europawahl 1994 zeigte die MSI-DN/*Alleanza Nazionale* wenig Interesse, bei einer Neuauflage der euro-rechten Fraktion mitzuwirken. *Nation und Europa* kommentiert, daß hier noch der Ärger darüber nachwirke, daß bei der Fraktionsbildung fünf Jahre zuvor die MSI außen vor blieb: „Die damalige Brüskierung des MSI ist in Rom unvergessen".

Fini strebte für die AN eine Mitgliedschaft in der gaullistisch bestimmten RDE-Fraktion an. Glyn Ford nannte Guiseppe Tatarella und Roberto Visibelli als weitere Befürworter dieser bürgerlichen Bündnisstrategie. Fürsprecher für ein Bündnis mit der FN Le Pens fanden sich dagegen bei Leuten um Alessandra Mussolini (NE, 4/1994, S.16 und Searchlight, 8/1994, S.23). Dagegen regte Rauti ein Zusammengehen mit den Abgeordneten der *Forza Italia* an (Renner, 1994, S.72).

Das Europawahlergebnis hätte auch nach dem Ausscheiden der *'Republikaner'* aus dem EP durchaus eine gute Ausgangslage für eine Neuauflage der eurorechten Fraktion geboten. Unter der Schlagzeile „Rückt Europa nach rechts?" stellte *Nation und Europa* fest: „Die Zahl der 'Rechten' wuchs auf 25, so daß es zu einer Fraktion der Eurorechten kommen könnte, wenn man sich zwischen Italienern und Franzosen darauf einigt" (NE, 6/1994, S.14). In der darauffolgenden Ausgabe wurde das rechte Potential sogar noch größer eingeschätzt: „Es gibt im neuen Europaparlament bis zu 50 rechte Parlamentarier aus fast allen Ländern – nur aus Deutschland bekanntlich keinen. Der harte Kern sind die Eurorechten aus Frankreich und Belgien. Zur Fraktionsbildung bedarf es aber weiterer Mitwirkender. (...) Ungewiß ist noch, wie sich die elf Abgeordnteten des MSI/Nationale Allianz im Europaparlament entscheiden werden. (...) Die französische Wochenzeitung 'Rivarol' meint, Fini solle sich 'pragmatisch' verhalten und einige seiner Abgeordneten in der Eurorechten mitwirken lassen.“ (NE, 7-8/1994, S.18) Die Einigung kam allerdings nicht zustande.

Zunächst verwiesen Fini und seine Gefolgsleute mit Berlusconis Unterstützung bei jeder sich bietenden Gelegenheit auf die angeblich tiefen Differenzen zu der FN. Dies war aber eher taktischer Natur, da Le Pen mit seiner Politik des kalkulierten Skandals und seiner offen zur Schau gestellten Gewalttätigkeit gegenüber dem „legalistischen Schwächling“ Fini tatsächlich wie ein Extremist wirkt, wenngleich er sich bei der Zu- und Einwanderungspolitik inzwischen in der Sache ebenfalls in weitgehender Übereinstimmung mit den bürgerlichen Parteien Frankreichs befindet (Renner, 1994, S.78-79).

Hinsichtlich der Quantitäten ist zu beachten, daß diesmal die AN ebenso stark vertreten ist, wie die FN. Beide stellen elf Abgeordnete (EP-Ergebnisse, 1994, S.33 und 38). Das heißt: Bei einem Beitritt einzelner AN-Abgeordneter wären sie, wie schon im Falle der MSI-DN Abgeordneten von 1984 bis 1989, nur Juniorpartner in einer französisch dominierten Fraktion geworden. Hätten jedoch alle AN-Abgeordneten in die Fraktion gewollt, so hätte dies den Führungsanspruch der FN und ihres Vorsitzenden Le Pen in Frage gestellt. Inwieweit Le Pen bereit gewesen wäre, die Fraktionsführung abzugeben, oder etwa eine Doppelspitze zuzulassen, wird Spekulation bleiben. Der ausgeprägte Personenkults, der bei der FN betrieben wird, läßt diese Möglichkeiten jedoch eher unwahrscheinlich erscheinen. „Seine Gefolgsleute identifizieren sich nicht nur mit Le Pens Ideen, sondern auch mit seiner Person: Ein Algerienkämpfer und Folterer, der zudem bei einer Wirtshausschlägerei ein Auge verlor – was für ein Kerl“ (Renner, 1994, S.79)

Nach den aktualisierten Bestimmungen der Geschäftsordnung von1994 – bei zwei Nationalitäten ist eine Mindestzahl von 21 Abgeordneten vorgeschrieben – wäre für ein solches Bündnis auch schon nicht mehr der *Vlaams Blok* notwendig gewesen, an dem möglicherweise dic Italiener aufgrund des Votums für die *'Republikaner'* von 1989 hätten Anstoß nehmen können.

Doch von einer nachhaltigen Entfremdung zwischen Franzosen und Italienern zeugt die No 62 der Zeitschrift *Europe et Patries, Bulletin d'Information des députés européens du Front National* (Informationsbulletin der Europaabgeordneten der *Front National*): Zwar wird auf Seite drei das MSI/AN-Ergebnis zur Kenntnis genommen, doch mit Bild vorgestellt werden auf Seite vier des Bulletins nur die FN-Abgeordneten und „unsere flämischen Freunde“, die beiden MdEP vom Vlaams Blok (E&P No 62, 1994). Nicht dagegen der neu hinzugekommene Abgeordnete der belgisch-wallonischen FN, mit dem bei einem teilweisen Zusammengehen der AN mit der FN ebenfalls eine Fraktion hätte zustandekommen können, da bei drei Nationalitäten nach den aktualisierten Bestimmungen 16 Personen zur Fraktionsbildung ausreichen (EP-GO, 1993, S.33).

Hinsichtlich der zuvor noch differierenden Nationalismusverständnisse auf der französisch-flämischen Achse (NE, 3/1992, S.24 und Gijsels/Velpen, 1992, S.156) fand zudem eine zwischenzeitliche Annäherung statt, zumal es in Frankreich unter reaktionären Politikern immer wieder Zweifel gab, ob die Nation als Bekenntnis- statt als Schicksalsgemeinschaft nicht doch ein zu schwaches und unwägbares Konstrukt in einem Universum der Konkurrenz und des Krieges sei (Ebermann/Trampert, 1995, S.316-317). Die entsprechende Wende zum Blutrecht vollzog schließlich Bruno Mégret 1991 mit den „fünfzig konkreten Vorschlägen zur Lösung des Einwanderungsproblems“ (Surya, 1994, S.25).

Daneben machte der VB-Europaabgeordnete Frank Vanhecke nach der Europawahl deutlich, daß er für eine etwaige parlamentarisches Zusammenarbeit mit der FN 'belge' keine Probleme sähe, solange sie sich innenpolitisch auf Wallonien beschränken würde (NE, 10/1994, S.21-22).

Die EP-Mitgliederliste vom 14. September 1994 weist die elf AN-Abgeordneten, die elf französischen FN-Abgeordneten, den einen Abgeordneten der belgischen FN und die beiden Abgeordneten des *Vlaams Blok* als fraktionslose Abgeordnete (NI) aus (EP-Liste, 14.09.1994, S.91). Frank Vanhecke vom *Vlaams Blok* zu den sich daraus ergebenden Konsequenzen: „Das heißt, daß wir über viel weniger materielle Arbeitsmöglichkeiten (...) und viel weniger politische Arbeitsmöglichkeiten verfügen. Wir können beispielsweise nichts auf die Tagesordnung setzen.“ (NE, 10/1994, S.20)

Glyn Ford hielt zur Dialektik der jetzigen Fraktionslosigkeit fest: „Das wird verhindern, daß sie eine einheitliche politische Plattform ins Parlament tragen, aber es macht es ihnen andererseits leichter, aus ihrem isolierten Getto auszubrechen.“ (Searchlight, 8/1994, S.23)

Seit dem 01.01.1995 könnten jedoch die Karten neu gemischt werden, da infolge des EU-Beitritts Österreichs jetzt auch die FPÖ mit fünf Abgeordneten in Straßburg vertreten ist, denen bislang keine Aufnahme in einer der bestehenden Fraktionen gelungen ist (Moritz, 1995, S.10).

Haider selbst bleibt in bezug auf potentielle Bündnispartner eher nebulös, tendiert aber offiziell mehr zu den bürgerlich-konservativen Kräften, einschließlich der französischen Neogaullisten (Haider-Interview, 1995, S.632). Abstand wahrt er dagegen zu Le Pen, mit dem er schon deshalb nichts zu tun habe, weil die FN, im Unterschied zur FPÖ, eine rassistische Bewegung sei, welche Blut und Boden-Theorien verbreite (WP, 47/1994, S.14).

7. Die Publikationen der Euro-Rechten: Wer spricht für die Euro-Rechte?

Die euro-rechte Publizistik, und damit speziell jene, bei der ein Bezug zum Europäischen Parlament besteht, ist bislang weitgehend unerforscht. Daher soll es hier in erster Linie um eine bloße Bestandsaufnahme der Publikationen gehen. Angaben über die Auflage liegen dabei nicht vor, zu deren Verbreitung können auch nur Vermutungen angestellt werden. Diese Literatur könnte deshalb von einiger Bedeutung sein, da sich durch diese Publikationen die Anhänger extrem rechter Parteien ein Bild von „artverwandten" Gruppierungen im jeweiligen europäischen Ausland machen können, und dies aus 'eigener' rechter Sicht.

Pionierarbeit bei der Sichtung dieser Publikationen leisteten Rainer Fromm und Barbara Kernbach, die in ihrem 1994 erschienenen Buch „... und morgen die ganze Welt? Rechtsextreme Publizistik in Westeuropa" erstmals auch eine Übersicht über die „Publikationen der im Europaparlament vertretenen Parteien" zu geben versuchen (Fromm/Kernbach, 1994a, S.13-16).

7.1. Die Publikationen der Periode 1984-1989

Anne Breton, die bereits 1987 die Euro-Rechte im Rahmen einer Seminararbeit untersuchte, nennt bezüglich euro-rechter <u>Broschüren</u> die folgenden Titel: *L'Europe de Jean-Marie Le Pen*, *Jean-Marie Le Pen et la Défense Européenne*, *Jean-Pierre Stirbois et l'élargissement* und *Jean-Marie Le Pen à Rome*.

Angesichts dieser Titel, die sämtlich vom Pariser Fraktionsbüro (G.D.E.) herausgegeben wurden, vermerkte Anne Breton eine starke Hegemonialstellung der FN und ihres Vorsitzenden Le Pen, auch bei der Bebilderung. So gibt es kein Bild, auf dem die italienischen Abgeordneten zusammen vertreten sind, auf allen anderen sind sie von einem Vertreter der FN begleitet, am häufigsten von Le Pen (Breton, 1987, S.17).

Die These von der Hegemonialstellung der FN ist allerdings durch eine 52-seitige Broschüre mit dem Titel *Eine Hoffnung für Europa*, etwas zu relativieren. Diese Broschüre war Anfang 1986 in der Zeitschrift *Nation Europa* vorgestellt worden: „Die geschmackvoll aufgemachte Broschüre bietet zunächst Selbstdarstellungen der drei Trägerparteien der Eurorechten – Front National in Frankreich, MSI-DN in Italien, Union für nationale Politik (EPEN) in Griechenland – und Berichte über die bisherigen Zusammenkünfte der Eurorechten." (NE, 1-2/1986, S.122)

Im November 1987 erschien ein <u>Buch</u> unter dem gleichen Titel, *Un espoir pour l'Europe – Études et Réflexions*, in dem es zwar keine Selbstdarstellungen der einzelnen Parteien der Eurorechten gibt, gleichwohl aber Vertreter sämtlicher Parteien der Fraktion zu Wort kommen, einschließlich des nordirischen UUP-Abgeordneten Taylor. Aber auch bei diesem Buch, das zweifelsohne ein Gemeinschaftswerk darstellt, wird die hervorgehobene Stellung der *Front National* und des Partei- und Fraktionsvorsitzenden Le Pen deutlich:

Le Pen ist der Verfasser des Klappentextes, wo er auch als einziger abgebildet ist, sowie der Verfasser der Einleitung und weiterer fünf Texte zu einzelnen Themenbereichen. Darin läßt er sich von keinem seiner Fraktionskollegen überbieten. Am nächsten kommen ihm dabei noch die Abgeordneten Antony und Dimitriadis, die jeweils mit drei Texten in dem Buch vertreten sind. Die Abgeordneten Buttafuoco, Lehideux, Taylor und Tripodi steuern je zwei Texte bei. Je ein Text stammt von den MdEP Devèze, Gaucher, Le Chevallier und Romualdi.

Das Vorwort stammt aus der Feder von Jean-Marc Brissaud, dem Generalsekretär der Fraktion. Das Buch ist ausgewiesen als Ergänzung (supplément) der Nummer acht der Zeitschrift *Europe et Patries*.

Der erste Themenschwerpunkt des Buch behandelt konkrete europapolitische Fragen. In acht Beiträgen geht es dabei vor allem um Wirtschaftspolitik, wobei etwa Chrysanthos Dimitriadis bereits im April 1985 darauf hinwies, daß die *Deutsche Bundesbank* gegen die Vollendung der Europäischen Währungsunion opponieren könnte, während er das Vereinigte Königreich mit der *Banc of England* in einer zögernd-abwartenden Rolle sah.

In weiteren Artikeln geht es um das europäische Wahlrecht und die Machtlosigkeit des Europäischen Parlaments. In diesem Zusammenhang polemisiert Roland Gaucher gegen die Einsetzung des parlamentarischen *Untersuchungsausschusses über Faschismus und Rassismus* in Europa und warnt vor der Gründung eines Tribunals der Völker nach bolschewistischem Muster, wogegen massiv angekämpft werden müsse.

Der Abgeordnete Taylor hat zu diesem Themenkomplex einen Bericht beigesteuert, in dem er aus unionistischer Sicht den Konflikt in Nordirland erläutert, der vor allem aus der ungelösten Frage der nationalen Zugehörigkeit Nordirlands resultiere.

Der zweite Themenschwerpunkt ist mit insgesamt sechs Beiträgen der Verteidigungspolitik gewidmet. Allein vier dieser Aufsätze stammen aus der Feder des Fraktionsvorsitzenden. Darin wird eine aktive Verteidigungspolitik unter Hoheit der NATO eingefordert, wobei die Initiative zur europäischen Verteidigung bei Frankreich läge, zumal die Sowjetunion in allen Bereichen aufrüste. Jean-Marie Le Chevallier warnt vor der gezielten Manipulation der Medien durch terroristische Gruppen, die sich hierdurch selbst bestätigten und damit ihr Fortbestehen sicherten, was konkurrierende Gruppen zur Nachahmung motiviere und die Gewaltspirale anheize.

Weitere Beiträge befassenen sich mit den Staaten des Mittelmeerraumes und des Trikonts. Dabei sieht Le Pen in der Kooperation der Mittelmeeranrainerstaaten die erste Etappe für eine neue „eurafrikanische" Politik, insbesondere im Hinblick auf den Maghreb (Algerien!). Dimitriadis weist insbesondere auf Zypern hin, das er als griechische Insel darstellt, die teilweise unter türkischer Besatzung stehe. Abschließend wird sich zu allgemeinen Gesellschaftsthemen geäußert. Hier wird unter anderem für die Aufrechterhaltung traditioneller Familienbilder und gegen Abtreibung Stellung bezogen, die den Anteil der europäischen Bevölkerung nachhaltig schwäche. Antonio Tripodi weist schließlich darauf hin, wie wichtig es für die politische Rechte sei, kulturelle Hegemonie zu erlangen, um unzerstörbare und unersetzliche Werte zu vermitteln. Dabei sei die Kultur der Rechten nicht einfach eine Kultur neben anderen, vielmehr verteidige sie das Ensemble der Kultur in ihren ewigen Werten (Le Pen, 1987).

Als weitere Bücher erschienen während der Periode:
– *Jean-Marc Brissaud: Pour une nouvelle politique étrangère.* (Für eine neue Außenpolitik) *(Université FN de Pau) 1985.*
– *Martine Lehideux: Politique familiale.* (Familienpolitik) *1986.*
– *Martine Lehideux: Réalité du développement en Afrique.* (Realität und Entwicklung in Afrika) *1987.*
– *Gilbert Devèze: Les excédents agricoles.* (Die landwirtschaftlichen Überschüsse) *1987.* (E&P No 49, 1992, S.15)

In ihren Ausführungen zur Familienpolitik warnt Martine Lehideux vor dem weltweiten Bevölkerungswachstum vor allem im Trikont sowie auch bei den Immigranten in der eigenen Hemisphäre, wohingegen der 'eigene', (west-)europäische Bevölkerungsanteil rückgängig sei. Dadurch drohe ein Austausch ganzer Generationen, so daß Europa angesichts der „aggressiven Ökonomien Japans und der Vereinigten Staaten" der Erstickungstod drohe.

Verantwortlich dafür wird die „totalitäre, inhumane Konzeption" eines Staates gemacht, der alle menschlichen Existenz- und Erziehungsangelegenheiten regele und Euthanasie und Abtreibung zulasse.

Dem gegenüber propagiert Frau Lehideux ein traditionelles Familienbild, in dem das Kind von der Mutter betreut und erzogen und vom Vater beschützt wird. Entsprechend fordert sie eine Sozialpolitik vor allem im Sinne einer aktiven Familienpolitik (Le Pen, 1987, S.243-263).

Im Hinblick auf die Situation in Afrika, fordert sie in ihrem zweiten Buch, angesichts der Tatsache, daß sowohl die USA wie die Sowjetunion dort Fuß gefaßt haben, eine eigenständige europäische Politik, um „Eurafrique" zu realisieren.

Auch hier weist sie angesichts der Bevölkerungsentwicklung auf die „demographische Explosion" hin. Darüber hinaus würde die Situation angesichts zunehmender Wüstenbildung, was immer weniger landwirtschaftlich nutzbares Land bedeute, zunehmend explosiver. Darum wird in der „agriculture" der Motor der Entwicklung dieses Kontinents gesehen. Kenia und die Elfenbeinküste als Länder, die keine Schuldenprobleme haben, werden positiv vorgestellt, weil sie eine Marktkultur hätten, im Gegensatz vor allem zu Ländern, die unter kommunistischer Vorherrschaft stünden. In diesem Zusammenhang weist sie die linke Kritik zurück, daß in erster Linie der Kolonialismus für die derzeitige Schuldensituation verantwortlich sei, vielmehr hätte jener einen zivilisierenden Effekt gehabt, an den aktuell anzuknüpfen sei (Le Pen, 1987, S.223-239).

Gilbert Devèze behauptet angesichts der landwirtschaftlichen Produktionssituation in der eigenen Hemisphäre, daß die gemeinsamen Landwirtschaftspolitik, P.A.C. (Politique Agricole Commune), ein Opfer ihrer Überschüsse geworden sei, zumal sie sich für den intensiven und mißbräuchlichen Einsatz chemischen Düngers in der Landwirtschaft einsetze und den kleineren, weniger produktiven Landwirtschaftsbetrieben keinen Schutz gegenüber den „idustries agro-chimiques“ gewähre. In einer differenzierten Landwirtschaft sieht er hingegen den besten Garanten für Umweltschutz und gegen die Wüstenbildung, die letztlich die Springquellen der Landwirtschaft untergrabe.

Scharf wendet er sich gegen Lieferungen an den Ostblock oder den Trikont, die angesichts der Überschußsituation naheliegen, und fordert stattdessen für solche Länder eine Art 'Marshallplan'. Dringende Priorität habe jedoch ein umsichtiger Plan zum Schutze der eigenen Landwirtschaft im Sinne der „préference européenne“, Wozu Europa aber mit einer Stimme im „concert international“ sprechen müsse, ohne daß sich jeweils der eine hinter dem anderen verstecke (Le Pen, 1987, S.19-38).

Als euro-rechte *Zeitschrift* tritt *Europe et Patries* (Europa und Vaterländer) in Erscheinung, die im September 1987 in der Zeitschrift *Nation Europa* mit den folgenden Worten vorgestellt wurde: „'Europe et Patries' unter diesem Titel bringt die Front National des Jean-Marie Le Pen ein monatlich erscheinendes Bulletin heraus. Es beschäftigt sich in erster Linie, wie schon der Titel sagt, mit europäischen Fragen“ (NE, 9/1987, S.61). Der Untertitel lautet*Lettre europénne de Jean-Marie le Pen*. (NE, 8-9/1989, S.41)

In einer englischsprachigen Sondernummer von E&P heißt es in einer Art Selbstdarstellung: „Eine achtseitige vierzehntäglich erscheinende Publikation (...) 'Europe and Countries' berichtet von den Aktiviäten und Beschäftigungen der Fraktion der Europäischen Rechten und ihres Vorsitzenden Jean-Marie LE PEN im Straßburger Parlament“ (E&P spécial No 39, 1991, S.20)

7.2. Die Publikationen der Periode 1989-1994

Auch in der zweiten Periode ihres Bestehens trat die Euro-Rechte mit einer Reihe von *Buchveröffentlichungen* in Erscheinung. Im Pariser Fraktionsbüro erscheinen die folgenden Titel:

– *Jean-Marie Le Pen: Europe. Discours et Interventions 1984-1989.* (Europa. Diskurse und Interventionen) *1989.*
– *Jean-Marie Le Chevallier: Immigration en Europe. Attention Danger.* (Immigration in Europa. Vorsicht Gefahr droht) *1989.*
– *Jean-Marc Brissaud: L'Europe face à Gorbatchev. Une strategie impériale contre l'impérialisme.* (Europa gegenüber Gorbatschow. Eine imperiale Strategie gegenüber dem Imperialismus) *1989.*
– *Jean-Marc Brissaud: L'Union Sovietique ne suvivra pas a la mort du communisme.* (Die Sowjetunion wird den Tod des Kommunismus nicht überleben) *1991.*

Erstgenannter Titel behandelt rückblickend auf die vorangegangene Wahlperiode schwerpunktmäßig das Problem des Terrorismus, zu dessen Bekämpfung er einen starken Staat einfordert: „Es scheint angebracht, die äußerste Strenge des Gesetzes anzuwenden bei diesen Leuten, die sich außerhalb von Zivilisation und Freiheit stellen." Le Pen beschreibt vor allem Ausländer als Tätergruppen und knüpft daran den Vorwurf an die etablierten Parteien, sie hätten „alles daran gesetzt, sämtliche Schutzmaßnahmen abzubauen, damit Ausländer und Terroristen ungehindert in unsere Länder einreisen können". Sicherheit sei „die erste Freizügigkeit der Bürger und die erste Pflicht unseres Staates".

In einem zweiten Schwerpunkt warnt er erneut vor dem angeblichen sowjetischen Übergewicht infolge des Wettrüstens, welches auch unter Gorbatschow noch weitergeführt werde. Verteidigungspolitisch wird eine „Nuklearstrategie mit Frankreich und eventuell Großbritannien als Kern" beschworen. Der Sowjetunion wird darüberhinaus unterstellt, sie sei die einzige Macht, in deren Interesse der Terrorismus läge, doch werde von dieser Tatsache abgelenkt, indem „eine mythische extreme Rechte für verantwortlich erklärt" werde.

Ansonsten werden in dem Buch der Mittelmeeerraum, die europäische Jugend, die „gegen die verschlingende Gier der Staatssozialismen und Bürokratien ankämpfen" müsse, und allgemein-europäische Fragen thematisiert. Dabei resümiert Le Pen, daß „der Wohlstand Europas" permanent gefährdet sei, „denn es muß Energie- und Rohstoffquellen grausam entbehren", so daß es sich „seine Freiheit nur mit großer Mühe bewahren" könne (Le Pen, 1989).

Interessant ist darüberhinaus auch die Vorstellung der Autoren auf den Buchdeckeln: Le Chevallier wird als „Deputé au parlement Européen, Conseiller Muncipal de Toulon" und Brissaud als „Secrétaire général du groupe technique des Droites européennes" vorgestellt. Le Pen hingegen kommt ohne zusätzliche Vorstellung aus, sein Name spricht offenbar für sich (E&P No 35, 1991, S.7).

Auffällig ist die große Bedeutung der Umbruchssituation in der noch existierenden Sowjetunion – wohl gerade auch im Hinblick auf den rigorosen Antikommunismus der FN –, so daß ihre europaparlamentarische Fraktion es nötig fand, gleich zwei Bücher zu diesem Thema zu publizieren.

In dem Brissaud-Buch von 1991 wird im Hinblick auf den Umbruchsprozeß, der irreversibel sei, das Ende der Europa der Markthändler prognostiziert. Motto: „Europa wird imperial sein, oder es wird nicht sein." Das „Empire européen" stünde dann unter dem „couple franco allemand", welches angesichts der Ratlosigkeit der NATO und vor dem Hintergrund einer neuen geopolitischen Vision auch eine neue Form der Verteidigung benötige (Brissaud, 1991). In dem Buch aus dem Jahre davor (1990), zu welchem der FN-Europaabgeordnete Pierre Ceyrac das Vorwort beisteuerte, wird die Politik der Rettung des Sozialismus durch die Perestroika nach dem Konkurs der „kremlinologues" als Mißerfolg gewertet, während die neue Offenheit (Glasnost) mehr Erfolg habe. Die geopolitischen Möglichkeiten werden im folgenden vor allem im Hinblick auf die übrigen osteuropäischen Länder (Ungarn, Rumänien, Bulgarien) erörtert, wobei die Rückkehr des Nationalismus diese Länder mit Stolz erfülle und dem „Cosmopolitisme" keine Chance mehr gebe (Brissaud, 1990).

1992 erschien Jean-Claude Martinez' *Maastricht, avant d'aller voter* (E&P No 49, 1992, S.15) und im Herbst 1993 erschien das Buch *„La France en Danger" Non à l'Europe de Maastricht*, das von Brissaud und den Mitarbeitern der Fraktion verfaßt wurde und ebenfalls über das Pariser Fraktionsbüro vertrieben wird (E&P No 57, 1993, S.1). In beiden Titeln tritt die Ablehnung des Vertrages von Maastricht als thematischer Schwerpunkt in den Vordergrund.

Hier werden der „selbstmörderische Mythos" des freien Handels torpediert und das Europäische Währungssystem als „monetäre Utopie" abgelehnt. GATT wird unter dem Gesichtspunkt der „Opfer der Landwirtschaft" und des „Bauernsterbens" abgehandelt und Ökologie wird als „eurokratisches Alibi" diffamiert. Dabei werfen sie den bürgerlichen Rechten im Europaparlament vor, die Sozialisten zu unterstützen, deren Ideologie als „selbstmörderisch, kosmopolitisch und dritte-Welt" beschrieben wird.

Die Hauptattacke geht allerdings gegen ethnische Minderheiten in Europa. Zur Lösung des sogenannten Einwanderungsproblems wird bizarrerweise eine neuartige Kooperation mit Afrika auf Basis von „Gegenseitigkeit" eingefordert; Entwicklungshilfe soll von Importen französischer Produkte und der Rückführung der Immigranten abhängig gemacht werden (Searchlight, 4/1994, S.23).

Mitte 1994 erschien im Pariser Fraktionsbüro *Cent Discours pour la France. Le Front National à Strasbourg* von Jean-Claude Martinez, worin in zwei Bänden die parlamentarischen Aktivitäten der Front National „à Strasbourg et Bruxelles en cent discours" dargestellt werden (E&P No 60, 1994, S.2).

Bücher, in denen Vertreter aller Mitgliederparteien der Fraktion als Autoren vertreten sind, erschienen in dieser Periode nicht.

Im Brüsseler Fraktionsbüro erschienen im gleichen Zeitraum ebenfalls zwei Bände des VB-Abgeordneten Dillen unter dem Titel *Vlaanderen in Straatsburg*, in dem Plenarreden abgedruckt sind, die Dillen im EP gehalten hat. Anhand dieser Bände lassen sich die für die Europapolitik des *Vlaams Blok* wichtigen

Schwerpunktthemen herausarbeiten. In beiden Bänden findet sich jeweils ein Kapitel, das die zentrale Frage stellt, wie Europa gestaltet werden soll (Europa. Welk Europa?), wobei Dillen in Hinblick auf die Flamen das Selbstbestimmungsrecht der Völker hochhält, ohne welches Europas „Einheit in Verschiedenheit", womit kulturelle Verschiedenheit gemeint ist, nicht existieren könne. Dabei dürfe die „Solidaritätspflicht" keine „Weihnachtsmannpolitik" werden. Entsprechend agitiert er gegen das zentralistische „Frankenstein-Europa" der Brüsseler Technokraten, welches er mit dem „sovjetkolonialisme" vergleicht. Ferner müsse sich Europa aus der angeblichen Vormundschaft der USA befreien. In jeweils einem Kapitel wird demagogisiert, daß Europa kein Einwanderungsland sei, weshalb der Grundsatz „Eigen Volk eerst" und die Rückführung von Immigranten als präventive Maßnahme gegen die Ausbreitung der „Gewalt durch Fremde" (Vreemdelingengeweld) und den „multikulturellen Nonsens" europaweit Gültigkeit erlangen müsse.

Der europäischen Außenpolitik ist in beiden Büchern jeweils ein Kapitel gewidmet, ebenso dem Kommunismus, wobei sich Dillen insbesondere über das Ceaucescu-Regime in Rumänien und dessen 'gewendete' Nachfolger, die sich jetzt als „Minensucher" ausgäben, ausläßt. Das rumänische Volk dürfe nicht im Stich gelassen werden.

Ein weiteres Kapitel ist dem „Sündenbock" Südafrika gewidmet. Darin ist auch eine Rede dokumentiert, bei der Dillen das Mikrofon abgedreht wurde, als er anläßlich eines Empfangs für Nelson Mandela gegen die „terroristische Organisation" ANC agitierte. Mandelas politische Gefangenschaft allerdings verglich er in verquaster Weise mit der des griechischen Obristen Papadopoulos und des deutschen Hitler-Stellvertreters Rudolf Heß.

Auch der eigene Standpunkt wird verteidigt, im ersten Teil wird auf die angebliche anti-rechte Hexenjagd etwa anläßlich der Grabschändungen auf dem jüdischen Friedhof „Carpentras" verwiesen. Der britische Labour-Abgeordnete Ford, wird wegen seines konsequenten antifaschistischen Engagements als „Großinquisiteur" gebrandmarkt. Auch wird auf angebliche parlamentarische Repressionen gegen die DR-Fraktion aufmerksam gemacht, mit der sich das Parlament nur lächerlich mache, um sich selbst im zweiten Band schließlich als „rechts ohne Komplexe" darzustellen (Dillen, 1991 und 1993). Darüberhinaus hat Dillen über die *Technische Fractie Europees Rechts* eine Sammlung von ausgewählten „europäischen Gedichten" veröffentlicht (Mudde, 1994, S.113 und VB-Open).

Die _Zeitschrift_ *Europe et Patries* erschien auch in dieser Legislaturperiode. Durch die Jahre änderte sie jedoch ihr Erscheinungsbild: Der E&P-Untertitel änderte sich in *Bulletin d'Information du groupe des Droites européennes* (Informationsbulletin der Fraktion der Europäischen Rechten). Dieser Untertitel ist insofern bemerkenswert, als durch ihn die Fraktion gegenüber der Person des

Vorsitzenden in den Vordergrund rückt. Das Adjektiv „technisch", das die Fraktion seit Juli 1989 in ihrer offiziellen Bezeichnung führt, fällt darin aber unter den Tisch. Erschien E&P noch im Mai 1991 als DIN A 4-Heft im Zweifarbdruck (blau-schwarz) mit einem Umfang von acht Seiten (E&P No 35, 1991), schwankten bei späteren Ausgaben die Seitenzahlen stark. So zählen etwa die No 53 und die No 54 je 16 Seiten, die No 56 sogar 24 Seiten, dagegen die No 55 nur vier Seiten. Die Aufmachung wurde durch einen Dreifarbdruck (schwarz-blau-rot) ansprechender gestaltet. Diese Farbgebung ermöglichte es nunmehr auch, im EG-Sternenkranz die blau-weiß-rote Flamme der FN abzubilden, worin sich ein weiteres Mal der Führungsanspruch dieser Partei innerhalb der Fraktion ausdrückte. Die anvisierte monatliche Erscheinungsweise wurde nicht immer kontinuierlich durchgehalten. So erschien die No 53 als Doppelnummer für die Monate April und Mai 1993, No 57 ist sogar eine Dreifachnummer für die Monate Oktober, November, Dezember 1993 (E&P No 49, 1992; E&P No 53, 54, 55 und 56, 1993). Andererseits gab es zwischendurch auch Sondernummern, die in ihrer Aufmachung deutlich von den übrigen Heften abwichen: No 39 erschien als „Numéro Spécial" in englischer Sprache unter dem Titel *The Front National of France* im DIN A 5-Format mit aufwendigem Vierfarbdruck und einem Umfang von 26 Seiten. No 61 erschien ebenfalls als DIN A 5-Heft *Argumentaire sur l'Europe*, jedoch in vergleichsweise schlichter, schwarz-weißer Aufmachung und mit 40-seitigem Umfang (E&P spécial No 39, 1991 und E&P No 61, 1994).

Nach den Europawahlen 1994 und der ausgebliebenen Neugründung der Fraktion besteht die Zeitschrift zwar weiter fort, änderte aber erneut ihren Untertitel, diesmal in *Bulletin d'Information des députés européens du Front National* (E&P No 62, 1994).

Die deutschen Mitglieder der Fraktion berichteten über ihre Aktivitäten in Form von <u>*Sonderseiten in diversen Zeitungen*</u>. Franz Schönhuber hatte in der Parteizeitung *DER REPUBLIKANER* die Rubrik *Europaseite der Republikaner* eingeführt (Fromm/Kernbach, 1994a, S.16), die allerdings nur bis zum Fraktionsaustritt Schönhubers und den Parteiaustritten beziehungsweise Ausschlüssen seiner Parlamentskollegen als Publikation der euro-rechten Fraktion im engeren Sinne zu bezeichnen ist.

An ihre Stelle trat im November 1990 die Rubrik *Europa Rechts* in der Zeitung *Deutsche Rundschau* als *Sonderveröffentlichung der Technischen Fraktion der Europäischen Rechten. Deutsche Abgeordnete* mit einem Umfang von zwei Seiten (ER, 11/1990, S.9). Da im Impressum dieser Veröffentlichung die Brüsseler Fraktionsanschrift auftaucht, behauptete Schönhuber, daß damit „für den Inhalt die gesamte Fraktion, besonders aber ihr Präsident Le Pen und auch Professor Schlee" verantwortlich seien. „Sie sind auch mitverantwortlich für die großdeutschen Visionen wie sie in der letzten 'Deutschen Rundschau' zum Ausdruck kamen." (REP, 1/1991, S.3)

Im Dezember 1990 wurde die Kopfzeile geändert, sie präsentierte sich nunmehr in heller Schrift auf dunklem Grund und wurde mit dem Signet des EP versehen (ER, 12/1990). Im Januar 1991 änderte sich der Untertitel in *Aus der Parlamentsarbeit der technischen Fraktion der Europäischen Rechten – Deutsche Abgeordnete* (ER, 1/1991). Obwohl *Europa Rechts* offiziell also nur als Organ der deutschen Fraktionsmitglieder galt, kamen in ihr auch die übrigen Fraktionsmitglieder zu Wort. So veröffentlichte *Europa Rechts* Beiträge von Yvan Blot (ER, 10/1991), Bruno Mégret (ER, 12/1990), Karel Dillen (ER, 1/1991), Jean-Claude Martinez (ER, 3/1993) und berichtete über Parteifeste des *Vlaams Blok* und der *Front National* (ER, 11 und 12/1991).

Seit 1994 liegen keine *Europa Rechts*-Seiten mehr vor, ihr Erscheinen wurde offensichtlich noch vor dem Austritt Neubauers aus der Fraktion eingestellt (vgl. III 2.2). Die *Deutsche Rundschau*, in der die Seiten erschienen, ist faktisch eine DLVH-Zeitung. Sie erschien im RVG-Verlag, der vor dem Ruhstorfer Parteitag 1990 noch den *'Republikanern'* nahestand (Lange, 1993, S.74-76). Im April 1994 ging die *Deutsche Rundschau* in *Nation und Europa* auf (NE, 4/1994).

In diesem Zusammenhang muß allerdings den oben genannten Autoren Fromm/Kernbach widersprochen werden, die den Eindruck erwecken, bei *Europa Rechts* und den Sonderseiten in der *Deutschen Rundschau* handele es sich um zwei unterschiedliche Publikationen (Fromm/Kernbach, 1994a, S.15-16).

7.3. Publikationen aus dem näheren Umfeld der Euro-Rechten

An dieser Stelle sollen Publikationen vorgestellt werden, die zwar über die parlamentarisch agierende extreme Rechte berichten und insofern nationaleuropäisch orientiert sind, jedoch nicht von der entsprechenden europaparlamentarischen Fraktion selbst publiziert werden sowie Publikationen der fraktionslosen Abgeordneten, die infolge der fraktionsinternen Konflikte die Fraktion verlassen haben.

Unter Berücksichtigung der Fluktuation innerhalb der Gruppe der deutschen Abgeordneten wären selbst die ab dem Jahreswechsel 1990/91 im *REPUBLIKANER* erscheinenden „Europaseiten" unter diese Rubrik zu fassen (Fromm/Kernbach, 1994a, S.16). Doch auch die Parteizeitung blieb nicht von den Flügelkämpfen verschont. Da die RVG Verlags- und Vertriebs GmbH in Landshut der DLVH zuneigte, gründeten die *'Republikaner'* bald darauf eine eigene Verlags-GmbH (Lange, 1993, S.65).

Ferner erschienen aus diesem Spektrum der fraktionslosen Abgeordneten auch in der *Jungen Freiheit*, einer parteiunabhängigen Zeitung für das gesamte Spektrum der 'Neuen Rechten', Europaseiten unter dem Titel *DEUTSCHLAND ZUERST – Unabhängige deutsche Abgeordnete im Europäischen Parlament*, verantwortet von Grund und Schlee (Grund, DZ-JF, 9/94, S.20 und Schlee, DZ-JF, 16/94, S.18).

Die MJE, der Dachverband der euro-rechten Jugend, veröffentlicht ebenfalls eine eigene Zeitschrift, die sich in Anlehnung an den Titel der oben vorgestellten Zeitschrift *Europe et Patries* der euro-rechten Parlamentarier *Perspectives pour l'Europe des Patries* nennt. Auch bei diesem Organ äußert sich deutlich die französische Dominanz. Es wird von der FN-Jugendorganisation FNJ publiziert (Fromm/Kernbach, 1994a, S.13 und 15).

Während es sich hier also insgesamt um Publikationen handelt, die erst infolge der Abhaltung von Direktwahlen zum EP und der euro-rechten Fraktionsbildung aufkamen, ist die bereits seit 1951 in Coburg erscheinende Zeitschrift *Nation Europa*, zwischenzeitlich umbenannt in *Nation und Europa*, als Produkt früherer euro-rechter Einigungsversuche zu sehen (Hafeneger, 1990, S.11). Sie spielt mit ihrer ständigen Rubrik „Eurorechte im Blickpunkt" als Forum der Euro-Rechten, auch im aktuellen europaparlamentarischen Zusammenhang, eine nicht zu unterschätzende Rolle. Seit 1992 ist auch Harald Neubauer, „der die Verbindung mit der Eurorechten pflegt", neben Peter Dehoust und Adolf von Thadden, Mitherausgeber der Zeitschrift (NE, 1/1992). Die erwähnten *Europa Rechts*-Seiten veröffentlichten des öfteren Anzeigen mit „Prüfheft-Coupon" für diese Zeitschrift (ER, 12/1990, 1/1991, 9/1992, 11/1992, 12/1992, 4/1993, 5/1993, 6/1993). Ferner warb NE für *Europa Vorn* (EV) (ER, 12/1991, 2/1993, 4/1993, 5/1993), eine weitere deutsche Zeitschrift, die von Manfred Rouhs herausgegeben wird. EV ist im Gegensatz zu *Nation und Europa* allerdings eine noch recht junge Publikation, die zunächst als *'Republikaner'*-Blatt zur Intellektualisierung und Erneuerung der Partei projektiert war (Lange, 1993, S.98-99).

Dagegen findet sich in *Europe et Patries* nur Werbung für Bücher, die ebenfalls seitens der Fraktion (G.D.E.) herausgegeben wurden (E&P, siehe Literaturliste).

8. Zusammenfassung: Die Qualität euro-rechter Zusammenarbeit

Angesichts der systematisch-chronologischen Untersuchung der euro-rechten Fraktionsbildung läßt sich folgende Entwicklungslinie herausarbeiten:

Der qualitative Zusammenhalt der Euro-Rechten nimmt kontinuierlich ab. 1979 gab es noch eine gemeinsame programmatische Plattform, 1984 schon nicht mehr. Nach den Wahlen gab es dennoch eine gemeinsame Fraktion, ermöglicht durch die neue Quantität rechter EP-Abgeordneter. Unter den Veröffentlichungen dieser Periode findet sich zumindest noch ein Buch, in dem Vertreter aller Fraktionsparteien zu Wort kommen.

1989 gab es diese Fraktion nur noch im Sinne einer technischen Zusammenarbeit. Die Publikationen dieser Periode sind vorwiegend getrennt von den jeweiligen nationalen Gruppen erstellt worden, nur *Europe et Patries* und *Europa*

Rechts lassen durch Beiträge von Vertretern anderer nationaler Gruppen hier noch einen gewissen Gemeinschaftscharakter erkennen.

In dieser Periode (1989-1994) waren die internen Spannungen in der Fraktion auch deutlich ausgeprägter als in der vorangegangenen Periode (1984-1989), wie es sich besonders signifikant bei der Besetzung der Fraktionsvorstände zeigte, die im nächsten Kapitel näher vorgestellt werden.

1994 scheiterte eine Fraktionsbildung dann vollends, obwohl sie rechnerisch durchaus in verschiedenen Zusammensetzungen möglich gewesen wäre.

Verglichen mit den europapolitischen Zusammenschlüssen der übrigen einzelstaatlichen Parteien – vor allem der europäischen Sozialdemokraten, christlichen Volksparteien, der Liberalen Demokraten und der Grünen – ist die extreme Rechte von der transnationalen organisatorischen Dichte her deutlich rückständig, nachdem es schließlich nur 1978/79 infolge der *Eurodestra*-Zusammenarbeit zu einer gemeinsamen Plattform gekommen war.

Allerdings kommt den Parteienzusammenschlüssen auf europäischer Ebene insgesamt kaum große politische Bedeutung zu (EP-Buch, S.127-129 und Naßmacher, 1994, S.250-253), und da die Wahl und Entsendung der Europaparlamentarier nach wie vor unter nationale Kompetenz fällt, versagt letztlich das Integrationspotential der Fraktionen und Parteienbünde, wenn es um Fragen geht, die national strittig sind. So werden, wenn es darauf ankommt, etwa bei der Frage nach der Erweiterung der EU, auch zuvor gefällte Beschlüsse über Bord geworfen (Zeit, 03.06.1994).

Es zeigt sich, daß die Transnationalität der Fraktionen letztlich eine Schimäre ist. Die extreme Rechte ist diesbezüglich insofern 'ehrlicher', als sie sich offen gegen jegliche Transnationalismen stellt.

Daraus darf aber keinesfalls die gefährliche Annahme abgeleitet werden, daß die extreme Rechte insgesamt geschwächt sei, nur weil sie als Fraktion nicht mehr geschlossen in Erscheinung tritt. Vielmehr steigen auch die Chancen für rechtspopulistische Bewegungen, in bereits vorhandene, etablierte und angesehene Fraktionen aufgenommen zu werden, wie es speziell bei der *Lega Lombarda* und später der *Lega Nord* der Fall war. Entsprechende Bestrebungen sind derzeit ebenfalls bei den österreichischen *Freiheitlichen* feststellbar, die bislang damit jedoch noch keinen 'Erfolg' hatten.

9. Die extreme Rechte in den Massenmedien Europas

Schwerer ins Gewicht, was die Breitenwirkung der extremen Rechten im Vergleich zu deren eigenen Publikationen anbelangt, fällt der massenmediale Umgang mit ihr. 1993 meinte der spätere Europaabgeordnete Daniel Cohn-Bendit zum Umgang mit der extremen Rechten: „Fest steht, daß die Politik an den Rechten vorbei gemacht werden muß. Aber ansonsten ist offene Diskussion angebracht, in den Medien, in den Parlamenten und in den Stadtteilen, wo sie gewählt werden.“ (EP-Ergebnisse, 1994, S.12 und SP, 11/1993, S.44)

Kritisch ist dabei allerdings zu sehen, daß er die Positionen und Plattitüden der extremen Rechten überhaupt für diskussionswürdig hält, und das auch noch „in den Medien“, also nicht nur in den nichtöffentlich tagenden parlamentarischen Gremien.

Dabei erweckte er auch noch den Eindruck, als gäbe es diese öffentliche Diskussion nicht, obwohl die Vertreter der extremen Rechten zu jener Zeit schon längst in einer Reihe von Talkshows, politischen Magazinen und Interviews präsent waren, so etwa in einer *Brennpunkt*-Sendung, in der angesichts rassistischer Übergriffe ein Vertreter der REP zusammen mit Cohn-Bendit über den „eigentlichen“ Inhalt des „Protests“ gegen Roma diskutieren durfte. Gewalt als Politikinhalt an sich stand also gar nicht erst zur Debatte (Tolmein, 1993a, S.165 und 179). Und in der Schaukampf-Sendung *Einspruch* von *SAT 1* wurde der DVU-Vorsitzende Gerhard Frey wie ein Sachverständiger zur Todesstrafe befragt (Hundseder, 1993, S.83-84).

Gefördert wird diese mediale Aufwertung der extremen Rechten auch durch einen inhaltsarmen ‘Infotainment’-Mediendiskurs, bei dem die Konsumenten von einer wachsenden Fülle qualitativ geringwertiger Informationen überflutet werden. Dadurch wird es immer schwieriger, die aufgenommenen Informationen rational zu verarbeiten. Dieses ‘Low Involvement’ spielt dadurch vor allem den populistisch agierenden Rechtsextremisten in die Hände (Stöss, 1994, S.57).

Dieses fragwürdige Journalismusverständnis gipfelt in der Frage nach der Farbe von Michael Kühnens Unterhose im Magazin *TEMPO* vom Februar 1989 oder der rechten Modenschau in selben Blatt vom März 1992: „Was die neuen Kleider der Neonazis über sie selbst verraten.“ (Hundseder, 1993, S.88) Daneben spült ein nur auf Zuspitzungen bedachter Mediendiskurs denn auch schon einmal solche dubiosen Journalisten wie Michael Born an die Oberfläche, der in seiner manipulierten Berichterstattung unter anderem auch neonazistische Briefbombenattentäter und Ku-Klux-Klan-Aktivisten vorführte, die real gar nicht existent waren (SP, 4/1996, S.169).

Dies kann dann im Umkehrschluß schließlich auch gerade den REP in die Hände spielen, die nämlich bei einem weiteren ‘Versagen’ der „Selbstkontrolle der Medien“ die Einrichtung „unabhängiger“ Kontrollorgane fordern, was sich dann vor allem gegen diejenigen richten dürfte, die zu „Materialismus und Klassenkampf“ aufrufen (Fascher, 1994, S.153-154).

So etwa gegen Leute wie Jutta Ditfurth, die sich wie folgt zum medialen Umgang mit den REP äußerte: „Linke und liberale MedienvertreterInnen reagierten oft hilflos falsch und bewußtlos. Die einen ignorierten den Konflikt, andere luden Rechtsradikale zur Diskussion und zeigten sich dann vollständig unfähig, antifaschistische Positionen in der Auseinandersetzung mit Neonazis und Rechtsextremisten zu artikulieren. Wieder andere, wie zum Beispiel Peter Glotz (SPD), trugen zur Reputierlichkeit der Reps bei. Glotz ließ sich mit Schönhuber auf ein ausführliches, moderates Gespräch ein, das die 'Welt' im Sommer 1989 in zwei Folgen abdruckte. Trägt ein Rechtsradikaler Schlips, Kragen, Aktenkoffer und bürgerliche Manieren, stehen ihm viele Türen offen." (Ditfurth, 1991, S.374-375)

Claus Leggewie vermerkt zu den Konzepten des medialen Umgangs mit Funktionären der Rechten ganz richtig: „Es gilt in der Branche als Pflicht, Schönhuber 'fertigzumachen', und als fast unmöglich, ihn zu schaffen – schlechte Voraussetzungen für einen Dauerwahlkampf 1994." Dieses Konzept greift gerade deshalb nicht, weil sich die entsprechenden Vertreter den Nimbus der verfolgten Unschuld anheften, und mit eben dieser „Opfertrias" wird ein Großteil der politischen Kommunikation hergestellt (Leggewie, 1993, S.155).

Bei einem Blick ins Ausland zeigen sich die Folgen eines solchen medialen Diskurses. So gibt es in Italien traditionell kaum einen fundiert recherchierenden Journalismus, wobei in diesem Land die enge Verzahnung zwischen ökonomisch-politischer Einflußnahme und publizistischer Macht in einem Oligopol besonders offenkundig ist.

In der Medienberichterstattung ist denn auch die 'Meinung' das maßgebliche (Poggio et al, 1994b, S.113). Dieser Trend setzte sich in jüngster Zeit fort, gerade auch vor dem Hintergrund der Medienmacht, die durch Berlusconi verkörpert wird. „Immer mehr mutiert Italien zum Prototypen des 'Desinfotainment-Staates', also einem Staatsgebilde, in dem Desinformation im Verein oder in enger Symbiose mit Entertainment den Ton angibt – und dies wohlgemerkt nicht nur in Staat und Politik, sondern auch in der Gesellschaft selbst." (Uesseler, 1995b, S.686)

In Frankreich, wo die *Front National* durchweg in allen Medien regelmäßig präsent ist, wird die offene Auseinandersetzung mit der extremen Rechten gerade auch durch den Antikommunismus erschwert, den die bürgerlich-konservative Rechte an den Tag legt (Baier, 1988, S.79-80).

In Frankreich erreichte selbst die Auslassung Le Pens über die Gaskammern als „point de détail" die Gemüter erst mit einiger Zeitverzögerung (Baier, 1988, S.69 ff). Schließlich wies Jean-Paul Curnier darauf hin, daß sich speziell bei der extremen Rechten gerade solche Skandale noch sympathiefördernd auswirken. „Scheinbar liegt ihre Stärke darin, daß man sie in ihrer Wirkung überschätzt, sie für schlimmer hält, als sie ist. Das Schlimme, das man ihr zumißt und dem sie sich anzupassen versucht, trägt sie." Daraus schlußfolgert er: „Denn das Schlimmste, das auf uns zukommt, ist dies: Der als Schändlich erkannte macht sich noch schändlicher, um dem zu genügen, was von ihm erwartet wird – dem Undenkbaren." (Curnier, 1994, S.83) Dieser Taktik bediente sich Le Pen auch 1996, als er von der Ungleichwertigkeit der Rassen sprach, worauf in Politik und Medien mit ohnmächtiger Empörung reagiert wurde. Le Pen selbst konnte sich daraufhin in den Medien als Opfer eines politisch-medialen Komplotts darstellen, was gerade der Psychologie seiner Basis, die sich vom sozialen Abstieg bedroht fühlt, schmeichelt (Woche, 42/1996, S.27).

Im Präsidentschaftswahlkampf des Vorjahres wurde die mediale Auseinandersetzung mit Le Pen gar nicht gesucht, da nämlich die Interviewpartner eigentlich nur noch als Stichwortgeber fungierten, und ansonsten darauf vertrauten, daß sich Le Pen durch einen Lapsus entlarve; bis hin zur möglichen juristischen Verfolgung, was sich freilich als kontraproduktiv erwies (Kowalsky, 1995, S.45).

Was Jutta Ditfurth bezüglich bundesdeutscher Verhältnisse konstatiert, gilt sicher in hohem Maß auch für ganz Europa: „Aber wie hätte mensch auch allen Ernstes von vielen JournalistInnen eine qualifizierte Auseinandersetzung mit Neonazis oder Rechtsradikalen erwarten können? Die politische Berichterstattung wird weitgehend von JournalistInnen getragen, die ihren Beruf als Hofberichterstatter und/oder ZynikerInnen ausüben. Die Schere im Kopf soll Konflikte und Karriereknicks vermeiden helfen. Kenntnisreiche, fundierte kritische Auseinandersetzung mit den real existierenden Verhältnissen, so die bürgerlich-idealistische Eigendefinition journalistischer Tätigkeit gilt, wird sie praktiziert, in Wahrheit als atemberaubend kühne Palastrevolution." (Ditfurth, 1991, S.375) In diesem Sinne ist auch Joschka Fischer zuzustimmen, der noch 1992 zu dem Führungspersonal der deutschen Rechtsextremisten feststellte, man könne „froh sein, daß das solche Gurken sind" (Renner, 1994, S.82). Wehe aber, sie präsentierten etwa eloquente Diskussionsredner und Politikstrategen in ihren Kadern, die sich geschickt zu verkaufen wissen.

Kapitel IV
Personen und Posten: Die euro-rechte Fraktion als parlamentarisches Zentrum

Soweit nicht anders angegeben, beziehen sich die folgenden Ausführungen auf die amtlichen Daten des Europäischen Parlaments, Stand 06.10.1994. Diese dekken die Wahlperioden 1984-1989 und 1989-1994 ab.

Ein besonderes Kennzeichen gerade des Europäischen Parlaments ist die starke personelle Fluktuation nach jeder Wahl und in geringerem Ausmaß auch während der Wahlperiode. Von den 1989 gewählten 518 Europaparlamentariern waren 251 entweder völlige Neulinge oder wurden – zum kleineren Teil – nach einer längeren Unterbrechung wiedergewählt. In einem nationalen Vergleich ließen sich dabei die längsten Amtszeiten noch bei den deutschen und den britischen Abgeordneten feststellen. Besonders bemerkenswert demgegenüber die hohe Fluktuation bei den italienischen und französischen Abgeordneten.

1989 gehörten zudem 34 Europaparlamentarier gleichzeitig auch ihren jeweiligen nationalen Parlamenten an. Dies war unter anderem bei 18 von den 81 italienischen Abgeordneten sowie bei sieben Franzosen der Fall (Jacobs/ Corbett/ Shackleton, 1992, S.45-47).

Zu den im folgenden ebenfalls besprochenen Fraktionsvorständen (vgl. IV 1.3, IV 1.4, IV 2.3 und IV 2.4) ist grundsätzlich anzumerken, daß jede Fraktion diesbezüglich ihre eigenen internen Strukturen hat. Dabei besteht eine Fraktionsführung in der Regel aus einem Vorsitzenden, seinem Vize, dem Schatzmeister und einigen anderen Ämtern.

Fraktionsvorstände variieren beträchtlich hinsichtlich ihrer Größe und ihrer Zuständigkeiten; sie sind in den größeren Fraktionen noch von stärkerer Bedeutung, wo sie in der Regel aus einem oder zwei Mitgliedern jeder in der Fraktion vertretenen nationalen Gruppe bestehen.

Vorstände können eine bedeutende Rolle bei der Vorbereitung politischer Diskussionen und gemeinsamer Fraktionspositionen spielen, und normalerweise treffen sie auch die Entscheidungen bezüglich der Administration und der Leitung der Fraktion und ihres Sekretariats.

Die Fraktionsvorsitzenden selbst spielen eine wichtige Rolle bei Grundsatzdebatten und sind im erweiterten Präsidium des EP vertreten. Sie werden aus der Fraktion heraus gewählt und verbleiben zumeist für einige Jahre in ihrem Amt. Allerdings gibt es auch Fraktionen, so etwa die *Fraktion der Grünen* (V) und die *Regenbogenfraktion* (ARC), bei denen das Amt des Fraktionsvorsitzenden rotiert (Jacobs/Corbett/Shackleton, 1992, S.79).

Die Fraktionen halten zwei mal im Monat ihre Sitzungen ab, zum einen während der „Gruppenwoche", wenn weder Ausschuß- noch Plenaraktivitäten stattfinden, und zum anderen während der Plenarsitzungswoche in Straßburg. Dabei hat jede Fraktion ihren eigenen Versammlungsort und ihre eigenen Regeln und Praktiken bezüglich der Vertraulichkeit ihrer Versammlungen (Jacobs/Corbett/Shackleton, 1992, S.81).

1. Die Fraktion der europäischen Rechten (24.07.1984 – 24.07.1989)

1.1. Die personelle Zusammensetzung der Fraktion der europäischen Rechten

Bei Gründung der euro-rechten Fraktion am 24.07.1984 bestand sie aus den folgenden 16 Mitgliedern; in Klammern hinter den FN-Abgeordneten deren Listenplätze.

a) Front National (FN; Frankreich):
Bernard ANTONY (6); Michel de CAMARET (2); Dominique CHABOCHE (7); Michel COLLINOT (10); Jean-Marie LE CHEVALLIER (8); Jean-Marie LE PEN (1); Martine LEHIDEUX (9); Olivier D'ORMESSON (5); Gustave PORDEA (4); Jean-Pierre STIRBOIS (3)

b) Movimento Sociale Italiano – Destra Nazionale (MSI-DN; Italien):
Giorgio ALMIRANTE; Antonio BUTTAFUOCO; Francesco PETRONIO; Pino ROMUALDI; Antonio TRIPODI

c) Ethniki Politiki Enossis (E.P.EN.; Griechenland):
Chrysanthos DIMITRIADIS

Infolge der personellen Fluktuation während dieser Wahlperiode gehörten insgesamt 26 Personen der Fraktion an:

1) ALMIRANTE (MSI-DN), bis 23.05.1988
2) ANTONY (FN), gesamte Periode
3) BUTTAFUOCO (MSI-DN), gesamte Periode
4) CAMARET (FN), bis 24.06.1987
5) CANTALAMESSA (MSI-DN), ab 01.09.1988
6) CELLAI (MSI-DN), ab 07.10.1988
7) CHABOCHE (FN), bis 16.04.1986
8) COLLINOT (FN), gesamte Periode
9) DEVÈZE (FN), ab 16.04.1986

10) DIMITRIADIS (E.P.EN.), bis 31.07.1988
11) DIMOPOULOS (E.P.EN.), ab 01.08.1988 bis 06.02.1989
12) GAUCHER (FN), ab 16.04.1986
13) LE CHEVALLIER (FN), gesamte Periode
14) LEHIDEUX (FN), gesamte Periode
15) LE PEN (FN), gesamte Periode
16) MACERATINI (MSI-DN), ab 06.06.1988 bis 01.10.1988
17) D'ORMESSON (FN), bis 15.11.1987
18) PALMIERI (FN), ab 01.07.1987
19) PETRONIO (MSI-DN), gesamte Periode
20) PORDEA (FN), gesamte Periode
21) ROMUALDI (MSI-DN), bis 22.05.1988
22) STIRBOIS (FN), bis 16.04.1986
23) TAYLOR (UUP), ab 19.01.1987
24) TRIPODI (MSI-DN), bis 19.08.1988
25) VITALE (MSI-DN), ab 06.06.1988
26) ZOURNATZIS (E.P.EN.), ab 09.02.1989

Bei den Parlamentariern der *Front National* rückten nach dem Ausscheiden von Chaboche und Stirbois 1986 die Abgeordneten Gilbert Devèze und Roland Gaucher nach, die bis zum Ende der Wahlperiode im EP blieben. Der Abgeordnete d'Ormesson verließ 1987 die Fraktion, ohne daß für ihn jemand nachrückte, da er zwar aus der Fraktion, nicht aber aus dem Parlament schied. Für den Abgeordneten Camaret, der ebenfalls 1987 aus der Fraktion ausschied, rückte Roger Palmieri nach.

Bei den italienischen Kollegen von der MSI-DN endeten 1988 die Amtszeiten von Romualdi und von Almirante. Für sie rückten Giulio Maceratini und Silvio Vitale nach. Während Vitale bis zum Ende der Wahlperiode im EP verblieb, schied Maceratini bereits wenige Monate später wieder aus dem Parlament aus. Für ihn rückte Marco Cellai nach. Der Sitz von Tripodi schließlich, der 1988 frei wurde, wurde anschließend von Antonio Nicola Cantalamessa eingenommen.

Selbst bei der kleinsten Partei der Fraktion, der griechischen E.P.EN., mit nur einem Sitz, wechselte die Besetzung zweimal: Als 1988 die Amtszeit von Dimitriadis endete, nahm Aristidis Dimopoulos seinen Sitz ein, allerdings nur für wenige Monate, so daß bald darauf Spyridon Zournatzis die griechischen Nationalisten in Brüssel und Straßburg vertrat.

So hatten infolge der häufigen Fluktuation die beiden Abgeordneten Maceratini (MSI-DN) und Dimopoulos (E.P.EN.) lediglich ein Zwischenspiel in der DR-Fraktion. Das heißt, sie traten erst nach Beginn der Wahlperiode in die Fraktion ein und verließen sie noch vor Ablauf der Periode wieder.

Neben diesen Bewegungen innerhalb der Fraktion gab es zudem eine personelle Veränderung durch einen Fraktionseintritt: Am 19.01.1987 erhielt die

Fraktion Verstärkung durch den nordirischen Abgeordneten der *Ulster Unionist Party* (UUP) John David Taylor, der auch bis zum Ende der Wahlperiode in der Fraktion verblieb. Durch seinen Eintritt vergrößerte sich die Fraktion vorübergehend auf 17 Mitglieder, was durch den Austritt d'Ormessons einige Monate später bereits wieder ausgeglichen wurde.

Vom Anfang bis zum Ende der Wahlperiode gehörten nur acht von 16 Abgeordneten durchgängig der Fraktion an, so daß hier eine personelle Kontinuität von genau 50% festzustellen ist. Die betreffenden Abgeordneten sind in der folgenden Aufstellung, welche die Zusammensetzung der Fraktion am Ende der Wahlperiode zeigt, gekennzeichnet (*):

a) Front National (FN; Frankreich):
Bernard ANTONY*; Michel COLLINOT*; Gilbert DEVÈZE; Roland GAUCHER; Jean-Marie LE CHEVALLIER*; Jean-Marie LE PEN*; Martine LEHIDEUX*; Roger PALMIERI; Gustave A. PORDEA*

b) Movimento Sociale Italiano – Destra Nazionale (MSI-DN; Italien):
Antonio BUTTAFUOCO*; Antonio Nicola CANTALAMESSA; Marco CELLAI; Francesco PETRONIO*; Silvio VITALE

c) Ethniki Politiki Enossis (E.P.EN.; Griechenland)
Spyridon ZOURNATZIS

d) Ulster Unionist Party (UUP; Nordirland)
John David TAYLOR

1.2. Hintergründe der personellen Fluktuation 1984-1989

Bei der *Front National* erklärt sich der Weggang der Abgeordneten Jean-Pierre Stirbois und Dominique Chaboche durch die französische Parlamentswahl 1986, bei der sie in die französische Nationalversammlung gewählt wurden (GDE, 1991). Dabei wären diese Mandatsniederlegungen nicht zwingend nötig gewesen, da nach französischem Recht ein Doppelmandat, anders als etwa in Belgien, Griechenland und Spanien, durchaus erlaubt ist (Jacobs/Corbett/Shackleton, 1992, S.16-17 und 47). So nahm zu jener Zeit der FN-Vorsitzende Le Pen selbst ein solches Doppelmandat wahr (Baier, 1988, S.69).

Der Abgeordnete Olivier d'Ormesson verließ die Fraktion als Reaktion auf Le Pens Unterlassung, die Aussage, daß die Gaskammern lediglich ein Detail der Geschichte gewesen seien, zurückzunehmen (Harris, 1990, S.92). Die danach publizierten Mitgliederlisten des Europäischen Parlaments (z.B. EP-Liste, 08.02. 1988, S.70) weisen ihn als fraktionslosen Abgeordneten (NI) für das *Centre Nationale d'Indépendants* (C.N.I.) aus.

Der Abgeordnete de Camaret verstarb während der Wahlperiode.

Todesfälle gab es auch bei den italienischen Fraktionskollegen von der *MSI-DN*: Dadurch verlor sie ihre Abgeordneten Giorgio Almirante, Pino Romualdi und Antonio Tripodi. Unklar bleiben die Hintergründe, die zum Weggang des Abgeordeneten Giulio Maceratini führten. In den fraktionsoffiziellen Darstellungen wird seine Amtszeit schlicht verschwiegen (GDE, 1991 und E&P No 49, 1992, S.2-3). Es ist in diesem Zusammenhang jedoch an die innerparteilichen Querelen zu erinnern, die in der MSI-DN nach Almirante offen zu Tage traten (Backes, 1990, S.9). Maceratinis Nachrücker Cellai wurde im weiteren Verlauf dann eine wichtige Verbindungsperson zwischen der MSI und der späteren technischen Fraktion, der die MSI ja nicht mehr angehörte (E&P No 56, 1993, S.7 und 17-19).

Zu dem zweimaligen Wechsel des *E.P.EN.*-Abgeordneten erklärte Dimitriadis, daß seine Partei an Mitgliedern mit parlamentarischer Erfahrung interessiert gewesen sei. So hätte die E.P.EN. beschlossen, daß zwei ihrer Aktivisten, welche zuvor bereits Regierungsmitglieder waren, zusätzliche Erfahrungen als Europaabgeordnete sammeln sollten (Dimitriadis-Brief[2]). Es spielte wohl auch eine Rolle, daß die Partei später, etwa bei nationalen Parlamentswahlen, nicht an den relativen Erfolg der Europawahl von 1984 anschließen konnte (Dimitras, 1992, S.254-256).

Der nordirische *UUP*-Abgeordnete stellte zu seinem Ausscheiden aus der *Fraktion der Europäischen Demokraten* (ED), welcher er zuvor angehörte, fest, daß dies aus Protest gegen das anglo-irische Abkommen geschah, zumal die britischen Konservativen die weitaus stärkste Gruppe in der ED-Fraktion stellten.

Infolge des Austritts aus dieser Fraktion hielt er nach einer anderen Gruppierung Ausschau, weil es vorteilhaft sei, einer Fraktion anzugehören. Doch konnte er sich nicht der liberalen Fraktion anschließen, da sie Kontakte zur nordirischen *Alliance Party* unterhält, ebensowenig der RDE-Fraktion, in welcher die *Fianna Fail Party* der irischen Republik Mitglied ist. Die einzig verbleibende Mitte-Rechts-Fraktion wäre die *Fraktion der Europäischen Volkspartei* (PPE) gewesen, in der er selbst am liebsten Mitglied geworden wäre, doch *Fine Gael* aus der Republik Irland hatte sich ihr bereits angeschlossen.

Angesichts dieser Überlegungen stellte sich für den Abgeordneten Taylor also die Wahl, fraktionslos zu bleiben oder aber sich der *Fraktion der Europäischen Rechten* anzuschließen. Aus der Überzeugung heraus, daß eine Fraktionsmitgliedsschaft besser sei, schloß er sich der „European Rights Group“ unter der Bedingung an, daß er Fraktionssprecher im parlamentarischen politischen Ausschuß werde, was von den anderen Parteien in der Fraktion akzeptiert wurde. Dieses Arrangement habe seiner Einschätzung nach zufriedenstellend funktioniert, wenngleich er sehr unglücklich über Le Pens Äußerung gewesen sei, in der er die Gaskammern als 'Detail der Geschichte' verharmloste (Taylor-Brief).

Trotz aller formalen Abgrenzungsversuche muß dennoch deutlich festgestellt werden, daß für Mr. Taylor, anders als etwa für seinen Kollegen d'Ormesson, die Mitgliedschaft in einer Fraktion im Zweifelsfall wichtiger als die politische

Übereinstimmung war. Außerdem wäre die Fraktion kaum auf seine Bedingung eingegangen, Fraktionssprecher im Ausschuß für politische Angelegenheiten zu werden, wenn er tatsächlich in wesentlichen Bereichen gänzlich andere Auffassungen vertreten hätte.

Auch d'Ormesson ist, ebenso wie sein nordirischer Kollege, als Grenzgänger zwischen extremer und gemäßigter Rechter aufgetreten. Bevor er zur FN stieß, war er für die *Union pour la France en Europe* (U.F.E.) Mitglied der christdemokratischen *Fraktion der europäischen Volkspartei* (PPE) im EP (Harris, 1990, S.142 und EP, 1982, S.183 und 392).

Strategisch bemerkenswert ist in diesem Zusammenhang auch der Umstand, daß das EP am 20.01.1987, also genau einen Tag nach dem Fraktionswechsel Taylors, Sir Henry Plumb im dritten Wahlgang mit 241 gegen 236 Stimmen zum Parlamentspräsidenten wählte. Die für diese knappe Mehrheit wichtigen Stimmen erhielt er gerade durch die *Fraktion der Europäischen Rechten* (NE, 2/1987, S.54 und Schöndube, 1993, S.161), während Plumb selbst der *Fraktion der Europäischen Demokraten* (ED) angehörte, aus der am Vortag Taylor zur DR-Fraktion übergetreten war (Jacobs/Corbett/Shackleton, 1992, S.65 und Punkt 4.1.2). Nach seiner Wahl 'bedankte' sich Plumb bei der DR-Fraktion mit einem Besuch ihrer Außentagung in London (NE, 3/1987, S.59).

1.3. Ämter und Fluktationen im Fraktionsvorstand 1984 - 1989

Bei Fraktionsgründung wurde Jean-Marie Le Pen (FN) zum *Fraktionsvorsitzenden* bestimmt und hielt dieses Amt bis zum Ende der Wahlperiode inne.

Er wurde unterstützt von zunächst drei *Vizepräsidenten*, paritätisch besetzt mit jeweils einem Vertreter der drei in der Fraktion vertretenen Parteien. Anfangs waren dies Pino Romualdi (MSI-DN, bis zum 22.05.1988), Olivier d'Ormesson (FN, bis zum 15.11.1987) und Chrysanthos Dimitriadis (E.P.EN., bis zum 31.07. 1988). Für die Abgeordneten Romualdi und D'Ormesson wurden nach deren Ausscheiden aus der Fraktion zunächst keine Nachfolger bestimmt. Erst infolge des Ausscheidens des Abgeordneten Dimitriadis wurden tags darauf, am 01.08.1988, mit Francesco Petronio (MSI-DN) und Martine Lehideux (FN) zwei neue Vizepräsidenten bestimmt, die diese Ämter bis zum Ende der Wahlperiode beibehielten.

Ferner wurden während der Wahlperiode zwei *Vorstandsmitglieder* bestimmt, die jedoch nicht als Vizepräsidenten fungierten: Am 11.10.1987 wurde John David Taylor (UUP) Vorstandsmitglied und behielt dieses Amt bis zum Ende der Periode bei, Aristidis Dimopoulos (E.P.EN.) bekleidete dieses Amt hingegen nur in der Zeit zwischen dem 01.08.1988 und dem 06.02.1989, da er anschließend bereits wieder aus dem EP schied.

Personelle Kontinuität dagegen gab es bei den Ämtern des *Schatzmeisters* und des *stellvertretenden Schatzmeisters*: Ersterer war während der gesamten Wahlperiode Jean-Marie Le Chevallier (FN), letzterer Antonio Buttafuoco (MSI-DN).

1.4. Die interne Machtstruktur bei der Fraktion der europäischen Rechten (1984-1989)

Bei der Gründung der euro-rechten Fraktion 1984 bestand sie aus sechzehn Abgeordneten aus drei Ländern (zehn Franzosen, fünf Italiener, ein Grieche).

Damit hätte sie einen Austritt von bis zu vier Abgeordneten verkraften können, dies hätten sowohl Italiener als auch Franzosen sein können; bei Austritt des griechischen Abgeordneten wäre der Fraktionsstatus allerdings automatisch hinfällig geworden, da angesichts der gegebenen quantitativen Stärke der Fraktion mindestens drei verschiedene Nationalitäten notwendig waren.

Das heißt, daß die italienischen Abgeordneten (fünf) und die französischen (zehn) bei einem Rückzug en bloc natürlich ebenso die Existenz der Fraktion aufs Spiel gesetzt hätten, doch überlagerte hier der quantitative Aspekt den Nationalitätenaspekt.

Durch den Fraktionseintritt John David Taylors am 19.01.1987 verschoben sich die Gewichtsverhältnisse dahingehend, daß der Austritt des griechischen Abgeordneten die Existenz der Fraktion nicht mehr in Frage gestellt hätte, ebensowenig ein geschlossener Austritt der zweitstärksten Gruppe, der MSI-DN. Bei einem Austritt der fünf italienischen Abgeordneten wäre die Mindestgröße einer trinationalen Fraktion von zwölf Personen gerade noch gegeben gewesen, was sich aber durch den Fraktionsaustritt des Abgeordneten d'Ormesson zehn Monate später schon wieder änderte.

Diesen Tatsachen galt es bei der Besetzung des Fraktionsvorstands Rechnung zu tragen: In der Ebene unter dem französischen Vorsitzenden wurden die Stellen der drei Vizepräsidenten zunächst paritätisch mit Abgeordneten der drei in der Fraktion vertretenen nationalen Parteien besetzt. Im Januar 1987 stieß der Nordire zur Fraktion; ab dem 15.11.1987 gab es dann keinen französischen und ab dem 22.05.1988 auch keinen italienischen Vizeprädidenten mehr, so daß seitdem nur noch der griechische Abgeordnete Vizepräsident war. Zu diesem Zeitpunkt war seine Machtposition allerdings schon durch den nordirischen Abgeordneten deutlich geschwächt, der seit dem 11.10.1987 als einfaches Mitglied auch dem Vorstand angehörte. Gut einen Monat später verließ Olivier d'Ormesson die Fraktion. Nach dem Ausscheiden des griechischen Abgeordneten am 31.07.1988 wurde sein Nachrücker, ebenso wie der Nordire vor ihm auch, nur noch einfaches Vorstandsmitglied ohne Stellvertreterfunktion. Seit dem 01.08. 1988 amtierten als neue gemeinsame Vizepräsidenten nur noch ein Italiener und eine Französin, also Vertreter der beiden stärksten nationalen Gruppen in der Fraktion.

Als das griechische Vorstandsmitglied am 06.02.1989 ebenfalls aus der Fraktion ausschied, bekam sein Nachrücker für das letzte halbe Jahr der Wahlperiode keinen Vorstandsposten, sondern gehörte lediglich als einfacher Abgeordneter der Fraktion an, während der Nordire seinen Vorstandsposten bis zum Ende der Wahlperiode beibehielt.

Beachtenswert ist bei diesen Fluktuationen die Vertretung der italienischen Abgeordneten im Fraktionsvorstand, die vom 22.05.1988 bis zum 31.07.1988 kein Vorstandsmitglied stellten. Auch waren die Franzosen in der Zeit vom 15.11. 1987 bis zum 31.07.1988 nur durch den Fraktionspräsidenten im Vorstand vertreten. Das läßt darauf schließen, daß das Gemeinschaftsgefühl in der Fraktion so weit entwickelt war, daß darüber nationale Interessen bei der Verteilung der Vorstandsposten etwas in den Hintergrund getreten waren.

2. Die technische Fraktion der europäischen Rechten (25.07.1989 – 18.07.1994)

2.1. Die personelle Zusammensetzung der technischen Fraktion der europäischen Rechten

Bei Neugründung der euro-rechten Fraktion am 25.07.1989 bestand sie, die sich nun das Attribut „technisch" gab, aus den folgenden Mitgliedern (in Klammern die Listenplätze):

a) Front National (FN; Frankreich):
Bernard ANTONY* (6); Claude AUTANT-LARA (9); Yvan BLOT (5); Pierre CEYRAC (8); Bruno GOLLNISCH (7); Jean-Marie LE CHEVALLIER* (4); Jean-Marie LE PEN* (1); Martine LEHIDEUX* (2); Bruno MÉGRET (3); Jacques TAURAN (10)

b) Die 'Republikaner' (REP; Deutschland):
Johanna-Christina GRUND (4); Klaus-Peter KÖHLER (2); Harald NEUBAUER (3); Emil SCHLEE (6); Hans-Günter SCHODRUCH (5); Franz SCHÖNHUBER (1)

c) Vlaams Blok (VB; Belgien)
Karel DILLEN (1)

Diese neue Fraktion wies nur bei vier Abgeordneten der *Front National*, die hier entsprechend gekennzeichnet (*) sind, eine personelle Kontinuität zu ihrer Vorgängerin auf. Überdies war die FN die einzige Partei, die der Fraktion zum zweiten mal angehörte. Die MSI-DN blieb außen vor (Schmidt, 1994, S.402) und die E.P.EN. war gar nicht erst wieder ins EP gewählt worden (Dimitras, 1992, S.254-256).

Insgesamt gehörten während dieser Wahlperiode 18 Personen der Fraktion an:

1) ANTONY (FN), gesamte Periode
2) AUTANT-LARA (FN), bis 04.09.1989
3) BLOT (FN), gesamte Periode
4) CEYRAC (FN), bis 23.02.1994
5) DILLEN (VB), gesamte Periode
6) GOLLNISCH (FN), gesamte Periode
7) GRUND (REP/parteilos), bis 14.05.1991
8) KÖHLER, K-P (REP/parteilos), gesamte Periode
9) LE CHEVALLIER (FN), gesamte Periode
10) LEHIDEUX (FN), gesamte Periode
11) LE PEN (FN), gesamte Periode
12) MARTINEZ (FN), ab 05.09.1989
13) MÉGRET (FN), gesamte Periode
14) NEUBAUER (REP/DLVH), bis 31.01.1994
15) SCHLEE (REP), bis 24.04.1991
16) SCHODRUCH (REP/parteilos), gesamte Periode
17) SCHÖNHUBER (REP), bis 11.12.1990
18) TAURAN (FN), gesamte Periode

Bei den Abgeordneten der *Front National* gab es in den kommenden fünf Jahren vergleichsweise wenige personelle Veränderungen: Bereits wenige Monate nach der Europawahl 1989 trat Autant-Lara zurück, und sein Sitz wurde von Jean-Claude Martinez eingenommen. Am 23.02.1994 schied Ceyrac aus der Fraktion aus. Für ihn wurde jedoch zu diesem Zeitpunkt, knapp vier Monate vor den nächsten Europawahlen, kein Nachfolger bestimmt.

Eine stärkere Fluktuation gab es unter den deutschen Abgeordneten, die über die Liste der *'Republikaner'* gewählt worden waren: Ende 1990 verließ Schönhuber die Fraktion, im Frühjahr 1991 folgten Schlee und Grund und Anfang 1994 schließlich Neubauer. Da diese Fraktionsaustritte nicht mit der Niederlegung der Mandate einherging, rückten auch keine Abgeordneten in die Fraktion nach. So tauchen die Namen Schönhuber, Schlee und Grund später bei den fraktionslosen Abgeordnetn (NI) auf (Jacobs/Corbett/ Shackleton, 1992, S.76).

Völlige personelle Kontinuität gab es dagegen beim *Vlaams Blok*: Dessen einziger Abgeordneter Karel Dillen behielt sein Mandat bis zum Ende der Wahlperiode bei.

Eine Stärkung der Fraktion durch einen Übertritt war in dieser Wahlperiode nicht festzustellen. Vielmehr war diesmal ein starker quantitativer Schrumpfungsprozeß der Fraktion von 17 auf zwölf Mitglieder zu beobachten, was vor allem auf das Konto der deutschen Abgeordneten ging; die entsprechenden Konfliktlinien werden im nächsten Punkt noch detailliert erörtert. Die beiden verbliebenen deutschen Vertreter traten zudem in der Zwischenzeit aus der Partei

Die 'Republikaner' aus, auf deren Liste sie 1989 ins Europaparlament eingezogen waren (NE, 2/1991, S.40).

Im Unterschied zur vorherigen Wahlperiode gab es diesmal aber eine sehr starke personelle Kontinuität innerhalb der Fraktion selbst, da von den zwölf verbliebenen Mitgliedern der Fraktion bereits elf seit Anfang der Wahlperiode im EP saßen, die in der folgenden Bestandsaufnahme der Fraktion zum Ende der Wahlperiode gekennzeichnet (*) sind:

a) Front National (FN; Frankreich)
Bernard ANTONY*; Yvan BLOT*; Bruno GOLLNISCH*; Jean-Marie LE CHEVALLIER*; Jean-Marie LE PEN*; Martine LEHIDEUX*; Jean-Claude MARTINEZ; Bruno MÉGRET*; Jacques TAURAN*

b) parteilos (Deutschland)
Klaus-Peter KÖHLER*; Hans-Günter SCHODRUCH*

c) Vlaams Blok (VB; Belgien)
Karel DILLEN*

2.2. Hintergründe der personellen Fluktuation 1989-1994

Bei der *Front National* trat Autant-Lara bereits gut einen Monat nach seinem Amtsantritt aus der Fraktion aus. Grund dafür waren antisemitische Äußerungen seinerseits, so daß er auf öffentlichen Druck sein Amt niederlegen mußte. Er soll gegenüber der Zeitschrift *Globe* über die liberale jüdische Politikerin Simone Veil gesagt haben: „Ob sie es wollen oder nicht, sie ist Teil einer ethnischen Gruppe, die alle anderen dominieren will" und „wenn man mich auf den Völkermord anspricht, dann sage ich auf jeden Fall: Man hat Frau Veil vergessen." Sein Parteifreund Blot meinte dazu unter Beifall der deutschen *'Republikaner'*, daß er zwar die persönlichen Angriffe auf Frau Veil bedauere, doch sei dem 88-jährigen Autant-Lara von Journalisten hier eine Falle gestellt worden (DP, 20.10.1989 und EP-Liste, 25.07.1989). Ein entsprechendes Gerichtsverfahren endete später mit einem Freispruch Autant-Laras, während der Journalist zu einer Geldstrafe von 20.000 Franc verurteilt wurde (ER, 1/1992).

Der Rückzug des Abgeordneten Ceyrac aus Partei und Fraktion war begleitet von schon länger andauernden Differenzen mit der *Front*, die sich besonders an dem öffentlichen Stellenwert der Migrationspolitik für die Partei entzündeten. Ceyracs über bürgerliche Medien verbreitete Kritik brachte Le Pen dennoch einige Geduld entgegen, was wohl vor allem am Geld gelegen haben dürfte, da die FN durch ihn ein Bindeglied zur finanzkräftigen Mun-Sekte hatte.

Ceyrac verließ die Partei schließlich mit der Begründung, daß die Vereinigungskirche sie primär als politisches Bollwerk gegen den Kommunismus betrachtet habe, doch da der Antikommunismus für die *Front* immer mehr an

Bedeutung verliere, verliere parallel dazu die Partei an Bedeutung für die Moonies (Marcus, 1995, S.48-49). Ceyracs Rückzug könnte freilich, wie weiter unten dargestellt, überdies noch in einem gewissen Zusammenhang mit dem Fraktionsaustritt des deutschen Abgeordneten Neubauer einige Wochen zuvor stehen.

Die Austritte der deutschen Abgeordneten aus der Fraktion sind vor allem vor dem Hintergrund der internen Querelen bei den *'Republikanern'* zu sehen. Von Anfang an war diese Partei um eine äußere Distanz zu den Flamen und Franzosen bemüht, indem sie den technischen Charakter der Fraktion betonte (Backes, 1990, S.5). Gleichwohl wurden in dem euro-rechten Bulletin *Europe et Patries* diese Konflikte lediglich als internes Problem der REP dargestellt (E&P No 56, 1993, S.6). Doch die tatsächliche Sachlage scheint komplizierter zu sein: Anläßlich Schönhubers Kandidatur für den bayerischen Landesvorsitz und seines Führungsstreits mit Neubauer wurde im Juli 1990 in der Parteizeitung eine Erklärung seiner Fraktionskollegen vom 18. Mai 1990 veröffentlicht, in der zu lesen stand: „Auch die technische Fraktion der Europäischen Rechten hat ihr Befremden über den Alleingang Franz Schönhubers bekundet."

Unterzeichnet wurde diese Erklärung allerdings nur von den fünf deutschen Abgeordneten; die Franzosen und der Flame vermieden in diesem Streit eine Parteinahme (REP, 7/1990, S.2). Im Juni 1990 kürten die übrigen fünf REP-Abgeordneten Emil Schlee zu ihrem Sprecher, tolerierten aber, daß Schönhuber in der Fraktion verblieb (REP, 8/1990, S.5). „Da Herr Schönhuber schon vorher in seiner Unberechenbarkeit Herrn Le Pen aus heiterem Himmel aufgefordert hatte, die anderen fünf deutschen Abgeordneten doch einfach aus der Fraktion zu werfen, weil man sie doch gar nicht brauche, was uns Herr Le Pen voller Entsetzten gelegentlich mitteilte, hatten wir uns von Herrn Schönhuber distanziert und erkannten ihn nicht mehr als unseren Sprecher an. Mit einem solchen Wirrkopf konnte es keine Zusammenarbeit mehr geben. Parlamentarische Ahnungslosigkeit, menschliches Versagen und dümmliche Arroganz ließen eine andere Lösung nicht mehr zu." (Schlee-Interview)

In einer Presseerklärung machten sie schließlich deutlich: „Die fünf Europaabgeordneten der Republikaner werden die Technische Fraktion der Europäischen Rechten nicht verlassen. Dies ist das Ergebnis einer Fraktionssitzung am 3.7.1990 in Las Palmas (Gran Canaria). (...) 'Herr Schönhuber soll gehen; wir weinen ihm keine Träne nach', erklärte MdEP Harald Neubauer (München)." (NE, 11-12/1990, S.16) Diese Fraktionssitzung fand also noch wenige Tage vor dem denkwürdigen Ruhstorfer Parteitag am 7./8. Juli 1990 statt, auf dem Schönhuber nach seinem zwischenzeitlichen Rücktritt als Parteichef wiedergewählt und die komplette Führungsspitze der Partei in seinem Sinne erneuert wurde (Jaschke, 1993, S.90 und Pfahl-Traughber, 1993, S.49).

Schließlich schloß Schönhuber die Abgeordneten Grund und Neubauer aus der Partei aus und forderte danach, gestützt auf einen Parteibeschluß vom 12.09. 1990, deren Ausschluß aus der Fraktion, da die Fraktion „ein Zusammenschluß von verschiedenen Parteien und nicht von Einzelpersonen“ sei (REP, 1/1991, S.3-5). Schönhuber zu den politischen Implikationen: „Die Fraktion der Europäischen Rechten hat sich nie klar und eindeutig von den rassistischen und chauvinistischen Tätigkeiten einer Frau Grund und eines Herrn Neubauer distanziert. Sie haben es immer in der Schwebe gehalten, und das hat unserem Ansehen in Deutschland sehr geschadet.“ (REP, 12/1990, S.3) Die beiden angesprochenen Abgeordneten erschienen Schönhuber aus taktischen Erwägungen als zu extrem, war er doch seinerzeit auf ein halbwegs ‘moderates’ Image der REP bedacht. Frau Grund wiederum hatte Schönhuber vorgeworfen, daß er wegen der „Verbrüderung“ mit Le Pen eine stärkere deutschlandpolitische Profilierung seiner Partei vermissen ließe (Grund, 1992, S.28).

Schönhuber meinte in diesem Zusammenhang, daß „ein Parteivorsitzender, der einen Funken Verantwortungsbewußtsein“ habe, es nicht zulassen könne, „daß wir über eine Zusammenarbeit im Europäischen Parlament mit ausgewiesenen Verfassungsfeinden in Verbindung gebracht werden“ (REP, 1/1991, S.4). Jedoch kam Schönhuber mit seinem Vorhaben nicht durch, woraufhin das REP-Bundespräsidium am 03. Dezember 1990 die verbliebenen Parteimitglieder Köhler, Schlee und Schodruch aufforderte, die Fraktion umgehend zu verlassen. Wer sich dieser Aufforderung verweigere, müsse mit Parteiausschluß rechnen.

Seine drei Parteikollegen in der Fraktion waren jedoch nicht bereit, dieser Aufforderung zu folgen. Stattdessen wählten sie mit Hans-Günter Schodruch kurzerhand „einen stellvertretenden Fraktionsvorsitzenden ihres eigenen Vertrauens“. Emil Schlee stellte schließlich dazu fest, daß dieses Vorgehen des Präsidiums gegen Artikel 38 des deutschen Grundgesetzes, der die Gewissensfreiheit der Abgeordneten gewährt, verstoße, und auch die Fraktionen keinen Parteibeschlüssen unterworfen werden dürften (ER, 1/1991). Am 11. Dezember 1990 trat Schönhuber selbst aus der Fraktion aus.

Kurz zuvor belastete die Teilnahme Emil Schlees an dem Flug einer euro-rechten Delegation nach Bagdad vom 18. bis 22.11.1990 das Verhältnis zu Schönhuber. „Ich war erst kurzfristig vorher gefragt worden, nahm auch an, daß Herr Schönhuber dabei sein würde, was sich am Flugtag dann nicht bestätigte. Da Herr Schönhuber ein pressemeldungssüchtiger Mann ist, wird ihm das Übergehen seiner Person schwer gekränkt haben.“ (Schlee-Interview) Auf der schleswig-holsteinischen Landesliste war Schlee der Spitzenkandidat der REP für die Bundestagswahl am 2. Dezember 1990. Auf einem Flugblatt zu dieser Wahl warb Schlee mit seiner Teilnahme an der Reise nach Bagdad, auf der die Fraktion nach Darstellung der *‘Republikaner’*, von dem irakischen Staatspräsidenten Saddam Hussein „weitreichende Zugeständnisse“ bezüglich der Freilassung deutscher Geiseln hatte erreichen können (REP-FB, 1990).

Schönhuber beklagte sich vor allem darüber, daß diese Reise nicht mit ihm – dem Vizepräsidenten der Fraktion – abgestimmt gewesen sei, z.B. in der „Frage der Zusammensetzung der Delegation sowie die politische Interpretation“ (REP,

12/1990, S.3). Hier geht es um einen prinzipiellen inner-rechten Konflikt, der sich auch darin äußerte, daß seinerzeit Le Pen mit seiner antiamerikanischen Stellungnahme zum Golfkrieg erstmals eine öffentlich ausgetragene Führungskrise in der FN ausgelöst hatte (jw, 01.02.1996, S.10 und 19.06.1996, S.11).

So wiesen die verbliebenen Fraktionsmitglieder vor allem auf Schönhubers Differenzen mit Le Pen hin, die in der „egozentrischen Eitelkeit" Schönhubers begründet seien (ER, 1/1991). Hieran wurde die Absicht deutlich, Schönhuber gegen Le Pen und die gesamte Fraktion auszuspielen, was aber nicht gelang. Die Kontakte zwischen FN und REP wurden auch später – wenngleich nicht so intensiv – weitergeführt (vgl. V 3.2).

Schönhuber meinte unterdessen über Le Pen: „Er hat mich in mancherlei Hinsicht enttäuscht. Ich habe Le Pen immer verteidigt." In einem Interview mit seiner Parteizeitung machte Schönhuber für seinen Fraktionsaustritt jedoch vor allem den Abgeordneten vom *Vlaams Blok* verantwortlich, da „dieser Herr Dillen (...) sicher in manchen Bereichen Herrn Neubauer und Frau Grund näher" stehe als ihm (REP, 12/1990, S.3).

Bei der Einigkeit der übrigen Abgeordneten gegen Schönhuber fällt das Zusammenspiel zwischen parteilosen – da zwischenzeitlich ausgeschlossenen – Abgeordneten (Grund, Neubauer) und den 'Noch'-Parteimitgliedern (Köhler, Schlee, Schodruch) auf. Bei der Bestimmung des Vizepräsidenten der Fraktion wurde nach Schönhubers Weggang mit Schodruch ein Abgeordneter gewählt, der zu jenem Zeitpunkt noch REP-Mitglied war.

Anfang 1991 folgten dann die Parteiaustritte der Fraktionsmitglieder Köhler und Schodruch (NE, 2/1991, S.40), und damit war auch der stellvertretende Fraktionsvorsitzende nunmehr parteilos.

Der Fraktionsaustritt des Abgeordneten Schlee im April 1991 war natürlich kein Akt der Solidarität mit Schönhuber, sondern geschah aus Gegnerschaft zu ihm: „Ich wollte, was meinen Fraktionsaustritt anging, klare Linien ziehen. Sowohl Partei- als auch Fraktionsaustritt habe ich an ein und demselben Tag, dem 24. April 1991, gemacht." Mit dem Fraktionsaustritt Schlees verlor die Fraktion das letzte Mitglied mit REP-Parteibuch, so daß diese Partei von nun an faktisch nicht mehr in der Fraktion vertreten war (Schlee-Interview).

Die REP-Parteizeitung wies darauf hin, daß Schlee im Vorfeld selbst mehrmals erklärt habe, daß er die Fraktion verlassen würde, wenn es zur Gründung einer neuen Partei unter Neubauer und seinen Mitstreitern kommen würde (REP, 1/1991, S.4), was am 18. Januar 1991 mit der Gründung der *Deutsche Allianz – Vereinigte Rechte* (DA/VR) konkrete Formen annahm. An der ersten öffentlichen Versammlung der DA/VR tags darauf nahm auch die Europaabgeordnete Johanna Grund teil (NE, 1/1991, S.47).

Ihr Fraktionsaustritt folgte im Mai 1991: „Mein Austritt aus der Fraktion hatte eine für mich unakzeptable Einmischung in meine Abgeordnetenzuständigkeiten seitens des Fraktionsvorsitzenden Jean-Marie Le Pen und seines Generalsekretärs Jean-Marc Brissaud zum Anlaß. Le Pen wollte mich zwingen, meinen Brüsseler Büroleiter und juristischen Referenten Wolf-Dieter Graf Yorck von Wartenburg zu entlassen, weil dieser zuvor eine Kontroverse mit der französischen Fraktionsführung gehabt hatte. (...) Da Herr Schlee schon drei Wochen vorher aus politischen Gründen ausgetreten war, sah ich mich an jenem 14. Mai in der Fraktion völlig auf mich gestellt. Meine drei anderen verbliebenen deutschen Kollegen Neubauer, Köhler und Dr. Schodruch wollten unbedingt bleiben und hätten mich im Falle einer Abstimmung in der Fraktion vermutlich geopfert. Deshalb ging ich in die Offensive und trat an diesem Tage selbst aus der Fraktion aus." (Grund-Brief) Auch diesem Austritt ging offenbar eine längere Krise voran, denn nach der Europawahl 1989 wurde Yorck von Wartenburg zwar zum stellvertretenden Generalsekretär der Fraktion ernannt (EP-Liste, 23.10.1989, S.70), aber im weiteren Verlauf durch Frank Vanhecke und Roger Johnstone abgelöst (EP-Liste, 18.02.1991, S.72). Zudem sei an dieser Stelle noch einmal daran erinnert, daß Frau Grund Schönhuber zuvor vorgeworfen hatte, daß er wegen der „Verbrüderung" mit Le Pen eine stärkere deutschlandpolitische Profilierung seiner Partei vermissen ließe.

Das dürfte bei den Franzosen sicherlich einige Verärgerung gestiftet haben, zumal es dabei auch konkret um die heikle Südtirol-Frage ging, mit der Frau Grund sich profilieren wollte, während die FN weiterhin an guten Kontakten zu den MSI-Abgeordneten interessiert gewesen war (Grund, 1992, S.28). Ihr Fraktionsaustritt spielte sich zudem in einer Zeit ab, in welcher der interne Konflikt in der MSI zwischen dem damaligen Generalsekretär Rauti und seinem Gegenspieler Fini eskalierte (NE, 3-4/1991, S.76); bis letzterer wenig später am 6. Juli 1991 erneut zum Generalsekretär der Partei gewählt wurde (NE, 7-8/1991, S.78-79). *Nation und Europa* erinnerte hierzu noch 1994 daran, daß es neben Schönhuber vor allem auch Frau Grund war, die seinerzeit die MSI-DN nicht in der Fraktion haben wollte (NE, 4/1994, S.16). Aufgrund dieser Differenzen wies Schönhuber noch im Januar 1990 darauf hin, daß sich die FN-Abgeordneten bei Abstimmungen in Südtirolfragen einem Votumsdilemma durch Abwesenheit entzogen. Weiter vermerkte er, daß gerade „Frau Grund mit schöner Regelmäßigkeit mit dem Präsidenten Le Pen zusammenstieß" (REP, 1/1990, S.3).

Ihr Austritt spielte sich dann vor dem Hintergrund einer tags zuvor vollzogenen Umbesetzung im Fraktionsvorstand ab, die im nachfolgenden Abschnitt noch näher erläutert wird und die den französischen Abgeordneten eine deutliche Majorität bescherte, was die Isolation der Abgeordneten Grund in der Fraktion noch manifestiert haben dürfte.

Bei dem Austritt des Abgeordneten Neubauer, ein halbes Jahr vor Ablauf der Wahlperiode, traten wieder Grabenkämpfe zutage: So behauptete Schönhuber in einem *REPUBLIKANER*-Artikel, daß Neubauer wegen seiner extremistischen Umtriebe von der FN aus der Fraktion ausgeschlossen worden sei und Neubauer ferner der Illustrierten *Stern* gegen Entgelt und Zusicherung des Informationsschutzes

Material über ehemalige Parteifreunde angeboten habe, das unmittelbar vor der Niedersachsenwahl verwendet werden sollte. Vom Landgericht Köln allerdings wurden diese Behauptungen im Wege einer einstweiligen Verfügung unter Androhung von Ordnungsgeld beziehungsweise Ordnungshaft zurückgewiesen.

Seine ehemalige Fraktionskollegin Grund dazu: „Der Fall bietet der Öffentlichkeit ein Musterbeispiel dafür, wie weit persönlicher Haß und Rachedurst einen Politiker treiben kann." (FAZ, 31.03.1994, S.4 und DZ-JF, 20/1994, S.18) Sie stellte Neubauer als „Opfer mieser Praktiken" dar und vermerkte dazu: „Le Pen wird offenbar von Schönhuber erpreßt, hat nachgegeben und dabei seinen treuesten deutschen Fan in der Fraktion geopfert. Neubauer ist offiziell freiwillig gegangen, um den Weg für Verhandlungen FN-REP freizumachen. So ganz selbstlos und aus reiner Liebe ist das aber sicher nicht geschehen. Seltsam mutet an, daß Dr. Hans-Günter Schodruch und Klaus-Peter Köhler dabei zuschauen und in der Fraktion bleiben wie schon 1991." (DZ-JF, 9/1994, S.20) Hier schwangen offenbar auch Frau Grunds eigene Ressentiments mit, die seinerzeit zu ihrem Fraktionsaustritt führten.

Harald Neubauer hielt dem entgegen: „Der Austritt war allein meine Entscheidung und hatte keine politischen Gründe. Ich wollte von mir aus Herrn Schönhuber keinen Vorwand liefern, etwaige Gesprächsangebote von Herrn Le Pen für die folgende Legislaturperiode (sic!) unter Berufung auf mich abzulehnen." Dazu kam auch ein wahlstrategisches Kalkül: „Nachdem die Deutsche Liga beschlossen hatte, nicht an den Europawahlen 1994 teilzunehmen, sah ich keine Veranlassung mehr, den französischen Freunden die Suche nach einem neuen (alten) Fraktionspartner zu erschweren." Von „miesen Praktiken" wollte er nichts wissen, vielmehr stellte er fest: „Die 'Trennung' erfolgte in bestem Einvernehmen: Fraktionsgeld und -personal standen mir ebenso weiter zur Verfügung wie die Abstimmungsunterlagen fürs Plenum. Meine Absprache mit Herrn Le Pen beinhaltete im übrigen auch einen möglichst späten Austritt aus der Fraktion, um die Trennung praktisch unerheblich zu machen, da die Parlamentsarbeit schon drei Plenarsitzungen später aufhörte und in die Wahlkampfphase überging. Noch heute verbindet mich mit den französischen und flämischen Freunden ein umso engeres Verhältnis." (Neubauer-Brief) So hielten offenbar sowohl Le Pen als auch Neubauer einen Wiedereinzug der REP in Straßburg für durchaus wahrscheinlich.

Dafür sprechen auch, wie bereits erwähnt, die zwischenzeitlich unterhaltenen Kontakte der Fraktion mit Schönhuber (E&P No 50, 1992, S.12; No 52, 1993, S.10 und No 53, 1993, S.19). Dieser Taktik könnte es auch geschuldet sein, daß der stellvertretende Fraktionsvorsitzende Schodruch sich seinerzeit weigerte, „im Wege der Korrespondenz (...) umfangreiche Auskünfte" über seinen Parteiaustritt und über die fraktionsinternen Konflikte zu erteilen (Schodruch-Brief).

Emil Schlee hielt einen Wiedereinzug für unwahrscheinlich: „Ich habe den Franzosen und bei anderen Nachfragen immer wieder gesagt: Diese Partei können sie vergessen. Die Republikaner kommen nicht wieder ins Parlament. So kam es dann auch.“ (Schlee-Interview) Frau Grund vermerkte dazu vor der Wahl, in Fortführung ihrer – allerdings unbewiesenen – Behauptung, Le Pen sei „erpreßt“ worden: „Ob Franz Schönhuber mit einer ihm völlig ergebenen Mannschaft tatsächlich im Juli ins Palais d’Europe einzieht, ist eine ganz andere Geschichte. Man weiß nicht, ob man es dem Front National wünschen soll. Denn wer sich vor der Wahl einmal erpressen läßt, wird es hernach tausendmal wieder erdulden müssen.“ (DZ-JF, 9/1994, S.20)

Doch daß die übrigen deutschen Fraktionskollegen seinerzeit in ihrer Angelegenheit nicht mitzogen und das auch bei Herrn Neubauer nicht taten, könnte auch einen sehr viel einfacheren Grund gehabt haben: Sie wollten vielleicht nicht den Fortbestand der Fraktion gefährden und die damit verbundenen (finanziellen) Mittel und Möglichkeiten aufs Spiel setzen.

Bemerkenswert ist in diesem Zusammenhang gleichwohl die Tatsache, daß knapp vier Wochen nach dem Fraktionsaustritt Neubauers mit Pierre Ceyrac ein weiterer Abgeordneter aus der ansonsten so stabilen Gruppe der FN-Abgeordneten die Fraktion verließ. Voran ging dem eine Absage Le Pens, an einem Europa-Kongreß von Neubauers DLVH teilzunehmen, der für Februar 1994 angesetzt worden war, der aber dann doch nicht zustande kam (Backes/Moreau, 1994, S.116). Ebenso bemerkenswert ist in diesem Kontext der vorzeitige Rücktritt Neubauers aus dem Fraktionsvorstand Mitte 1992 (vgl. IV 2.3).

2.3. Ämter und Fluktuation im Fraktionsvorstand 1989 – 1994

An der Spitze gab es bei der Neugründung der Fraktion 1989 keinen Wechsel. Wieder war es Jean-Marie Le Pen (FN), der während der kompletten Wahlperiode den *Fraktionsvorsitz* innehatte. Zu *Vizepräsidenten* wurden Karel Dillen (VB), Martine Léhideux (FN) und Franz Schönhuber (REP) bestimmt. Letzterer trat am 11.12.1990 aus der Fraktion aus. Der dadurch freiwerdende Platz im Vorstand wurde noch am selben Tag von Hans-Günter Schodruch (REP, später parteilos) übernommen. Die beiden übrigen Vizepräsidenten blieben bis zum Ende der Wahlperiode in ihren Ämtern.

Als zusätzliche *Vorstandsmitglieder* der Fraktion zeichneten ab dem 13.05. 1991 Bernard Antony (FN), Yvan Blot (FN), Jacques Tauran (FN) und Harald Neubauer (DLVH) verantwortlich. Während die drei französischen Abgeordneten ihre Ämter bis zum Ende der Wahlperiode behielten, trat Neubauer bereits gut ein Jahr später, am 22.06.1992, aus dem Fraktionsvorstand zurück.

Wie in der vorangegangenen Periode wurde auch jetzt Jean-Marie Le Chevallier zum *Schatzmeister* der Fraktion bestimmt. Sein *Stellvertreter* wurde Klaus-Peter Köhler (REP, später parteilos). Beide behielten ihre Ämter bis zum Ende der Wahlperiode.

2.4. Die interne Machtstruktur bei der technischen Fraktion der europäischen Rechten (1989-1994)

Der Fraktion gehörten bei ihrer Gründung anfangs 17 Mitglieder aus drei Mitgliedsländern an (neun Franzosen, sechs Deutsche, ein Belgier). Hätten die französische und die deutsche Gruppe zusammen zwei Abgeordnete mehr stellen können, wäre der belgische Abgeordnete für die Fraktionsbildung schon nicht mehr nötig gewesen. So aber kam ihm eine Schlüsselstellung zu, ähnlich jener des griechischen Abgeordneten 1984-87.

Unter der erneuten französischer Präsidentschaft wurden die Posten der Vizepräsidenten paritätisch mit Abgeordneten der drei beteiligten Nationalitäten besetzt. Im Gegensatz zur Periode 1984-1989 wurde diese paritätische Besetzung kontinuierlich bis zum Ende der Wahlperiode durchgehalten, was auf eine angespanntere Atmosphäre schließen läßt, hinter der gegenseitige Ängste gestanden haben dürften, von einer Gruppe majorisiert zu werden.

Am 13.05.1991, nach den Austritten der Abgeordneten Schönhuber und Schlee, wurden weitere vier einfache Vorstandsposten eingerichtet, von denen drei in französischen Händen waren, den vierten besetzte mit Harald Neubauer ein Deutscher. Dies relativierte freilich nur geringfügig, daß der Fraktionsvorstand nun eine deutliche französische Majorität aufwies.

Tags darauf verließ Frau Grund die Fraktion. Neubauer verließ den Fraktionsvorstand am 22.06.1992, blieb jedoch bis zum 31.01.1994 als einfacher Abgeordneter Fraktionsmitglied. Nach dem Austritt des Abgeordneten Ceyrac am 23.02.1994 verfügte die Fraktion gerade noch über die vorgeschriebene Mindestanzahl von zwölf Abgeordneten, so daß die Existenz der Fraktion im letzten Halbjahr der Wahlperiode gleichermaßen von jedem einzelnen Abgeordneten abhing und in jenem Halbjahr der Fraktionsvorstand in seiner Handlungsfähigkeit entsprechend eingeschränkt gewesen sein dürfte.

3. Der Apparat hinter den Personen: Das Fraktionssekretariat

Bei Gründung der Fraktion 1984 wies das EP-Handbuch für die *Fraktion der Europäischen Rechten* (DR) drei Fraktionsbüros aus, wobei die Fraktion neben den EP-Arbeitsorten Brüssel und Luxemburg von Anfang an ein drittes Büro in Paris unterhielt (EP-Handbuch, 1984, S.318). Eine Dreiteilung, die sich keine andere EP-Fraktion leistete: So hatten die *Regenbogen-Fraktion* (ARC) und die *Fraktion der Europäischen Demokraten* (ED) sogar nur in Brüssel Fraktionsbüros, alle anderen Fraktionen jeweils eins in Brüssel und Luxemburg (ebenda, S.311-319).

Allerdings wurde diese Infrastruktur bei der DR-Fraktion nicht durchgängig aufrecht erhalten. In der EP-Mitgliederliste vom 10.09.1984 tauchte die Brüsseler Adresse bereits nicht mehr auf. Dadurch nahm die Fraktion insofern eine Sonderstellung ein, da sie nun als einzige kein Fraktionsbüro in Brüssel unterhielt (EP-Liste, 10.09.1984, S.56). In der Existenz des Pariser Fraktionsbüros zeigte sich abermals sehr deutlich der Fühgrungsanspruch und die innerfraktionelle Machtposition der *Front National*.

An der Spitze des Fraktionssekretariats standen bei Fraktionsgründung 1984 der Generalsekretär Jean-Marc Brissaud und als sein Stellvertreter Germano Vecchio Verderame (EP-Handbuch, 1984, S.318). Diese Besetzung blieb bis zum Ende der Wahlperiode bestehen (EP-Liste, 13.03.1989, S.71). Nach der Europawahl 1989 blieb Brissaud Generalsekretär, als Stellvertreter stand ihm nunmehr Yorck von Wartenburg zur Seite (EP-Liste, 23.10.1989, S.70), der später aber durch Frank Vanhecke und Roger Johnstone abgelöst wurde. Die Besetzung der Spitze des Fraktionssekretariats mit den Herren Brissaud, Vanhecke und Johnstone wurde bis zum Ende der Wahlperiode aufrecht erhalten (EP-Liste, 25.10.1993, S.79).

Auch wurde nach der Wahl von 1989 das Pariser Fraktionsbüro nicht aufgegeben. Es ist deshalb auch der Erscheinungsort der Bücher von Le Pen und Brissaud und des Bulletins *Europe et Patries*, allesamt Publikationen, die im Namen der Fraktion (G.D.E.) erschienen (E&P; Brissaud, 1989, S.2 und Le Pen, 1989, S.2).

Als zweiter Bürostandort war zunächst, wie zuvor, Luxemburg vorgesehen (EP-Liste, 11.09.1989). Dieser wurde kurz danach jedoch nach Brüssel verlegt (EP-Liste, 23.10.1989, S.70). Bei diesen Standorten blieb es bis zum Ende der Wahlperiode (EP-Liste, 25.10.1993).

Um der FN mit ihrem Pariser Büro etwas entgegenzusetzen, richteten die deutschen Abgeordneten Mitte 1991 in der Bonner Weberstraße ein Büro ein (ER, 7/1991 und NE, 3/1992, S.20), nachdem die deutschen Abgeordneten der Fraktion zuvor über die *Bürogemeinschaft Neubauer* in München erreichbar waren (ER, 1/1991 bis 5/1991). Das Bonner Büro hat jedoch einen eher inoffiziellen Charakter, da es nicht in den EP-Mitgliederlisten erwähnt wird.

Vom *Vlaams Blok* ist kein eigenes Fraktionsbüro bekannt, freilich ist Belgiens Hauptstadt Brüssel zugleich auch EP-Standort und taucht auch als Verlagsort in den Büchern Karel Dillens auf, die im Namen der Fraktion erschienen sind (Dillen, 1991, S.4 und 1993, S.4).

Für die personelle Besetzung der Fraktionssekretariate gibt es ein sehr präzises Regelwerk. Hauptkriterium ist dabei die quantitative Stärke einer Fraktion, gleichwohl spielt aber auch die Anzahl der in der Fraktion vorhandenen Arbeitssprachen eine Rolle.

Jede Fraktion hat ein Anrecht auf zunächst mindestens zwei Administrationsstellen, hinzu kommen weitere für jeweils vier Fraktionsmitglieder sowie eine Stelle bei drei Sprachen innerhalb der Fraktion, zwei sind es bei vier und fünf

Sprachen, drei bei sechs und sieben Sprachen und schließlich vier solcher Posten bei acht und neun Sprachen. Die Anzahl dieser Administrationsstellen bildet schließlich die Schlüsselzahl für Assistenz- und Sekretariatsstellen. Pro Administrationsstelle können durchschnittlich 1,4 Assistenzstellen und eine Sekretariatsstelle eingerichtet werden.Die Einstellungen erfolgen direkt durch die Fraktionen, wobei auch die verschiedenen nationalen Gruppen in den Fraktionen und deren Machtverhältnisse untereinander eine wichtige Rolle spielen.

Das Fraktionssekretariat ist kaum mit der Anfertigung von Ausschußberichten beschäftigt, doch suchen die Mitarbeiter des Sekretariats durchaus die für die einzelnen Fraktionsmitglieder nötigen Hintergrundinformationen zusammen.

Dabei ist das übrige Arbeitspensum des Sekretariats nicht zu unterschätzen, das sowohl genereller Natur ist, als sich auch mit Detailfragen auseinanderzusetzen hat. Dies sind beispielsweise Administrations- und Pressearbeiten oder die Verantwortlichkeit für dringende Plenardebatten, ferner die Vorbereitung von Fraktionssitzungen und von Studientagungen, wobei sie auch mithelfen, Kontakte zu nationalen Parteien und Organisationen aufrechtzuerhalten. Oftmals sind sie mit der Verfolgung von Ausschußsitzungen und gegebenenfalls der Mobilisierung ihrer Fraktionsmitglieder zu den Abstimmungen betraut. Dabei müssen sie in Betracht ziehen, daß nationale, sektorale oder konstitutionelle Überlegungen manchmal von größerer Bedeutung für ihren Abgeordneten sind als der Standpunkt der jeweiligen Fraktion (Jacobs/Corbett/Shackleton, 1992, S.79-81).

Darüberhinaus helfen sie zumeist vor den Plenarsitzungen bei der Findung einer gemeinsamen Fraktionslinie bei Sachentscheidungen. So kommt ihnen in inhaltlicher Hinsicht vor allem eine koordinierende Aufgabe zu, was insbesondere in den größeren Fraktionen, wo viele verschiedene nationale Standpunkte unter einen Hut zu bringen sind, stark ins Gewicht fällt. Bei der Meinungsbildung als solcher spielen die Fraktionssekretariate dagegen nur sehr selten eine Rolle.

Kapitel V
Das euro-rechte Netzwerk jenseits der Fraktion

„Wir, die Krieger, haben nichts zu beweinen außer jener großen Hoffnung eines faschistischen Europas, die zum großen Teil von Hitler verraten wurde.“ Saint-Loup, Fremdenlegionär und Kriegsberichterstatter (SP, 22/1989, S.34)

1. Historische Einführung in die Vernetzung der europäischen extremen Rechten

Nicht erst seit den ersten Direktwahlen zum Europäischen Parlament 1979 bemühen sich die Vertreter der extremen Rechten um eine Bündnisbildung auf europäischer Ebene. Vielmehr haben solche transnationalen Zusammenschlüsse eine sehr viel weiter zurückreichende Tradition. Infolge der Erfahrungen des Zweiten Weltkrieges wurde zwar 1950 die Europäische Menschenrechtskonvention verabschiedet, doch trotz dieses eindeutigen Signals traten bereits in den fünfziger Jahren extrem rechte Organisationen und Parteien erneut offensiv auf.

Schon 1948 hatte sich eine internationale neofaschistische Zusammenarbeit unter der Flagge 'Europa' angebahnt, als Sir Oswald Mosley, der Führer der britischen Faschisten, unter dem Motto „Europe – a nation“ an die Öffentlichkeit getreten war. Die ersten soliden Säulen dieser Kooperation waren neben der britischen Mosley-Bewegung die franquistische *Falange* Spaniens und die MSI. Letztere war es auch, von der nach 1945 erste Anregungen ausgingen, eine internationale faschistische Front zu reetablieren. Entsprechend hielt die MSI Kontakte zu ehemaligen NS-Funktionären, zu faschistischen Gruppen in Österreich, der Schweiz, in Großbritannien, Frankreich, Belgien, den Niederlanden, Spanien, Südamerika und dem Nahen Osten. Ferner organisierte die MSI ein europäisches Studienzentrum und gab unter dem Titel *Europa Unità* ein eigenes internationales Organ heraus.

Im Oktober 1950 berief die MSI-Studentenorganisation FUAN eine als *Kongreß der nationalen Jugend Europas* betitelte erste Konferenz in Rom ein, an der allerdings kaum junge Leute, sondern vor allem Altfaschisten teilnahmen. Es erschienen Vertreter aus 14 europäischen Ländern. Im Verlauf der Konferenz wurde ein Zehn-Punkte-Programm zur transnationalen Zusammenarbeit angenommen.

In Malmö folgte 1951 ein zweiter „Europäischer Kongreß“ mit 60 Delegierten, welcher die Zusammenarbeit der schwedischen extremen Rechten unter Per

Engdahl mit den britischen unter Oswald Mosley begründete, ferner die Kooperation zwischen französischen unter Maurice Bardèche mit den deutschen unter dem ehemaligen HJ- und SS-Führer Karlheinz Priester. Weitere Vertreter kamen aus den übrigen skandinavischen Ländern, aus Belgien, Spanien, Portugal, Österreich und der Schweiz. Beschlossen wurde der Name *Europäische Soziale Bewegung* (ESB), und als höchstes Beschlußorgan wurde eine vierköpfige Studienkommission konstituiert, der je ein Vertreter aus Skandinavien, Deutschland, Frankreich und Italien angehörte. Dies waren Engdahl, Priester, Bardèche und der damalige MSI-Führer De Marsanich, in dessen Händen auch das Generalsekretariat lag. Offensichtlich ist, daß die MSI den entscheidenen Einfluß auf die Namensgebung hatte: *Movimento Sociale* – Sozialbewegung.

In der ESB aber kam es bald zum offenen Bruch, in deren Folge die französischen und die schweizer Rechten, wiederum unter eifriger Mithilfe der MSI, die *Neue Europäische Ordnung* gründeten. Deren erster Kongreß fand im Januar 1953 in Paris statt, auf dem die Delegierten aus Deutschland, Frankreich, der Schweiz, Italien und Spanien die Einrichtung einer „Europäischen Verbindungsstelle" mit Sitz in Lausanne beschlossen. Diese Gruppierung war bis in die siebziger Jahre tonangebend für den europäischen Neofaschismus. Aus ihr entstand ein europäisches Netzwerk zur gegenseitigen Unterstützung – einschließlich Nachwuchsförderung – mit zwölf internationalen Treffen. Darüberhinaus wurde 1956 von Nazis und ehemaligen SS-Angehörigen aus sieben Ländern eine *Europäische Akademie* gegründet, die sich im Jahre darauf in Salzburg in *Einheitliche Europäische Sozialbewegung* umbenannte. 1962 ergriff die MSI die Initiative zur Gründung einer Nationalen Europäischen Partei und proklamierte schließlich 1970 gemeinsam mit der deutschen NPD eine *Europäische Befreiungsfront* (Hafeneger, 1990, S.9-11; Mahrad, 1995, S.5 und Feldbauer, 1996, S. 89-90).

Einen neuen Impuls erhielt die euro-rechte Vernetzung durch die Initiierung des *Nationaleuropäischen Jugendkongreß* (NEC) am 16.-17. September 1972, auf dem es hieß: „Die Zusammenarbeit der nationalfreiheitlichen Kräfte Europas nimmt hier einen Anfang." Grußbotschaften kamen unter anderem von der spanischen *CEDADE*, der flämischen *Were Di* und der MSI-Jugendorganisation *Fronte della Gioventù*. Weitere Erfolgswünsche kamen vom französischen *Ordre Nouveau* (ON), dem *Algemeen Vlaams Nationaal Jeugdverbond* Belgiens sowie von dem NPD-Vorsitzenden Martin Mußgnug.

Auf dem Kongreß wurde ein *Generalsekretariat der Intereuropäischen Nationale* eingerichtet, „dem neben den westdeutschen Vertretern *Bernhard C. Wintzek* und *Peter Dehoust* Freunde aus vierzehn europäischen Völkern und Volksgruppen" angehörten (NE, 8/1972, S.2 und 10/1972, S.63-64; kursiv im Original). Anläßlich des zweiten NEC 1973 wurde das Generalsekretariat personell erweitert; ihm gehörten jedoch nur noch „Vertreter von 11 Völkern" an (NE, 8/1973, S.64). Weitere internationale braune Treffen folgten, so 1976 in Lyon, 1977 in Alverdingen und 1978 in Barcelona (Feldbauer, 1996, S.91).

1977 trat außerdem ein *Europäisches Fortschritts-Intiativzentrum* mit einem „Manifest des Europäismus“ an die Öffentlichkeit, in welchem die „Nation Europa“, ein „europäischer Sozialismus“ und eine „einheitliche Organisation“ gefordert wurden (NE, 3/1977, S.45). Ab dem 20. April 1978 bahnte sich dann – erneut auf Initiative der MSI – die *Eurodestra*-Zusammenarbeit an, die konkret auf eine europaparlamentarische Perspektive hinarbeitete (Feldbauer, 1996, S.91-92).

Wie bereits dargestellt, hat dabei die organisatorische Dichte, sowohl hinsichtlich der Fraktionsbildung als auch bei den gemeinsamen Publikationen, im Laufe der Jahre eher ab- als zugenommen. Im folgenden wird untersucht und dargestellt, wie weit das euro-rechte Netzwerk auf loser informeller Ebene, auch ohne eine starke zentrale organisatorische Plattform, inzwischen reicht.

2. Beziehungen zu fraktionslosen Abgeordneten und deren Parteien im EP

2.1. Movimento Sociale Italiano – Destra Nazionale (MSI-DN) und Alleanza Nazionale (AN); Italien (ab 1989)

Trotz des Herausdrängens der MSI-DN aus der ‘technischen’ Fraktionsbildung 1989 rissen die euro-rechten Verbindungen zu ihr nicht völlig ab. Nach der Fraktionsgründung 1989 erklärte selbst Schönhuber, „daß man die italienische Rechte zwar nicht in der Fraktion haben, ansonsten im Europaparlament aber nicht ausgrenzen wolle“ (NE 8-9/1989, S.37).

Durch den Wechsel an der MSI-DN-Spitze – von Fini zu Rauti – auf dem 16. MSI-DN-Parteitag wurde der Graben zur eurorechten Fraktion jedoch noch tiefer: „Jean-Marie Le Pen war als Gast nur am ersten Tag zugegen und verließ den Parteitag eher ratlos.“ (NE, 2/1990, S.69) Umgekehrt wollten die Leute um Rauti mit den bundesdeutschen *‘Republikanern’* und deren strikten Antikommunismus wenig zu tun haben, und warfen den REP vor, daß sie noch ganz dem Parteidenken verhaftet seien (Raith, 1990, S.351). Verbindungen zur FN kritisierte Rauti schließlich besonders heftig unter Verweis auf deren rassistische Politik (EP-Bericht, 1991, S.35).

Daß es trotzdem eine enge Zusammenarbeit mit den fraktionslosen MSI-Abgeordneten gab, zeigte sich an der Teilnahme Finis an jener euro-rechten Delegation im November 1990, die sich für die Freilassung von Geiseln im Irak einsetzte; zusammen mit Jean-Claude Martinez, Martine Lehideux (FN), Emil Schlee (REP) und dem nicht mehr dem EP angehörenden Chrysanthos Dimitriadis (E.P.EN.) (E&P No 49, 1992, S.3).

Nach dem Fraktionsaustritt Schönhubers im Dezember 1990 gab es bei der FN verstärkte Bestrebungen, die Abgeordneten der MSI wieder in die Fraktion einzubinden. Entsprechende Optionen sprach Le Pen in einem Interview mit der Zeitung *Le Figaro* an. Derlei Avancen wurden von Rauti aber offiziell als undenkbar zurückgewiesen (REP, 1/1991, S.3-4).

Auf einer euro-rechten Fraktionsreise nach Rom 1991 wurden die Beziehungen weiter gepflegt, allerdings wiederum eher zu den Gegenspielern Rautis in der MSI-DN. Zusammen mit der Almirante-Witwe und den Parlamentariern Fini, Franchini, Pozzo, Martinat und Massime Magliaro, „grand ami de la droite nationale“ und engster Mitarbeiter Almirantes, besuchte Le Pen das Almirante-Grab (E&P No 35, 1991, S.8). Fini und Le Pen trafen sich auch auf einem Wochenend-Kolloquium der *Association pour le Developpement de la Democratie directe* (A3D), deren Vorsitzender der FN-Europaabgeordnete Yvan Blot war. Harald Neubauer und Filip Dewinter vom *Vlaams Blok* nahmen ebenfalls an dem Kolloquium teil (NE, 6/1991, S.50).

Nach dem Rücktritt Rautis und der darauf folgenden Wiederwahl Finis zum Generalsekretär der Partei im Juli 1991 (NE, 7-8/1991, S.78-79) wurden die Kontakte weiter gepflegt. Im April 1993 kam es anläßlich einer Fraktionssitzung in Florenz zu einem Treffen mit einer MSI-DN-Delegation, die vom früheren EP-Abgeordneten und Fraktionsmitglied Marco Cellai angeführt wurde. Daraufhin steuerte Cellai einen Artikel für die Fraktionszeitung *Europe et Patries* bei. Auch Gianfranco Fini fand sich bereit, im April und im August 1993 seine Positionen über den aus seiner Sicht fälligen Wechsel in Italien in dem Bulletin zu publizieren: „L'Italie a besoin de changement“ (Italien hat den Wechsel nötig) (E&P No 53, 1993, S.6-9 und No 56, 1993, S.7 und 17-19). Allerdings war Fini zu diesem Zeitpunkt kein Europaabgeordneter mehr, da er im Mai 1992 sein EP-Mandat niedergelegt hatte (EP-Vademecum, 1994, S.60) E&P stellte diesbezüglich zusammenfassend fest, daß sich Le Pen und Fini vor und nach den Wahlen 1989 regelmäßig getroffen hätten, um die politische Kooperation zu pflegen (E&P No 56, 1993, S.5).

In den offiziellen Geschichtsdarstellungen des Bulletins der euro-rechten Fraktion wird die MSI-DN auch insofern umschmeichelt, als deren zwischenzeitlich verstorbenen EP-Abgeordneten Romualdi und Palmieri neben den verstorbenen FN-Abgeordneten de Camaret und Pordea und dem im November 1988 tödlich verunglückten Jean-Pierre Stirbois als „Héros“ mystifiziert werden. Zudem wird die alte Freundschaft zwischen Le Pen und Almirante betont; eine Abbildung zeigt Le Pen 1985 auf einer MSI-DN-Kundgebung in Rom (E&P No 49, 1992, S.2 und 5 und No 56, 1993, S.3-4).

Nachdem die MSI-DN 1994 bei den nationalen Parlamentswahlen via Wahlbündnis als *Alleanza Nazionale* (AN) stark zugelegt hatte, schickte Le Pen ein sehr persönliches Glückwunschschreiben an Fini: „Lieber Gianfranco, erhalte meine herzlichsten Glückwünsche zu dem großen Sieg, welchen Du und Deine Freunde von der Nationalen Allianz bei den italienischen Parlamentswahlen errungen haben. Ein neuer historischer Abschnitt Italiens beginnt und ich zweifle nicht, daß die Repräsentanten der nationalen, sozialen und populären Kräfte darin eine Schlüsselrolle spielen.“ (E&P No 59, 1994, S.2)

Zu den darauffolgenden Europawahlen stellte *Europe et Patries* noch die Kandidaten der AN vor (E&P No 60, 1994, S.4). Für eine euro-rechte Fraktionsbildung nach den Wahlen von 1994 reichten indes, wie bereits dargestellt, die Gemeinsamkeiten offensichtlich nicht aus. Die Abkehr der AN von den ehemaligen Verbündeten werten die *Front National* Le Pens und der *Vlaams Blok* als opportunistische Taktiererei: Die AN wolle es sich mit Berlusconi und dem internationalen Großkapital nicht verderben. Dies habe auch zur Abspaltung der *MSI-Fiamma tricolore* unter Rauti geführt.

Deshalb kam es in der Folgezeit zu einer Annäherung zwischen der FN, dem VB und der *MSI-Fiamma tricolore*, bis hin zu der Verabredung, eine gemeinsame Fraktion bilden zu wollen, wozu jedoch bei den gegebenen Quantitäten noch ein zusätzlicher vierter Partner notwendig wäre, der bislang aber fehlt (NE, 2/1997, S.30-31).

Als Le Pen im April 1997 auf dem FN-Parteitag in Strasbourg, unter der Bezeichnung *Euro-Nat* einen neuen Zusammenschluß rechtsextremer Parteien präsentierte, war die italienische *Alleanza Nazionale* (AN) außen vor. Die *MSI-Fiamma tricolore* hingegen, auf dem Parteitag durch ihren Vizesekretär vertreten, war Teil dieses Bündnisses (ak 401, 1997, S.10).

Der früher der Euro-Rechten eher distanziert gegenüberstehende Rauti ist also inzwischen als italienischer Bündnispartner an die Stelle Finis getreten, der noch Jahre zuvor, als es Anfang der neunziger Jahre um einen Machtkampf gegen Rauti ging, noch derjenige war, der von Le Pen vorgezogen wurde.

2.2. Die 'Republikaner'; Deutschland (ab 1990/91)

Bereits im Vorfeld der Europawahl 1989 bot der FN-Generalsekretär Carl Lang politische Gespräche mit den *'Republikanern'* an. Unter dem Eindruck des Berliner Wahlergebnisses Anfang 1989 offerierten er und Bruno Mégret dann im Vorfeld eine euro-rechte Zusammenarbeit (Hafeneger, 1989, S.189).

Trotz der späteren Krisenerscheinungen und Eitelkeiten im Verhältnis zwischen Le Pen und Schönhuber rissen auch in der Folgezeit die Verbindungen nicht völlig ab. Nach Darstellung Johanna Grunds habe Le Pen noch am 7. Juni 1990 angesichts der sich abzeichnenden Spannungen unter den deutschen Abgeordneten zu vermitteln versucht, doch sei der Bruch zwischen Schönhuber und den übrigen Abgeordneten schon zu tief gewesen (REP, 8/1990, S.5).

Nach Darstellung Schönhubers hatten die zahlreichen Außentagungen der Fraktion, die gleichzeitig zur Knüpfung und Intensivierung internationaler Kontakte dienen können, auch eine nicht zu unterschätzende Rolle auf den inneren Zusammenhalt der Gruppe gehabt. Nach seinem Fraktionsaustritt, der im

Dezember 1990 folgte, stellte er fest: „Die Entfremdung begann, als ich durch permanente Wahlkämpfe in Deutschland gebunden war, während meine fünf Kollegen in den Genuß schöner Fraktionsreisen in ganz Europa kamen und anfingen, das Klima zu vergiften." (REP, 1/1991, S.3) Dazu machte er auch auf ungewöhnliche Sitzungstermine aufmerksam, die mit dem Tag der deutschen Einheit und dem Tag der Bundestagswahl zusammenfielen: „Ein Teil der deutschen Abgeordneten verbrachte den 3. Oktober auf Rhodos, dann kam Athen und ausgerechnet am 2. Dezember war der große Treffpunkt auf Las Palmas." (REP, 12/1990, S.3) Auf Las Palmas tagte die Fraktion auch im Juli 1990. Auf dieser Sitzung beschlossen die übrigen fünf REP-Europaabgeordneten wenige Tage vor dem Ruhstorfer Parteitag trotz der internen Querelen, daß sie die *Technische Fraktion der Europäischen Rechten* nicht verlassen würden (NE, 11-12/1990, S.16 und Jaschke, 1993, S.90).

Die verbliebenen Fraktionsmitglieder wiesen anläßlich Schönhubers Fraktionsaustritt vor allem auf die Differenzen mit Le Pen hin, an dem sich Schönhuber zuvor noch selbst orientiert habe (ER, 1/1991). Emil Schlee: „So groß die Freundschaft vorher gewesen sein mag, nach seinem Fraktionsaustritt war dann Herr Le Pen sogleich von Herrn Schönhuber zum üblen Faschisten, Rassisten, Nazisten und Sonstigem gestempelt worden, und dann verlangte Herr Schönhuber von den anderen, daß sie auch aus der Fraktion austreten." (Schlee-Interview) Hier wurde also der Versuch unternommen, Schönhuber gegen Le Pen auszuspielen, was aber nicht gelang.

So meinte Franz Schönhuber kurz nach seinem Fraktionsaustritt selbst: „Herr Le Pen hat mir noch vor ein paar Tagen ein Fax geschickt, worin er ausdrücklich sagte, die Republikaner sind die einzige legitime Kraft auf der rechten Seite; aber Herr Le Pen hat es auch mit einem Partner zu tun, Herrn Dillen vom Vlaams Blok." (REP, 12/1990, S.3) Gleichwohl stellte Schönhuber im Vorfeld der Europawahl Anfang 1994 zum *Vlaams Blok* fest, daß sein Verhältnis zu ihm im Hinblick auf eine mögliche neue Bündnisbildung offen sei. Eingebettet ist dies in eine positive Würdigung der euro-rechten Parteien, einschließlich der MSI-DN/AN in der REP-Parteizeitung (ES-REP, 1/1994, S.4).

Mitte 1994 veröffentlichte *Europe et Patries* auch die Europawahlliste der *'Republikaner'* (E&P No 60, 1994, S.4). Zuvor gab es schon insofern ein Entgegenkommen des euro-rechten Bulletins *Europe et Patries*, als in deren offiziellen Darstellungen die Konflikte unter den deutschen Abgeordneten nur als REP-interne Konflikte beschrieben wurden: „Nach einer Unstimmigkeit mit den Abgeordneten seiner Partei verließ *Franz Schönhuber* die Fraktion und wechselte zu den Fraktionslosen. Ihm folgten bald *Madame Grund* und *Monsieur Schlee*. Die Kontakte zu den *Republikanern* wurden dennoch nicht aufgegeben. Deren Vorsitzender trifft sich regelmäßig mit dem Vorsitzenden der Fraktion der Europäischen Rechten und dessen Generalsekretär." (E&P No 56, 1993, S.6; Hervorhebungen im Original)

Am 5. November 1992 nahm Frau Schönhuber an einem Festbankett anläßlich des zwanzigjährigen Bestehens der FN teil und *Europe et Patries* druckte ihre Rede ab, in der sie die Abwesenheit ihres Mannes mit dessen Teilnahme an einer Delegationsreise nach Wien begründete (E&P No 50, 1992, S.12). Die Rechtsanwältin Ingrid Schönhuber spielte von Anfang an eine maßgebliche Rolle in der REP-Führung, gerade auch bei den internen Querelen, in ihrer Rolle als Rechtsvertreterin der Partei (Behrend/Prenzel, 1990, S.25).

Schließlich fand sich auch ihr Gemahl wieder zum offenen Schulterschluß mit den Euro-Rechten bereit und gab dem französischen Fraktionsmitarbeiter Roger Johnstone ein „Interview exclusive", welches im März 1993 in *Europe et Patries* publiziert wurde (E&P No 52, 1993, S.10). In der April-Mai-Ausgabe 1993 der Zeitung meldet sich Schönhuber selbst mit dem Beitrag „Europa rückt nach rechts" zu Wort (E&P No 53, 1993, S.16).

In einer danach veröffentlichten Übersicht über europäische Bündnispartner wurden auch die REP wieder genannt, während die Existenz der DLVH des Fraktionsmitglieds Neubauer verschwiegen wurde (E&P No 56, 1993, S.10). Gleichwohl ist Neubauer als Autor in *Europe et Patries* in Erscheinung getreten: Für die Juli-Ausgabe 1992 schrieb er einen längeren Aufsatz über die Umweltschutzbewegung in Deutschland (E&P No 45, 1992, S.14-16), und in der April-Mai-Ausgabe 1993 erschien ein Beitrag über die 'Dekadenz', den er anläßlich einer Fraktionssitzung in Florenz erstellt hatte (E&P No 53, 1993, S.4-5).

Beziehungen gab es aber auch zum zwischenzeitlich aus Partei und Fraktion ausgetretenen Abgeordneten Schlee: Als eine Besuchergruppe vom 10. bis 12. Februar 1992 auf Einladung von Emil Schlee in Straßburg weilte, waren als Referenten neben dem liberalen Abgeordneten Karl Partsch, der über die Verschmutzungen in Nord- und Ostsee referierte, auch die euro-rechten Abgeordneten Yvan Blot (FN) und Karel Dillen (VB) zugegen, die über die Erfolge ihrer nationalen Parteien berichteten.

Diskussionsteilnehmer am dritten Besuchstag waren die deutschen Fraktionsmitglieder Köhler, Neubauer und Schodruch (ER, 4/1992 und NE, 4/1992, S.48).

Durch den Wechsel an der REP-Spitze von Schönhuber zu Schlierer verschlechterten sich die Bedingungen zur Kooperation deshalb, da Schlierer 1989 den REP-Europaabgeordneten noch angeraten hatte, keine Fraktion mit Dillen und Le Pen zu bilden. Auch im späteren baden-württembergischen Landtagswahlkampf gab es demonstrative Distanzierungen seitens lokaler REP-Funktionäre von Le Pen und der *Front*.

Zu einem Meeting im EP Anfang 1997 lud Le Pen aber auch Schlierer ein, der wegen der Haushaltsdebatte im Stuttgarter Landtag absagte, sich aber in einem Grußwort gleichwohl zur Fortsetzung der Kontakte bekannte. Die ehemaligen REP-Europaabgeordneten Schönhuber, Neubauer und Schodruch nahmen an der Zusammenkunft teil (NE, 2/1997, S.28-31). Als Le Pen dann auf dem FN-Parteitag im April 1997, bei dem wiederum auch Neubauer und Schodruch zugegen waren, unter der Bezeichnung *Euro-Nat* einen Zusammenschluß europäischer rechtsextremer Parteien präsentierte, waren die deutschen *'Republikaner'* offiziell nicht mit von der Partie (ak 401, 1997, S.10) – noch nicht jedenfalls.

2.3. Front National – Nationaal Front (FN-NF); Belgien (ab 1994)

Die belgisch-wallonische *Front National* wurde zur Jahreswende 1984/85 von dem Arzt Daniel Féret gegründet, der in den siebziger Jahren der PLP *(Partei für Freiheit und Fortschritt)* angehört hatte. Die FN stützt sich auf die französischsprachige Wählerschaft. Mitbegründer war der Rechtsanwalt Michel Delacroix, wohlbekannt in der belgischen rechtsextremen Szene und zugleich Schwiegervater von Féret (Searchlight, 1/1995, S.22; EP-Biographien, 1994, S.22 und Husbands, 1992, S.133-134).

Die FN schloß sich mit der eher revisionistisch-populistischen *Parti de Force Nouvelle* (PNF) zusammen, deren Mitglieder am 23. Mai 1991 sämtlich in der eher nationalkonservativen FN aufgenommen wurden (NE, 7-8/1991, S.80). Infolgedessen nannte sie sich nunmehr bilingual *Front National-Nationaal Front* (FN-NF). Sie ist weitaus rassistischer als der *Vlaams Blok* und zudem ultra-belgisch ausgerichtet (Searchlight, 7/1994, S.15).

Als Sammelbewegung besteht die FN-NF aus diversen Fraktionen, deren Spektrum von neorexistisch bis neo-nationalsozialistisch reicht und populistische Politiker wie militante Aktivisten unter sich vereinigt. Dabei gibt es zwei voneinander abzugrenzende Denkrichtungen: Eine radikal revisionistische, stark antimarxistisch und 'antikapitalistisch' orientiert, und eine andere, die auf ein gemäßigtes, freiheitliches und populistisches Image wert legt. Aufgrund dieser Heterogenität ist die *Front* einer starken personellen Fluktuation ausgesetzt, so daß die Organisationsstrukturen bislang eher bescheiden blieben.

Ein erster Wahlerfolg stellte sich bei den Stadtratswahlen in Brüssel 1989 ein, bei denen die FN mit 3,9% drei Sitze erreichte. Bei den Parlamentswahlen 1991 erhielt sie einen Sitz und ist seither im Repräsentantenhaus durch Georges Mentagne vertreten (NE, 9/1992, S.44-45 und Husbands, 1992, S.133-134). Dann kam die Europawahl. „Überraschend erzielte in dem wallonischen Landesteil der Front National erstmals sensationelle 7,3% und damit einen Sitz im Europaparlament“, so kommentierte *Nation und Europa* das Ergebnis von 1994; den EP-Sitz nahm der FN-Gründer Féret ein.

Das Verhältnis zum VB ist eher gespannt, zumal Dillen anstelle der königstreu-belgischen FN lieber die eher völkisch orientierte Partei *AGIR* im EP gesehen hätte (NE, 6/1994, S.15 und EP-Biographien, 1994, S.22). Dillen sagte dazu Jahre zuvor, als er darüber mit Le Pen aneinandergeraten war: „Es braucht dort in Flandern keine Front National Belge – Belgish Nationaal Front zu geben. Wir können diese wie die Pest entbehren.“ (Gijsels/Velpen, 1992, S.156)

AGIR hat indes traditionell gute Beziehungen zum VB (NE, 9/1992, S.44). Frank Vanhecke meinte 1994 über die Beziehungen des VB zur belgischen *Front National*: „Sollte der FN 'belge' sich auf Wallonien beschränken, dann würde es, was mich betrifft, kein Problem geben: Über das Ausland mache ich mir keine Gedanken." (NE, 10/1994, S.21-22)

Die Erfolge der FN-NF setzten sich bei den belgischen Kommunalwahlen fort, mit teilweise zweistelligen Ergebnissen in der Hauptstadtregion Brüssel. Aus dem Stand gewann die Partei in Brüssel-Stadt vier Mandate (NE, 11-12/1994, S.26). Begleitet war dieser Wahlerfolg von einem handfesten Skandal, als das belgische Fernsehen am 14. Oktober FN-Mitglied Daniel Leskens beim Urinieren an einem jüdischen Grab zeigte, während einer seiner Kompagnons die Hand zum Hitler-Gruß hob. Als Glyn Ford dies in einer EP-Debatte über Rassismus und Xenophobie ansprach, beeilte sich die französische FN-Abgeordnete Marie-France Stirbois zu versichern, daß ihre Partei nichts mit der belgischen Partei gleichen Namens zu tun habe, was freilich nicht stimmt (Searchlight, 12/1994, S.21 und 1/1995, S.22).

Wegen des Verdachts der Wahllisten-Fälschung sollte die FN-NF 1995 zunächst von den nationalen Parlamentswahlen ausgeschlossen werden, konnte dann doch kandidieren und sich von 1,7 auf 5,3% steigern (jw, 20.05.1995, S.10 und NE, 6/1995, S.20). Dadurch erhielt sie zwei Parlamentssitze.

Kurz danach brachen parteiinterne Querelen aus, in deren Folge der Parteivorsitzende Féret die in der Partei recht einflußreiche Parlamentsabgeordnete Marguerite Bastien aus der Partei ausschloß (LMD/taz, 15.12.1995, S.7).

2.4. Freiheitliche Partei Österreichs (FPÖ)/ „Die Freiheitlichen"; Österreich (ab 1995)

Die *Freiheitliche Partei Österreichs* (FPÖ) ging 1956 aus dem *Verband der Unabhängigen* (VdU) hervor, der 1949 unter Förderung des damaligen SPÖ-Innenministers Oskar Helmer als Sammlungsbewegung des deutschnationalen Lagers gegründet worden war und nach Meinung Simon Wiesenthals „eine nahezu lupenreine Nazi-Partei" war. Der erste FPÖ-Parteiobmann war Anton Reinthaler, ein ehemaliger Minister der nationalsozialistischen Seyß-Inquart-Regierung.

Ab 1964 versuchte die FPÖ erstmals eine Öffnung zum Liberalismus, so daß sich daraufhin der radikalste FPÖ-Flügel abspaltete und 1966 nach dem Vorbild der deutschen NPD die *Nationaldemokratische Partei* (NDP) unter Norbert Burger gründete, die bei den Bundespräsidentenwahlen 1980 mit 3,2% einen größeren Erfolg verbuchen konnte. 1989 wurde sie wegen ihrer programmatischen Nähe zur NSDAP behördlich aufgelöst.

1970 war der sozialistische Bundeskanzler Bruno Kreisky zur Bildung einer SPÖ-Minderheitsregierung erstmals auf das Einverständnis der FPÖ-Abgeordneten angewiesen, was er sich durch ein neues, die Kleinparteien begünstigendes Wahlrecht erkaufte.

1972 konnte die FPÖ mit staatlicher Förderung das *Freiheitliche Bildungswerk* als politische Akademie gründen (Fromm/Kernbach, 1994b, S.247-248; Lasek, 1990, S.100-103 und Renner, 1994, S.81). Die Übereinkunft mit der FPÖ blieb schließlich auch auf die Regierungsbildung nicht ohne Rückwirkung. Simon Wiesenthal sagte über Kreisky, daß er zunächst „vier ehemalige Nazis ins Kabinett" holte. „Dann konnte ich nachweisen, daß sein möglicher Koalitionspartner, der damalige FPÖ-Chef Friedrich Peter, Mitglied eines SS-Mordkommandos war. Kreisky hat mir auch nie verziehen, daß ich ihm wegen seiner proarabischen Politik vorhielt, er wolle im Nahen Osten erreichen, was er in Südtirol nicht durchsetzen konnte." (SP, 49/1995, S.186)

Unterdessen setzte sich in den siebziger Jahren die Hinwendung der FPÖ zum Liberalismus fort, bis hin zur Aufnahme in die *Liberale Internationale* (LI) 1979 und der Regierungsbeteiligung – ab 1983 – in einer SPÖ-FPÖ-Koalition unter Führung des SPÖ-Bundeskanzlers Fred Sinowatz, mit insgesamt sechs Kabinettsposten für die FPÖ und dem seit 1980 amtierenden FPÖ-Vorsitzenden Norbert Steger als Vizekanzler. Steger war der erste FPÖ-Vorsitzende, dem niemand eine braune Vergangenheit nachsagen konnte, und der „nach einem Blitzmarsch sondergleichen durch die FPÖ-Institutionen die Parteiführung an sich gerissen hatte" (Zitat: *Der Spiegel*). Die FPÖ stellte auch den Justizminister Ofner, der in der Kampfabstimmung gegen Steger 1980 der unterlegene Gegenkandidat war. Zusammen mit dem damaligen Kärntner FPÖ-Parteiobmann Haider wußte er eine konsequente Abkehr vom Deutschnationalismus zu verhindern. 1984 gründete der rechte FPÖ-Flügel die *National-Freiheitliche Aktion* (NFA) (Fromm/Kernbach, 1994b, S.248-251 und SP, 21/1983, S.121-122).

Als der FPÖ-Verteidigungsminister Frischenschlager Anfang 1985 den Kriegsverbrecher Walter Reder empfing, sorgte dies für weltweites Aufsehen. Trotzdem hielt die SPÖ an der Koalition fest. Im Herbst 1986 übernahm der Jungpolitiker Jörg Haider in einer Kampfabstimmung mit 59,5% der Delegiertenstimmen die Parteiführung und katapultierte seinen Vorgänger mit Erfolg in das völlige Abseits. Dieser Wechsel, der offen als 'Putsch' bezeichnet wurde, war von dem rechtsextremen *Lorenzer Kreis* systematisch vorbereitet worden.

Aufgrund dieser Entwicklung in der FPÖ beendete der Kanzler Franz Vranitzky, der im Juni 1986 Fred Sinowatz abgelöst hatte, die Koalition und setzte Neuwahlen an (Nandlinger, 1990, S.147; Pfahl-Traughber, 1994a, S, 49-50 und SP, 39/1986, S.149-150).

Im selben Jahr wurde Kurt Waldheim, der sich von Anfang an wegen seiner ungeklärten NS-Vergangenheit einer internationalen Isolierung ausgesetzt sah, österreichischer Bundespräsident. Der *Profil*-Journalist Hans-Henning Scharsach über die damalige Stimmung im Lande: „'Wir Österreicher wählen, wen wir wollen!' Viele Wähler aus anderen Lagern entschieden sich für Waldheim, nicht weil sie ihn wollten, sondern weil Amerikaner, Juden und andere Ausländer ihn nicht wollten. Emotionen, die Rechtspopulisten in ganz Europa durch aufwendige Kampagnen zu wecken versuchen, findet Haider als Ausgangsbasis seines Aufstiegs vor." (Scharsach, 1992, S.47)

Die FPÖ wußte die Gunst der Stunde zu nutzen. Während sie noch 1983 landesweit lediglich 4,8% der Stimmen erhalten hatte, fuhr sie bereits elf Wochen nach Haiders Übernahme der Parteiführung ein Ergebnis von 9,8% ein, was dem bis dato größten Erfolg in der Geschichte der Partei gleichkam (Pfahl-Traughber, 1994a, S.50). Als strategischer Kompagnon Haiders wirkte dabei Norbert Gugerbauer, der zunächst FPÖ-Generalsekretär und danach Clubobmann (Fraktionsvorsitzender) wurde, um schließlich aber entmachtet zu werden, woraufhin er Selbstmord beging (Profil, 37/1996, S.42).

Haiders Beitrag zur Geschichtsrevision besteht darin, daß er gewisse Dinge an-, aber nicht ausspricht und vor allem nicht zu Ende spricht. Das müssen die Zuhörer tun (Scharsach, 1992, S.56). Haider selbst wird allerdings das Stigma des Rechtsextremisten nicht mehr los, seitdem er Hitlers Beschäftigungspolitik in den höchsten Tönen gelobt und ein Volksbegehren gegen Immigration lanciert hat. Letzteres war der Anlaß dafür, daß auch die letzten Liberalen der FPÖ den Rücken kehrten (Watzal, 1994, S.543), nachdem der liberale Flügel schon zuvor sukzessive weitgehend entmachtet worden war.

Begleitet war diese Entwicklung von einer starken Zentralisierung innerparteilicher Entscheidungsprozesse, wobei entgegen der Geschäftsordnung nicht Bundesparteitag und -leitung, sondern Bundesparteivorstand und -präsidium zu den entscheidenden Gremien wurden. Doch selbst über die kann sich Haider aufgrund seiner Popularität gegebenenfalls leicht hinwegsetzen (Pfahl-Traughber, 1994a, S.50-53). Damit einher ging eine starke Verjüngung der Parteiführung, weshalb auch der engste Kreis um Haider als „Buberlpartie" bezeichnet wird.

Anfang 1995 folgte schließlich die Auflösung des FPÖ-Parteiapparats; womit gleichzeitig die letzten Reste demokratischer Parteistrukturen beseitigt wurden. Ein Insider dazu: „Es gibt keine Diskussionen mehr, sondern nur noch Verkündigungen."

An die Stelle der 'alten' FPÖ sind nun *Die Freiheitlichen* (F) beziehungsweise die *Freiheitliche Bewegung – Bündnis Bürger '98* getreten, die fortan nicht mehr als 'Partei', sondern als 'Bewegung' firmieren wollen und mit dieser Umorganisation das Ziel formuliert haben, zur „Überwindung des Parteienstaats" beizutragen. Dieses Konzept beschrieb der frühere FPÖ-Grundsatzrefernt Andreas Mölzer als einen „ständigen Zwang zur Selbstdynamisierung": „Das Streben nach Konsens muß dem Zwang zu ständiger Polarisierung weichen." (WP, 51/1995, S.18; Winter, 1995, S.840 und NE, 3/1995, S.22-23)

Traditionell ist die FPÖ stark pro-westeuropäisch ausgerichtet und sah im EG-Beitritt die Möglichkeit den „geliebten Volksgenossen" in Deutschland näher zu kommen, während das Verhältnis zur österreichischen Nation eher unterkühlt war. Auch Haider knüpfte daran durch eine 'euro-populistische' Agitation zunächst an (Kunnert, 1993, S.52 und 77).

1990 konnte die FPÖ durch ein Ergebnis von 16,6% ihre Erfolgsserie weiter ausbauen. Im selben Jahr ließen sich vor allem im Hinblick auf die Agrarpolitik erste EG-kritische Töne aus der FPÖ vernehmen. Verbunden wurde dies mit euro-föderalistischen Positionen, da eine zentralistische Organisation „illiberal und überall gescheitert" sei. Schließlich gewann sie bei den Landtagswahlen in Kärnten 1990, der Heimat Jörg Haiders, 29%. Daraufhin wurde dort zunächst eine Koalitionsregierung aus FPÖ und ÖVP gebildet, in der Haider als Landeshauptmann an der Spitze stand, die aber nach der Haider-Äußerung über die „ordentliche Beschäftigungspolitik" der Nazis zerbrach. Trotzdem konnte die FPÖ bei den Kärtner Landtagswahlen 1994 noch zulegen und erhielt 33,3%. Die FPÖ kann sich, vergleichbar der italienischen MSI/AN, auf einen gut entwikkelten Apparat mit zahlreichen Untergliederungen, Umfeld- und Vorfeldorganisationen stützen (Pfahl-Traughber, 1994a, S.50; Haider-Gespräch, 1995, S.630-631 und Kunnert, 1993, S.203-204).

Die Nationalratswahlen im Oktober 1994 gerieten schließlich zum Sensationserfolg, als die FPÖ auf 22,6% zulegen konnte und das *Liberale Forum* (LIF), welches von fünf Parlamentsabgeordneten, die im Februar 1993 die FPÖ verlassen hatten, gegründet worden war, auf Anhieb 5,7% bekam.

Daraufhin neigten Teile der konservativen Volkspartei (ÖVP) einem rechnerisch durchaus möglichen Bündnis mit Haider zu, was jedoch von Haider sofort ausgeschlossen wurde, da er die ganze Macht wollte (Winter, 1995, S.841 und LMD/taz, 15.12.1995, S.7).

In *Europe et Patries* hieß es im Jahr zuvor: „Seit 1986 hat *Jörg Haider* die *FPÖ* (österreichische Liberale Partei) von einer kleinen und heterogenen Formation der politischen Mitte in eine große nationale und populäre Bewegung umgewandelt, welche künftig zwischen 15 und 20% der Wählerschaft (21% in Wien) repräsentiert und über etwa dreißig Abgeordnete verfügt." (E&P No 56, 1993, S.11)

Mit diesen Erfolgen waren natürlich bei Le Pen und den Euro-Rechten Hoffnungen auf Zuwachs und eine euro-rechte Fraktion in neuer Stärke verbunden.

Bereits 1986 sandte Le Pen Haider nach der erfolgreichen Nationalratswahl ein Glückwunschtelegramm (Fromm/Kernbach, 1994b, S.252). Haider meinte denn auch nach einer positiven Würdigung der FPÖ in der FN-Zeitung *National Hebdo*, daß Le Pen ein „Staubsauger für Unzufriedene" und „kein Rechtsextremist" sei (Scharsach, 1992, S.40).

Haider selbst mied jedoch den offenen Schulterschluß mit der euro-rechten Fraktion, so ist er etwa als Autor des euro-rechten Bulletins *Europe et Patries* nach Lage der vorliegenden Exemplare (E&P, siehe Literaturliste) bislang nicht in Erscheinung getreten, obwohl die Fraktion nach Angabe des *Guardian* noch 1991 in Wien tagte (Guardian, 17.06.1993).

Bei einem Treffen der *Euro-Rechten* am Genfer See am 9. Juli 1989 hieß es zunächst, daß Haider anwesend gewesen sei, doch stellte sich das im weiteren Verlauf als Falschmeldung heraus. Zu diesem Zeitpunkt war die FPÖ noch Mitglied der *Liberalen Internationalen* (LI) (FR, 10.07.1989 und NZZ, 12.07. 1989), aus der sie erst 1993 austrat.

Damit kam sie einem Ausschluß zuvor, der sich nach heftigen innerorganisatorischen Kontroversen um die Frage des Verbleibs abzeichnete. Haider wurde bei diesen Auseinandersetzungen insbesondere vom damaligen FDP-Vorsitzenden Otto Graf Lambsdorff in Schutz genommen (Pfahl-Traughber, 1994a, S.54 und Renner, 1994, S.81). Dies trotz des Lobes der Waffen-SS in der FPÖ-Zeitung „Kärntner Nachrichten“: „Alle Freiwilligen der Waffen-SS sind für ein vereinigtes Europa gleichberechtigter Völker eingetreten.“ (Elsässer, 1992b, S.22)

Für Kontakte zu Rechtsextremisten in Europa ist vor allem Andreas Mölzer zuständig, der auch in *Nation Europa* sowie in den *Deutschen Monatsheften*, gemeinsam mit David Irving, Adolf von Thadden und Oswalt Mosley, veröffentlichte (Scharsach, 1992, S.170-174). Mölzer ist zusammen mit John Gudenus eine der zentralen Figuren eines Debattiervereins namens *Patriotischer Club*, der die *Konservative Korrespondenz* herausgibt und darüberhinaus gute Kontakte zu Personen rund um Le Pens FN unterhält (Awadalla, 1995, S.176).

1994 ging Haider jedoch auf taktische Distanz zur *Front National*: „Mit dem Le Pen haben wir schon deshalb nichts am Hut, weil das eine wirklich rassistische Bewegung ist, die Blut und Boden-Theorien praktiziert, das werden sie bei uns nicht finden.“ (WP, 47/1994, S.14) Ferner attestierte er den Franzosen insgesamt ein „gestörtes Verhältnis gegenüber dem Streben nach nationaler Identität und ethnischer Vielfalt.“ (Schiedel, 1995, S.79) Zuvor chrakterisierte *Europe et Patries* den EU-Beitritt Österreichs, der gegen die Stimmen der FPÖ vollzogen wurde, wohl nicht ohne historischen Hintergedanken, mit der deutschen Formulierung „Anschluss“ (E&P No 48, 1992, S.1).

Mölzer sieht sich selbst inzwischen eher als rechte Randfigur der FPÖ, wofür er den „Fluch des Populismus“ und die damit verbundene Abkehr vom Deutschnationalismus verantwortlich macht, dem in der FPÖ an prominenter Stelle auch bereits die früheren Haider-Förderer Kriemhild Trattnig, Paul Tremmel und Raimund Wimmer zum Opfer fielen (Profil, 37/1996, S.36 und 42).

Haider hatte die österreichische Nation zunächst – aus deutschnationaler Motivation heraus – noch als „ideologische Mißgeburt“ bezeichnet, um dann aber später zu einem österreichischen Nationalismus überzugehen, in dem er durchaus analog zu VB, FN und REP „Österreich zuerst“ verkündete (SP, 43/1996, S.178). Damit gingen weitere programmatische Neuerungen der *Freiheitlichen* einher. „Der Antisemitismus wurde in einer allgemeinen Xenophobie aufgehoben, der Neid auf vermeintliche Sozialschmarotzer äußert sich in freiwilligem Spitzel- und Denunziantentum hunderttausender Sittenwächter; ein beharrlich geschürter Haß auf alles Fremde hält unablässig Ausschau nach Opfern.“ (Riess, 1996, S.31)

Ambivalent ist auch Haiders Verhältnis zu den deutschen *'Republikanern'*. Zwar traf der FPÖ-Parteiobmann bereits 1987 mit Schönhuber in Düsseldorf zusammen, andererseits war seinerzeit der liberale Flügel noch stark genug, um eine Ausweitung solcher Kontakte vorerst zu unterbinden (Behrend/Prenzel, 1990, S.98). 1992 traf sich Schönhuber in seiner Eigenschaft als fraktionsloser Europaabgeordneter und Mitglied der europaparlamentarischen Österreich-Delegation wieder mit Haider (ES-REP, 12/1992, S.6), nachdem die REP-Parteizeitung in einem Titelbeitrag im Herbst 1991 anläßlich des FPÖ-Wahlerfolgs in der Steiermark den siegreichen Parteivorsitzenden gefeiert hatte (REP, 10/1991, S.1).

Schönhuber betrachtete Haider Anfang 1994 zwar als potentiellen euro-rechten Bündnispartner, sah aber auch dessen Berührungsängste: „Es gibt Rechte, die keine Rechten sein wollen. Sie fürchten Stigmatisierung und Kriminalisierung. Sie sind Abgrenzungsfetischisten. Zu dieser Gruppe gehören *Dr. Jörg Haider* und seine FPÖ. (...) Manche seiner Sprüche haben es allerdings seinen Gegnern leicht gemacht, aber umso schwerer seinen Freunden und Anhängern, die es auch in Deutschland beispielsweise in der CSU gab und gibt." (ES-REP, 1/1994)

Im Gegenzug machte Haider deutlich, daß er mit Schönhuber nicht „könne", wohl aber mit Schlierer, was dem Sturz Schönhubers der Einsetzung Rolf Schlierers als REP-Bundesvorsitzenden im Spätherbst 1994 sicherlich förderlich war (Purtscheller, 1995, S.18).

Nach seiner Wahl nannte Schlierer dann auch ausdrücklich Jörg Haiders FPÖ als Vorbild für eine erfolgreiche Rechtspartei. Andreas Mölzer vermerkte dazu allerdings abschätzig, daß sich der eher farblose Schlierer von Haider „wie der Bankangestellte von einem Zirkusdirektor" unterscheide (SP, 52/1994, S.35-36).

Hans-Henning Scharsach schrieb 1992 zur Einordnung Haiders im euro-rechten Kontext: „Anfangs hat es noch den Anschein, als imitiere er Vorbilder wie Le Pen oder Schönhuber. Dann aber wird von Erfolg zu Erfolg deutlicher: Er übertrifft sie. Haider ist keine Kopie. Er ist echter als die Originale." (Scharsach, 1992, S.37-38) Der linksliberale Journalist Franz Schandl meinte im *Freitag* zum politischen Standort Haiders schließlich: „Haider unterscheidet sich nicht nur beträchtlich von heimischen Faschisten wie Norbert Burger oder Gottfried Küssel, sondern auch von unappetitlichen Figuren wie Le Pen oder Schönhuber. Er ähnelt eher Silvio Berlusconi. Gerade das macht ihn so attraktiv wie gefährlich. Seine Rückgriffe auf den Faschismus sind selektiver Natur, er arbeitet mit Versatzstücken, plant etwas Neues, keine Neuauflage." (Schandl, 1995, S.7) Gleichwohl tummeln sich im studentischen Umfeld der *Freiheitlichen* durchaus Leute, die kaum verhohlene Solidarität etwa für den militanten Neonazi Küssel äußern (Schiedel/Zellhofer, 1995, S.53).

Haider selbst gründete später die *Freiheitliche Union* mit der italienischen *Lega Nord*, dem Kreis um Margaret Thatcher in Großbritannien sowie bürgerlichen Politikern der französischen und der deutschen Regierungsparteien. Zusammen mit dem *Lega*-Chef Bossi gab Haider überdies das Buch *Europa der Regionen* heraus (Schmid, 1994, S.33).

Zuvor war Haider noch im März 1992 als Redner der FDP in Stuttgart-Bad Cannstatt eingeladen; die Veranstaltung mußte jedoch wegen des öffentlichen Wirbels auf September verschoben werden. Als sie dann stattfand, war auch Manfred Brunner zu Gast, der Haider als seinen Freund bezeichnete.

Brunner gründete im Januar 1994 den *Bund freier Bürger* (BFB) (Elsässer, 1992a, S.47-48 und Hundseder, 1994, S.233). Damit kandidierte er auch zur Europawahl 1994, doch blieb er trotz der Wahlkampfhilfe durch Haider und dem CSU-Politiker Peter Gauweiler bei unter 1% der Stimmen (Schmid, 1994, S.32-33). Der BFB sah sich von Anfang an dem Vorwurf ausgesetzt, eine Art 'REP-light' zu sein. Somit gab es am 10. April einen Grundsatzbeschluß des Vorstandes, der sich einmütig gegen eigene Veranstaltungen des BFB mit Haider aussprach. Zudem achtet die Parteiführung penibel darauf, daß keine ehemaligen Mitglieder von REP, DVU und NPD aufgenommen werden (Watzal, 1994, S.543 und 545).

Haider selbst bleibt in bezug auf potentielle Bündnispartner eher nebulös: „Wir interessieren uns im Moment für Partnerschaften in einem möglichen Anti-Maastricht Bündnis. Es entsteht etwas in Europa, gegründet von englischen Konservativen. Es wird ein wiederholtes Treffen von Parteien geben, die Maastricht-kritisch sind, die aus den unterschiedlichsten Richtungen kommen, aber eine Idee für Europa haben, die anders ist, als die derzeit verfolgte. Das wird möglicherweise unsere Bündnisstruktur werden." Ferner verwies er auf eine „freundliche Einladung" von französischer Seite zu einer näheren Kooperation mit den Gaullisten (Haider-Interview, 1995, S.632).

Infolge des EU-Beitritts Österreichs am 1. Januar 1995 ist Österreich mit 21 Abgeordneten im EP vertreten, von denen fünf der FPÖ/*Die Freiheitlichen* angehören; in Klammern die nationale Parlamentsmitgliedschaft: Wolfgang NUSSBAUMER (Nationalrat); Mathias REICHOLD (Nationalrat); Susanne RIESS (Bundesrat); Erich SCHREINER (Nationalrat); Karl SCHWEITZER (Bundesrat).

Die entsprechende Liste des Europäischen Parlaments vom März 1995 weist die fünf FPÖ-Abgeordneten als Fraktionslose (NI) aus; sie fanden also bislang keine Aufnahme in einer der bestehenden Fraktionen. Ferner stellte auch das *Liberale Forum* (LIF) mit Martina Gredler (Nationalrat, Wien) eine EP-Abgeordnete, die allerdings Aufnahme in der liberalen Fraktion (ELDR) des EP fand (EP-Liste, 13.02.1995, S.5-7 und 13.03.1995, S.70 und 105).

Nach Darstellung Heribert Schiedels gab es für die Vertreter der österreichischen *Freiheitlichen* durch Vermittlung des deutsch-österreichischen Europaabgeordneten Otto von Habsburg (CSU) schließlich eine Kontaktaufnahme mit der von den französischen Neogaullisten dominierten *Fraktion der Sammlungsbewegung der Europäischen Demokraten* (RDE) (Schiedel, 1995, S.78-79; Elsässer, 1992a, S.146 und Moritz, 1995, S.8-9). Allerdings weist die Mitgliederliste des Europaparlaments die FPÖ-Abgeordneten im Februar 1996 nach wie vor als fraktionslos aus; zu einem Zeitpunkt als überdies die RDE-Fraktion mit der *Fraktion Forza Europa* (FE) zur *Fraktion Union für Europa* (UPE) fusioniert war (EP-Liste, 12.02.1996, S. 100 und 106).

Im österreichischen Nationalrat wurden die *Freiheitlichen* bislang nicht politisch ausgegrenzt. Aufgrund freiwilliger Absprachen, ein geschäftsordnungsmäßiger Zwang besteht ausdrücklich nicht, stellen sie dort fünf Ausschußvorsitzende (Profil, 1/1996, S.11).

Gleichzeitig ist die Popularität der *Freiheitlichen* offenbar weiter im Aufstieg begriffen. *Nation und Europa* berichtete von Umfragen, die sie Anfang 1995 mit 25% erstmals an zweiter Stelle der österreichischen Wählergunst zeigt (NE, 2/1995, S.28). Ein Bruch der bisher regierenden großen Koalition aus Volkspartei (ÖVP) und Sozialdemokraten (SPÖ) im Oktober 1995, die sich konkret am Staatshaushalt entzündete, kam den *Freiheitlichen* dabei sehr gelegen. Denn während die Inflations- und Arbeitslosenrate in Österreich ausgesprochen niedrig liegen, gibt es eine hohe Staatsverschuldung in Höhe von zwei Dritteln des Bruttoinlandsprodukts. Aufgrund dessen wurden Neuwahlen angesetzt. In dieser Situation verkündete ÖVP-Fraktionschef Andreas Khol, daß „25 Jahre Sozialismus“ genug seien, und der ÖVP-Vorsitzende Wolfgang Schüssel vermied es, im Gegensatz zu seinem Vorgänger Busek, eine Koalition mit Haider über die Legislaturperiode hinaus auszuschließen. Haider wiederum meinte, daß die „Zeit der Schachtelsatzkonstruktionen und der Sprechblasen“ nun vorbei und vielmehr die „Stunde der Wahrheit“ gekommen sei.

Umfragen zufolge lagen die *Freiheitlichen* (F), die jedoch aufgrund des österreichischen Wahlgesetzes wieder als FPÖ antreten mußten, mit 26 bis 28% in etwa gleichauf mit den beiden bisherigen Regierungsparteien.

Haider ging indes von einer Neuauflage der großen Koalition aus (FR, 13.10.1995, S.1; SZ, 12.10.1995, S.3 und 13.10.1995, S.1; WP, 14.12.1995, S.18 und taz, 13.10.1995, S.1), konnte sich aber auch eine Koalition mit der ÖVP vorstellen, falls seine *Freiheitlichen* in diesem Bündnis der größere Koalitionspartner wären. Dann könnte nämlich Haider selbst Bundeskanzler werden (NE, 11-12/1995, S.23). Begünstigt wurde der Aufschwung der *Freiheitlichen* durch das Auseinanderbrechen der institutionalisierten österreichischen Sozialpartnerschaft, die Haider bereits attackierte, als die Risse noch kaum sichtbar waren. Dem setzte der *Freiheitliche* die freie Konkurrenz sowie das reine Leistungsprinzip entgegen (Winter, 1995, S.840).

Haider selbst kam schließlich durch eine Videoaufnahme über einen Auftritt vor Veteranen der Waffen-SS in Verruf, so daß selbst der österreichische Bundespräsident Klestil ihn öffentlich zu einer Klar- und Richtigstellung aufforderte, was zuvor so noch nie in der österreichischen Geschichte vorgekommen war (Profil, 1/1996, S.11). Anläßlich einer Festveranstaltung zum 40jährigen FPÖ-

Jubiläum einige Monate später gratulierte jedoch auch Klestil, und wandte sich dabei gegen jede Ausgrenzug der *Freiheitlichen* (NE, 6/1996, S. 21).

Bei den Nationalratswahlen am 17. Dezember 1995 hatten die *Freiheitlichen* bei 22,08% leicht verloren und büßten ein Mandat ein. Robert Misik in der *taz* dazu: „Franz Vranitzky konnte Haider, den etablierten Rebellen, bloß bremsen, weil er selbst die Rolle des etablierten Dissidenten annahm. (...) In einer beinahe optimalen Grundposition gelang es bloß, Haiders Aufstieg zu unterbrechen, nicht aber, seine mittlerweile beträchtliche Basis zu unterhöhlen." Dabei führte die SPÖ den Wahlkampf mit einer antifaschistischen Option, während das sozialdemokratische Kalkül in vorherigen Zeiten noch darin bestand, durch eine Stärkung der FPÖ die ÖVP zu schwächen. Eine schwarz-blaue Koalition aus ÖVP und FPÖ ist aber nach wie vor rechnerisch möglich.

Haider nannte das Wahlergebnis einen „Erfolg", ging aber von einer Wiederauflage der großen Koalition aus; in die die SPÖ auch ganz gern das *Liberale Forum* mit einbeziehen wollte (FR, 19.12.1995, S.7; Riess, 1996, S.30; taz, 18.12.1995, S.1 und 19.12.1995, S.8 und 10).

Infolge der Nationalratswahl verlor der FPÖ-Europaabgeordnete Mathias Reichold sein Mandat. An seine Stelle trat Klaus Lukas, der zeitgleich Mitglied des Nationalrats war. Die übrigen vier FPÖ-Abgeordneten behielten zunächst ihre Mandate, Riess und Schweitzer wurden später aber durch die Abgeordneten Jung und Linser abgelöst (EP-Liste, 13.02.1995, S.5-7 und 15; EP-Liste, 12.02.1996, S. 106 und 17.06.1996, S.106).

Nach der Wahl Schüssels zum Clubobmann versuchte sich die ÖVP im oppositionellen Taktieren gegenüber der SPÖ und sorgte so dafür, daß der FPÖ-Abgeordnete Wilhelm Brauneder mit 93 gegen 90 Stimmen (SPÖ, Liberale und Grüne) zum dritten Nationalratspräsidenten bestimmt wurde (Schandl, 1996, S.1). Gleichwohl kam es im März 1996 nach achtwöchigen Verhandlungen zu einer Neuauflage der großen Koalition, bei der sich die ÖVP programmatisch auf ganzer Linie durchsetzen konnte; inklusive eines Sparpakets, welches in seiner sozialen Rigorosität einmalig ist (jw, 08.03.1996, S.10).

Die Quittung dafür erhielt die SPÖ bei den ersten österreichischen Direktwahlen zum Europäischen Parlament am 13. Oktober 1996, als sie auf 29,1% der Stimmen abstürzte (sechs EP-Sitze) und damit von der ÖVP überholt wurde, die mit 29,6% der Stimmen auf sieben EP-Sitze kam und jetzt unter anderem den Kaiserenkel Karl Habsburg ins Palais d'Europe entsendet.

Die FPÖ schließlich konnte sich auf 27,6% steigern und erhielt damit sechs Sitze. Auf Platz zwei der FPÖ-Liste kandidierte der zuvor als linksliberal geltende jüdische Journalist Peter Sichrovsky. Das *Liberale Forum* (LIF) konnte mit ihrem Spitzenkandidaten Friedhelm Frischenschlager bei 4,2% der Stimmen seinen EP-Sitz knapp behaupten; die Grünen stellen bei 6,7% der Stimmen ebenfalls einen Europaabgeordneten (taz, 15.10.1996, S.3; Kurier, 15.10.1996, S.3 und 4 und SP, 38/1996, S.180-181).

Haiders vorrangiges Ziel ist es nun, die Fraktionslosigkeit seiner Partei im Europaparlament zu beenden. Als potentielle Bündnispartner sieht er dabei Kräfte wie die *Lega Nord* und die britschen Tories – nicht dagegen die *Front National* Le Pens (FR, 15.10.1996, S.3).

Doch war Le Pen der einzige, der Haider zum Einzug in das Europaparlament gratulierte. Als der *Spiegel* Haider deshalb fragte, ob es ihm nicht peinlich sei, mit Le Pen in einen Topf geworfen zu werden, meinte dieser: „Man kann sich gegen so etwas nicht wehren. Nur stimmen diese Zuordnungen relativ selten. Wir sind eine Sonderanfertigung speziell für Österreich und deshalb schwer vergleichbar. Ein Rassist bin ich jedenfalls nicht, ich kämpfe für die Menschenrechte." (SP, 43/1996, S.176)

Bislang blieben die nun direkt ins EP gewählten FPÖ-Abgeordneten Gerhard HAGER, Johann KRONBERGER, Franz LINSER, Klaus LUKAS, Daniela RASCHHOFER und Peter SICHROVSKY fraktionslos (EP-Liste, 17.02.1997).

3. Verbindungen zu Parteien in anderen Fraktionen

3.1. Sympathien von rechts: Parteien in der Regenbogenfraktion (Arc en Ciel; ARC)

Die *Regenbogen-Fraktion* (ARC) wird von Dauses/Fugmann als Nicht-Richtungsgruppe eingestuft (Dauses/Fugmann, 1995, S.30). Die Politologin Hiltrud Naßmacher schätzte die Heterogenität der ARC-Fraktion größer ein als etwa bei der *Technischen Fraktion der Europäischen Rechten* (Naßmacher, 1994, S.255).

Die *Regenbogen-Fraktion* steht in gewissem Sinne in der Tradition der *Fraktion für die technische Koordinierung und Verteidigung der unabhängigen Gruppen und Abgeordneten*. Bevor es 1989 zur Gründung einer eigenen *Fraktion der Grünen* (V) kam, gehörten auch die deutschen Abgeordneten der *Grünen* dieser Formierung an, neben diversen regionalistischen Parteien und der dänischen Anti-Binnenmarkt-Bewegung.

Durch den Weggang der grünen und ökologischen Parteien erhielt die ARC-Fraktion schließlich verstärkt den Charakter einer Föderation regionalistischer und nationalistischer Parteien. 1992 setzte sie sich aus Vertretern von nicht weniger als zehn Parteien und politischen Gruppierungen aus acht EG/EU-Ländern zusammen.

In der Periode 1989-94 gehörten ihr unter anderem der Abgeordnete der belgisch-flämischen *Volksunie*, die *Lega Lombarda*-Abgeordneten und auch die Abgeordnete der *Scotish National Party* (SNP) an (HB, 21.07.1989 und Jacobs/Corbett/Shackleton, 1992, S.74).

Seit den Europawahlen 1994 gibt es die ARC-Fraktion nicht mehr. An ihre Stelle ist die *Fraktion der Europäischen Radikalen Allianz* (ARE) getreten, die hauptsächlich von der französischen Tapie-Gruppe *Energie Radicale* getragen wird (Dauses/Fugmann, 1995, S.30 und EP-Liste, 12.12.1994, S.93).

Die beiden 1994 gewählten SNP-Vertreter schlossen sich ebenso der ARE-Fraktion an, wie der Abgeordnete der belgisch-flämischen *Volksunie*, der Vertreter der spanischen *Coalición Nationalista* und die zwei über die Liste des italienischen Reformpolitikers Marco Panella *(Panella-Riformatori)* gewählten Abgeordneten, nicht jedoch diesmal die Vertreter der italienischen *Lega* (Moritz, 1995, S.8-11) und auch nicht die vier Abgeordneten der dänischen Anti-EU-Bewegung *(JuniBevægelsen, Folkebevægelsen mod EF-Unionen)*, die diesmal zusammen mit zwei niederländischen Calvinisten *(SGP/GPV/RPF)* und der de-Villiers-Bewegung *l'autre Europe* eine Koordinierungsgruppe *Fraktion Europa der Nationen* (EDN) bildeten (EP-Liste, 14.09.1994, S.90 und 12.12. 1994, S.94).

3.1.1. Scotish National Party (SNP)

Nicht ohne Sympathie berichteten die deutschen Abgeordneten der technischen Fraktion der europäischen Rechten in *Europa Rechts* im November 1991 über das Streben nach schottischer Unabhängigkeit, für das in diesem Zusammenhang die SNP stehe. „Jetzt wird auch in Westeuropa für Unabhängigkeit und staatliche Selbständigkeit demonstriert: (...) Der Vorsitzende der Schottischen Nationalpartei (SNP), Alex Salmon, sieht in den Vorgängen im Baltikum das Vorbild für den schottischen Weg in die Unabhängigkeit." (ER, 11/1991) Es ist allerdings nicht bekannt, ob und wie die SNP auf diesen Artikel reagiert hat. Fraglich ist auch, ob die SNP-Position darin korrekt wiedergegeben ist. Denn in einem Interview mit der Journalistin Luc Jochimsen sagte Salmon, daß sich seine Hoffnungen mehr auf die Ereignisse in Westeuropa richteten und die kleinen erfolgreichen westeuropäischen Staaten eher Vorbild für die SNP seien.

Zu berücksichtigen ist, daß Schottland der wirtschaftliche Aufschwung erst an der Seite Englands, infolge einer Union, die durch Verhandlungen zustande gekommen war, gelang. Dabei bekam auch die schottische Kultur eher eine universalistische als eine nationalistische Ausrichtung. Die SNP wurde 1934 gegründet, jedoch gelang es ihr erst 1970, ein Unterhausmandat zu erhalten. 1974 erhielt sie bereits elf Mandate bei 30,4% der Stimmen, was bis heute das beste Ergebnis für die SNP darstellt.

Ein moderater Plan zur „devolution", der ein eigenes schottisches Parlament mit begrenzten legislativen Befugnissen vorsah, scheiterte bei einer entsprechenden Volksabstimmung 1979 trotz einer Mehrheit von 52% der Stimmen an der zu geringen Wahlbeteiligung von gerade 32,9% – vorgeschrieben waren mindestens 40%. Daraufhin entzog die SNP der damaligen *Labour*-Regierung das Vertrauen, die Regierung scheiterte an einem Mißtrauensvotum, und aus den folgenden Neuwahlen ging die konservative Partei unter Margaret Thatcher als Siegerin hervor.

Infolge der sozialen Kahlschlagspolitik der konservativen Regierung konnte der zunächst demoralisierte schottische Nationalismus wieder an frühere Erfolge anknüpfen, zumal die britischen Konservativen in Schottland selbst über keine Mehrheit verfügen und die Schotten eher wohlfahrtsstaatlich orientiert sind. Dabei versteht sich die SNP als sozialdemokratisch orientierte bürgerliche Partei mit sozialpartnerschaftlicher Programmatik, die den Klassenkampf ablehnt.

Attraktivität gewann die SNP auch durch ihre dezidiert proeuropäische Ausrichtung, die eine entsprechende schottische Repräsentanz in einem stark föderalistisch gegliederten Europa anstrebt (Schulze-Marmeling, 1994a, S.215-229) und die sicherlich nicht besonders zum aggressiven Nationalismus eines Le Pen paßt.

Entsprechende Kontakte hätten indes im Juni 1993 in Edinburgh geknüpft werden können, wäre die dort geplante Außentagung der Fraktion nicht an dem Hotel-Boykott und an dem Widerstand der Stadt gescheitert (FR, 09.07.1993; Guardian, 27.06.1993). Als Le Pen von einem britischen Journalisten zu den Motiven seiner Edinburgh-Reise befragt wurde, vermerkte er: „Das geht sie nichts an." (Guardian, 24.06.1993)

Als jedoch schließlich im Europaparlament auf Initiative des *Labour*-Abgeordneten Glyn Ford über die Fraktionsreisen debattiert wurde, machte die SNP-Europaabgeordnete Winifred Ewing deutlich: „Im Namen meiner Fraktion möchte ich Herrn Ford unterstützen! Ich spreche als Vorsitzende einer der Parteien Schottlands. Wir wollen diesen Mann und seine Fraktion nicht in unserem Lande sehen." Zuvor meinte ihr schottischer *Labour*-Kollege Alexander Falconer: „Wenn sich dieses Haus selbst in Verruf bringen möchte, kann ich dem Parlament nur raten, diese Besuche stattfinden zu lassen. Ich kann ihnen versichern – und ich bin sicher, daß ich dabei im Namen aller Parteien in Schottland spreche –, daß wir alles daransetzen werden, den Aufenthalt dieser widerwärtigen Fraktion in Schottland zu verhindern." (EP-Verhandlung, 21.06.1993, S.2-4 und EP-Vademecum, S.88-89).

Bei den darauffolgenden Europawahlen (1994) verbesserte sich die SNP von 2,6 auf 3,08% und stellt nunmehr zwei EP-Abgeordnete; zuvor hielt sie nur einen Sitz in Straßburg (EP-Ergebnisse, 1994, S.46). An diesen Erfolg konnte sie im Jahr darauf anknüpfen, als sie bei Nachwahlen zum Parlament zwei Sitze erhielt, die zuvor von Konservativen gehalten wurden.

Daß die dezidiert rechtsextreme Theoriezeitschrift *Nation und Europa* dieses Wahlergebnis besonders erwähnt (NE, 7-8/1995, S.16), ist angesichts der dargestellten Differenzen zur *Euro-Rechten* insofern bemerkenswert, da sie in ihr offenbar nach wie vor einen Bündnispartner sieht, bzw. die SNP als solchen darstellen will.

3.1.2. Lega Lombarda (LL)

Von den deutschen *Mitgliedern der Technischen Fraktion der Europäischen Rechten* wurde die 'rechtsgewirkte' *Lega* anläßlich deren Wahlerfolge 1992 in einem Artikel „als regionalistisch orientierte Alternative zum etablierten italienischen Parteiensystem" gewürdigt (ER, 11/1992). Skeptischer ist diesbezüglich die Position der französischen Fraktionskollegen. In *Europe et Patries* heißt es über die *Lega*, daß sie zwar die Korruption brandmarke und die Gefahr der Immigration aufzeige, jedoch im parlamentarischen Verhalten keine Alternative biete, zumal die *Regenbogen-Fraktion* (ARC) – die „öko-regionalistische Fraktion" –, der die Legisten im Europaparlament angehörten, zusammen mit den sozialistischen, kommunistischen und liberalen Abgeordneten alle Texte, „die von den monialistischen und einwanderungsfreundlichen Lobbies diktiert" seien, gutheiße und somit auch dem 'gehässigen' Bericht, den der italienische PDS-Abgeordnete de Piccoli im Namen des *Ausschusses für Grundfreiheiten und innere Angelegenheiten* „über die Verschärfung von Rassismus und Ausländerfeindlichkeit in Europa und die Gefahr des Rechtsextremismus" erstellt hatte, am 21. April 1993 ihre Zustimmung gegegeben habe. Entsprechend seien die *Lega*-Führungspersonen mehrheitlich der Linken zuzuordnen.

Ferner wird der *Lega* verübelt, daß sie bei einer Volksabstimmung über die Legalisierung von Drogen keine eindeutige Wahlempfehlung abgegeben habe. Auch würde ihr sezessionistischer Regionalismus die Macht der Mafia stärken (E&P No 56, 1993, S.20 und EP-Bericht,1993).

Nach der EP-Sitzung im Februar 1993, auf der Francesco Speroni Yvan Blot einen Faschisten genannt hatte, wandte sich Blot an den *Lega Lombarda*-Abgeordneten, da er sich von jenem beleidigt fühlte. Ihm gab er zu verstehen:

„Ob es Ihnen gefällt oder nicht, doch nach so vielen politikwissenschaftlichen Nachforschungen bin ich sehr dankbar feststellen zu können, daß die Wählerschaften der Ligen in Italien und die der Front National in Frankreich einander sehr verwandt sind. In politischer Hinsicht wünschen Sie es sich vielleicht nicht, was Ihnen dies sagt, aber es nützt niemandem, die Wahrheit zu verstecken." In bezug auf den Vorwurf Speronis verwies Blot überdies auf seinen Vater, der in der Résistance war, sowie auf die eigene politische Vergangenheit in der gaullistischen Partei.

Dabei kam er zu dem Schluß, daß er ebenso Demokrat wie der *Lega*-Abgeordnete sei (E&P No 52, 1993, S.2), was hinsichtlich der rechtspopulistischen Verdrehung von „direkter Demokratie" sowohl bei der *Lega* als eben auch bei der FN, mit Blot an prominenter Stelle, tatsächlich einige Berechtigung hat (vgl. II 2.1).

3.2. Die Liberale Fraktion: Lavieren nach rechts

„Weder die liberale Fraktion noch die Partei der ELDR haben irgendwelche Kontakte zur Technischen Fraktion der Europäischen Rechten.“ So Christian Ehlers, der Generalsekretär der Fraktion (ELDR-Brief). Dieses mag für die Fraktionsspitze vielleicht gelten, doch nicht für die einzelnen Fraktionsmitglieder; besonders dann, wenn sie als parteilose Angehörige der Fraktion nicht durch die Parteidisziplin gebunden sind, wie im Falle des deutschen Abgeordneten Karl Partsch (EP-Vademecum, 1992, S.189). Jener Abgeordnete, seinerzeit über die Liste der *GRÜNEN* ins EP gewählt, lief gegen Ende 1991 von der Fraktion der Grünen (V) zur Fraktion der Liberalen (LDR) über (Jacobs/Corbett/Shackleton, 1992, S.68).

Er war auch Mitglied der Besuchergruppe, die vom 10. bis 12. Februar 1992 auf Einladung von Emil Schlee nach Straßburg kam. *Europa Rechts* schreibt von einer 20köpfigen Besuchergruppe aus Schleswig-Holstein und Niedersachsen, während *Nation und Europa* von 35 Mitgliedern des *Arbeitskreises für deutsche Politik* spricht. Jedenfalls befanden sich unter den Besuchern mehrere Ex-*'Republikaner'* und die Herren Dr. Hennig und Dutschke vom DLVH-Vorstand.

Am zweiten Tag referierte Partsch dort über die „Verschmutzungen in Nord- und Ostsee“ (ER, 4/1992, S.48), und die Parteizeitung der *'Republikaner'* veröffentlichte im Februar 1992 „mit freundlicher Genehmigung“ des Autors Auszüge aus einer Rede Partschs im Europäischen Parlament, ebenfalls zum Thema Verschmutzung der Nordsee (ES-REP, 2/1993). Trotz dieser rechtsextremen Kontakte wurde Partsch zur Europawahl 1994 wieder aufgestellt, diesmal auf Platz neun der FDP-Liste (EP-Stimmzettel NRW, 1994).

Prof. Dr. Wolfgang Rumpf, ein anderer EP-Kandidat der FDP, fand sich am 14. Mai zu „einem parteiübergreifenden 'Gipfeltreffen' konservativer und rechter Maastricht-Kritiker (...) in der Koblenzer-Rhein-Mosel-Halle“ unter der Leitung des *Forums Res Publica* ein. Als Podiumsmitglieder traten Manfred Brunner (BFB), Klaus Zeitler (REP) und Harald Neubauer (DLVH) auf (NE, 6/1994, S.17 und 7-8/1994, S.23).

Im Vorfeld der baden-württembergischen Landtagswahl 1996 trat ferner der frühere REP-Europaabgeordnete Klaus-Peter Köhler als rechter FDP-Flügelmann in Erscheinung. Er mußte jedoch seine Landtagskandidatur in Heidenheim, für die er zuvor vom dortigen Kreisverband ordnungsgemäß gewählt worden war, aufgrund massiver parteiinterner Proteste wieder zurückziehen. Begleitet war dies von einer starken rechten „nationalliberalen“ Strömung um den früheren Generalbundesanwalt Alexander von Stahl, die sich aufgrund der Krise der FDP selbst im Aufwind sah (NE, 7-8/1995, S.12 und jw, 24.05.1995, S.6).

Bei der niederländischen liberalen *Volkspartij voor Vrijheid en Demokratie* (VVD) ist indes der Rechtskurs schon so stark geworden, daß *Nation und Europa* in ihr einen potentiellen Bündnispartner zu sehen glaubt (NE, 4/1995, S.26 und Punkt 5.6.6).

In bezug auf potentielle Beitrittskandidaten zeigt sich traditionell eine gewisse Inkonsequenz der liberalen Fraktion bei der Abgrenzung nach rechts: 1991 wurde im Hinblick auf den EU-Beitritt Österreichs dem potentiellen Beitritt von FPÖ-Abgeordneten zu der Fraktion eine Absage erteilt, obwohl die FPÖ seinerzeit noch der *Liberalen Internationalen* (LI) angehörte. Liberaler Fraktionsvorsitzender im EP damals Valery Giscard d'Estaing, dem man gleichwohl, aufgrund entsprechender öffentlicher Äußerungen, nachsagte, Le Pen rechts überholen zu wollen (ER, 11/1991). 1994 fand sich die liberale Fraktion bereit, die Abgeordneten der *Lega Nord* aufzunehmen (EP-Liste, 14.09.1994, S.84), obwohl sie mit ihrem rechtspopulistischen Charakter sicherlich nicht unproblematischer als die FPÖ gewesen sein dürfte.

Ironischerweise warf der britische liberale Parteisprecher für Europaangelegenheiten Charles Kennedy zu früheren Zeiten der *Scotish National Party* (SNP) vor, sie würden zusammen mit der *Lega Nord* in einer Fraktion sitzen. Zu dem Bündnis seiner Parteifreunde Robin Teverson (Cornwall and North Devon) und Graham Watson (Somerset and North Devon) mit der *Lega* schwieg er sich indes aus (Searchlight, 9/1994, S.22).

Nach dem EU-Beitritt-Österreichs und der damit verbundenen Entsendung von österreichischen Parlamentariern nach Straßburg schloß sich allerdings nur die Abgeordnete des von der FPÖ abgespaltenen *Liberalen Forum* (LIF) der Fraktion an, während die FPÖ-Abgeordneten selbst fraktionslos blieben (EP-Liste, 13.02.1995, S.5-7 und 15).

Dieses Lavieren hat in der liberalen Fraktion durchaus Tradition: Bis in die siebziger Jahre hieß sie noch offiziell *Fraktion der Liberalen und Nahestehenden* und hatte keinerlei formalisierte Aufnahmepraxis, die ein Bekenntnis zu einem ideologischen Grundprinzip abverlangte. Unter dieser Bezeichnung diente sie gerade als Auffangbecken für rechte Abgeordnete. So gehörte ihr bis 1973 der Abgeordnete der italienischen monarchistischen Partei an. Als sich seine Partei mit der MSI zur MSI-DN zusammenschloß und er daraufhin einen Aufnahmeantrag für die *missini* stellte, dem sich aber die liberale Fraktion verweigerte, trat er aus Protest gegen diese Entscheidung aus der Fraktion aus. Hier versuchte die Fraktion erstmals eine deutlichere liberale Profilierung in der Abgrenzung nach rechts. Dies geschah nicht zuletzt vor dem Hintergrund der Kandidatur des Liberalen Cornelius Berkhouwer für das Amt des Parlamentspräsidenten (Stammen, 1978, S.269 und Gresch, 1978, S.43-44). Gleichwohl gab es im liberalen Bündnis, stärker noch als bei den Konservativen, traditionell eine prononciert prokapitalistische und antigewerkschaftliche Stoßrichtung (Axt/Deppe, 1979, S.110).

1984 kandidierte für die belgischen Liberalen (PRL) Roger Nols zum Europäischen Parlament, sehr zur Aufregung der britischen Liberalen, da er einige Unruhe durch ein öffentliches Treffen mit Le Pen gestiftet hatte (Harris, 1990, S.41). Im selben Jahre wurde er als Unabhängiger auf der Liste der PRL auch zum Bürgermeister von Schaerbeek (bei Brüssel) gewählt, und 1987 im Amt bestätigt. 1983 hatte er den *Nols-Club* gegründet, in dem er den Kontakt zu Ultrarechten suchte. Als diese Aktivitäten auf Druck der PRL unterbunden wurden, konnte die wallonische FN in das dadurch entstandene politische Vakuum eindringen (Trom, 1990, S.111-112).

3.3. Europäische Volkspartei und die „Habsburger Front"

Im Gegensatz zu den Liberalen ist bei der christlich-demokratischen Fraktion traditionell eine formalisierte Aufnahmepraxis gebräuchlich, so daß davon auszugehen ist, daß diese Fraktion eine höhere innere Homogenität aufweist (Gresch, 1978, S.43). Mit der Gründung der *Europäischen Demokratischen Union* (EDU) durch die CDU/CSU, die Gaullisten und die britischen Konservativen, der sich später auch die *Österrreichische Volkspartei* (ÖVP) anschloß, gab es im Vorfeld der ersten Direktwahlen 1979 die Zielsetzung, eine internationale pressure-group mit deutlich antikommunistischer Ausrichttung zu etablieren (SP, 18/1978, S.18). Glechzeitig unterhielt die rechtskonservative semi-monarchistische *Paneuropa-Union* (PEU), deren internationaler Präsident seit 1973 Otto von Habsburg ist, traditionell gute Beziehungen zur MSI-DN, bis hin zu Kontakten zwischen von Habsburg und Almirante. Als einzige gemeinsame Leitlinie, die damals von PEU und MSI-DN erarbeitet wurde, formulierte der Leiter des PEU-Arbeitskreises *Arbeitsplatz Europa* Hans-Günther Weber, gleichzeitig Präsident der rechten *Ludwig-Frank-Stiftung*: „Alle freiheitlichen Kräfte sollen stärker als bisher zusammenarbeiten, um das weitverzweigte Netz linksradikaler Systemveränderer auszuschalten."

Die Paneuropa-Publikation *Freies Europa* veröffentlichte 1977 auch einen Beitrag des *Nation Europa*-Schriftleiters Peter Dehoust; der Leitartikel in derselben Ausgabe stammte von Franz-Joseph Strauß.

Otto von Habsburg zog 1979 als Parteiloser über die CSU-Liste ins Europäische Parlament ein, wo er dann keine Berührungsängste gegenüber den Abgeordneten der MSI-DN zeigte. „'Natürlich', gesteht der CSU-Abgeordnete, 'habe ich mit Almirante Kontakte'. Schließlich, so rechtfertigte sich Habsburg, pflege er gelegentlich auch Konversation mit Kommunisten." Die Abgeordneten Mario Tedeschi, 1977 Mitbegründer der DN, einer 'gemäßigten' Abspaltung der MSI-DN (Meyer/Rabe, 1980, S.71-73, 104 und 131-136 und SP, 31/1980, S.34), und Bruno Zoratto, MSI-DN-Kandidat bei den Europawahlen 1979, traten in der Folgezeit als Mitglieder der PEU in Erscheinung (SP, 6/1983, S 29). Zuvor waren bereits die MSI und deren Abspaltung DN im September 1977 offizielle Gäste auf einem CSU-Parteitag (Feldbauer, 1996, S.85).

Diese Verbindungen verloren aber offensichtlich infolge der Europawahl 1984, als die MSI-DN mit der FN eine eigenständige Fraktion bilden konnte, an Bedeutung. Gleichwohl könnten diese infolge der Fraktionslosigkeit angesichts der neuen Rolle jener politischen Kraft in Italien der MSI/AN reaktiviert werden.

Bereits Mitte der achtziger Jahre sprach sich von Habsburg für eine Zusammenarbeit der französischen Regierungsparteien mit der FN aus, da er deren Vertreter als „Demokraten und Patrioten" schätzte. Er bemühte sich darüberhinaus, allerdings bislang erfolglos, um die Aufnahme der Vertreter der österreichischen *Freiheitlichen* in eine Fraktion (Schiedel, 1995, S.78-79 und 97 und EP-Liste, 17.06.1996, S.106).

Habsburgs eigenes Demokratieverständnis zeigte sich darin, daß er 1978 eine Ein-Mann-Diktatur gegen die „Willkür des Vielparteienstaats" vorschlug. Damit stieß er freilich in demokratischen Kreisen auf helle Empörung. In Schutz genommen wurde er jedoch von dem damaligen bayrischen CSU-Innenminister Seidl, der meinte, daß diese Überlegungen gerade zum Ziel hätten, die Verfassung zu erhalten (Linke, 1994, S.118-119).

4. Beziehungen zu Parteien außerhalb des Europäischen Parlaments

4.1. Ethniki Politiki Enossis (E.P.EN.); Griechenland (ab 1989)

Die Verbindungen zur E.P.EN. brachen nach deren Ausscheiden aus dem EP nicht ab: Nach der Niederlage bei der Europawahl 1989 versicherte Le Pen, daß die Partei auch künftig in den Informationsfluß der Euro-Rechten einbezogen werde (NE, 11-12/1989, S.36).

So fand bereits Ende 1990 eine Fraktionssitzung in Athen statt, bei der es auch ein Treffen mit dem früheren Europaabgeordneten Chrysanthos Dimitriadis gab (ER, 12/1990). Dimitriadis war darüberhinaus im November 1990 Mitglied der bereits erwähnten euro-rechten Delegation, die sich für die Freilassung von Geiseln im Irak einsetzte (E&P No 49, 1992, S.3).

Auch auf Kreta traf Le Pen im Mai 1992 auf die früheren MdEP Dimitriadis und Aristides Dimopulos; dabei fanden ebenfalls Gespräche der E.P.EN.-Vertreter mit den deutschen Fraktionsmitgliedern statt. Auf Korfu im Juni 1993 wurden diese Kontakte weiter gepflegt.

Dieses Treffen, welches - wie die meisten - von massiven Gegendemonstrationen begleitet war, war gleichzeitig auch der konkrete Anlaß für Presseberichte über die zahlreichen Reisen jener Fraktion (E&P No 44, 1992, S.4 und No 56, 1993, S.8-9; ER, 8-9/1993 und NE, 6/1992, S.53).

Angesichts des Niedergangs der E.P.EN. streckte die Euro-Rechte aber offenbar auch Fühler in andere Richtungen aus: Bei der Darstellung der Europawahlergebnisse für die Rechten 1994 wird auch die *Politiki Anixi* (POL.AN.; Politischer Frühling) erwähnt, die mit 8,65% der Stimmen zwei Sitze im EP erringen konnten (E&P No 62, 1993, S.3). Für eine euro-rechte Fraktionbildung schied sie aber aus, da sich ihre Abgeordneten Katerina Daskalaki und Nikitas Kaklamanis der *Fraktion der Sammlungsbewegung der Europäischen Demokraten* (RDE) anschlossen (EP-Ergebnisse, 1994, S.26 und EP-Liste, 14.09.1994, S.87).

4.2. Vlaams Blok (VB); Belgien (bis 1989)

Zu den Kontakten zwischen Le Pen und flämischen Nationalisten gibt es eine lange Vorgeschichte: So verdiente Le Pen in den sechziger Jahren sein Geld mit der Produktion von Schallplatten mit Reden von Hitler, Mussolini und dem Marschall Pétain unter dem Label *La Société d'Etudes et de Relations Publiques* (SERP). Die SERP-Platten wurden in Belgien von der neonazistischen Filmvertriebsgesellschaft *3 A-Diffusion* verbreitet. Die finanziellen und politischen Kontakte zogen sich durch die Leitung von Organisationen, die dem *Vlaams Blok* heute sehr nahestehen. So warb *3 A* in der Monatszeitschrift *Berkenkruis* des *Sint-Maartensfond*, einer Vereinigung früherer Ostfrontkämpfer, ebenso wie in *Alarm* vom *Vlaamse Militanten Orde* (VMO).

Ebenso vertrieb *3 A* die Klassiker des Revisionismus in französischer Sprache, während die *Voorpost* für den Vertrieb der niederländischsprachigen Ausgaben zuständig war. Während der Zeit sind die Bücher von der Buchhandlung von Bert van Borghout in Anvers am Jordaenskaai angeboten worden. Nach dem Beispiel von Roger Nols versuchte auch van Borghout mit Le Pen im März 1985 in Anvers zusammenzukommen, um bei der 30-Jahr-Feier der *Were Di*-Zeitschrift *Dietsland-Europa* Aufsehen zu erregen, bei der auch Peter Dehoust, Chefredakteur von *Nation Europa*, anwesend war.

Trotz des Versprechens Le Pens scheiterte die Zusammenkunft aber aufgrund eines Konflikts mit Dillen. Im September 1984 hatte Jean-Marie Le Pen nämlich in Schaerbeck eine tumultöse Konferenz abgehalten. Karel Dillen reagierte darauf, indem er in der Monatszeitschrift des VB einen bissigen Artikel an die Adresse des Franzosen richtete. Dabei warf er Le Pen vor, daß er gekommen sei, um den Flamen eine Lektion zu erteilen und dadurch dem „fransquillonisme" Beistand zu leisten. Was Dillen besonders aufregte, war die Empfehlung Le Pens, in Belgien eine Bruderpartei nach Vorbild der FN aufzubauen.

Trotz der damals noch überwiegenden Differenzen erfolgte später noch eine Annäherung, die durch den Wahlerfolg des VB vom 9. Oktober 1988 beschleunigt wurde, weil ein erneuter Wahlsieg bei der Europawahl 1989 immer wahrscheinlicher wurde. Zuvor gingen die Kontakte und die Konsultationen aufgrund der Gegensätze noch eher mit Vorsicht und Diskretion vonstatten (Gijsels/Velpen, 1992, S.156-157). Vor den Europawahlen 1989 trafen sich Dillen und Dewinter dann offen mit den FN-Europaparlamentariern Le Chevallier und Le

Pen, um bereits im Vorfeld Möglichkeiten und Strategien einer Zusammenarbeit abzustecken (Raijer, 1989, S.169).

4.3. Fuerza Nueva, Frente Nacional (FN) und Juntas Españolas; Spanien

Im Spanien nach Franco hat es die extreme Rechte bislang kaum schaffen können, bei Wahlen Fuß zu fassen. Traditionell gibt es unter ihnen eine historische Zersplitterung zwischen faschistischen Falangisten und monarchistischen Carlisten, die erst 1937 unter General Franco zwangsvereinigt wurden.

Dabei entwickelte sich das Franco-Regime, dessen eigentliche Machtbasis das Offizierscorps bildete, von einer halbfaschistischen Diktatur, die sich auf die Armee, die Kirche und eine kontrollierte Massenbewegung stützte, in eine autoritäre bonapartistische Militärdiktatur zurück. Die Staatspartei *Movimento Nacional* wurde Ende 1976, nach Francos Tod, widerstandslos aufgelöst und die alten Funktionäre größtenteils in den Staatsapparat übernommen. Die Rehabilitierung des Franco-Regimes geschah danach viel eher aus einer intellektuell geprägten Grauzone heraus, die sich auch auf den erstarkten katholischen Laienorden *Opus Dei* stützen konnte. Bereits 1967 wurde die *Movimento* weitgehend entmachtet, als fast alle Minister der Falange durch Leute von *Opus Dei* ersetzt wurden.

Rechtsextreme Kräfte wurden in der Zeit nach Franco vor allem von der *Alleanza Popular* (AP) unter Führung Manuel Fraga Iribarne, ehemals Innenministers unter Franco, absorbiert (Gschwind, 1991, S.129-131 und Schulz, 1990, S.91-94). Die AP war ein Zusammenschluß von sieben Rechtsparteien, die sich anfangs nahezu vollständig aus Mitgliedern des alten Systems zusammensetzten. Darunter befand sich etwa auch die *Acción Democrática Española* (ADE) des früheren franquistischen Ministers Frederico Silva Muñoz sowie die *Union des spanischen Volkes* (UDPE) unter Cruz Martinez Esterulas; ebenfalls zuvor Minister unter Franco. Mit dem Slogan „Das Gute von Franco bewahren, das Notwendige erneuern" zog Fraga, der 1963 im Ministerrat für die Hinrichtung des Kommunistenführers Julián Grimau stimmte, und nach Franco für ein halbes Jahr Innenminister in der Regierung Suárez war, ferner auch Mitglied der *Paneuropa-Union* (PEU) ist, in die ersten nachfranquistischen Parlamentswahlen.

Nach einigen Abspaltungen, Zugängen und Neuformierungen präsentiert sie sich seit 1989 als eine um ein rechts-moderates Image bemühte *Partido Popular* (PP) (Nohlen/Hildenbrandt, 1992, S.352-353 und Meyer/Rabe, 1979, S.137-140). 1990 übernahm José María Aznar den Vorsitz (Jansen, 1996, S.170). Ihre Mitgliederzahl konnte sie von 5.000 im Jahre 1979 auf bereits 222.900 Mitglieder im Jahre 1986 steigern (Schulz, 1990, S.94). Fraga wurde 1989 Regierungschef in Galicien.

Der Journalist Reiner Wandler verglich in der linksliberalen schweizer *WOZ* die Umwandlung der AP zur PP mit dem Wandel der italienischen MSI-DN zur AN unter Fini. So griff die PP immer wieder in die Mottenkiste der franquistischen Vergangenheit, wie beispielsweise Mercedes de la Merced, die die Sozialpolitik Francos lobte. Seit 1994 ist sie EP-Abgeordnete, ebenso wie zuvor Fernando Suárez, einst Minister unter Franco, der auch regelmäßig als Redner bei Gedenkveranstaltungen zu Ehren Francos zugegen ist. Beide fanden wie ihre übrigen Parteifreunde auch Aufnahme in der christdemokratischen *Fraktion der Europäischen Volkspartei* (PPE) (Wandler, 1995, S.9-10 und EP-Vademecum, 1992, S.247 und 1994, S.79). Zuvor gab es aber durchaus auch offene Verbindungen zur *Fraktion der Europäischen Rechten*. So war die AP 1985 mit einer Delegation bei einem euro-rechten Treffen auf der römischen Piazza del Popolo vertreten. Daher erhoffte sich Giorgio Almirante von den zu erwartenden Abgeordneten der AP im Europaparlament Verstärkung (NE, 11/1985, S.48). Zu jenem Zeitpunkt besaß die AP noch einen starken rechtsextremen Flügel, der einen autoritären Staat propagierte (Schulz, 1990, S.94). Als Spanien 1986 EG-Mitglied wurde, schlossen sich die 1987 ins EP gewählten AP-Vertreter aber der *Fraktion der Europäischen Demokraten* (ED) an (Kirfel/Oswalt, 1989, S.198); nach den Europawahlen 1989 wechselten die Abgeordneten der AP-Nachfolgepartei PP zur bereits erwähnten *Fraktion der europäischen Volkspartei* (PPE). Daraufhin verlor die PPE-Fraktion ein Mitglied der baskischen Nationalpartei, welches sich damit deutlich von der PP distanzierte (Jacobs/Corbett/Shackleton, 1992, S.64), wenngleich die PP-Abgeordneten in dieser Fraktion zunächst nur Beobachterstatus hatten und die ordentliche Fraktionsmitgliedschaft erst 1991 erlangten (Jansen, 1996, S.170).

1966, also noch im Spätfranquismus, wurde die *Fuerza Nueva* als soziale Bewegung gegründet und 1976, nach Francos Tod, in eine Partei umgewandelt (Gilmour, 1992, S.213), deren Führer Blas Piñar López ebenfalls zuvor Minister unter Franco war (Fromm/Kernbach, 1994b, S.286). Die *Fuerza Nueva* war bereits 1979 eine der drei Trägerparteien der *Eurodestra* (NE, 2/1979, S.27). Bei den nationalen Wahlen im gleichen Jahr erhielt sie 2,1% und damit einen Parlamentssitz. Dieses bescheidene Ergebnis galt noch als verheißungsvoller Auftakt. „Die Vorsehung hat uns einen Sitz gegeben", erklärte Piñar. „Von dort aus werden wir Spanien, Europa und die ganze Welt bewegen." Doch erreichte sie 1982 nur noch 0,8% (Schulz, 1990, S.93). Dabei war die „neue Kraft" bei beiden Wahlen zusammen mit der seit 1976 existierenden, offen franquistischen *FE de las JONS* und den *Circulos Doctrinales* als Wahlbündnis *Union Nacional* (UN) angetreten (Ellwood, 1991, S.150-151 und Fromm/Kernbach, 1994b, S.287).

In der Folgezeit blieben Blas Piñar und seine Gesinnungsgenossen regelmäßig unter 1%. Und nach dem Putschversuch von Oberst Tejero 1981 wurden auch deren terroristische Ableger, die *Guerilleros de Christo Rey* (Christuskrieger), von der Polizei völlig aufgerieben, so daß sie nicht mehr in Erscheinung traten (Gschwind, 1991, S.131 und 316).

Bei den Europawahlen 1987 erhielt die separat kandidierende *Frente Nacional*, die 1986 aus der *Fuerza Nueva* hervorgegangen war, 0,63%, 1989 nur noch 0,38%. Die letzte Wahlniederlage war begleitet von einer pompösen Kandidatur des Unternehmers José María Ruiz-Mateos, der einen persönlichen Rachefeldzug gegen die Regierung Gonzalez führte, nachdem ihm 1983 sein *RUMASA*-Geschäftsimperium enteignet worden war. Überraschend gewann er 1989 mit 3,9% zwei EP-Sitze (Gilmour, 1992, S.213-214 und EP-Ergebnisse, 1994, S.28). Die beiden Abgeordneten der *Agrupación Ruiz-Mateos*, Carlos Perreau de Pinninck Domenech und José María Ruiz-Mateos Jiménez de Tejada, schlossen sich der gaullistischen *Fraktion der Sammlungsbewegung der Europäischen Demokraten* (RDE) an (EP-Vademecum, 1992, S.192 und 222). Im Vorfeld hatte sich Ruiz-Mateos geweigert, mit Piñar eine gemeinsame Wahlplattform zu bilden, so daß sich die FN auf nationaler Ebene in der politischen Isolation wiederfand (Gilmour, 1992, S.214).

Dafür blieb die FN weiter der wichtigste spanische Bündnispartner der Euro-Rechten: Traditionell stark eurozentristisch orientiert, gibt es gute Kontakte zur MSI-DN. Die MSI-nahe Gewerkschaft CISNAL nahm teil an Demonstrationen des spanischen Gegenstücks *Fuerza Nueva del Trabajo* (FNT). Le Pen reiste bereits im Mai 1986 nach Madrid, um seine Gesinnungsgenossen zu unterstützen und bei der Umwandlung der *Fuerza Nueva* in die *Frente Nacional* am 26. Oktober 1986 waren auf dem Madrider Kongreß Jean-Marc Brissaud und Giorgio Almirante anwesend (Gilmour, 1992, S.226-227). Im Gegenzug nahm Piñar mit einer Abordnung der spanischen FN 1987 am großen Fest „Blau-Weiß-Rot“ der französischen FN in Le Bourget bei Paris teil (NE, 11-12/1987, S.78).

In *Europe et Patries* heißt es über sie: „Die spanische Frente Nacional ist eine völlige Neugründung. Klug geführt durch ihren Präsidenten *Blas Piñar*, hat sie die sozialistische Welle, welche Korruption und Arbeitslosigkeit bringt, branden lassen.“ Bei den Fraktionssitzungen in Sevilla und Grenada im Mai 1993 gab es eine Zusammenkunft mit den spanischen Freunden. Namentlich nennt *Europe et Patries* in diesem Zusammenhang neben Blas Piñar auch „*Luis-José Cillero*, Präsident der Jugend der Frente Nacional, (...), und *Juan Peligro*, Präsident von Juntas Espagnolas“. Diese beiden tauchen auch selbst als Autoren in dem Bulletin auf (E&P No 54, 1993, S.12). Dabei wurden die *Juntas Españolas* 1984 als Alternative zur FN Piñars gegründet und gerieten 1990 durch eine ausländerfeindliche „Einwanderungsstopp. Die Spanier zuerst“-Kampagne in die Schlagzeilen.

Sie haben auch eine Basis in der rechtsextremen Skinheadszene Spaniens, die ansonsten mit Gruppierungen wie dem 1965 gegründeten und 1994 aufgelösten, offen neonazistischen *CEDADE* (Spanischer Kreis der Freunde Europas) sowie mit *Nación Joven*, die sich 1990 vom *Frente Nacional* abspaltete, sympathisieren (Fromm/Kernbach, 1994b, S. 155, 272 und 287 und ID, 1991, S.125). Der *CEDADE* hatte auch selbst eine eigene internationale Organisation mit Kontakten vor allem nach Lateinamerika aufgebaut (Schulz, 1990, S.92).

Mitte 1990 fand ein informelles Treffen der DR-Fraktion mit Piñar statt (REP, 7/1990, Bayern-Report S.1). Bei einer Fraktionssitzung auf Gran Canaria Anfang 1991 erläuterte Enrique Sanchez die Situation: „Das Hauptproblem sei (...) die Zersplitterung. Hinzu komme, daß sich ein Teil der spanischen Patrioten noch immer nicht von der Franco-Zeit gelöst habe und damit außerhalb politischer Gegenwartserfordernisse über bloße Nostalgie nicht herausfinde." (ER, 2/1991) Dann beschloß der FN-Vorstand auf einem Sonderparteitag die Auflösung der Partei. Man wolle, hieß es dazu in einer Erklärung, dadurch den Weg freimachen für eine Neugründung unter Beteiligung jüngerer Kräfte. Mit den organisatorischen Vorbereitungen dafür sei bereits begonnen worden (NE, 7-8/1994, S.21).

Insgesamt betrachtet somit die Euro-Rechte sechs der Parteien, die 1994 in Spanien zu den Europawahlen antraten, als potentielle Bündnispartner: *A. Ruiz Mateos*, *F.E.J.O.N.S.*, *Falange*, *C.C.T.*, *Parti Carliste* und *A.D.N.*

Allerdings gelang keiner der Parteien der Einzug ins EP, nicht einmal der 1989 noch so erfolgreichen *Agrupacion Ruiz-Mateos*, die sich mit 82.069 Stimmen bei 0,45% wiederfand (E&P No 62, 1993, S.3 und EP-Ergebnisse, 1994, S.28). Hinter dem Kürzel *F.E.J.O.N.S.* verbirgt sich die bereits oben angesprochene *Falange Española de las Juntas de Ofensiva Nacional-Sindicalista* (FE de las JONS), deren historische Wurzeln bis auf das Jahr 1933 zurückgehen (Ellwood, 1991, S.148). Und A.D.N steht für *Nationale Demokratische Alternative*, ein Wahlbündnis angeführt von Juan Peligro und entstanden als ein Zusammenschluß aus den *Juntas Españolas*, der nunmehr aufgelösten FN, der Bewegung *Avant Guardia* sowie aus einigen Überläufern von der *Partido Popular* (PP) (E&P No 60, 1994, S.7). Die A.D.N. erhielt aber nur ganze 4.438 Stimmen (E&P No 62, 1994, S.3). Aus ihr ging schließlich im Januar 1995 die Sammlungsbewegung *Democracia Nacional* (DN) hervor, deren führende Köpfe Laureano Luna, Ramón Bau und Christian Ruiz aus der *CEDADE* kommen (JF, 9/1996, S.6).

Offenbar fehlt dem Feld rechts von der PP auch deshalb die Breitenwirkung, weil eine perspektivlose Generation arbeitsloser Jugendlicher, sonst durchaus für rechte Populismen anfällig, mit den 'Mumien' im Umfeld Piñars nichts anzufangen weiß (Gschwind, 1991, S.132).

Zudem profilierte sich 1994 die PP selbst mit antieuropäischen Ressentiments (Searchlight, 7/1994, S.13) und mobilisierte im Innern den Zentralismus gegen Katalanen und Basken. Ihr politischer Diskurs war von Law and Order-Parolen bestimmt, wobei das Motto „Drogen raus" auch einfach in „Ausländer raus" umgemünzt wurde. Ein Thema, welches in dem klassischen Auswanderungsland Spanien bislang keine so große Rolle spielte, wenngleich sich auch hier in der jüngsten Zeit rechtsextrem motivierte Übergriffe auf Migranten sowie auf politische Gegner häuften.

Mit dieser Wahlkampftaktik konnte die PP bei den Europawahlen 1994 mit 40,59% der Stimmen erstmals landesweit die krisengeschüttelten spanischen Sozialisten (PSOE) abhängen und entsendet seitdem 28 Abgeordnete nach Straßburg. 1989 hatte sie noch lediglich 21,7% erhalten, was für 15 EP-Mandate ausreichte (Wandler, 1995, S.9-10; Voss, 1992, S.10 und EP-Ergebnisse, 1994, S.28).

Schließlich konnte die PP auch bei den Parlamentswahlen Anfang März 1996 mit 38,85% der Wählerstimmen einen knappen Sieg über die regierenden Sozialisten erringen, die auf 37,48% kamen. Somit wurden für die PP Koalitionsverhandlungen notwendig (jw, 05.03.1996, S.8). Rechts von der PP herrschte weiterhin Zersplitterung. Sechs unterschiedliche Formationen waren zu dieser Wahl angetreten, wobei auch tatsächliche ideologische Differenzen und weniger persönliche Animositäten für diese Situation verantwortlich waren. Die *Falange Española Autentica* (FEA), unterstützt von den *FE de las JONS,* die *Falange Española Independente* (FEI) und die *Alleanza por la Unidad Nacional* (AUN), die sich mit ihrem Anspruch als Sammlungspartei als direkter Nachfolgerin der *Fuerza Nueva* Blas Piñars sieht, stellten sich nahezu flächendeckend zur Wahl. Die *Democracia Nacional* (DN) trat zu dieser Wahl nicht an (JF, 9/1996, S.6).

Nach den Wahlen drohten der PP Sympathieverluste insbesondere bei spanisch-nationalistischen Anhängern, weil Aznar eine Verständigung mit der katalonisch-separatistischen *Convergència i Unió* (CiU) anstrebte, mit entsprechenden Zugeständnissen für die Regionen (SP, 11/1996, S.163). So entstand rechts von der PP ein Vakuum, das Anfang 1997 mit der Gründung der rechtskonservativen *Partido Democratico Español* (PaDE) ausgefüllt werden sollte. Doch bei geringer Medienresonanz erschienen zur Gründungsversammlung gerade einmal 150 Sympathisanten (jw, 04.02.1997, S.9).

4.4. Monday Club und Western Goals; Großbritannien

Bereits 1979 wurden erste euro-rechte Kontakte außerhalb des mediterranen Bereichs geknüpft: Seinerzeit weilte Giorgio Almirante in Brighton, Gastgeber war das *European Movement*, „eine von Exponenten der konservativen Partei geförderte und dirigierte politische Vereinigung". Distanz wurde dagegen zur *National Front* gewahrt, „weil sich diese Gruppe deutlich gegen die europäische Orientierung Großbritanniens ausspricht" (NE, 3/1979, S.65).

Auch nach 1984 hatte Le Pen offiziell nichts mit der *National Front* (NF) oder der 1982 gegründten *British National Party* (BNP) zu tun. Er unterhält jedoch Kontakte zu extrem rechten Randgruppen in der Konservativen Partei, wie *Western Goals* und dem *Monday-Club*, welche beide von derselben Gruppe rechter Politikstrategen geführt werden. Zur Pflege dieser Kontakte besuchte Le Pen im Dezember 1991 London (Searchlight, 1/1992, S.5 und Schulz, 1990, S.160).

Die frühen euro-rechten Kontakte zum *Monday-Club* liefen noch über Enoch Powell. Unter dem konservativen Premier Edward Heath startete jener bereits 1968 eine Anti-Immigrations-Kampagne, die von der extremen Rechten unterstützt wurde. Powell war dann auch, offensichtlich im Auftrag des *Monday-Clubs*, Beobachter auf einem MSI-Parteitag. Schließlich wurde er aus der Parteiführung herausgedrängt (Harris, 1990, S.32). In den siebziger Jahren brach Powell von sich aus mit der Partei, da ihm deren Einverständnis zur EG-Mitgliedsschaft und ihre Haltung zur Immigration (Eatwell, 1992, S.181) mißfiel. Er stieß zur nordirischen DUP Paisleys, für die er jahrelang im Unterhaus saß (Schulz, 1990, S.139). Bei den Wahlen 1987, die ganz im Zeichen des anglo-irischen Agreements standen, verlor er jedoch seinen Sitz an einen Vertreter der katholischen *Social Democratic and Labour Party* (SDLP) (Arthur/Jeffery, 1989, S.18).

Le Pens Versuche, Kontakte zur thatcheristischen Rechten zu knüpfen, wurden im Keim erstickt (Searchlight, 1/1992, S.5). Es kam in diesem Zusammenhang 1987 zum Bruch der Partei Margaret Thatchers mit Alfred Sherman, nachdem dieser eine Einladung der Konservativen Partei für einen Auftritt Le Pens organisieren wollte.

Bis 1983 gehörte Sherman als aktivster Autor dem *Centre for Policy Studies* (CDS) an, welches in den siebziger Jahren als Think-Tank für die Thatcheristen aufgebaut worden war, doch Shermans Ultraliberalismus ging schließlich selbst Thatcher zu weit, so daß sie seine Entlassung erwirkte (Fülberth, 1996b, S. 33).

Gleichwohl gab es auch danach im Europäischen Parlament noch weit rechts stehende Tories, die gemeinsamen mit der Fraktion Le Pens Ende 1991 gegen den Untersuchungsausschußbericht über Rassismus und Xenophobie stimmten. *Searchlight* nannte in diesem Zusammenhang die Namen Christopher Beazley, Paul Howell, Edward Kellett-Bowman, William Newton Dunn, Sir Christopher Prout. Ein jüdischer Tory, Derek Prag, enthielt sich dabei der Stimme (Searchlight, 1/1992, S.5). In Großbritannien existiert überdies eine weit gefächerte Grauzone zwischen Rechtsextremen und Konservativen, die sich in Organisationen wie dem *National Front Constitutional Movement*, der *Tory Action*, der *Salisbury Group*, der *Focus Policy Group* David Irvings, *WISE* (Abkürzung für: Walisisch, Irisch, Scottisch, Englisch) und *Self-Help/Choice* zusammenfinden (Lindeborg, 1991, S.179-180).

Die Gründung von *Western Goals* fand 1979 in den USA statt. Sie unterhält enge Verbindungen zum *Ku-Klux-Klan* und zur *John-Birch Society*. 1981 wurde in München die Organisation *Western Goals Europa* gegründet, bei der es sich um einen international agierenden Club sogenannter 'Kommunistenfresser' handelt, der auch enge Verbindungen zur Konservativen Partei Südafrikas unterhält, welche heute die wichtigste politische Kraft der Befürworter des früheren Apartheidsystems ist.

Hier war der 1993 verhaftete Clive Derby Lewis als südafrikanischer *Western-Goals*-Vorsitzender die zentrale Figur, der auch enge Verbindungen zur *Front*

National Le Pens, zu rechten Gaullisten und zum *Monday-Club* unterhielt (Fromm/Kernbach, 1994b, S. 209-210).

Das britische *Western Goals Institute* ist eine Art obskure rechte politische Public-Relations-Agentur, welche von einigen früheren Mitgliedern der *Federation of Conservative Students* (FCS) geführt wird. Die FCS war Anfang der achtziger Jahre unter die Kontrolle reaktionärer bis semi-faschistischer Kräfte gekommen (Marcus, 1995, S.163 und Schulz, 1990, S.161).

Bei der euro-rechten Fraktionssitzung im Dezember 1991 in London kam es auf Einladung von „'Western Goals' zu wichtigen Begegnungen mit konservativen Politikern" (ER, 2/1992). Anwesend war u.a. John Brady, stellvertretender Vorsitzender der britischen *National Front* (Searchlight, 1/1992, S.5).

Vor einigen Jahren wurde der *Revolutionary Conservative Caucus* (RCC) wegen zu starker Rechtslastigkeit aus dem *Monday-Club* ausgeschlossen. Doch Mitte 1994 kam es zu einem Wiedereintritt. Auch *Western Goals* versuchte dabei, mit dem RCC ins Geschäft zu kommen (Searchlight, 7/1994, S.14). Zuvor war Jean-Marie Le Pen bei dessen Führern, Jonathan Bowden und Andrew Smith, zu Gast (Searchlight, 1/1994, S.23). Letzterer hatte in seiner Eigenschaft als Vorsitzender von *The Western Goals Institute* auch eine Grußbotschaft zum zwanzigjährigen Jubiläum der *Front National* 1992 geschickt (E&P No 50, 1992, S.13).

Über den *Revolutionary Conservative Caucus* und die *European Book Society* versuchten auch frühere Mitglieder der *National Front* (NF) und der *British National Party* (BNP) die Konservative Partei John Majors zu unterwandern (Searchlight-Bericht, 1994, S.2). Mit Hilfe dieser Strategie des Entrismus wollten sie offenbar, an Macht und Einfluß gewinnen, was ihnen bei einer eigenständigen Kandidatur aufgrund des traditionellen Mehrheitswahlrechts nie gelingen könnte. So erhielten die Kandidaten von der NF und der noch radikaleren BNP bei den Wahlen 1992 nur 0,02% der Stimmen (Lepszy, 1993, S.38-39).

Tatsächlich zeichnet sich in jüngerer Zeit ein radikaler Neo-Nationalismus in der konservativen Partei selbst ab, wie er 1995 vor allem durch den Verteidigungsminister Michael Portillo vertreten wurde (FR, 12.10.1995, S.3 und 14.10.1995, S.2; SZ, 12.10.1995, S.4).

4.5. Nationaldemokratische Partei Deutschlands (NPD) und Deutsche Volksunion (DVU); Bundesrepublik Deutschland

Die NPD wurde 1964 gegründet und machte spätestens ab 1966 mit einer Reihe von spektakulären Landtagswahlerfolgen auf sich aufmerksam. Die NPD-Führung bestand zu jener Zeit zwar wesentlich aus ehemaligen Aktivisten der *Deutschen Reichspartei* (DRP), doch bemühte sie sich um ein moderates Image. Nach dem knappen Scheitern an der 5%-Hürde bei der Bundestagswahl 1969, bei der sie 4,3% erhielt, zerfiel sie Anfang der siebziger Jahre rasch in zahlreiche rivalisierende Gruppen. Der Mitgliederstand sank von 28.000 Mitgliedern im Jahre 1969 auf weniger als im Jahr 6.000 1982.

Ein bedeutender Teil der ausgetretenen Mitglieder wurde von der *Deutschen Volksunion* (DVU) des Münchner Verlegers Dr. Gerhard Frey aufgesogen, die bis 1982 bei Wahlen die Unionsparteien und 1983 die FDP unterstützte.

Auf der anderen Seite des Spektrums bildeten sich militante Gruppen mit offen neonazistischem Charakter, die auch den Kontakt zur NPD-Jugendorganisation *Junge Nationaldemokraten* (JN) pflegten (Backes/Moreau, 1994, S.20-23 und Schulz, 1990, S.34 und 39).

Beim 9. NPD-Parteitag im Oktober 1975 kandidierte der DVU-Vorsitzende Frey, der erst kurz zuvor der NPD beigetreten war, gegen Günter Deckert für das Amt des stellvertretenden NPD-Parteivorsitzenden und unterlag schließlich. Seitdem verbindet ihn mit Deckert eine alte Rivalität.

Im Jahre zuvor hatte Deckert den FN-Führer Jean-Marie Le Pen kennengelernt und im April 1977 besuchte eine JN-Delegation Spanien, die unter anderem mit dem *Fuerza Nueva*-Vorsitzenden Blas Piñar und dessen Generalsekretär José Delasseras sowie dem Vorstand der Jugendbewegung *Fuerza Joven* zusammentraf (Hundseder, 1994, S.241 und 243 und Backes/Moreau, 1994, S.61).

Als 1978 die *Eurodestra* unter Beteiligung der Mutterpartei *Fuerza Nueva* gegründet wurde, trat die NPD mit einer Europakonzeption unter dem Titel „Für ein Europa der Volksgemeinschaften" an ihre potentiellen europäischen 'Schwesterparteien' heran. Schlußsatz: „Europa hat die Wahl: Zersplittert untergehen – oder vereint siegen!" Sie wurde jedoch unter dem Hinweis auf deren Nazismus als Bündnispartner abgelehnt (Habbe, 1981, S.80 und NE, 2/1978, S.14-16). Daraufhin verzichtete die NPD auf eine Europawahlkandidatur, zumal sie sich in einer schlechten finanziellen Lage befand. Sie trat 1979 nur zu drei Landtagswahlen und bei Kommunalwahlen in einigen Regionen an (VS, 1980, S.21-22). Sie selbst erklärte zur Europawahl: „Je näher der Wahltermin rückt, desto weniger kann gesagt werden, wozu diese teileuropäische Polit-Schaubühne nützlich sein könnte und welche Zuständigkeit sie hat. (...) Weil wir uns mit einem Teil-Europa nicht abfinden – weil wir die Verewigung der deutschen Spaltung nicht hinnehmen – rufen wir alle nationalen Demokraten auf: Bleibt der EG-Wahl fern! Keine Stimme für das EG-Pfründeparlament." (NE, 5/1979, S.26) Im selben Jahre hatte der DVU-Vorsitzende Frey die NPD verlassen und setzte sich vehement für die Europakandidatur Otto von Habsburgs auf der Liste der CSU ein (Linke, 1994, S.12 und 119).

Im Dezember 1979 kandidierte Günter Deckert erfolglos gegen den damals amtierenden Bundesvorsitzenden Martin Mußgnug. Obgleich Deckert der Erfolg versagt blieb, gab es bald darauf in der NPD einen inhaltlichen Kurswechsel, durch den das Thema Migration in den Mittelpunkt gerückt wurde. Noch bei der Bundestagswahl 1980 konnte sie mit ihrer Parole „Ausländerstopp –

Deutschland den Deutschen" lediglich 0,2% erreichen; ihr schlechtestes Ergebnis seit Bestehen. Doch infolge der Dramatisierung der Asylbewerberzahlen durch das Bundesinnenministerium konnte die NPD bei der Europawahl 1984 einen unerwarteten Stimmengewinn auf 0,8% verbuchen (Assheuer/Sarkowicz, 1992, S.24-25). Deckert hatte die Partei aber bereits 1982 wieder verlassen (Backes/ Moreau, 1994, S.38).

Bei den Landtagswahlen 1986 und der Bundestagswahl 1987 erreichte die NPD wieder mehr als 0,5% der Stimmen und erhielt dadurch öffentliche Wahlkampfkostenerstattung (Schulz, 1990, S.39). Vor dem Hintergrund eines aus ihrer Sicht durchaus denkbaren Wahlerfolges bei den Europawahlen 1989 versuchte die NPD in der Folgezeit, Kontakte zur FN zu knüpfen. Zur dieser Wahl trat die NPD jedoch nicht selbst an, sondern über eine Listenverbindung mit der DVU, die sich bis dahin eines wahlpolitischen Engagements enthalten hatte, unter der Bezeichnung DVU-Liste D (Backes/Moreau, 1994, S.62).

Der von dem DVU-Vorsitzenden Frey herausgegebenen Deutschen National-Zeitung stand Le Pen überdies des öfteren für Interviews zur Verfügung (Gijsels/ Velpen, 1992, S.163). Daraufhin fragte Günter Deckert einen Monat vor der Europawahl Le Pen in einem Interview für *Nation Europa*: „In Westdeutschland versuchen zwei Rechtsgruppierungen (DVU/NPD und die REP) den Einzug ins Europaparlament zu schaffen. Welche Wünsche haben Sie hinsichtlich des Wahlergebnisses für die westdeutschen 'Rechten'?" Le Pen antwortete: „Soweit ich weiß, kommt vom Programm her das REP-Programm unserem FN-Programm am nächsten. Doch nicht wir, sondern allein die Wähler in Westdeutschland werden über ihre Abgeordneten in Straßburg entscheiden und darüber, wer die deutsche Rechte dort vertritt." (NE, 5-6/1989, S.72 – 73)

Letztlich hielten nur die REP Einzug ins Europaparlament, die DVU-Liste D nicht. Letztere erhielt mit 1,6% zwar einen doppelt so hohen Stimmenanteil wie die NPD fünf Jahre zuvor, dieser war aber mit zwei Wurfsendungen an rund 27 Millionen Haushalte teuer erkauft worden (Pfahl-Traughber, 1993, S.65-66). Juristische Schützenhilfe für ihre bundesweiten Postwurfsendungen und die Ausstrahlung ihrer Wahlwerbespots erhielt die DVU auch durch den Staats- und Verwaltungsrechtler Theodor Maunz, was erst nach dessen Tod am 10. September 1993 offiziell bekannt wurde (Köhler, 1994, S.185-186). Im Europawahlkampf bezeichneten sich NPD und DVU als „authentische Rechte", während Schönhuber als „politisches Chamäleon" etikettiert wurde. Dessen SS-Memoiren unter dem Titel „Ich war dabei" waren allerdings noch 1981 in den Zeitungen des DVU-Vorsitzenden Frey gefeiert worden.

Vor der Europawahl konnte die NPD noch einige spektakuläre Kommunalwahlerfolge in Hessen erzielen, bei der sie 28 Sitze erhielt, davon sechs im Frankfurter Stadtrat. Jedoch in den zwei Wahlkreisen, in denen die REP antraten, konnten sie die NPD deutlich überflügeln (NE, 4/1989, S.35; Linke, 1994, S.99-100 und Stöss, 1989, S.199-200).

In den achtziger Jahren unterhielt besonders der *Vlaams Blok* (VB) rege Kontakte zu NPD und DVU; Frank Vanhecke war diesbezüglich die zentrale Kontaktperson. Als die DVU-Liste D bei den baden-württembergischen Landtagswahlen 1988 2,1% erhielt, äußerte er die Hoffnung, daß sie bei den Europawahlen 1989 für eine freudige Überraschung sorgen würde. Infolgedessen wurden die Beziehungen intensiviert, und bei der Gründung des nordrhein-westfälischen DVU-Liste-D-Landesverbandes im November 1988 war eine VB-Delegation anwesend, die aus Filip Dewinter, Roeland Raes und Hans Carpels bestand (Gijsels/Velpen, 1992, S.160-163).

Rainer Fromm und Barbara Kernbach sprechen von einer „Flandern-Connection“, deren gemeinsamer Treffpunkt alljährlich der belgische Ort Diksmunde anläßlich der Ijzerbedevaart sei. Bei dem Treffen im Jahre 1993 war auch der Vorsitzende der militant-neonazistischen *Freiheitlichen Deutschen Arbeiterpartei* (FAP), Busse, dabei (Fromm/Kernbach, 1994b, S.185).

Zu einer Verbesserung im Verhältnis zwischen NPD/DVU und FN kam es durch die Einbindung des VB in die euro-rechte Fraktion allerdings nicht (Gijsels/Velpen, 1992, S.163). Gleichwohl gab es angesichts der gestiegenen Bedeutung des VB für Le Pen und die Euro-Rechte (vgl. III 6.4) sowie des Niedergangs der REP und der Bemühungen der DLVH, „alle unter einen Hut“ zu sammeln (NE, 1/1992, S.42), in der Zwischenzeit neue Chancen für eine Annäherung.

Infolgedessen brach die NPD selbst auseinander, als es zu Kontroversen bezüglich der zukünftigen Eigenständigkeit der Partei kam. Vorangegangen war dem die Niederlage bei der Bundestagswahl 1990, bei der die NPD lediglich 0,3% erhalten hatte. Der vorherige NPD-Vorsitzende Mußgnug trat im Dezember 1990 zurücktrat, und wechselte schließlich zur neuen Sammlungsbewegung. Am 8. Juni 1991 wurde Günter Deckert, der erst im Januar 1991 wieder der Partei beigetreten war, zum neuen NPD-Parteivorsitzenden gewählt. Er galt als der „Wunschkandidat der Betonriege“. Daraufhin beendete Frey seine bisherige Zusammenarbeit mit der NPD.

Gleichwohl gelangten im September 1991 noch zwei NPD-Funktionäre über die DVU-Liste in die Bremer Bürgerschaft (Assheuer/Sarkowicz, 1992, S.28; Pfahl-Traughber, 1993, S.66 und 73 und Backes/Moreau, 1994, S.40).

Mitte 1992 erschien unter dem Titel: „Jean-Marie Le Pen und der Front National. Hoffnung – für Frankreich? Vorbild – für Deutschland?“ erstmals ein Buch von Le Pen in deutscher Sprache. Die Übersetzung besorgte Günter Deckert, der von den deutschen Mitgliedern der DR-Fraktion im Europaparlament als „Frankreich-Kenner“ und „ehemaliger Oberstudienrat“ vorgestellt wurde; während sein parteipolitischer Hintergrund verschwiegen wurde (ER, 6/1992). Eine Sitzung der DR-Fraktion im Berliner Reichstag, die vom 8. bis 12. November 1993 vorgesehen war, hätte zur Verbesserung der euro-rechten Beziehungen zur NPD und zur DVU genutzt werden können. Doch rief das Vorhaben angesichts des 55. Jahrestags der Reichspogromnacht am 9. November heftige internationale Proteste hervor. Infolge einer breit angelegten Boykottaktion, die die NPD als „Drohgebärden der vereinten linken Provinzspießer“ bezeichnete, nahm die Fraktion schließlich selbst wieder von ihrem Vorhaben Abstand, obwohl die NPD infolge des Hotelboykotts Übernachtungsmöglichkeiten für die Parlamentarier angeboten hatte. Harald Neubauer dazu: „Wir sind da flexibel, wir können auch im September oder Oktober in Berlin tagen.“ (BZ, 23.07.1993; BZ, 04.08.1993; NZ, 16.07.1993 Tagesspiegel, 22.07.1993; taz 14.07.1993)

Bei den Europawahlen 1994 kam die NPD gerade noch auf 0,2% (SP, 17/1995, S.88). Unter dem Vorwurf finanzieller Unregelmäßigkeiten wurde Deckert schließlich am 30. September 1995 als Parteivorsitzender abgesetzt. Zur provisorischen Nachfolgerin wurde zunächst Ellen-Doris Scherer bestimmt, die einen „modernen Nationalismus“ ohne agessiven Geschichtsrevisionismus propagierte.

Dies geschah vor dem Hintergrund der Beschlagnahme sämtlicher Exemplare der Nummer 12/1994 der NPD-Zeitung *Deutsche Stimme* wegen entsprechender revisionistischer Äußerungen. Deckert selbst wurde im folgenden Verfahren wegen Beleidigung, Verunglimpfung des Andenkens Verstorbener und Aufstachelung zum Rassenhaß zu einer zweijährigen Haftstrafe verurteilt.

Deckert wußte insbesondere die ostdeutschen Landesverbände hinter sich, während seine Gegenspieler vor allem in Hessen und im Saarland sowie bei der Jugendorganisation JN saßen (SP, 43/1995, S.89 und 44/1995, S.266; VS-NRW-ZB, 1995, S.33 und VS-NRW, 1996, S.79-81). Ihnen paßte Deckerts autoritärer Führungsstil von Anfang an nicht, zumal sich die JN als Keimzelle „fortschrittlicher Befreiungsnationalisten“ sehen (Hundseder, 1994, S.241).

Indes war Deckert selbst in den siebziger Jahren sowohl Landes- als auch Bundesvorsitzender der JN gewesen und profilierte sich in dieser Eigenschaft seinerzeit selbst noch als Befürworter einer stärker nationalrevolutionären Richtung (Backes/Moreau, 1994, S.37). In diesem Kontext ist auch auf die euro-rechte Jugend, ausführlich dargestellt in Abschnitt V 7, hinzuweisen, bei denen es traditionell gute Verbindungen zur NPD-Jugendorganisation JN gibt, während die REP mit einer entsprechenden Jugendorganisation dort bislang so gut wie gar nicht Fuß fassen konnten.

1995 gab es auf nationaler Ebene neue Versuche zur Einigung und Sammlung bislang zerstrittener rechtsextremer Parteien, an denen sich auch Vertreter aus NPD und DVU beteiligten, nicht aber der finanzkräftige DVU-Vorsitzende Frey (FR, 04.11.1995, S.5 und VS-NRW-ZB, 1995, S.23). Die NPD beteiligte sich seit Herbst 1995 ganz offiziell am *Förderkreis Bündnis Deutschland*, dem es auch eine Geschäftsstelle zur Verfügung stellte, während die zuvor vom NPD-Vorsitzenden Deckert selbst initiierten Einigungsbemühungen unter der Bezeichnung *Bündnis Deutschland* ohne spürbare Resonanz im rechtsextremen Lager blieben (VS-NRW, 1996, S.76).

In der Zwischenzeit wurde Deckert am 15. November 1995 durch das Schiedsgericht der Partei wieder als Bundesvorsitzender eingesetzt, womit es seiner Beschwerde stattgab (VS-NRW, 1996, S.79). Schließlich wurde am 23. März 1996 ein außerordentlicher Bundesparteitag einberufen, auf dem Udo Voigt mit knapper Mehrheit gegen seinen inhaftierten Gegenkandidaten Deckert den Bundesvorsitz errang. Deckert wurde zusammen mit Udo Holtmann und Jürgen Schön Stellvertreter, woraufhin viele Delegierte des Deckert-Flügels den Parteitag verließen, so daß sich bei der Wahl der weiteren Vorstandsmitglieder die Deckert-Gegner durchsetzen konnten (NE, 5/1996, S. 23 und VS-NRW, 1996, S.80).

Zu den niedersächsischen Kommunalwahlen trat die NPD am 15. September 1996 dann erstmals zusammen in lokalen Bündnissen mit den *'Republikanern'* an (jw, 24.07.1996, S.11), allerdings ohne nennenswerte Erfolge (jw, 02./03.10. 1996, S.4).

4.6 Centrumsdemokraten (CD); Niederlande

Traditionell spielen niederländische Rechtsextremisten eine wichtige Rolle im euro-rechten Netz. Nach Beendigung der deutschen Besatzung während des Zweiten Weltkriegs und der Auflösung der NSB *(Nationaal Socialistische Beweging)* wurde 1953 die *Nationaal Europese Sociale Beweging* (NESB) als niederländische Komponente der ESB gegründet.

Einen Parteicharakter im eigentliche Sinne erhielt die niederländische extreme Rechte aber erst mit der Gründung der *Boerenpartij* (BP), die sich an den französischen *Poujadisten* orientierte, infolge mehrerer Spaltungen aber 1981 von der Bildfläche verschwand. 1971 wurde die *Nederlandse Volksunie* (NVU) gegründet, die nach einigen lokalen Erfolgen in den Großstädten Amsterdam, Rotterdam und Den Haag Anfang der achtziger Jahre ebenfalls in die völlige Bedeutungslosigkeit abrutschte.

1979 wurde als Sammelbewegung die *Nationale Centrum Partij* (NCP) gegründet, aus der 1980 die *Centrum Partij* als Ausdruck der Bemühungen um eine Modernisierung und taktische Mäßigung der extremen Rechten hervorging. Gründer und zentrale Figur der CP war Hans Janmaat, der zuvor der *Katholieke Volkspartij* (KVP) angehörte. Er verließ die KVP, als sie in der überkonfessionellen Sammlungspartei *Christen Democratisch Appel* (CDA) aufging (Husbands, 1992, S.101-112).

Bereits bei den nationalen Parlamentswahlen 1982 erhielt die CP 0,8% und damit einen Sitz im Parlament für ihren Vorsitzenden Janmaat. Bei der Europawahl 1984 erhielt sie landesweit 2,5%, was nicht für einen EP-Sitz ausreichte. Bereits wenige Monate später kam das politische Ende der Partei, als Janmaat wegen der Unterschlagung von Geldern und wegen 'sexuellen Fehlverhaltens' aus der Partei ausgeschlossen wurde.

Daraufhin gründete er im November 1984 die *Centrumsdemokraten* (CD), mit denen er 1989 wiederum einen Parlamentssitz erringen konnte (Fromm/Kernbach, 1994a, S.242). Bei der Europawahl im gleichen Jahr erhielten die CD nur noch 0,8% (NE, 7/1989, S.52).

Am Rande einer Fraktionssitzung in Brüssel kam es zu einem Treffen zwischen dem CD-Vorsitzenden Janmaat und Neubauer, wobei der Holländer Sympathien der niederländischen Rechten für den Aufbau der DLVH zu erkennen gab (ER, 4/1991). Eine geplante Außentagung der *Technischen Fraktion der Europäischen Rechten* vom 4. bis 6. März 1991 in Den Haag, die die Kontakte zu den CD sicherlich hätte vertiefen können, wurde allerdings durch die niederländische Regierung verboten, die auch dem Hotelbesitzer die Vermietung der Räumlichkeiten untersagte (NE, 5/1991, S.39). Stattdessen trafen sich Janmaat, Neubauer und Le Pen wenig später auf einem rechten 'Gipfeltreffen' der A3D unter dem Vorsitz Yvan Blots in Paris (NE, 6/1991, S.50).

Zum zwanzigsten Geburtstag der *Front National* Le Pens schickte Janmaat ein Grußwort; abgedruckt in *Europe et Patries*: „Leider erlaubt es unsere zeitaufwendige Arbeit nicht, an Ihrer Zusammenkunft teilzunehmen." (E&P No 50, 1992, S.13) In einer anderen Ausgabe werden die niederländischen CD als „Le mouvement national hollandais" und potentieller Bündnispartner vorgestellt (E&P No 56, 1993, S.11).

Janmaat war 1994 auch auf dem Parteifest des *Vlaams Blok* anwesend. Desweiteren unterhalten die CD seit 1990 Kontakte zur DVU, wenn auch nicht auf höchster Ebene (Fromm/Kernbach, 1994b, S.208-209).

In den Niederlanden stehen die CD in Konkurrenz zur *Centrumspartij '86* (CP'86), welche unter Führung von W. Beaux für einen härteren Kurs der niederländischen Rechten eintritt (NE, 9/1994, S.18). Sie entstand 1986 aus der 'Konkursmasse' der CP, mit der es nach dem Ausschluß Janmaats kontinuierlich bergab gegangen war. Die CP'86 hat internationale Verbindungen zur *British National Party* (BNP) und zur NPD, von der sie auch das 1987er Parteiprogramm übernommen hat (Fromm/Kernbach, 1994b, S.205-207).

Als weitere rechtsextreme Gruppierung gründete sich am 17. August 1992 auf Initiative von Janmaat der *Nederlands Blok* unter dem Vorsitz von Alfred Vierling, der nach Vorbild des *Vlaams Blok* die Rechte vereinigen sowie das „Zusammengehörigkeitsgefühl" der Niederländer und Flamen fördern will (NE, 11-12/1992, S.43 und 2/1993, S.53). Der *Vlaams Blok* selbst griff diesem Vorhaben bereitwillig unter die Arme: Am 28. September 1992 gab Filip Dewinter auf einer Pressekonferenz in Anvers bekannt, daß vier niederländische Parteien zu den Europawahlen ein Wahlbündnis eingehen würden. Unterzeichner der Übereinkunft waren Janmaat (CD), Wijngaarden (CP'86), Vierling vom *Nederlands Blok* und Geurts im Namen einer Gruppierung mit der Bezeichnung *Demokratisch Alternatief Nederland* (Gijsels/Velpen, 1992, S.163).

Doch offensichtlich waren diese Einigungsbemühungen nicht sehr fruchtbar, denn bei der Europawahl 1994 erzielten die nun doch separat kandidierenden CD lediglich ein Ergebnis von 1% – und verpaßten den Sprung ins Parlament (EP-Ergebnisse, 1994, S.42). Dies war ein unvorhergesehen niedriges Ergebnis, da die CD bei den vorausgegangenen nationalen Parlamentswahlen noch mit 2,5% drei Parlamentssitze erhalten hatten (Searchlight, 7/1994, S.16 und NE, 5/1994, S.16). Bezüglich der Europawahl 1994 hatte *Europe et Patries* bereits 1993 auf ein Ergebnis spekuliert, welches den CD zwei EP-Sitze einbringen würde (E&P No 56, 1993, S.11), und *Nation und Europa* prophezeite sogar noch im Mai 1994, daß trotz einer aggressiven Medienkampagne „die Eurorechte in Straßburg und Brüssel mit Zuwachs aus den Niederlanden rechnen" könne (NE, 5/1994, S.16).

Nach der Wahlniederlage traten die Rivalitäten zwischen CD und CP'86 wieder offen und in verschärfter Form zutage (NE, 9/1994, S.18). Gleichzeitig profilierte sich die liberale *Volkspartij voor Vrijheid en Demokratie* (VVD) unter Frits Bolkestein mit einem deutlichen Rechtskurs, der sich bei den Provinzwahlen am 8. März 1995 erstmals auszahlte. Sie avancierte mit 27,2% der Stimmen zur stärksten Partei, während die Parteien der 'authentischen' extremen Rechten erneut eine schwere Niederlage einstecken mußten.

Die VVD bildet ohnehin traditionell den rechten Pol im etablierten niederländischen Parteiensystem und steht im liberalen Lager in Konkurrenz zu den eher linksliberal orientierten *Demokraten '66* (D'66). Beide liberalen Parteien sind jedoch zugleich auch Regierungsparteien, in Koalition mit den Sozialdemokraten (NE, 4/1995, S.26; LMD/taz, 15.12.1995, S.7 und Hartmann, 1978, 390-393).

Bei den vorangegangenen Europawahlen im Juni 1994 konnte sich die VVD auf 17,9% gegenüber 13,6% im Jahr 1989 verbessern. Die D'66 erzielten 11,7% gegenüber 5,9%. Damit erhielt die VVD sechs Mandate, die D'66 vier. Die Abgeordneten beider Parteien schlossen sich im EP der liberalen Fraktion (ELDR) an (EP-Ergebnisse, 1994, S.42-43). In früheren Jahren hatten es die D'66-Abgeordneten wegen der Konkurrenz zur VVD noch vorgezogen, in der Fraktionslosigkeit zu verbleiben (Jacobs/Corbett/Shackleton, 1992, S.67).

4.7. AGIR; Belgien

„AGIR heißt übersetzt 'Handeln' und ist die Abkürzung aus Avantgarde d'initiative régionaliste (Vorkämpfer der regionalistischen Initiative) und vertritt einen volksnationalistischen Kurs." So stellte *Nation Europa* im Herbst 1994 die 1989 von L.R. Destordeur und Willi Freson gegründete Gruppierung vor. Die beiden Gründer hatten sich zuvor in der wallonischen *Parti des Forces Nouvelles* (PFN) engagiert.

AGIR erwies sich aus dem Stand heraus als rechter 'Senkrechtstarter' und erhielt auf Anhieb 3,4% der Stimmen und damit einen Sitz im Stadtrat von Liège

(Lüttich). Ihr politisches Ziel ist die „Befreiung Walloniens auf der Linie der Neuen Rechten", was sie jedoch nicht daran hindert, gute Beziehungen zum *Vlaams Blok* und auch zur *Deutschen Liga für Volk und Heimat* (DLVH) zu pflegen. Die Qualität dieser Beziehungen zeigt sich unter anderem darin, daß Freson bei einer DLVH-Veranstaltung in Köln zusammen mit Neubauer und dem Flamen Dewinter auftrat (NE, 6/1992, S.51, 9/1992, S.44 und 9/1994, S.18).

Die Politik von *AGIR* beruht auf einem krassen rassistischen Eurozentrismus mit stark antiamerikanischer Ausrichtung. *AGIR*-Aktivist Lionel Franc: „Wir müssen Europa von zwei Grundübeln befreien, dem amerikanischen Kosmopolitismus mit seinen McDonald's, Coca-Cola und Michael Jackson, und von jeder außereuropäischen Einwanderung." (Bartz/Biedenkopf/Fromm, 1994, 25: 10-25:22)

Bei der Europawahl 1994 erhielt *AGIR* unter ihrem Spitzenkandidaten Jean Danguy in Brüssel 3%, landesweit aber lediglich 0,7% und damit zu wenig für einen Sitz im EP. *Europe et Patries* räumte im Vorfeld der Wahl weder AGIR noch der wallonischen FN Chancen auf eine Vertretung in Straßburg ein, wertete deren Resultate aber als Indikator für mögliche Erfolge bei den im Oktober folgenden Kommunalwahlen (Searchlight, 7/1994, S.15 und 8/1994, S.23 und E&P No 60, 1994, S.6).

4.8. Fremskridtpartiedt (FRP/ Z); Dänemark

Die dänische Fortschrittspartei wurde 1972 durch Mogens Glistrup gegründet und avancierte bereits 1973 zur zweitstärksten Fraktion im dänischen Parlament. Begünstigt wurde dieser Wahlsieg durch die breite Enttäuschung von der Politik der bürgerlichen Parteien, die die in sie gelegten Hoffnungen nicht erfüllen konnten, da die sozialdemokratische Politik der „Modernisierung" der Wirtschaft mit „sozialer Abfederung" immer höhere Steuern nach sich zog.

Der bekannte Steueranwalt Glistrup begann seine politische Karriere mit der Forderung nach Abschaffung der direkten Steuern, weitete dann aber das Programm rasch aus und profilierte sich mit korporatistischen Zielsetzungen am rechten Rand des dänischen Parteienspektrums. Nach Glistrup hätten Arbeiter und Kapitalbesitzer als „produktiv Arbeitende" dieselben Interessen und in den „Schmarotzern und Parasiten", sprich im Fiskus und den öffentlich Bediensteten, den gemeinsamen Feind (Schmid, 1994, S.32 und Mertens, 1990, S.121). Entsprechend soll der gesamte Sozialstaat abgebaut und gleichzeitig die Privatinitiative gestärkt werden. Angeblich nutzlose Ressorts wie die Landesverteidigung sollen gänzlich abgeschafft werden, stattdessen genüge nach Meinung Glistrups ein im Verteidigungsministerium installierter Anrufbeantworter mit einer Kapitulationserklärung in russischer Sprache (Rubart, 1978, S.136).

Erhielt die FRP 1973 noch 15,9%, so verlor sie bei den folgenden Parlamentswahlen kontinuierlich an Stimmen, bis sie 1984 mit 3,6% der Stimmen auf ihrem bisherigen Popularitätstief anlangte. 1988 steigerte sie sich zwar wieder auf 9%, und 1990 erhielt sie immerhin noch 6,4% (Andersen, 1992, S.194). Dieser Niedergang und der darauffolgende Wiederaufstieg ist vor dem Hintergrund einer Haftstrafe für den Parteivorsitzenden wegen Steuerhinterziehung zu sehen, die Glistrup bis März 1985 absitzen mußte. Während seiner Inhaftierung hatte sich die Partei darum bemüht, regierungsfähig zu werden, und sich zu diesem Zweck ein eindeutig rechtes Programm ohne anarchische und anti-militaristische Paraphrasen zugelegt.

Nach seiner Haftentlassung machte Glistrup die dänische Flüchtlingspolitik zum vorrangigen Thema und sprach von der „Flut der Mohamedaner", die „das Dänentum" ausrotten wolle. Darüberhinaus profilierte sich die *Fremskridtpartiet* zunehmend als Rentnerpartei, während sie bei jüngeren Wählern kaum Zustimmung fand (Wolff, 1989, S.144-145 und Mertens, 1990, S.122-123).

Die Partei war bereits vor Abhaltung von Direktwahlen im EP durch Borge HALVGAARD (16.08.1978–17.02.1979), Uwe JENSEN (15.08.1977–04.04. 1978) und Kai NYBORG (18.12.1973 – 16.07.1979) vertreten.

Bei den ersten Direktwahlen 1979 erhielt sie mit 5,8% nur noch einen Sitz im EP (EP-Buch, 1989, S.33 und 58-65), den Kai Nyborg einnahm. Er schloß sich der *Fraktion der Europäischen Demokraten für den Fortschritt* an und wurde deren stellvertretender Vorsitzender (EP, 1982, S.390). Daß er auch im weiteren nicht innerparlamentarisch isoliert war, beweist seine Gründungsmitgliedschaft in der interfraktionellen *Känguruh*-Gruppe, zu der an prominenter Stelle auch die deutschen Europaabgeordneten Karl von Wogau (CDU) und Dieter Rogalla (SPD) zählen (Jacobs/Corbett/Shackleton, 1992, S.162). Schließlich verließ er auch die FRP und trat zur *Konservative Folkeparti* (KF) über (EP-Buch, 1989, S.96).

Bei den Europawahlen 1984 verfehlte die FRP mit 3,6% deutlich den Einzug ins EP, recht knapp scheiterte sie 1989 mit 5,3% (Kirfel/Oswalt, 1989, S.195).

Bei einer euro-rechten Fraktionstagung am 11. Mai 1990 im dänischen Helsingör scheiterten Le Pens Annäherungsversuche gegenüber der FRP, und Glistrup kam erst gar nicht zum Tagungsort (FR, 12.05.1990). Wenige Monate später trennte sich die Partei endgültig von Glistrup und wählte Pia Kjaersgaard zu seiner Nachfolgerin, die sich seitdem darum bemüht, die Partei koalitionsfähig zu machen (NE, 11-12/1990, S.18 und Mertens, 1990, S.122-123).

Dennoch präsentierte das Fraktionsbulletin *Europe et Patries* im November 1992 die Partei als potentiellen europäischen Bündnispartner (E&P No 49, 1992, S.7), vielleicht auch vor dem Hintergrund des überraschenden nationalen Wahlserfolges im September 1991 mit fast 25% der Stimmen (Voss, 1992, S.11). Dagegen verschwieg das Blatt im September 1994 das Europawahlergebnis der Partei (E&P No 62, 1994, S.3), das mit erneut lediglich 2,9% wiederum zu niedrig für einen Sitz im EP war (EP-Ergebnisse, 1994, S.24).

5. Die euro-rechte Jugend und ihre Vernetzung

> „Mosley hat einst den Begriff 'Nation Europa' geprägt, weil er die Notwendigkeit erkannte, der bitter enttäuschten Jugend ein gemeinsames Ziel zu weisen, das lebendigeren Inhalt hatte als das wirtschaftlich zweckbestimmte Programm der Straßburg-Europäer, denen der Zusammenschluß – wie von Anfang an sichtbar wurde – nur als eine möglichst rasch zu überschreitende Stufe zur großen 'Einen Welt' galt." (Arthur Ehrhardt in: NE, 2/1969, S.2)

5.1. Historische Einführung

Mit der Vernetzung der extremen Rechten in Europa ging auch ein Zusammenschluß der betreffenden Jugendverbände einher. Gleichzeitig dienten die als angebliche Jugend-Treffen proklamierten Zusammenkünfte, wie der auf Initiative des MSI-Studentenverbandes FUAN im Oktober 1950 in Rom ausgerichtete *Kongreß der nationalen Jugend Europas*, auch der Vernetzung altfaschistischer Kräfte (Feldbauer, 1996, S.89).

Zwischen 1958 und 1963 wurden auf Initiative der Zeitschrift *Nation Europa* „Jungeuropäische Tagungen" durchgeführt, auf denen insgesamt sechs „Jungeuropäische Erklärungen" ausgearbeitet und verabschiedet wurden (NE, 2/1975, S.31-34).

1972 fand während der Olympischen Spiele in der Nähe von München unter dem Titel *Nationaleuropäischer Jugendkongreß* (NEC) das bis dahin größte Faschistentreffen der Nachkriegszeit statt. Die Tagung stand unter der Leitung von Hagen Mörig, Heinz Flöter und Gerd Sudholt. Verabschiedet wurde eine Erklärung „I. NEC gegen Sowjetimperialismus" sowie ein „Nationaleuropäisches Manifest".

Der zweite Kongreß fand unter der Losung „Die Intereuropäische Nationale lebt!" 1973 in Flandern statt. Dort wurden Entschließungen gegen das „kommunistische Weltjugendfestival" und unter der Forderung „Immigration stoppen!" verabschiedet.

Mitbegründer des NEC war Bernhard Wintzek, dessen Zeitschrift MUT sich als publizistische Plattform für junge Nationalisten verstand und damals den Untertitel *Nationaleuropäisches Monatsmagazin* führte (Hafeneger, 1990, S.11; Feldbauer, 1996, S.91; NE, 10/1972, S.63-66 und 8/1973, S.63-65).

Zu der Stärke der extrem rechten Jugendverbände ist festzuhalten, daß die Entideologisierung und Amerikanisierung der Jugend, die sich auf die Erneuerung der Linken und Arbeiterbewegung nachteilig auswirkte, in gewissem Sinne auch negative Folgen für die Faschisten hatte: „Ihre Fähigkeit, Jugendliche zu mobilisieren, ist noch bescheiden, auch wenn das anders aussieht, weil sie mit dem Rückgang von antifaschistischem Bewußtsein und Militanz in der Jugend und der Passivität der extremen Linken stärker erscheinen." (Visentin, 1990, S.80)

5.2. Neue Impulse durch die europaparlamentarische Ebene

Auch im Vorfeld der ersten Direktwahlen zum EP artikulierte sich die euro-rechte Jugend. Im April 1977 besuchte eine JN-Delegation Spanien, wo sie unter anderem mit dem Vorstand der spanischen Jugendbewegung *Fuerza Joven* zusammentraf. Die beiden Jugendverbände unterzeichneten eine gemeinsame Erklärung zur Bildung einer „Front (...) gegen die Machenschaften internationaler, raumfremder Kräfte in Europa", welche „gemeinsam mit gleichgesinnten Kameraden aus Ost- und Westeuropa" aufgebaut werden solle. Die Parole, mit der diese Erklärung abschließt, lautet: „Für ein Europa freier Völker!" (NE, 5/1977, S.41)

Auf der Arbeitstagung der *Eurodestra* vom 10. bis 12. Januar 1978 in Marseille wurde den Trägerparteien der *Eurodestra* und der Öffentlichkeit eine *Charta der Jungen Rechten* übergeben, die von den Jugendorganisationen der Eurodestra-Parteien erarbeitet wurde, dies waren seinerzeit die italienische *Fronte della Giuventù* (FDG/MSI), die *Front National de la Jeunesse* (FNJ) und die *Fuerza Joven*; die JN waren nicht vertreten.

Infolge der fraktionellen Zusammenarbeit von FN, MSI-DN und E.P.EN. im Europaparlament seit 1984 strebten auch die Vertreter der Jugendorganisationen, Martial Bild und Carl Lang von der *Front National de la Jeunesse* (FNJ), Makis Voridis, der Vorsitzender der Jugendorganisation der nationalen griechischen Rechten (Jung-E.P.EN.), die aus der ENEP der *Ethniki Parataxis* (E.P.) hervorgegangen war, und Vertreter der *Fronte della Giuventù* (FDG/MSI) eine engere transnationale Zusammenarbeit an. Nach einer ersten Jugendkonferenz in Athen wurde ein Ausschuß gebildet, der sich in der folgenden Zeit mit der Gründung eines *Bundes Europäischer Jugend* befaßte, dem sich alle nationalistischen europäischen Jugendorganisationen anschließen sollten. Martial Bild kündigte in *Nation Europa* für Juli 1986 eine große „Sommer-Universität" an, die auch für andere nationaleuropäische Jugendgruppen offenstünde. Sie trafen schließlich vom 18. bis 20. Juli 1987 erneut in Rom zusammen, wo sie ein „Manifest für die Jugend Europas" vorstellten, dem sich im September auch die deutsche JN anschloß, wenngleich sie die Südtirolpolitik der MSI-DN-Jugend scharf verurteilte.

Drei Monate später, am 19. September 1987, wurde daraufhin vom damaligen FNJ-Vorsitzenden Martial Bild in Paris die *Mouvement de la Jeunesse d'Europe* (MJE) als Dachorganisation der rechtsextremen Jugendverbände gegründet. Generalsekretär wurde Carl Lang, der vor Bild – von 1984 bis 1986 – Vorsitzender der FNJ war. Nach Aussage des MJE-Vorsitzenden Alexandre de Labrouhe wurden bei einem Folgetreffen in Nizza im Oktober 1987 „neue Kontakte geknüpft". Zwar definierte sich die MJE als Kristallisationspunkt nationaler europäischer Jugendgruppen, ihr Erscheinungsbild ist indes von der FNJ dominiert, die ebenfalls in Paris ihre Zentrale hat.

Sie legte Anfang 1988 eine „Charta des Europas der Vaterländer" vor. Schließlich fand auf Initiative der MJE, der FNJ und der *Fraktion der Europäischen*

Rechten vom 5. bis 6. April 1988 in Straßburg ein europäisches Jugendtreffen statt. Unter den etwa 500 Teilnehmern aus knapp 20 europäischen Staaten waren auch etwa 50 Teilnehmer aus Deutschland. An dem Motto des Kongresses wurde allerdings die Dominanz der FN beziehungsweise der FNJ und der Personenkult um den FN-Vorsitzenden deutlich: „100.000 junge Europäer für Le Pen“ (Hafeneger, 1990, S.30-32; Schulz, 1990, S.160; NE, 4/1986, S.40; 12/1987, S.77; 2/1988, S.50; 5-6/1988, S.96-100 und 2/1989, S.44). Anne Tristan nannte die FNJ denn auch den „fanatischen Arm von Le Pen“ (Loch, 1991, S.32). Sie plakatierten Slogans wie „La flamme de la résistance“ und im Verbund mit der MJE dreizeilig „EUROPE – LE PEN – LIBERTÉ“ (Fromm/Kernbach, 1994b, S.224-225). Ebenfalls waren auf dem Straßburger Kongreß 36 Mitglieder der spanischen *Juventudos de FN* (Gilmour, 1992, S.227) und eine sechsköpfige Delegation des *Vlaams Blok* einschließlich Frank Vanhecke anwesend (Gijsels/Velpen, 1992, S.158).

1991 gab es einen Führungswechsel bei der FNJ. Samuel Maréchal löste Martial Bild ab (NE, 7-8/1992, S.42). Maréchal und seine Vorgänger Bild und Lang gehörten allesamt der „L'Équipe Le Pen“ während des Wahlkampfes zur 1995er Präsidentschaftswahl an (JMLP, 1995).

Neben der FNJ hat sich mit euro-rechten Jugendaktivitäten besonders die Jugendorganisation des VB, die *Vlaams Blok Jongeren* (VBJ), hervorgetan: Bereits sechs Monate nach ihrer Gründung 1987 organisierten sie unter ihrem damaligen Generalsekretär Werner Marginet in Deurne einen ersten Kongreß unter dem Motto „Rechts zonder complexen“ (Rechts ohne Komplexe). Als Redner traten Martial Bild und der Vorsitzende der deutschen *Jungen Nationaldemokraten* (JN) Hermann Lehmann auf. Hierbei konnte auf frühere Kontakte zurückgegriffen werden: 1979 war die belgisch-flämische Seite über die *Jongerenfront* in der *Eurodestra* vertreten.

Karel Dillen begrüßte die Teilnehmer mit einem Zitat, welches dann in der Szene sehr populär wurde: „Wenn man zwischen Botha und Tutu wählen müßte, wählte ich Botha und wenn man zwischen Jean-Marie Le Pen und Harlem Désir (Vorsitzender und Initiator von *SOS-Racisme*; A.O.) wählen müßte, wählte ich Le Pen.“ (Gijsels/Velpen, 1992, S.158 und NE, 8/1979, S.52) 1989 folgte ein Kongreß unter dem Motto „Europa aan de Europeanen“ (Europa den Europäern) und bereits 1990 gab es zwei weitere Kongresse. Einer stand unter der Devise „Naar een nieuw Europa“ (Hin zu einem neuen Europa), der andere „Een andere jeugd, een ander ideal“ (Eine andere Jugend, ein anderes Ideal). 1991 hieß das Motto unter Anspielung auf *SOS-Racisme*: „SOS-identiteid“.

Bis 1990 stand Filip Dewinter an der Spitze der VBJ, wurde dann von Jan Huijbrechts abgelöst und seit 1992 ist Karim Van Overmeire VBJ-Vorsitzender (VB-Open, S.22).

Die VBJ luden am 13. Dezember 1992 zu einem Europakongreß in Mechelen ein, mit Harald Neubauer als Gastredner (NE, 11-12/1992, S.44). Die *'Republi-*

kaner' (REP) hingegen spielten in der rechten Jugendszene in Ermangelung einer entsprechenden personellen Basis bislang kaum eine nennenswerte Rolle. Dabei gab es schon 1988 einen Anlauf zur Gründung einer REP-Jugendorganisation, wobei die Eintragung ins Vereinsregister gegen den Widerstand der Parteiführung durchgesetzt werden mußte (NE, 2/1988, S.59).

Erst 1992, als sich die REP nach einer politischen Durststrecke auf einem Zwischenhoch befanden, gab es auf dem Deggendorfer Parteitag grünes Licht für die Gründung der Organisation *„Republikanische Jugend"* (NE, 7-8/1992, S.40). Schon bald kam es jedoch zu Spannungen zwischen der um ein moderates Image bemühten Parteiführung und den 'jungen Wilden', die sich der von oben verordneten Distanz gegenüber Extremisten und der damit verbundenen Zügelung durch die Mutterpartei verweigerten (SP, 31/1992, S.14). So unterzeichnete die REP-Jugend in Berlin ihre Flugblätter mit dem Satz „Von der Maas bis an die Memel" (taz, 27.04.1994). Ende 1994 wies sie allerdings bundesweit weniger als 300 Mitglieder und kaum funktionierende Strukturen auf (SP, 52/1994, S.35).

Auf griechischer Seite ist nach Auflösung der E.P.EN. im euro-rechten Jugendbereich die *Metopo Ethnikistikis Neolaias* (M.E.N.; Nationalistische Jugendfront) aktiv, die als Jugendorganisation der *Ethniki Komma* (EK; Nationale Partei) mittlerweile die meisten der früheren E.P.EN.-Funktionäre aufgenommen hat (Dimitras, 1992, S.256).

5.3. Euro-rechte Jugend und militanter Neonazismus

Die Basis der euro-rechten Jugendverbände rekrutiert sich fast vollständig aus dem Kleinbürgertum. Zum ernstzunehmenden Faktor wird sie aber dann, wenn es zu Allianzen mit gewalttätigen Jugendlichen aus dem Lumpenproletariat kommen sollte (Visentin, 1990, S.80). Bei ihnen könnten die Worte des FNJ-Vorsitzenden Samuel Maréchals in blutige Realität umschlagen: „Eine neue Vision der Welt, eine neue Solidarität zwingt sich uns auf. Längst verloren geglaubte Werte wie Nation, Vaterland, Selbstüberwindung, kehren zurück, und werden die wurmstichigen Menschenrechte hinwegfegen. Einige haben Angst davor, aber das Blut, das in unseren Adern rinnt, macht uns zu den Hauptakteuren. Wir müssen diesen beispiellosen Umsturz anführen." (Fromm/Kernbach, 1994b, S.194)

In der FN-Hierarchie schien Maréchals Position allerdings noch 1994 nicht sehr stark zu sein, auf der Europawahlliste fand er sich ziemlich weit hinten – auf Platz 49 – wieder (E&P No 60, 1994, S.3), andererseits gehörte er aber auch der 35-köpfigen Équipe Le Pen an, die sich zur Präsidentschaftswahl präsentierte (JMLP, 1995). Auch konnte er im weiteren als Autor des Buches „Nicht links, nicht rechts, Franzosen" einige Publizität erringen. Verheiratet ist er mit einer Tochter Le Pens (SP, 37/1996, S.170). Darüberhinaus hat die FN-Jugend auch in der studentischen Schlägertruppe GUD einen Verbündeten (Woche, 42/1996, S.27).

Vieles wird auch davon abhängen, inwieweit es den eher kleinbürgerlich geprägten rechtsextremen Jugendverbänden in der sich verschärfenden sozialen Krisensituation gelingen wird, Allianzen mit gewaltbereiten Jugendlichen aus dem Lumpenproletariat zu bilden. Dann werden sie allerdings zum ernstzunehmenden Faktor (Visentin, 1990, S.80).

Doch gibt es in der rechtsextremistisch bis neonazistisch orientierten internationalen Skinhead-Szene, den 'boneheads', eher Kontakte zu noch radikaleren Kleingruppen. So unterhielt deren britisches Organ *Blood and Honour* Kontakte zur *Deutschen Alternative* (DA), zur italienischen *Veneto Fronte*, zu den französischen *Jeunesses nationalistes-révolutionnaires* (JNR), zur spanischen *Acción radical* zur US-amerikanischen *White Aryan Resistance* und schließlich zum südafrikanischen AWB.

Als Parteien, die sich darüberhinaus noch der rechtsextremen Skinhead-Kultur bedien(t)en, wären die britische *National Front* (NF), die *British National Party* (BNP) und die französische *Parti Nationaliste Français et Européen* (PNFE) zu nennen.

Auf deutscher Seite bildete die *Freiheitliche Deutsche Arbeiterpartei* (FAP) einen Rekrutierungsort für rechtsradikale Skinheads (Fromm/Kernbach, 1994b, S.151-155). Nachdem sie im Februar 1995 verboten wurde, spielt in diesem Bereich zunehmend die NPD eine wichtige Rolle als Auffangbecken; wobei hier insbesondere auf Verbindungen zuückgegriffen werden kann, die deren Jugendorganisation *Junge Nationaldemokraten* (JN) zur entsprechenden Szene unterhält (SP, 17/1995, S.88-90). Infolgedessen strukturierten sich die JN im Sinne einer Vereinheitlichung und Zentralisierung um und entwickelten zu diesem Zweck ein politisches Kader-Kozept. Beides erinnert stark an die inzwischen ebenfalls verbotene deutsche *Nationalistische Front* (NF) (jw, 26.10.1995, S.11).

Auch die MSI-DN verfügte, insbesondere in Rom, traditionell über eine starke Basis in der Skinhead-Jugend aus dem Lumpenproletariat, während ihre Jugendorganisation ansonsten ebenfalls eher kleinbürgerlich orientiert ist. Auch ist die Mutterpartei äußerst darauf bedacht, nicht mit Bombenlegern, Räubern oder SA-ähnlichen Sturmtruppen in Verbindung gebracht zu werden, wenngleich es hier inoffiziell durchaus enge Verbindungen gibt (Visentin, 1990, S.77-80).

Diese Skinheads werden der um ihr moderates Image bemühten *Alleanza Nazionale* (AN) zunehmend lästig (Searchlight, 3/1995, S.20). Doch konnte sie es nicht verhindern, daß noch Mitte 1994 auf einer Kundgebung im Europawahlkampf der italienische Bonehead-Führer Maurizio Baccaci, der zuvor lange Zeit unter Hausarrest gestanden hatte, zusammen mit einem AN-Parlamentsabgeordneten als Hauptredner auftrat, wovon sich Fini allerdings sofort zu distanzieren versuchte (Searchlight, 7/1994, S.18-19).

Aufgrund der Differenzen zwischen AN und 'Straßenszene' öffnet sich hier auch ein Potential für Pino Rauti und dessen Gesinnungsgenossen, deren traditionsfaschistische *Fiamma tricolore* eine zunehmend wichtige Rolle bei der Einbindung der Skinhead-Kultur spielen könnte, zumal Rauti seit langem enge Verbindungen zum faschistischen Terrorismus nachgesagt werden (SoZ, 9/1996, S. 12 und Visentin, 1990, S.77).

6. Die Bedeutung des euro-rechten Netzwerks

Bei den Vernetzungsmöglichkeiten der extremen Rechten im Europaparlament zu gleichgesinnten Formationen spielten vor allem die Außentagungen der entsprechenden Fraktion eine wichtige Rolle, von denen sie, wie beschrieben (vgl. III), überdurchschnittlich Gebrauch machte (Guardian, 17.06.1993 und Fromm/Kernbach, 1994b, S.183-184). Grundsätzlich besteht schließlich eine zentrale Aufgabe europaparlamentarischer Fraktionen darin, die Kommunikation mit gleichgesinnten Organisationen in verschiedenen Ländern zu pflegen (Jacobs/Corbett/Shackleton, 1992, S.81).

In *Europe et Patries* gab 1993 Jean-Marc Brissaud offen zu, daß die Fraktion Le Pens sechsmal jährlich Außentagungen durchgeführt habe und begründete dies damit, daß dies für die Fraktion die einzige Möglichkeit sei, Kontakte zu anderen Parteien neu zu knüpfen oder aufzufrischen. (E&P No 54, 1993, S.8) Die deutschen Fraktionsmitglieder hielten den Vorhaltungen über die Kosten jener Exkursionen entgegen, daß sich die Linke eigentlich daran störe, daß „mit jedem Besuch, den Jean-Marie Le Pen und seine Kollegen einem Land abstatten, (...) für das politische Anliegen der europäischen Rechten geworben“ werde. Und: „Längst kann man – in wohlverstandenem Sinn – von einer nicht nur linken, sondern auch rechten ‘Internationale’ sprechen.“ (ER, 8-9/1993)

Doch urteilen die Journalisten Thomas Assheuer und Hans Sarkowicz angesichts der Qualität dieser Zusammenschlüsse und der Differenzen bei der Fraktionsbildung im EP 1989, daß „die rechtsradikalen Parteien in Europa (...) so gut wie keinen institutionellen Kontakt untereinander“ haben. „Gemeinsamkeiten gibt es nur in einigen Grundfragen, und das auch nicht immer.“ (Assheuer/Sarkowicz, 1992, S.48) Klaus Wardenbach hält dagegen, daß die DR-Fraktion „Fraktionssitzungen mit Vorliebe außerhalb der drei normalen Arbeitsorte des EP abhält. So können rechtsradikale Parteien vor Ort gefördert werden, und so entsteht ein Netzwerk!“ (Wardenbach-Brief)

Ein Trost mag sein, daß Wahlen immer noch primär national gewonnen werden und zahlreiche der hier erwähnten Parteien und Gruppierungen des euro-rechten Netzwerkes, deren Verhältnis zur Euro-Rechten im EP überdies oftmals ziemlich ambivalenter Natur ist, national ein doch eher marginalisiertes Schattendasein führen. Gleichwohl waren hier gerade in jüngster Zeit europaweit verstärkt Versuche zur Sammlung, dort wo es eine Zersplitterung gibt (Niederlande, Spanien), und zur Modernisierung, dort wo es eine Überalterung und ein Festhalten an überkommenen Inhalten gibt (Spanien, Griechenland), feststellbar.

Daraus aber nun Zukunftsprognosen herleiten zu wollen, würde hier zu weit vorgreifen und müßte rein spekulativ bleiben. „Die Ausschöpfung des rechtsextremen Wählerpotentials hängt nicht zuletzt von der Präsentation glaubwürdiger und zeitgemäßer Führerfiguren ab. Daß die starken Männer weder vom Himmel fallen, noch durch möglichst treue Kopie erfolgreicher Vorbilder im Ausland 'aufgebaut' werden können, ist immerhin ein Trost." (Renner, 1994, S.82) Sollte es aber der einen oder anderen Gruppe tatsächlich gelingen, ihr Gettodasein zu durchbrechen, könnte sie auf eine gewisse europäische Bruderhilfe hoffen, solange es taktisch opportun erscheint.

Daneben gibt es längst auch andere Formen internationaler rechtsextremer Kooperation. So wurde bereits im vorherigen Punkt auf die internationale Bonehead-Bewegung mit dem Zentralorgan *Blood and Honour* hingewiesen (Fromm/Kernbach, 1994b, S.151-155). Hans-Jürgen Schulz zählte 1990 neben der europaparlamentarischen Kooperation auch andere internationale Netzwerke der extremen Rechten auf. Die bekannteste, aber auch die bedeutungsloseste unter ihnen ist vielleicht der *International Caucus of Labour Commitees* (ICLC) der LaRouche-Gruppe. Nennenswerter ist dagegen die Moon-Sekte *(Causa-International)* sowie die *Antikommunistische Weltliga*, während sich der Hardcore-Neonazismus in der *Weltunion Nationaler Sozialisten* (WUNS) organisiert hat, an dessen Gründung unter dem Briten Colin Jordan im Jahre 1962 auch die MSI beteiligt war (Schulz, 1990, S.135 und Feldbauer, 1996, S.90).

Rainer Fromm und Barbara Kernbach haben in ihrem Buch über „Europas braune Saat" neben der LaRouche-Organisation auch das internationale Netz um den „Rechtskampf", die braune esoterische Szene und die neonazistischen Aktivitäten in Nordirland aufgeführt (Fromm/Kernbach, 1994b).

Wenn Bernhard Schmid schließlich im Juni 1996 in bezug auf die *Front National* Le Pens von einer „Internationale der Nationalisten" berichtet, verweist er dabei vor allem auf Le Pens Beziehungen zum irakischen Diktator Saddam Hussein, zu Gabuns Präsidenten Omar Bongo, ehemals Beamter der französischen Kolonialverwaltung, und zu Henri Konan Bédié, Präsident der Elfenbeinküste, während der FN-Zirkel „Christentum-Solidarität" unter Bernard Antony seine Kontakte zu christlichen Milizen im Libanon pflegt (jw, 04.06.1996, S.7).

Wie sehr die extrem rechte Kooperation aktuell auf (west-)europäischer Bündnisebene auf der Stelle tritt, zeigte sich schließlich auf dem Parteitag der *Front National* im April 1997 in Strasbourg, auf dem Le Pen unter dem Namen *Euro-Nat – Europa der Nationalisten* – einen Zusammenschluß europäischer rechtsextremer Parteien präsentierte, deren neue Mitglieder allerdings vornehmlich aus Osteuropa kamen: So die *Großrumämien-Partei*, die tschechischen *'Republikaner'* und die ungarische *Partei der Wahrheit und des Lebens* (MLEP), als deren Vertreter der antisemitische Schriftsteller Istvan Csurka angereist war. Hinzu gesellten sich Delegationen der *Slowakischen Nationalistischen Partei* und der *Kroati-*

schen Partei des Rechts (HSP). Eine ebenfalls eingeladene Delegation der *Serbischen Radikalen Partei* (SRS) hatte hingegen keine Einreiseerlaubnis erhalten.

Aus Westeuropa waren weder Vertreter der österreichischen *Freiheitlichen*, noch der italienische *Alleanza Nazionale* (AN), noch der deutschen *'Republikaner'* anwesend. Dies mag damit zusammenhängen, daß diese Parteien zusehends an einer politischen Integration und Teilnahme orientiert sind, während die FN weiterhin eine Strategie der radikalen „Systemopposition", gekoppelt mit sozialer Demagogie, verfolgt. Hier befindet sich die Partei Le Pens derzeit offenbar mehr im Einklang mit dem *Vlaams Blok*, der ebenso offiziell anwesend war, wie die italienische *MSI-Fiamma tricolore*, die ihren Vizesekretär geschickt hatte (jw, 02.04.1997, S.8 und ak 401, 1997, S.10).

So ist hier einiges in Bewegung geraten, so daß zusammenfassend festzuhalten ist, daß es *das* euro-rechte Netz an sich nicht gibt. Vielmehr gibt es sehr vielfältige und qualitativ sehr unterschiedlich zu gewichtende Formen der Kooperation und der tatsächlichen und möglichen Vernetzung, wobei hier freilich auch nur das berücksichtigt werden konnte, was die entprechende Quellenlage hergibt. Mag sein, daß unter der Hand und abseits der Öffentlichkeit diesbezüglich noch ganz andere Dinge passieren, etwa in Bezug auf Kontakte zur harten Neonaziszene. Doch sollte man sich andererseits auch davor hüten, hier an waghalsigen Verschwörungstheorien zu stricken, denn eine solche Überschätzung der extremen Rechten in Europa könnte deren derzeit insgesamt doch als desolat zu bezeichnende Position eher stärken und im antifaschistischen Sinne mehr schaden als nutzen.

Kapitel VI
Zur parlamentarischen Arbeit der eurorechten Fraktion

1. Zum politischen Gewicht des Europäischen Parlaments

Wenn das Engagement im Europäischen Parlament erörtert wird, macht es dazu Sinn, dem einige Reflektionen zur Bedeutung dieses Gremiums voranzustellen, über welches der *Spiegel* 1986 schrieb: „Der Verdacht, sie würden für ihre aufopfernde Arbeit zu hoch bezahlt, trifft die Euro-Parlamentarier freilich nicht so hart wie die gängige Meinung, ihr umtriebiger Fleiß und ihr unermüdliches Schaffen für Europa seien eine schöngeistige Beschäftigung." (SP, 42/1986, S.97)

Klaus Wardenbach, Mitarbeiter der damaligen *Regenbogenfraktion* (ARC), stellte 1994 hierzu ernüchtert fest: „Das EP hat nicht die Funktion, die demokratietheoretisch eigentlich dem Parlament vorbehalten ist: die Legislativ-Funktion. (...) Die Kleinarbeit in den Ausschüssen ist also zum großen Teil Beschäftigungstherapie bzw. hat nur atmosphärische Wirkung." (Wardenbach-Brief) Und schließlich meinte auch Ralf Dahrendorf, daß das Europäische Parlament „das bei der Kommission um seinen eigenen Haushalt betteln muß, das keine Steuern erheben kann, das keine Regierung bestellt oder entläßt" die Bezeichnung Parlament nicht verdiene und sich „nie zu einem Instrument der Demokratie entwickeln" werde (SP, 50/1995, S.32-33) Und auch der SPD-Europaabgeordnete Willi Rothley bemerkte bereits 1986, daß der Zug, der zwar in Richtung Europa abgehe, das Parlament als demokratische Institution dabei auf der Strecke lasse (SP, 42/1986, S.99).

Zwar nannten sich bereits die 1958 zusammengetretenen Abgeordneten der Europäischen Versammlung *Europäisches Parlament*, doch wurde diese Bezeichnung erst nach Inkraftsetzung der einheitlichen europäischen Akte auch zur offiziellen Bezeichnung. Zuvor wurde das EP in den einzelnen Gemeinschaftsverträgen der EGKS, der EWG und der EAG lediglich als *Versammlung* beziehungsweise *Beratende Versammlung* bezeichnet (Woyke, 1989, S.83). Daher gibt es im EP einen starken Hang zum Aktionismus, und höchstens bei der Hälfte der abzustimmenden Texte ist ein Bezug zur gesetzgeberischen Arbeit festzustellen (Zeit, 03.06.1994).

Genau damit können EU-Kommission und EU-Rat auch nach Maastricht ihren entscheidenden Einfluß auf den Unionshaushalt rechtfertigen, was das eigentlich klassische Recht eines Parlaments ist. Dies regeln die Artikel 199-204 des Maastrichter Vertrages (Wolf, 1994, S.90-92). Seit 1975 gibt es lediglich das Recht, den Haushaltsplan mit einer Zweidrittelmehrheit abzulehnen, wovon 1979 erstmals Gebrauch gemacht wurde (Zeit, 03.06.1994).

Auch gibt es schon längst eine Art Ermächtigungsgesetz in Form der aus dem EG-Vertrag übernommenen Generalermächtigungsklausel in Artikel 235 im Vertrag von Maastricht: „Erscheint ein Tätigwerden der Gemeinschaft erforderlich, um im Rahmen des Gemeinsamen Marktes eines ihrer Ziele zu verwirklichen, und sind in diesem Ertrag die hierfür erforderlichen Befugnisse nicht vorgesehen, so erläßt der Rat einstimmig auf Vorschlag der Kommission und *nach Anhörung* des Europäischen Parlaments die geeigneten Vorschriften.“ (Wolf, 1994, S.90; Hervorhebung im Original) Das heißt, das Parlament darf seine Meinung kundtun, und der Rat kann sie beherzigen oder läßt es, je nach politischem Gusto. Dabei gab es durchaus europaparlamentarische Initiativen, dies durch einen völlig neuen Artikel 188b zu ändern, durch den das EP die Möglichkeit bekommen hätte, entsprechende Mehrheitsbeschlüsse gegenüber der Kommission durchzusetzen.

Danach hätte zwar der Rat noch Änderungen vornehmen können, Einstimmigkeit wäre jedoch Voraussetzung gewesen, und würden die Änderungen vom EP abgelehnt, träte der Konzertierungsausschuß zusammen. Das heißt allerdings, das Europaparlament hätte nach wie vor nicht gegen den Ministerrat arbeiten können, weil letztlich das Konsensprinzip gegolten hätte (EP-Verträge, 1991, S.175 und 213). Doch selbst von diesen Regelungen wurde in den Vertragstexten von 1995 nichts übernommen (EG-Vertrag, 1995, S.239 und 269).

Zudem hat der Rat laut EU-Vertrag das Recht, immer mehr Gesetzesmaterie – Einstimmigkeit vorausgesetzt – auf die EU zu übertragen. Daher bestünde eine Demokratisierung der EU nicht in dem Kompetenzentzug der nationalen Parlamente zugunsten der EU-Ebene, gerade auch angesichts entsprechender EU-Überregulierungen, sondern vielmehr in einem Ausbau der Position des EP gegenüber Kommission und Rat (Wolf, 1994, S.92 und Zellentin, 1992, S.700).

Denn derzeit hat die Kommission, die aus siebzehn Kommissaren besteht, die von den zwölf Regierungen vorgeschlagen worden sind, das alleinige Vorschlagsrecht für die europäische Gesetzgebung. Diese Gesetze werden letztinstanzlich durch den Rat verabschiedet, der sich direkt aus nationalen Regierungsvertretern zusammensetzt. Das EP hat somit auf die Zusammensetzung des Rates keinen Einfluß, während bei der Benennung des Kommissionspräsidenten zumindest ein gegenseitiges Einvernehmen zwischen EP und den nationalen Regierungen notwendig ist. Auch für die übrigen Kommissionsmitglieder sieht der EG-Vertrag von Maastricht die Zustimmung des EP vor (EG-Vertrag, 1993, S.125 und 128-129).

Ein weiteres Demokratiedefizit täte sich dann auf, wenn an die Stelle des Einstimmigkeitsprinzips in der EU Mehrheitsentscheidungen träten, da damit die demokratische Mitwirkung der nationalen Parlamente ausgehebelt werden könnte. Unter diesen Bedingungen forderte der damalige Präsident des Europäischen Parlaments Klaus Hänsch Ende 1996: „Dann *muss* das Europaparlament in den Entscheidungsprozeß einbezogen werden. Ein bloßes Recht auf Anhörung reicht nicht. Gerade wenn es um so sensible Bereiche wie Bürgerrechte geht, bei der Asylpolitik etwa oder der Polizeizusammenarbeit, muss es eine parlamentarische Kontrolle geben." (Woche, 52/1/1996, S. 28; Hervorhebung im Original)

Der europapolitischen Sprecherin der SPD, Heidemarie Wieczoreck-Zeul, fiel im November 1992 aber auch auf, daß es speziell in diesen Bereichen bereits Regelungen gibt, welche die bislang notwendige verfassungsändernde Zweidrittelmehrheit des deutschen Bundestags unterlaufen.

Konkret geht es dabei um den Artikel 100c, der EG-Verträge, der scheinbar nur gemeinsame Visaregeln für Migranten aus Drittländern regelt, jedoch auch auf weitere Bereiche ausdehnbar ist, so in der „Bekämpfung der Drogenabhängigkeit" und in der „polizeilichen Zusammenarbeit zur Bekämpfung des Terrorismus", gegebenenfalls unter Einbeziehung von Europol, und lediglich von den nationalen Regierungschefs kontrolliert – fernab der Parlamente.

Dieser Artikel wurde erst zeitgleich mit den EU-Bestimmungen im (alten) EG-Vertrag eingeführt, so daß hier der Verdacht der bewußten Verschleierung naheliegt (Wolf, 1994, S.47-50). Unterdessen konnte der Europol-Zentralcomputer inzwischen fernab jeglicher Rechtsgrundlage in Betrieb gehen, so daß die europäischen Polizeibeamten mit beliebig definierbaren Zugriffsrechten sämtliche nationalen Datenschutzbestimmungen umgehen können (Voss, 1995a, S.32-33).

In der gemeinsamen Außen- und Sicherheitspolitik (GASP) hat das Europäische Parlament nach Maastricht ein Anhörungs- und Informationsrecht, wobei darauf zu achten ist, daß die Auffassungen des EP „gebührend berücksichtigt" werden, was auch immer das heißen mag (EG-Vertrag, 1995, S.22 und 27). Doch wenn im Falle der Herausbildung eines Kerneuropas der verschiedenen Geschwindigkeiten das EP in der derzeit bestehenden Form nicht mehr haltbar wäre, da es, wie es der SPD-Europaabgeordnete Gerhard Schmid feststellte, nur ein Parlament und nicht viele Nebenparlamente geben könne, fiele hier dann die europaparlamentarische Kontrolle vollends weg (SchmidG, 1994, S.1090).

2. Anfragen und Entschließungsanträge

Um über die tatsächlichen Aktivitäten der einzelnen Abgeordnteten aufschlußreiche Informationen zu erhalten, wurden entsprechende Datenbankrecherchen durchgeführt, anhand derer festgestellt werden konnte, welche Anfragen (QP) und Entschließungsanträge (PO) seitens der DR-Fraktionsmitglieder während der Perioden 1984-1989 und auch 1989-1994 ins Plenum eingebracht wurde.

Eine solche Analyse macht deshalb Sinn, da parlamentarische Anfragen ein Indikator für weitergehendes Interesse an Sachthemen sind, und sich in Entschließungsanträgen die grundsätzliche Bereitschaft ausdrückt, eigene Positionen dem Plenum zur Abstimmung vorzulegen, auch wenn es dabei eher geringe Aussicht auf parlamentarische Mehrheiten gibt.

2.1. Die Fraktion der Europäischen Rechten 1984-1989

Von den Abgeordneten der *Fraktion der Europäischen Rechten* der Periode 1984-1989 liegen 779 Vorgänge vor (PO: 564; QP: 215). Bei insgesamt 16 Abgeordneten bedeutet das im Schnitt 48,7 Vorgänge eines jeden Abgeordneten (PO: 35,3; QP: 13,4); eine detaillierte Auflistung findet sich unter Punkt I des dokumentarisch-statistischen Anhangs.
Nach Parteien geordnet sieht das wie folgt aus:
a) Front National (FN); Frankreich (10-9 Sitze): 114 Vorgänge (QP: 18; PO: 96)
b) Movimento Sociale Italiano - Destra Nazionale (MSI-DN); Italien (5 Sitze): 90 Vorgänge (QP: 8; PO: 82)
c) Ethniki Politiki Enossis (E.P.EN.); Griechenland (1 Sitz): 93 Vorgänge (QP: 7; PO: 86)
d) Ulster Unionist Party (UUP); Nordirland (1 Sitz ab 1987): 28 Vorgänge (QP: 4; PO: 24)
GESAMTDURCHSCHNITT DER DR-FRAKTION 1984-1989
a) Gesamtzahl der Vorgänge, geteilt durch 16 (Durchschnittsstärke der Fraktion): 107 Vorgänge (QP: 14; PO: 93)
b) Durchschnittswerte der nationalen Gruppen, geteilt durch 4: 81 Vorgänge (QP: 9; PO: 72)

Bei den Durchschnittswerten ergibt sich bei den einzelnen Parteien ein recht ausgewogenes Bild: Die Franzosen haben pro Abgeordneten durchschnittlich 113,7 Dokumente unterzeichnet, die Italiener 89,8, bei den Griechen sind es 93. Nur der Nordire fällt mit 28 Dokumenten deutlich ab, wobei zu berücksichtigen ist, daß er nur der zweiten Halbzeit der Periode der Fraktion angehörte. Davor sind unter seiner Mitwirkung 37 Vorgänge bekannt (QP: 15; PO: 22). Beim Abgeordneten d'Ormesson sind es nach dessen Fraktionsaustritt sieben weitere Vorgänge (QP: 6; PO: 1).

Bei der Betrachtung einzelner Abgeordneter fällt das außergewöhnliche Engagement der Abgeordneten Gustave Pordea und Martine Lehideux auf, ebenso wie mit einigem Abstand der Eifer der Abgeordneten Jean-Marie Le Chevallier, Olivier d'Ormesson und Bernard Antony. Alle diese 'Aktivposten' gehören der Gruppe der FN-Abgeordneten an.

Allein 440 Vorgänge (QP: 207, PO: 233) aus dieser Periode tragen nur den Namen eines einzelnen Abgeordneten. Wiederum nach Parteien geordnet ergibt sich dabei das folgende Bild:

a) Front National (FN); Frankreich: 35 Vorgänge (QP: 17; PO: 18)
b) Movimento Sociale Italiano – Destra Nazionale (MSI-DN); Italien: 15 Vorgänge (QP: 6; PO: 9)
c) Ethniki Politiki Enossis (E.P.EN.); Griechenland: 9 Vorgänge (QP: 7; PO: 2)
d) Ulster Unionist Party (UUP); Nordirland: 7 Vorgänge (QP: 3; PO: 4)
GESAMTDURCHSCHNITT DER DR-FRAKTION 1984-1989
a) Gesamtzahl der Vorgänge, geteilt durch 16: 28 Vorgänge (QP: 13; PO: 15)
b) Durchschnittswerte der nationalen Gruppen, geteilt durch 4: 16 Vorgänge (QP: 8; PO: 8)

Hierbei gibt es also deutliche Unterschiede zwischen den Trägerparteien. Jeder FN-Abgeordnete verfaßte im Schnitt 35 Dokumente allein, jeder italienische Kollege von der MSI-DN kam auf 15; der Grieche auf 9 und der Nordire, hier jedoch nur auf seine tatsächliche Zeit in der Fraktion bezogen (1987-1989), auf 7. Von seiner vorherigen Zeit aus der ED-Fraktion sind aus dieser Wahlperiode 22 Dokumente (QP: 17; PO: 12) bekannt. Auch der Abgeordnete d'Ormesson, der Ende 1987 die Fraktion verließ, aber weiterhin Abgeordneter blieb, erstellte danach noch fünf Dokumente (QP: 4; PO: 1).

In dieser Periode gab es ferner 77 Dokumente, welche die Namen von nur zwei Abgeordneten tragen. Wegen der zahlreichen Kombinationen würde es hier zu weit führen, diese alle einzeln aufzuführen.

Zur quantitativen Einschätzung der Aktivitäten im Verhältnis zur Gesamtheit der Abgeordneten wurde die Sitzungsperiode 1984/85 näher betrachtet. Diese Periode lag deshalb nahe, weil es von ihr noch ein veröffentlichtes Jahresregister gibt. Neuere Daten sind derzeit nur über die Datenbank EPOQUE verfügbar (EP-Zugang, 1993, S.16).

Von den seinerzeit 434 Abgeordneten liegen 1.521 Dokumente einschließlich Anfragen und Fragestunden (2-363/84 bis 2-1883/84) vor. An 84 dieser Dokumente waren Abgeordnete der damals 16-köpfigen DR-Fraktion beteiligt. Das bedeutet einen Durchschnittswert von 5,25 Dokumenten pro Fraktionsmitglied. Dagegen liegt der Parlamentsdurchschnitt bei 3,5 Dokumenten pro Abgeordneten (Amtsblatt-Register, 1984/85).

Sieht man sich die Beschlußcodes an, zeigt sich allerdings, daß die DR-Fraktion kaum eine Chance hat, für ihre Positionen parlamentarische Mehrheiten zu finden. Dazu die Beschlußcodes 1984-1989: CAD: 261, REJ: 77, RET: 10, ADP: 11, ohne Angabe: 165. Beschlußcode CAD steht für hinfällig (caduc), REJ bedeutet Ablehnung (rejet), RET Rücknahme (retour), ADP Annahme (adaption). Bei Dokumenten ohne Angabe erfolgte im Regelfall eine Weiterleitung an den zuständigen Fachausschuß.

Bemerkenswert ist in diesem Zusammenhang der Umstand, daß die Fraktion für elf ihrer Anträge parlamentarische Mehrheiten (ADP) erlangen konnte. Diese werden daher im einzelnen aufgeführt:

Sieben dieser Dokumente flossen zusammen mit Dokumenten anderer Parlamentarier in Kompromißtexte ein, worin sich zum einen eine gewisse Diskurs- und Kompromißfähigkeit der DR-Fraktion während jener Wahlperiode zeigte und zum anderen die Bereitschaft anderer Parlamentarier, diese Fraktion in politische Entschließungen einzubinden:
– Antrag von den Abgeordneten Stirbois (FN), Le Chevallier (FN), Almirante (MSI-DN) und de Camaret (FN) (2-0675/84) zur Festnahme eines französischen Journalisten in Afghanistan, woraus zusammen mit drei anderen Dokumenten ein Kompromiß gefunden wurde (Amtsblatt C 300, 12.11.1984, S. 34-35).
– Antrag von den Abgeordneten Antony, Stirbois (FN), Dimitriadis (E.P.EN.) und Petronio (MSI-DN) (2-0987/84) zur dramatischen Situation in Äthiopien; Kompromiß zusammen mit sieben anderen Dokumenten (Amtsblatt C 337, 17.12.1984, S. 407).
– Antrag von den Abgeordneten Romualdi, Petronio (MSI-DN), Antony, Chaboche und Lehideux (FN) (2-1002/84) zur Ermordung von Pater Popieluszko; Kompromiß zusammen mit vier anderen Dokumenten (Amtsblatt C 337, 17.12.1984, S. 409).
– Antrag von den Abgeordneten d'Ormesson (FN) und Almirante (MSI-DN) (2-1232/84) zum Gipfeltreffen von Dublin; Kompromiß zusammen mit drei anderen Dokumenten (Amtsblatt C 012, 14.01.1985, S.44-45).
– Antrag von den Abgeordneten Le Pen, Le Chevallier (FN) und Romualdi (MSI-DN) (2-0160/85) zu den Beziehungen zwischen der EWG und den Vereinigten Staaten im Bereich der Eisen- und Stahlindustrie; Kompromiß zusammen mit drei anderen Dokumenten (Amtsblatt C 122, 20.05.1985, S.102-103 und 114).
– Antrag (2-0458/85) von den Abgeordneten Romualdi (MSI-DN) und Dimitriadis (E.P.EN.) zur Naturkatastrophe in Bangladesch; Kompromiß zusammen mit sieben anderen Dokumenten (Amtsblatt C175, 15.07.1985, S.129 und 207).
– Antrag von den Abgeordneten Buttafuoco, Vitale, Maceratini (MSI-DN) und Taylor (UUP) (B2-0735/88) über das Seehundsterben im baltischen Meer; Kompromiß zusammen mit fünf anderen Dokumenten (Amtsblatt C 262, 10.10.1988, S.97 und 111).
Zwei Anträge der DR-Fraktion erhielten nach Abänderungen eine parlamentarische Mehrheit:
– Entschließungsantrag Nr. B2-0142/86 von den Abgeordneten Romualdi (MSI-DN), d'Ormesson, Le Pen, Antony und Collinot (FN) zu den Spannungen im Mittelmeergebiet, welcher nach mehreren Erwägungen sowie infolge verschiedener Änderungsanträge von den Herren Arndt und Hänsch, die dabei im Namen der *Sozialistischen Fraktion* (S) auftraten, mehrfach abgeändert wurde (Amtsblatt C 120, 20.05.1986, S.76 und 93).
– Entschließungsantrag Nr. B2-0758/86 von den Abgeordneten Antony, d'Ormesson (FN), Dimitriadis (E.P.EN.), Romualdi (MSI-DN), Gaucher und

Lehideux (FN) zum Abbruch der Beziehungen zu terroristischen Staaten, welcher nach einem Antrag einiger Abgeordneter der *Regenbogen-Fraktion* (ARC) leicht abgeändert wurde (Amtsblatt C 255, 13.10.1986, S.106 und 136).

Zwei Entschließungsanträge der Fraktion wurden schließlich völlig unverändert angenommen:

– Antrag Nr. B2-0990/85 von den Abgeordneten Stirbois, de Camaret, Pordea, d'Ormesson (FN), Almirante und Romualdi (MSI-DN) zur katastrophalen Dürre in Frankreich und Italien (Amtsblatt C 288, 11.11.1985, S.89 und 111).

– Antrag Nr. B2-1143/88 von Le Chevallier (FN) zur Weigerung, einem Herren (Marc Kotlyar) ein Ausreisevisum auszustellen (Amtsblatt C 012, 16.01.1989, S.134 und 151).

Wenn Fraktionsgeneralsekretär Brissaud 1985 behauptete, „unsere Stimmen nimmt man gerne, aber niemals unsere Unterschriften bei Texten" (NE, 12/1985, S.55), so beschönigte er mit dieser Darstellung die parlamentarischen Sachverhalte auch im Interesse der anderen Fraktionen, die schließlich offiziell die DR-Fraktion ausgrenzen.

Gerhard Schmid: „Die Rechten haben selbstverständlich die gleichen Kontrollrechte wie alle Parlamentarier. Ihr großes Manko ist jedoch, daß sie nicht koalitionsfähig sind." (Schmid-Brief)

Trotzdem findet sich noch eine Reihe von Anfragen (QP), sowie von Anträgen und Erklärungen (PO), die von DR-Fraktionsmitgliedern gemeinsam mit anderen Abgeordneten eingereicht wurden, so daß auch hier die innerparlamentarische Ausgrenzung nicht immer konsequent durchgehalten wurde. Dazu zunächst die nackten Zahlen: 1984-89: QP: 7 PO: 40

Auf diesen Dokumenten tauchen die Namen der folgenden Fraktionsmitglieder in der folgenden Häufigkeit auf:

ALMIRANTE (PO: 2); ANTONY (PO: 1); BUTTAFUOCO (QP: 1, PO: 6); CANTALAMESSA (PO: 2); CAMARET (PO: 3); DEVÈZE (QP: 1; PO: 2); TAYLOR (QP: 1, PO: 4); DIMITRIADIS (PO: 4); LE CHEVALLIER (QP: 2); LEHIDEUX (PO: 5); LE PEN (PO: 7); d'ORMESSON (QP: 1, PO: 7); PETRONIO (PO, 5); PORDEA (PO: 4); ROMUALDI (QP: 1, PO: 6); TAYLOR (QP: 1, PO: 4); TRIPODI (PO: 2); VITALE (PO: 4).

Dabei handelt es sich in der Regel um Vorgänge, in denen die Namen anderer Abgeordnete der verschiedensten Fraktionen die Mehrzahl stellen, so daß hier die DR-Abgeordneten eher als Mitläufer erscheinen. Signifikante Ausnahmen von der Regel sind lediglich drei Entschließungsanträge, sowie eine schrifliche Erklärung, die offensichtlich von der DR-Fraktion ausgingen und ein bis zwei Mitunterzeichner aus anderen Fraktionen fanden. Auch diese werden nun im einzelnen aufgeführt, auch wenn von diesen Vorgängen offensichtlich keiner parlamentarische Mehrheiten fand:

– Schriftliche Erklärung (Nr. 2-0758/84), die von den Abgeordneten Buttafuoco, Petronio, Romualdi, Almirante, Tripodi (MSI-DN), d'Ormesson, Pordea (FN) und Dimitriadis (E.P.EN.) zusammen mit dem britischen Konservativen *Sherlock* (*Fraktion der Europäischen Demokraten* – ED) zur Verletzung der Menschenrechte der Nachfahren des Hauses Savoyen eingereicht wurde. Sie wurde vom Parlament am 14.01.1985 abgelehnt (CAD).
– Entschließungsantrag (Nr. B2-0764/86), der von den Abgeordneten d'Ormesson, Camaret, Antony, Devèze, Pordea und Lehideux (FN) im Namen der *Fraktion der Europäischen Rechten* gemeinsam mit den Abgeordneten *Gauthier* und *Guermeur* (*Fraktion der Sammlungsbewegung der Europäischen Demokraten* – RDE) zur Wiederherstellung des Friedens in Angola eingereicht wurde. Er wurde am 11.09.1986 vom Parlament verworfen (CAD).
– Entschließungsantrag (Nr. B2-0045/87) von den Abgeordneten d'Ormesson, de Camaret, Pordea, Lehideux (FN) Dimitriadis (E.P.EN.), Taylor (UUP), Tripodi und Petronio (MSI-DN) im Namen der DR-Fraktion zusammen mit dem britischen Konservativen *Sir Peter Vanneck* (ED) zur Antwort, die der Ratspräsident der EG auf das sowjetische Angebot eines separaten Abkommens über die in Europa stationierten Mittelstreckenraketen geben soll. Er wurde am 12.03. 1987 abgelehnt (CAD).
– Entschließungsantrag von den Abgeordneten Antony, d'Ormesson, Pordea, Devèze, Palmieri (FN) und Dimitriadis (E.P.EN.) im Namen der *Fraktion der Europäischen Rechten* und *Philpe Malaud* (RDE) zu den jüngsten schweren Vorfällen in Vietnam, bei denen Menschenrechte verletzt worden waren. Er wurde am 17.09.1987 im Parlament behandelt und fand ebenfalls keine Annahme (CAD).

Insgesamt sind dies zwar nur Randerscheinungen, doch sind sie gleichwohl ein Anzeichen dafür, wie ernst oder wie wenig ernst es die Europaparlamentarier mit der formulierten Ausgrenzung der extremen Rechten im EP nehmen.

Die Beschlußcodes für die Dokumente der Klassifizierung PO; 1984-1989: CAD: 15, ADP: 18, ohne Angabe: 7

2.2. Die Technische Fraktion der Europäischen Rechten 1989-1994

1989-1994 lagen von den Fraktionsmitgliedern insgesamt 632 Vorgänge (QP: 177; PO: 455) vor. Dividiert durch die Gesamtzahl der Abgeordneten, im Schnitt 14, ergeben sich durchschnittlich 45,1 Vorgänge (QP: PO: 12,6; 32,5)

Bei der Auszählung der einzelnen Abgeordneten auf den 634 Vorgängen ergibt sich bei einer nationalen Differenzierung das folgende Bild. Eine detaillierte Auflistung nach einzelnen Abgeordneten findet sich unter Punkt II des dokumentarisch-statistischen Anhangs:

a) Front National (FN); Frankreich (10-9 Sitze): 109 Vorgänge (QP: 17; PO: 92)
b) Die „Republikaner“ (REP)/ Deutsche Liga für Volk und Heimat (DLVH)/ parteilos; Deutschland (6-2 Sitze): 56 Vorgänge (QP: 2; PO: 54)
c) Vlaams Blok (VB); Belgien (1 Sitz): 130 Vorgänge (QP: 7; PO: 123)
GESAMTDURCHSCHNITT DER DR-FRAKTION 1989-1994:
a) Gesamtzahl der Vorgänge, geteilt durch 15 (Durchschnittsstärke der Fraktion): 103 Vorgänge (QP: 12; PO: 91)
b) Durchschnittswerte der nationalen Gruppen, geteilt durch 4: 98 Vorgänge (QP: 8; PO: 90)

Im internationalen Vergleich fallen die deutschen Abgeordneten, hier nur bezogen auf die Zeit ihrer tatsächlichen Fraktionsmitgliedsschaft (siehe dazu auch IV), mit durchschnittlich 56,5 Dokumenten je Abgeordnetem deutlich gegenüber ihren französischen (108,7) und belgisch-flämischen Kollegen (130) ab.

Nach den Fraktionsaustritten der deutschen Abgeordneten tauchen deren Namen noch auf insgesamt 15 Vorgängen auf: Grund (QP: 7; PO: 2), Schönhuber (QP: 2; PO: 1), Schlee (QP: 2; PO: 1).

Noch deutlicher werden diese Unterschiede, wenn eine Zählung derjenigen parlamentarischen Vorgänge vorgenommen wird, die von den einzelnen Abgeordneten eingereicht worden sind, und dementsprechend nur den einen Namen tragen, wenngleich aus rechtlichen Gründen zudem teilweise auch im Namen der Fraktion. Davon gibt es insgesamt 334 an der Zahl (PO: 173; QP: 161); die übrigen Dokumente wurden im Namen mehrerer Abgeordneten eingebracht. Im folgenden wiederum nach nationalen Gruppen geordnet:
a) Front National (FN); Frankreich: 30 Vorgänge (QP: 15; PO: 15)
b) Die „Republikaner“ (REP)/Deutsche Liga für Volk und Heimat (DLVH)/parteilos; Deutschland: 3 Vorgänge (QP: 2; PO: 1)
c) Vlaams Blok (VB); Belgien: 21 Vorgänge (QP: 3; PO: 18)
GESAMTDURCHSCHNITT DER DR-FRAKTION 1989-1994:
a) Gesamtzahl der Vorgänge, geteilt durch 15: 22 Vorgänge (QP: 11; PO: 11)
b) Durchschnittswerte der nationalen Gruppen, geteilt durch 4: 18 Vorgänge (QP: 7; PO: 11)

Bei einer Auswertung nach einzelnen Abgeordneten zeigt sich, daß speziell die FN-Abgeordneten Bernard Antony und wiederum Martine Lehideux die größten ‘Aktivposten’ der Fraktion waren. Im Durchschnitt hatte während dieser Periode ein FN-Abgeordneter 30 Dokumente allein verfaßt; Dillen vom VB liegt mit nur 21 Dokumenten knapp dahinter. Dagegen kommen seine deutschen Kollegen im Durchschnitt nur auf 3 Dokumente. Dies ist allerdings eine signifikant hohe Differenz, die zeigt, daß die deutschen Fraktionsmitglieder hier kaum eigenständige parlamentarische Aktivitäten entfalteten, sondern offensichtlich mehr mit sich selbst beschäftigt waren, wie es sich dann in fraktionsinternen Machtkämpfen und daraus resultierenden Fraktionsaustritten zeigte.

Nach den Fraktionsaustritten machte auch lediglich noch die Abgeordnete Grund von ihren diesbezüglichen parlamentarischen Rechten Gebrauch. Aus dieser Zeit sind sieben Anfragen (QP) bekannt, die allein ihren Namen tragen. Wenngleich in Rechnung gestellt werden muß, daß fraktionslose Abgeordnete geringere Wirkungsmöglichkeiten haben, so fällt doch das geringe Interesse an Sachfragen auf, das sich in den nicht vorhandenen Anfragen der anderen deutschen Rechtsabgeordneten zeigte.

Als Gradmesser für eine antiparlamentarische Haltung jener Fraktion sind diese mangelnden Aktivitäten auch nur bedingt zu sehen, denn die anderen Fraktionsmitglieder zeichnen hier ja ein anderes Bild.

Hierzu wäre ferner zu beachten, daß die Arbeit im Europäischen Parlament zumindest in Deutschland wenig öffentliche Beachtung findet. Anders sieht dies im Falle des Schleswig-Holsteinischen Landtags aus, in den die DVU eine wahre Flut von Anträgen, Gesetzesentwürfen und Anfragen einbrachte, um damit gegenüber der Öffentlichkeit den Eindruck von Engagement und Kompetenz zu erwecken. Diese Vorgänge wurden jedoch zumindest teilweise von der Münchener Parteizentrale vorgegeben und nach Kiel gefaxt, und nicht von den Abgeordneten selbst erstellt.

Speziell ein solches übermäßiges Engagement von rechtsaußen kann auch aus einer antiparlamentarischen Motivation heraus kommen, um damit den Landtag lahmlegen und als 'Quasselbude' diffamieren zu wollen. Eine Methode, die den Kieler Historiker Salewski in fataler Weise an die parlamentarische Vorgehensweise der NSDAP in den frühen dreißiger Jahren erinnerte (Linke, 1994, S. 42-44 und Erdsiek-Rave, 1995, S.110 und 117).

Hier nun die Beschlußcodes bezüglich der Dokumente der DR-Fraktion im Europäischen Parlament der Periode 1989-1994: CAD: 221 REJ: 83 RET: 4 NNN: 53 ohne Angabe: 83

Beschlußcode CAD steht für hinfällig (caduc), REJ bedeutet Ablehnung (rejet), RET Rücknahme (retour); bei NNN erfolgte keine Bearbeitung. Bei Dokumenten ohne Angabe erfolgte im Regelfall eine Weiterleitung an den zuständigen Fachausschuß. In dieser zweiten Periode wurde keiner der Anträge vom Parlament angenommen (ADP).

Gleichwohl gab es aber auch zwischen 1989 und 1994 eine Reihe interfraktioneller Dokumente: 1989-94: QP: 7 PO: 11

Hier tauchen die folgenden Namen auf:

ANTONY (PO: 1); BLOT (QP: 3, PO: 1); CEYRAC (PO: 1); DILLEN (PO: 1); GOLLNISCH (PO: 3); KÖHLER (QP: 3, PO: 1); LE PEN (QP: 1, PO: 2); MARTINEZ (PO: 1); SCHODRUCH (PO: 2); TAURAN (QP: 1, PO: 3).

Zum Teil finden sich diese Namen auch neben jenen ehemaliger deutscher Fraktionsmitglieder (NI/D) wieder: GRUND (QP: 2, PO: 1); SCHLEE (QP: 2, PO: 1) und SCHÖNHUBER (QP: 2, PO: 1).

Auch Vertreter der während dieser Periode ebenfalls fraktionslosen Gruppe der MSI-DN-Abgeordneten (NI/MSI) sind des öfteren auf gemeinsamen Dokumenten zu finden: MAZZONE (QP: 3); MITOLO (QP: 1); MUSCARDINI (QP: 3, PO: 2); FINI (QP: 1, PO: 2) und schließlich RAUTI (QP: 3, PO: 2).

Dabei handelt es sich in der Regel um Vorgänge, in denen die Namen anderer Abgeordnete der verschiedensten Fraktionen die Mehrzahl stellen, so daß hier die DR-Abgeordneten und die rechten NI-Abgeordneten, wie in der vorangegangenen Periode, als Mitläufer erscheinen. Auf einigen Dokumenten treten sie aber doch recht massiv in Erscheinung:

– Schriftliche Anfrage (Nr. E-0614/93) von den Abgeordneten, ***Pierre Ceyrac***, ***Bruno Gollnisch*** (DR-Fraktion), zusammen mit *Cristiana Muscardini*, *Pietro Mitolo* (NI/MSI), *Franz Schönhuber* (NI/D), Mario Melis (ARC-Fraktion) und Sotiris Kostopoulos (griechischer PA.SO.K.-Abgeordneter, fraktionslos – NI) zum Wahlsystem und dem demokratischen Pluralismus an den Rat. Sie wurde am 16.09.1993 beantwortet. (Zusammensetzung: DR: 2, NI/MSI: 2, NI/D: 1 – Rechte zusammen: 5, Andere: 2)

– Schriftliche Anfrage (Nr. E-2045/93) von den Abgeordneten ***Klaus-Peter Köhler*** und ***Yvan Blot*** (DR-Fraktion) zusammen mit *Cristiana Muscardini*, *Giuseppe Rauti*, *Pietro Mitolo*, *Antonio Mazzone* (NI/MSI), *Johanna-Christina Grund*, *Emil Schlee* (NI/D), von der *Fraktion der Grünen* (V) die Abgeordneten Virginio Bettini, Enrico Falqui, Hiltrud Breyer, Paul Staes, Gianfranco Amendola, Jean-Pierre Raffin, Bruno Boissiere, Marco Taradash, von der *Fraktion der Europäischen Volkspartei* (PPE) Mary Banotti, Arie Oostlander, Doris Pack und Francesco Guidolin, aus der *Sozialistischen Fraktion* (S) die Abgeordneten Roberto Barzanti, David Morris, Gepa Maibaum, Michael Elliott und Leon Schwartzenberg. Hinzu kommen aus diversen anderen Richtungen Sotiris Kostopoulos (NI), Karl Partsch (LDR), Marco Pannella (NI) zum Schutz von Tieren beim Transport an den Rat. Sie wurde am 09.12.1993 beantwortet. (Zusammensetzung: DR: 2, NI/MSI: 4, NI/D: 2 – Rechte zusammen: 8, Andere: 20)

– Schriftliche Anfrage (Nr. E-3071/93) von den Abgeordneten ***Klaus-Peter Köhler*** und ***Yvan Blot*** (DR) zusammen mit *Cristiana Muscardini*, *Giuseppe Rauti*, *Antonio Mazzone* (NI/MSI), *Johanna-Christina Grund*, *Emil Schlee* (NI/D), Virginio Bettini, Enrico Falqui, Hiltrud Breyer, Paul Staes, Gianfranco Amendola, Jean-Pierre Raffin, Bruno Boissiere, Marco Taradash (V), Arie Oostlander, Francesco Guidolin, Mary Banotti (PPE), Roberto Barzanti, David Morris, Gepa Maibaum, Michael Elliott (S), Marco Pannella (NI), Karl Partsch (ELDR) zu Veranstaltungen mit Tieren an die Kommission. Hier ist die personelle Zusammensetzung also weitgehend deckungsgleich mit dem vorhin aufgeführten Dokument. Sie wurde am 24.01.1994 beantwortet. (DR: 2, NI/MSI: 3, NI/D: 2 – Rechte zusammen: 7, Andere: 17)

Hinzu kommen drei Entschließungsanträge:
– Antrag Nr. B3-0366/89 von den Abgeordneten *Gollnisch* (DR), *Muscardini, Rauti, Fini* (NI/MSI), Formigoni, Cassidy, Casini, Gaibisso, Gangoiti Llaguno, N. Pisoni (alle PPE), Killilea (RDE), Pannella (NI) und Tatarella über das Problem der libanesischen Flüchtlinge. (Zusammensetzung: DR: 1, NI/MSI: 3 – Rechte zusammen: 4, Andere: 9)
– Antrag Nr. B3-0380/89, der von den Abgeordneten *Gollnisch* (DR), *Muscardini, Rauti, Fini* (NI/MSI), Gangoiti Llaguno – Spanien, *Coalición Nacionalista* – (PPE), Killilea (RDE) und Tatarella eingereicht wurde und die Revolte der Einwohner von Arnhem gegen die Vergiftung thematisierte. (Zusammensetzung: DR: 1, NI/MSI: 3 – Rechte zusammen: 4, Andere: 3)
– Antrag (Nr. B3-1354/93) von den Abgeordneten ***Blot, Ceyrac, Gollnisch, Martinez, Neubauer, Tauran*** (DR), *Grund, Schlee* (NI/D), Partsch (ELDR), Seligman (PPE), Muntingh, Vittinghoff, Donnelly, Elliott (alle S), Bettini und Boissiere (V) zum Einsatz von Pferden bei Turnieren, Wettspielen und traditionellen Veranstaltungen. (Zusammensetzung: DR: 6, NI/D: 2 – Rechte zusammen: 8, Andere: 8)

Die Beschlußcodes für die Dokumente der Klassifizierung PO der Wahlperiode 1989-1994 stellen sich insgesamt so dar: REJ: 1, ADP: 2, ohne Angabe: 8.

2.3. Die fraktionslosen MSI-Abgeordneten 1989-1994

Insgesamt liegen von den MSI-Abgeordneten 733 Dokumente (PO: 425; QP: 308) vor. Dabei ist zu beachten, daß der Abgeordnte Gianfranco Fini mitten in der Periode am 11. Mai 1992 sein EP-Mandat niederlegte. Für ihn rückte vier Tage später Pietro Mitolo nach (EP-Vademecum, 1992, S.169 und EP-Vademecum, 1994, S.100).

Nach Abgeordneten ergibt sich das folgende Bild:
– FINI: 91 Vorgänge (QP: 14; PO: 77); allein 7 Vorgänge (QP: 5; PO: 2)
– MAZZONE: 96 Vorgänge (QP: 17; PO: 79); allein 1 Vorgang (QP: 1; PO: 0)
– MITOLO: 15 Vorgänge (QP: 9; PO: 6); allein 3 Vorgänge (QP: 3; PO: 0)
– MUSCARDINI: 604 Vorgänge (PO: 298; QP: 306); allein 466 Vorgänge (PO: 208; QP: 258)
– RAUTI: 105 Vorgänge (QP: 27; PO: 78); allein 13 Vorgänge (QP: 10; PO: 3)

Besonders bemerkenswert ist hieran das Engagement speziell der Abgeordneten Christiana Muscardini, die mit ihrem regelrechten Wust von Anfragen und Entschließungsanträgen alles bislang Gesehene in den Schatten stellte.

Aufgrund dessen wurde auch hier auf die Errechnung von Durchschnittswerten für die (kleine) Gruppe der MSI-Abgeordneten verzichtet, da durch dieses besondere Engagement kein brauchbarer Mittelwert herausgekommen wäre.

Daneben ist zu den Beschlußcodes der Entschließungsanträge festzuhalten, daß über keinen im Plenum abgestimmt wurde, sondern immer eine Weiterleitung an den zuständigen Ausschuß erfolgte.

Auch auf 50 überfraktionellen Dokumenten (QP: 13; PO: 35) sind die MSI-Abgeordneten recht häufig vertreten; also weitaus häufiger auch als diejenigen der DR-Fraktion, zumal wenn noch in Betracht gezogen wird, daß die MSI nur eine vier Personen starke Gruppe stellte. Bei den einzelnen Abgeordneten ergaben sich die folgenden Häufigkeiten:

– FINI: 20 Vorgänge (QP: 14; PO: 6)
– MAZZONE: 23 Vorgänge (QP: 17; PO: 5)
– MITOLO: 3 Vorgänge (QP: 3; PO: 0)
– MUSCARDINI: 44 Vorgänge (QP: 32; PO: 12)
– RAUTI: 11 Vorgänge (QP: 4; PO: 7)

2.4. Präsenz und Redebeiträge im Plenum

> „(...) die FN-Fraktion (ist) die am stärksten vertretene bei den Parlamentssitzungen. Die Abwesenheit der 'Viererbande' (Gaullisten, Zentrumsleute, Sozialisten und Kommunisten, ein Ausdruck, den Le Pen gern gebraucht, d. Red.) ist eine Plage, die wir an den Pranger stellen. Es geht hier genau um dieselben Menschen, die uns Nachhilfestunden in demokratischer Moral geben wollen."
> (Jean-Marie Le Pen über die französische Nationalversammlung, 1988 in: NE, 4/1988, S.24)

Auf Plenarsitzungen sind die euro-rechten Parlamentarier, zumindest den Anwesenheitslisten nach, offensichtlich recht stark präsent. Untersucht wurde dies in einer großangelegten Studie, an der sich die französische *Libération*, die britische *Indepedant*, die *Irish Independant*, die spanische *El Pais* und schließlich die deutsche *Frankfurter Allgemeine Zeitung* beteiligten.

Die FN-Parlamentarier nahmen in der Periode 1984-1989 diesbezüglich einen Spitzenplatz ein. In der darauffolgenden Periode fielen sie allerdings auf den vierten Platz bei den französischen Parteien zurück, mit einer Präsenz knapp unter den Durchschnitt.

In einer namentlichen Auflistung der Zeitung *Libération* zu der Periode 1989-1994 steht bei den 15 am häufigsten anwesenden französischen Europaparlamentariern auf Rang acht der FN-Abgeordnete Yvan Blot, der bei 90,5% aller Sitzungen anwesend war. Dagegen tauchen auch bei den 15 Schlußlichtern drei FN-Abgeordnete auf: Auf Rang sieben Bruno Mégret (46%), auf Rang zwölf Bruno Gollnisch (54%) und Fraktionschef Le Pen auf Rang 15 mit 55,5% (Libération, 24.05.1994).

Die FAZ ermittelte einen Präsenzgrad von 88% für die deutschen Mitglieder und ehemaligen Mitglieder der euro-rechten Fraktion. Damit waren sie öfter bei Plenarsitzungen anwesend, als die deutschen Vertreter der anderen Fraktionen, insgesamt lag der deutsche Durchschnitt bei 80 Prozent und der europäische bei 74 Prozent. Bei dem internationalen Vergleich stellte sich allerdings in der Gesamttendenz heraus, daß die Teilnahmehäufigkeiten mehr zwischen den untersuchten Nationen, als bei den Abgeordneten eines Landes untereinander differierten; worin sich letztlich die verschiedenen nationalen Parlamentarismusverständnisse niederschlagen.

Klaus-Peter Schmid machte in der *Zeit* ohnehin bei Plenarsitzungen die allgemeine Beobachtung: „Dann geht es zur Sache – und das ist ernüchternd zu beobachten. Während Abgeordnete nacheinander Berichte vom Blatt lesen, sind noch etwa dreißig ihrer Kollegen im Saal, vielleicht ein Dutzend hört zu." In der FAZ, für die Michael Stabenow die Präsenzgrade der deutschen Abgeordneten auswertete, hieß es dazu: „Während einer Plenartagung des europäischen Parlaments schaut der Besucher von der Tribüne in der Regel auf überwiegend leere Ränge. (...) Nur kurz vor den Abstimmungen füllen sich dann die Reihen."

Dr. Gerhard Schmid, der Vorsitzende der Gruppe der SPD-Abgeordneten dazu: „Derzeit ist das Plenum mit seinen drei-Minuten-Debatten an Langweiligkeit nicht zu überbieten." Dabei erschwert auch die örtliche Dreiteilung der EP-Gremien, die auf das Konto entsprechender nationaler Egoismen geht, eine kontinuierliche parlamentarische Arbeit, so daß viele Europaparlamentarier der Sitzungswoche in Straßburg fernbleiben (Zeit, 03.06.1994 und FAZ, 24.05.1994). Hierbei ist andererseits aber auch daran zu erinnern, daß von der Unterschrift auf der Anwesenheitsliste auch die Zahlung von Tagegeldern abhängt. Diese werden bei Abwesenheitsgraden von über 50% gänzlich gestrichen (Jacobs/ Corbett/ Shackleton, 1992, S.41).

Dabei kollidieren auch die Sitzungen interfraktioneller Arbeitsgruppen, die sich zu verschiedenen Themen herausgebildet haben, des öfteren zeitlich mit den Plenarsitzungen (EP-Buch, 1989, S.119). In diesen Gruppen, die nur wenigen bekannt sind und teilweise auch nur kurzzeitig bestehen, werden Positionen vorgeklärt und neue Entwicklungen eingeleitet. Einen öffentlichen Bekanntheitsgrad erhielten dabei noch der *Club Crocodil*, der den Verfassungsentwurf des EP aus dem Jahre 1984 vorbereitete und der *Känguruhclub*, dessen Hauptanliegen die Entwicklung des Binnenmarktes ist (Schöndube, 1993, S.61).

Zu den Aktivitäten der Euro-Rechten im Plenum vermerkte Klaus Wardenbach, seinerzeit Mitarbeiter der Abgeordneten Dorothee Piermont (ARC), daß sich „ihre Präsenz bei den Plenarsitzungen in Straßburg (...) meist auf einige 'Fensterreden'" beschränke. Hier geht es dann auch um die Außendarstellung: „Die Plenardebatten, 'das Parlament als Tribüne', bei denen Presse anwesend ist, werden sowohl von der DR-Fraktion als auch von Schönhuber und Co. regelmäßig 'genutzt'." (Wardenbach-Brief)

Eine Mitarbeiterin der sozialdemokratischen Fraktion (PSE) im EP wies in diesem Zusammenhang auf die Möglichkeiten zur parlamentarischen, öffentlichkeitswirksamen Provokation durch die Euro-Rechte im Plenarsaal hin: „Es gibt bei Plenardebatten die Möglichkeit einer persönlichen Stellungnahme, die Stimmerklärung heißt. Dazu wird den Abgeordneten eine kurze Zeit eingeräumt, in der sie erläutern können, warum sie so stimmen werden und wie sie stimmen wollen. Darauf hat jeder einzelne Abgeordnete ein Anrecht. Die meisten Abgeordneten aller Fraktionen machen das schriftlich und reichen es nach, um damit den Arbeitsablauf nicht unnötig zu unterbrechen. Die Einzigen, die von ihrer mündlichen Stimmerklärung immer wieder Gebrauch machen, sind die Abgeordneten der technischen Rechten. Brisant wird das, was sie im Plenum sagen, wenn es dann insbesondere um Themen wie Asyl, Einwanderung und Rassismus geht. Hinzu kommt, daß gleichzeitig die Öffentlichkeit Zugang auf die Tribünenränge hat, und wenn die dann drei oder vier rechtsextreme Positionen zum Beratungsgegenstand Immigration oder Asyl hören, dann können die natürlich nicht automatisch feststellen, daß es sich dabei um Minderheitenpositionen vom rechten Rand handelt, da sie ja nicht automatisch das Verfahren mitbekommen, daß die anderen das schriftlich einreichen. Dadurch verzerrt sich das Bild in der dort anwesenden Öffentlichkeit. Hier ist dann darauf zu achten, daß zumindest ein Stellvertreter einer anderen Fraktion dies einmal geradebiegt, und sei es auch nur gegenüber den anwesenden Gästen auf den Tribünen." (PSE-Interview)

Dieses Vorgehen zahlt sich also für die DR-Fraktion in zweierlei Hinsicht aus: Sie kann dadurch zum einen öffentlichkeitswirksam parlamentarisches Engagement suggerieren, und zum anderen kann sie damit ihre Parlamentskollegen zu einer inhaltlichen Auseinandersetzung mit ihnen zwingen, so daß eine stillschweigende Ausgrenzungstaktik durch die Parlamentsmajorität ausgehebelt werden kann.

Darüberhinaus waren es auch die Plenardebatten über die Aufhebung der parlamentarischen Immunität Le Pens, die die extreme Rechte im Europaparlament in die Schlagzeilen brachte. Seine Immunität wurde schließlich auch wegen Verurteilungen durch französische Gerichte eingeschränkt (Marcus, 1995, S.159).

Einen ähnlich medienwirksamen Coup landete die Fraktion 1989, als sie mit dem damals 87jährigen Abgeordneten Claude Autant-Lara 1989 den ältesten Europaabgeordneten stellte, der damit die Alterspräsidentschaft innehatte. In dieser Eigenschaft hielt er am 25.07.1989 die Eröffnungsrede im neugewählten Europaparlament, trotz des Mißfallens der übrigen Fraktionen. Es kam zum Eklat, da die Abgeordneten der *Sozialistischen Fraktion* beschlossen, den Plenarsaal für die Dauer der Ansprache zu verlassen und auch andere MdEPs dazu aufforderten. Nachdem die Sozialisten und Kommunisten den Saal sofort demonstrativ verließen, schlossen sich dem wenig später Liberale, Konservative und Christdemokraten an. Dazu ist festzuhalten, daß bis zuletzt der Inhalt der

Rede nicht bekannt war. Jean-Pierre Cot, der sozialistische Fraktionsvorsitzende dazu: „Er hat das Recht zu sprechen, und wir haben das Recht, nicht zuzuhören." (NE, 8-9/1989, S.36; FR, 20.07.1989; taz 25.07.1989; FR 26.07.1989 und SZ 26.07.1989)

Ein Vertreter der liberalen Fraktion im EP antwortete indes auf die Frage, wie mit solchen Provokationen umgegangen werde: „Gar nicht. Es ist das Recht der gewählten Abgeordneten im Rahmen der ihnen zustehenden Redezeiten zu sprechen und die Parlamentarier der anderen Fraktionen haben entweder die Möglichkeit, den Raum zu verlassen oder ihrem Protest anders Ausdruck zu geben, wenn es sich denn um eine solche Intervention handelt, die eine solche Reaktion verdient." (ELDR-Interview)

Doch wurde nach der Autant-Lara-Rede die Geschäftsordnung dahingehend geändert, daß allein der gewählte Parlamentspräsident die Eröffnungsansprache halten kann. Der davon betroffene Abgeordnete war nach dem Ausscheiden Autant-Laras der damals 79 Jahre alte EP-Alterspräsident Otto von Habsburg. Als er sich daraufhin zur Mitte der Wahlperiode weigerte, die Sitzung zur Neuwahl des Parlamentspräsidenten zu leiten, weil er nicht reden durfte, reagierte die DR-Fraktion darauf mit Genugtuung: „Wie heißt es doch in einem alten deutschen Sprichwort? Wer anderen eine Grube gräbt, fällt selbst hinein!" (ER, 2/1992)

3. Präsenz und Aktivitäten der Fraktionsmitglieder in den Ausschüssen

Das EP arbeitet seit seinem Bestehen nach Vorbild der nationalen Parlamente mit Ausschüssen. Dabei kann es sich um ständige, nichtständige oder Untersuchungsausschüsse handeln. Sind dabei mehrere Ausschüsse für dieselbe Angelegenheit zuständig, werden ein federführender Ausschuß, sowie mitberatende Ausschüsse bestimmt. Dabei kann jeder ständige oder nichtständige Ausschuß einen oder mehrere Unterausschüsse einsetzen. (EP-Buch, 1989, S.159) Hier nun eine Übersicht über die Ausschüsse und Unterausschüsse (vom 08. März 1993):

C1 – Ausschuß für auswärtige Angelegenheiten und Sicherheit; 56 Mitglieder.
SC1A – Unterausschuß Sicherheit und Abrüstung; 25 Mitglieder.
SC1B – Unterausschuß Menschenrechte; 20 Mitglieder.
C2 – Ausschuß für Landwirtschaft, Fischerei und ländliche Entwicklung; 45 Mitglieder.
SC2 – Unterausschuß Fischerei; 20 Mitglieder.
C3 – Haushaltsausschuß; 30 Mitglieder.

C4 – Ausschuß für Wirtschaft, Währung und Industriepolitik; 49 Mitglieder.
SC4 – Unterausschuß Währung; 14 Mitglieder.
C5 – Ausschuß für Energie, Forschung und Technologie; 31 Mitglieder.
C6 – Ausschuß für Außenwirtschaftsbeziehungen; 25 Mitglieder.
C7 – Ausschuß für Recht und Bürgerrechte; 30 Mitglieder.
C8 – Ausschuß für soziale Angelegenheiten, Beschäftigung und Arbeitsumwelt; 36 Mitglieder.
C9 – Ausschuß für Regionalpolitik, Raumordnung und Beziehungen zu den regionalen und lokalen Körperschaften; 35 Mitglieder.
C10 – Ausschuß für Verkehr und Fremdenverkehr; 30 Mitglieder.
C11 – Ausschuß für Umweltfragen, Volksgesundheit und Verbraucherschutz; 50 Mitglieder.
C12 – Ausschuß für Kultur, Jugend, Bildung und Medien; 30 Mitglieder.
C13 – Ausschuß für Entwicklung und Zusammenarbeit; 40 Mitglieder.
C14 – Ausschuß für Grundfreiheiten und innere Angelegenheiten; 30 Mitglieder.
C15 – Ausschuß für Haushaltskontrolle; 25 Mitglieder.
C16 – Institutioneller Ausschuß; 37 Mitglieder.
C17 – Ausschuß für Geschäftsordnung, Wahlprüfung und Fragen der Immunität; 25 Mitglieder.
C18 – Ausschuß für die Rechte der Frau; 30 Mitglieder.
C19 – Petitionsausschuß; 25 Mitglieder. (EP-Liste, 08.03.1993, S.82-104)

3.1. Mitgliedschaft in den Ausschüssen

Nach parlamentarischem Brauch hat jeder Abgeordnete das Recht, ordentliches und stellvertretendes Mitglied je eines Ausschusses zu sein. Dabei wird die Verteilung der Ausschußsitze praktisch zumeist im Rahmen interfraktioneller Absprachen festgelegt, welche dann durch das EP nur noch formal abgesegnet werden (EP-Buch, 1989, S.162). Die Besetzung der Ausschüsse findet dabei in einem zweieinhalbjährlichen Turnus statt, so daß in der Mitte der Wahlperiode eine Neubesetzung erfolgt (EP-GO, 1993, S.91).

Norbert Lepszy und Hans-Joachim Veen schreiben in einer Untersuchung der *Konrad-Adenauer-Stiftung* über die sechs deutschen Abgeordneten, die 1989 über die REP-Liste gewählt wurden: „In einigen bedeutenden Ausschüssen, in denen sie die von ihnen propagierten Forderungen und Ziele ihrer Europapolitik ('Gegen die vefehlte EG-Agrar-Politik'; 'Rettung der DM'; 'Deutschland darf nicht der EG-Zahlmeister sein'; 'Kampf gegen die Drogenmafia') hätten verfolgen können, sind sie – aus guten Gründen? – so gut wie nicht vertreten. Dies gilt für den Agrarausschuß, den Währungsausschuß und auch den Innenausschuß. Auch wenn man einräumt, daß es für neugewählte Abgeordnete einer parlamentarischen Gruppierung nicht immer leicht ist, in die gewünschten Ausschüsse eines Parlaments zu gelangen, so fällt diese mangelnde Repräsentanz in den für ihre Ziele und Forderungen eigentlich so wichtigen Ausschüssen auf.“ (Lepszy/Veen, 1993, S.79)

Es stellt sich allerdings die Frage nach dem tieferen Sinn solcher Vorwürfe überhaupt. Offenkundig dürfte nämlich sein, daß selbst gesetzt den Fall, daß deutsche Abgeordnete in den betreffenden Ausschüssen gesessen hätten, sie hier bei Ausgrenzung durch die anderen Ausschußmitglieder ohnehin kaum etwas im Sinne ihrer Zielsetzungen hätten erreichen können, woran letztlich der ganze Widersinn deutlich wird.

Was bei solcherlei Vorwürfen speziell an die deutschen Abgeordneten auch bewußt oder unbewußt übersehen wird, ist der Umstand, daß die Fraktion, der die deutschen Mitglieder anfangs alle sechs, bis zuletzt nur noch zwei von ihnen angehörten (vgl. IV 2.1, IV 2.2 und IV 2.3), in den genannten Ausschüssen durchaus vertreten war, wenn auch durch Kollegen von der *Front National*:

So wies die Mitgliederliste des EP vom 08. März 1993 den FN-Abgeordneten Martinez als Mitglied des Landwirtschaftsausschusses (C2) aus, als Stellvertreter fungierte Bruno Mégret. Umgekehrt war es beim Währungsausschuß (C4) der Fall. Mitglied: Bruno Mégret. Stellvertreter: Jean-Claude Martinez. Im Innenausschuß (C14) saßen Jean-Marie Le Chevallier als ordentliches Mitglied und Bruno Gollnisch als sein Stellvertreter.

Was die Mitgliedschaften der einzelnen euro-rechten Abgeordneten in den Gremien des EP anbelangt, so sind sie dabei nicht in wesentlich weniger Ausschüssen und Delegationen vertreten, als die EP-Abgeordneten der großen Fraktionen auch.

Aufgrund der Daten vom 08.03.1993 ergibt sich vielmehr das folgende Bild: Den 19 Ausschüssen und den vier Unterausschüssen gehörten insgesamt 738 Mitglieder an. Bei insgesamt 518 Abgeordneten bedeutet dies, daß ein Europaabgeordneter durchschnittlich 1,4 solchen Gremien angehört; also ein Mittelwert von 1-2 Aussschußmitgliedsschaften. Die 14 Abgeordneten der DR-Fraktion besetzten 18 Ausschüsse und zwei Unterausschüsse mit je einem Abgeordneten. Somit gehörte ein Abgeordneter jener Fraktion durchschnittlich genau 1,4 Gremien an.

Die drei zu jenem Zeitpunkt fraktionslosen deutschen Abgeordneten Grund, Schlee und Schönhuber gehörten zu jenem Zeitpunkt insgesamt vier Ausschüssen an; also ein etwas unterdurchschnittlicher Durchschnittswert von 1,3 (EP-Liste, 08.03.1993).

Größere Abweichungen ließe die Geschäftsordnung des EP auch gar nicht zu: „Die Mitglieder der Ausschüsse und nichtständigen Untersuchungsausschüsse werden gewählt, nachdem sie von den Fraktionen und den fraktionslosen Mitgliedern benannt worden sind. Die Konferenz der Präsidenten unterbreitet dem

Parlament Vorschläge, die einer *gerechten Vertretung nach* Mitgliedsstaaten und *politischen Richtungen* Rechnung tragen." (EP-GO, 1993, S.92; Hervorhebung von mir, A.O.)

Dadurch ergab sich etwa Anfang 1992 die Situation, daß 133 Abgeordnete Vollmitglieder in zwei Ausschüssen waren, während sieben Europaparlamentarier sogar drei Gremien angehörten. Andererseits waren acht Abgeordnete in keinem Ausschuß Vollmitglieder; alle anderen, die überwiegende Mehrheit der Abgeordneten also, gehörte einem Ausschuß an (Jacobs/Corbett/Shackleton, 1992, S.107).

Richtig ist also vielmehr, daß die großen Fraktionen im Endeffekt auch mehr Ausschuß- und Delegationsmitglieder sowie -stellvertreter in den einzelnen Gremien stellen. Das heißt im Umkehrschluß, daß wenn beispielsweise ein christdemokratisches Ausschußmitglied fehlt, ohne daß dafür sein Stellvertreter einspringen würde, seine *Fraktion der Europäischen Volkspartei* (PPE) dann immer noch durch ein oder mehrere Mitglieder vertreten wäre.

Fehlt dagegen ein Ausschußmitglied der *Technischen Fraktion der Rechten*, und erscheint auch sein Stellvertreter nicht, ist damit die Fraktion überhaupt nicht mehr in dem betreffenden Gremium vertreten. Gleiches gilt aber auch für die übrigen kleinen Fraktionen des EP.

Hierzu sei als Beispiel der Ausschuß für Soziale Angelegenheiten, Beschäftigung und Arbeitsumwelt (C8) in der Besetzung vom 08. März 1993 angeführt:

Die *Sozialistische Fraktion* (S) stellte 16 Ausschußmitglieder, die PPE der Christdemokraten 12. Die Liberalen (LDR) stellten zwei Mitglieder, und die übrigen kleinen Fraktionen, *Regenbogenfraktion* (ARC), *Koalition der Linken*, *Grüne* (V), die *Technische Fraktion der Europäischen Rechten* (DR) und auch die Fraktionslosen (NI) je ein Ausschußmitglied. Diese Größenverhältnisse wiederholten sich bei den stellvertretenden Ausschußmitgliedern (EP-Liste, 08.03.1993, S.93). Aufgrund dessen treffen die Mitglieder insbesondere der Großfraktionen des öfteren auch vor den Ausschußsitzungen zusammen um ihre Positionen bei den Abstimmungen zu diskutieren (Jacobs/Corbett/Shackleton, 1992, S.81).

Dazu hier nun noch eine Bestandsaufnahme über die Ausschußmitgliedschaften der DR-Fraktionsmitglieder vom 08. März 1993 (in Klammern die Stellvertreterposten; C steht für Ausschuß, SC für Unterausschuß:

– Bernard ANTONY (FN): C9
– Yvan BLOT (FN): C3, C16, (C15)
– Pierre CEYRAC (FN): C6, (C12), (C13)
– Karel DILLEN (VB): C1, C12, (C19), SC1A, (SC1B)
– Bruno GOLLNISCH (FN): C7, C17, (C14)
– Klaus-Peter KÖHLER (parteilos): C5, (C3), (C8)
– Jean-Marie LE CHEVALLIER (FN): C8, C14, (C9)
– Mme Martine LEHIDEUX (FN): C13, (C6), (C11)

– Jean-Marie LE PEN (FN): C19
– Jean-Claude MARTINEZ (FN): C2, (C4), (C17)
– Bruno MÉGRET (FN): C4, (C2)
– Harald NEUBAUER (DLVH): C11, (C7)
– Hans-Günter SCHODRUCH (parteilos): C15, (C10), (C16)
– Jacques TAURAN (FN): C10, (C5)

Die Mitgliedschaften der aus der Fraktion ausgetretenen Mitglieder:
– Johanna-Christina GRUND (parteilos): C7, C18, (C4)
– Emil SCHLEE (parteilos): C5, (C13)
– Franz SCHÖNHUBER (REP): C12, (C9)

Somit ergab sich infolge der Fraktionsaustritte einiger deutscher Abgeordneter dabei die Situation, daß sie dann mit ehemaligen Fraktionskollegen zusammen in einem Ausschuß saßen. So im Falle des Ausschusses für Energie, Forschung und Technologie (C5). Mitglieder waren Klaus-Peter Köhler (DR) und Emil Schlee (NI). Im Ausschuß für Recht und Bürgerrechte (C7) waren Bruno Gollnisch (DR) und Johanna-Christina Grund (NI) vertreten. Im Ausschuß für Kultur, Jugend, Bildung und Medien (C12) schließlich fanden sich die Parteivorsitzenden Dillen (VB, DR) und Schönhuber (REP, NI) wieder (EP-Liste, 08.03. 1993).

Dazu heißt es in der Geschäftsordnung: „Wechselt ein Mitglied die Fraktion, so behält es seine Sitze in den Ausschüssen während des verbleibenden Teils seiner Amtszeit von zweieinhalb Jahren. Hat jedoch der Fraktionswechsel eines Mitglieds zur Folge, daß die gerechte Vertretung der politischen Richtungen in einem Ausschuß gestört wird, so muß die Konferenz der Präsidenten (...) neue Vorschläge für die Zusammensetzung dieses Ausschusses machen, wobei die individuellen Rechte des betreffenden Mitglieds gewährleistet werden müssen.“ (EP-GO, 1993, S.92)

Zu den hier angesprochenen Fraktionsaustritten ist zu vermerken, daß diese vor der Halbzeit der Wahlperiode stattfanden. Der Fraktionsaustritt des Abgeordneten Schönhuber wirkte sich nach Darstellung seiner früheren Fraktionskollegen dahingehend aus, daß er Anfang 1992 seinen Sitz im politischen Ausschuß an einen anderen fraktionslosen Abgeordneten, nämlich Gianfranco Fini verlor (ER, 2/1992).

Dabei gibt es bei jeder Neubesetzung der Ausschüsse, auch in der Mitte der Wahlperiode freilich starke personelle Fluktuationen, dies war Anfang 1992 bei einem Drittel der Ausschußmitglieder der Fall. Allerdings differierte diese Fluktuation von Ausschuß zu Ausschuß, so lag sie im Sozialausschuß bei weniger als 20 Prozent, während sie im Kulturausschuß bei mehr als 40 Prozent lag (Jacobs/Corbett/Shackleton, 1992, S.107).

3.2. Ausschußvorstände

Zur Besetzung der Ausschußvorstände nominiert zunächst jede Fraktion ihre Kandidaten für den jeweiligen Ausschußvorsitz und die Stellvertreterposten, die formelle Entscheidung fällt dann jeweils auf der konstituierenden Sitzung der Ausschüsse. Dabei gibt es in der Praxis nur selten Konkurrenzkandidaturen, so daß die Wahl der nominierten Kandidaten zur reinen Formsache wird, die dann zumeist auch per Handzeichen geschieht (Jacobs/Corbett/Shackleton, 1992, S.104).

Dabei zeigte sich schon 1984 die parlamentarische Ausgrenzung der DR-Fraktion. Die 18 Ausschußvorsitzenden kamen aus allen Fraktionen (PPE: 5, S: 7, ED: 2, COM: 2, L: 1, RDE: 1), nicht jedoch aus der DR-Gruppe. Auch die *Regenbogenfraktion* (ARC) blieb außen vor. Bei den 55 Stellvertretern, je drei pro Ausschuß, tauchte sie hingegen auf (PPE: 15, S: 16, ED: 7, COM: 6, L: 4, RDE: 3, ARC: 3), nicht aber die DR-Fraktion (EP-Handbuch, 1984, insbesondere S.245-262). Allerdings hatte die DR-Fraktion damals auch keine eigenen Kandidaten nominiert. Dies war bei Halbzeit der Wahlperiode Anfang 1987 anders, als der Posten des dritten stellvertretenden Vorsitzenden des Jugendausschusses der *Fraktion der Europäischen Rechten* zugedacht war. Sie hatte jedoch erneut keinen Kandidaten nominiert, ihr Vertreter war bei der konstituierenden Sitzung jenes Ausschusses zudem nicht anwesend, so daß schließlich ein italienischer Kommunist in jenes Amt gewählt wurde, was daraufhin starke Proteste bei der DR-Fraktion hervorrief, die aber nichts fruchteten.

Gleichwohl wurde 1987 der FN-Abgeordnete Gilbert Devèze gegen die Opposition von links in den Vorstand des Landwirtschaftsausschusses gewählt.

1989 verfolgte die nachfolgende *Technische Fraktion der Europäischen Rechten* einen deutlichen Konfrontationskurs, als sie eigene Gegenkandidaten gegen die Kandidaten der anderen Fraktionen für die Mehrzahl der Ausschüsse aufstellte. Nicht nur, daß diese Strategie erfolglos blieb, selbst der „offizielle" Kandidat der Fraktion für einen Stellverterposten im Verkehrsausschuß, Hans-Günter Schodruch, mußte daraufhin eine Niederlage einstecken, so daß die Fraktion letztlich mit leeren Händen dastand (Jacobs/Corbett/Shackleton, 1992, S.105).

Als diese Fraktion dann schließlich auch noch bei der Vergabe der Vorstandsposten für innerparlamentarische Delegationen im Oktober 1989 ausgeschlossen wurde, kam es darüber zum Eklat, als nach einer Rede des FN-Parlamentariers Bruno Gollnisch seine Fraktion eine Demonstration inszenierte. Dabei sorgten vor allem Gollnisch und sein Parteifreund Jean-Claude Martinez für Tumult, als sie durch Saaldiener und aufgebrachte Parlamentskollegen aus dem Plenarsaal gedrängt werden sollten, nachdem sie sich auch durch zwei Aufforderungen des damaligen Parlamentspräsidenten Enrique Baron Crespo nicht zur Ordnung rufen ließen. Als sich die deutschen Fraktionskollegen schützend vor die beiden Parlamentarier gestellt hatten, blieb dem Parlamentspräsidenten schließlich nur als letzter Ausweg, das Licht zu löschen und die Sitzung zu unterbrechen. Harald Neubauer: „Fäuste wurden geschwungen, der Abgeordnete Antony persönlich attackiert." Bezüglich der Besetzung der Delegationsvorstände stellte er fest, daß darüber zuvor unter Einschluß der DR-Fraktion Einigkeit erzielt worden sei, über den Vorsitz der Delegation für die Beziehungen zur Schweiz und, was noch umstrittener war, über den stellvertretenden Vorsitz der Delegation für die Beziehungen zu Israel.

Die zuvor getroffene Abmachung wurde dann auch gebrochen. „Die im Europäischen Parlament vertretenen Parteien hatten sich zu Beginn der Legislaturperiode traditionsgemäß darauf geeinigt, die Leitungsfunktionen in den Ausschüssen und Delegationen nach dem d'Hondtschen Verfahren, also proportional nach Fraktionsstärke, unter sich aufzuteilen. (...) Gegenüber der 17köpfigen Fraktion der Europäischen Rechten soll freilich der gute demokratische Brauch nicht gelten." Gollnisch wertete diese Vorgehensweise als „Rechtsbruch" (SP, 42/1989, S.211; Jacobs/Corbett/Shackleton, 1992, S.154 und REP, 11/1989, S.3), auch wenn es sich dabei nur um eine Absprache handelt, die eben nicht rechtlich fixiert ist.

Kein Wort dabei über die eigene Konfrontationsstrategie als es zuvor um die Vergabe der Ausschußvorstände ging. In der Folgezeit haben die Rechts-Abgeordneten sowohl als Fraktion nach Halbzeit der Wahlperiode Anfang 1992, wie auch nach den Europawahlen 1994, nun in einem rechtlich ohnehin schlechteren Status als fraktionslose Abgeordnete (NI) stehend, hier nach wie vor keine besonderen Posten erhalten (EP-Liste, 08.03.1993 und 13.03.1995). Dabei könnte in den fehlenden Mitgliedschaften in den Ausschußvorständen gerade auch ein Grund gelegen haben, daß die extrem rechten Parlamentarier kein größeres Interesse daran hatten, sich nun erneut zu einer Fraktion zusammenzuschließen.

Insgesamt fördert diese Ausgrenzungsstrategie freilich nicht gerade die offensive Auseinandersetzung mit extrem rechter Politik und ist für die extreme Rechte insofern ein gefundenes Fressen, da sie anhand dieser Vorgehensweise von ihrer eigenen antidemokratischen Politik gezielt ablenken kann und anhand der bestehenden Situation die demokratische Qualität der etablierten politischen Kräfte in Frage stellen kann.

3.3. Ausschußberichte

Die Anfertigung von Ausschußberichten bedeutet eine gewisse politische Einflußmöglichkeit; die Berufung zum Berichterstatter kann unter Umständen sehr viel an persönlicher Reputation einbringen.

Die Zuständigkeit des jeweiligen Ausschusses oder zum Teil auch mehrerer Ausschüsse wird praktisch durch den zu behandelnden Gegenstand erzielt, wobei die letzte Entscheidung darüber der Parlamentspräsident fällt; bei Widerspruch tritt das erweiterte Präsidium des EP in Aktion. Die Auswahl des Berichterstatters erfordert dann die Rücksichtnahme auf die durch die Ausschußmitglieder repräsentierten Fraktionen und Mitgliedsstaaten. Solche Berichte sind freilich nur bedingt ein Indikator für parlamentarisches Engagement, da die entsprechenden Chancen, mit der Erstellung eines solchen beauftragt zu werden, gerade auch von dem entsprechenden Wohlwollen der Ausschußkollegen abhängen. Dabei gibt es eine Art 'Auktionssystem', oder es wird oftmals dann auch ein Rotationssystem zwischen den Fraktionen vereinbart, wodurch sichergestellt wird, daß die interessanten oder politisch brisanten Berichte nicht automatisch den großen Fraktionen zufallen. Das bedeutendste Thema davon ist der jährliche Haushaltsplan. Der Bericht dazu umfaßt mit allen Anlagen und Änderungsanträgen nicht selten einen Papierstoß von einem halben Meter Höhe und mehr.

Dabei spielt bei der Auswahl des Berichterstatters innerhalb der Fraktion die Sachkompetenz des Mitglieds auf dem Gebiet eine entscheidende Rolle. Alle anderen Fraktionen bestimmen einen Schattenberichterstatter, der sich dann ebenfalls in das Thema einarbeitet.

Dabei ist zu beachten, daß die an der Erstellung eines Berichts ebenfalls beteiligten Mitberichter aus den anderen Ausschüssen im Gegensatz zu den Berichterstattern in der Regel nicht ernannt werden, da der Ausschuß zum einen wenig Interesse an dem Thema hat oder weil zum anderen die Tagesordnung des Ausschusses keine Zeit für eine entsprechende Diskussion läßt (Jacobs/Corbett/Shackleton, 1992, S.116-117 und Schöndube, 1993, S. 71-75). Insofern sind auch einige Abgeordnete der DR-Fraktion zwischenzeitlich mit der Ausarbeitung entsprechender Dokumente beauftragt worden. Dabei ergibt sich für die Periode 1984-1989 das folgende Bild:

– <u>BUTTAFUOCO</u>; 2 Berichte:
1) Verkehrsausschuß: BERICHT (RP) Nr. A2-0216/87 vom 12.11.1987 über die Beseitigung bürokratischer Verkehrsbehinderungen durch unterschiedliche Regelungen über das Mitführen von Reservekanistern. Angenommen am 18.12. 1987
2) Verkehrsausschuß: BERICHT (R1) Nr. A2-0354/88 vom 10.01.1989 über den Vorschlag der Kommission an den Rat (KOM(88) 544 -C2- 210/88) für eine Richtlinie zur Angleichung der Rechtsvorschriften der Mitgliedstaaten über die Gurtanlegepflicht in Kraftfahrzeugen mit einem Gewicht von weniger als 3,5t. Angenommen am 17.03.1989. Vom Rat angenommen am 16.12.1991.

– <u>DIMITRIADIS</u>; 2 Berichte:
1) Ausschuß für Haushaltskontrolle: BERICHT (RI) Nr. A2-0095/85 über die Haushaltskontrollaspekte bezüglich der Verwaltung von Entwicklungshilfemitteln der Gemeinschaft durch die Europäische Investitionsbank. Angenommen am 22.10.1985.

2) Ausschuß für Geschäftsordnung, Wahlprüfung und Fragen der Immunität: BERICHT (RI) Nr. A2-0229/87 vom 30.11.1987 über eine Änderung von Artikel 98 der Geschäftsordnung betreffend Erklärungen zur Abstimmung. Abgelehnt am 20.01.1988.

– LEHIDEUX; 2 Berichte:
1) Ausschuß für Entwicklung und Zusammenarbeit: BERICHT (R1) Nr. A2-0151/86 über die Vorschläge der Kommission der Europäischen Gemeinschaften an den Rat (KOM(86) 437 endg. – Dok. C2-91/86) betreffend die Festsetzung des Schemas der allgemeinen Zollpräferenzen der Europäischen Gemeinschaft für das Jahr 1987. Beschlossen am 14.11.1986 und am 16.12.1986 vom Rat angenommen.
2) Ausschuß für die Rechte der Frau: BERICHT (RP) Nr. A2-0144/89 vom 28.04.1989 über den Status der mitarbeitenden Ehepartner von Freiberuflern. Angenommen am 25.04.1989 (!).

Also insgesamt sechs Berichte von drei Abgeordneten, während die Fraktion zu jenem Zeitpunkt insgesamt 16-17 Mitglieder zählte. Ferner sind zehn Ausschußberichte bekannt, an denen sieben Abgeordnete der DR-Fraktion während jener Periode mitgewirkt haben:

– BUTTAFUOCO: 2; Ausschuß für Landwirtschaft, Fischerei und Ernährung, Nr. A2-1560/84
– CELLAI: 1; Ausschuß für Recht und Bürgerrechte, Nr. A2-0392/88
– LEHIDEUX: 2; Ausschuß für Haushaltskontrolle, Nr. A2-0006/88, A2-0019/88
– d'ORMESSON: 2; Ausschuß für Außenwirtschaftsbeziehungen, Nr. A2-0117/86 und Ausschuß für Energie, Forschung und Technologie, Nr. A2-0206/85
– PETRONIO: 1; Ausschuß für Umweltfragen, Volksgesundheit und Verbraucherschutz, Nr. A2-0956/84
– ROMUALDI: 2; Ausschuß für Energie, Forschung und Technologie, Nr. A2-0069/88 und Ausschuß für Außenwirtschaftsbeziehungen Nr. A2-1590/84
– TAYLOR: 1; Haushaltsausschuß, Nr. A2-0088/88

Bemerkenswert in diesem Zusammenhang ist hier besonders der Umstand, daß der Abgeordnete d'Ormesson an einem Bericht (Nr. A2-0117/86) mitgewirkt hat, dessen Berichterstattung in den Händen des britischen *Labour*-Abgeordneten James Glyn Ford lag, der sich in der Folgezeit speziell durch seinen Kampf gegen die extreme Rechte in Europa einen Namen gemacht hat.

Hier nun die Aufstellung für die Periode 1989-1994; zunächst als Berichterstatter:

– CEYRAC: 3 Berichte:
1) Ausschuß für Außenwirtschaftsbeziehungen: BERICHT (R1) Nr. A3-0005/92 vom 10.02.1992 über den Vorschlag der Kommission an den Rat für einen

Beschluß über den Abschluß – durch die Europäische Wirtschaftsgemeinschaft – des Interimsabkommens über Handel und Handelsfragen zwischen der Europäischen Wirtschaftsgemeinschaft und der Europäischen Gemeinschaft für Kohle und Stahl einerseits und der Tschechischen und Slowakischen Föderativen Republik andererseits. Angenommen am 17.01.1992. Vom Rat angenommen am 25.02.1992.
2) Ausschuß für Außenwirtschaftsbeziehungen: BERICHT (R1) Nr. A3-0072/92 vom 20.02.1992 über den Vorschlag der Kommission an den Rat für einen Beschluß zur Bestätigung der Konsolidierung des EG-Japan Zentrums für industrielle Zusammenarbeit. Angenommen am 11.03.1992. Vom Rat angenommen am 18.05.1992.
3) Ausschuß für Außenwirtschaftsbeziehungen: BERICHT (RP) Nr. A3-0351/93 vom 10.11.1993 über die Wirtschafts- und Handelsbeziehungen zwischen der Europäischen Gemeinschaft und der Tschechischen und der Slowakischen Republik. REN und Überweisung an den Rat am 13.12.1993.

– LEHIDEUX: 1 Bericht:
1) Ausschuß für Entwicklung und Zusammenarbeit: BERICHT (RP) Nr. A3-0258/90 vom 22.10.1990 über das Recht der Völker auf Information über ihre Geschichte und auf Rückgabe nationaler Archive. Angenommen am 24.01.1991.

– SCHODRUCH: 4 Berichte:
1) Ausschuß für Verkehr und Fremdenverkehr: BERICHT (R1) Nr. A3-0238/90 vom 28.09.1990 über den Vorschlag der Kommission an den Rat fur eine Richtlinie zur gegenseitigen Akzeptierung der Befähigungszeugnisse für die Ausübung von Tätigkeiten in der Zivilluftfahrt (KOM/89/472 endg. -C3-0001/90). Angenommen am 12.10.1990. Vom Rat angenommen am 16.12.1991.
2) Ausschuß für Verkehr und Fremdenverkehr: BERICHT (R1) Nr. A3-0240/91 vom 26.09.1991 über den Vorschlag der Kommission an den Rat für eine Richtlinie zur Einschränkung des Betriebs von Flugzeugen des Kapitels 2. Code Beschluß: REN am 07.10.1991 und Überweisung. Vom Rat angenommen am 02.03.1992.
3) Ausschuß für Verkehr und Fremdenverkehr: ZWEITER BERICHT (R1) Nr. A3-0334/91 vom 27.11.1991 über den Vorschlag der Kommission an den Rat für eine Richtlinie zur Einschränkung des Betriebs von Flugzeugen des Kapitels 2. Angenommen am 13.12.1991. Vom Rat angenommen am 02.03.1992.
4) Ausschuß für Verkehr und Fremdenverkehr: BERICHT (RI) Nr. A3-0376/93 vom 25.11.1993 über die Rechtsgrundlage des Vorschlags der Kommission an den Rat fur einen Beschluß betreffend die Einrichtung einer gemeinschaftlichen Datenbank über Straßenverkehrsunfälle. Angenommen am 17.12.1993. Vom Rat angenommen am 30.11.1993.

Dazu stammt von dem Abgeordneten SCHODRUCH noch die folgende legislative Entschließung:

1) LEGISLATIVE ENTSCHLIESSUNG (R1) Nr. A3-0299/90 vom 12.11.1990 mit der Stellungnahme des Europäischen Parlaments zu dem Vorschlag der Kommission an den Rat für einen Beschluß uber ein Mehrjahresprogramm 1991-1993 zur Entwicklung der gemeinschaftlichen Fremdenverkehrsstatistik. Angenommen am 23.11.1990. Vom Rat angenommen am 17.12.1990.

– TAURAN: 2 Berichte:
1) Ausschuß für Verkehr und Fremdenverkehr: BERICHT (R1) Nr. A3-0165/93 vom 24.05.1993 über den Vorschlag der Kommission an den Rat für eine Richtlinie über die Aufstellung und die Anwendung kompatibler Normen und technischer Spezifikationen fur die Beschaffung von Ausrüstungen und Systemen für das Flugverkehrsmanagement. Angenommen am 25.06.1993. Vom Rat angenommen am 19.07.1993.
2) Ausschuß für Verkehr und Fremdenverkehr: BERICHT (RP) Nr. A3-0014/93 vom 26.01.1993 über ein Aktionsprogramm der Gemeinschaft im Bereich der Straßenverkehrssicherheit. Angenommen am 12.03.1993.

Dies sind insgesamt also zehn Berichte und eine legislative Entschließung von vier Fraktionsmitgliedern. In jener Periode zählte die DR-Fraktion zwischen 17 und 12 Mitglieder. Bei dreizehn weiteren Dokumenten wirkten DR-Abgeordnete mit:

– BLOT: 2; Ausschuß für Haushaltskontrolle, Nr. A3-0357/92 und Ausschuß für Außenwirtschaftsbeziehungen, Nr. A3-0152/93
– CEYRAC: 6; Politischer Ausschuß, Nr. A3-0077/91; Ausschuß für Verkehr und Fremdenverkehr, Nr. A3-0155/91, A3-0002/93; Ausschuß für Entwicklung und Zusammenarbeit A3-0392/91 und Ausschuß für auswärtige Angelegenheiten und Sicherheit, Nr. A3-0295/93 und A3-0297/93
– LE CHEVALLIER: 3; Ausschuß für soziale Angelegenheiten, Beschäftigung und Arbeitsumwelt, Nr. A3-0175/90, A3-0112/92 und A3-0238/92
– SCHODRUCH: 1; Legislative Entschließung Nr. A3-0323/90
– TAURAN: 1; Legislative Entschließung Nr. A3-0292/90

Von den deutschen fraktionslosen Abgeordneten der dritten Wahlperiode bekam nur Johanna-Christina Grund eine Chance, als Berichterstatterin benannt zu werden:

– GRUND: 1 Bericht:
1) Ausschuß für Recht und Bürgerrechte: BERICHT (RP) Nr. A3-0385/92 vom 26.11.1992 über die Koordinierung der Bedingungen für den Zugang und die Ausübung des Berufs des alpinen Bergführers in den Mitgliedstaaten der Europäischen Gemeinschaft. Angenommen am 22.01.1993.

Ihr Kollege Emil Schlee konnte an vier Berichten mitwirken:

– SCHLEE: 4; Ausschuß für Wirtschaft, Währung und Industriepolitik, Nr. A3-0398/92; Ausschuß für soziale Angelegenheiten, Beschäftigung und Arbeitsumwelt, Nr. A3-0313/93 und A3-0230/93 und Ausschuß für auswärtige Angelegenheiten, Sicherheit und Verteidigungspolitik Nr. A4-0058/94

In Verbindung mit den im folgenden Kapitel (VII 1.1) diskutierten Präsenzgraden in den Ausschüssen im Rahmen einer Studie von Claudia Zimmermann, Praktikantin der *Sozialistischen Fraktion*, fällt bezüglich der deutschen Abgeordneten auf, daß sie in den Gremien, wo sie auch die Chance bekamen, Berichte und dergleichen anzufertigen, oder daran teilweise zumindest mitarbeiten durften, signifikant hohe Anwesenheitsgrade bei den Abstimmungen zeigten. Das war im Falle Schodruchs der Ausschuß für Verkehr und Fremdenverkehr (71,1 %), im Falle Grunds der Ausschuß für Recht und Bürgerrechte (41,1%), und auch bei Schlee im Ausschuß für Energie, Forschung und Technologie (31,2%) der Fall (Zimmermann, 1993).

Von den fraktionslosen MSI-Abgeordneten jener Periode bekam während dessen darüberhinaus nur der Abgeordnete Pietro Mitolo die Möglichkeit, in einem Fall als Berichterstatter in Erscheinung zu treten.

– MITOLO, 1 Bericht:
1) Ausschuß für Regionalpolitik, Raumordnung und Beziehungen zu den regionalen und lokalen Körperschaften: BERICHT (RI) Nr. A3-0084/94 vom 17.02. 1994 über den Jahresbericht der Kommission über die Durchführung der Strukturfondsreform – 1992 -. Angenommen am 11.03.1994.

Inwieweit diese Situation ein Produkt der Isolation der Rechts-Abgeordneten im einzelnen und der DR-Fraktion im allgemeinen ist, zeigt ein Blick auf die Berichte der MSI-DN-Abgeordneten der Wahlperiode 1979-1984, während der alle vier Abgeordneten dieser Partei mit der Ausarbeitung entsprechender Dokumente beauftragt wurden:

– ALMIRANTE; 2 Berichte:
1) Ausschuß für Außenwirtschaftsbeziehungen: BERICHT (R1) Nr. 1-0568/79 (Nr. Verfahren: CSA0556) über das gemeinschaftliche Tarifkontingent an Weinen und frischen Weintrauben und an Likören zyprischen Ursprungs. Annahme am 19.01.1980 (ABL C 034, 11.02.1980, S.113).
2) Ausschuß für Außenwirtschaftsbeziehungen: BERICHT (R1) Nr. 1-0319/82 (Nr. Verfahren: CSA0430) Annahme der Außenhandelsstatistik der Richtlinien betreffend der Exportverfahren. Annahme am 09.07.1982 (ABL C 238, 13.09. 1982, S.90).

– BUTTAFUOCO; 4 Berichte:
1) Ausschuß für Verkehr und Fremdenverkehr: BERICHT (R1) Nr. 1-0218/80 (Nr. Verfahren: CSA0621): Unterstützung von Projekten von gemeinsamen Interesse im Bereich der Verkehrsinfrastruktur. Annahme am 11.07.1980 (ABL C 197, 04.08,1980, S.74).
2) Ausschuß für Verkehr und Fremdenverkehr: BERICHT (R1) Nr. 1-0182/82 (Nr. Verfahren: CSA0113): Übereinkunft bezüglich der gelegentlichen internationalen Reisedienste über die Straße, die per Omnibus (ASOR) durchgeführt werden. Annahme am 16.06.1982 (ABL C 182, 19.07.1982, S. 27).
3) Ausschuß für Verkehr und Fremdenverkehr: BERICHT (RP) Nr. 1-0792/82: Transit durch Österreich, die Schweiz und Jugoslawien von Waren, die aus der Gemeinschaft stammen oder dorthin importiert werden sollen. Annahme am 11.02.1983 (ABL. C 68, 14.03.1983, S.113).
4) Ausschuß für Verkehr und Fremdenverkehr: BERICHT (R1) Nr. 1-0921/83 (Nr. Verfahren: CSN0073): Güterverkehr über die Straße. Annahme am 15.12. 1983 (ABL. C 10, 16.01.1984, S.92).

– PETRONIO; 1 Bericht
1) Ausschuß für Energie, Forschung und Technologie: BERICHT (R1) Nr. 1-0272/83 (Nr. Verfahren: CSA0180): Abgeänderter Beschluß 82/402/CEE zur Festsetzung des Entwicklungs- und Forschungsprogramms über Rohstoffe (1982-1985). Annahme am 20.05.1983 (ABL. C 161, 20.06.1983, S.179).

– ROMUALDI; 1 Bericht:
1) Ausschuß für auswärtige Angelegenheiten und Sicherheit: BERICHT (RP) Nr. 1-0802/83: die Situation in Kambodscha (Kamputschea). Annahme am 28.10.1983 (ABL. C 322, 28.11.1983, S. 287).

Insgesamt also acht Berichte. Auch Olivier d'Ormesson war damals als Mitglied der PPE-Fraktion noch mit fünf Dokumenten dabei:
– d'ORMESSON: 1-0082/82, 1-0965/82, 1-1320/82, 1-1117/83, 1-0095/84

Hingegen liegen von dem UUP-Abgeordneten Taylor keine solchen Dokumente aus seiner Zeit in der ED-Fraktion 1979-87 vor. Hierzu wäre auch auf sein Doppelmandat (EP-Handbuch, 1984, S.202), und das dadurch eingeschränkte Zeitbudget zu verweisen.

Jedoch ist von seiner Mitwirkung an zwei Ausschußberichten aus jener Zeit bekannt, ebenso in einem Fall des MSI-Abgeordneten Buttafuoco, und schließlich in fünf Fällen des Abgeordneten d'Ormesson.
– BUTTAFUOCO: 1-0082/83
– TAYLOR: 1-0707/80, 1-0816/83
– d'ORMESSON: 1-0460/82, 1-0166/82, 1-1270/82, 1-1344/83, 1-0081/84

Dabei ist die Erstellung eines Berichtes auch unabhängig von den Initiativen der Fraktionen in wesentlichen Punkten vorgegeben, so daß die Möglichkeit des

Berichterstatters, in dem Bericht nur die eigene Meinung oder die seiner Fraktion wiederzugeben, faktisch ausgeschlossen ist. So werden beispielsweise im Rahmen eines Konsultationsverfahrens dem federführenden Ausschuß mitberatende Ausschüsse, die eigene Stellungnahmen ausarbeiten, zur Seite gestellt. Darüberhinaus ist in Gegenwart der Ausschußmitglieder ein Meinungsaustausch zwischen dem Berichterstatter und einem Vertreter der Kommission mit anschließender Aussprache der Ausschußmitglieder vorgesehen. Darüberhinaus haben alle Parlamentarier das Recht, Änderungsanträge einzubringen.

Dabei könnte durch zahlreiche Änderungen auch der Fall eintreten, daß der Bericht für den Verfasser in seiner abschließenden Form nicht mehr zu billigen ist. So achtet der Berichterstatter im vorneherein bei der Anlage seines Berichts auf einen konsensorientierten Text (Schöndube, 1993, S.72-73).

Die Kehrseite der dargestellten Situation ist freilich, daß es speziell die rechtsextremen Abgeordneten hier leichter haben, die 2.500 ECU, die jedem Abgeordneten jährlich für Reisen innerhalb der EG/EU zustehen, zur Nutzung ihres internationalen Netzwerkes zu nutzen, während sie von anderen Abgeordneten ansonsten oftmals im Rahmen von Recherchen für ihre Berichte verwandt werden (Jacobs/Corbett/Shackleton, 1992, S.118)

Kapitel VII
„Faul sein für's Vaterland" – die Auseinandersetzung mit den Parlamentsaktivitäten der deutschen Rechts-Abgeordneten im SPD-Europawahlkampf 1994

Im letzten Europawahlkampf war es hierzulande insbesondere die *Sozialdemokratische Partei Deutschlands* (SPD), welche die extreme Rechte im Europaparlament zum Wahlkampfthema machte. Dabei hatte sie insbesondere diejenigen Abgeordneten im Blickfeld, die fünf Jahre zuvor über die Liste der *'Republikaner'* ins Palais d'Europe eingezogen waren.

„Macht Druck. Teilt aus", forderte der *Vorwärts* (Vorwärts, 3/1994, S.34-35). Speziell in Bezug auf die Auseinandersetzung mit den REP im EP erging die Aufforderung: „Tut was und verteilt das Faltblatt gegen die Rechten, damit auch noch unsicheren Wählern die Augen geöffnet werden." Gemeint war damit ein Papier mit dem Titel „Große Sprüche – nichts dahinter. Die REP's im Europäischen Parlament: Faul sein für's Vaterland". Abgebildet ist dazu ein REP-Abgeordneter, der leere Sprechblasen von sich gibt (Vorwärts, 4/1994, S.25 und SPD-FB, 1994). Als weiteres Wahlkampfmaterial erschien in gleicher Aufmachung eine 32-seitige Broschüre aus der *Euro-Infothek der SPD* unter der Verantwortung des Europaabgeordneten Gerhard Schmid (SPD, 1994).

Bereits am 12. August 1993 verlautbarte der Europaabgeordnete Detlev Samland im *Sozialdemokratischen Pressedienst*: „Ja zu den Diäten – Nein zur Arbeit" (SDPR, 12.08.1993). Diese Botschaft wurde dann im *Vorwärts* in „Die REP's im Europäischen Parlament kassieren Diäten, aber arbeiten nicht" umformuliert (Vorwärts, 4/1994, S.25). Der zentrale Angriff auf dic Politik der REP las sich schließlich in der Broschüre so: „Die REP tritt als Retter der deutschen Sache auf. Aber sie müssen sich fragen lassen, ob es ihnen nicht in Wirklichkeit nur um eins geht: Noch mehr Sitze im Europäischen Parlament, damit ihre Abgeordneten noch weniger tun müssen und noch mehr abkassieren können. Ihr durch viereinhalb Jahre Obstruktion und Nichtstun ausreichend belegtes Motto ist: Faul sein fürs Vaterland!" (SPD, 1994, S.7) Inwieweit den Wählern mit einem solchen Diskurs nun tatsächlich die Augen geöffnet werden konnten, wie es der *Vorwärts* großspurig versprach, soll nachfolgend problematisiert werden. Dabei werden zunächst die einzelnen in den SPD-Wahlkampfmaterialien formulierten Kritikpunkte auf ihren tatsächlichen Gehalt hin untersucht, um abschließend den Sinn einer solchen Auseinandersetzung mit Rechtsextremen kritisch zu hinterfragen.

1. Die einzelnen Bestandteile der Untersuchung

Grundlage des sozialdemokratischen Wahlkampfdiskurses war eine Untersuchung von Claudia Zimmermann, Praktikantin der *Sozialistischen Fraktion*, über die parlamentarischen Aktivitäten der deutschen Abgeordneten, die 1989 über die Liste der REP ins EP gewählt worden waren (Zimmermann, 1993). Diese Untersuchung wird dargestellt und kritisch diskutiert, ebenso deren Darstellung in den bereits oben erwähnten Artikel von Detlev Samland im *Sozialdemokratischen Pressedienst* (SDPR, 12.08.1993), sowie in den Wahlkampfmaterialien, in dem Faltblatt und in der Broschüre (SPD, 1994 und SPD-FB, 1994).

In diese Erörterung werden auch die Reaktionen der davon betroffenen Fraktionsmitglieder (ER, 11/1993), der Kommentar von Harald Neubauer in *Nation und Europa* (NE, 6/1994, S.25-26) sowie die Entgegnungen der zu diesem Zeitpunkt bereits fraktionslosen Abgeordneten Grund (DZ-JF, 11/1993) und Schönhuber (ES-REP, 10/1993) mit einbezogen.

1.1. Präsenz in den Ausschüssen

Herzstück der Zimmermann'schen Untersuchung waren die Präsenzgrade der deutschen Abgeordneten in den Ausschüssen. Dabei ermittelte sie für den Zeitraum Juli 1989 bis Juni 1993 die folgenden Zahlen:

– Johanna-Christina GRUND

> *Ausschuß für Rechte und Bürgerrechte*: anwesend an 29 von 70,5 möglichen Tagen, 41,1%

> *Ausschuß für die Rechte der Frau*: anwesend an 6 von 70 möglichen Tagen, 5,7%

– Klaus-Peter KÖHLER

> *Ausschuß für Umweltfragen*: *Volksgesundheit und Verbraucherschutz*, anwesend an 10 von 45 möglichen Tagen, 22%

> *Ausschuß für Energie, Forschung und Technologie*: anwesend an 0 von 25 möglichen Tagen, 0%

– Harald NEUBAUER

> *Ausschuß für Außenwirtschaftsbeziehungen*: anwesend an 7 von 45 möglichen Tagen, 15,5%

> *Ausschuß für Umweltfragen, Volksgesundheit und Verbraucherschutz*: anwesend an 0 von 25,5 möglichen Tagen, 0%

– Emil SCHLEE
> *Ausschuß für Energie, Forschung und Technologie*: anwesend an 22 von 70,5 möglichen Tagen, 31,2%
– Hans-Günter SCHODRUCH
> *Ausschuß für Haushaltskontrolle*: anwesend an elf von 70,5 möglichen Tagen, 15,6%
> *Ausschuß für Verkehr und Fremdenverkehr*: anwesend an 16 von 25,5 möglichen Tagen, 71,1%
– Franz SCHÖNHUBER
> *Politischer Ausschuß*: anwesend an drei von 45 möglichen Tagen, 6,7%
> *Ausschuß für Kultur, Jugend, Bildung und Medien*: anwesend an zwei von 25,5 möglichen Tagen, 7,8%

Allerdings tauchen im Anhang dieser Ausarbeitung auch Säulendiagramme zu den Häufigkeiten bei den Ausschußsitzungen auf, welche teilweise höhere Präsenzgrade ausweisen; wie diese differierenden Zahlen zustande kommen, bleibt unklar (Zimmermann, 1993, S.29-34 und Fromm/Kernbach, 1994b, S.184).

Die Untersuchungsergebnisse wurden später detailliert in der SPD-Broschüre über die REP veröffentlicht (SPD, 1994, S.22-23). Nach Darstellung Detlev Samlands im *Sozialdemokratischen Pressedienst* käme die Studie zusammenfassend zu „erschreckenden Ergebnissen: Gerade einmal 20 Prozent (von 519 nur 104) aller möglichen Sitzungstage der Ausschüsse in denen die REPS Mitglied sind, wurden von ihnen wahrgenommen." Was daran nun erschreckend sein soll, bleibt Samland den Lesern schuldig (SDPR, 12.08.1993).

Beobachtet wurde der Zeitraum Juli 1989 bis März 1993; mitgezählt wurden auch diejenigen Sitzungen, in denen sich die Abgeordneten durch einen Stellvertreter vertreten ließen. Zur Berechnungsgrundlage: „Ein Ausschuß tagt – je nach Arbeitspensum – im Durchschnitt 1,5 Tage im Monat. Das wären in einem Jahr 18 Tage und bezogen auf die bisherige Legislaturperiode (Juli 1989 bis Juni 1993) 70,5 Tage." Ausgewertet wurden dabei die Abstimmungslisten, „da die bloße Leistung einer Unterschrift im Ausschußprotokoll noch keine tatsächliche Teilnahme an den Ausschußsitzungen garantiert." (Zimmermann, 1993, S.29-34)

Die Vorgehensweise, ausschließlich die Auswertung der Abstimmungslisten vorzunehmen, wurde indes von den untersuchten Fraktionsmitgliedern, seinerzeit nur noch die Herren Neubauer, Köhler und Schodruch, in einer gemeinsamen Erklärung als „methodischer Trick" bezeichnet. Vielmehr sei es umgekehrt richtig, da nämlich die Abstimmungen den geringsten Teil der Arbeit in den Ausschüssen einnehmen. „Meistens wird referiert und diskutiert. Wer zu den Abstimmungen erscheint, muß keineswegs auch mitgearbeitet haben. Außerdem hat die Fraktion der Europäischen Rechten beschlossen, sich nicht an Abstimmungen zu beteiligen, die ihrer Ansicht nach in nationale Kompetenz fallen bzw. rein technokratischer Natur sind."

Dabei sei in den Anwesenheitslisten vermerkt, daß die Abgeordneten der Europäischen Rechten regelmäßig an nahezu allen Sitzungen der ihnen zugewiesenen Ausschüsse teilnehmen, doch tagten die Ausschüsse, von denen es insgesamt 23 gibt, nicht selten parallel, so daß der Abgeordnete dann jenen Ausschuß bevorzuge, dessen Tagesordnung ihn und seine Fraktion mehr interessiere (ER, 11/1993). Dazu ist grundsätzlich natürlich festzuhalten, daß für solche Fälle schließlich noch stellvertretende Ausschußmitglieder von den Fraktionen benannt worden sind. Die aber fehlten offenbar ebenfalls auf den Abstimmungslisten, denn sie wurden laut Claudia Zimmermann bei der Auswertung mitgezählt, sofern sie anwesend waren. Und da die Fraktionsmitglieder höchstens in je zwei Ausschüssen gleichzeitig als ordentliche Mitglieder vertreten waren, wäre wohl zumindest in je einem davon eine kontinuierliche Anwesenheit auch bei den Abstimmungen sicherlich möglich gewesen (vgl. Zimmermann, 1993, S.2-3 und 29).

Auch die seinerzeit fraktionslose Abgeordnete Grund verwies bezüglich ihrer parlamentarischer Aktivitäten in den Ausschüssen auf die Anwesenheitslisten, und nannte die von Detlev Samland bekanntgemachten Zahlen „die absurdeste aller Lügen" (SDPR, 12.08. 1993 und DZ-JF, 11/1993, S.18).

Zu der Aussagekraft der Anwesenheitslisten, die von den euro-rechten Fraktionsmitgliedern und von Frau Grund als Gradmesser ihres parlamentarischen Fleißes angeführt werden, vermerkte eine Mitarbeiterin der *Fraktion der sozialdemokratischen Partei Europas* (PSE) im EP, daß dies Selbstbetrug sei, da es zahlreiche Abgeordnete, freilich nicht nur von der DR-Fraktion gäbe, die sich in die Listen der Tagegelder wegen einschreiben und danach den Saal wieder verlassen (PSE-Interview und Jacobs/Corbett/Shackleton, 1992, S.41). Dieses Tagegeld belief sich 1996 auf umgerechnet 381,- DM pro Sitzungstag (SP, 29/1996, S.73). „Strikt wissenschaftlich sagt die Anwesenheitsliste lediglich aus, daß der Abgeordnete x an einem Moment y das Unterschriftenbrett passiert hat." (ELDR-Interview)

Auch die Abstimmungslisten der Ausschüsse sind nach Auskunft der PSE-Mitarbeiterin nur bedingt ein Indikator parlamentarischer Mitarbeit, denn: Wer abstimmt, muß nicht unbedingt an dem Gegenstand mitgearbeitet haben. Zumal jeder Abgeordnete dabei auch seinen eigenen Gegenstand habe, und sich nicht in allen Politikbereichen auskennen könne (PSE-Interview).

Auch ist zu erwägen, daß gerade bei Abstimmungen in den Ausschüssen sich die Reihen füllen dürften, wie dies auch bei den Plenarsitzungen der Fall ist, so daß dann auch diejenigen Ausschußmitglieder anwesend wären, die sich sonst nicht weiter aktiv in den Gremien engagieren. Hier könnten sich die Großfraktionen, die durch mehrere Mitglieder in den Gremien vertreten sind, vorab untereinander verständigen, auch um ihre Positionen bei den Abstimmungen abzusprechen. Ferner spielen die Mitarbeiter des Fraktionssekretariats in ihrer Eigenschaft als Beobachter in den Ausschüssen eine wichtige Rolle, die dann gegebenenfalls zu den entsprechenden Abstimmungen die betreffenden Fraktionsmitglieder zusammentrommeln müssen (Jacobs/Corbett/Shackleton, 1992, S.80).

Die deutschen Mitglieder der *Technischen Fraktion der Europäischen Rechten* verwiesen darauf, daß den Großfraktionen „noch riesige Mitarbeiterstäbe und die von ihnen beherrschten Parlamentsinstitutionen zur Verfügung" stünden (ER, 11/1993). Inwieweit es nun tatsächlich Behinderungen durch Parlamentsinstitutionen gab, dazu bleiben sie an dieser Stelle allerdings nähere Auskünfte schuldig.

Diese Behauptung entpuppt sich bei genauerer Betrachtung als falsch, hatte doch die DR-Fraktion im März 1992 mit 17 Mitarbeitern einen Stab, der mehr Personen umfaßte, als sie selbst Abgeordnete zählte (EP-Orga, 1992, S.25-26 und 32-34). Richtig ist andererseits aber auch, daß bei der Verfolgung von Ausschußsitzungen durch die Fraktionsmitarbeiter kleinere Fraktionen schließlich doch strukturelle Nachteile haben, da sie diesbezüglich absolut gesehen weniger Personal für die einzelnen Gremien aufzubieten haben.

Hieran wird deutlich, daß parlamentarische Aktivitäten insgesamt kaum objektiv meßbar sind, weder anhand der Anwesenheits-, noch anhand der Abstimmungslisten. Wenn Fraktionsmitglieder der Euro-Rechten bei Abstimmungen nicht anwesend sind, sind sie also damit nicht automatisch 'fauler' als ihre Parlamentskollegen. Vielmehr zeigt sich darin aber ein offensichtlich gleichgültiges bis gespanntes Verhältnis zu parlamentarisch-demokratischen Abstimmungsprozessen, beziehungsweise aber auch die Geringschätzung einer kontinuierlichen Beobachtung jener durch Fraktionsmitarbeiter (Jacobs/Corbett/ Shackleton, 1992, S.80-81; und Zeit, 03.06.1994). Darüberhinaus zeigte sich, daß für sie die nationale Präsenz und die Finanzierung von Infrastruktur vor Ort aus Parlamentsmitteln im Zweifelsfalle wichtiger als die Betreuung der Parlamentsarbeit ist. Denn ein Teil des Mitarbeiterstabs der *Technischen Fraktion der Europäischen Rechten* war fernab des EP in Paris ansässig, beziehungsweise betreute auch ein – inoffizielles – Bonner Büro.

Darüberhinaus drängt sich bei der Diskussion um die Ausschußaktivitäten allerdings auch eine historische Parallele zu Hitler auf, der seinerzeit zum Führerprinzip und zur Ausschußarbeit vermerkte: „Abstimmungs-Ausschüsse gibt es nicht, sondern nur Arbeits-Ausschüsse. (...) Damit ist die Bewegung aber antiparlamentarisch, und selbst ihre Beteiligung an einer parlamentarischen Institution kann nur den Sinn einer Tätigkeit zu deren Zertrümmerung besitzen" (Hofer, 1982, S.35-36).

Aufgrund der eher geringen Aussagekraft der Abstimmungslisten ist deshalb auch darauf verzichtet worden, die ermittelten Zahlen durch eigene Recherchen zu den Anwesenheiten der übrigen Fraktionsmitglieder bei Abstimmungen in den Ausschüssen zu ergänzen, so daß dieser Aspekt auch im vorangegangenen Kapitel über die parlamentarische Arbeit der DR-Fraktion keine Rolle spielte.

Schließlich mußte dann auch Gerhard Schmid, der verantwortlich für die entsprechende SPD-Broschüre ist, einräumen: „Parlamentarischer Fleiß ist nicht zu messen.“ Um aber die eigene Untersuchung nicht völlig zu entwerten, fand er auch: „Jedoch gibt es einige Kernbereiche, die von jedem Abgeordneten erfüllt werden müssen. Dazu gehören die Anwesenheit in den Ausschüssen und bei Abstimmungen im Plenum.“ (SPD, 1994, S.31 und Schmid-Brief).

1.2. Mitgliedschaften in den Ausschüssen

Fragwürdig ist in der SPD-Untersuchung ferner die ‘Kritik’ an den rechten Abgeordneten, daß sie in den 23 ständigen Parlamentsausschüssen mangelhaft vertreten seien. „Sie verschenken damit die Möglichkeit, politisch wirksam auf europäischer Ebene tätig zu werden. Wichtige Politik-Bereiche decken sie überhaupt nicht ab.“ (SPD, 1994, S.19-20) Darauf wies auch Detlev Samland hin, doch räumte er andererseits auch ein, daß der Abgeordnete Neubauer durchaus im *Ausschuß für Umweltfragen und Verbraucherschutz* Mitglied war, wo er sich für das Reinheitsgebot für deutsches Bier, was er als sein Thema ausgab, hätte stark machen können (SDPR, 12.08.1993).

Aufgrund der Zahlen vom März 1993 (vgl. VI 3.1) ergibt sich auch das Bild, daß sie durchaus nicht in weniger Ausschüssen als etwa ihre sozialdemokratischen Kollegen präsent waren: Den 19 Ausschüssen und den vier Unterausschüssen gehörten insgesamt 738 Mitglieder an. Bei insgesamt 518 Abgeordneten bedeutet dies, daß ein Europaabgeordneter durchschnittlich 1,425 solchen Gremien angehört; also ein Mittelwert von 1-2 Aussschußmitgliedsschaften. Die 14 Abgeordneten der DR-Fraktion besetzten 18 Ausschüsse und zwei Unterausschüsse mit je einem Abgeordneten. Somit gehörte ein Abgeordneter jener Fraktion durchschnittlich 1,429 solchen Gremien an; ein leicht überdurchschnittlicher Wert im Vergleich zur Gesamtheit der EP-Abgeordneten also, der gleichwohl aber nicht sehr stark davon abweicht.

Die drei zu jenem Zeitpunkt fraktionslosen deutschen Abgeordneten Grund, Schlee und Schönhuber gehörten insgesamt vier Ausschüssen an; also ein etwas unterdurchschnittlicher Durchschnittswert von 1,333 (EP-Liste, 08.03. 1993). Dabei wies die Abgeordnete Johanna-Christina Grund in ihrer Entgegnung auf Detlev Samland daraufhin, daß sie in zwei Ausschüssen Titularmitglied sei; er dagegen nur in einem (DZ-JF, 11/1993, S.18). Was sich freilich, wie hier erläutert, durchaus im Bereich des Üblichen bewegt.

Größere Abweichungen ließe die Geschäftsordnung des EP auch gar nicht zu, da sie zur Ausschußbesetzung nämlich vorschreibt, daß bei der Besetzung der Ausschüsse und nichtständigen Untersuchungsausschüsse „einer *gerechten Vertretung nach* Mitgliedsstaaten und *politischen Richtungen* Rechnung“ zu tragen sei (EP-GO, 1993, S.92; Hervorhebung von mir, A.O.).

Somit stimmt allerdings auf der anderen Seite auch nicht, was die deutschen Fraktionsmitglieder in ihrer Entgegnung zu ihrer angeblich mangelhaften Vertretung in den verschiedenen Ausschüssen schreiben: „Kleine Fraktionen, die mit wenigen Mitgliedern Dutzende von Ausschüssen und Delegationen abdecken müssen, tun sich hier natürlich weit schwerer als die großen Fraktionen mit Hunderten von Abgeordneten. Die drei deutschen Mitglieder der Fraktion haben jedenfalls das gleiche Pensum zu bewältigen wie ihre 31 sozialistischen und 32 christdemokratischen Kollegen aus Deutschland." (ER, 11/1993) Doch derlei unwahre Behauptungen dürften sich vor allem deshalb verfangen, weil es die Gegenseite zuvor schließlich ja mit den Fakten auch nicht so genau genommen hat.

1.3. Ausschußvorstände und Ausschußberichte

Ebenso fragwürdig wird der Aspekt der Besetzung der Ausschußvorstände und der Berichterstattung in den Ausschüssen abgehandelt. So vermerkte Zimmermann in ihrer Studie noch, daß die Abgeordneten aufgrund ihrer weitgehenden politischen Isolation im EP kaum eine Chance hätten, als Berichterstatter von Ausschüssen benannt zu werden oder gar einen Ausschußvorsitz zu bekommen, so daß ihr Einfluß sehr gering bleibe und sich auf publikumswirksame Reden im Plenum beschränke (Zimmermann, 1993, S.5).

Im SPD-Wahlkampf wurde der Spieß umgedreht, um jenen Abgeordneten genau daraus einen Vorwurf zu machen: So hielt es dann Detlev Samland für nötig, sich über die Gewichtigkeit der Themen, über die die rechten Abgeordneten berichten durften, lustig zu machen, und würdigte die Berichterstattung im Falle Frau Grunds auch zu einer einfachen Bearbeitung herunter, was diese dann auch in ihrer Entgegnung in der *Jungen Freiheit* als „Lüge" anprangern konnte (SDPR, 12.08.1993 und DZ-JF, 11/1993, S.18).

In der SPD-Wahlkampfbroschüre hieß es dazu dann schließlich: „Manche Instrumente parlamentarischer Arbeit, wie zum Beispiel (...) Berichterstattung für Ausschüsse, werden von ihnen überhaupt nicht genutzt." (SPD, 1994, S.20)

Auf die Ausschußvorstände wurde darin mit keinem Wort eingegangen. Angesichts einer Handgreiflichkeit rechtsextremer Parlamentarier gegenüber dem Saaldienst angesichts der Ausgrenzung auch bei der Besetzung der Vorstände der innerparlamentarischen Delegationen, wies die SPD darauf hin, daß es darum gegangen sei, daß „ausgerechnet" das DR-Fraktionsmitglied Klaus-Peter Köhler stellvertretender Vorsitzender einer Delegation für die Beziehungen zu Israel werden wollte, was seiner Fraktion freilich nach dem d'Hondtschen Verteilungssystem durchaus zugestanden hätte, um sich dann schließlich darüber zu ereifern, auf „welchem Niveau sich 'Republikaner'-Auftritte im Europäischen Parlament bewegen" (SPD, 1994, S.15-16 und Jacobs/Corbett/Shackleton, 1992, S.154).

1.4. Anfragen und Entschließungsanträge

Die im vorangegangenen Kapitel ausführlich analysierten Anfragen und Entschließungsanträge der deutschen Abgeordneten spielten in der Untersuchung freilich eher eine Nebenrolle. In Claudia Zimmermanns Untersuchung wurden sie zwar aufgelistet, ohne diese aber weiter systematisch zu analysieren (Zimmermann, 1993, S.21-49), etwa in einer fraktionsbezogenen Analyse, differenziert nach nationalen Gruppen, wie im vorangegangenen Kapitel dieser Arbeit (vgl. 6.2.2).

Dann hätte sich nämlich gezeigt, daß der bereits im vorangegangenen Punkt zitierte Vorwurf, manche „Instrumente parlamentarischer Arbeit wie zum Beispiel schriftliche oder mündliche Anfragen" blieben ungenutzt (SPD, 1994, S.20), hier kaum auf die gesamte DR-Fraktion verallgemeinerbar sein dürfte; zumal es schon nicht einmal für alle deutschen Rechts-Abgeordneten uneingeschränkt gilt.

Denn nach den Fraktionsaustritten machte noch die Abgeordnete Grund von ihren diesbezüglichen parlamentarischen Rechten Gebrauch. Aus dieser Zeit sind noch sieben Anfragen (QP) bekannt, die allein ihren Namen tragen. Wenngleich in Rechnung gestellt werden muß, daß fraktionslose Abgeordnete geringere Wirkungsmöglichkeiten haben; so fällt doch das geringe Interesse an Sachfragen auf, das sich in den nicht vorhandenen Anfragen der anderen Abgeordneten zeigt.

Was aber im Umkehrschluß auch Grund einige Berechtigung für ihre Empörung in ihrer Entgegnung auf Detlev Samland gab, in der sie nämlich vermerkte: „Detlev Samland macht sich schuldig, weil er nicht differenziert, weil er die fleißig und verantwortungsbewußt arbeitende Abgeordnete Johanna Grund in einen Topf mit Abgeordneten anderer Parteien und sogar einer anderen Fraktion wirft, denen er allesamt Faulheit unterstellt." (DZ-JF, 11/1993, S.18)

Allerdings wäre ihr hier sicherlich entgegenzuhalten, daß ihre vergleichsweise 'zahlreichen' Aktivitäten im Relation zu ihren deutschen Kollegen sich im Vergleich zu ihren früheren Fraktionskollegen von der *Front National* sowie auch zu den ebenfalls fraktionslosen MSI-DN-Vertretern doch eher kümmerlich ausnehmen.

1.5. Anwesenheiten im Plenum

Auch die Präsenzgrade im Plenum des Parlaments werden in der Untersuchung in einer recht verzerrenden Weise analysiert. Die Teilnahme an den Plenarsitzungen wurde dazu anhand der Anwesenheitslisten der Plenarprotokolle ermittelt. Dabei kam Claudia Zimmermann zu den folgenden Ergebnissen, wobei sie die Abwesenheitsraten in den Vordergrund stellte:

„F. Schönhuber war am häufigsten abwesend (20,6%), gefolgt von E. Schlee (17,2%). K-P Köhler und H. Neubauer waren jeweils 9% der Zeit abwesend, H-

G Schodruch 3,8%. J. Grund war fast nie abwesend (2,5%)". Weil ihr Vergleichsdaten der anderen Abgeordneten offenbar nicht vorlagen, sie sich wohl auch gar nicht weiter darum bemüht hatte, kam sie dann zu der fragwürdigen Schlußfolgerung „Die Teilnahme an den Parlamentssitzungen in Straßburg muß man als mäßig bezeichnen." (Zimmermann, 1993, S.6, 14 und 37-38)

Im *Sozialdemokratischen Pressedienst* wurden die Präsenzgrade im Plenum nicht erwähnt (SDPR, 12.08.1993). Die davon betroffenen deutschen DR-Fraktionsmitglieder, denen die Zimmermannsche Untersuchung vorlag, vermerkten zu der Wertung der Praktikantin:

„Hier undifferenziert von 'mäßiger' Beteiligung zu sprechen, ist eine glatte Lüge. Den Medien wurden diese Daten verschwiegen. (aber auch die von den Fraktionsmitgliedern genannte Wertung der Praktikantin dazu, A.O.) In der Presseerklärung des SPD-Abgeordneten Samland waren sie nicht zu finden" (ER, 11/1993). Als die Untersuchung für den Europawahlkampf dann in die genannte SPD-Broschüre einfloß, las sich der Aspekt so: „Sitzungsschwänzer. Nimmt man den Zeitraum vom Juli 1989 bis zum Mai 1993 dann fehlten von den 232 Sitzungstagen: Schönhuber 21 Prozent, Schlee 17 Prozent, Köhler und Neubauer 9 Prozent (...) Allerdings sagt eine geleistete Unterschrift auf der Anwesenheitsliste noch längst nichts über die tatsächliche Präsenz und Mitarbeit im Plenum aus. Namentliche Abstimmungen offenbarten häufig, daß die REP trotz Eintrags in die Anwesenheitsliste an den Sitzungen gar nicht teilgenommen hat. Es gab nur wenige Tage, an denen alle sechs REP und Ex-REP zusammen ihre Stimme abgegeben haben." Konkrete Zahlen werden hierzu allerdings nicht genannt (SPD, 1994, S.20-21).

Dieser Aspekt wurde auch in der Untersuchung von Claudia Zimmermann angesprochen, doch mußte sie auch einräumen, daß „namentliche Abstimmungen im Plenum nicht sehr häufig durchgeführt" worden sind. Auch sie nannte keine konkreten Zahlen über die Präsenzgrade bei Abstimmungen, sondern schrieb ziemlich unpräzise: „Es zeigte sich, daß es nur wenige Tage in der Legislaturperiode gab, an denen alle Abgeordneten an einer Abstimmung mit teilnahmen. Am häufigsten stimmten J. Grund, K-P Köhler, H. Neubauer und H-G Schodruch mit ab." Also war doch immerhin bei vier der sechs Abgeordneten diesbezüglich eine relativ kontinuierliche Teilnahme feststellbar. Und Abstimmungshäufigkeiten anderer Abgeordneter wurden hierzu im Hinblick auf eine komparative Analyse auch gar nicht erst eingeholt (Zimmermann, 1993, S.15).

Eine solche vergleichende Auswertung wurde aber in der FAZ in Zusammenarbeit mit einigen anderen europäischen Zeitungen durchgeführt. Bei dem internationalen Vergleich stellte sich in der Gesamttendenz heraus, daß die Teilnahmehäufigkeiten mehr zwischen den untersuchten Nationen, als bei nationalen Abgeordneten untereinander differierten; worin sich letztlich die verschiedenen nationalen Parlamentarismusverständnisse niederschlagen.

Speziell auf diese Auswertung konnte sich im Juni 1994 schließlich Harald Neubauer beziehen, als er in der Endphase des Europawahlkampfes in *Nation und Europa* einen Kommentar unter der Schlagzeile „Der Lügen-Wahlkampf" publizierte, in der er die Anwesenheitsgrade im Plenum als den Gradmesser parlamentarischen Fleißes schlechthin darzustellen versuchte. Dabei nannte er freilich nur die Anwesenheitsgrade der deutschen Abgeordneten, von denen es „die Sozialdemokraten bei EP-Plenartagungen auf eine Präsens von 78 Prozent" brachten, „die Christdemokraten und Christsozialen auf 80,3 Prozent, die Grünen auf 74,5 Prozent, die FDP auf 87,8 Prozent und die sechs Rechten auf – *88 Prozent!* Sie lagen damit klar vor dem deutschen Durchschnitt von 80 Prozent und weit vor dem europäischen Schnitt von 74 Prozent. Spitzenreiterin aller 518 Parlamentsmitglieder war mit 95,6 Prozent Anwesenheit die deutsche Abgeordnete Johanna Grund – ebenfalls eine Rechte." Ihnen stellte er noch die signifikant geringen Prozentzahlen zweier deutscher sozialdemokratischer Abgeordneter gegenüber, nämlich Gerhard Schmid mit 50,5% und Heinke Salisch mit 46,1%.

Doch zitierte die FAZ auch den CDU-Abgeordneten Siegbert Alber, der selbst bei 94,2% der Plenarsitzungen anwesend war, mit der Bemerkung: „Es ist unfair, Kollegen nur an der Präsenz zu messen." Dieses Zitat scheint Neubauer offenbar übersehen zu haben.

Die FAZ zitierte ferner Otto von Habsburg mit der Aussage, daß er „kein Verständnis für die Abgeordneten, die am Freitag nicht anwesend sind" habe, „und noch weniger für die, die vor neun Uhr ihre Unterschrift leisten und dann verschwinden" (NE, 6/1994, S.25-26 und FAZ, 24.05.1994, S.5). Dies macht denn auch gerade die Kritik von der extremen Rechten an der Untersuchungsmethode, speziell bei den Ausschußsitzungen nicht die Anwesenheits- sondern die Abstimmungslisten ausgewertet zu haben (vgl. 7.1.1), nur noch fragwürdiger.

1.6. Zusammenfassung

Insgesamt zeigt sich hier, daß schlampig recherchierte Auswertungen, aus denen auch noch viel zu voreilige Schlüsse gezogen werden, für die extreme Rechte insofern ein gefundenes Fressen sind, um anhand der tatsächlich vorhandenen Defizite den politischen Gegner vorführen zu können.

Hier hatte sich die SPD wohl auf ein Terrain begeben, bei dem mehr Vorsicht angebracht gewesen wäre. Darüber hinaus stellt sich die Frage, ob die SPD nicht besser daran getan hätte, sich vornehmlich mit den Politikinhalten der extremen Rechten auseinanderzusetzen. Inwieweit dies darüberhinaus auch geschah, soll daher im folgenden dargestellt und erörtert werden.

2. „Faul sein für's Vaterland"

Mit ihrer Themensetzung „Faul sein für's Vaterland" hatte die SPD einen typisch rechtsextremen Ansatz aufgegriffen, bei dem nicht 'arm' oder 'reich', sondern 'faul' und 'fleißig' die gesellschaftlichen Antagonismen darstellen (SPD, 1994 und Schwagerl, 1993, S.177). So heißt laut Le Pen ja gerade auch „das französische Übel Dekadenz", womit er „die Weigerung sich anzustrengen, Verantwortung zu übernehmen, Opfer zu bringen, geistige, moralische und gesellschaftliche Disziplin zu wahren" meint (Kleiser, 1990, S.86).

Bereits Ende 1992 war von Autoren aus hochrangigem SPD-Umfeld das Buch *Ein Manifest. Weil das Land sich ändern muß* (im folgenden kurz: *Manifest*) erschienen, das von der bundesdeutschen Gesellschaft mehr Opferbereitschaft, anstelle des angeblich verbreiteten sogenannten „Toskana-Hedonismus", einfordert.

Die Autoren sind Wilhelm Nölling, ehemals Präsident der Hamburger Landeszentralbank, der Theologe und Politiker Richard Schröder, der ehemalige Bundeskanzler und *Zeit*-Herausgeber Helmut Schmidt, der stellvertretende Vorsitzende der SPD-Bundestagsfraktion Wolfgang Thierse sowie Edzard Reuter, der zugleich Vorstandsvorsitzender der Daimler Benz AG war. Diese SPD-Runde wird allenfalls durch zwei weitere Mitautoren, die parteilose *Zeit*-Herausgeberin Marion Gräfin Dönhoff und den Geschäftsführer des Bonner Instituts für Wirtschaft und Gesellschaft Meinhard Miegel, welcher „der CDU kritisch zugetan ist", leicht relativiert (SP, 48/1992, S.41).

Die zentrale Botschaft besteht in der Popularisierung eines gesamtgesellschaftlichen Paradigmenwechsels: Treue zur Sache und Person, Zuverlässigkeit, Fleiß und Pflichterfüllung und Dienen-Können seien Grundvoraussetzungen um Deutschland wieder auf Vordermann zu bringen (Dönhoff et al, 1993 und Schneider, 1993, S.13).

Passend zu diesem zunehmend reaktionären Diskurs – die SPD hatte gerade die sogenannte 'Petersberger Wende' vollzogen – verkündete der Vorsitzende Scharping, daß er „Pflichterfüllung und Selbstdisziplin" wieder zum wichtigsten Maßstab erheben wolle.

Dazu plakatierte die SPD im Europawahlkampf 1994 den Slogan: „Arbeit! Arbeit! Arbeit!"

Andererseits plakatierte sie aber auch noch einen im Kahn schlafenden Mann, der zu dem Slogan „Sicherheit statt Angst" Sorglosigkeit versinnbildlichen sollte, damit aber offensichtlich aber auch seinem Müßiggang fröhnte. Über das Plakat, was somit nicht ganz ins pflichtbewußte Konzept paßte, erregte sich nach der Wahl der SPD-Politiker Gerhard Schröder, weil bei dessen Anblick das Gefühl 'Die Sozis wollen nicht richtig arbeiten' entstehen könnte (SP, 25/1994, S.21-22 und Ebermann/Trampert, 1993, S.11).

Zentrales Ideologem speziell des Rechtspopulismus ist dabei die Betonung des Gegensatzes zwischen rechtschaffenen, arbeitsamen und produktiven Bürgern, wobei suggeriert wird, daß Kapital und Lohnabhängige in einem Boot säßen, und dem Zugriff der Krake Staat mit den korrupten „Systemparteien", die bloß „reden" (Braun, 1993, S.131-132), was sich dann freilich in letzter Analyse gerade auch gegen die Sozialdemokratie richten dürfte.

Das wird begleitet von Ressentiments gegen Korruption, die sich in Zeiten der Rezession noch verschärfen. Sie gehören ebenfalls zum Standardrepertoire der REP, so im März 1993 auf ihrer Parteizeitung mit der Schlagzeile: „Die 'gekaufte Republik' – Korruption und Mißwirtschaft" (VS, 1994, S.138) Und auf einer Wahlkampfzeitung von 1994: „Wo soll das noch enden? Allein gegen die Raffia" (VS-NRW, 1995, S.78).

Im mehrheitlich sozialdemokratisch ausgerichteten *Manifest* ließt sich das dann so: „Wir haben es satt, in einer Raffgesellschaft zu leben, in der Korruption nicht mehr die Ausnahme ist und in der sich vieles nur noch ums Geldverdienen dreht." Die Nähe zu den aus Verfassungsschutzberichten zitierten REP-Parolen ist eklatant. Doch weiter heißt es auch: „Das Prinzip der sozialen Marktwirtschaft ist als Wirtschaftsprizip unentbehrlich, aber es darf nicht als Entschuldigung für Nichthandeln mißbraucht werden." (Dönhoff et al, 1993, S.16). Dabei ist es gerade dieses Prinzip, welches einer Schicht von Funktionsträgern in Führungspositionen entsprechende Vorteilsnahmen ermöglicht, welche der Masse der einfachen Steuerzahler verwehrt bleiben, die genau dafür aber bezahlen dürfen (Kühnl, 1992, S.734).

Politisch daneben greift auch die weit verbreitete Verachtung für die kleinen Korruptionsfälle, deren dilettantisch agierende Täter sich bei ihrem Tun auch noch erwischen lassen, während denjenigen, die ihr Handwerk perfekt beherrschen, und sich auch in ganz anderen Größenordnungen bewegen, eher noch Bewunderung zuteil wird (Schandl, 1995, S.7). So kam der SPD-Diskurs über die REP-Abgeordneten auch schon ohne die konkrete Benennung einer übermäßigen Vorteilsnahme aus, da es vor allem um die Festellung ging, daß sie für ihre Diäten und Bezüge nichts täten (SDPR, 12.08.1993 und Vorwärts, 4/1994, S.25).

Die Fraktionsreisen, die 1993 vom *Guardian* aufgedeckt wurden, spielten im SPD-Wahlkampf keine Rolle, obwohl es dabei auch um die angebliche oder tatsächliche Faulheit der rechtsextremen Parlamentarier ging. Denn bei der Darstellung einer viertägigen Exkursion der DR-Fraktion auf Korfu im Juni 1993 hob die Zeitung extra hervor, daß während des gesamten Aufenthalts nur vier Stunden tatsächlich zur politischen Diskussion genutzt worden seien; in der übrigen Zeit habe man die „rightwingers" am Swimming Pool des Hotels oder am Strand antreffen können (Guardian, 21. und 29.06.1993). Schönhuber stellte selbst bereits anläßlich seines Fraktionsaustritts im Dezember 1990, also lange bevor das Thema von anderer Seite aufgegriffen wurde, fest, daß er „auf die sogenannten Fraktionsreisen", die „teilweise den Charakter von Bade- und Urlaubsreisen" gehabt hätten, „gerne verzichten" könne (REP, 12/1990, S.3).

Daß dies von der SPD nicht thematisiert wurden, dürfte freilich an zwei Faktoren liegen: zum einen an der Reisetätigkeit der anderen Fraktionen, bis hin zur Zweckentfremdung von europaparlamentarischen Mitteln gerade seitens der *Fraktion der Sozialdemokratischen Partei Europas* (PSE) für eine Konferenz der Sozialdemokratischen Parteien Europas in Portugal im März 1996 (EU-DOC, 1993 und Spegel, 1996).

Zum anderen aber auch an dem offensichtlichen Versagen der europaparlamentarischen Haushaltskontrolle, denn der 25köpfige *Ausschuß für Haushaltskontrolle* wacht eigentlich darüber, daß keine parlamentarischen Mittel verschwendet werden. Doch nach Angaben des *Spiegel* arbeiten nicht einmal die Hälfte der Ausschußmitglieder dort regelmäßig mit. So wurden denn auch die entsprechenden Finanzskandale in der Regel von der Presse aufgedeckt (SP, 19/1994, S.20). In der SPD-Broschüre richtete sich bezüglich des zuständigen Kontrollausschusses nur der Blick auf den Abgeordneten Hans-Günter Schodruch: „Im Ausschuß für Haushaltskontrolle, einem der ganz wichtigen Gremien, (...) war [er] nur an 11 von 70,5 Tagen dabei." (SPD, 1994, S.23)

Im Vorfeld der Europawahl hatte *Der Spiegel* aber ausgerechnet Detlev Samland, der parlamentsintern als „gefürchteter und fleißiger Haushaltsexperte" gilt, mit den Worten zitiert: „Wer würde zu Hause schon mitkriegen, wenn ich mir hier einen schönen Lenz mache." (SP, 19/1994, S.20) Er war damals einfaches Mitglied im *Haushaltsausschuß* (C3) unter dem Vorsitz seines Parteifreundes Thomas von der Vring, von dem er nach der Wahl auch den Ausschußvorsitz übernahm. Dieser Ausschuß ist unter anderem auch für die Frage der „Mittelübertragungen im Rahmen der Bewilligung der Ausgaben" zuständig, der bei „Wahrnehmung seiner Zuständigkeiten (...) eng mit dem Ausschuß für Haushaltskontrolle" zusammenarbeitet (EP-Liste, 08.03.1993, S.87 und 12.12.1994, S.100 und EP-GO, 1993, S.135-136).

Claudia Zimmermann verwies in ihrer Untersuchung über die „faulen" Europaparlamentarier dazu auch noch auf die zusätzlichen Verpflichtungen der Rechts-Abgeordneten: „Da die Abgeordneten gleichzeitig in vielen Parteiämtern in Deutschland eingespannt sind – Beispiel Schönhuber – können sie ihre Wähler in Europa gar nicht angemessen vertreten." (Zimmermann, 1993, S.37) Dieser Aspekt wurde im Europawahlkampf nicht weiter verfolgt, da sich die SPD auch hier einen Lapsus hätte leisten können. Denn gerade der für die entsprechende Broschüre verantwortliche Gerhard Schmid hatte ebenfalls in seiner Eigenschaft als stellvertretender bayerischer SPD-Landesvorsitzender häufig Termine in Bonn und München, so daß er selbst auch nicht immer bei Plenarsitzungen anwesend war (SPD, 1994, S.31 und FAZ, 24.05.1994). Somit hätte dieser Vorwurf zum Eigentor werden können.

Bemerkenswert ist in diesem Zusammenhang, daß es Gerhard Schmid in dem nach der Europawahl 1994 erschienenen Volkshandbuch der deutschen Europaabgeordneten allerdings für nötig hielt, sein eigenes Engagement im EP besonders zu betonen: „schwerpunktmäßig mit der Energie- und Umweltpolitik der Europäischen Gemeinschaft beschäftigt; mehrfach Berichterstatter". Die anderen Abgeordneten begnügen sich dagegen damit, lediglich ihre Ausschußmitgliedsschaften und anderen Ämter im EP, sofern vorhanden, anzugeben (EP-Volkshandbuch, 1994, insbesondere S.112).

Bei einer näheren Betrachtung der Aktivitäten der SPD-Europaabgeordneten der Wahlperiode 1989-1994, wie sie ausführlich unter Punkt 5 des dokumentarisch-statistischen Anhangs geleistet wird, zeigt sich in diesem Zusammenhang, daß speziell bei Anfragen und Entschließungsanträgen Schmid wie auch Samland quantitativ häufig vertreten waren. Doch bei den Berichten läßt sich das nur von dem Abgeordneten Samland behaupten, der acht Berichte anfertigte, während Gerhard Schmid lediglich zwei erstellte.

In der Entgegnung auf die Pressemitteilung Detlev Samlands über die „faulen" REP-Abgeordneten verwies freilich die REP-Parteizeitung auf die zahlreichen zusätzlichen Verpflichtungen Schönhubers, etwa in seiner Eigenschaft als REP-Bundesvorsitzender und als Chefredakteur der Parteizeitung, welche der „weithin unbekannte" Europaabgeordnete Samland nicht habe (ES-REP, 10/1993).

Auch hier gelingt es so den rechten Abgeordneten auf relativ einfache Weise, die schwache SPD-Polemik umzudrehen und öffentlichkeitswirksam für ihre eigene Politik auszuschlachten.

3. Zum Sinn europaparlamentarischen Engagements

> „Hauptarena der Sozialdemokratie ist das Parlament. Das System des Faschismus fußt auf der Vernichtung des Parlamentarismus."
> Leo Trotzki (Schwarz, 1988, S.39)

Bei einer übergreifenden Betrachtung des SPD-Diskurses stellt sich freilich die grundlegende Frage: Kann die SPD überhaupt ein Interesse daran haben, daß sich die REP-Abgeordneten im Parlament für ihre Ziele engagieren? Diese Frage läßt die Broschüre offen. Die Fragwürdigkeit des ganzen „Faul sein für's Vaterland"-Diskurses (SPD-FB und SPD, 1994) wird aber letztendlich daran deutlich, daß die SPD selbst zugeben mußte, daß diese Abgeordneten aus ihrer Minderheitenposition heraus im EP ohnehin kaum wirklich etwas hätten bewegen können, selbst wenn sie sich darum bemüht hätten: „Als Fraktionslose sind die deutschen Rechten handlungsunfähig, selbst wenn sie mehr Fleiß an den Tag legen würden. Das mußten die fünf Schönhuber-Abweichler erfahren. Klaus-Peter Köhler gibt für das Gastspiel der deutschen Rechten nüchtern die Bankrotterklärung ab: 'Wir haben in Straßburg nichts bewegt.'" Auch auf die quantitative Schwäche der Rechts-Fraktion wies die SPD hin, so anhand der Redezeitaufteilung: „Das zeigt beispielhaft, daß in einem Rechtsbündnis im Europaparlament die Belange der deutschen Wähler untergebuttert werden." (SPD, 1994, S.17)

Allerdings wurden Partei- und Fraktionsmitgliedschaften hierbei nicht sauber auseinandergehalten, da gerade der Abgeordnete Köhler nämlich durchaus der DR-Fraktion, wenn auch nicht mehr der Partei angehörte, während umgekehrt der REP-Vorsitzende Schönhuber schon sehr bald der Fraktion den Rücken kehrte (SPD, 1994, S.19 und Abschnitte IV 2.2 und IV 2.3).

Und weiter: „Die Rechten sind im Parlament in einer ständigen Außenseiterrolle. Bei den Abstimmungen stehen sie meist gegen die überwiegende Mehrheit des Parlaments. Ihre eigenen Entschließungsanträge sind derart extrem formuliert, daß sie gar keine Chancen auf Verabschiedung haben." (SPD, 1994, S.20)

Claudia Zimmermann vermerkte über die deutschen REP-Abgeordneten, daß sie z.T. einer Fraktion angehören, „die vom gesamten Parlament gemieden wird", um sich kurz darauf darüber zu beklagen, daß sie „zu keiner konstruktiven Mitarbeit bereit" seien (Zimmermann, 1993, S.35 und 37). Und an anderer Stelle: „Da die Abgeordneten kaum eine Chance haben, als Berichterstatter in den Ausschüssen benannt zu werden oder Ausschußvorsitzende zu werden, ist ihr Einfluß sehr gering und beschränkt sich auf publikumswirksame Reden im Plenum." (Zimmermann, 1993, S.5) Das durfte freilich so offen nicht in die Wahlkampfbroschüre, weil dadurch der ganze Widersinn dieser sozialdemokratischen Agitation 'gegen Rechts' noch offenkundiger geworden wäre.

Angesichts einer solch unsystematischen und irrationalen Vorgehensweise muß sich aber SPD auch die fragen lassen, wie ernst sie selbst noch ihre eigene Klientel nimmt. So schrieb sie selbst über die REP, es gehe „ihnen nicht um Aufklärung, vielmehr (...) ohne Sinn und Verstand um die Wählerstimmen." (SPD, 1994, S.7) Aber auch sie SPD klärte nicht auf, weil sie sich hier nicht dazu bereit fand, über den Sinn parlamentarischen Engagements an sich zu reflektieren, gerade auch nicht angesichts des geringen politischen Gewichts des EP.

Die deutschen Abgeordneten der *Technischen Fraktion der Europäischen Rechten* nutzten die Gelegenheit, auf diese widersprüchliche Argumentation schließlich gestärkt zu reagieren: „Es wird also offen zugegeben, daß die rot-schwarze Parlamentsmehrheit den rechten Abgeordneten kaum eine Chance zur Mitwirkung einräumt. Gleichzeitig wird – heuchlerisch – über das angeblich mangelhafte Engagement der Rechten geklagt." Die Wertorientierung, daß Arbeitsfleiß ein Wert an sich sei, hinterfragen die rechten Abgeordneten natürlich nicht, wenngleich sie es propagandistisch auszunutzten versuchten, „daß ein Sozialist eine noch stärkere rechte Mitwirkung im Parlament anmahnt", was „bestenfalls zur kabarettistischen Pointe" tauge. Ansonsten sind sie aber darum bemüht, sich als parlamentarische Fleißarbeiter zupräsentieren (ER, 11/1993), und zeigten darin letztlich die eigene Irrationalität.

Infolge der Querelen bei den deutschen Abgeordneten vermerkte schon Harald Neubauer zum Engagement des Europaabgeordneten Franz Schönhuber: „Der Mann war kaum in Straßburg, hat so gut wie nichts gemacht und fiel hauptsächlich durch Dauerquerelen auf. Eine Lücke hinterläßt er nicht.“ (NE, 11-12/1990, S.16) Ganz anders schrieb nach der Europawahl 1989 noch Schodruch in der REP-Parteizeitung: „Die Ausführungen unseres Bundesvorsitzenden und Mitglieds der Gruppe der REPUBLIKANER in Straßburg haben bewiesen, daß trotz Ablehnung dieser EG die REPUBLIKANER nicht in Obstruktion verharren. Wir haben dort viel zu tun, und wir glauben, daß wir auch weiter erfolgreich für die Wahrnehmung deutscher Interessen tätig werden können.“ (REP, 9/1989, S.2)

Die Parteizeitung der REP unter der Ägide des fraktionslosen Abgeordneten Schönhuber verfolgte in der Auseinandersetzung mit dem SPD-Diskurs dann aber eine andere Linie, und entgegnete auf die Pressemitteilung des SPD-Abgeordneten Samland, dem „Erbsenzähler von Straßburg“: „Seine Fraktion ist doch Vorreiterin der Ausgrenzung der Rechten bei allen Ausschüssen. Sollen also diese jedesmal nur nach Brüssel fahren, um dort die Spesen zu kassieren?“ (ES-REP, 10/1993)

Hier wird erst gar nicht versucht, die REP-Parlamentarier, beziehungsweise das, was von ihnen übrigblieb, als parlamentarische Fleißarbeiter darzustellen, sondern hier wird, durchaus zweckrational, nach dem Sinn eines solchen Engagements überhaupt gefragt.

So wird den früheren Partei- und Fraktionskollegen dann auch noch insofern widersprochen, da diese in ihren Gegendarstellungen, die in der *Jungen Freiheit* und der *Deutschen Rundschau* erschienen, sich gerade auf die Anwesenheitslisten als Indikatoren ihres parlamentarischen Engagements berufen, von denen auch die Spesenzuweisungen abhängen (ER, 11/1993; DZ-JF, 11/1993 und Jacobs/Corbett/Shackleton, 1992, S.41), so daß die verschiedenen Reaktionen auf die Untersuchung sich in ihrer Widersprüchlichkeit gegenseitig unglaubwürdig machen.

Ein Mitarbeiter der Liberalen meinte generell zu parlamentarischen Aktivitäten und deren Einschätzung: „Die Arbeit des Parlamentariers findet ja auf mehreren Ebenen statt, erstens hat er seine parlamentarische Aufgabe, das heißt, seinen jeweiligen Ausschuß und die betreffenden Berichte zu verfolgen und zu begleiten, und ein guter Abgeordneter wird innerhalb seines Ausschusses für seine Arbeit sei es als Berichterstatter oder Schattenberichterstatter bekannt sein. Darüberhinaus müßte jeder Abgeordneter ein Interesse daran haben, daß wenn er schon nicht Berichterstatter ist, sein Name nicht auf dem Deckblatt des jeweiligen Berichts figuriert, er über Presseerklärungen, über Statements, über Pressekonferenzen seine Haltung zu einer Sachfrage publik macht, und ich denke daß man an dem Inhalt dieser Presseerklärungen oder -konferenzen, und an seiner Reputation, die er bei seinen Kollegen für die inhaltliche Arbeit genießt, sehr viel mehr die Ernsthaftigkeit ablesen und messen kann, als an einer ausgefüllten Unterschriftenliste." (ELDR-Interview) Hierzu könnten dann freilich die Rechts-Abgeordneten, sofern sie eben keine entsprechende Reputatation aufweisen können, auf die angebliche oder tatsächliche Böswilligkeit ihrer Parlamentskollegen oder aber der veröffentlichten Meinung. Dabei stünde dann letztlich Aussage gegen Aussage, so daß hier die Debatte über parlamentarischen Fleiß auch letztlich zur ergebnislosen Haarspalterei ausarten würde.

Hinter der hier analysierten SPD-Agitation steckt somit die Denkweise des „gesunden Menschenverstands", über die bereits Friedrich Engels im „Anti-Dühring" schrieb, daß sie „jedesmal früher oder später auf eine Schranke" stoße, „jenseits welcher sie einseitig, borniert, abstrakt wird und sich in unlösliche Widersprüche verwirrt, weil sie über den einzelnen Dingen deren Zusammenhang, über ihrem Sein ihr Werden und Vergehn, über ihrer Ruhe ihre Bewegung vergißt, weil sie vor lauter Bäumen den Wald nicht sieht." (MEW Band 20, S.21) So stellt Thomas Raeck, seinerzeit Mitarbeiter der *Fraktion Koalition der Linken* (CG) im EP, schließlich zusammenfassend fest: „Man hat es hier mit einer schizophrenen Situation zu tun, nämlich insofern, daß einerseits die anderen Fraktionen alles tun, um die Rechten zu isolieren und zu boykottieren, offiziell zumindest, und sich andererseits dann darüber beschweren, daß die Rechten selbst nicht genug tun. Also eines geht eigentlich nur. Ausgehend von den Ausschüssen, in denen ich mitarbeite, habe ich festgestellt, daß Vertreter der Fraktion der Rechten dort im Prinzip nicht in Erscheinung treten. Das hängt sicherlich auch damit zusammen, daß sie selbst auf verlorenem Posten stehen. Die Frage ist ganz einfach, wie lange ein Politiker versuchen wird, immer wieder seine Auffassung, seine Gedanken in die Diskussion mit einzubringen und gleichzeitig von vornherein zu wissen, er steht auf verlorenen Posten." (Raeck-Interview) Diese Schizophrenie hat allerdings im öffentlichen Diskurs durchaus Methode, denn sie geschieht ja gerade auch im Namen einer gesamtgesellschaftlichen Rückbesinnung auf die „Tugenden der Vergangenheit" – des Dienens und des Verzichtens – die der Nationalsozialismus lediglich „pervertiert" habe (Dönhoff et al, 1993).

Ein entsprechendes parlamentarisches Engagement von rechtsaußen kann schließlich aber auch aus einer antiparlamentarischen Motivation heraus kommen; so in Schleswig-Holstein, wo die DVU im Landtag vertreten ist: „Die DVU überschüttet den Schleswig-Holsteinischen Landtag mit einer wahren Flut von Anträgen. Diese Methode erinnerte den Kieler Historiker Salewski in fataler Weise (...) an die parlamentarische Vorgehensweise der NSDAP in den frühen dreißiger Jahren. Die DVU versucht, den Landtag damit lahmzulegen und ihn als 'Quasselbude' zu diffamieren", stellte dazu deren Präsidentin Ute Erdsiek-Rave (SPD) fest. Andererseits wies sie dann auch darauf hin, daß die DVU kaum in den parlamentarischen Arbeitsgremien, den Ausschüssen, präsent sei (Erdsiek-Rave, 1995, S.110 und 117). Ein solcher Vorwurf des Lahmlegens parlamentarischer Tätigkeit durch eine Antragsflut träfe bezüglich der Periode 1989-94 im EP wohl auf die fraktionslose MSI-Abgeordnete Christiana Muscardini zu (vgl. VI 1.3).

Gleichwohl fand daneben Thomas Raeck auch: „Als gewählter Vertreter der Bürger hat aber jeder Abgeordneter die Pflicht, sich aktiv an allen Diskussionen zu beteiligen, unabhängig davon, ob die Abgeordneten anderer politischer Lager seine Auffassungen teilen oder nicht, beziehungsweise bereit sind, seine Meinung zu berücksichtigen. Kein Abgeordneter kann aus seiner isolierten Position ein Recht ableiten, nicht mehr an der Arbeit der Ausschüsse teilzunehmen.“ (Raeck-Interview) Hier hält also noch jemand den Wert innerparlamentarischer Debatten hoch, während von rechts das Parlament schon unterschwellig als „Quasselbude“ verächtlich gemacht wird: „Wir sind im übrigen der Meinung, daß das Europäische Parlament nicht so wichtig ist – viel Worte und viel Getue, aber kaum Befugnisse.“ (Frank Vanhecke (VB), zit. nach NE, 10/1994, S.20)

Man vergleiche diese Verachtung von reiner Diskussion allerdings auch mit dem SPD-Slogan „Große Worte – nichts dahinter“, und dem dazu abgebildeten Sprechblasen-Abgeordneten, wenn auch hier noch konkret gegen die REP gerichtet, denen in der Broschüre selbst allerdings auch ihre mangelnde Diskussionsbereitschaft vorgeworfen wird: „Sie produzieren nur platte Parolen, stellen sich aber nicht der inhaltlichen Auseinandersetzung.“ (SPD, 1994, S.1 und 17 und SPD-FB, 1994). Doch geht die SPD mit keinem Wort darauf ein, ob sie überhaupt eine offensive inhaltliche Auseinandersetzung mit extrem rechter Politik will. Daher soll in den nächsten beiden Punkten näher erörtert werden, inwieweit sie dazu überhaupt noch gerüstet ist.

Angesichts der ganzen Verlogenheit der Debatte wird schließlich auch Friedrich Hacker bestätigt, der dazu vermerkte: „Je irrationaler oder inkonsequenter die Resultate der offiziellen Politik werden, desto mehr gewinnt der absichtlich betriebene, zur Schau gestellte und sozusagen unverschämte Irrationalismus der Ansichten und Handlungen von Protestgruppen an rationalem Schein.“ (Hakker, 1992, S. 47) Dies wußte Harald Neubauer zu nutzen, als er im Juni 1994 in der Endphase des Europawahlkampfes in *Nation und Europa* einen Kommentar unter der Schlagzeile „Der Lügen-Wahlkampf“ publizierte. Darin rückte er die Anwesenheitsgrade im Plenum, die in der FAZ publiziert worden waren, in den Vordergrund und vermerkte dazu: „Den Wählern blieb die Wahrheit verborgen“, gerade so, als läsen diese keine Zeitung. Dazu verwies er auch auf das Wort Lafontaines vom „Schweinejournalismus“, und beklagte sich nebenbei darüber, daß die realpolitische Konsequenz daraus – die Verschärfung des Pressegesetzes – zu halbherzig gewesen sei und leitete im weiteren die Feststellung ab: „Wo man Fleiß hätte rühmen müssen, wurde Faulheit getadelt.“ (NE, 6/1994, S.25-26)

Doch wenn schon zuvor der Widersinn erkannt wurde, daß ausgerechnet die politischen Gegner mehr innerparlamentarisches Engagement anmahnen, wäre es sicherlich ebenso widersinnig zu meinen, sie müßten dann ein solches, sofern gegeben, zu rühmen wissen. Dieser Widerspruch aber bleibt im Raume stehen.

Neubauer vermerkte weiter nur: „Überhaupt wirkt in solchen Fällen eine Verteidigung nie so recht glaubhaft.“ Dem soll hier nicht widersprochen werden.

Auch nicht seiner Feststellung: „'Semper aliquid haeret', heißt es bei den Lateinern, 'immer bleibt etwas hängen'." (NE, 6/1994, S.25 und FAZ, 24.05.1994, S.5) Das, was allerdings dabei hängen bleibt, wenn Arbeitsfleiß als Wert an sich dargestellt, mit fragwürdigen Methoden „gemessen", und zum Wahlkampfthema gemacht wird, dürfte in letzter Analyse wohl eher dem rechten Irrationalismus Vorschub leisten, auch dann, wenn es sich diesmal konkret gegen deren parlamentarische Vertreter richtete.

4. Die weitere inhaltliche Auseinadersetzung mit den REP

> „Vor zehn Jahren noch wurden im Namen der Sozialdemokratie zahlreiche Konferenzen veranstaltet, um die Idee der Aufklärung gegen die Versuchung des rechten Populismus zu verteidigen. Heute ist die SPD-Führungsgarnitur selbst ein Teil des Problems." Helmut Dubiel, 1996 (SP, 18/1996, S.89)

Die inhaltliche Auseinandersetzung mit den REP muß vor allem in Zusammenhang mit der sogenannten „Petersberger Wende" der SPD von 1992 gesehen werden. Dort kippte die Partei mehrheitlich die zwei Verfassungsregelungen, die als Versuch gewertet werden konnten, Konsequenzen aus den Schrecken der NS-Vergangenheit zu ziehen: das Asylrecht nach Artikel 16 GG, das über die allgemeine Flüchtlingskonvention hinausging, sowie die ausschließliche Festlegung eines Bundeswehreinsatzes auf den Verteidigungsfall (Trampert, 1993, S.10). „Die Reaktion der Bundes-SPD auf den Rechtsrutsch in der deutschen Politik war bisher nicht Widerstand, sondern Kooperation. Selten ist ein Kotau vor den Rechten so als Ausweis von Führungsstärke verkauft worden wie der Umfall der SPD-Führung in der Klausursitzung auf dem Petersberg und der anschließende Schulterschluß des Bonner Sonderparteitages im November 1992." (Trittin, 1993, S.16)

4.1. Die besseren Republikaner

> „Noch nie ist es einer Partei in Deutschland gelungen, ohne irgendwelche Regierungsverantwortung die Politik des Landes so zu bestimmen. Man sehe nur die Asylpolitik, Fragen der inneren Sicherheit oder auch das sich verändernde Bewußtsein um Maastricht." REP-Selbsteinschätzung zum zehnjährigen Parteijubiläum 1993 (Maegerle, 1994, S.1)

Um sich vom Nationalismus Schönhubers abzugrenzen, schrieb die SPD: „Das Problem der REP ist, sie können und sie wollen gar nicht europäisch denken. Johanna-Christina Grund sagte es deutlich: 'Ich vertrete hier ausschließlich deutsche Interessen und keine anderen gleichzeitig.'" (SPD, 1994, S.25) An anderer Stelle mußte die SPD aber doch einräumen, daß es rechts durchaus Europakonzeptionen gibt: „Die Formel der Republikaner ist die de Gaulles. Sie sagen, daß sie ein 'Europa der Vaterländer' wollen. Wie dieses Gebilde konkret aussehen soll, darüber machen sie wohlweislich keine Angaben. Dafür schwadronieren sie mit alten Größenwahnphantasien des wiedervereinigten Deutschlands, das 'handlungsfähiger Mittelpunkt' in Europa sein soll." (SPD, 1994, S.14)

Darüberhinaus fragt die SPD rein rhetorisch, warum die REP nicht die „Wahrheit" sagten, die in der sozialdemokratische Version allerdings ebenso abstrakt wie formelhaft bleibt: „An einem Europa der Regionen führt kein Weg vorbei, wollen die Völker des alten Kontinents in der weltweiten Wirtschaftskonkurrenz mit USA und Japan bestehen und ihren Lebensstandard behalten. Auch ist nur eine wirtschaftlich starke Union in der Lage, den Menschen des ehemaligen Ostblocks zu helfen, demokratische Verhältnisse zu stabilisieren und sozialen Frieden herzustellen." (SPD, 1994, S.5-6)

Wie letzteres allerdings durch einen Zusammenschluß der führenden Industrieländer geschehen soll, wird nicht gesagt, zumal es auch bislang kaum reale Anzeichen dafür gab, da der EU-Protektionismus durch Einfuhrzölle nämlich weitgehend unangetastet blieb (Pauli, 1994, S.107-111). Der Zusammenbruch des Ostblocks selbst mündete zusehends in ein Erstarken nationalistischer Parteien und Sammlungsbewegungen (Mellenthin, 1994, S.39-42), in denen sich auch Le Pen in der jüngsten Zeit zusehends seine europäischen Bündnispartner sucht (jw, 02.04.1997, S.8).

Daneben wies gerade Gerhard Schmid in der sozialdemokratischen Theoriezeitschrift *Die neue Gesellschaft/Frankfurter Hefte* darauf hin, daß die osteuropäischen Länder schon deshalb nicht in die EU aufgenommen werden könnten, da dies den EU-Finanzausgleich überlasten würde, sofern er nicht zuvor zurückgeschraubt würde. Das aber würde gleichfalls zum ökonomischen Auseinanderbrechen der EU führen (SchmidG, 1994, S.1090).

In Bezug auf den Euro-Regionalismus, der hier als angebliche Alternative zum Nationalismus präsentiert wird, kam zwar Kritik von den deutschen Mitgliedern der *Technischen Fraktion der Europäischen Rechten*, die um die nationale Integrität Deutschlands fürchteten, und deshalb dazu vermerkten: „Die Vision eines regionalisierten Europas ist die Eselsbrücke für meist schwarze Stammesfürsten. Ihnen soll schmackhaft gemacht werden, daß Brüssel in Zukunft zwar über nationale Egoismen hinwegregiert, aber vor den 'Regionen' respektvoll haltmacht. Um Bonn und Berlin kümmert man sich nicht mehr. Man fragt stattdessen in München oder Mainz nach. Eine absurde Vorstellung." (ER, 4/1992)

Doch in anderen rechtsextremen Strömungen findet der Euro-Regionalismus durchaus seine Freunde, so etwa unter denjenigen, die sich einer nationalrevolutionären Tradition verpflichtet fühlen, wie etwa Henning Eichberg oder auch Jürgen Hatzenbichler.

Nach Hatzenbichler solle das alte überhebliche Gegeneinander dem neuen Ordnungsprizip weichen, welches der europäischen „Schicksalsgemeinschaft“ wieder zu der ihr „historisch zustehenden Stellung“ in der Welt verhelfen solle. Dazu müsse Europa allerdings auch wieder Wille zur Macht zeigen. Dahinter steckt die Auffassung, daß sich bei dem subtilen Konkurrenzkampf der Regionen unter dem Dach einer gesamteuropäischen Nation das ökonomisch und politisch stärkste Zentrum durchsetzen werde, was letztlich einer deutschen Führungsrolle dienlich sein würde. Hatzenbichler begrüßte somit die Kerneuropa-Überlegungen als „Rückkehr zur Geopolitik“ (Schiedel, 1995, S.74 und 79 und Worm, 1995, S.53).

Daß auch für die SPD in einem „Europa der Regionen“ der nationale Machtfaktor längst nicht aufgehoben ist, machte sie im Europawahlkampf 1994 deutlich, als sie sich als der eigentliche „Anwalt deutscher Interessen in Europa“ empfahl. „Eine starke SPD im Europäischen Parlament steht für die Wahrung der deutschen Interessen in Europa: für Sicherheit, Stabilität und Modernisierung.“ (SPD-FB, 1994 und SPD, 1994) Und doch äußerte Scharping nach der Wahl, daß er in jeder öffentlichen Rede Front gegen den Nationalismus mache, wies aber angesichts des SPD-Slogans „Deutsche, Ihr könnt stolz sein auf Euer Land“ von 1972 auch darauf hin, daß es eine sozialdemokratische Tradition gebe, die nationale Gesinnung anzusprechen (SZ, 22.06.1994, S.6).

So formulierte Willy Brandt bereits auf dem Berliner Parteitag im Dezember 1989, daß es gelte, den Patriotismus nicht den Rechtsparteien zu überlassen, sondern mit ihnen darum zu wetteifern (Saña, 1990, S.163). Einige Monate zuvor behauptete der SPD-Europaabgeordnete Gerhard Schmid im Vorfeld der damaligen Europawahl nach Darstellung der REP-Parteizeitung, daß der „sich so national gebärdende Schönhuber“ wirtschaftspolitisch „zum Enkel des früheren amerikanischen Staatssekretärs Morgenthau“ werde (REP, 2/1989, S.2). 1994 zeichnete er schließlich für die SPD-Wahlkampfmaterialien verantwortlich, worin den REP nicht vorrangig ihre nationalistische Anmaßung vorgeworfen wird, sondern vor allem, wie diese Botschaft tatsächlich praktisch eingelöst wurde: „Wer sich mit großen Sprüchen ins Europa-Parlament wählen läßt und dann nichts für die deutschen Wähler tut, betrügt sie, treibt mit seinem Wählerauftrag Schindluder.“ (SPD, 1994, S.7) Und: „So verraten die Abgeordneten deutsche Interessen, die sich mit dem Maul sonst immer so national geben.“ (SPD, 1994, S.18)

Im weiteren wird den REP noch vorgehalten, daß in „ihren Redebeiträgen (...) der nationale Minderwertigkeitskomplex der ‘Republikaner’ immer wieder zum Ausdruck“ komme. „Sie präsentieren damit die Deutschen als engstirnig, hinterwäldlerisch und kleinkariert. Besonders bei Franz Schönhuber ist derlei Nationalismus an der Tagesordnung und nährt damit alte Vorurteile im Ausland. (...) Die REP sind unfähig, mit dieser Verbohrtheit tatsächlich deutsche Interessen im Rahmen der Europäischen Union wahrzunehmen.“ (SPD, 1994, S.25 und

31) „Was wiederum *unsere* Wirtschaft und *unsere* Arbeitsplätze gefährdet. Denn: Warum sollten andere Länder Waren eines ausländerfeindlichen Landes kaufen?" (SPD-FB, 1994; Hervorhebungen von mir, A.O.)

Für die von der SPD beklagten 'Vorurteile' im Ausland gab es allerdings durchaus auch eine gewisse Berechtigung, da zum Beispiel Ende 1993 nur 43% der Deutschen Ignatz Bubis für einen Bürger ihres Landes hielten (Bubis, 1994, S.14), sowie die tatsächlich sehr hohe Zahl rassistischer Gewalttaten.

So hatte man sich seit 1987 denn auch schon an jährlich etwa 250 ausländerfeindliche Straftaten gewöhnt, 1991 gab es bereits mehr als 2.400 rassistisch motivierte Straftaten, die neun Todesopfer forderten. Daher muß das Möllner Attentat im November 1992 als vorläufiger Höhepunkt einer rechtsextrem-rassistischen Kampagne gesehen werden und eben nicht als deren Beginn, wie es der damalige SPD-Vorsitzende Engholm suggerierte, als er seinerzeit „Wehret den Anfängen!" forderte (Siegler, 1993, S.13, 18 und 26). Ihm diente der frühzeitige Hinweis auf den „unschätzbaren Schaden" des Rassismus auch zur Disziplinierung der eigenen Genossen, um die Einschränkung des Asylrechts innerhalb der SPD mehrheitlich durchzusetzen, und vollzog damit politisch genau das, was von rechts längst gefordert worden war (Wiedemann, 1993, S.137-138).

Hierzu wies Claus Leggewie darauf hin, daß man rechtsextreme jugendliche Gewalttäter insofern als „extrem normal" bezeichnen kann, da diese sich selbst als „Ausführende eines unausgesprochenen Konsenses" begreifen (Leggewie, 1993, S.141). Um die REP jedoch als Randgruppenphänomen hinzustellen, werden in der SPD-Broschüre als typische REP-Wählergruppe „schlecht ausgebildetete junge Leute, die von der Schule in die Arbeitslosigkeit entlassen werden" hingestellt, die ihr „lädiertes Selbstwertgefühl mit rechter Kraftmeierei aufzumöbeln" versuchen (SPD, 1994, S.8).

Bereits 1990 kam hingegen eine Jugendstudie zu dem Ergebnis, daß eher beruflich erfolgreiche, also „nichtbenachteiligte" Jugendliche zu rassistischen Positionen neigen, und sich an den Wahlerfolgen der REP erfreuen (Trittin, 1993, S.97-98).

Der spanische Publizist Heleno Saña schrieb dazu schließlich: „Die Deutschen, die überall ihre wirtschaftlichen Erfolge zur Schau stellen, versuchen die dunklen Seiten ihres Alltags zu verstecken – freilich vergebens." (Saña, 1993, S.95) Bei der SPD steckt offenbar auch das krampfhafte Bemühen von Menschen, die offenbar bis heute nicht das Image des „vaterlandslosen Gesellen" verwunden haben, dahinter, die Bundesrepublik Deutschland als 'normal' darzustellen, nach Habermas allerdings eine „Lebenslüge der Bundesrepublik". George Steinmetz wirft dazu schließlich auch ein: „Die Frage ist, warum Normalität in Deutschland so anders aussieht als anderswo." (Steinmetz, 1994, S.24; Naumann, 1994, S.79-80 und Saña, 1990, S.163)

Hier wäre schließlich zu problematisieren, daß sich für die deutsche Unterschrift unter dem Maastrichter Vertrag die anderen beteiligten Länder im Gegenzug mehr oder weniger dazu gezwungen sahen, die deutsche Jugoslawienpolitik, nämlich die einseitige Anerkennung Sloweniens und Kroatiens, mitzutragen (Fülberth, 1992, S.38). Gerade die SPD lenkte schließlich dadurch davon ab, indem sie den REP auch vorwarf, sie würden „Pauschal-Kritik gegen die europafreundliche Politik der Bundesrepublik Deutschland“ aufgreifen. Dies vor allem, in dem die REP behaupteten, daß die „Bundesregierung und die demokratischen Parteien einen Ausverkauf der nationalen Interessen Deutschlands“ betrieben (SPD, 1994, S.14).

Im weiteren maß die SPD die REP-Abgeordneten im Europawahlkampf 1994 dann vornehmlich an ihren eigenen Maßstäben: „Wenn es um echte Vertretung deutscher Interessen im Europäischen Parlament geht, sind sie nicht zu hören oder zu sehen und sagen Nein.“ (SPD-FB, 1994) Es werden dazu in der Broschüre „Drei Beispiele“ genannt: „Im Dezember 1992 stand im Europäischen Parlament die Abstimmung über die Harmonisierung des Asylrechts an. Diese Rechtsangleichung dient der Beendigung der Sonderrolle Deutschlands in der Gemeinschaft. Weder in der Debatte, noch bei der Stimmabgabe war vom REP-Chef, der doch bei jeder Gelegenheit über die 'Asylantenflut' herzieht, etwas zu hören. Er war einfach nicht anwesend.“ Als weitere Beispiele werden in der SPD-Broschüre noch die Agrar- und die Deutschlandpolitik erwähnt, also traditionell typische Agitationsfelder der Rechten (SPD, 1994, S.17-18).

Verschwiegen wird aber bei der hier thematisierten Asylpolitik, daß das Europäische Parlament noch 1987 eine Entschließung zur großzügigeren Behandlung Asylsuchender vorlegte, die praktisch allerdings bedeutungslos blieb, da die EG-Innenminister die Richtung angaben, und die war der Linie des Europaparlaments genau entgegengesetzt (Kreft, 1989, S.44). Dabei war es gerade die Bundesrepublik Deutschland, die seit Jahren ihre Nachbarstaaten mit Macht zu einer einheitlichen europäischen Politik der Abschottung drängte. Bei der gegenseitigen Anerkennung der Asylentscheidungen im Zuge des Schengener Übereinkommens können gleichwohl noch nationale Vorbehalte zur Sicherung eigener Verfassungsprinzipien geltend gemacht werden. Doch es war nicht die Bundesrepublik Deutschland die auf diese Klausel drängte. Derlei mögliche Vorbehalte, die ja eine humanitäre 'Sonderrolle' hätten bedeuten können, wurden denn auch durch die nachfolgende Verfassungsänderung mit Hilfe großer Teile der SPD völlig ausgetilgt (Trittin, 1993, S.107-108).

Aktuell griff die SPD hier mit dem Begriff der 'Sonderrolle' auch völlig unreflektiert einen Begriff auf, der von rechtskonservativen Kreisen als Vorwurf an die Bundesrepublik Deutschland benutzt wird, welcher darauf abzielt, daß das wiedervereinigte Deutschland nunmehr zwecks Ausübung einer 'normalen' Machtpolitik aus jener 'Sonderrolle' heraustreten müsse (Bollenbeck, 1994, S.826). So forderte auch das *Siegburger Manifest* der REP aus dem Jahre 1985 „Wir wollen wieder eine normale Nation sein“, wozu eine „Entkriminalisierung unserer Geschichte als Voraussetzung für ein selbstverständliches Nationalbewußtsein“ gefordert wurde (SP, 22/1989, S.37). Heleno Saña verweist darauf, daß die angebliche Normalisierung seit dem Zweiten Weltkrieg auch dazu benutzt wurde, um einer Besinnung auf die Vergangenheit aus dem Wege zu gehen. Entsprechend konnte der deutsche 'Sonderweg', der zur NS-Terrorherrschaft führte, auch als 'Irrweg' verharmlost werden (Saña, 1993, S.97).

Damit kommt durch die Hintertür bei der SPD letztlich dieselbe Politik hinein, die sie ihrerseits noch an anderer Stelle den REP vorwirft: „Die Nazi-Herrschaft in Deutschland und die verheerenden Folgen für Europa werden zwar zur Kenntnis genommen, sind für Franz Schönhuber aber nicht mehr als ein 'Betriebsunfall der deutschen Geschichte'“ (SPD, 1994, S.25). Auch taktisch vollzog die SPD damit genau dasselbe, was der niederländische Journalist Rinke van den Brink bei der extremen Rechten beobachtet hat: „Der Geist, den man zur Vordertür hinausjagt, kommt durch die Hintertür wieder herein“ (LMD/taz, 15.12.1995, S.7).

Bei der Agrarpolitik, welche ebenfalls in der Broschüre thematisiert wird, hatte die SPD für den Europawahlkampf dann offenbar aus der *Deutschen Rundschau* abgeschrieben, die genau dasselbe Thema bereits im März 1993 mit ähnlicher Stoßrichtung dazu veröffentlichte. Konkret ging es um ein Mißtrauensvotum gegen die EG-Kommission, begleitet von dem Vorwurf, die Interessen der europäischen Bauern bei den GATT-Verhandlungen unzureichend vertreten zu haben. In der *Deutschen Rundschau* werden freilich auch alle diejenigen deutschen Abgeordneten, die für den Antrag stimmten, genannt, weil dazu eine namentliche Abstimmung durchgeführt wurde. Das verschwieg die SPD natürlich, weil keiner ihrer Leute für den Antrag stimmte, so daß er denn auch mit einer starken Mehrheit abgelehnt wurde. Die SPD fand an der Sache nur erwähnenswert, daß Schönhuber den Sitzungssaal desinteressiert verließ, um ihm daraufhin fadenscheinig vorzuwerfen, „daß die deutschen Bauern ihn aus Verärgerung über die Landwirtschaftspolitik der Bundesregierung gewählt haben, dankte der REP-Chef diesen Wählern mit Desinteresse für ihre Existenzprobleme“ (ER, 3/1993 und SPD, 1994, S.18). Aber die SPD konnte darauf hoffen, daß die meisten das eben nicht wissen, und es war ja Wahlkampfzeit, wo man es mit den tatsächlichen Sachverhalten nicht so genau nehmen muß. Der Appell „Warum sagen die Republikaner nicht die Wahrheit“ (SPD, 1994, S.5), erweist sich hier als Bumerang.

Was den Rechtsruck im weiteren anbelangt, sind für die Sozialdemokraten ohnehin immer nur die anderen schuld: „Sozialdemokratische Europapolitik und ihre Vermittlung zu den Bürgerinnen und Bürgern wird auch deshalb schwieriger, weil CDU- und CSU-Politiker beim Schielen nach Wählerstimmen bedenkenlos rechte Positionen besetzen. Gleichzeitig erleichtert dieser Rechtsruck Franz Schönhubers Bemühungen, die 'Republikaner' zehn Jahre nach ihrer Gründung als rechtsextreme Partei mit bürgerlicher Fassade zu etablieren.“ Um dies zu belegen, werden anschließend einige rechtspopulistische Slogans aus den

Bereichen Asyl und innerer Sicherheit zitiert, ohne sich jedoch auf eine inhaltliche Auseinandersetzung hierzu einzulassen (SPD, 1994, S.27-28).

So wird ein aktives Entgegensteuern von der SPD gar nicht erst erwogen. Schließlich wird weder die angeblich so schwer vermittelbare sozialdemokratische Europapolitik noch die Frage, ob sie tatsächlich eine Alternative zu jener der Rechten oder auch der Unionsparteien darstellt, hier auch nicht weiter erörtert. Angesichts des populistisch geführten SPD-Europawahlkampfs stieß Gremliza unterdessen auf Klagen von CDU-Politikern, die sich von der SPD „rechts überholt" fühlten (Gremliza, 1994b, S.9).

So wurde von der SPD auch gar nicht erst Schönhubers Polemik problematisiert, daß die geplante europäische Einheitswährung ein „Versailles ohne Krieg" sei. Dabei ist die *Deutsche Mark* (DM) in der populistischen Darstellung gleichzeitig auch ein nationales Symbol für Aufschwung und Wirtschaftswunder, und steht sinnbildlich für deutsche Tugenden wie Fleiß und Sparsamkeit. Genau daran knüpfte die SPD an anderer Stelle auch an, als sie in einem Wahlkampf-"Lexikon" den Vorwurf erhob, daß die DM „aufgrund der katastrophalen Wirtschaftspolitik der CDU/CSU/FDP-Bundesregierung zu weich" sei (SPD-Lexikon, 1994, S.59). Gut 16 Monate nahm sie das in ihrem wirtschaftspolitischen Diskurs für die unbedigte Stabilität der DM wieder auf, um damit im kommenden Bundestagswahlkampf die Unionsparteien als Verräter der DM angreifen zu wollen. Scharping begründete diesen Kurs mit den Worten: „Wenn wir das Thema aussparen, werden andere es aufgreifen – zum Schaden für die Demokratie."

Parteiinterne Kritiker hielten die speziell durch Gerhard Schröder losgetretene Debatte für unverantwortlich, da sie um mögliche Währungsspekulationen zum Nachteil der deutschen Exportwirtschaft fürchteten (jw, 30.10.1995, S.1 und SP, 45/1995, S.26-29). Später sprach sich Schröder dann für eine eher „weiche" Fiskalpolitik aus, freilich nach wie vor mit nationalistischen Untertönen zum Schutze der DM verquickt (SP, 52/1995, S.24-25).

Unter Hinweis auf mittelständische Wähler der REP muß dann schließlich in der Broschüre eingestanden werden, daß „Rechtslastigkeit (…) durchaus nicht nur ein Unterschichtenproblem" sei, denn vielmehr suchten „Das Heil rechts (...) auch immer mehr Mittelständler und auch Akademiker", so daß die „rechte Herausforderung (...) von *den Demokraten* durchaus ernst zu nehmen" sei (SPD, 1994, S.8; Hervorhebung von mir, A. O.). So wird erst gegen die Unionsparteien geschimpft, um sich andererseits möglicherweise mit ihnen dann doch im Namen einer fragwürdigen „Gemeinsamkeit der Demokraten" gegen rechts verbünden zu wollen (Saña, 1992, S.67-68).

Bedenklich ist dabei auch der Terminus „rechte Herausforderung", statt etwa der der „Bedrohung": Gegen eine Bedrohung müßte offensiv gekämpft werden, auf eine Herausforderung dagegen reicht bloßes Reagieren, gegebenenfalls auch durch die Besetzung rechter Themen.

Doch die SPD kritisiert solches nur dann, wenn es sich gegen die Konkurrenz der Unionsparteien (CDU/CSU) instrumentalisieren läßt, worin letztlich die wahltaktische Kurzsichtigkeit der SPD deutlich wird, dem sich hier die ernsthafte Auseinandersetzung mit dem gesellschaftlichen Rechtsruck offenbar unterzuordnen hat.

Zuvor erklärte schließlich Hans-Ulrich Klose im Namen der SPD im deutschen Bundestag, daß seine Partei konstitutionell auch gar nicht in der Lage sei, eine konsequente Opposition zu praktizieren. Dazu nämlich „sind wir Sozialdemokraten viel zu staatstragend, vielleicht wollte ich sagen, patriotisch veranlagt." (Voss, 1993, S.10)

Helmut Schmidt, der nach jahrelanger parteipolitischer Abstinenz 1994 Wahlkampf für Rudolf Scharping machte, drohte mit der großen Koalition schließlich auch denjenigen, die sich etwa den extremistischen Parteien zuwenden (SP, 18/1994, S.55-57). Derlei großkoalitionäre Ambitionen finden gerade aber von rechts ihre Entgegnung in der alten „Querfront"-Strategie Kurt von Schleichers, welche die „Lagermentalität" zwischen Linken und Rechten aufheben soll, und aktuell von Wolfgang Kowalsky wieder aufgegriffen wird. Nach dessen Meinung müsse die Linke ihre „Schützengräben" verlassen und auch ihre „Ausgrenzungsstrategie" gegen die extreme Rechte beenden (Kratz, 1995, S.167 und 287). Dieses hätte unter Einbezug von Vertretern der REP einmal schon funktionieren können, wenn nicht der SPD-Unterzeichner Apel, der unter Schmidt einst Finanz- und später Verteidigungsminister war, unter dem geschichtsrevisionistischen Aufruf „Gegen das Vergessen" zum 8. Mai 1995 in der FAZ kurzfristig seine Unterschrift zurückgezogen hätte (Reinecke, 1995, S.43-44 und Köhler, 1995, S.12).

4.2. Die SPD und die deutsche Angst

> „Ich habe Angst vor dem Jahr 1994 mit seinen vielen Wahlen. Wie weit werden sich die Parteien nach rechts wenden in dem bösen Glauben, sie müßten es tun." Ignatz Bubis zur Jahreswende 1993/94 (Bubis, 1994, S.16)

Zum Diskurs der REP stellte die SPD 1994 fest: „Die Republikaner nutzen gezielte Stimmungs- und Panikmache, um Wählerstimmen zu bekommen. Mit platten Parolen schüren sie Angst, Sozialneid und Intoleranz." (SPD-FB, 1994) Die ersten Sätze in der Broschüre lauten: „Die kommenden Wahlkämpfe werden Wahlkämpfe der Angst. Die Angstmacher gehen um. Probleme, die die Menschen in Deutschland bewegen, blasen diese Rattenfänger zu Schreckgespenstern auf." (SPD, 1994, S.4) Weiter unten heißt es dann: „Der Europa-Parteitag der Republikaner, im Oktober letzten Jahres in Rastatt stand unter dem Angstmacher-Motto 'Europa ja, Maastricht niemals'." (SPD, 1994, S.28)

Inwieweit mit diesem Slogan nun tatsächlich unterschwellige Ängste geschürt und mobilisiert werden, dazu äußerte sich die SPD nicht weiter. Und bei dem Vorwurf, daß die REP „gezielte Stimmungs- und Panikmache“ für sich zu nutzen wüßten, wäre einmal genauer danach zu fragen, woher diese eigentlich kommt. Dies hätte vielleicht anhand der Schlagzeile „Offene Grenzen: Die Mafiosi kommen“, die auf einer REP-Wahlkampfzeitung zu lesen war (VS-NRW, 1995, S.78), erörtert werden können. Oder auch anhand des Slogans „Verbrechen bekämpfen: Ausländische Straftäter abschieben!“ auf einem REP-Flugblatt (VS-NRW, 1991, S.46). Der nordrhein-westfälische REP-Landesvorsitzende Uwe Goller meinte schließlich 1993: „Immer mehr Menschen haben Angst vor der Zukunft. Sie wollen eine schnelle und konsequente Lösung der Probleme (...) Der Wahlkampf muß immer mit einfachen und subjektiven Lösungen arbeiten (...) Unser Programm ist intellektuell ausgereift – dies ist gut so. Aber unser Wahlkampf muß im ‘Bild-Zeitungsstil’ geführt werden und die Massen ansprechen!“ (VS-NRW-SWJ, 1995, S.13-14)

Somit müßte sich die SPD diesbezüglich wohl aber auch einmal selbstkritisch mit der eigenen Parteipropaganda auseinandersetzen, da sie selbst im Europawahlkampf 1994 zwei dunkelhäutige Hände in Fesseln und dazu die rassistische Parole „Die Mafia in Europa zerschlagen! Sicherheit statt Angst.“ plakatierte (konkret 7/1994, S.10 und SP, 25/1994, S.22). Bereits 1989 ‘begründete’ Schönhuber seinen Widerstand gegen „diese EG“ hauptsächlich mit dem „Import von Verbrechen, von Rauschgift, von Mafia und Camorra“ (SP, 6/1989, S.32).

Doch um sich einer weiteren Auseinandersetzung mit der REP-Programmatik zu entziehen, leugnete die SPD dann einfach deren Existenz: „Sie haben nicht den Ansatz eines Programms für eine Politik, die deutsche Interessen in Brüssel und Straßburg vertreten könnte. Sie schüren nur Ängste und sagen zu allem: Nein!“ (SPD, 1994, S.7)

Der für die Broschüre über die REP-Abgeordneten verantwortliche Gerhard Schmid ist zugleich auch Leiter der SPD-Arbeitsgruppe „Organisierte Kriminalität“ (EP-Volkshandbuch, 1994, S.112 und SPD, 1994, S.31). Er verteidigte das Europawahlkampfmotto mit den Worten: „Der Slogan ‘Sicherheit statt Angst’ zielt auf den Kampf gegen das international organisierte Verbrechen, wie die Mafia oder Triaden. Um diesen Kampf nicht zu verlieren, brauchen wir unter anderem ein Europol mit weitreichenden Befugnissen. Dies hat nichts mit ‘law and order’ zu tun.“ (Schmid-Brief)

Dabei ist gerade in Deutschland die Legitimität von Demokratie in hohem Maße an die Befriedigung von Geborgenheitsbedürfnissen geknüpft (Wiedemann, 1993, S.155), und gerade in Deutschland eignet sich das Mafia-Thema auch deshalb zur Schürung von Ängsten, da, so Seidel-Pielen/Farin, hier „alle Zutaten“ stimmten, da die Täter unbekannt seien und einen ‘fremdländischen’ Eindruck machten. Dabei kann die suggerierte ethnische Homogenität „organisierter Banden", welche verdeckten Ermittlern kaum Chancen böte, schließlich den großen Lauschangriff rechtfertigen, wie dies auch der frühere SPD-Vorsitzende Björn Engholm tat: „Wir sind immer eine Partei gewesen, die dem einfachen Volk etwas mehr Sicherheit geben wollte. Und das heißt nicht nur soziale Sicherheit."

Dazu symbolisiert die „organisierte Kriminalität" in einer gewissen faschistischen Analogie auch das 'raffende' im Gegensatz zum 'schaffenden' Kapital, so daß deren Bekämpfung auch als eine volksgemeinschaftliche Aufgabe dargestellt werden kann.

Dabei wird freilich unterschlagen, daß beispielsweise das bayrische Innenministerium 1993 nur 0,3% aller begangenen Straftaten eben jener organisierten Kriminalität zuordnete. Dagegen verdreifachte sich in den letzten zehn Jahren das, was als „Umweltkriminalität" bezeichnet werden kann (Seidel-Pielen/Farin, 1994, S.812 und Wiedemann, 1993, S.148). Das dahinterstehende Kalkül benannte der linke Journalist Gremliza mit dem Satz: „Wenn die Sozialpolitik der Partei vor dem Urteil der kleinen Leute nicht bestehen kann, muß ihre Innenpolitik das Vorurteil des Mobs hofieren." (Gremliza, 1994b, S.9) Nach Darstellung des *Spiegel* wurde der SPD-Europawahlkampfslogan „Sicherheit statt Angst" nicht gerade zufällig auf dem Höhepunkt der Asyldebatte durch den damaligen SPD-Bundesgeschäftsführer Karlheinz Blessing kreiert (SP, 25/1994, S.20).

In diesem Zusammenhang verteilte die SPD auch das Computerspiel „Abenteuer Europa" mit integriertem Preisausschreiben, dessen Lösung „Sicherheit Europaweit SPD" lautete, und in welchem nationalistische Vorurteile bedient werden. So ist etwa ein italienisches Restaurant selbstredend als Drogenumschlagplatz dargestellt. Damit wird freilich genau die Schreckensbotschaft transportiert, welche die SPD an anderer Stelle den REP und rechten Unionspolitikern vorwarf, indem sie dazu Slogans wie „'Unser Land ist zum Tummelplatz für internationale Banden, Asylbetrüger und Kriminelle geworden!'" und: „'Die sogenannte multikulturelle Gesellschaft entlarvt sich als die multikriminelle Gesellschaft!'" zitierte.

Das „Konzept, Informationen spielerisch zu vermitteln" wurde von dem Pressesprecher Peter Wind vorgestellt, der auch als Redakteur die Broschüre über die REP-Abgeordneten redigierte, und im Europabüro des Parteivorstandes schließlich für die Verteilung sämtlicher Europawahlkampfmaterialien verantwortlich zeichnete (Annas/Gottschalk/Hagemeier, 1994, S.57-59; Vorwärts, 5/1994, S.24 und 27 und SPD, 1994, S.27-28 und 31).

Eine Reflexion über die sozialen Ursachen zunehmender Gewalt, sozialer Desintegration und psychischer Verelendung fand im SPD-Europadiskurs bislang kaum statt. Stattdessen meinte Scharping in einem Interview mit der *Süddeutschen Zeitung* zu der Frage, ob es ihn nicht erschrecke, daß in einer Radioumfrage einige SPD-Slogans aus dem Sicherheitsberich eher den REP und der CSU zugeordnet wurden, unter anderem: „Es ist ein Kampf um die Freiheit und Integrität demokratischer Institutionen, auf die ein Rechtsstaat nicht verzichten kann, wenn man hart gegen organisierte Kriminalität vorgeht. Wer das nicht versteht, der soll nach Italien schauen."

Dabei wird dann auch völlig die sozioökonomische Funktion gerade der Mafia in Italien ausgeblendet, die als staatlich tolerierter Ordnungsfaktor gegen den Kommunismus in Italien keiner demokratischen Kontrolle unterlag. Somit gibt es auch die real existierende Gefahr, daß ein Ausbau von Repressionsapparaten jenseits jeglicher demokratischer Kontrolle letztlich genau diejenigen mafiosen Phänomene produziert, die sie zu bekämpfen vorgibt (SZ, 22.06.1994, S.6 und Jünschke/Meertens, 1994, S.104).

Ferner besteht durch diese Politik die Gefahr, daß der gesellschaftliche Rechtsruck auf supranationaler Ebene ergänzt, verstärkt und verfestigt wird, da gerade der „starke Staat" mit seiner „law-and-order"-Ideologie tendenziell rechts steht. Die Europaabgeordnete Claudia Roth von der *Fraktion der Grünen* (V) stellte hierzu fest: „Eine politische Verfassung wird uns verweigert, statt dessen erhalten wir EUROPOL" (Gössner, 1993, S.75 und 78 und Roth/Weiser, 1993, S.65). Wenn schließlich die Mafia allein nicht mehr als Drohbild zur Durchsetzung eines supranationalen Repressionsapparats reicht, kann auch noch der Osten herangezogen werden. Im deutschen *Manifest* wird ein forcierter Ausbau der gemeinsamen Außen- und Sicherheitspolitik mit der folgenden Begründung gefordert: „Die europäischen Demokratien müssen darauf vorbereitet sein, ein Übergreifen bewaffneter Konflikte und ihrer Auswirkungen aus dem Osten und Südosten nach Mittel- und Westeuropa zu verhindern." (Dönhoff et al, 1993, S.98-99)

Eine Überlegung darüber, inwieweit dabei im Namen des Schutzes der Demokratie gegen angebliche äußere Feinde durch repressive Maßnahmen tatsächlich aber effektiv Demokratie im Innern abgebaut wird, findet im *Manifest* nicht statt. Stattdessen heißt es weiter vorne noch: „In Jugoslawien strebt der Nationalismus mit *ethnic cleansing* (sic!) einer Art Apartheid entgegen, die auf die Nachbarn ansteckend wirkt, so daß daraus leicht eine Kettenreaktion werden könnte. Auch wir müssen achtgeben, daß ein nationales Selbstbewußtsein à la Jörg Haider, Le Pen und Schönhuber nicht zu aggressivem Nationalismus und schließlich zu Intoleranz und Illiberalität wird." (Dönhoff et al, 1993, S.12; Hervorhebung im Original)

Vor der Politik der extremen Rechten an sich wird hier schon gar nicht mehr gewarnt, sondern nur noch davor, wohin diese möglicherweise führen könnte. Währenddessen wird kein Gedanke darüber verschwendet, inwieweit der Westen die Krisc dort angeheizt haben könnte, da verschiedene Länder dort ihre differierenden Interessen verfolgten, was sich bislang nicht gerade deeskalierend auswirkte.

In Jörg Haider, der sich im Falle Jugoslawiens als großer Freund der kroatischen Unabhängigkeit zu erkennnen gab (Elsässer, 1995, S.17 und jw, 26./27.10.1996, S.2-3), haben die Manifest-Autoren allerdings auch schon einen

Bündnispartner für ihre Sicherheitspolitik, wenn er nämlich sagt: „Jetzt müssen wir an einem kollektiven europäischen Sicherheitssystem mitarbeiten, da wir in einem sehr neuralgischen geopolitischen Bereich leben, wenn Sie einmal an die nicht gelöste Situation auf dem Balkan, in der Vojvodina und im Baltikum denken.“ (Haider-Gespräch, 1995, S.627-634)

5. Möglichkeiten der Blockadeüberwindung durch innerparlamentarisches Engagement

> „Wir müssen allen eine Chance geben, sich an unserer Demokratie zu beteiligen.“ Oskar Lafontaine (SZ, 20.11.1995, S.1)

Wenn Arbeitsfleiß und innerparlamentarisches Engagement als Werte an sich thematisiert werden, und darüber die inhaltliche Auseinandersetzung beziehungsweise Ächtung völlig vergessen wird, könnte das letztlich zu einer parlamentarischen Einbindung der extremen Rechten führen. Daran wird schließlich deutlich, welches Kuckucksei sich die SPD mit ihren „Faul sein für's Vaterland“-Diskurs (SPD, 1994 und SPD-FB, 1994) letztlich ins Nest gelegt hat.

Pikanterweise leistete sich gerade aber die SPD mit Dieter Schinzel den laut *Frankfurter Allgemeine* (FAZ) faulsten Europaabgeordneten Deutschlands. Bei den Plenarsitzungen war er nur in 45,5% der Fälle anwesend. Auch bei parlamentarischen Anfragen, Entschließungsanträgen und Ausschußberichten war Schinzel eher selten vertreten; wie allerdings auch seine SPD-Kollegen Karl-Heinz Mihr, Helwin Peter, Hans Peters und Klaus Wettig. Schinzel trat im März 1994 auch noch als Mitglied eines Quintetts in Erscheinung, welches forderte, daß innerparteiliche Kritik an der Zusammenarbeit mit Neofaschisten von höchsten Stellen administrativ unterbunden werden müsse. Schließlich war er auch Vorsitzender des *Deutsch-Arabischen Friedenswerkes*, welches ideologisch von Vertretern der 'Neuen Rechten' dominiert wird.

Mit von der Partie war bei diesem Quintett auch Erich-Schmidt-Eenboom, der in der rechtsextremen *Verlagsgemeinschaft Berg* des rechtskräftig verurteilten 'Auschwitz-Leugners' Gerd Sudholt 1993 das Buch *Siegermacht NATO* veröffentlichte, für das auch die SPD-Europapolitikerin Heidemarie Wieczoreck-Zeul, die überdies seit ihren Straßburger Zeiten mit Schinzel befreundet ist, einen Beitrag schrieb.

Kurz darauf geriet Schinzel mit seiner Verhaftung aufgrund einer Verstrickung in einer undurchsichtigen Agentenaffäre in die Schlagzeilen (Kratz, 1995, S.262-263 und 218-219; FAZ, 24.05.1994, S.5 und Dokumentarisch-statistischer Anhang, Punkt 5). *Der Spiegel* kommentierte: „Der Mann hätte Modell stehen können: groß, schlank, graumeliert und in feines Tuch gehüllt. Ein Kerl wie gemacht für die Europawahlkampagne der Sozialdemokraten. Die plakatieren bundesweit ein großflächiges Foto: Ein Mann im dunklen Anzug, die Hände auf dem Rücken gefesselt. darunter der Text: 'Die Mafia in Europa zerschlagen! Sicherheit statt Angst. SPD'. Doch der elegante Genosse Dieter Schinzel, 51, ist kein Werbegag, sondern sozialdemokratische Realität." Kurz zuvor war er nicht mehr zur Wiederwahl aufgestellt worden.

Aufgrund seiner Nahost-Kontakte fädelte er daneben aber auch „den letzten großen politischen Triumph" des SPD-Ehrenvorsitzenden Willy Brandt ein, nämlich „die Freilassung der deutschen Geiseln im Irak vor knapp vier Jahren" (SP, 23/1994, S.83). Mit den übrigen Vorbereitungsarbeiten zu der Irak-Mission war seinerzeit ausgerechnet Gerhard Schmid beauftragt (EP-Volkshandbuch, 1994, S.112). Dadurch waren diese beiden SPD-Europaabgeordneten zudem in einem Bereich tätig, in dem sich auch eine euro-rechte Delegation engagierte (REP-FB, 1990 und E&P No 49, 1992, S.3).

Dagegen war der SPD-Europaabgeordnete Dieter Rogalla zumindest während der Periode 1989-1994 der produktivste Abgeordnete sowohl hinsichtlich Anfragen und Anträgen als auch bei den Ausschußberichten. Er maß seine Kollegen von der extremen Rechten an deren innerparlamentarischen Engagement, und vermerkte dazu: „Ich unterscheide mal bei der Rechtsfraktion die französischen Bestandteile, das heißt also Le Pen und die Kollegen und die sogenannten deutschen Bestandteile, also alles was sich um Herrn Schönhuber gerankt hat. Die Franzosen habe ich wahrgenommen als eine starke Kraft im innenpolitischen Denken unserer französischen Freunde in der *Sozialistischen Fraktion*, neuerdings *Fraktion der Sozialdemokratischen Partei Europas*. Die Kollegen um Herrn Schönhuber habe ich wahrgenommen als ein Übel, als eine demokratische Konsequenz der Stimmen der Rechten innerhalb Deutschlands, gleichzeitig auch als welche, die viel versprochen und nichts gehalten haben.

Ich will damit sagen, daß von den Rechten ja Bedenken ausgingen gegen eine zu starke Auslandshoheit des Europäischen Parlaments, Bedenken ausgingen gegen eine zu starke Internationalisierung, Bedenken gegen diese und jene Einzelheit. Aber es hat nie ein Kampf seitens der beteiligten Kollegen stattgefunden, sondern sie waren praktisch in ihrer Arbeit überhaupt nicht präsent, in den Ausschüssen und in den Gremien, in denen das vor sich geht." (Rogalla-Interview und Dokumentarisch-statistischer Anhang, Punkt 5)

Dabei hatte noch 1989 der deutsche *Bundesverband der Spirituosen-Industrie* (BSI) den REP zu ihrem Einzug ins Palais d'Europe gratuliert; der BSI schaltete zum Tode seines Ehrenpräsidenten Claus Steinacker auch eine Anzeige im revanchistischen *Schlesier*, unterzeichnet von Harald Eckes-Chantré (Hundseder, 1995, S.13).

Bereits der inzwischen verstorbene und frühere SS-Mann Peter Eckes unterstützte in den sechziger und siebziger Jahren diverse rechte und faschistische Organisationen. Nach Aussage des Journalisten Georg Christians sei der Spirituosen- und Fruchtsaftmulti *Eckes* zudem nach wie vor der bedeutendste Geldgeber für den

DVU-Vorsitzenden Gerhard Frey (Linke, 1994, S.60 und Christians, 1990, S.203). In der jüngeren Zeit trat diese Firma darüberhinaus dann auch wiederholt als Sponsor der Fahrradtouren Dieter Rogallas quer durch Europa (*Eurotour*) in Erscheinung (SP, 42/1986, S.101; Rogalla-Karte und Rogalla-FB, 1995).

Im weiteren machte sich Rogalla somit dann auch zum Fürsprecher eines parlamentarischen Pragmatismus, bei dem zugunsten der „Sache“ weltanschauliche Differenzen außen vor bleiben sollten, auch bei den Vertretern der äußersten Rechten und deren Behandlung im EP: „Das ist eben von Fall zu Fall verschieden. Es gibt ja auch unter den Rechten absolute Populisten und Propagandamenschen, und es gibt eben welche, die auch an der Sacharbeit teilnehmen. Ich kann mich zum Beispiel an den Kollegen Gollnisch aus Lyon erinnern, der der rechten Fraktion unter Le Pen angehörte und im Geschäftsordnungsausschuß, wo ich ja Vizepräsident war, sehr sachdienliche und sehr gute Arbeit geleistet hat. So wird man die Zusammenhänge von Fall zu Fall sehen müssen. Grundsätzlich halte ich es für falsch, politische Richtungen auch die Rechten zu verteufeln. Man muß schon anhand von Anwesenheitslisten, anhand von Berichten, anhand von Sachverhalten im Einzelfall beurteilen, ob die Arbeit eines Abgeordneten sachbezogen und damit auch in Einzelheiten erfolgreich war, oder ob sie lediglich der öffentlichen Darstellung seiner politischen Ziele gedient hat.“ (Rogalla-Interview) Damit setzt Rogalla einem rein funktionellen Parlamentarismusverständnis, welches nach den Inhalten und dahinterstehenden Strategien überhaupt nicht fragt, die Krone auf, was auch so recht nach dem Geschmack seines Finanziers *Eckes* sein dürfte.

Yvan Blot zog daraus unterdessen sein ganz eigenes Fazit: „Der Front National muß in die ganz normale demokratische Diskussion einbezogen werden. ‘Integration’ ist gegenwärtig ohnehin gerade mehr in Mode als ‘Ausgrenzen’.“ (NE, 3/1993, S.23) Dadurch könnte ein Weg bereitet werden, der auch Rückwirkungen auf andere parlamentarische Gremien haben könnte, so daß Rolf Schlierers Kalkül aufginge, daß die baden-württembergische Landtagsfraktion der REP „für die Gesamtpartei eine Eisbrecherfunktion haben“ werde, die darin bestehe, „die Mauern des Schweigens und der Ausgrenzung einzureißen, die um die gesamte Partei aufgebaut wurden“. (Hundseder, 1993, S.85)

Auch könnte es den rechten Abgeordneten von der *Front National*, der *Alleanza Nazionale* und vom *Vlaams Blok* im Europäischen Parlament aktuell zugute kommen, daß sie seit der Europawahl 1994 nicht mehr geschlossen als Fraktion auftreten, und insofern vielleicht nicht mehr so sehr als Bedrohung wahrgenommen werden, wie das noch nach den Wahlen 1984 und 1989 und infolge der darauffolgenden Fraktionsbildungen der Fall war (EP-Liste, 14.09.1994, S.84 und 91).

Hier ist dem britischen *Labour*-Europaabgeordneten Glyn Ford recht zu geben, der dazu feststellte: „Alles in allem wird das neue Europäische Parlament eine schwierigere Arena für den Kampf um Europäische Aktionen gegen Rassismus sein. Genau das macht aber einen solchen Kampf notwendiger denn je.“ (Searchlight, 8/1994, S.23) Daß es dabei auch seine eigenen Fraktionskollegen, insbesondere einige von den Deutschen, sein könnten, die ihm diesen Kampf erschweren könnten, erwähnte er dabei allerdings nicht.

So ist zu fragen, ob die ‘Linke’ einschließlich einer hemmungslos pragmatisch gewordenen Sozialdemokratie dazu überhaupt noch willens und fähig zu einer solchen Auseinandersetzung ist, oder ob Glyn Ford nicht diesbezüglich eher längst zu einem einsamen Rufer in der Wüste geworden ist.

Wo die extreme Rechte aber stark ist, gibt es auch auf anderen Ebenen schon Avancen von ‘links’, so etwa von Lodé Hancké, dem Fraktionsvorsitzenden der flämischen „Sozialisten“ im Antwerpener Stadtrat, der bereits 1989 jede Ausgrenzug des *Vlaams Blok* ablehnte: „Wir müssen die Kollegen vom Vlaams Blok davon überzeugen, daß wir ihre konstruktive Mitarbeit erwarten. Wir werden ihnen die Chance dazu einräumen.“ Voran ging dem eine mangelnde inhaltliche Distanzierung seitens der etablierten Parteien gegenüber rechtsextremen Inhalten (Raijer, 1989, S.170 und 167).

Oder auch der bayerische SPD-Bundestagsabgeordnete Manfred Schmidt, der laut REP-Parteizeitung Anfang 1989 im Zeichen des Berliner Wahlerfolgs zu den *‘Republikanern’* feststellte: „Ich würde es ja begrüßen, wenn die eine Rolle spielen könnten.“ Ferner bezeichnete er die damalige Parteiführung als „populär“ und „honorig“ (REP, 2/1989, S.2).

Oder siehe auch das innige Verhältnis namhafter Vertreter der (früheren) sozialistischen Partei Italiens (PSI) zur Achse Berlusconi-Fini (vgl. I 4.2.1). Im Frühjahr 1996 forderte schließlich auch der französische sozialistische Parteichef Lionel Jospin in Toulon dazu auf, die *Front National* Le Pens nicht länger zu „verteufeln“ (NE, 5/1996, S.24).

Dadurch wird argumentativ genau das abgestützt, was in Ansätzen bereits gang und gäbe ist. Denn während der Wahlperiode 1989-94 wurden einige überfraktionelle Dokumente erstellt, auf denen die Namen von SPD-Abgeordneten zusammen mit solchen von der *Technischen Fraktion der Europäischen Rechten* (DR), beziehungsweise zusammen mit Namen von den fraktionslosen italienischen Abgeordneten der MSI-DN (NI/MSI) sowie mit fraktionslosen deutschen Abgeordneten (NI/D) auftauchen. Dies sind im einzelnen sieben parlamentarische Anfragen (QP) und vier Entschließungsanträge (PO), deren ausführliche Auflistung sich unter Punkt 4 des Dokumentarisch-statistischen Anhangs findet.

In der Wahlperiode 1984-1989 fanden sich übrigens noch öfter im Rahmen überfraktioneller Initiativen solche „rot-braunen“ Allianzen zusammen, nämlich bei fünf parlamentarischen Anfreagen (QP) und bei 14 Entschließungsanträgen, bei denen damals auch Dieter Rogalla hin und wieder mit von der Partie war.

Erwähnenswert sind aus dieser Zeit zudem noch einige Entschließunsanträge der Fraktionsvorsitzenden, da dies während jener Zeit bei der *Sozialistischen*

Fraktion der deutsche Sozialdemokrat Rudi Arndt war, der dadurch zusammen mit Le Pen und den sechs anderen Fraktionschefs auf insgesamt sechs Dokumenten auftaucht: 1) Nr. B2-1390/86, 2) Nr. B2-1389/86, 3) Nr. B2-0386/84 4) Nr. B2-1417/85, 5) Nr. B2-1418/85, 6) Nr. B2-0972/88.

Auch diese sind im Dokumentarisch-statistischen Anhang detailliert aufgeführt.

6. Chancen und Grenzen einer SPD-Selbstkritik

Frage an Rudolf Scharping nach der Europawahl: „Ist der politische Kampf gegen die Republikaner schon gewonnen?"

Antwort: „Nein. Es ist gut, daß wir bei der Europawahl den Einzug der Republikaner ins Europäische Parlament verhindern konnten – die Neofaschisten in der italienischen Regierung sind gerade genug. Aber es soll sich niemand etwas vormachen. Niedergerungen ist der rechtsradikale, nationalistische Teil noch nicht." (SZ, 22.06.1994. S.6)

Die SPD machte in ihrem Wahlkampfdiskurs gegen die REP deutlich, daß bisher „weder das egoistische innere Gerangel der deutschen Rechten, noch deren politische Untätigkeit bei zentralen deutschen Belangen von den Wählern zur Kenntnis genommen" werde und die SPD in ihrem Wahlkampf dafür Sorge tragen werde, „daß die Rechten ihre Quittung für ihr Verhalten bekommen werden." (SPD, 1994, S.18)

Den dahinterstehenden Wertekanon bringt der *Konkret*-Autor Joachim Bruhn im folgenden Satz bissig auf den Punkt: „Deutsch ist, wer kapitalproduktiv arbeitet und politisch bis in den Tod loyal ist." Denn das Deutsche bestehe in Selbstaufopferung und Selbstverwertung, genau darin liege die Botschaft der Nationalfolklore (Bruhn, 1992, S.12).

Angesichts der inneren Probleme der REP, die im europäischen Kontext weder die *Front National* noch *der Vlaams Blok* hatten, schon gar nicht die italienischen Kollegen von der *Alleanza Nazionale*, warf Harald Neubauer in einer Wahlnachlese „Deutsche Rechte – was nun?" die Frage auf: „Woran sind die Republikaner 1994 gescheitert?" und gab auch gleich die Antwort dazu: „Natürlich an Haß und Hetze des bedrohten Kartells, aber offenkundig auch an sich selber. Man bot dem Gegner statt der Stirn die Archillesferse; man leistete sich das rechte Erzübel, die Uneinigkeit. (...) Daß es rechts auch anders geht, haben Le Pen in Frankreich, Fini in Italien, Dillen in Flandern und nicht zuletzt auch Haider in Österreich bewiesen. Bei aller Unterschiedlichkeit im Detail stellen wir für die Rechtsparteien dieser Länder eine wesentliche Gemeinsamkeit fest: Sie ziehen ihre Grenzen nicht immer enger, sondern weiter. Sie leisten sich Flügel – zum Fliegen, nicht zum Flegeln. Sie haben eine gepflegte Diskussionskultur, die nicht trennt, sondern verbindet." (NE, 11-12/1994, S.5-6 und 8) Insofern kann die SPD eher noch froh darüber sein, daß hier eine Zerstrittenheit vorhanden war, die sich auch in den sich einander widersprechenden Reaktionen auf den SPD-Diskurs niederschlug (vgl. VII 3).

Hier stellt sich allerdings weiter die Frage: Was hätte die SPD gegen einen Wiedereinzug der REP unternommen, wenn sie sich in Brüssel und Straßburg auch tatsächlich für ihre Ziele eingesetzt hätten, und wenn sie nicht diese inneren Zerwürfnisse gehabt hätten?

Sie hätte vielleicht den Rechtsextremismus zu einer „normalen" Pathologie der westlichen Industriegesellschaften erklärt, ohne dabei nach den weiteren Wirkungszusammenhängen zu fragen. Was mit dem korrespondiert, was auch Willy Brandt schon 1989 sagte: „Wenn ich mich in Europa so umgucke, käme es mir komisch vor, wenn die Bundesrepublik das einzige Land wäre, wo es keine Rechte gibt." (SP, 22/1989, S.43) Sie könnte sich dazu schließlich auch auf Wolfgang Kowalsky berufen, der suggeriert, auf diese Weise die „Antikapitalismusstrategie" widerlegen zu können (Kowalsky, 1993, S.21-22).

Der Erziehungswissenschaftler Dieter Keiner kam in einer Beurteilung des dazugehörigen 1994er Europawahlprogramms überdies zu folgendem Schluß: „Insgesamt qualitativ schwacher Text, der kein überzeugendes sozialdemokratisches/ sozialistisches Politik-Profil vermittelt und der in keinem Punkt auf widersprüchliche Bedingungen, Widerstände etc. einer künftigen sozialdemokratischen Politik eingeht: Anything goes – auch daneben." (Keiner-Manuskript, 1994) Heleno Saña vermerkte dazu 1992: „Das zynische postmoderne Losungswort 'anything goes' ist nur ein weiterer Beleg für die Bereitschaft, sich mit allem (...) zu arrangieren und die Möglichkeit zu einer qualitativen Umwälzung der bestehenden Verhältnisse im voraus als den infantilen Traum eines verlorenen Haufens von Desperados und Dummköpfen abzutun." (Saña, 1992, S.56-57)

1989 liebäugelten einige sozialdemokratische Strategen auch mit dem Gedanken, daß die Wahlerfolge der REP aus taktischen Gründen zu begrüßen seien, da sie die Rückkehr der SPD zur Macht ebnen könnten (Wiedemann, 1989, S.11). Schon damals leistete sich auch die SPD selbst ihre Rechtsausleger. So schrieb die populäre WDR-Journalistin Carmen Thomas im März 1989 im *Vorwärts* über „Meine Fremdenangst". Diesen Essay kommentierte Peter Kratz in einem Leserbrief unter anderem mit den Worten: „Carmen Thomas hat den Spießern, die es ja bekanntlich auch in der SPD gibt, die Argumente geliefert, mit denen sie am deutsch-nationalen Stammtisch endlich mitreden können."

In demselben Heft, in welchem der Kratz-Brief veröffentlicht wurde, publizierte auch Ulrich Lohmar unter dem Titel „Die neue Rechte: 'Unmut gegen die da oben'". Schon damals schrieb er gelegentlich auch für die weit rechts angesiedelte Zeitschrift *Mut*.

Ein anderer Leser wies in einer Zuschrift darauf hin, und vermerkte bissig dazu: „Er muß ja den Überblick besitzen!" Immerhin druckte der *Vorwärts* damals noch solche kritischen Zuschriften ab (Vorwärts, 10/1989, S.44-45; 13/1989,

S.4 und 24 und 15/1989, S.5), und der SPD-Parteivorstand gab noch ein Flugblatt „Thema: Rechtsextremismus“ heraus, in dem auch vor der Zeitschrift *Mut* gewarnt wurde, welche aber in der Folgezeit dann auch Beiträge von Oskar Lafontaine und Peter von Oertzen veröffentlichte.

1994 schrieb die SPD schließlich über die REP-Europawahlkandidaten: „An prominenter Stelle auf der Kandidatenliste ist als Schönhuber-Stellvertreter Würzburgs Ex-Oberbürgermeister Klaus Zeitler plaziert.“ Daß er früher der SPD angehörte, wurde indes schamhaft verschwiegen.

Bei zwei anderen REP-Kandidaten, Rudolf Krause und Hans Hirzel, wies sie indes durchaus auf deren politische Vergangenheit in den Unionsparteien hin, auch darauf, daß Hirzel während des Nationalsozialismus in der „Widerstandsorganisation Weiße Rose“ aktiv war. „Er diskreditiert den Widerstand gegen die NS-Diktatur und liefert den ‘Republikanern’ ein Alibi für eine öffentlichkeitswirksame Abgrenzung gegenüber dem Nationalsozialismus.“ (SPD, 1994, S.29-30 und Kratz, 1994, S.253-254)

Doch der moralisierende Zeigefinger weist in gewisser Weise auf die SPD zurück, da sie selbst sich in der Nachkriegszeit einen weitgehend rückgratslosen Kurs gegenüber den NS-belasteten bayerischen Justizminister Theodor Maunz leistete, der nämlich erst 1964 entlassen wurde, da angeblich „neue Dokumente“ über seinen früheren Antisemitismus gefunden worden waren, die im *Vorwärts* publiziert wurden, jedoch Kennern, wie schon 1957 der damaligen bayerischen FDP-Landtagsabgeordneten Hildegard Hamm-Brücher, längst bekannt waren.

Sie kandidierte am 23. Mai 1994 gegen den Bundesverfassungsrichter Roman Herzog, der bei Maunz studiert, promoviert und habilitiert hatte, für das Amt des Bundespräsidenten. Am Vorabend jener Wahl hatten übrigens die REP, die acht Vertreter in die Bundesversammlung entsandten, noch Hans Hirzel als ihren Kandidaten präsentiert.

Frau Hamm-Brücher wurde dann im weiteren Verlauf zugunsten Herzogs schließlich von ihrer eigenen Partei fallen gelassen, zumal auch die SPD kaum Anstalten machte, zugunsten ihrer den eigenen Kandidaten Johannes Rau zurückzuziehen (Köhler, 1994, S.180-183; Linke, 1994, S.121-128 und Backes/Moreau, 1994, S.97). Ihr war es nämlich in dieser Situation wichtiger, die FDP vorzuführen. Der damalige SPD-Geschäftsführer Verheugen, der das selbe Amt Jahre zuvor bei der FDP innehatte, sagte dazu: „Ich finde es notwendig, denjenigen, die das liberale Gesicht unseres Staates bewahren wollen, zu sagen, daß die FDP dafür nicht zur Verfügung steht, wohl aber die SPD.“ (SP, 22/1994, S.22-24) Im zeitgleich laufenden Europawahlkampf verkündete die SPD mit dem Portrait eines nachdenklich blickenden Johannes Rau: „Diese Wahl bestimmen Sie!“ (WAZ, 28.05.1994, S.5)

Die Europawahl brachte der SPD aber eine schwere Niederlage, mit den stärksten Einbrüchen seit längerer Zeit. Sie kam gerade noch auf 32,2% gegenüber

37,3% 1989, wodurch sich Scharping den bemerkenswerten Versprecher „Dies war in der ersten Runde eine Niederlage – weitere werden folgen" leistete (SP, 25/1994, S.18 und EP-Ergebnisse, 1989, S.9).

Hermann L. Gremliza sah in seiner *Konkret*-Kolumne zum innerparteilichen SPD-Nachwahlstreit, der sich auch um das Programm drehte, den Zug auch noch weiter nach rechts fahren: „Bundesgeschäftsführer Verheugen hat versprochen: 'Das Programm wird zugespitzt.' Fraktionschef Klose meint hingegen: 'Die Botschaften müssen etwas stärker zugespitzt werden.' Der 'Sozialexperte' Rudolf Dreßler aber verlangt: 'Wir müssen die Themen zuspitzen.' Was wäre die Zuspitzung von 'Sicherheit statt Angst'? Todesstrafe, ja bitte? Was die Zuspitzung von 'Arbeit! Arbeit! Arbeit!'? Was die Zuspitzung von 'Deutsche Interessen besser vertreten'? Deutschland zuerst? Deutschland den Deutschen?" (Gremliza, 1994b, S.9) Diese Zeilen, die Kritik am SPD-Computerspiel und dem „Mafia"-Plakat, veranlaßten schließlich die stellvertretende SPD-Vorsitzende Herta Däubler-Gmelin zu der folgenden Entgegnung: „Es ist nicht zu übersehen, daß und wie KONKRET seine Vorurteile pflegt. Im Hinblick auf das 'Mafia-Plakat' und das entsprechende Computerspiel gilt allerdings: Wo Sie recht haben, haben Sie recht!" (konkret, 8/1994, S.6)

Die infolge einer schon länger schwelenden Krise der Partei und weiterer Wahlniederlagen unter Scharpings Ägide schließlich einsetzende Selbstkritik auf dem Mannheimer Parteitag im November 1995, dem Scharpings Ersatz durch Lafontaine als Parteivorsitzender folgte, entzündete sich schließlich vor allem an der „Profilsucht" und dem „Egoismus" im Parteivorstand (FR, 15.11.1995, S.1 und jw, 18./19.11.1995, S.6).

Begleitet ist dies von einer Krise innerparteilicher Delegations- und Willensbildungsprozesse, die sich in offen zutage tretenden Differenzen zwischen Parteiführungen, Mittelbau und Basis niederschlagen. Dadurch bildet sich ein Vakuum heraus, welches dann auch durch kommerzielle Medienpräsenz ausgefüllt werden kann, hinter denen namhafte Kapitalinteressen stehen und welche demokratische Willensbildungsprozesse tendenziell ausschaltet (Jäger, 1996, S.3). Der Parteientheoretiker Peter Lösche spricht hier von einer Bonapartisierung der Parteien, wobei ein bonapartistischer Parteiführer, als welchen er speziell im Falle der SPD Gerhard Schröder sieht, darauf bedacht sei, gerade über Medienpräsenz eine innerlich stark fragmentierte Partei über populistische Agitation von außen zu integrieren (SP, 30/1996, S.26). Dies würde freilich die Ausgangslage für eine aktive aufklärerische Politik gegen rechts in der SPD jenseits billiger Effekthascherei und wahltaktischem Opportunismus noch weiter verschlechtern und den populistischen Rechtskurs dieser Partei auf die Spitze treiben.

Kapitel VIII
Zusammenfassung

Der Aufstieg extrem rechter Parteien in den achtziger und neunziger Jahren, der in der öffentlichen Darstellung sowie in der Programmatik der Parteien mit einer populistischen Modernisierung einherging, hat europaweit durchaus Nivellierungen mit sich gebracht, wie im ersten Kapitel bei der Gegenüberstellung der Programme und dee Diskurse der Trägerparteien deutlich wurde. Doch ironischerweise geschieht dies gerade im Zeichen der Betonung angeblicher oder tatsächlicher nationaler Eigenheiten, so daß hier der nivellierende 'Fortschritt' sich doch letztlich separierend und reaktionär auswirkt. Deswegen wäre es verkürzt und gefährlich zugleich, würde man aus der verstärkten Europäisierung der extremem Rechten den Schluß ziehen, daß nun auch in dieses Lager ein Inter- bzw. Supranationalismus hineinwirke, der eine neue faschistische Barbarei, bei der sich die Nationen untereinander bekriegen, in Europa effektiv ausschlösse.

So zeigte sich schließlich, daß trotz einer gewissen programmatischen Europäisierung der extremen Rechten, wobei auch eine zunehmend europäische Orientierung oftmals der althergebrachten Nationalismen ergänzt – Gemeinsamkeiten und Unterschiede wurden im zweiten Kapitel näher herausgearbeitet –, der Zusammenhalt unter den im Europaparlament vertretenen rechtsextremen Parteien eher ab- als zunahm, so daß es bereits 1994 zu keiner rechtsextremen Fraktionsbildung im EP mehr kam. Als Vorspiel dazu können die Spannungen bei der Fraktionsbildung 1989 und die folgenden internen Streitigkeien innerhalb der Fraktion, die freilich vorrangig auf das Konto der deutschen *'Republikaner'* gingen, gesehen werden; während die Vorgängerfraktion hier trotz ungleich stärkerer innerer personeneller Fluktuation doch eine bemerkenswerte Stabilität an den Tag legte, und dadurch sogar zur Halbzeit der Wahlperiode noch einen Überläufer für sich gewinnen konnte.

Als Motiv für eine Fraktionsbildung spielen freilich auch die handfesten materiellen Vorteile eine Rolle, mit der eine europaparlamentarische Vertretung verbunden ist. Hierzu wurde insbesondere auf die Fraktionsaußentagungen als besondere Möglichkeit, zur 'bezahlten' Pflege internationaler Kontakte, hingewiesen. Allerdings ist schon der Sitz im Europaparlament an sich mit materiellen und infrastrukturellen Vorteilen verbunden, die es ermöglichen, weitgehend unspektakulär Kontakte und Netzwerke zu pflegen, was zunehmend an Bedeutung gewinnen könnte, nachdem die Fraktionsaußentagungen im Juni 1993 in die Schlagzeilen gerieten. Hier haben die extrem rechten Abgeordneten aufgrund ihrer innerparlamentarischen Ausgrenzung speziell bei den Ausschußberichten noch zusätzliche Mittel zur Verfügung, da sie dadurch die Gelder nicht für Recherchen im Rahmen ihrer Ausschußarbeit benötigen.

Somit ist es zunächst etwas beruhigend, daß Wahlen immer noch primär national gewonnen werden, und zahlreiche der im fünften Kapitel erwähnten Parteien des euro-rechten Netzwerkes, deren Verhältnis zur parlamentarisch verankerten Euro-Rechten überdies oftmals auch von ziemlich ambivalenter Natur ist, national ein doch eher marginalisiertes Schattendasein führen. Gleichwohl waren hier gerade in jüngster Zeit auf der extremen Rechten verstärkt Versuche zur Sammlung, dort wo es eine Zersplitterung gibt (Niederlande, Spanien), und zur Modernisierung, dort wo es eine Überalterung und ein Festhalten an überkommenen Inhalten gibt (Spanien, Griechenland), europaweit feststellbar.

Daraus aber nun Zukunftsprognosen herleiten zu wollen, würde hier zu weit vorgreifen und müßte rein spekulativ bleiben.: „Die Ausschöpfung des rechtsextremen Wählerpotentials hängt nicht zuletzt von der Präsentation glaubwürdiger und zeitgemäßer Führerfiguren ab. Daß die starken Männer weder vom Himmel fallen, noch durch möglichst treue Kopie erfolgreicher Vorbilder im Ausland ‘aufgebaut’ werden können, ist immerhin ein Trost.“ (Renner, 1994, S.82) Sollte es aber der einen oder anderen Gruppe tatsächlich gelingen, ihr Gettodasein zu durchbrechen, könnte sie dann auf eine gewisse europäische Bruderhilfe hoffen, solange es taktisch opportun erscheint, beziehungsweise auch, solange es dem Geber opportun erscheint.

Zusätzlich könnte die Euro-Rechte aus einer Krisensituation der bestehenden politischen Verhältnisse und der Legitimationskrise der etablierten Parteien Kapital schlagen, wenn hier keine innere Zerstrittenheit die entsprechende Schlagkraft lähmte, wie dies im siebten Kapitel speziell anhand des populistischen SPD-Europawahlkampfdiskurses von 1994 in Bezug auf die *‘Republikaner’* im Europaparlament dargelegt wurde.

Dabei zeigte sich zum einen die Gemeingefährlichkeit einer Untersuchung, die vorschnell ausgewertet und publik gemacht wurde, ohne daß dazu hinreichende komparative Analysen vorgenommen wurden, die die Untersuchungsergbnisse in einem anderen Licht hätten erscheinen lassen; diesem Zweck dienen hier vor allem Kapitel VI sowie der Dokumentarisch-statistische Anhang.

Ferner zeigte sich auch, daß Populismus und parlamentarischer Pragmatismus keine Gegensätze sind, sondern gerade ein rein funktionalistisches Parlamentarismusverständnis, welches nicht mehr nach den Inhalten der Politik fragt, den Populismus fördern kann. Gerade das stellt aber auch die traditionelle Funktion des Parlaments als Bühne des Disputs und des Streits verschiedener Meinungen in Frage, so daß dadurch dem Parlament auch ein Stück der eigenen Legitimationsgrundlage entzogen wird, worin die letzlich antiparlamentarische Stoßrichtung des Populismus jedweder Couleur zum Ausdruck kommt. An dessen Stelle könnte dann schließlich ein autoritäres Politikverständnis und der Ruf nach dem Führer treten und dieser könnte dann durchaus auch aus einer anderen Formation kommen, als aus denjenigen, die im Mittelpunkt dieser Arbeit standen.

IX
Dokumentarisch-statistischer Anhang

1. Anfragen (QP) und Entschließungsanträge (PO) der Fraktion der Europäischen Rechten 1984-1989

Insgesamt 779 Vorgänge (PO: 564; QP: 215) liegen aus der Wahlperiode 1984-89 vor, das bedeutet bei 16 Abgeordneten der Fraktion 48,7 Vorgänge je Abgeordneter (PO: 35,3; QP: 13,4). Insgesamt tauchen deren Namen 1.709 mal auf Anfragen und Anträgen auf:

a) Front National (FN); Frankreich
1) ANTONY: 96 (QP: 10; PO: 86)
2) CAMARET: 96 (QP: 2; PO: 94)
3) CHABOCHE: 29 (QP: 2; PO: 27)
4) COLLINOT: 62 (QP: 21; PO: 41)
5) DEVÈZE: 58 (QP: 9; PO: 49)
6) GAUCHER: 36 (QP: 3; PO: 33)
7) LE CHEVALLIER: 127 (QP: 20; PO: 107)
8) LEHIDEUX: 171 (QP: 25; PO: 146)
9) LE PEN: 54 (QP: 9; PO: 45)
10) d'ORMESSON: 143 (QP: 22; PO: 121)
11) PORDEA: 228 (QP: 45; PO: 183)
12) STIRBOIS: 37 (QP: 6; PO: 31)
<u>DURCHSCHNITT: 113,7 (QP: 17,4; PO: 96,3)</u>

b) Movimento Sociale Italiano – Destra Nazionale (MSI-DN); Italien
1) ALMIRANTE: 54 (QP: 7; PO: 47)
2) BUTTAFUOCO: 73 (QP: 13; PO: 60)
3) CANTALAMESSA: 12 (QP: 1; PO: 11)
4) CELLAI: 14 (QP: 1; PO: 13)
5) MACERATINI: 5 (QP: 0; PO: 5)
6) PALMIERI: 3 (QP: 0; PO: 3)
7) PETRONIO: 80 (QP: 2; PO: 78)
8) ROMUALDI: 153 (QP: 10; PO: 143)
9) TRIPODI: 43 (QP: 3; PO: 40)
10) VITALE: 13 (QP: 1; PO: 12)
<u>DURCHSCHNITT: 90 (QP: 7,6; PO: 82,4)</u>

c) Ethniki Politiki Enossis (E.P.EN.); Griechenland
1) DIMITRIADIS: 85 (QP: 5; PO: 80)
2) DIMOPOULOS: 5 (QP: 2; PO: 3)
3) ZOURNATZIS: 3 (QP: 0; PO: 3)
DURCHSCHNITT (ZUSAMMEN): 93 (QP: 7; PO: 86)

d) Ulster Unionist Party (UUP); Nordirland
TAYLOR: 28 (QP: 4; PO: 24)

GESAMTDURCHSCHNITT DER DR-FRAKTION 1984-1989
a) Gesamtzahl der Vorgänge, geteilt durch 16 (Durchschnittsstärke der Fraktion): 106,8 Vorgänge (QP: 13,9; PO: 92,9)
b) Durchschnittswerte der nationalen Gruppen, geteilt durch 4: 81,2 Vorgänge (QP: 9; PO: 72,2)

440 (QP: 207, PO: 233) Dokumente aus dieser Periode tragen nur den Namen eines einzigen Abgeordneten. Hier ergibt sich das folgende Bild:

a) Front National (FN); Frankreich
1) ANTONY: 31 (QP: 13; PO: 18)
2) CAMARET: 2 (QP: 1; PO: 1)
3) CHABOCHE: 2 (QP: 2; PO: 0)
4) COLLINOT: 24 (QP: 21; PO: 3)
5) DEVÈZE: 25 (QP: 8; PO: 17)
6) GAUCHER: 14 (QP: 3; PO: 11)
7) LE CHEVALLIER: 36 (QP: 17; PO: 19)
8) LEHIDEUX: 60 (QP: 25; PO: 35)
9) LE PEN: 11 (QP: 9; PO: 2)
10) d'ORMESSON: 31 (QP: 22; PO: 9)
11) PORDEA: 108 (QP: 41; PO: 67)
12) STIRBOIS: 7 (QP: 4; PO: 3)
DURCHSCHNITT: 35,1 (QP: 16,6; PO: 18,5)

b) Movimento Sociale Italiano – Destra Nazionale (MSI-DN); Italien
1) ALMIRANTE: 4 (QP: 4; PO: 0)
2) BUTTAFUOCO: 16 (QP: 13; PO: 3)
3) CANTALAMESSA: 5 (QP: 1; PO: 4)
4) CELLAI: 10 (QP: 1; PO: 9)
5) MACERATINI: 0
6) PALMIERI: 0
7) PETRONIO: 14 (QP: 2; PO: 12)
8) ROMUALDI: 20 (QP: 6; PO: 14)
9) TRIPODI: 3 (QP: 3; PO: 0)

10) VITALE: 1 (QP: 1; PO: 0)
DURCHSCHNITT: 14,6 (QP: 6,2; PO: 8,4)

c) Ethniki Politiki Enossis (E.P.EN.); Griechenland
1) DIMITRIADIS: 7 (QP: 5; PO: 2)
2) DIMOPOULOS: 2 (QP: 2; PO: 0)
3) ZOURNATZIS: 0
DURCHSCHNITT (ZUSAMMEN): 9 (QP: 7; PO: 2)

d) Ulster Unionist Party (UUP); Nordirland
1) TAYLOR: 7 (QP: 3; PO: 4)

GESAMTDURCHSCHNITT DER DR-FRAKTION 1984-1989
a) Gesamtzahl der Vorgänge, geteilt durch 16: 27,5 Vorgänge (QP: 12,9; PO: 14,6)
b) Durchschnittswerte der nationalen Gruppen, geteilt durch 4: 16,4 Vorgänge (QP: 8,2; PO: 8,2)

2. Anfragen und Entschließungsanträge der Technischen Fraktion der Europäischen Rechten 1989-1994

Insgesamt 632 Vorgänge (PO: 455; QP: 177) liegen aus der Wahlperiode 1989-94 vor, das bedeutet bei im Schnitt 14 Abgeordneten der Fraktion 45,1 Vorgänge je Abgeordneter (PO: 35,3; QP: 13,4). Insgesamt tauchen deren Namen 1.654 mal auf Anfragen und Anträgen auf:

a) Front National (FN); Frankreich
1) ANTONY: 207 (QP: 32; PO: 175)
2) AUTANT-LARA: 0
3) BLOT 131: (QP: 18; PO: 113)
4) CEYRAC: 73 (QP: 10; PO: 63)
5) GOLLNISCH: 186 (QP: 9; PO: 77)
6) LE CHEVALLIER: 108 (QP: 30; PO: 78)
7) LEHIDEUX: 199 (QP: 24; PO: 175)
8) LE PEN: 57 (QP: 3; PO: 54)
9) MARTINEZ: 105 (QP: 23; PO: 82)
10) MEGRET: 54 (QP: 10; PO: 44)
11) TAURAN: 66 (QP: 7; PO: 59)
DURCHSCHNITT: 108,6 (QP: 16,6; PO: 92)

b) Die „Republikaner" (REP)/Deutsche Liga für Volk und Heimat (DLVH)/parteilos (pl); Deutschland
1) GRUND (REP/pl): 46 (QP: 7; PO: 39)

2) KÖHLER (REP/pl): 53 (QP: 3; PO: 50)
3) NEUBAUER (REP/DLVH): 80 (QP: 2; PO: 78)
4) SCHLEE (REP): 34 (QP: 0; PO: 34)
5) SCHODRUCH (REP/pl): 103 (QP: 0; PO: 103)
6) SCHÖNHUBER (REP): 22 (QP: 0; PO: 22)
DURCHSCHNITT: 56,3 (QP: 2; PO: 54,3)

c) Vlaams Blok (VB); Belgien
1) DILLEN: 130 (QP: 7; PO: 123)

GESAMTDURCHSCHNITT DER DR-FRAKTION 1989-1994:
a) Gesamtzahl der Vorgänge, geteilt durch 15 (Durchschnittsstärke der Fraktion): 103,6 Vorgänge (QP: 12,3; PO: 91,3)
b) Durchschnittswerte der nationalen Gruppen, geteilt durch 4: 98,3 Vorgänge (QP: 8,5; PO: 89,8)

Nach den Fraktionsaustritten einiger deutscher Abgeordneten tauchen deren Namen noch auf insgesamt 15 Vorgängen auf:
GRUND: 9 (QP: 7; PO: 2)
SCHLEE: 3 (QP: 2; PO: 1)
SCHÖNHUBER: 3 (QP: 2; PO: 1),

Bei einer Zählung derjenigen parlamentarischen Vorgänge, die nur den Namen eins Fraktionsmitglieds tragen, wovon es insgesamt 334 an der Zahl (PO: 173; QP: 161) gibt, ergibt sich das folgende Bild:

a) Front National (FN); Frankreich
1) ANTONY: 69 (QP: 30; PO: 39)
2) AUTANT-LARA: 0
3) BLOT: 37 (QP: 14; PO: 23)
4) CEYRAC: 15 (QP: 9; PO: 6)
5) GOLLNISCH: 14 (QP: 9; PO: 5)
6) LE CHEVALLIER: 42 (QP: 28; PO: 14)
7) LEHIDEUX: 47 (QP: 21; PO: 26)
8) LE PEN: 5 (QP: 0; PO: 5)
9) MARTINEZ: 46 (QP: 25; PO: 21)
10) MEGRET: 13 (QP: 8; PO: 5)
11) TAURAN: 11 (QP: 5; PO: 6)
DURCHSCHNITT: 29,9 (QP: 14,9; PO: 15)

b) Die „Republikaner“ (REP)/Deutsche Liga für Volk und Heimat (DLVH)/parteilos (pl); Deutschland
1) GRUND (REP/pl): 8 (QP: 7; PO: 1)

2) KÖHLER (REP/pl): 2 (QP: 2; PO: 0)
3) NEUBAUER (REP/DLVH): 1 (QP: 1; PO: 0)
4) SCHLEE (REP): 1 (QP: 0; PO: 1)
5) SCHODRUCH (REP/pl): 1 (QP: 0; PO: 1)
6) SCHÖNHUBER (REP): 1 (QP: 0; PO: 1)
DURCHSCHNITT: 2,3 (QP: 1,6; PO: 0,7)

c) Vlaams Blok (VB); Belgien
1) DILLEN: 21 (QP: 3; PO: 18)

GESAMTDURCHSCHNITT DER DR-FRAKTION 1989-1994:
a) Gesamtzahl der Vorgänge, geteilt durch 15: 22,3 Vorgänge (QP: 10,8; PO: 11,5)
b) Durchschnittswerte der nationalen Gruppen, geteilt durch 4: 17,7 Vorgänge (QP: 6,5; PO: 11,2)

Nach den Fraktionsaustritten machte auch lediglich noch die Abgeordnete GRUND von ihren diesbezüglichen parlamentarischen Rechten Gebrauch. Aus dieser Zeit sind noch sieben Anfragen (QP: 7) bekannt, die ausschließlich ihren Namen tragen.

3. Anfragen und Entschließungsanträge, die Mitglieder der Fraktion der Europäischen Rechten 1984-1989 u.a. gemeinsam mit SPD-Vertretern gestellt haben

Soweit möglich, sind die einzelnen Abgeordneten, die auf den folgenden Vorgängen auftauchen, nach Fraktionen differenziert, das Fraktionskürzel steht jeweils hinter den in alphabetischer Reihenfolge aufgeführten Abgeordneten der jeweiligen Fraktion: S bedeutet *Sozialistische Fraktion*, PPE steht für die *Fraktion der Europäischen Volkspartei*, ED für die *Fraktion der Europäischen Demokraten*, die *Fraktion der Sammlungsbewegung der Europäischen Demokraten* ist mit RDE gekennzeichnet, COM steht für die *Fraktion der Kommunisten und Nahestehenden*, L für die *Liberale und Demokratische Fraktion*, ARC ist das Kürzel der *Regenbogen-Fraktion*, während die *Fraktion der Europäischen Rechten* mit DR abgekürzt ist. Fraktionslose Abgeordnete tauchen unter dem Kürzel NI auf. Die SPD-Abgeordneten (Angehörige der Sozialistischen Fraktion) sind in den Dokumenten fett hervorgehoben, während die DR-Abgeordneten kursiv gesetzt sind. Die SPD-Abgeordneten während dieser Periode waren:

Werner AMBERG (ab 13.02.1987), Rudi ARNDT, Jürgen BRINCKMEIER (bis 28.11.1984), Ludwig FELLERMAIER, Katharina FOCKE, Bruno FRIEDRICH (bis 20.06.1987), Fritz GAUTIER (bis 12.02.1987), Klaus HÄNSCH, Rüdiger HITZIGRATH (ab 18.12.1984), Magdalene HOFF, Jan KLINKENBORG (bis 28.07.1988),

Rolf LINKOHR, Karl-Heinrich MIHR, Lore NEUGEBAUER (ab 30.07.1987), Johannes-Wilhelm PETERS, Dieter ROGALLA, Mechthild ROTHE, Willi ROTHLEY, Jannis SAKELLARIOU, Heinke SALISCH, Dieter SCHINZEL, Gerhard SCHMID, Barbara SCHMIDBAUER (ab 03.03.1987), Heinz SCHREIBER, Horst SEEFELD, Hans-Jochen SEELER, Lieselotte SEIBEL-EMMERLING, Barbara SIMONS, Günter TOPMANN, Heinz-Oskar VETTER, Kurt VITTINGHOFF, Thomas von der VRING, Manfred WAGNER, Gerd WALTER, Beate WEBER, Klaus WETTIG, Heidemarie WIECZORECK-ZEUL (bis 01.03.1987).

Die parlamentarischen Anfragen:

1) – QP ---------------------------------- WP 84-89

Sitzungsdokument Nummer: B2-1690/86

Bezug Aussprache: 19337

MÜNDLICHE ANFRAGE (O-251/86) mit Aussprache von Herrn VANDEMEULEBROUCKE (ARC), Frau ANDRE, den Herren MAHER (L), ARBELOA MURU, AVGERINOS, Frau GADIOUX, den Herren GOMES, HUME, MATTINA, OLIVA GARCIA, **SAKELLARIOU, SCHREIBER** (S), ALAVANOS, DE PASQUALE, FILINIS, VERGES (COM), BARRETT, MUSSO (RDE), ALVAREZ DE EULATE PENARANDA, Chr. BEAZLEY, HUTTON (ED), Frau BOOT, den Herren LIGIOS, POETSCHKI (PPE) und *DEVÈZE* (DR) im Namen des *Ausschusses für Regionalpolitik und Raumordnung* an die Kommission: Integrierte Mittelmeerprogramme (IMP)

Zusammensetzung: SPD: 2, DR: 1, A: 22

Beschluß: REP, 13.03.1987

2) – QP ---------------------------------- WP 84-89

Sitzungsdokument Nummer: B2-1265/87

Bezug Aussprache: 42934

MÜNDLICHE ANFRAGE (Nr. O-97/87) mit Aussprache von Frau GIANNAKOU-KOUTSIKOU, Herr Brok (PPE), Sir Jack STEWART-CLARK (ED), Den Frauen SCRIVENER (L), HEINRICH (ARC), **SALISCH** (S), SQUARCIALUPI (COM), Frau LEMASS (RDE), Herr *LE CHEVALLIER* (DR) an den Rat: Veröffentlichung einer Resolution des Parlaments über das Drogenproblem.

Zusammensetzung: SPD: 1, DR: 1, A: 7

Beschluß: REP, 16.12.1987

3) – QP ---------------------------------- WP 84-89

Sitzungsdokument Nummer: B2-1427/88

MÜNDLICHE ANFRAGE (Nr. O-129/88) mit Aussprache von den Herren BLUMENFELD, POETTERING, PENDERS, PFLIMLIN, TZOUNIS (PPE), *TAYLOR* (DR), FRAGA IRIBARNE, NORMANTON, Sir PETER VANNECK, PERINAT ELIO, WELSH (ED), COSTE-FLORET (RDE), **HÄNSCH**, MEDINA ORTEGA, PLASKOVITIS (S), SEGRE (COM), CONDESSO und GAWRONSKI (L) an die Kommission: Initiativprojekt der Kommission mit der Absicht, eine Basis für technologische und industrielle Sicherheit zu gründen.

Zusammensetzung: SPD: 1, DR: 1, A: 16

Allg. Bemerkungen: Umgestaltung gefordert, vergleiche Büro 15.02.1989

Beschluß: REP, 14.03.1989

4) – QP ---------------------------------- WP 84-89

Sitzungsdokument Nummer: E-2397/87

Schriftliche Anfrage von den Abgeordneten Elmar BROK, Marietta GIANNAKOU-KOUTSIKOU (PPE), Sir Jack STEWART-CLARK (ED), Christiane SCRIVENER (L), Brigitte HEINRICH (ARC), Heinke **SALISCH** (S), Vera SQUARCIALUPI (COM), Eileen LEMASS (RDE) und Jean-Marie *LE CHEVALLIER* (DR) an die Kommission: Maßnahmen der Gemeinschaft gegen den Drogenmißbrauch.

Zusammensetzung: SPD: 1, DR: 1, A: 7

Allg. Bemerkungen: Auf Wunsch der Autoren in eine schriftliche Anfrage umgewandelt

Beschluß: REP, 08.11.1988

Amtsblatt: C 77, 28.03.1989, S. 4

5) – QP ---------------------------------- WP 84-89

Sitzungsdokument Nummer: B2-0119/89

MÜNDLICHE ANFRAGE (Nr. O-198/88) mit anschließender Debatte von den Herren **TOPMANN**, VISSER (S), WIJSENBEEK (L), *BUTTAFUOCO* (DR), ANASTASSOPOULOS, CORNELISSEN, EBEL, Frau BRAUN-MOSER (PPE), die Herren LALOR (RDE), CAROSSINO und PUERTA GUTIERREZ (COM) im Namen des *Transportausschusses* an die Kommission: Kapazität des Luftverkehrssystems.

Zusammensetzung: SPD: 1, DR: 1, A: 9

Allg. Bemerkungen: korrigierter Text

Beschluß: REP, 22.05.1989

Die Entschließungsanträge:

1) – PO ---------------------------------- WP 84-89

Sitzungsdokument Nummer: 2-0408/84

ENTSCHLIESSUNGSANTRAG eingereicht von Herrn HABSBURG (PPE), Lady ELLES (ED), den Herren **SEELER** (S), *ROMUALDI* (DR), MALAUD (RDE) und GAWRONSKI (L) gemäß Artikel 47 der Geschäftsordnung zur Lage in den Baltischen Staaten.

Zusammensetzung: SPD: 1, DR: 1, A: 4

2) – PO ---------------------------------- WP 84-89

Sitzungsdokument Nummer: 2-0635/84

ENTSCHLIESSUNGSANTRAG eingereicht von den Abgeordneten ANASTASSOPOULOS, CORNELISSEN, EBEL, GIANNAKOU-KOUTSIKOU, STARITA (PPE), D'ANCONA, van den HEUVEL, **KLINKENBORG**, PAPOUTSIS, **SALISCH**, **SEEFELD**, **TOPMANN**, VISSER (S), *BUTTAFUOCO* (DR), CAROSSINO (COM), COTTRELL (ED), LALOR (RDE), MOORHOUSE, NEWTON DUNN (ED), van der WAAL (NI) und WIJSENBEEK (L) mit Antrag auf Behandlung in einer Debatte über aktuelle und dringliche Fragen gemäß Artikel 48 der Geschäftsordnung zur Dringlichkeit förmlicher Ratsbeschlüsse im Verkehrsbereich.

Zusammensetzung: SPD: 4, DR: 1, A: 16

Beschluß: ADP, 11.10.1984

Amtsblatt: C 300, 12.11.1984, S.45

3) – PO ---------------------------------- WP 84-89

Sitzungsdokument Nummer: 2-0637/84

ENTSCHLIESSUNGSANTRAG eingereicht von den Abgeordneten DE BACKER-VAN OCKEN, BOOT, CROUX, LENZ, LENTZ-CORNETTE, FONTAINE, GAIBISSO, GIANNAKOU-KOUTSIKOU, MALLET, MAIJ-WEGGEN, MERTENS, RABBETHGE, RINSCHE, TZOUNIS, van ROOY, ZAHORKA (PPE), **ARNDT**, d'ANCONA, BOMBARD, CASTLE, CRAWLEY, DURY, EYRAUD, FUILLET, GADIOUX, GLINNE, **HÄNSCH**, LIZIN, PERY, QUIN, **SALISCH**, SCHMIT, **SIMONS**, TONGUE, VAN HEMELDONCK, van den HEUVEL, VAYSSADE, VIEHOFF (S), *LEHIDEUX* (DR), HEINRICH (ARC), LEMASS, de la MALENE (RDE), CINCIARI RODANO, J. HOFFMANN, DE MARCH, SQUARCIALUPI (COM), BETTIZA, CHINAUD, DONNEZ, DE GUCHT, de VRIES, FLESCH, GAWRONSKI, MARTIN, NIELSEN Tove, NIELSEN J.B., NORD, NORDMANN, PONIATOWSKI, SCRIVENER, VEIL, WIJSENBEEK und WOLFF (L) mit Antrag auf Behandlung in einer Debatte über aktuelle und dringliche Fragen gemäß Artikel 48 der Geschäftsordnung zur Ernennung von Frauen in die neue Kommission.

Zusammensetzung: SPD: 4, DR: 1, A: 58

Beschluß: ADP, 11.10.1984

Amtsblatt: C 300, 12.11.1984, S.40

4) – PO ---------------------------------- WP 84-89

Sitzungsdokument Nummer: B2-0410/85

ENTSCHLIESSUNGSANTRAG eingereicht von den Abgeordneten BERSANI, RABBETHGE (PPE), BAGET BOZZO, COHEN, DURY, FICH, HAPPART, HINDLEY, HUCKFIELD, McGOWAN, PITT, **ROGALLA**, SCHMIT, **SIMONS** (S), BARBARELLA (COM), de COURCY LING, DALY, JACKSON (ED), *d'ORMESSON* (DR), VERBEEK (ARC), GUERMEUR (RDE), CICCIOMESSERE (NI), CHINAUD, GALLAND (L) mit Antrag auf Beratung in einer Debatte über aktuelle und dringliche Fragen gemäß Artikel 48 der Geschaftsordnung zu den Ausweisungen von Einwanderern in Nigeria.

Zusammensetzung: SPD: 2, DR: 1, A: 21

Beschluß: ADP, 13.06.1985

Amtsblatt: C 175, 15.07.1985, S.131 und 223

5) – PO ---------------------------------- WP 84-89

Sitzungsdokument Nummer: B2-0415/85

ENTSCHLIESSUNGSANTRAG eingereicht von den Abgeordneten ANASTASSOPOULOS, EBEL, K.-H. HOFFMANN (PPE), **KLINKENBORG**, **SEEFELD**, **TOPMANN**, VISSER (S), NEWTON DUNN (ED), CAROSSINO (COM), LALOR (RDE), *BUTTAFUOCO* (DR) zum Abschluß der Aussprache über die mündliche Anfrage Dok. B2-323/85 mit Antrag auf baldige Abstimmung gemäß Artikel 42 Absatz 5 der Geschäftsordnung zur Beseitigung der Verkehrsbehinderungen an den Binnengrenzen.

Zusammensetzung: SPD: 3, DR: 1, A: 7

Beschluß: ADP, 14.06.1985

Amtsblatt: C 175, 15.07.1985, S.263 und 277

Verwandtes Dok.: B2-0323/85

6) – PO ---------------------------------- WP 84-89

Sitzungsdokument Nummer: B2-0989/85

Bezug Aussprache: 36260

ENTSCHLIESSUNGSANTRAG eingereicht von den Abgeordneten BONACCINI, CERVETTI, CAROSSINO, NOVELLI (COM), P. BEAZLEY, Sir Fred CATHERWOOD, OPPENHEIM, PATTERSON (ED), BESSE, METTEN, MÜHLEN, **GAUTIER**, RIGO, **ROGALLA**, VAN HEMELDONCK (S), BEUMER, CHIUSANO, CHRISTODOULOU, I. FRIEDRICH, HERMAN, RAFTERY, VAN ROOY, VON WOGAU und ZAHORKA (PPE), DE VRIES, T. NIELSEN, WOLFF (L) und *ROMUALDI* (DR) mit Antrag auf Behandlung in einer Debatte über aktuelle und dringliche Fragen gemäß Artikel 48 der Geschäftsordnung zum Treffen einiger Finanzminister in New York.

Zusammensetzung: SPD: 2, DR: 1, A: 25

Beschluß: ADP, 10.10.1985

Amtsblatt: C 288, 11.11.1985, S.86 und 105.

7) – PO ---------------------------------- WP 84-89

Sitzungsdokument Nummer: B2-1029/85

Bezug Aussprache: 36259

ENTSCHLIESSUNGSANTRAG eingereicht von den Abgeordneten ADAM, BOMBARD, EYRAUD, FUILLET, GADIOUX, PERY, **ROTHLEY** (S), *ALMIRANTE*, *PETRONIO*, *ROMUALDI* (DR), BERSANI, CASINI, CHANTERIE, CHIABRANDO, ESTGEN, HERMAN, IODICE, PISONI, POMILIO, STARITA (PPE) und BEYER de RYKE (L) mit Antrag auf Behandlung in einer Debatte über aktuelle und dringliche Fragen gemäß Artikel 48 der Geschäftsordnung zu dem Vorschlag für eine Verordnung des Rates über das Ausscheiden von Beamten aus dem Dienst.

Zusammensetzung: SPD: 1, DR: 3, A: 17

Beschluß: ADP, 10.10.1985

Amtsblatt: C 288, 11.11.1985, S.86 und 103

8) – PO ---------------------------------- WP 84-89

Sitzungsdokument Nummer: B2-0376/86

ENTSCHLIESSUNGSANTRAG eingereicht von den Abgeordneten BENCOMO, BEYER de RYKE, CONDESSO (L), BUCHAN, COHEN, **FOCKE**, LOO, MUNTINGH, PANTAZI, RUBERT DE VENTOS, SCHMIT, **SIMONS** (S), M. GARCIA, *LEHIDEUX* (DR), ANDREWS, FERNANDEZ, Mac SHARRY, PONS (RDE), ULBURGHS (NI), HEINRICH, STAES, VERBEEK (ARC), de COURCY LING, DALY, DURAN, SHERLOCK, SIMPSON (ED), DE BACKER, BERSANI, RABBETHGE, WAWRZIK (PPE) und CASTELLINA (COM) mit Antrag auf Behandlung in einer Debatte über aktuelle und dringliche Fragen gemäß Artikel 48 der Geschäftsordnung zur Aufnahme von Mitgliedern des Europäischen Parlaments in die Delegationen der Gemeinschaft bei den Vereinten Nationen und deren Sonderorganisationen.

Zusammensetzung: SPD: 2, DR: 1, A: 29

Beschluß: CAD, 12.06.1986

9) – PO ---------------------------------- WP 84-89

Sitzungsdokument Nummer: B2-1051/86

Bezug Aussprache: 37392

ENTSCHLIESSUNGSANTRAG eingereicht von den Abgeordneten AIGNER, BARDONG, CHRISTODOULOU, CORNELISSEN, HACKEL, LANGES, O'MALLEY, SCHÖN (PPE), **ARNDT**, BARON CRESPO, COLOM I NAVAL, COT, DANKERT, EYRAUD, **HOFF**, LUIS PAZ, MOTCHANE, ROSA, SAPENA GRANELL, TOMLINSON (S), BARBARELLA, MIRANDA DA SILVA (COM), BONDE (ARC), Sir Fred CATHERWOOD, CURRY, J. ELLES, McMILLAN-SCOTT, NORMANTON, PRICE, Sir James SCOTT-HOPKINS (ED), DI BARTOLOMEI, LOUWES, SCRIVENER (L), LALOR, PASTY (RDE), *d'ORMESSON* (DR) und VAN DER WAAL (NI) im Namen des *Haushaltsausschusses*, **HÄNSCH** im Namen der *Sozialistischen Fraktion* (S), HABSBURG im Namen der *Fraktion der EVP* (PPE), SUAREZ GONZALES und PRAG im Namen der *Fraktion der Europäischen Demokraten*, FANTI, WURTZ und MIRANDA DA SILVA im Namen der *Fraktion der Kommunisten und Nahestehenden* (COM), ALMEIDA MENDES im Namen der *Liberalen und Demokratischen Fraktion* (L) mit Antrag auf Behandlung in einer Debatte über aktuelle und dringliche Fragen gemäß Artikel 48 der Geschäftsordnung zur Erdbebenhilfe für El Salvador.

Zusammensetzung: SPD: 3, DR: 1, A: 41

Beschluß: ADP, 13.01.1986

Nr. ABL Beschl.: C 297, 24.11.1986, S.83 und 117

10) – PO ---------------------------------- WP 84-89

Sitzungsdokument Nummer: B2-1630/86

ENTSCHLIESSUNGSANTRAG eingereicht von den Abgeordneten ALBER, ANASTASSOPOULOS, ANTONIOZZI, BEIROCO, BEUMER, DE BACKER-VAN OCKEN, BROK, CHIABRANDO, CHRISTODOULOU, CORNELISSEN, DEBATISSE, EBEL, GANGOITI LLAGUNO, HAHN, HERMAN, LENTZ-CORNETTE, LUCAS PIRES, MALLET, MARCK, MONFORTE ARREGUI, MÜHLEN, PENDERS, F. PISONI, POETTERING, PFLIMLIN, PIRKL, RAFTERY, SCHÖN, SELVA, VEGA Y ESCANDON, von WOGAU, ZAHORKA (PPE), d'ANCONA, AVGERINOS, BARON CRESPO, BRU PURON, CAMPINOS, CANO PINTO, COHEN, COIMBRA MARTINS, COLINO SALAMANCA, COLOM I NAVAL, DUARTE CENDAN, DURY, ELLIOTT, EYRAUD, FAJARDIE, FICH, FUILLET, GADIOUX, GOMES, **HÄNSCH**, HAPPART, **HITZIGRATH**, **HOFF**, **KLINKENBORG**, LAGAKOS, LIENEMANN, LIZIN, LOO, McMAHON, MADEIRA, MEDEIROS FERREIRA, PAPAKYRIAZIS, REMACLE, **ROGALLA**, ROSA, **ROTHE**, SAPENA GRANELL, **SAKELLARIOU**, SCHMIT, **SCHREIBER**, **SEEFELD**, **SEIBEL-EMMERLING**, **SIMONS**, SUTRA DE GERMA, **TOPMANN**, VAN HEMELDONCK, VAYSSADE, VISSER, **WEBER** (S), BARZANTI, BRITO APOLONIA, DE PASQUALE, MIRANDA DA SILVA (COM), EWING, LEMASS, PEGADO LIZ (RDE), ALMEIDA MENDES, BEYER de RYKE, CONDESSO, LACERDA DE QUEIROZ, MARQUES MENDES, M. PEREIRA (L), BEAZLEY, CANTARERO DEL CASTILLO, GARCIA AMIGO (ED), PIERMONT, ROELANTS du VIVIER (ARC), *PETRONIO* und *DIMITRIADIS* (DR) gemäß Artikel 47 der Geschäftsordnung zu der Erhaltung des architektonischen Erbes von Lissabon.

Zusammensetzung: SPD: 13, DR: 2, A: 87

11) – PO ---------------------------------- WP 84-89

Sitzungsdokument Nummer: B2-0447/87

Bezug Aussprache: 34696

ENTSCHLIESSUNGSANTRAG eingereicht von den Abgeordneten BLUMENFELD, CALVO SOTELO, KLEPSCH, HABSBURG, LENZ, MALLET, PENDERS, POETTERING, TZOUNIS (PPE), GALLUZZI (COM), BOESMANS, CAMPINOS, CHARZAT, FORD, **HÄNSCH**, LAGAKOS, MEDINA, ELIKAN, PLANAS, PLASKOVITIS, ZAGARI (S), GUIMON, PERINAT ELIO, PRAG, VANNECK, WELSH (ED), *ROMUALDI* (DR) und TOURRAIN (RDE) zum Abschluß der Aussprache über die mündliche Anfrage mit Antrag auf baldige Abstimmung gemäß Artikel 42 Absatz 5 der Geschäftsordnung (Dok. B2-393/87 -0-228/86) zur sicherheitspolitischen Zusammenarbeit in Rahmen der EPZ.

Zusammensetzung: SPD: 1, DR: 1, A: 26

Beschluß: ADP, 17.06.1987

Amtsblatt: C 190, 20.07.1987, S.53 und 70

Verwandte Dok.: B2-0393/87

12) – PO ---------------------------------- WP 84-89

Sitzungsdokument Nummer: B2-0941/88

ENTSCHLIESSUNGSANTRAG eingereicht von den Abgeordneten ALVAREZ, **AMBERG**, ARBELOA MURU, AVGERINOS, BELO, CABEZON ALONSO, CRUSOL, GADIOUX, GOMES, HAPPART, OLIVIA GARCIA, **SAKELLARIOU**, **SCHREIBER** (S), VANDEMEULEBROUCKE (ARC), ANDRE, COMPASSO, MAHER, PEREIRA (L), DE PASQUALE, FILINIS, GUTIERREZ DIAZ (COM), BARRETT, MUSSO, TOURRAIN (RDE), BEAZLEY, HUTTON (ED), BOOT, LAMBRIAS, LIGIOS, O'DONNELL, POETSCHKI, SANTOS MACHADO (PPE), *VITALE* (DR), COLUMBU und GARAIKOETXEA (ARC) und DE EULATE gemäß Artikel 63 der Geschäftsordnung zu „1992 und die Regionen der Gemeinschaft".

Zusammensetzung: SPD: 3, DR: 1, A: 32

13) – PO ---------------------------------- WP 84-89

Sitzungsdokument Nummer: B2-0960/88

ENTSCHLIESSUNGSANTRAG eingereicht von den Abgeordneten ERCINI, ESTGEN, IODICE, PENDERS, POETTERING, TZOUNIS, VERGEER (PPE), CHARZAT, GLINNE, **HÄNSCH**, MEDINA ORTEGA, PLASKOVITIS, SABY, WOHLFAHRT (S), FRAGA IRIBARNE, NORMANTON, PERINAT, Sir James SCOTT-HOPKINS, Sir Peter VANNECK, WELSH (ED), CONDESSO, GAWRONSKI (L), COSTE-FLORET, GUERMEUR (RDE), SEGRE (COM) und *TAYLOR* (DR) im Namen des *Unterausschusses „Sicherheit und Abrüstung"* mit Antrag auf baldige Abstimmung gemäß Artikel 58 Absatz 5 der Geschäftsordnung zum Abschlus der Aussprache über die mündliche Anfrage Dok. B2-953/88 zu den Perspektiven der sicherheitspolitischen Zusammenarbeit im Rahmen der Europäischen Politischen Zusammenarbeit (EPZ) nach Inkrafttreten der Einheitlichen Europäischen Akte.

Zusammensetzung: SPD: 1, DR: 1, A: 24

Beschluß: ADP, 16.11.1988

Nr. ABL Beschl.: C 326, 19.12.1988, S.30 und 65

Verwandtes Dok.: B2-0953/88

14) – PO ---------------------------------- WP 84-89

Sitzungsdokument Nummer: B2-1552/88

ENTSCHLIESSUNGSANTRAG eingereicht von den Abgeordneten CERVERA, CICCIOMESSERE, CODERCH, MORODO, NEGRI, PANNELLA, van der WAAL (NI), Lady ELLES (ED), van DIJK, van der LEK, NITSCH, ROELANTS DU VIVIER, von UEXKÜLL (ARC), ULBURGHS (NI), RABBETHGE (PPE), d'ANCONA, BOESMANS, **ROTHLEY**, TONGUE, VAYSSADE (S), CASTELLINA (COM), *VITALE* (DR), MALAUD (RDE), COMPASSO (L) und CALVO mit Antrag auf Einbeziehung in die Debatte über aktuelle, dringliche und wichtige Fragen gemäß Artikel 64 der Geschäftsordnung zur Lage in Tibet.

Zusammensetzung: SPD: 1, DR: 1, A: 23

Beschluß: CAD, 16.03.1989

Amtsblatt: C 96, 17.04.1989, S.130

Hinzu kommen in dieser Periode noch sechs Entschließungsanträge der Fraktionsvorsitzenden, da dies während jener Zeit bei der Sozialistischen Fraktion der deutsche Sozialdemokrat Rudi Arndt war:

I) – PO ---------------------------------- WP 84-89

Sitzungsdokument Nummer: B2-1390/86

ENTSCHLIESSUNGSANTRAG eingereicht von: Herrn **ARNDT** im Namen der *Sozialistischen Fraktion* (S), Herrn KLEPSCH im Namen der *Fraktion der Europäischen Volkspartei* (PPE), Sir Henry PLUMB im Namen der *Fraktion der Europäischen Demokraten* (ED), Herrn CERVETTI im Namen der *Fraktion der Kommunisten und Nahestehenden* (COM), Frau VEIL im Namen der *Liberalen und Demokratischen Fraktion* (L), Herrn de la MALENE im Namen der *Fraktion der Erneuerungs- und Sammlungsbewegung Europäischer Demokraten* (RDE), Herrn VANDEMEULEBROUCKE im Namen der *Regenbogen-Fraktion* (ARC), Herrn *LE PEN* im Namen der *Fraktion der Europäischen Rechten* (DR) gemäß Artikel 106 der Geschäftsordnung zu den Interparlamentarischen Delegationen für die Beziehungen zu Drittländern.

Zusammensetzung: SPD: 1, DR: 1, A: 6

Beschluß: ADP, 21.01.1987

Amtsblatt: C 46, 23.02.1987, S.32 und 41

II) – PO ---------------------------------- WP 84-89

Sitzungsdokument Nummer: B2-1389/86

VORSCHLAG FÜR EINEN BESCHLUSS eingereicht von Herrn **ARNDT** im Namen der *Sozialistischen Fraktion* (S), Herrn KLEPSCH im Namen der *Fraktion der Europäischen Volkspartei* (PPE), Sir Henry PLUMB im Namen der *Fraktion der Europäischen Demokraten* (ED), Herrn CERVETTI im Namen der *Fraktion der Kommunisten und Nahestehenden* (COM), Frau VEIL im Namen der *Liberalen und Demokratischen Fraktion* (L), Herrn de la MALENE im Namen der *Fraktion Erneuerungs- und Sammlungsbewegung der Europäischen Demokraten* (RDE), Herrn VANDEMEULEBROUCKE m Namen der *Regenbogen-Fraktion* (ARC), Herrn *LE PEN* im Namen der *Fraktion der Europäischen Rechten* (DR) gemäß Artikel 91 der Geschäftsordnung zur Zahl und Zusammensetzung der parlamentarischen Ausschüsse.

Zusammensetzung: SPD: 1, DR: 1, A: 6

Beschluß: ADP, 21.01.1987

Amtsblatt: C 46, 23.02.1987, S.31 und 37

III) – PO ---------------------------------- WP 84-89

Sitzungsdokument Nummer: 2-0386/84

VORSCHLAG FÜR EINEN BESCHLUSS eingereicht von den Abgeordneten **ARNDT** im Namen der *Sozialistischen Fraktion* (S), KLEPSCH im Namen der *Fraktion der Europäischen Volkspartei* (PPE), Sir Henry PLUMB im Namen der *Fraktion der Europäischen Demokraten* (ED), CERVETTI im Namen der *Fraktion der Kommunisten und Nahestehenden* (COM), VEIL im Namen der *Liberalen und Demokratischen Fraktion* (L), DE LA MALENE im Namen der Fraktion der *Sammlungsbewegung der Europäischen Demokraten* (RDE), *LE PEN* im Namen der *Fraktion der Europäischen Rechten* (DR) gemäß Artikel 91 der Geschäftsordnung zur Anzahl und Zusammensetzung der parlamentarischen Ausschüsse.

Zusammensetzung: SPD: 1, DR: 1, A: 5

Beschluß: ADP, 25.07.1984

Amtsblatt: C 239, 10.09.1984, S.21

IV) – PO ---------------------------------- WP 84-89

Sitzungsdokument Nummer: B2-1417/85

VORSCHLAG FÜR EINEN BESCHLUSS eingereicht von den Abgeordneten **ARNDT** im Namen der *Sozialistischen Fraktion* (S), KLEPSCH im Namen der *EVP-Fraktion* (PPE), Sir Henry PLUMB im Namen der *Fraktion der Europäischen Demokraten* (ED), CERVETTI im Namen der *Fraktion der Kommunisten und Nahestehenden* (COM), VEIL im Namen der *Liberalen und Demokratischen Fraktion* (L), de la MALENE, im Namen der *Fraktion Sammlungsbewegung der Europäischen Demokraten* (RDE), ROELANTS du VIVIER, im Namen der *Regenbogen-Fraktion* (ARC), *LE PEN* im Namen der *Fraktion der Europäischen Rechten* (DR) gemäß Artikel 91 der Geschaftsordnung zur Zusammensetzung der Ausschüsse.

Zusammensetzung: SPD: 1, DR: 1, A: 6

Beschluß: ADP, 14.01.1986

Nr. ABL Beschl.: C 36, 17.02.1986, S.44 und 49

V) – PO ---------------------------------- WP 84-89

Sitzungsdokument Nummer: B2-1418/85

VORSCHLAG FÜR EINEN BESCHLUSS eingereicht von Herrn **ARNDT** im Namen der *Sozialistischen Fraktion* (S), Herrn KLEPSCH im Namen der *EVP-Fraktion* (PPE), Sir Henry PLUMB im Namen der *Fraktion der Europäischen Demokraten* (ED), Herrn CERVETTI im Namen der *Fraktion der Kommunisten und Nahestehenden* (COM), Frau VEIL im Namen der *Liberalen und Demokratischen Fraktion* (L), Herrn de la MALENE im Namen der *Fraktion Sammlungsbewegung der Europäischen Demokraten* (RDE), Herrn ROELANTS du VIVIER im Namen der *Regenbogen-Fraktion* (ARC), Herrn *LE PEN* im Namen der *Fraktion der Europäischen Rechten* (DR) gemäß Artikel 106 der Geschäftsordnung zur Zusammensetzung der Interparlamentarischen Delegationen.

Zusammensetzung: SPD: 1, DR: 1, A: 6

Beschluß: ADP, 14.01.1986

Amtsblatt: C 36, 17.02.1986, S.44 und 49

VI) – PO ---------------------------------- WP 84-89

Sitzungsdokument Nummer: B2-0972/88

VORSCHLAG FUR EINEN BESCHLUSS eingereicht von Herrn **ARNDT** im Namen der *Sozialistischen Fraktion* (S), Herrn KLEPSCH im Namen der *Fraktion der Europäischen Volkspartei* (PPE), Herrn PROUT im Namen der *Fraktion der Europäischen Demokraten* (ED), Herrn CERVETTI im Namen der *Fraktion der Kommunisten und Nahestehenden* (COM), Herrn PONIATOWSKI im Namen der *Liberalen und Demokratischen Fraktion* (L), Herrn de la MALENE im Namen der *RDE-Fraktion*, Herrn STAES im Namen der *Regenbogen-Fraktion* (ARC), Herrn *LE PEN* im Namen der *Fraktion der Europäischen Rechten* (DR) gemäß Artikel 126 der Geschäftsordnung über die Zusammensetzung der Delegation des Europäischen Parlaments im Gemischten Parlamentarischen Ausschuß EWG/Türkei.

Zusammensetzung: SPD: 1, DR: 1, A: 6

Beschluß: ADP, 16.11.1988

Amtsblatt: C 326, 19.12.1988, S.28 und 44

4. Anfragen und Entschließungsanträge, die Mitglieder und ehemalige Mitglieder der Technischen Fraktion der Europäischen Rechten, sowie fraktionslose MSI-Abgeordnete 1989-1994 u.a. zusammen mit SPD-Vertretern stellten

Auch hier wurden die einzelnen Abgeordneten, die auf den Vorgängen auftauchen, nach Fraktionen differenziert, soweit dies möglich war. Auch hier steht das Fraktionskürzel jeweils hinter den in alphabetischer Reihenfolge aufgeführten Abgeordneten der jeweiligen Fraktion: S bedeutet wiederum *Sozialistische Fraktion*, PPE steht für die *Fraktion der Europäischen Volkspartei*, die *Fraktion der Sammlungsbewegung der Europäischen Demokraten* ist mit RDE gekennzeichnet, CG steht für die *Fraktion Koalition der Linken* GUE ist die *Fraktion der Vereinigten Europäischen Linken*, LDR ist die *Liberale und Demokratische Fraktion*, ARC ist das Kürzel der *Regenbogen-Fraktion*, V das für die *Fraktion der GRÜNEN im Europäischen Parlament*, während die *Technische Fraktion der Europäischen Rechten* mit DR abgekürzt ist. Fraktionslose Abgeordnete tauchen unter dem Kürzel NI auf. Die SPD-Abgeordneten (Angehörige der Sozialistischen Fraktion) sind in den Dokumenten fett hervorgehoben, während die DR-Abgeordnetn kursiv gesetzt sind. Eine Auflistung der SPD-Abgeordneten jener Periode findet sich unter Punkt 5 dieses Anhangs

1) – QP ---------------------------------- WP 89-94

Sitzungsdokument Nummer: B3-0218/89

MÜNDLICHE ANFRAGE (Nr. O-65/89) mit Aussprache von den Abgeordneten von der **VRING** im Namen des *Haushaltsausschusses*, PRICE im Namen des *Ausschusses für Haushaltskontrolle*, COLOM I NAVAL und TOMLINSON im Namen der *Sozialistischen Fraktion* (S), CHRISTODOULOU im Namen der *Fraktion der*

Europäischen Volkspartei (PPE), LAMASSOURE im Namen der *Liberalen und Demokratischen Fraktion* (LDR), ELLES im Namen der *Fraktion der Europaischen Demokraten* (ED), COCHET im Namen der *Fraktion Die Grünen im Europäischen Parlament* (V), NAPOLETANO im Namen der Fraktion der *Vereinigten Europäischen Linken* (GUE), PASTY im Namen der Fraktion der *Sammlungsbewegung der Europäischen Demokraten* (RDE), *BLOT* im Namen der *Technischen Fraktion der Europäischen Rechten* (DR), MIRANDA DA SILVA im Namen der *Koalition der Linken* (CG) an die Kommission: Ausführung des Haushaltsplans der Gemeinschaften fur das Haushaltsjahr 1989 („Notenboom"-Verfahren).

Zusammensetzung: SPD: 1, DR: 1, A: 11

Beschluß: REP

Amtsblatt: C 291, 20.11.1989, S. 8

2) – QP ---------------------------------- WP 89-94

Sitzungsdokument Nummer: B3-0427/89

MÜNDLICHE ANFRAGE (Nr. 0-58/89) mit Aussprache von den Abgeordneten KLEPSCH, LACAZE, LAGAKOS, NEWTON DUNN, POETTERING, ROBLES PIQUER, TINDEMANS (PPE), BAGET BOZZO, CRAMPTON, **HÄNSCH**, WHITE (S), BRIANT (RDE), *ANTONY*, *MEGRET* (DR), CASTELLINA (GUE), HOLZFUSS (LDR) und MONTERO ZABALA (NI) im Namen des *Unterausschusses „Sicherheit und Abrüstung"* an die Außenminister der Mitgliedstaaten der Europaischen Gemeinschaft, die im Rahmen der Politischen Zusammenarbeit zusammentreten: Vorstellungen der französischen Präsidentschaft über die sicherheitspolitische Zusammenarbeit im Rahmen der EPZ.

Zusammensetzung: SPD: 1, DR: 2, A: 14

Beschluß: REP, 12.12.1989

3) – QP ---------------------------------- WP 89-94

Sitzungsdokument Nummer: B3-0150/93

MÜNDLICHE ANFRAGE (Nr. O-323/92) mit Aussprache von den Abgeordneten GUTIERREZ DIAZ (NI), DAVID, **Heinz Fritz KÖHLER**, RAGGIO (S), CUSHNAHAN, ORTIZ CLIMENT (PPE), MAHER, PEREIRA (LDR), MELIS, VANDEMEULEBROUCKE (ARC), BETTINI (V), FITZGERALD (RDE), BRITO (CG) und *MITOLO* (NI/MSI) im Namen des Ausschusses fur Regionalpolitik, Raumordnung und Beziehungen zu den regionalen und lokalen Körperschaften an den Rat: Ausschuß der Regionen (Artikel 198 a bis c des Unionsvertrags).

Zusammensetzung: SPD: 1, NI/MSI: 1, A: 12

Datum Regist.: 21.12.1992

Dat. Notifizierung: 19.01.1993

Code Beschluss: REP

Nr.ABL Anlage Verh: 430

4) – QP ---------------------------------- WP 89-94

Sitzungsdokument Nummer: B3-0125/93

MÜNDLICHE ANFRAGE (Nr. O-125/93) an die Kommission mit Aussprache von den Abgeordneten *MAZZONE*, *MUSCARDINI*, *RAUTI*, *MAZZONE* (NI/MSI), PANNELLA (NI), *GRUND*, *SCHLEE* (NI/D), AMENDOLA, BETTINI, BOISSIERE, BREYER, FALQUI, RAFFIN, STAES, TARADASH (V), PARTSCH (LDR), ELLIOTT, **MAIBAUM**, MORRIS (S), BANOTTI, GUIDOLIN, OOSTLANDER

(PPE), *KÖHLER Klaus-Peter*, *BLOT* (DR), BARZANTI (GUE) zu öffentlichen Spektakeln mit Tieren.

Zusammensetzung: SPD: 1, DR: 2, NI/MSI: 3, NI/D: 2, A: 16

Datum Regist.: 11.06.1993

Dat. Notifizierung: 21.06.1993

Code Beschluß: NNN

Ersetzt durch: E-3071/93

5) – QP ---------------------------------- WP 89-94

Anfragenummer: E-2045/93

SCHRIFTLICHE ANFRAGE von den Abgeordneten *Cristiana MUSCARDINI*, *Antonio MAZZONE*, *Pietro MITOLO*, *Giuseppe RAUTI* (NI/MSI), *Johanna-Christina GRUND*, *Emil SCHLEE* (NI/D), Sotiris KOSTOPOULOS (NI), Karl PARTSCH (LDR), Gianfranco AMENDOLA, Virginio BETTINI, Bruno BOISSIERE, Hiltrud BREYER, Enrico FALQUI, Jean-Pierre RAFFIN, Paul STAES, Marco TARADASH (V), *Yvan BLOT*, *Klaus-Peter KÖHLER* (DR), Michael ELLIOTT, **Gepa MAIBAUM**, David MORRIS, Leon SCHWARTZENBERG (S), Mary BANOTTI, Francesco GUIDOLIN, Arie OOSTLANDER, Doris PACK (PPE), Marco PANNELLA (NI) und Roberto BARZANTI (GUE) an den Rat. Schutz von Tieren beim Transport.

Zusammensetzung: SPD: 1, DR: 2, NI/MSI: 4, NI/D: 2, A: 19

Beschluß: REP, 09.12.1993

Amtsblatt: C 25, 28.01.1994, S. 59

6) – QP ---------------------------------- WP 89-94

Anfragenummer: E-3071/93

SCHRIFTLICHE ANFRAGE von den Abgeordneten *Antonio MAZZONE, Cristiana MUSCARDINI*, *Giuseppe RAUTI*, *Antonio MAZZONE* (NI/MSI), Marco PANNELLA (NI), *Johanna-Christina GRUND*, *Emil SCHLEE* (NI/D), Gianfranco AMENDOLA, Virginio BETTINI, Bruno BOISSIERE, Hiltrud BREYER, Enrico FALQUI, Jean-Pierre RAFFIN, Paul STAES, Marco TARADASH (V), Karl PARTSCH (LDR), Michael ELLIOTT, **Gepa MAIBAUM**, David MORRIS (S), Mary BANOTTI, Franceco GUIDOLIN, Arie OOSTLANDER (PPE), *Klaus-Peter KÖHLER*, *Yvan BLOT* (DR), Roberto BARZANTI (GUE) an die Kommission. Veranstaltungen mit Tieren.

Zusammensetzung: SPD: 1, DR: 2, NI/MSI: 3, NI/D: 2, A: 16

Datum Regist.: 29.09.1993

Dat. Notifizierung: 05.11.1993

Beschluß: REP, 24.01.1994

Amtsblatt: C 306, 31.10.1994, S.14

7) – QP ---------------------------------- WP 89-94

Anfragenummer: E-0260/94

SCHRIFTLICHE ANFRAGE von den Abgeordneten Gianfranco AMENDOLA, Virginio BETTINI, Bruno BOISSIERE, Hiltrud BREYER, Brigitte ERNST de la GRAETE, Alexander LANGER, Paul LANNOYE, Eva-Maria QUISTORP, Jean-Pierre RAFFIN, Claudia ROTH, Paul STAES (V), David BOWE, Adriana CECI, Kenneth COLLINS, Michael ELLIOTT, Marc GALLE, Kirsten JENSEN, **Dagmar ROTH-BEHRENDT**, Maria SANTOS, **Dieter SCHINZEL** (S), *Jacques TAURAN*

(DR), Margaret DALY, Aldo DE MATTEO, Arnaldo FORLANI, Nino PISONI, Gabriele SBOARINA (PPE), Karl PARTSCH, Bruno VISENTINI (LDR) an die Kommission. Prämien der Europäischen Gemeinschaft zur wirtschaftlichen Unterstützung von Stierkämpfen.

Zusammensetzung: SPD: 2, DR: 1, A: 25

Beschluß: CAD, 07.05.1994

Schließlich noch die Entschließungsanträge (PO: 4):

1) – PO ----------------------------------- WP 89-94

Sitzungsdokument Nummer: B3-0810/91

ENTSCHLIESSUNGSANTRAG mit Antrag auf Einbeziehung in die Debatte über aktuelle, dringliche und wichtige Fragen, vorgelegt gemäß Artikel 64 der Geschäftsordnung von den Abgeordneten AVGERINOS, BAGET BOZZO, BELO, BOFILL ABEILHE, BOMBARD, CABEZON ALONSO, CAMARA MARTINEZ, CANO PINTO, CHEYSSON, DIEZ DE RIVERA ICAZA, DURY, FERRI, GARCIA ARIAS, GREEN, **GRÖNER**, HUME, IZQUIERDO ROJO, **JUNKER**, **KÖHLER**, LAGORIO, LARONI, MAGNANI NOYA, MATTINA, MORAN LOPEZ, **ONUR**, PERY, PLANAS PUCHADES, PONS GRAU, ROSMINI, SABY, SANZ FERNANDEZ, SAPENA GRANELL, SIERRA BARDAJI, **SIMONS**, VAZQUEZ FOUZ, VERDE I ALDEA, ZAiDI (S), BERNARD-REYMOND, BINDI, BORGO, CARVALHO CARDOSO, CASINI, CASSANMAGNAGO, CHIABRANDO, COLOMBO, CONTU, BONETTI, BORGO, DALSASS, DALY, DE VITTO, FANTINI, FERRER I CASALS, FORLANI, FORMIGONI, FORTE, GAIBISSO, GALLENZI, GORIA, GUIDOLIN, IODICE, LAMBRIAS, LLORCA VILAPLANA, LO GIUDICE, MICHELINI, MOTTOLA, PESMAZOGLOU, F. PISONI, N. PISONI, PRICE, SARIDAKIS, SARLIS, SBOARINA, B. SIMPSON (PPE), BONTEMPI, COLAJANNI, PAPAYANNAKIS, RAGGIO, ROSSETTI, SPECIALE, TRIVELLI, VALENT (GUE), AMARAL (LDR), AMENDOLA, AULAS, BETTINI, TAZDAIT (V), *MUSCARDINI*, *RAUTI* (NI/MSI), MONNIER-BESOMBES, RUFFINI und DI RUPO über die Umweltzerstörung im Mittelmeerraum.

Zusammensetzung: SPD: 5, NI/MSI: 2, A: 85

Datum Bekanntgabe: 14.05.1991

Nr. ABL. Bekanntg.: C 158, 17.06.1991; S. 20

2) – PO ----------------------------------- WP 89-94

Sitzungsdokument Nummer: B3-0866/91

ENTSCHLIESSUNGSANTRAG eingereicht gemäß Artikel 63 der Geschäftsordnung von AVGERINOS, BELO, BETTIZA, CARNITI, CRAVINHO, LA PERGOLA, LARONI, **LINKOHR**, MATTINA, PAPOUTSIS, ROMEOS, RONN, SANTOS, TSIMAS, VERTEMATI, **VRING** (S), BETTINI, LANGER, ROSSETTI (V), BARZANTI, DE PICCOLI (GUE), BONETTI, BORGO, CARVALHO CARDOSO, DOUSTE-BLAZY, FANTINI, FORMIGONI, GUIDOLIN, HADJIGEORGIOU, IODICE, LANGES, LAGAKOS, SARIDAKIS, SARLIS, STAVROU, ZAVVOS (PPE), MARQUES MENDES, PORTO (LDR), *RAUTI* (NI/MSI) nach Artikel 63 der Geschäftsordnung zum Beitrag der Raumfahrtindustrie zur Entwicklung der Regionen des Ziels Nr. 1 in der EG und zum Schutz der Umwelt, insbesondere bei der Bekämpfung von Waldbränden.

Zusammensetzung: SPD: 2, NI/MSI: 1, A: 36
Datum Dokument: 10.06.1991
Gefolgt von: REGI0074
Cde Weiterbehandlg: RAP (Anfertigung eines Berichts)
Datum Bekanntgabe: 11.09.1991

3) – PO ---------------------------------- WP 89-94

Sitzungsdokument Nummer: B3-0412/93

ENTSCHLIESSUNGSANTRAG mit Antrag auf Einbeziehung in die Debatte über aktuelle, dringliche und wichtige Fragen, vorgelegt gemäß Artikel 64 der Geschäftsordnung von den Abgeordneten CRAWLEY, DÜHRKOP DÜHRKOP, VAN DEN BRINK, GARCIA ARIAS, GOEDMAKERS, **GRÖNER**, VAN HEMELDONCK, JENSEN, NAPOLETANO, **MAIBAUM**, POLLACK, **RANDZIO-PLATH**, **ROTH-BEHRENDT**, **SCHMIDBAUER**, VAYSSADE, WYNN (S), DOMINGO SEGARRA (NI), BANOTTI, DALY, HERMANS, LENZ, LLORCA VILAPLANA, LULLING, OOMEN-RUIJTEN, PACK (PPE), ANDRE, LARIVE, NORDMANN, SALEMA (LDR), KILLILEA (RDE), ELMALAN, RIBEIRO (CG), TAZDAIT (V), BJORNVIG (ARC), *GRUND* (NI/D) über die Vergewaltigungen von Frauen in Ex-Jugoslawien.

Zusammensetzung: SPD: 5, NI/D: 1, A: 29
Beschluß: ADP, 11.03.1993
Amtsblatt: C 115, 16.04.1993, S. 141 und 149

4) – PO ---------------------------------- WP 89-94

Sitzungsdokument Nummer: B3-1354/93

ENTSCHLIESSUNGSANTRAG eingereicht gemäß Artikel 63 der Geschäftsordnung von BETTINI, BOISSIERE (V), *BLOT*, *CEYRAC*, *GOLLNISCH*, *MARTINEZ*, *NEUBAUER*, *TAURAN* (DR), DONNELLY, ELLIOTT, MUNTINGH, **VITTINGHOFF** (S), SELIGMAN (PPE), *GRUND*, *SCHLEE*, *GRUND* (NI/D), PARTSCH (LDR), zum Einsatz von Pferden bei Turnieren, Wettspielen und traditionellen Veranstaltungen.

Zusammensetzung: SPD: 1, NI/D: 2, DR: 6, A: 7

5. Das Engagement der SPD-Europaparlamentarier

Hierzu wurde eine Auszählung der Anfragen (QP) und Entschließungsanträge (PO) vorgenommen, die von den SPD-Abgeordneten der Wahlperiode 1989-1994 vorliegen. Dabei handelt es sich insgesamt um 967 (QP: 550, PO: 417) Vorgänge. Hinter den Namen der einzelen Abgeordneten dabei zunächst deren Herkunftsorte mitsamt Bundesland und das Datum, seit dem sie dem EP angehören. Ferner sind diejenigen gekennzeichnet (*) worden, die 1994 wiedergewählt wurden.

1 – GÖRLACH, Willi * *25.07.1989*
(Frankfurt, Butzbach; Hessen)
34 (QP: 11; PO: 23) allein 7 (QP: 1; PO: 6)

2 – GRÖNER, Lissy * *25.07.1989*
(Neustadt/Aisch; Bayern)
55 (QP: 33; PO: 22) allein 21 (QP: 17; PO: 4)
3 – HÄNSCH, Klaus * *17.07.1979*
(Düsseldorf, Erkrath; Nordrhein-Westfalen)
78 (QP: 45; PO: 33) allein 29 (QP: 24; PO: 5)
4 – HOFF, Magdalene * *17.07.1979*
(Hagen; Nordrhein-Westfalen)
38 (QP: 14; PO: 24) allein 1 (QP: 1; PO: 0)
5 – JUNKER, Karin * *25.07.1989*
(Düsseldorf; Nordrhein-Westfalen)
21 (QP: 8; PO: 13) allein 2 (QP: 1; PO: 1)
6 – KÖHLER, Heinz *25.07.1989*
(Mitwitz; Bayern)
60 (QP: 41; PO: 19) allein 32 (QP: 26; PO: 6)
7 – KUHN, Annemarie * *22.10.1990*
(Mainz; Rheinland-Pfalz)
4 (QP: 3; PO: 1) allein 1 (QP: 1; PO: 0)
8 – LINKOHR, Rolf * *17.07.1979*
(Stuttgart; Baden-Württemberg)
104 (QP: 45; PO: 59) allein 39 (QP: 25; PO: 14)
9 – LÜTTGE, Günter * *25.07.1989*
(Emden, Simonswalde-Ihlow; Niedersachsen)
33 (QP: 13; PO: 20) allein 6 (QP: 6; PO: 0)
10 – MAIBAUM, Gepa *25.07.1989*
(Bonn, Köln; Nordrhein-Westfalen)
34 (QP: 16; PO: 18) allein 9 (QP: 7; PO: 2)
11 – MIHR, Karl-Heinz *16.01.1980*
(Kassel, Gudensberg; Hessen)
4 (QP: 3; PO: 1) allein 2 (QP: 1; PO: 1)
12 – ONUR, Leyla *25.07.1989*
(Braunschweig; Niedersachsen)
19 (QP: 8; PO: 11) allein 2 (QP: 2; PO: 0)
13 – PETER, Helwin * *25.07.1989*
(Obertal; Saarland)
23 (QP: 13; PO: 10) allein 5 (QP: 5; PO: 0)
14 – PETERS, Hans *17.07.1979*
(Dortmund; Nordrhein-Westfalen)
13 (QP: 11; PO: 2) allein 3 (QP: 3; PO: 0)
15 – PIECYK, Willi * *11.05.1991*
(Kiel; Schleswig-Holstein)
16 (QP: 15; PO: 1) allein 5 (QP: 5; PO: 0)

16 – RANDZIO-PLATH, Christa * *25.07.1989*
(Hamburg)
75 (QP: 47; PO: 28) allein 15 (QP: 13; PO: 2)
17 – ROGALLA, Dieter *30.09.1981*
(Bochum, Nordwalde; Nordrhein-Westfalen)
181 (QP: 156; PO: 12) allein 158 (QP: 156; PO: 2)
18 – ROTH-BEHRENDT, Dagmar * *25.07.1989*
(Berlin)
47 (QP: 27; PO: 20) allein 18 (QP: 17; PO: 1)
19 – ROTHE, Mechthild * *24.07.1984*
(Bad Lippspringe; Nordrhein-Westfalen)
30 (QP: 13; PO: 17) allein 9 (QP: 9; PO: 0)
20 – ROTHLEY, Willi * *24.07.1984*
(Rockenhausen; Rheinland-Pfalz)
23 (QP: 9; PO: 14) allein 11 (QP: 8; PO: 3)
21 – SAKELLARIOU, Jannis * *24.07.1984*
(München; Bayern)
165 (QP: 50; PO: 115) allein 51 (QP: 33; PO: 18)
22 – SALISCH, Heinke * *17.07.1979*
(Karlsruhe; Baden-Württemberg)
29 (QP: 9; PO: 20) allein 8 (QP: 7; PO: 1)
23 – SAMLAND, Detlev * *25.07.1989*
(Essen; Nordrhein-Westfalen)
64 (QP: 39; PO: 15) allein 27 (QP: 26; PO: 1)
24 – SCHINZEL, Dieter *17.07.1979*
(Aachen; Nordrhein-Westfalen)
15 (QP: 8; PO: 7) allein 4 (QP: 2; PO: 2)
25 – SCHMID, Gerhard * *17.07.1979*
(Regensburg; Bayern)
96 (QP: 79; PO: 17) allein 75 (QP: 71; PO: 4)
26 – SCHMIDBAUER, Barbara * *03.03.1987*
(Frankfurt, Darmstadt; Hessen)
23 (QP: 12; PO: 11) allein 6 (QP: 5; PO: 1)
27 – SIMONS, Barbara *24.07.1984*
(Hannover; Niedersachsen)
65 (QP: 16; PO: 49) allein 14 (QP: 8; PO: 6)
28 – TOPMANN, Günter *24.07.1984*
(Lüdenscheid, Altena; Nordrhein-Westfalen)
17 (QP: 11; PO: 6) allein 12 (QP: 11; PO: 1)
29 – VITTINGHOFF, Kurt *24.07.1984*
(Bad Kreuznach; Rheinland-Pfalz)
20 (QP: 9; PO: 11) allein 1 (QP: 0; PO: 1)

30 – VRING, Thomas von der *17.07.1979*
(Bremen)
29 (QP: 12; PO: 17) allein 3 (QP: 2; PO: 1)
31 – WALTER, Gerd *17.07.1979 - 11.05.1992*
(Kiel; Schleswig-Holstein)
7 (QP: 6; PO: 1) allein 2 (QP: 2; PO: 0)
32 – WEBER, Beate *17.07.1979 - 14.12.1990*
(Heidelberg; Rheinland-Pfalz)
9 (QP: 5; PO: 4) allein 5 (QP: 4; PO: 1)
33 – WETTIG, Klaus *17.07.1979*
(Göttingen; Niedersachsen)
18 (QP: 14; PO: 4) allein 9 (QP: 9; PO: 0)
DURCHSCHNITTSWERTE:
alle Werte addiert und durch 31 dividiert; gerundet
46 (QP: 26; PO: 20) allein 19 (QP: 16; PO: 3)

Darüberhinaus wurde auch eine Auszählung der Ausschußberichte dieser Abgeordneten vorgenommen. Insgesamt waren die SPD-Abgeordneten in jener Periode Berichterstatter (BE) von 146 Berichten (durchschnittlich 4-5 Berichte pro Abgeordneter); ferner tauchen ihre Namen in 94 Fällen als Mitwirkende, also als Mitberichter aus mitbeteiligten Ausschüssen, (MW) (durchschnittlich drei mal je Abgeordneter) auf. Hier nun die Aufschlüsselung nach den einzelnen Personen:

1 – GÖRLACH: 8 (BE: 2; MW: 6)
2 – GRÖNER: 9 (BE: 3; MW: 6)
3 – HÄNSCH: 2 (BE: 2; MW: 0)
4 – HOFF: 8 (BE: 5; MW: 3)
5 – JUNKER: 7 (BE: 5; MW: 2)
6 – KÖHLER: 8 (BE: 6; MW: 2)
7 – KUHN: 4 (BE: 2; MW: 2)
8 – LINKOHR: 13 (BE: 7; MW: 6)
9 – LÜTTGE: 9 (BE: 9; MW: 0)
10 – MAIBAUM: 7 (BE: 3; MW: 4)
11 – MIHR: 3 (BE: 0; MW: 3)
12 – ONUR: 5 (BE: 1; MW: 4)
13 – PETER: 3 (BE: 0; MW: 3)
14 – PETERS: 0
15 – PIECYK: 1 (BE: 1; MW: 0)
16 – RANDZIO-PLATH: 30 (BE: 8; MW: 22)
17 – ROGALLA: 24 (BE: 18; MW: 6)
18 – ROTH-BEHRENDT: 8 (BE: 4; MW: 4)
19 – ROTHE: 8 (BE: 6; MW: 2)

20 – ROTHLEY: 18 (BE: 16; MW: 2)
21 – SAKELLARIOU: 5 (BE: 3; MW: 2)
22 – SALISCH: 5 (BE: 4; MW: 1)
23 – SAMLAND: 8 (BE: 8; MW: 0)
24 – SCHINZEL: 2 (BE: 1; MW: 1)
25 – SCHMID: 2 (BE: 2; MW: 0)
26 – SCHMIDBAUER: 4 (BE: 4; MW: 0)
27 – SIMONS: 11 (BE: 9; MW: 2)
28 – TOPMANN: 2 (BE: 2; MW: 0)
29 – VITTINGHOFF: 8 (BE: 8; MW: 0)
30 – von der VRING: 14 (BE: 3; MW: 11)
31 – WALTER: 1 (BE: 1; MW: 0)
32 – WEBER: 2 (BE: 2; MW: 0)
33 – WETTIG: 1 (BE: 1; MW: 0)

X Literatur

1. Buch- und Presseveröffentlichungen

AdG, 1992. *Archiv der Gegenwart. St. Augustin, 1992.*

AdG, 1993. *Archiv der Gegenwart. St. Augustin, 1993.*

AdG, 1994. *Archiv der Gegenwart. St. Augustin, 1994.*

AdG, 1995. *Archiv der Gegenwart. St. Augustin, 1995.*

ak 387, 1996. *Der angekündigte Staatsstreich. In: ak 387, 8. Februar 1996, S.11.*

– – : Schmid, Bernhard: Streikwelle spaltet Anhänger des Front National. In: ak 387, 8. Februar 1996, S.13.

ak 389, 1996. *Schleswig-Holstein: DVU nur knapp gescheitert. In: ak 389, 4. April 1996, S.8.*

– – : Baden-Württemberg: REPs auf dem Weg zur Volkspartei. In: ak 389, 4. April 1996, S.9.

ak 401, 1997. *Schmid, Bernhard: Kongreß des Front National in Strasbourg. In: ak 401, 10. April 1997, S.10.*

Andersen, 1992. *Andersen, Jorgen Paul: Denmark: The Progress Party – Populist Neo-Liberalism and Welfare State Chauvinism. In: Hainsworth, 1992, S.193-205.*

Annas/Gottschalk/Hagemeier, 1994. *Annas, Max; Hacky Hagemeyer und Christian Gottschalk: Auf gut deutsch. In: Konkret, 6/1994, S.57-59.*

Argument, 1992. *Rassismus und Migration in Europa. Beiträge des Kongresses „Migration und Rassismus in Europa", Hamburg, 26. bis 30. September 1990. Argument-Sonderband AS 201. Hamburg 1992.*

Arthur/Jeffery, 1989. *Arthur, Paul und Keith Jeffery: Northern Ireland since 1968. Oxford, New York [2]1989.*

Assheuer/Sarkowicz, 1992. *Assheuer, Thomas und Hans Sorkowicz: Rechtsradikale in Deutschland. Die alte und die neue Rechte. Zweite, aktualisierte Auflage. München 1992.*

Awadalla, 1995. *Awadalla, El: Eine Seuche, die speziell Lehrer betrifft. In: Purtscheller, 1995, S.160-193.*

Axt/Deppe, 1979. *Axt, Heinz-Jürgen und Frank Deppe. Europaparlament und EG-Erweiterung: Krise oder Fortschritt der Integration? Köln 1979.*

Backes, 1987. *Backes, Uwe: Rechtsextremismus in westlichen Demokratien. Bundesrepublik Deutschland, Frankreich, Großbritannien, vergleichende Länderstudien. In: Neue Politische Literatur, Beihefte, Nr. 4. Extremismus und streitbare Demokratie, hrsg. von Wolfgang Michalka. Stuttgart 1987, S.71-128.*

Backes, 1990. *Backes, Uwe: Extremismus und Populismus von rechts. In: Aus Politik und Zeitgeschichte. B 46-47/90, S.3-14.*

Backes/Moreau, 1994. *Backes, Uwe und Patrick Moreau: Die extreme Rechte in Deutschland. Geschichte – gegenwärtige Gefahren – Ursachen – Gegenmaßnahmen. München [2]1994.*

Baier, 1988. *Baier, Lothar: Firma Frankreich. Eine Betriebsbesichtigung. Berlin 1988.*

Baier, 1994. *Baier, Lothar: Alte Klamotten und neue Fähnchen. In: Lohmann, 1994, S.249-259.*

Baier, 1995. *Baier, Lothar: Mitterrands Maiglöckchen. In: Freitag Nr. 21, 19. Mai 1995, S.11.*

Bazzanella, 1981. *Bazzanella, Angelo: Italien: Landschaften und Sprachen im Zeichen der nationalen Identitätskrise. In: Elkar, 1981, S.106-115.*

Becker, 1995. *Becker, Johannes M.: L'effet Le Pen. In: Freitag Nr. 32, 4. August 1995, S.8.*

Beer/Klose, 1974. *Beer, Ulrich und Werner Klose: Überwindung von Vorurteilen. Tübingen 1974.*

Behrend/Prenzel, 1990. *Behrend, Manfred und Monika Prenzel: Die Republikaner. Neue Rechte oder 1000 Jahre und kein Ende. Leipzig, Jena, Berlin 1990.*

Bertram, 1994. *Bertram, Helmut: Die Fratze des Rechtsradikalismus. In: Bertram/Wolfstetter, 1994, S.9-13.*

Bertram/Wolfstetter, 1994. *Bertram, Helmut und Lothar Wolfstetter. Rassismus und Nationalismus heute. Deutsche Erstausgabe. Frankfurt 1994, S.20-30.*

Betz, 1991. *Betz, Hans-Georg: Radikal rechtspopulistische Parteien in Westeuropa. In: Aus Politik und Zeitgeschichte. B 44/91, S.3-14.*

Beuttler, 1995. *Beuttler, Ulrich: Immigratin und Fremdenfeindlichkeit in Italien. In: Aus Politik und Zeitgeschichte, B-48/1995, S.29-37.*

Blume, 1989. *Blume, Georg: Neue Fronten. In: Kirfel/Oswalt, 1989, S.105-112.*

Blume/Smoltczyk, 1991. *Blume, Georg und Alexander Smoltczyk: Neue Fronten. In: Kirfel/Oswalt, 1991, S.104-111.*

Boden, 1993. *Boden, Martina: Nationalitäten, Minderheiten und ethnische Konflikte in Europa. Ursprünge, Entwicklungen, Krisenherde. Ein Handbuch. München 1993.*

Bollenbeck, 1994. *Bollenbeck, Georg: Alte Kameraden: Volk, Nation, Staat. In: Blätter für deutsche und internationale Politik, 7/1994, S.823-833.*

Borries, 1993. *Borries, Reimer von: Europarecht A-Z. Europäischer Binnenmarkt, Europäische Gemeinschaft, Europäische Union. München ²1993.*

Bourdet, 1994. *Bourdet, Claude: Von Bugeaud zu Le Pen. In: Bertram/Wolfstetter, 1994, S.17-19.*

Boyle, 1991. *Boyle, Kevin: Northern Ireland: Allegiances and identities. In: Crick, Bernard (Hrsg.): National Identities. The Constitution of the United Kingdom. Oxford, Cambridge, 1991.*

Braun, 1993. *Braun, Michael: Rechtsextremismus und Rassismus in Italien. In: Butterwegge/Jäger, 1993, S.119-134.*

Bredthauer, 1994. *Bredthauer, Karl D.: Keine Angst, sagen die Sieger. Italienische Nachwahldebatten. In: Blätter für deutsche und internationale Politik. 5/1994, S.556-565.*

Bruhn, 1992. *Bruhn, Joachim: Das Programm zum Pogrom. In: Konkret, 10/1992, S.10-13.*

BSA, 1993. *Bund Sozialistischer Arbeiter, Deutsche Sektion der Vierten Internationale: Gegen Rassismus und Kriegsgefahr. Für die internationale Arbeit der Arbeiterklasse. Essen 1993.*

Bubis, 1994. *Bubis, Ignatz: „Ich habe Angst vor 1994" In: Konkret, 1/1994, S.14-17.*

Bürgerforum, 1993. *Bürgerforum Paulskirche & Büro für notwendige Einmischungen (Hrsg.): Anleitung zum politischen Ungehorsam. München 1993.*

Butterwegge/Jäger, 1993. *Butterwegge, Christoph und Siegfried Jäger (Hrsg.): Rassismus in Europa. Köln [2]1993.*

BZ, 23.07.1993. *Rechte ohne Dolmetscher. In: Berliner Zeitung, 23. Juli 1993.*

BZ, 04.08.1994. *Reichstag nicht gebucht. In: Berliner Zeitung, 04. August 1993.*

CDS, 21.04.1996. *Il parlamento uscente (Graphik). In: Corriere della Sera, Domenica 21 Aprile 1996, S.3.*

Charlot, 1989. *Charlot, Jean and Monica: France. In: Electoral Studies, Vol. 8. 3/1989, S.246-253.*

Cheles, 1991. *Cheles, Luciano: 'Nostalgica dell' Avvenire.' The New Propaganda of the MSI between Tradition and Innovation. In: Cheles/Ferguson/Vaughan, 1991, S.43-65.*

Cheles/Ferguson/Vaughan, 1991. *Cheles, Luciano; Ronnie Ferguson und Michalina Vaughan: Neo-Fascism in Europe. London, New York 1991.*

Chiarini, 1991. *Chiarini, Roberto: The 'Movimento Sociale Italiano': A Historical Profile. In: Cheles/Ferguson/Vaughan, 1991, S.19-42.*

Christians, 1990. *Christians, Georg: „Die Reihen fest geschlossen". Die FAP – Zu Anatomie und Umfeld einer militant-neofaschistischen Partei in den 80er Jahren. Marburg 1990.*

Curnier, 1994. *Curnier, Jean-Paul: Kommt es zum Schlimmsten? In: Bertram/Wolfstetter, 1994, S.78-83.*

DAS, 01.04.1994. *Brummer, Arnd: Der braune Schatten. In: Deutsches Allgemeines Sonntagsblatt, 01. April 1994.*

Dauses/Fugmann, 1995. *Dauses, Manfred A. und Friedrich Fugmann: Die poli-tisch-institutionelle Stellung des Europäischen Parla-ments nach dem Maastricht-Vertrag. In: Aus Politik und Zeitgeschichte, B 3-4/1995, S.24-32.*

Delacor, 1994. *Delacor, Arne: Die Lohnpolitik Vichys 1940-1944. In: 1999, Zeitschrift für Sozialgeschichte des 20. und 21. Jahrhunderts, 4/94, S.12-33.*

Dimitras, 1992. *Dimitras, Panayote Elias: Greece: The virtual Absence of an Extreme Right. In: Hainsworth, 1992, S.246-268.*

Ditfurth, 1991. *Ditfurth, Jutta: Lebe wild und gefährlich. Radikalökologische Perspektiven. Köln 1991.*

Ditfurth, 1996. *Ditfurth, Jutta: Entspannt in die Barbarei. Esoterik, (Öko-)Faschismus und Biozentrismus. Hamburg 1996.*

Dönhoff et al, 1993. *Dönhoff, Marion; Meinhard Miegel; Wilhelm Nölling; Edzard Reuter; Helmut Schmidt; Richard Schröder; Wolfgang Thierse und Ernst Ulrich von Weizsäcker: Ein Manifest. Weil das Land sich ändern muß. Erweiterte Neuausgabe. Reinbek 1993.*

Doerries, 1982. *Doerries, Reinhard R.: Irland und Ulster. In: Wende, Frank (Hrsg.): Lexikon zur Geschichte der Parteien in Europa. Stuttgart 1982, S.257-315.*

DP, 20.10.1989. *Hausmann, Hartmut: Kommentar: Das EP und die Radikalen. In: Das Parlament, 43/1989.*

DP, 02.04.1994. *Einheitliches Wahlverfahren zur Europawahl. In: Das Parlament, 14/1993, S.15.*

DP, 15.04.1994. *Kuhn, Gisbert: Die „Republikaner" im Europäischen Parlament. Zwischen politischen Anspruch und Wirklichkeit liegen Welten. In: Das Parlament, 15.04.1994.*

Eatwell, 1992. *Eatwell, Roger: Why has the extreme right failed in Britain? In: Hainsworth, 1992, S.175-192.*

Ebermann/Trampert, 1991. *Ebermann, Thomas und Rainer Trampert: „Zum Städele hinaus...". In: Konkret, 11/1991, S.10-14.*

Ebermann/Trampert, 1993. *Ebermann, Thomas und Rainer Trampert: „Jetzt sind die Menschen reif". In: Konkret, 9/1993,S. 10-13.*

Ebermann/Trampert, 1995. *Ebermann, Thomas und Rainer Trampert: Die Offenbarung der Propheten. Über die Sanierung des Kapitalismus, die Verwandlung linker Theorie in Esoterik, Bocksgesänge und Zivilgesellschaft. Hamburg 1995.*

Elkar, 1981. *Elkar, Rainer S. (Hrsg.): Europas unruhige Regionen. Geschichtsbewußtsein und europäischer Regionalismus. Stuttgart 1981.*

Ellwood, 1991. *Ellwood, Sheelagh: The Extreme Right in Spain: a Dying Species. In: Cheles/Ferguson/Vaughan, 1991, S.147-166.*

Elsässer, 1992a. *Elsässer, Jürgen: Antisemitismus – das alte Gesicht des neuen Deutschland. Berlin 1992.*

Elsässer, 1992b. *Elsässer, Jürgen: Haiders Europa. In: Konkret, 10/1992, S.22.*

Elsässer, 1995. *Elsässer, Jürgen: Der dritte Weltkrieg. In: Konkret, 6/1995, S.16-17.*

EP, 1982. *Das Europäische Parlament. Zuständigkeit und Befugnisse, Wahlrecht, Geschäftsordnung, Statut, Wahlergebnisse, Gremien, Biografien und Abbildungen der Abgeordneten. Stand 25. März 1982. Baden-Baden ²1982.*

Erdsiek-Rave, 1995. *Erdsiek-Rave, Ute: Rechtsextremisten im Parlament – Erfahrungen aus Schleswig-Holstein. In: Starzacher, Karl und Konrad Schacht (Hrsg.): Rechtsextremismus. Ursachen, Aktuelle Entwicklungen, Auseinandersetzungen. Wiesbaden 1995, S.107-117.*

Fascher, 1994. *Fascher, Eckhard: Modernisierter Rechtsextremismus? Ein Vergleich der Parteigründungsprozesse der NPD und der Republikaner in den sechziger und achtziger Jahren. Berlin 1994.*

FAZ, 31.03.1994. *Gericht entscheidet gegen Schönhuber. In: Frankfurter Allgemeine Zeitung, 31. März 1994, S.4.*

FAZ, 24.05.1994. *Stabenow, Michael: Wir schulden das einfach denen, die uns gewählt haben. In: Frankfurter Allgemeine Zeitung, 24. Mai 1994, S.5.*

FAZ, 28.04.1995. *Republikaner als rechtsextrem eingestuft. In: Frankfurter Allgemeine Zeitung, 28. April 1995, S.5.*

– – : Münchhausen, Thankmar von: Schwieriger Umgang mit der Nationalen Front. In: ebenda, S.6.

FAZ, 16.11.1996. *De Pietro: Entscheidung ist unwiderruflich. In: Frankfurter Allgemeine Zeitung, 16. November 1996, S.1.*

Feldbauer, 1996. *Feldbauer, Gerhard: Von Mussolini bis Fini. Die extreme Rechte in Italien. Berlin 1996.*

Ferraris, 1994. *Ferraris, Luigi Vittorio: Ist Italien eine „neue" Republik? In: Aus Politik und Zeitgeschichte, B 34/94, S.2-9.*

FR, 10.07.1989. *Simonitsch, Pierre: Geheimtreffen der Ultrarechten. Auch Schönhuber kam zur Strategie-Debatte am Genfer See. In: Frankfurter Rundschau, 10. Juli 1989.*

FR, 20.07.1989. *Hauser, Erich: Schönhuber mit Le Pen einig. Rechtsextreme aus drei Ländern bilden Europa-Fraktion. In: Frankfurter Rundschau, 20. Juli 1989.*

FR, 26.07.1989. *Vornbäumen, Axel: Boykott gegen rechts im Europaparlament. In: Frankfurter Rundschau, 26. Juli 1989.*

FR, 12.05.1990. *Schönhuber ohne Resonanz. „Europäische Rechte" holte sich in Dänemark eine Abfuhr. In: Frankfurter Rundschau, 12. Mai 1990.*

FR, 09.07.1993. *Schneckener, Ulrich: Für Le Pens Euro-Tour sind Berlins Tore dicht. In: Frankfurter Rundschau, 09. Juli 1993.*

FR, 21.01.1994. *Lölhöffel, Helmut: Lieber mit „gestandenen Leuten" nach Europa. In: Frankfurter Rundschau, 21. Januar 1994.*

FR, 25.04.1995. *Chirac gibt sich siegesgewiß. In: Frankfurter Rundschau, 25. April 1995, S.1.*

——: Bremer, Hans-Hagen: Lektionen mit dem Stimmzettel. In: Frankfurter Rundschau, 25. April 1995, S.3.

FR, 02.05.1995. *Kurznachrichten. Le Pen stellt die Wahl frei. In: Frankfurter Rundschau, 02. Mai 1995, S.2.*

FR, 13.06.1995. *Bremer, Hans-Hagen: Kommunalwahl stärkt Frankreichs Rechtsradikale. In: Frankfurter Rundschau, 13. Juni 1995, S.1.*

——: Berlusconi bleibt der Medienzar. In: ebenda, S.1.

FR, 20.06.1995. *Bremer, Hans-Hagen: Kein Bonus für Chirac vergeben. In: Frankfurter Rundschau, 20. Juni 1995, S.2.*

FR, 22.07.1995. *Henkel, Peter: Koalition der Rivalen. In: Frankfurter Rundschau, 22. Juli 1995, S.3.*

FR, 12.10.1995. *Nonnenmacher, Peter: John Major und der Karren, der tief im Dreck steckt. In: Frankfurter Rundschau, 12. Oktober 1995, S.3.*

FR, 13.10.1995. *Glauber, Ulrich: Große Koalition in Österreich gescheitert. In: Frankfurter Rundschau, 13. Oktober 1995, S.1.*

FR, 14.10.1995. *Nonnenmacher, Peter: Major präsentiert sich als scharfer Innenpolitiker. In: Frankfurter Rundschau, 14. Oktober 1995, S.2.*

FR, 04.11.1995. *Voss, Reinhard: Rechtsextreme bündeln Kräfte. In: Frankfurter Rundschau, 04. November 1995, S.5.*

FR, 15.11.1995. *Metkemeyer, Jürgen: Selbstkritik prägt den SPD-Parteitag. In: Frankfurter Rundschau, 15. November 1995, S.1.*

FR, 17.11.1995. *Zur Person. Franz Schönhuber. In: Frankfurter Rundschau, 17. November 1995, S.4.*

FR, 19.12.1995. *Glauber, Ulrich: Nach dem Wahlsieg setzt Vranitzky auf sein gutes Blatt. In: Frankfurter Rundschau, 19. Dezember 1995, S.7.*

FR, 13.01.1996. *Schlitter, Horst: In Italien könnte auf Dini Dini folgen. In: Frankfurter Rundschau, 13. Januar 1996, S.2.*

FR, 25.03.1996. *Klarer Sieg für CDU und FDP im Südwesten. In: Frankfurter Rundschau, 25. März 1996, S.1.*

FR, 26.03.1996. *Den Erfolg verdankt die FDP der Taktik ihrer Wähler. In: Frankfurter Rundschau, 26. März 1996, S.8.*

——: Ergebnisse der Ladtagswahlen in Baden-Württemberg, Schleswig-Holstein und Rheinland-Pfalz. In: ebenda, S.8.

FR, 10.07.1996. *Nonnenmacher, Peter: Dunkle Wolken am Himmel über Nordirland. In: Frankfurter Rundschau, 10. Juli 1996, S.3.*

FR, 12.07.1996. *Polizei weicht dem Druck nordirischer Protestanten. In: Frankfurter Rundschau, 12. Juli 1996, S.1.*

FR, 13.07.1996. *In Nordirland eskaliert die Gewalt. In: Frankfurter Rundschau, 13. Juli 1996, S.1.*

—: Nonnenmacher, Peter: „Wir sind die weißen Nigger der Provinz Ulster". In: Frankfurter Rundschau, 13. Juli 1996, S.3.

FR, 15.07.1996. *Wer tritt die Lunte aus? In: Frankfurter Rundschau, 15. Juli 1996, S.3.*

FR, 15.10.1996. *Glauber, Ulrich: Blitze der Unzufriedenheit. In: Frankfurter Rundschau, 15. Oktober 1996, S.3.*

FR, 16.11.1996. *Arens, Roman: Trotzig schmeißt Di Pietro die Brocken hin. In: Frankfurter Rundschau, 15. November 1996, S.2.*

Frings, 1995. *Frings, Karola: Geschäfte mit dem Feind. In: Konkret, 11/1995, S.26-28.*

Fromm, 1994. *Fromm, Rainer: Am rechten Rand. Lexikon des Rechtsradikalismus. 2., aktualisierte Auflage. Marburg, Berlin 1994.*

Fromm/Kernbach, 1994a. *Fromm, Rainer und Barbara Kernbach: ...und morgen die ganze Welt? Rechtsextreme Publizistik in Westeuropa. Marburg, Berlin 1994.*

Fromm/Kernbach, 1994b. *Fromm, Rainer und Barbara Kernbach: Europas braune Saat. Die internationale Verflechtung der rechtsradikalen Szene. München 1994.*

Fromm/Kernbach, 1994c. *Fromm, Rainer und Barbara Kernbach: Nazi-Emanzen. In: Konkret extra, 1/1994, S.6-7.*

Fülberth, 1992. *Fülberth, Georg: Maastricht – ein deutscher Bluff. In: Konkret, 11/1992, S.36-39.*

Fülberth, 1996a. *Fülberth, Georg: Dabeisein ist alles. In: Konkret, 6/1996, S.28-29.*

Fülberth, 1996b. *Fülberth, Georg: Britisches Lehrstück. In: Konkret, 9/1996, S.33.*

Gessenharter, 1994. *Gessenharter, Wolfgang: Kippt die Republik? Die neue Rechte und ihre Unterstützung durch die Medien. München 1994.*

Geschke, 1991. *Geschke, Otto: Auf dem Weg ins „vierte Reich"? In: Hethey/Kratz, 1991, S.189-207.*

Gilmour, 1992. *Gilmour, John: The extreme right in Spain: Blas Piñar and the Spirit of the Nationalist Uprising. In: Hainsworth, 1992, S.206-231.*

Gijsels/Velpen, 1992. *Gijsels, Hugo und Jos Vander Velpen: Le Chagrin des Flamands. Le Vlaams Blok de 1938 à nos jours. Berchem, Bruxelles 1992.*

Goebel, 1993. *Goebel, Hannes: Eifrig, eifrig. In: Konkret, 7/1993, S.39.*

Gössner, 1993. *Gössner, Rolf: Mit dem „starken Staat" gegen Rechts? In: Bürgerforum, 1993, S.75-78.*

Gremliza, 1994a. *Gremliza, Hermann L.: Creazione italiana. In: Konkret, 5/1994, S.9.*

Gremliza, 1994b. *Gremliza, Hermann L.: The Party is over. In: Konkret, 7/1994, S.9.*

Gresch, 1978. *Gresch, Norbert: Transnationale Parteienzusammenarbeit in der EG. Baden-Baden 1978.*

Greß, 1994. *Greß, Franz: Rechtsextremismus in Europa. In: Kowalsky/Schroeder, 1994, S.185-211.*

Gröndahl, 1993. *Gröndahl, Boris: Hintermänner gefunden. In: Konkret, 12/1993, S.64-65.*

Grund, 1992. *Grund, Johanna: Der Anti-Politiker. Wie Franz S. die „Republikaner" um ein Deutschlandpapier brachte. In: Richter, Karl (Hrsg.): Franz Schönhuber. Wer ist dieser Mann? Weggefährten berichten. Landshut 1992, S.26-29.*

Gschwind, 1981. *Gschwind, Alexander: Francos Erben. In: Kirfel/Oswalt, 1989, S.128-132.*

Guardian, 17.06.1993. *Carvel, John (Brussels) and Helena Smith (Corfu): Euro-junket brings curb balls. In: The GUARDIAN, 17.06.1993.*

Guardian, 21.06.1993. *Carvel, John (Copenhagen): Le Pen gives EC notice of more 'party junkets'. In: The GUARDIAN, 21.06.1993.*

Guardian, 24.06.1993. *Carvel, John (Strasbourg): EC may halt Le Pen cash. In: The GUARDIAN, 24.06.1993.*

Guardian, 25.06.1993. *Carvel, John (Strasbourg): Le Pen's trip spark EC Parliament inquiry. In: The GUARDIAN, 25.06.1993.*

Guardian, 29.06.1993. *Katz, Ian: Hotel bars doors to Le Pen. In: The GUARDIAN, 29.06.1993.*

Habbe, 1981. *Habbe, Christian: „Weltweit Teutonic Unity". Die Auslandsbeziehungen der deutschen Neonazis. In: Lersch, Paul (Hrsg.): Die verkannte Gefahr. Rechtsradikalismus in der Bundesrepublik. Hamburg 1981, S.72-82.*

Hacker, 1992. *Hacker, Friedrich: Das Faschismus-Syndrom. Analyse eines aktuellen Phänomens. Herausgegeben von Doris Mendlewitsch. Frankfurt 1992.*

Hafeneger, 1989. *Hafeneger, Benno: Die Vernetzung der extremen Rechten in Europa. In: Kirfel/Oswalt, 1989, S.185-194.*

Hafeneger, 1990. *Hafeneger, Benno: Die 'extreme Rechte' und Europa. Herausforderung für eine multikulturelle Gesellschaft. Frankfurt 1990.*

Hafeneger, 1994. *Hafeneger, Benno: Rechtsextreme Europabilder. In: Kowalsky/ Schroeder, 1994, S.212-227.*

Haider-Gespräch, 1995. *Gespräch mit Jörg Haider: „Wir sind eine österreichische Sonderanfertigung. In: Die neue Gesellschaft/Frankfurter Hefte, 7/1995, S.627-634.*

Hainsworth, 1992. *Hainsworth, Paul (ed.): The Extreme Right in Europe and the USA. London 1992.*

Harris, 1990. *Harris, Geoffrey: The Dark Side of Europe. The Extreme Right today. Edinburgh 1990.*

Hartmann, 1978. *Hartmann, Jürgen: Niederlande. In: Raschke, 1978, S.373-396.*

Hastings, 1993. *Hastings, Michael: Der Diskurs Jean-Marie Le Pens und seines Front National. In: Butterwewgge/Jäger, 1993, S.105-118.*

Haug, 1992. *Haug, Wolfgang Fritz: Zur Dialektik des Antirassismus. Erkundungen auf einem Feld voller Fallstricke. In: Argument, 1992, S.407-430.*

Hausmann, 1994. *Hausmann, Ulrich: Italien: Demokratischer Umbruch mit offenem Ausgang. In: Lohmann, 1994, S.260-267.*

HB, 21.07.1989. *Europäisches Parlament. Wahl des Präsidenten. Schönhuber und Le Pen gemeinsam in einer Fraktion. In: Handelsblatt, 21. Juli 1989.*

Helms, 1994. *Helms, Ludger: Strukturwandel im italienischen Parteiensystem. In: Aus Politik und Zeitgeschichte, B 34/94, S.28-37.*

Hermle, 1979. *Hermle, Reinhard: Der Konflikt in Nordirland. Ursachen, Ausbruch und Entwicklung. München 1979.*

Hethey, 1991. *Hethey, Raimund: Nur weiße Flecken auf der weißen Weste? In: Hethey/ Kratz, 1991, S.11-32.*

— — : ders.: Europa: Neue Heimat der Völker und Regionen? In: ebenda, S.155-187.

Hethey/Kratz, 1991. *Hethey, Raimund und Peter Kratz (Hrsg.): In bester Gesellschaft. Antifa-Recherche zwischen Konservatvismus und Neofaschismus. Göttingen 1991.*

Hofer, 1982. *Hofer, Walther (Hrsg.): Der Nationalsozialismus. Dokumente 1933-1945. Überarbeitete Neuausgabe. Frankfurt 1982.*

Hrbeck, 1989. *Hrbeck, Rudolf: Germany. In: Electoral Studies, Vol. 8. 3/1989, S.254-261.*

Hundseder, 1993. *Hundseder, Franziska: Wie Medien mit dem Thema Rechtsextremismus umgehen. In: Faller, Kurt; Hahn, Reinhard und Rainer Zeimentz: Dem Haß keine Chance. Wie ist die Gewalt zu stoppen? Köln 1993, S.81-89.*

Hundseder, 1994. *Hundseder, Franziska: Die ersten von morgen? In: Benz, Wolfgang: Rechtsextremismus in Deutschland. Voraussetzungen, Zusammenhänge, Woirkungen. Aktualisierte und erweiterte Neuausgabe. Frankfurt 1994, S.228-245.*

Hundseder, 1995. *Hundseder, Franziska: Rechte machen Kasse. Gelder und Finaziers der braunen Szene. München 1995.*

Husbands, 1992. *Husbands, Christopher T.: The Netherlands: Irritants on the Body Politic. In: Hainsworth, 1992, S.95-125.*

— — : Belgium: Flemish Legions on the March. In: ebenda, S.126-150.

ID, 1992. *ID-Archiv im ISSG (Hrsg.): Drahtzieher im braunen Netz. Der Wiederaufbau der NSDAP. Ein Handbuch des antifaschistischen Autorenkollektivs Berlin. Amsterdam, Berlin 1992.*

Jansen, 1996. *Jansen, Thomas: Die Entstehung einer Europäischen Partei. Vorgeschichte, Gründung und Entwicklung der EVP. Bonn 1996.*

Jacobs/Corbett/Shackleton, 1992. *Jacobs, Francis; Corbett, Richard und Michael Shackleton: The European Parliament. Harlow, Essex, 2nd edition 1992.*

Jäger, 1996: *Jäger, Michael: Im Schatten des „Schattenmannes". In: Freitag, 3/1996, S.3.*

Jaschke, 1989. *Jaschke, Hans-Gerd: Auf dem rechten Auge blind? Innere Sicherheit, streitbare Demokratie und das Primat der Gesinnungsjustiz. In: Paul, 1989. S.164-195.*

Jaschke, 1993. *Jaschke, Hans Gerd: Die „Republikaner". Profile einer Rechtsaußen-Partei. Bonn ²1993.*

Jaschke, 1994. *Jaschke, Hans-Gerd: Rechtsextremismus und Fremdenfeindlichkeit. Begriffe, Positionen, Praxisfelder. Opladen 1994.*

JF, 4/89. *Erfolg für Schönhuber. Der MSI ausgebootet. Republikaner bilden gemeinsame Fraktion mit Le Pen und dem flämischen Block. In: Junge Freiheit 4/1989, S.4.*

JF, 9/1996. *Gosdeck, Paul-Michael: Im Schatten von Aznars Volkspartei. In: Junge Freiheit Nr. 9/96, März 1996, S.6.*

Jünschke/Meertens, 1994. *Jünschke, Klaus und Christoph Meertens: Risikofaktor Innere Sicherheit. Argumente gegen den Law-and-Order Staat. München 1994.*

jw, 25.04.1995. *Wahlsieg für PDS. In: Junge Welt, 25. April 1995, S.10.*

jw, 20.05.1995. *Ungeliebte Wahl. In: Junge Welt, 20. Mai 1995, S.10.*

jw, 24.05.1995. *Schmid, Bernhard: Republikaner-Spielwiese. In: Junge Welt, 24. Mai 1995, S.6.*
jw, 13.06.1995. *Salimi-Adl, Cyrus: Berlusconi räumt ab. In: Junge Welt, 13. Juni 1995, S.8.*
jw, 25.08.1995. *Portrait des Tages: Jean Arthuis. In: Junge Welt, 28. August 1995, S.3.*
--: Beier, Bernd: Das Bauernopfer. In: ebenda, S.9.
jw, 31.08.1995. *Getötet? In: Junge Welt, 31. August 1995, S.8.*
jw, 23.10.1995. *Unnachgiebige Protestanten. In: Junge Welt, 23. Oktober 1995, S.9.*
--: Toulon: FN verstieß gegen Wahlregeln. In: ebenda, S.10.
--: Holzinger. Lutz: SPÖ mit löchrigen Hosen. In: ebenda, S.11.
jw, 26.10.1995. *Goebel, Olaf: JN – durch Verbote gestärkt. In: Junge Welt, 26. Oktober 1995, S.11.*
jw, 30.10.1995. *Elsässer, Jürgen: SPD schönhubert für Deutschmark. In: Junge Welt, 30. Oktober 1995, S.1.*
jw, 23./24.12.1995. *Vogel, Wolf-Dieter: Schröder auf inflationären Abwegen. In: Junge Welt, 23./24. Dezember 1995, S.6.*
jw, 18./19.11.1995. *Pressestimmen zum Wechsel in der SPD. In: Junge Welt, 18./19. November 1995, S.5.*
jw, 02.01.1996. *Reeh, Martin: PDS: Bündnis mit Berlusconi. In: Junge Welt, 2. Januar 1996, S.8.*
jw, 01.02.1996. *Schmid, Bernhard: Strafantrag gegen Garaudy. In: Junge Welt, 1. Februar 1996, S.10.*
jw, 06.02.1996. *Elsässer, Jürgen: Briten verweigern Kohl-Suppe. In: Junge Welt, 6. Februar 1996, S.1.*
jw, 05.03.1996. *Dudin, Mey: Knapper Sieg für Konservative in Spanien. In: Junge Welt, 05. März 1996, S.8.*
jw, 08.03.1996. *Oberländer, Axel: Neuauflage der Großen Koalition in Österreich. In: Junge Welt, 8. März 1996, S.10.*
jw, 19.03.1996. *Fries, Peer: Grünzeug mit brauner Soße. In: Junge Welt, 19. März 1996, S.4.*
--: Frankreich: Rechte Wahlniederlage. In: ebenda, S.9.
jw, 27.03.1996. *Elsässer, Jürgen: Die Reps als Arbeiterpartei. In: Junge Welt, 27. März 1996, S.4.*
--: Lega ruft Verfassung des Nordens aus. In: ebenda, S.10.
jw, 23.04.1996. *Salimi-Asl, Cyrus: Buon giorno, Italia! In: Junge Welt, 24. April 1996, S.1.*
jw, 07.05.1996. *Salimi-Asl, Cyrus: Umberto Bossi drückt aufs Tempo. In: Junge Welt, 7. Mai 1996, S.9.*
jw, 15.04.1996. *Schmid, Bernhard: Die Messe der ewigen Konterrevolution. In: Junge Welt, 15. April 1996, S.9.*
jw, 04.06.1996. *Schmid, Bernhard: Die Internationale der Nationalisten. In: Junge Welt, 04. Juni 1996, S.7.*
jw, 19.06.1996. *Schmid, Bernhard: Le Pens bunte Truppe. In: Junge Welt, 19. Juni 1996, S.11.*

jw, 26.06.1996. *Schmid, Bernhard: Le Pen sorgt für Zwist. In: Junge Welt, 26. Juni 1996, S.8.*

jw, 28.06.1996: *Salimi-Asl, Cyrus: Parallelstrukturen für „Padania". In: Junge Welt, 28. Juni 1996, S.10.*

jw, 17.07.1996. *Nordirlandgespräche auf dem Tiefpunkt. In: Junge Welt, 17. Juli 1996, S.10.*

jw, 20./21.07.1996. *Spannbauer, Andreas: Unionisten gehen in die Offensive. In: Junge Welt, 20./21. Juli 1996, S.9.*

jw, 24.07.1996. *Paul, Reimar: Reps & NPD – ein Team. In: Junge Welt, 24. Juli 1996, S.11.*

– – : Salimi-Asl, Cyrus: Bossi sucht die Entscheidung. In: ebenda, S.10.

jw, 13.09.1996. *Schmid, Bernhard: Front National bleibt erlaubt. In: Junge Welt, 13. September 1996, S.11.*

jw, 17.09.1996. *Salimi-Asl, Cyrus: Der Sieger des Padania-Spektakels heißt Fini. In: Junge Welt, 17. September 1996, S.8.*

jw, 20.09.1996. *Lega-Nord-Zentrale wurde gefilzt. In: Junge Welt, 20. September 1996, S.10.*

jw, 24.09.1996. *Hübel, Jan: Manager-Darling kann Euro-Kurs fortsetzen. In: Junge Welt, 24. September 1996, S.1 und 8.*

– –: Schmid, Bernhard: Der Papst punktete für Chirac und Juppé. In: ebenda, S.9.

– –: FN verlor Stichwahl in zwei Kantonen. In: ebenda, S.9.

jw, 25.09.1996. *41,49 Prozent für Pasok. In: In: Junge Welt, 25. September 1996, S.10.*

jw, 02./03.10.1996. *Paul, Reimar: Republikaner vor Parteitag: Unsere Zeit kommt. In: Junge Welt, 02./03. Oktober 1996, S.4.*

jw, 26./27.10.1996. *Droht die Regionalisierung Europas? Fragen an Pierre Gallois und ... Christian Deubner. In: Junge Welt, 26./27. Oktober 1996, S.2-3.*

jw, 11.11.1996. *Salimi-Asl, Cyrus: Rom krakeelt, Neapel singt. In: Junge Welt, 11. November 1996, S.1.*

– – : Pirker, Werner: Protest und Protest. In: ebenda, S.3.

jw, 16.11.1996. *Held des Tages. Antonio Di Pietro. In: Junge Welt, 16. November 1996, S.3.*

jw, 04.02.1997. *Schmid, Bernhard: Rechtsextremer Wahlerfolg in Vitrolles. In: junge Welt, 04. Februar 1997, S.9.*

– –: Hempel, Dirk: National ins kommende Jahrhundert. In: ebenda, S.9.

jw, 02.04.1997. *Schmid, Bernhard: Le Pen-Visite hat ein Nachspiel. In: Junge Welt, 02. April 1997, S.8.*

jw, 15.05.1997. *Schmid, Bernhard: Le Pen schießt gegen die bürgerliche Rechte. In: Junge Welt, 15. Mai 1997, S.8.*

Kapetanyannis, 1991. *Kapetanyannis Vassili: Neo-Fascism in Modern Greece. In: Cheles/Ferguson/Vaughan, 1991, S.191-210.*

Katsoulis, 1978. *Katsoulis, Ilias: Griechenland. In: Raschke, 1978, S.215-236.*

Kellershohn, 1993. *Kellershohn, Helmut: „Unser Programm heißt Deutschland" – Der Beitrag der REPublikaner zur Renaissance völkischen Denkens in Deutschland. In: Butterwegge/Jäger, 1993, S.86-104.*

Kirfel, 1989. *Kirfel, Martin: Elsaß – der „Garten Gottes“ in der Krise. In: Kirfel/ Oswalt, 1989, S.113-119.*

Kirfel/Oswalt, 1989. *Kirfel, Martina und Walter Oswalt (Hrsg.): Die Rückkehr der Führer. Modernisierter Rechtsradikalismus in Westeuropa. Wien 1989.*

Kirfel/Oswalt, 1991. *Kirfel, Martina und Walter Oswalt (Hrsg.): Die Rückkehr der Führer. Modernisierter Rechtsradikalismus in Westeuropa. 2., überarbeitete und erweiterte Auflage. Wien, Zürich 1991.*

Kleiser, 1990. *Kleiser, Paul: Front National und „Neue Rechte“. In: Schulz, 1990, S.82-90.*

Klönne, 1994. *Klönne, Arno: Jugend und Rechtsextremismus. In: Kowalsky/Schroeder, 1994, S.129-142.*

Köhler, 1994. *Köhler, Otto: „Deutschland repräsentieren, wie es wirklich ist“. Der Flagellat wird Bundespräsident. In: Lohmann, 1994, S.180-189.*

Köhler, 1995. *Köhler, Otto: Die Frechheit hat Geburtstag. In: Konkret, 5/1995, S.12-15.*

konkret, 7/1994. *Herrschaftszeiten. In: Konkret 7/1994, S.10-11.*

konkret, 8/1994. *an konkret. In: Konkret, 8/1994, S.6-7.*

Kowalsky, 1993. *Kowalsky, Wolfgang: Rechtsextremismus und Anti-Rechtsextremismus in der modernen Industriegesellschaft. In: Aus Politik und Zeitgeschichte, B 2-3/1993, S.14-25.*

Kowalsky, 1995. *Kowalsky, Wolfgang: Einwanderung, Rassismus und Xenophobie in Frankreich. In: Aus Politik und Zeitgeschichte B 48/1995, S.38-46.*

Kowalsky/Schroeder, 1994. *Kowalsky, Wolfgang und Wolfgang Schroeder (Hrsg.): Rechtsextremismus. Einführung und Forschungsbilanz. Opladen 1994.*

Kratz, 1995. *Kratz, Peter: Rechte Genossen. Neokonservatismus in der SPD. Berlin 1995.*

Kreft, 1989. *Kreft, Ursula: Harmonie in Weiß. In: Konkret, 8/1989, S.44-45.*

Krisenherd, 1994. *Krisenherd Europa. Nationalismus, Regionalismus, Krieg. Göttingen 1994.*

Kühnl, 1990. *Kühnl, Reinhard: Faschismustheorien. Ein Leitfaden. Aktualisierte Neuauflage. Heilbronn 1990.*

Kühnl, 1992. *Kühnl, Reinhard: Der Aufstieg der extremen Rechten in Europa. In: Blätter für deutsche und internationale Politik. 6/1992, S.730-741.*

Kühnl, 1993. *Kühnl, Reinhard: Vor 60 Jahren. In: Konkret, 2/1993, S.30-31.*

Kühnl, 1996. *Kühnl, Reinhard: Faschismus – Antifaschismus. Theorien über den Faschismus. In: Mecklenburg, Jens (Hrsg.): Handbuch deutscher Rechtsextremismus. Berlin, 1996, S.31-55.*

Kunnert, 1993. *Kunnert, Gerhard: Österreichs Weg in die Europäische Union. Ein Kleinstaat ringt um eine aktive Rolle im europäischen Integrationsprozeß. Wien 1993.*

Kurier, 15.10.1996. *Rauscher, Magdalena und Walter Osztovics: Die ÖVP ist mit sich zufrieden – und will das den Koalitionspartner künftig spüren lassen. In: Kurier, 15.10.1996, S.3.*

– –: Liberale wollen Gangart verschärfen. In: ebenda, S.4.

Lampe, 1992. *Lampe, Thomas: Der Aufstieg des „Front National“ in Frankreich. Extremismus und Populismus von rechts. Frankfurt 1992.*

Lange, 1993. *Lange, Astrid: Was die Rechten lesen. Fünfzig rechtsextreme Zeitschriften. Ziele, Inhalte, Taktik. München 1993.*

Lasek, 1990. *Lasek, Willi: Deutschnationale, rechtsextreme und neonazistische Strömungen. In: Schulz, 1990, S.98-104.*

Leggewie, 1989. *Leggewie, Claus: DIE REPUBLIKANER. Ein Phantom nimmt Gestalt an. Berlin 1989 und 1990.*

Leggewie, 1992. *Leggewie, Claus: Der rechte Aufmarsch. In: Die neue Gesellschaft/ Frankfurter Hefte, 3/1992, S.237-245*

Leggewie, 1993. *Leggewie, Claus: Druck von rechts. Wohin treibt die Bundesrepublik? München 1993.*

Leist, 1981. *Leist, Ulrich: Der Traum von Vergangenheit und Zukunft: Die bretonische regionalistische Bewegung. In: Elkar, 1981, S.127-137.*

Lepszy, 1993. *Lepszy, Norbert: Rechtspopulismus und Rechtsextremismus in Europa. In: Die politische Meinung. 1/1993, S.33-42.*

Lepszy/Veen, 1993. *Lepszy, Norbert und Hans-Joachim Veen: „Republikaner" und DVU in kommunalen und Landesparlamenten sowie im Europaparlament. St. Augustin 1993.*

Libération, 24.05.1994. *Quartermer, Jean avec Solveig Godeluck: Une enquête sur le travail des Europépútés. Députés Européens: Le Hit-Parade de l'assiduité. In: Libération, 24. Mai 1994.*

Lindeborg, 1991. *Lindeborg, Lisbeth: National Front, „New Right", Conservative Party. In: Kirfel/Oswalt, 1991, S.172-183.*

Linke, 1994. *Linke, Annette: Der Multimillionär Frey und die DVU. Daten, Fakten, Hintergründe. Essen 1994.*

LM, 25.04.1995. *Le Monde, 25 Avril 1995.*

LM, 13.06.1995. *Les résultats du premier tour des élections municipales. In: Le Monde, 13 Juin 1995, S.25-48.*

LM, 20.06.1995. *Belleret, Robert: M. Mégret dénonce „la victoire de la haine et de l'intolérance" à Vitrolles. In: Le Monde, 20 Juin 1995, S.4.*

– – : Lenzini, José: Le Front national a bénéficié à Toulon du discrédit du maire PR sortant. In: ebenda, S.4.

– – : Cojean, Annick: Jacques Peyrat enten enrayer la déclin de Nice. in: ebenda, S.4.

– – : Schaubild: Villes de plus de 30.000 habitants. In: ebenda, S.5.

LM, 24.08.1995. *Le Monde, 24 Août 1995, S.7.*

LMD/taz, 15.12.1995. *Brink, Rinke van den: Ohne Führer kein Erfolg? In: Le Monde diplomatique. Beilage der tageszeitung vom 15. Dezember 1995, S.7.*

– – : Bihr, Alain: Le Pen frißt sich in die Seele der Arbeiter. In: ebenda, S.9.

LMD/taz, 15.03.1997. *Algazy, Joseph: Europas Rassisten. In: Le Monde diplomatique. Beilage der tageszeitung vom 15. März 1997, S. 23.*

Loch, 1990. *Loch, Dietmar: Der schnelle Aufstieg des Front National. Rechtsextremismus im Frankreich der achtziger Jahre. München 1990.*

Loch, 1994. *Loch, Dietmar: Rechtsextremismus in Frankreich: Der „Front National". In: Kowalsky/Schroeder, 1994, S.228-247.*

Lohmann, 1994. *Lohmann, Hans-Martin (Hrsg.): Extremismus der Mitte. Vom rechten Verständnis deutscher Nation. Frankfurt 1994.*

Lupus, 1994. *Autonome l.u.p.u.s. gruppe: Lichterketten und andere Irrlichter. Texte gegen finstere Zeiten. Berlin, Amsterdam 1994.*

Maegerle, 1994. *Maegerle, Anton: Die Nazis kommen. In: Konkret extra, 1/1994, S.1.*

Mahrad, 1995. *Mahrad, Christa und Ahmad: Immigration und Fremdenfeindlichkeit in Europa. In: Aus Politik und Zeitgeschichte, B 48/95, S.3-9.*

Malzahn, 1989. *Malzahn, Claus Christian: Der Aufstieg der „Republikaner". In: Kirfel/Oswalt, 1989, S.43-52.*

Malzahn/Gast, 1991. *Malzahn, Claus Christian und Wolfgang Gast: Aufstieg und Fall der „Republikaner". In: Kirfel/Oswalt, 1991, S.43-48.*

Marcus, 1995. *Marcus, Jonathan: The National Front and French Politics. The Resistible Rise of Jean-Marie Le Pen. Houndmills, Basingstoke, Hampshire und London 1995.*

Mayr/Zellhofer, 1995. *Mayr, Peter und Klaus Zellhofer. Das Modell Haider. In: Purtscheller, 1995, S.26-39.*

McElholm, 1996. *McElholm, Dermot: Forum vor dem Scheitern? Die Friedensgespräche in Nordirland. In: Die neue Gesellschaft/Frankfurter Hefte, 9/1996, S.800-809.*

Mellenthin, 1994. *Mellenthin, Knut: Nationalitätenkonflikte in Osteuropa. Ein Überblick. In: Krisenherd, 1994, S.23-42.*

Mertens, 1990. *Mertens, Björn: Fortschrittspartei zwischen Steuerbetrug und Rechtsradikalismus. In: Schulz, 1990, S.121-124.*

Meyer, 1991. *Meyer, Hartmut: Faschismus wie eine Mode. In: Hethey/Kratz, 1991, S.275-291.*

Migge, 1995. *Migge, Thomas: Licht aus! Spot an! In: Volksstimme (Wien), Nr. 20, 18. Mai 1995, S.11.*

Möller, 1994. *Möller, Heiner: Die neue deutsche Gefahr. Großmacht Deutschland, europäische Destabilisierung und Nationalismus. In: Krisenherd, 1994, S.335-356.*

Möller, 1995. *Möller, Heiner: Berlusconi? Fini! In: Konkret, 1/1995, S.22-23.*

Möschel, 1995. *Möschel, Wernhard: Europapolitik zwischen deutscher Romantik und gallischer Klarheit. In: Aus Politik und Zeitgeschichte, B 3-4/95, S.10-16.*

Mudde, 1994. *Mudde, Cas: Der Vlaams Blok in Belgien. In: Pfahl-Traughber, 1994a, S.101-117.*

Müller, 1989. *Müller, Leo A.: Republikaner, NPD, DVU, Liste D... Göttingen 1989.*

Murphy, 1978. *Murphy, Detlef: Italien. In: Raschke, 1978, S.305-365.*

Nandlinger, 1990. *Nandlinger, Gabriele: Rechtsextremismus als internationales Problem: Die Situation in des westeuropäischen Staaten. In: Bodewig, Kurt; Rainer Hesels und Dieter Mahlberg (Hrsg.): Die schleichende Gefahr. Rechtsextremismus heute. Essen ²1990, S.144-154.*

Nandlinger, 1991. *Nandlinger, Gabriele: Zur Geschichte der Partei „Die Republikaner". In: Rosen, Klaus-Henning (Hrsg.): Die Republikaner. Aspekte einer rechten Partei. Veröffentlicht vom Institut für Information und Dokumentation e.V. Bonn 1991, S.7-18.*

Naßmacher, 1994. *Naßmacher, Hiltrud: Parteiorganisation, Parteiprogramme und Strukturen innerparteilicher Willensbildung. In: Gabriel, Oscar W. und Frank Brettschneider (Hrsg.): Die EU-Staaten im Vergleich. Strukturen, Prozesse, Politikinhalte. Zweite überarbeitet und erweiterte Auflage. Opladen 1994, S.221-257.*

NE, 2/1969. *Nation Europa. Monatsschrift im Dienst der europäischen Neuordnung. Coburg 1969.*

NE, 8/1972, 10/1972. *Nation Europa. Monatsschrift im Dienst der europäischen Neuordnung. Coburg 1972.*

NE, 8/1973, 9/1973. *Nation Europa. Monatsschrift im Dienst der europäischen Neuordnung. Coburg 1973.*

NE, 2/1975. *Nation Europa. Monatsschrift im Dienst der europäischen Neuordnung. Coburg 1975.*

NE, 2/1977, 3/1977, 5/1977. *Nation Europa. Monatsschrift im Dienst der europäischen Neuordnung. Coburg 1977.*

NE, 2/1978, 4/1978, 9/1978. *Nation Europa. Monatsschrift im Dienst der europäischen Neuordnung. Coburg 1978.*

NE, 2/1979, 5/1979, 8/1979. *Nation Europa. Monatsschrift im Dienst der europäischen Neuordnung. Coburg 1979.*

NE, Jahresinhaltsverzeichnis 1983. *Nation Europa. Monatsschrift im Dienst der europäischen Neuordnung. Coburg 1983.*

NE, 6/1984 + Jahresinhaltsverzeichnis 1984. *Nation Europa. Monatsschrift im Dienst der europäischen Neuordnung. Coburg 1984.*

NE, 1/1985, 11/1985. *Nation Europa. Monatsschrift im Dienst der europäischen Neuordnung. Coburg 1985.*

NE, 1-2/1986, 2/1986, 4/1986. *Nation Europa. Monatsschrift im Dienst der europäischen Neuordnung. Coburg 1986.*

NE, 2/1987, 4/1987, 7/1987, 9/1987, 11-12/1987. *Nation Europa. Monatsschrift im Dienst der europäischen Neuordnung. Coburg 1987.*

NE, 2/1988, 4/1988, 11-12/1988. *Nation Europa. Monatsschrift im Dienst der europäischen Neuordnung. Coburg 1988.*

NE, 2/1989, 4/1989, 5-6/1989, 7/1989, 8-9/1989, 11-12/1989. *Nation Europa. Monatsschrift im Dienst der europäischen Neuordnung. Coburg 1989.*

NE, 1/1990, 2/1990, 5/1990, 6/1990, 8-9/1990, 11-12/1990. *Nation und Europa, Deutsche Monatshefte. Coburg, 1990.*

NE, 1/1991, 2/1991, 3-4/1991, 5/1991, 6/1991, 7-8/1991, 9/1991, 10/1991, 12/1991. *Nation und Europa, Deutsche Monatshefte. Coburg, 1991.*

NE, 1/1992, 2/1992, 3/1992, 4/1992, 5/1992, 6/1992, 7-8/1992, 9/1992, 11-12/1992. *Nation und Europa, Deutsche Monatshefte. Coburg, 1992.*

NE, 2/1993, 3/1993, 4/1993, 5/1993, 11-12/1993. *Nation und Europa, Deutsche Monatshefte. Coburg, 1993.*

NE, 1/1994, 3/1994. *Nation und Europa, Deutsche Monatshefte. Coburg, 1994.*

NE, 4/1994, 5/1994, 6/1994, 7-8/1994, 9/1994, 10/1994, 11-12/1994. *Nation und Europa, Deutsche Rundschau. Coburg 1994.*

NE, 2/1995, 3/1995, 4/1995, 5/1995, 6/1995, 7-8/1995, 9/1995, 11-12/1995. *Nation und Europa, Deutsche Rundschau. Coburg 1995.*

NE, 1/1996, 4/1996, 5/1996, 6/1996, 7-8/1996. *Nation und Europa, Deutsche Rundschau. Coburg 1996.*

NE, 2/1997. *Nation und Europa, Deutsche Monatshefte. Coburg 1997.*

Nohlen/Hildenbrandt, 1992. *Nohlen, Dieter und Andreas Hildenbrandt: Spanien. Wirtschaft-Gesellschaft-Politik. Opladen 1992.*

Nostitz, 1977. *Nostitz, Siegfried von: Politische Köpfe. Das Phänomen Chirac. In: Criticón 40, März-April 1977, S.70-71.*

Nowak, 1994. *Nowak, Jürgen: Europas Krisenherde. Nationalitätenkonflikte vom Atlantik bis zum Ural – Ein Handbuch. Reinbek 1994.*

NZ, 16.07.1989. *Kaiser, Andreas: Süßmuth kann Tagung von Europa-Rechten verhindern. In: Neue Zeit, 16. Juli 1993.*

NZZ, 12.07.1989. *FPÖ-Chef Haider verklagt „Le Matin". Falschmeldungen über Teilnahme am „Rechtsextremisten-Gipfel". In: Neue Zürcher Zeitung, 12. Juli 1989.*

Paul, 1989. *Paul, Gerhard (Hrsg.): Hitlers Schatten verblaßt. Die Normalisierung des Rechtsextremismus. Bonn 1989.*

Pauli, 1994. *Pauli, Charles: EG-Osteuropa. In: Wolf/Klaß, 1994, S. 105-112.*

Pfahl-Traughber, 1993. *Pfahl-Traughber, Armin: Rechtsextremismus. Eine kritische Bestandsaufnahme nach der Wiedervereinigung. Bonn 1993.*

Pfahl-Traughber, 1994a. *Pfahl-Traughber, Armin: Volkes Stimme? Rechtspopulismus in Europa. Bonn 1994.*

Pfahl-Traughber, 1994b. *Pfahl-Traughber, Armin: Identitäres Demokratieverständnis als Legitimation von Diktatur. Zur Parlamentarismuskritik von Carl Schmitt. In: MUT Nr. 320, April 1994, S.14-21.*

Poggio et al, 1994a. *Poggio; Pier Paolo; Cesareo, Giovanni; Fumagalli, Andrea und Sergio Bologna: Bericht aus dem Ausland. Die Krise in Italien. In: 1999, Zeitschrift für Sozialgeschichte des 20. und 21. Jahrhunderts, 3/94, S.109-113.*

Poggio et al, 1994b. *Poggio; Pier Paolo; Cesareo, Giovanni; Fumagalli, Andrea und Sergio Bologna: Bericht aus dem Ausland. Die Krise in Italien. Teil II. In: 1999, Zeitschrift für Sozialgeschichte des 20. und 21. Jahrhunderts, 4/94, S.106-116.*

Profil, 1/1996. *Czernin, Hubertus: Die Folgen von Krumpendorf. In: Profil Nr. 1, 30. Dezember 1995, S.11.*

Profil, 37/1996. *Kriemhild in Legoland. In: Profil Nr. 37, 9. September 1996, S.34-36.*

– – : Die offene Verschwörung. In: ebenda, S.41-42.

Purtscheller, 1995. *Purtscheller, Wolfgang (Hrsg.): Die Rechte in Bewegung. Seilschaften und Vernetzungen der „neuen Rechten". Wien 1995.*

Raatz, 1990. *Raatz, Hans: Der Nordirland-Konflikt und die britische Nordirland-Politik seit 1968. Stuttgart 1990.*

Raijer, 1989. *Raijer, Henk: Rechts ohne Komplexe. In: Kirfel/Oswalt, 1989, S. 165-171.*

Raith, 1989. *Raith, Werner: Neofaschisten auf dem langen Marsch. In: Kirfel/Oswalt, 1989, S.137-143.*

Raith, 1990. *Raith, Werner: Italiens Rechte macht mobil – Die nuova destra fischt auch in linken Gewässern. In: Die neue Gesellschaft/Frankfurter Hefte. April 1990, S.348-352.*

Raschke, 1978. *Raschke, Joachim (Hrsg.): Die politischen Parteien in Westeuropa. Geschichte – Programm – Praxis. Ein Handbuch. Reinbek 1978.*

Reinecke, 1995. *Reinecke, Stefan: Machtfaktor? Medialer Hype? In: uni-Konkret, Heft 2, Juni 1995, S.42-44.*

Renner, 1994. *Renner, Jens: Der Fall Berlusconi. Rechte Politik und Mediendiktatur. Göttingen 1994.*

Ridder, 1995. *Ridder, Helmut: Am Scheitel der Parabel. In: Konkret, 6/1995, S.42-45.*

Riess, 1996a. *Riess, Erwin: In einem ganz normalen Land... In: Konkret, 2/1996, S.30-31.*

Riess, 1996b. *Riess, Erwin: Das Erbe der SPÖ. In: Konkret, 12/1996, S. 36.*

Ritter, 1989. *Ritter, Hans: Vier Unternehmer beherrschen Italiens Medien. In: Criticón 113, Mai/Juni 1989, S.144.*

Rollat, 1989. *Rollat, Alain: „Nouvelle Droite" – die „Neue Rechte" in Frankreich. In: Kirfel/Oswalt, 1989, S.120-127.*

Rommelspacher, 1991. *Rommelspacher, Birgit: Rechtsextreme als Opfer der Risikogesellschaft; zur Täterentlastung in den Sozialwissenschaften. In: 1999, Zeitschrift für Sozialgeschichte des 20. und 21. Jahrhunderts, 2/91, S.75-87.*

Rosenbaum, 1975. *Rosenbaum, Petra: Neofaschismus in Italien. Frankfurt und Köln 1975.*

Rosenbaum, 1976. *Rosenbaum, Petra: Italien 1976- Christdemokraten mit Kommunisten? Eine Einführung in das italienische Parteiensystem. Reinbek 1976.*

Roth, 1990. *Roth, Karl-Heinz: Nazismus gleich Fordismus? Die deutsche Autoindustrie in den dreißiger Jahren. In: 1999, Zeitschrift für Sozialgeschichte des 20. und 21. Jahrhunderts, 4/90, S.82-91.*

Roth/Weiser, 1993. *Roth, Claudia und Dieter Weiser: Die Europäische Union auf dem Weg in den autoritären Staat. In: Bürgerforum, 1993, S.64-67.*

Rubart, 1978. *Rubart, Frauke: Dänemark. In: Raschke, 1978, S. 122-139.*

Saña, 1990. *Saña, Heleno: Das vierte Reich. Deutschlands später Sieg. Hamburg 1990.*

Saña, 1992. *Saña, Heleno: Das Ende der Gemütlichkeit. Hamburg 1992.*

Saña, 1993. *Saña, Heleno: Die Lüge Europa. Ein Kontinent bangt um seine Zukunft. Hamburg 1993.*

Schandl, 1995. *Schandl, Franz: Marsch auf Wien. In: Freitag Nr. 43, 20. Oktober 1995, S.7.*

Schandl, 1996. *Schandl, Franz: Scheitern in Permanenz. In: Freitag Nr. 5, 26. Januar 1996, S.1-2.*

Scharang, 1992. *Scharang, Michael: Abgrenzungswahn und Mordgier. In: Konkret, 9/1992, S.42-44.*

Scharsach, 1992. *Scharsach, Hans-Henning: Haider's Kampf. Wien 1992.*

Schiedel, 1995. *Schiedel, Heribert: Die extreme Rechte „im Dienst der europäischen Neuordnung". In: Purtscheller, 1995, S.68-99.*

Schiedel/Zellhofer, 1995. *Schiedel, Heribert und Klaus Zellhofer: Personal für die Dritte Republik. Die Studiosi: Vom RFS zur FSI zum RFS. In: Purtscheller, 1995, S.46-58.*

Schlenker, 1992. *Schlenker, Hans-Heinz: Belgiens Rechtsextremisten auf dem Vormarsch. In: Die neue Gesellschaft/Frankfurter Hefte, 4/1992, S.335-339.*

Schlierer, 1988. *Schlierer, Rolf: Zwergenaufstand. Vom Scheitern rechter Splitterparteien. In: Criticón 107, Mai/Juni 1988, S.131-133.*

Schmid, 1993. *Schmid, Bernhard: Bonjour Tristesse. In: Konkret, 5/1993, S.30-31.*

Schmid, 1994. *Schmid, Bernhard: Der Spießer als Volkstribun. In: Konkret, 7/1994, S.32-33.*

Schmid, 1996. *Schmid, Bernhard: Allianz der Alchimie. In: Konkret, 8/1996, S.36-38.*

SchmidG, 1994. *Schmid, Gerhard: Gebrauchsanweisung für Europa. In: Die neue Gesellschaft/Frankfurter Hefte, 12/1994, S.1087-1090.*

Schmidt, 1994. *Schmidt, Anne: Chronologie des Rechtsextremismus in der Bundesrepublik Deutschland und anderen westeuropäischen Ländern ab 1945. In: Kowalsky/Schroeder, 1994, S.383-407.*

Schmidtke, 1994. *Schmidtke, Oliver: Die Lega in Italien. In Pfahl-Traughber, 1994a, S.83-100.*

Schmollinger, 1986. *Schmollinger, Horst W.: Nationaldemokratische Partei Deutschlands. In: Stöss, Richard (Hrsg.): Parteienhandbuch. Die Parteien der Bundesrepublik Deutschland. Sonderausgabe Band 4. NDP-WAV. Opladen 1986.*

Schneider, 1993. *Schneider, Wolfgang: Aufruf zum Aufmarsch. In: Konkret, 1/1993, S.13-15.*

Schöndube, 1993. *Schöndube, Claus: 4 von 518: Blick hinter die Kulissen des Europäischen Parlaments. Herausgegeben von Magdalene Hoff MdEP, Hans Peters MdEP, Dieter Rogalla MdEP, Günter Topmann MdEP. Fraktion der sozialdemokratischen Partei Europas. Bonn 1993.*

Schrenck-Notzig, 1977. *Schrenck-Notzig, Caspar von: Europäische Fragen. Parteipolitischer Neuanfang in Italien. In: Criticón 40, März-April 1977, S.60.*

Schulz, 1990. *Schulz, Hans-Jürgen: Sie sind wieder da! Faschismus und Reaktion in Europa. Frankfurt 1990.*

Schulze-Marmeling, 1990. *Schulze-Marmeling, Dietrich: Nordirland: Lateinanmerika in Westeuropa? In: Bürger kontrollieren die Polizei (Bremen)/ CILIP – Bürgerrechte und Polizei (Berlin) und Straßenmedizin – Mitteilungsblatt der Sanitärgruppen (Hamburg) (Hrsg.): EUROPOL. Die Bullen greifen nach den Sternen. Europäische Gemeinschaft der Inneren Sicherheit. 1990, S.34-37.*

Schulze-Marmeling, 1994a. *Schulze-Marmeling, Dietrich: Nationalitätenkonflikte in Westeuropa. In: Krisenherd, 1994, S.43-51.*

—: ders.: Nationalismus, Unionismus und Ulster-Nationalismus. Die nordirische Krise. In: ebenda S.171-214.

— —: ders.: „The Break up of Britain“. Nationalismus in Schottland. In: ebenda, S.215-233.

— — : ders.: Ein „flämisches Flandern“ in einem „weissen Europa“. Flämischer Nationalismus und der belgische Staat. In: ebenda, S.259-273.

Schulze-Marmeling, 1994b. *Schulze-Marmeling, Dietrich: Nordirische Annäherungsversuche. In: Blätter für deutsche und internationale Politik 12/1994, S.1428-1434.*

Schwagerl, 1993. *Schwagerl, H. Joachim: Rechtsextremes Denken. Merkmale und Methoden. Frankfurt 1993.*

Schwarz, 1988. *Schwarz, Peter: Marxismus gegen Maoismus. Die Politik der MLPD. Essen 1988.*

Searchlight, 1/1992; 12/1993. *Searchlight, London, 1992.*

Searchlight, 1/1994; 2/1994; 3/1994; 4/1994; 5/1994; 6/1994; 7/1994; 8/1994; 9/1994; 10/1994; 11/1994; 12/1994. *Searchlight, London, 1994.*

Searchlight, 1/1995; 3/1995. *Searchlight, London, 1995.*

Seidel-Pielen/Farin, 1994. *Seidel-Pielen, Eberhard und Klaus Farin: Die Konstruktion der Bedrohung. In: Blätter für deutsche und internationale Politik, 7/1994, S.811-822.*

Seifert, 1993. *Seifert, Stefan: Die Zitronen sind faul. In: Konkret, 6/1993, S.36.*

Seifert, 1994. *Seifert, Stefan: Sauberer Faschismus. In: Konkret, 1/1994, S.35.*

Sidoti, 1992. *Sidoti, Francesco: The Extreme Right in Italy: Ideological Orphans and Countermobilization. In: Hainsworth, 1992, S.151-174.*

Sieber/Siegler/Wiedemann, 1994. *Sieber, Ursel u.a.: Deutsche Demokraten. Wie rechtsradikal sind CDU & CSU? Göttingen 1994.*

Siegler, 1993. *Siegler, Bernd: Der Apparat und die Rechten. In: Siegler/Tolmein/Wiedemann, 1993, S.110-117.*

Siegler/Tolmein/Wiedemann, 1993. *Siegler, Bernd; Oliver Tolmein und Charlotte Wiedemann: Der Pakt. Die Rechten und der Staat. Göttingen 1993.*

SoZ, 9/1996. *Klein, Angela: Eine Atempause. Zum Wahlausgang in Italien. In: SoZ, Nr.9, 02.05.1996, S.12.*

SP, 18/1978. *Freudenhammer, Alfred: Panorama. Testlauf für die Vierte Partei. In: DER SPIEGEL, 18/1978, S.18.*

SP, 31/1980. *Schwarz, Ulrich: Abgeordnete. Kleiner Hof. In: DER SPIEGEL, 31/1980, S.34.*

SP, 6/1983. *Schwarz, Ulrich: Rechtsextremismus. Räuber hinterm Busch. In: DER SPIEGEL, 6/1983, S.29.*

SP, 21/1983. *Wild, Dr. Dieter: Österreich. Saubere Kraft. In: DER SPIEGEL, 21/1983, S.121-123.*

SP, 39/1986. *Wild, Dr. Dieter: Österreich. Schöne Heimat. In: DER SPIEGEL, 39/1986, S.149-150.*

SP, 42/1986. *Schreiber, Marion: „Ich existiere für die überhaupt nicht". In: DER SPIEGEL, 42/1986, S.97-101.*

SP, 43/1987. *Foerster, Uly: Parteien. Dieser Dreck. In: DER SPIEGEL, 43/1987, S.92-97.*

SP, 6/1989. *Höfl, Heinz: „Ich dachte, ich steh' neben mir". In: DER SPIEGEL, 6/1989, S.30-31.*

– – : Bickerich, Wolfram: SPIEGEL-Gespräch. „Unser Ziel ist der Bundestag". In: ebenda, S.28-32.

SP, 22/1989. *Foerster, Uly: SPIEGEL-Titel. „Schönhuber hat die Brücke gebaut". In: DER SPIEGEL, 22/1989, S.28-43.*

SP, 27/1989. *Bölsche, Jochen: Republikaner. Sehr traurig. In: DER SPIEGEL, 27/1989, S.58-60.*

SP, 42/1989. *Hoyng, Hans: Europa: Stark geprägt. In: DER SPIEGEL, 42/1989, S.211.*

SP, 1/1990. *Bölsche, Jochen: Republikaner. Wotans Wölfe. In: DER SPIEGEL, 1/1990, S.42-43.*
SP, 19/1990. *Bölsche, Jochen: Hochschulen. Schmächlich versagt. In: DER SPIEGEL, 19/1990, S.122.*
SP, 29/1990. *Foerster, Uly: Republikaner. Drang nach Osten. In: DER SPIEGEL, 29/1990, S.58-59.*
SP, 48/1990. *Darnstädt, Dr. Thomas: Rechtsextreme. Gewaltige Flut. In: DER SPIEGEL, 48/1990, S.90.*
SP, 30/1991. *Foerster, Uly: Rechtsextremisten. Große Schlacht. In: DER SPIEGEL, 30/1991, S.66.*
SP, 16/1992. *Foerster, Uly: Republikaner. Kaschmir statt Kampfanzug. In: DER SPIEGEL, 16/1992, S.62-68.*
SP, 24/1992. *Schwarz, Ulrich: Republikaner. Des is a echter. In: DER SPIEGEL, 24/1992, S.31.*
SP, 31/1992. *Foerster, Uly: Republikaner. Auch mal irren. In: DER SPIEGEL, 31/1992, S.51.*
SP, 48/1992. *Bickerich, Wolfram: Gut gesagt und gut gemeint. In: DER SPIEGEL, 48/1992, S.39-41.*
SP, 19/1993. *Bölsche, Jochen: Rechte. Anständig kerndeutsch. In: DER SPIEGEL, 19/1993, S.59-61.*
SP, 37/1993. *Schwarz, Ulrich: Hamburg-Wahl. Was ist gut für die Oma? In: DER SPIEGEL, 37/1993, S.29.*
SP, 39/1993. *Bölsche, Jochen: Hamburg. Braunes Wunder. In: DER SPIEGEL, 39/1993, S.29-33.*
SP, 3/1994. *Foerster, Uly: Konservative. REP light. In: DER SPIEGEL, 3/1994, S.38-39.*
SP, 18/1994. *Spörl, Dr. Gerhard: SPD. Der Kosmos spricht. In: DER SPIEGEL, 18/1994, S.55-57.*
SP, 19/1994. *Darnstädt, Dr. Thomas: Europa. Knopfdruck ohne Folgen. In: DER SPIEGEL, 19/1994, S.18-22.*
-- : Ihlau, Dr. Olaf: Flamme aus dem Sieg des Führers. In: ebenda, S.148-149.
-- : Petersen, Jens: Neuer Wind aus dem Süden. In: ebenda, S. 152-158.
SP, 20/1994. *Foerster, Uly: Rechtsextremisten. Freier Zerfall. In: DER SPIEGEL, 20/1994, S.54-59.*
SP, 21/1994. *Leick, Dr. Romain: Italien. Pakt mit den Teufel. In: DER SPIEGEL, 21/1994, S.136-137.*
-- : ders.: SPIEGEL-Gespräch. „Europäischer als unsere Vorgänger". In: ebenda, S.137-139.
SP, 22/1994. *Spörl, Dr. Gerhard: SPIEGEL-Gespräch. „Rot-Grün ist ohne Schrekken". In: DER SPIEGEL, 22/1994, S.22-26.*
SP, 23/1994. *Spörl, Dr. Gerhard: Wahlkampf. Der brave Präsident, In: DER SPIEGEL, 23/1994, S.18-19.*
-- : Schwarz, Ulrich: Abgeordnete: Goldene Krokodile. In: ebenda, S.83-85.
SP, 25/1994. *Darnstädt, Thomas: SPD. Kandidat in der Krise. In: DER SPIEGEL, 25/1994, S.18-20.*

– – : ders.: SPIEGEL-Gespräch: „Viel zu weinerlich“ In: ebenda, S.21-23.
– –: *Bölsche, Jochen: Republikaner. Fraß für die Wölfe. In: ebenda, S.32-35.*
SP, 26/1994. *Leick, Dr. Romain: Italien. „Kann der Teufel Gutes tun?“ In: DER SPIEGEL, 26/1994, S.128-130.*
SP, 28/1994. *Spörl, Dr. Gerhard: „Wem gehört der Widerstand?“ In: DER SPIEGEL, 28/1994, S.37-38.*
SP, 32/1994. *Leick, Dr. Romain: Spiegel-Gespräch. „Ich habe Nerven aus Stahl“. In: DER SPIEGEL, 32/1994, S.114-118.*
SP, 33/1994. *Höges, Clemens: Rechtsradikale. Mit Pferd begraben. In: DER SPIEGEL, 33/1994, S.50.*
SP, 38/1994. *Leick, Dr. Romain: Frankreich. Fragen Sie ungeniert. In: DER SPIEGEL, 38/1994, S.157-161*
SP, 41/1994. *Schwarz, Ulrich: Parteien. „Haie im Blutrausch“. In: DER SPIEGEL, 41/1994, S.25.*
– – : Roques, Valesqua von: Italien. „Heilige Johanna von Rom.“ In: ebenda, S.167-169.
SP, 44/1994. *Leick, Dr. Romain: Italien. Meister des Doppelspiels. In: DER SPIEGEL, 44/1994, S.171-172.*
SP, 52/1994. *Schwarz, Ulrich: Republikaner. Hang zur Intrige. In: DER SPIEGEL, 52/1994, S.35-36.*
SP, 7/1995. *Leick, Dr. Romain: Italien. Feld bereinigt. In: DER SPIEGEL, 7/1995, S.134-135.*
SP, 10/1995. *Schwarz, Ulrich: Polizei. Blanker Haß. In: DER SPIEGEL, 10/1995, S.32.*
SP, 16/1995. *Spörl, Dr. Gerhard: Kriegsende. Volle Wahrheit. In: DER SPIEGEL, 16/1995, S.91-92.*
SP, 17/1995. *Kohl, Christiane: Extremisten. Wutbombe von Weinheim. In: DER SPIEGEL, 17/1995, S.86-90.*
SP, 18/1995. *Leick, Dr. Romain: Frankreich. Großes Pardon. In: DER SPIEGEL, 18/1995, S.154-157.*
SP, 20/1995. *Leick, Dr. Romain: Frankreich. „Die Dämme hielten“. In: DER SPIEGEL, 20/1995, S.164.*
SP, 21/1995. *Follath, Dr. Erich: Belgien: Angst vor der braunen Pest. In: DER SPIEGEL, 21/1995, S.159-160.*
SP, 43/1995. *Schwarz, Ulrich: Rechtsextremisten. Tage gezählt. In: DER SPIEGEL, 43/1995, S. 89.*
– –: Follath, Dr. Erich: Österreich. Blutige Rätselspur. In: ebenda, S.171-172.
SP, 44/1995. *Leinemann, Jürgen: Wie hinter einer Glaswand. In: DER SPIEGEL, 44/1995, S.32-33.*
– – : Weber, Dr. Manfred: Register. Urteil. In: DER SPIEGEL, 44/1995, S.266.
SP, 47/1995. *Spörl, Dr. Gerhard: Titel. Oskars zweiter Anlauf. In: DER SPIEGEL, 47/1995, S.22-29.*
SP, 49/1995. *Martin, Hans-Peter und Dieter Wild: SPIEGEL-Gespräch. „Katastrophe für Österreich“. In: DER SPIEGEL, 49/1995, S.180-186.*
SP, 50/1995. *Follath, Dr. Erich: Österreich. Verstörte Seelen. In: DER SPIEGEL, 50/1995, S.144-147.*

SP, 52/1995. *Koch, Dirk; Steingart, Gabor und Klaus Wirtgen: SPIEGEL-Gespräch. „Stabilität ist nicht alles". In: DER SPIEGEL, 52/1995, S.22-25.*
– –: Leick, Dr. Romain: Italien. Unverheilte Wunden. In: ebenda, S.126-128.
SP, 1/1996. *Darnstädt, Thomas und Gabor Steingart: SPIEGEL-Gespräch, „Den Knüppel vergraben". In: DER SPIEGEL, 1/1996, S.27-30.*
SP, 4/1996. *Schimmöller, Heiner: Fernsehen. Tiefe blaue Augen. In: DER SPIEGEL, 4/1996, S.169.*
SP, 7/1996. *Leick, Dr. Romain: Italien. Kräftiger Knüppel. In: DER SPIEGEL, 7/1996, S.130-131.*
SP, 11/1996. *Leick, Dr. Romain: Spanien. Rote Mütze. In: DER SPIEGEL, 11/1996, S.163-164.*
SP, 14/1996. *Müller von Blumencron, Mathias: Republikaner. „Rot-Grün verhindern". In: DER SPIEGEL, 14/1996, S.28-29.*
SP, 16/1996. *Weinzierl, Alfred: Italien. Große Schuhe. In: DER SPIEGEL, 16/1996, S.160-161.*
SP, 18/1996. *Dubiel, Helmut: Der bauch des Volkes. In: DER SPIEGEL, 18/1996, S.89-92.*
– – : Leick, Dr. Romain: Italien. Schlinge des Henkers. In: ebenda, S.160-163.
SP, 21/1996. *Leick, Dr. Romain: „Ätna, verschlinge sie". In: DER SPIEGEL, 21/1996, S.161-162.*
SP, 29/1996. *Spörl, Dr. Gerhard: Abgeordnete. Zweites Gehalt. In: DER SPIEGEL, 29/1996, S.73-74.*
SP, 30/1996. *Ihlau, Olaf und Paul Lersch: SPIEGEL-Gespräch. „Lose verkoppelte Anarchie". In: DER SPIEGEL, 30/1996, S.25-27.*
SP, 35/1996. *Höges, Clemens: Titel. Vernichtung auf Raten. In: DER SPIEGEL, 35/1996, S.30-38.*
SP, 36/1996. *Follath, Erich: Belgien. Schutz von ganz oben. In: DER SPIEGEL, 36/1996, S.168-171.*
SP, 37/1996. *Leick, Dr. Romain: Frankreich. Wie zu Hause. In: DER SPIEGEL, 37/1996, S.170.*
SP, 38/1996. *Leick, Dr. Romain: Belgien. Spiel der Mandoline. In: DER SPIEGEL, 38/1996, S.160-165.*
– – : Leick, Dr. Romain: Italien. „Uns trennen Welten". In: ebenda, S.170-172.
– – : Leick, Dr. Romain: Österreich. Der letzte Kaiser. In: ebenda, S.179-181.
SP, 40/1996. *Follath, Dr. Erich: Griechenland. Geist begraben. In: DER SPIEGEL, 40/1996, S.184.*
SP, 43/1996. *Leick, Dr. Romain und Hans-Peter Martin: SPIEGEL-Gespräch. „Akt der Befreiung". In: DER SPIEGEL, 43/1996, S.174-178.*
SP, 46/1996. *Leick, Dr. Romain: SPIEGEL-Gespräch. „Ich bin ein Rebell". In: DER SPIEGEL, 46/1996, S.174-180*
SP, 8/1997. *Leick, Dr. Romain: Frankreich. Eine Schwalbe für Le Pen. In: DER SPIEGEL, 8/1997, S.153-154.*
SP, 10/1997. *Follath, Dr. Erich: Frankreich. Gift der Polemik. In: DER SPIEGEL, 10/1997, S.159.*

Stammen, 1978. *Stammen, Theo: Parteien in Europa. Nationale Parteiensysteme – Transnationale Parteiensysteme – Konturen eines europäischen Parteiensystems. München ²1978.*

Steinmetz, 1994. *Steinmetz, George: Die (un-)moralische Ökonomie rechtsextremer Gewalt im Übergang zu Postfordismus. In: Das Argument Nr. 203, Januar/Februar 1994, S. 23-40.*

stern, 43/1996. *Rosenkranz, Stefanie: Frankreich: „Alles ist korrupt, alles ist verrottet". In: stern, 43/1996, S.178-181.*

Stöss, 1989. *Stöss, Richard: Die extreme Rechte in der Bundesrepublik Deutschland. Entwicklung – Ursachen – Gegenmaßnahmen. Opladen 1989.*

Stöss, 1994. *Stöss, Richard: Forschungs- und Erklärungsansätze – ein Überblick. In: Kowalsky/Schroeder, 1994, S.23-66.*

Stubbe-DaLuz, 1994. *Stubbe-DaLuz, Helmut: Parteiendiktatur. Die Lüge von der „innerparteilichen Demokratie". Berlin 1994.*

Sturm, 1990. *Sturm, Roland: Großbritannien. Wirtschaft, Gesellschaft, Politik. Opladen 1990.*

Sturm, 1997. *Sturm, Roland: Die britischen Parteien vor der Wahl. In: Aus Politik und Zeitgeschichte, B 18/97, S.3-9.*

Surya, 1994. *Surya, Michel: Das Blut Europas. In: Bertram/Wolfstetter, 1994, S.20-30.*

SZ, 22.07.1989. *Münster, Winfried: Straßburger Fraktionskollegen. Schönhubers flämische Partner. Wahlerfolge der Rechtsradikalen beunruhigen Belgien kaum. In: Süddeutsche Zeitung, 22. Juli 1989.*

SZ, 26.07.1989. *Münster, Winfried: Protest im Europaparlament gegen Rechtsextremisten. In: Süddeutsche Zeitung, 26. Juli 1989.*

SZ, 22.06.1994. *SZ-Interview mit dem SPD-Kanzlerkandidaten Rudolf Scharping. Kohl? Der Mann hat keine Vorstellung von der Zukunft! In: Süddeutsche Zeitung, 22. Juni 1994, S.6.*

SZ, 13.06.1995. *Kommunalwahlen in Frankreich. Stimmenzuwachs für nationale Front. In: Süddeutsche Zeitung, 13. Juni 1995, S.2.*

——: Brill, Klaus: Spiele will das Volk. In: ebenda, S.3.

——: Chimellei, Rudolph: Knast-Kandidaten auf dem Vormarsch. In: ebenda, S.4.

SZ, 04.09.1995. *Berlusconi will nur „starker Präsident" werden. In: Süddeutsche Zeitung, 04. September 1995.*

SZ, 12.10.1995. *Küppers, Bernhard: Der dritte Mann labt sich an der Schlacht. In: Süddeutsche Zeitung, 12. Oktober 1995, S.3.*

——: Kröncke, Gerd: Standing Ovations für die Salven gegen Europa. In: ebenda, S.4.

SZ, 13.10.1995. *Große Koalition zerbricht am Haushaltsstreit. Vorgezogene Neuwahl für den 17. Dezember geplant. In: Süddeutsche Zeitung, 13. Oktober 1995, S.1.*

SZ, 17.11.1995. *Schönhuber verläßt die Republikaner. In: Süddeutsche Zeitung, 17. November 1995, S. 2.*

SZ, 20.11.1995. *Lafontaine setzt auf Mehrheit für das „linke Lager". Stoiber sagt für 1998 eine „Schicksalswahl" voraus. In: Süddeutsche Zeitung, 20. November 1995, S.1.*

SZ, 27.03.1996. *Chimelli, Rudolph: Le Pen hilft einen Kommunisten in den Sattel. In: Süddeutsche Zeitung, 27. März 1996, S.4.*

– – : Reimer, Wulf: Wo die Sozialdemokratie zur Randgruppe wird. In: ebenda, S.4.
SZ, 23.04.1996. *Historischer Machtwechsel in Italien. In: Süddeutsche Zeitung, 23. April 1996, S.1.*
SZ, 06.05.1996. *Konservativer Aznar als Regierungschef Spaniens vereidigt. In: Süddeutsche Zeitung, 06. Mai 1996, S.2.*
– – : Lega Nord will Norditalen abtrennen. In: ebenda, S.2.
SZ, 16.11.1996. *Di Pietro zürnt. In: Süddeutsche Zeitung, 16. November 1996, S.4*
Tagesspiegel, 22.07.1993. *EG-Rechte nehmen von ihren Berlin-Reiseplänen Abstand. In: Der Tagesspiegel, 22. Juli 1993.*
taz, 25.07.1989. *Scheuer, Th.: Le-Pen-Mann soll EP-Reigen eröffnen. In: die tageszeitung, 25. Juli 1989.*
taz, 14.07.1993. *Weiland, Severin: Europas Rechte in Berlin? In: die tageszeitung, 14. Juli 1993.*
taz, 27.04.1994. *Siegler, Bernd: Große Koalition gegen Schönhubers Hetze. In: die tageszeitung, 27. April 1994.*
taz, 30.01.1995. *Raith, Werner: Faschisten ab nun Nazi-onale Allianz. In: die tageszeitung, 30. Januar 1995, S.8.*
– – : ders.: Italiens Neofaschisten präsentieren sich in neuem Gewand. Alle sind zufrieden. In: ebenda, S. 10.
taz, 25.04.1995: *Hahn, Dorothea: Sozialistischer Etappensieg. In: die tageszeitung, 25. April 1995, S.1.*
– –: Raith, Werner: Italiens WählerInnen entdecken die Linke wieder. In: ebenda, S.8.
taz, 02.05.1995. *Hahn, Dorothea: Frankreichs Rechtsradikale wählen alles. In: die tageszeitung, 02. Mai 1995, S.2.*
taz, 20/21.05.1995. *Hahn, Dorothea: Alte Duzfreunde. In: die tageszeitung, 20/21. Mai 1995, S.8.*
taz, 20.06.1995: *Frankreichs braune Flecken. In: die tageszeitung, 20. Juni 1995, S.1.*
– –: Hahn, Dorothea: Jean-Marie statt Ahmed und Mohammed. In: ebenda, S.8.
– –: dies.: Zu spät, um Le Pen zu stoppen. In: ebenda, S.10.
taz, 13.10.1995. *Misik, Robert: Jörg Haider will alles oder nichts. In: die tageszeitung, 13. Oktober 1995, S.1.*
taz, 24.10.1995. *Raith, Werner: Der Mann hinter Berlusconi. In: die tageszeitung, 24. Oktober 1995, S.14.*
taz, 17.11.1995. *Schmid, Thomas: Mit Oskar aus der Mülltonne. In: die tageszeitung, 17. November 1995, S.1.*
taz, 18.12.1995. *Mr. Ausmister, bleiben Sie im Stall! In: die tageszeitung, 18. Dezember 1995, S.1.*
taz, 19.12.1995. *Asche, Daniel: Auf in eine neue alte große Koalition. In: die tageszeitung, 19. Dezember 1995, S.8.*
– –: Misik, Robert: Dissident bremst Rebellen. In: ebenda, S.10.
taz, 24.12.1995. *Zarzer, Brigitte: Absender auf Briefbomben bleibt unbekannt. In: die tageszeitung, Weihnachten 1995, S.1.*
taz, 02.01.1996. *Raith, Werner: Ein Dauerprovisorium regiert Italien. In: die tageszeitung, 02. Januar 1996, S.1.*

taz, 15.02.1996. *Raith, Werner: Maccanico gibt auf, Italien erwartet Neuwahlen. In: die tageszeitung, 15. Februar 1996, S.1.*

taz, 20.02.1996. *Ruttig, Thomas: Noch einmal 25 Jahre Krieg? In: die tageszeitung, 20. Februar 1996, S.10.*

taz, 23.02.1996. *Raith, Werner: Italiens Hochfinanz auf Links-Trip. In: die tageszeitung, 23. Februar 1996, S.8.*

taz, 20./21.04.1996. *Raith, Werner: Berlusconi trägt rote Socken. In: die tageszeitung, 20./21. April 1996, S.9.*

taz, 23.04.1996. *Raith, Werner: Avanti popolo! Linke Mehrheit in Italien. In: die tageszeitung, 23. April 1996, S.1.*

taz, 15.07.1996. *Sotscheck, Ralf: Nordirland vom Frieden weit entfernt, In: die tageszeitung, 15. Juli 1996, S.8.*

taz, 15.10.1996. *Leonhard, Ralf: Haider auf dem Vormarsch. In: die tageszeitung, 15. Oktober 1996, S.3.*

taz, 07.11.1996. *Raith, Werner: Italien vor neuer Regierungskrise. In: die tageszeitung, 7. November 1996, S.9.*

taz, 14.11.1996. *Polizei mordete anfangs viermal mehr als die SS. In: die tageszeitung, 14. November 1996, S.1.*

taz, 19.03.1997. *Starke Truppe ramponiert das Image. In: die tageszeitung, 19. März 1997, S.5.*

– –: Offiziere fördern den Rassismus in der Truppe. In: ebenda, S.5.

Tieger, 1985. *Tieger, Manfred P.: Nordirland. Geschichte und Gegenwart. Basel, Boston, Stuttgart 1985.*

Tolmein, 1993. *Tolmein, Oliver: Die Medien und die Rechten. In: Siegler/Tolmein/Wiedemann, 1993, S.163-196.*

Tolmein, 1994. *Tolmein, Oliver: Grenzenlos sicher. In: Konkret, 2/1994, S.17-19.*

Trampert, 1993. *Trampert, Rainer: Die neue Rechte. In: Konkret, 1/1993, S.10-12.*

Trautmann, 1994. *Trautmann, Günter: Die italienische Politik nach dem Wahlsieg Berlusconis. In: Aus Politik und Zeitgeschichte, B 34/94, S. 10-19.*

Trittin, 1993. *Trittin, Jürgen: Gefahr aus der Mitte. Die Republik rutscht nach rechts. Göttingen 1993.*

Trom, 1990. *Trom, Danny: Rechtsradikalismus in Belgien. (Übersetzung: Paul Kleiser) In: Schulz, 1990, S.108-114.*

Uesseler, 1992a. *Uesseler, Rolf: Der Durchbruch der Lega. Italien zwischen Regionalisierung und Zerfall. In: Blätter für deutsche und internationale Politik, 12/1992, S.1462-1470.*

Uesseler, 1992b. *Uesseler, Rolf: Die regionalistischen 'Leghe' und das Unbehagen an Italien. In: Die neue Gesellschaft/Frankfurter Hefte, 4/1992, S.339-343.*

Uesseler, 1993a. *Uesseler, Rolf: Italien ohne Revolutionäre? In: Blätter für deutsche und internationale Politik, 5/1993, S.519-526.*

Uesseler, 1993b. *Uesseler, Rolf: Italiens Parteienlandschaft im Umbruch. In: Blätter für deutsche und internationale Politik, 8/1993, S.909-912.*

Uesseler, 1994a. *Uesseler, Rolf: Populismo e Fascismo. Italien auf dem Weg in den autoritären Staat. In: Blätter für deutsche und internationale Politik, 5/1994, S.550-555.*

Uesseler, 1994b. *Uesseler, Rolf: Italien unter Berlusconi. In: Die neue Gesellschaft/ Frankfurter Hefte, 7/1994, S.583-586.*

Uesseler, 1994c. *Uesseler, Rolf: Rechtsextremismus in Italien. In: Kowalsky/Schroeder, 1994, S.248-268.*

Uesseler, 1994d. *Uesseler, Rolf: Italien in die zweite Liga. In: Die neue Gesellschaft/ Frankfurter Hefte, 12/1994, S.1120-1124.*

Uesseler, 1995a. *Uesseler, Rolf: Berlusconiland. In: Blätter für deutsche und internationale Politik, 7/1995, S.783-786.*

Uesseler, 1995b. *Uesseler, Rolf: Wildwest ohne Sheriff. In: Die neue Gesellschaft/ Frankfurter Hefte, 8/1995, S.683-686.*

Uesseler, 1996a. *Uesseler, Rolf: Der Gehetzte. In: Freitag, 3/1996, S.1-2.*

Uesseler, 1996b. *Uesseler, Rolf: Labor Italien. In: Blätter für deutsche und internationale Politik, 4/1996, S.464-473.*

Ullrich, 1994. *Ullrich, Volker: Das Weimar-Syndrom. Zur Geschichte und Aktualität der Parteienverdrossenheit in Deutschland. In: Lohmann, 1994, S.51-69.*

Vaughan, 1990. *Vaughan, Michalina: The Extreme Right in France: 'Lépenisme' or the Politics of Fear. In: Cheles/Ferguson/Vaughan, 1991, S. 211-233.*

Visentin, 1990. *Visentin, Fernando: Faschismus in Italien. In: Schulz, 1990, S. 75-81.*

Voss, 1992. *Voss, Eckhard: Back to the Future. In: Konkret, 1/1992, S.10-12.*

Voss, 1995a. *Voss, Eckhard: Euro-Bubble II. In: Konkret, 10/1995, S. 32-34.*

Voss, 1995b. *Voss, Eckhard: Euro-Bubble III. In: Konkret, 10/1995, S. 40-42.*

Wagner, 1994. *Wagner, Bernd (Hrsg.): Handbuch Rechtsextremismus. Netzwerke, Parteien, Organisationen, Ideologiezentren, Medien. Reinbek 1994.*

Walden/Abel, 1992. *Walden, K. und H. Abel: Die Drahtzieher. In: Konkret, 10/1992, S.18-19.*

Wandler, 1995. *Wandler, Reiner: Spaniens neu gestylter Franquismus im Aufwind. Weissgewaschene Blauhemden. In: Die Wochenzeitung (WoZ, Zürich), Nr. 20, 19. Mai 1995, S.9-10.*

Watzal, 1994. *Watzal, Ludwig: Die Brunner-Partei. In: Die Neue Gesellschaft/Frankfurter Hefte, 6/1994, S.542-545.*

WAZ, 28.05.1994. *Reichenbachs, Gunars: Rau-Plakat entzündet Zorn. In: Westdeutsche Allgemeine Zeitung, 28. Mai 1994, S.5.*

Welt, 12.10.1995. *Borngässer, Rose-Marie: Der „Techniker" Dini will das alte Feld der Democrazia Christiana erobern. In: Die Welt, 12.10.1995, S.4.*

Wette, 1996. *Wette, Wolfram: Sonderweg oder Normalität? Zur Diskussion um die internationale Position der Bundesrepublik. In: Blätter für deutsche und internationale Politik, 1/1996, S.61-70.*

Wiedemann, 1989. *Wiedemann, Charlotte: Genosse Kamerad. In: Konkret, 8/1989, S. 10-11.*

Winter, 1995. *Winter, Balduin: Haider oder ein neues Reformprojekt. Elemente und Ursprünge der österreichischen Krise. In: Blätter für deutsche und internationale Politik, 7/1995, S.835-844.*

Woche, 16/1994. *Juhnke, Andreas: Deutsche zum Fürchten. In: Die Woche, Nr. 16 vom 14.04.1994, S.6.*

Woche, 12/1995. *Gümpel, Udo (Interview): „Er gehört ins Gefängnis". In: Die Woche, Nr. 12 vom 17.03.1995, S.25.*

Woche, 6/1996. *Jörges, Hans-Ulrich: Der Euro stirbt. In: Die Woche, Nr. 6 vom 02.02.1996, S.1.*

– – : Fahrni, Oliver (Interview): „Der Euro kommt!". In: Die Woche, Nr. 6 vom 02.02.1996, S.17.

Woche, 23/1996. *Fahrni, Oliver: „Paris – wir kommen!" In: Die Woche, Nr. 23 vom 31. Mai 1996, S.20-21.*

Woche, 42/1996. *„Es gibt keinen netten Krieg!" In: Die Woche, Nr. 42 vom 11. Oktober 1996, S.12.*

– –: Fahrni, Oliver: „Wir sind die Vorhut!" In: ebenda, S.27.

Woche, 52/1/1996. *Berger, Alois (Interview): „Nicht aushebeln" In: Die Woche, Nr. 52/1 vom 20. Dezember 1996, S.28.*

Wolf, 1994. *Wolf, Winfried: Das Projekt der Vereinigten Staaten von Europa. In: Wolf/ Klaß, 1994, S.9-103.*

Wolf/Klaß, 1994. *Wolf, Winfried und Jutta Klaß (Hrsg.): Festung Europa. Köln 1994.*

Wolf, 1995. *Wolf, Frieder Otto: Nicht vergessen: nie wieder Faschismus! In: schrägstrich, Zeitschrift für bündnis/grüne Politik, 3-4/1995, S. 38-39.*

Wolff, 1989. *Wolff, Reinhard: „Fortschrittsparteien" gegen den Fortschritt. In: Kirfel/ Oswalt, 1989, S.144-150.*

Worm, 1995. *Worm, Uwe: Die Neue Rechte in der Bundesrepublik. Programmatik, Ideologie und Presse. Köln 1995.*

Woyke, 1989. *Woyke, Wichard: Die Europäische Gemeinschaft. Entwicklung und Stand. Ein Grundriß. Opladen 1989.*

WP, 47/1994. *Interview: Monika Czernin und Niels Kadritzke: Kanzler von rechts. In: Wochenpost 47/1994, S.14-15.*

– –: Kammerer, Peter: Das Volk verläßt den Fernsehsessel. In: ebenda, S.17

WW, 48/1995. *Sozialstaat-Umbau in Europa. Harmonisch geblieben. In: Wirtschaftswoche, 48/1995, S.46.*

Zeit, 03.06.1994. *Schmid, Klaus-Peter: Demokratie aus der Kiste. In: DIE ZEIT, 03.06.1994.*

2. Fernsehdokumentationen

Bartz/Biedenkopf/Fromm, 1994. *Bartz, Joachim/ Susanne Biedenkopf/ Rainer Fromm: Zündstoff. Rückkehr der Führer. Fernsehdokumentation (gesendet im ZDF am 08.05.1994)*

Bobbi/Busse, 1995. *Bobbi, Maria Rosa und Michael Busse: Der Marsch auf Rom. Methoden der Machtergreifung. Fernsehdokumentation (gesendet im WDR-Fernsehen am 28.05.1995).*

Spegel, 1996. *Spegel, Marion: Die versteckte Parteienfinanzierung: Die Europäische Union als Selbstbedienungsladen (gesendet vom Bayerischen Rundfunk, Report aus München, am 17.06.1996).*

3. Materialien der Bundes- und Länderregierungen

EG-Vertrag, 1993. *Der Vertrag. Europäische Gemeinschaft. Europäische Union. Die Vertragstexte von Maastricht mit den deutschen Begleitgesetzen; bearbeitet und eingeleitet von Thomas Läufer. Bonn 1993.*

EG-Vertrag, 1995. *Europäische Gemeinschaft. Europäische Union. Die Vertragstexte von Maastricht mit den deutschen Begleitgesetzen; bearbeitet und eingeleitet von Thomas Läufer. Bonn 1995.*

EP-Stimmzettel NRW, 1994. *Stimmzettel für die Wahl der Abgeordneten des Europäischen Parlaments am 12. Juni 1994 im Land Nordrhein-Westfalen.*

LT Ba-Wü, 1995a. *Landtag von Baden-Württemberg (Hrsg.): Verzeichnis der Mitglieder. 11. Wahlperiode, 7. Ausgabe. Drucksache 11/5454. Ausgegeben: 12.04.95.*

LT Ba-Wü, 1995b. *Landtag von Baden-Württemberg (Hrsg.): Präsidium, Schriftführer, Ausschüsse und Kommissionen, 7. Ausgabe. Drucksache 11/5455. Ausgegeben: 12.04.95.*

VS, 1980. *Der Bundesminister des Innern (Hrsg.): betrifft: Verfassungsschutz '79. Bonn 1980.*

VS, 1994. *Bundesministerium des Innern (Hrsg.): Verfassungsschutzbericht 1993. Bonn 1994.*

VS-NRW, 1991. *Innenministerium des Landes Nordrhein-Westfalen (Hrsg.): Verfassungsschutzbericht des Landes Nordrhein-Westfalen über das Jahr 1990. Düsseldorf 1991.*

VS-NRW, 1995. *Innenministerium des Landes Nordrhein-Westfalen, Abteilung Verfassungsschutz (Hrsg.): Verfassungsschutzbericht des Landes Nordrhein-Westfalen über das Jahr 1994. Düsseldorf 1995.*

VS-NRW, 1996. *Innenministerium des Landes Nordrhein-Westfalen, Abteilung Verfassungsschutz (Hrsg.): Verfassungsschutzbericht des Landes Nordrhein-Westfalen über das Jahr 1995. Düsseldorf 1996.*

VS-NRW-SWJ, 1995. *Innenministerium des Landes Nordrhein-Westfalen, Abteilung Verfassungsschutz (Hrsg.): Superwahljahr 1994/95: Extremistische Parteien und Gruppierungen in NRW. Kandidaturen, Wahlkampf, Ergebnisse, Entwicklungen. Düsseldorf 1995.*

VS-NRW-ZB, 1995. *Innenministerium des Landes Nordrhein-Westfalen, Abteilung Verfassungsschutz (Hrsg.): Verfassungsschutzbericht des Landes Nordrhein-Westfalen. Zwischenbericht 1995. Düsseldorf 1995.*

4. Veröffentlichungen des Europäischen Parlaments

Amtsblatt-Register, 1984/85. *Amtsblatt der Europäischen Gemeinschaften; Verhandlungen des Europäischen Parlaments. Anhang. I – Sprechregister, II-Sachregister, III-Verzeichnis der Sitzungsdokumente.*

EP-Bericht, 1985. *Europäisches Parlament, Untersuchungsausschuß „Wiederaufleben des Faschismus und Rassismus in Europa". Bericht über die Ergebnisse der Arbeiten. Berichterstatter: Herr Dimitrios Evrigenis. o.O. Dezember 1985.*

EP-Bericht, 1991. *Europäisches Parlament, Untersuchungsausschuß Rassismus und Ausländerfeindlichkeit. Bericht über die Untersuchungsergebnisse. Berichterstatter: Herr Glyn Ford. Brüssel, Luxemburg 1991.*

EP-Bericht, 1993. *Bericht des Ausschusses für Grundfreiheiten und innere Angelegenheiten über die Verschärfung von Rassismus und Ausländerfeindlichkeit in Europa und die Gefahr des Rechtsextremismus. Berichterstatter: Herr Cesare de Piccoli. A3-0127/93, 1. April 1993.*

EP-Buch, 1982. *Europäisches Parlament, Generaldirektion Wissenschaft und Dokumentation: Ein Parlament in voller Entfaltung. Dreißig Jahre Europäisches Parlament 1952-1988. Luxemburg 1982.*

EP-Buch, 1989. *Europäisches Parlament, Generaldirektion Wissenschaft: Ein Parlament in voller Entfaltung. Europäisches Parlament 1952-1988. Luxemburg ³1989.*

EP-Biographien, 1994. *Europäisches Parlament, Generaldirektion Information und Öffentlichkeitsarbeit. Zentrale Presseabteilung (Hrsg.): Europawahl 1994. Kurzbiographien der Abgeordneten. -vorläufige Ausgabe- Luxemburg 1994.*

EP-Ergebnisse, 1994. *Europäisches Parlament, Generaldirektion Information und Öffentlichkeitsarbeit. Zentrale Presseabteilung (Hrsg.): Europawahl 1994. Ergebnisse und gewählte Mitglieder. -endgültige Ausgabe- (PE 182.762) Luxemburg 1994.*

EP-GO, 1984. *Europäisches Parlament. Geschäftsordnung. (3. Auflage) Juni 1984.*

EP-GO, 1987. *Europäisches Parlament. Geschäftsordnung. (4. Auflage) Juni 1987.*

EP-GO, 1993. *Europäisches Parlament. Geschäftsordnung. (8. Auflage) (Vorläufige Ausgabe) Oktober 1993.*

EP-Handbuch, 1984. *Generalsekretariat des Europäischen Parlaments (Hrsg.): Amtliches Handbuch des Europäischen Parlaments 1984. Luxemburg 1985.*

EP-Liste, 10.09.1984. *Europäisches Parlament (Hrsg.): Mitgliederliste. Brüssel, Straßburg, Luxemburg, 10.09.1984.*

EP-Liste, 08.02.1988. *Europäisches Parlament (Hrsg.): Mitgliederliste. Brüssel, Straßburg, Luxemburg, 08.02.1988.*

EP-Liste, 13.03.1989. *Europäisches Parlament (Hrsg.): Mitgliederliste. Brüssel, Straßburg, Luxemburg, 13.03.1989.*

EP-Liste, 11.09.1989. *Europäisches Parlament (Hrsg.): Mitgliederliste. (Vorläufige Ausgabe – vorbehaltlich der Prüfung der Mandate). Brüssel, Straßburg, Luxemburg, 11.09.1989.*

EP-Liste, 18.02.1991, 25.10.1991. *Europäisches Parlament (Hrsg.): Mitgliederliste. Brüssel, Straßburg, Luxemburg, 18.02.1991/ 25.10.1991.*

EP-Liste, 08.03.1993, 25.10.1993. *Europäisches Parlament (Hrsg.): Mitgliederliste. Brüssel, Straßburg, Luxemburg, 08.03.1993/ 25.10.1993.*

EP-Liste, 14.09.1994. *Europäisches Parlament (Hrsg.): Mitgliederliste. (Vorläufige Ausgabe – vorbehaltlich der Prüfung der Mandate). Brüssel, Straßburg, Luxemburg, 14.09.1994.*

EP-Liste, 12.12.1994. *Europäisches Parlament (Hrsg.): Mitgliederliste. Brüssel, Straßburg, Luxemburg, 12.12.1994.*

EP-Liste, 13.02.1995. *Europäisches Parlament (Hrsg.): Mitgliederliste. Von den Parlamenten der neuen Mitgliedsstaaten Finnland, Österreich und Schweden zum 1. Januar 1995 benannte Mitglieder. (Vorläufige Ausgabe – unter Vorbehalt der Prüfung der Mandate). Deuxième Edition Provisoire. 13.02.1995.*

EP-Liste, 13.03.1995. *Europäisches Parlament (Hrsg.): Mitgliederliste. Brüssel, Straßburg, Luxemburg, 13.03.1995.*

EP-Liste, 12.02.1996, 17.06.1996. *Europäisches Parlament (Hrsg.): Mitgliederliste. Brüssel, Straßburg, Luxemburg, 12.02.1996/ 17.06.1996.*

EP-Liste, 17.02.1997. *Europäisches Parlament (Hrsg.): Mitgliederliste. Édition Provisoire. Brüssel, Straßburg, Luxemburg, 17.02.1997.*

EP-Orga, 1992. *Europäisches Parlament (Hrsg.): Organisation des Services du Secretariat General et des Groupes Politiques. Mars 1992.*

EP-Vademecum, 1992. *Europäisches Parlament (Hrsg.): Vademecum. o.O. 1992.*

EP-Vademecum, 1994. *Europäisches Parlament (Hrsg.): Vademecum. Brüssel, Luxemburg 1994.*

EP-Verhandlung, 21.06.1993. *Europäische Gemeinschaften; Europäisches Parlament (Hrsg.): Verhandlungen des Europäischen Parlaments, Nr. 432, Sitzung am Montag, 21. Juni 1993.*

EP-Verträge, 1991. *Europäisches Parlament (Hrsg.): Die neuen Verträge. Die Vorschläge des Europäischen Parlaments. Brüssel, Luxemburg 1991.*

EP-Volkshandbuch, 1992. *Europäisches Parlament. 3. Wahlperiode. Volkshandbuch. Zweite erweiterte Ausgabe. Darmstadt 1992.*

EP-Volkshandbuch, 1994: *Europäisches Parlament. 4. Wahlperiode. Volkshandbuch. Darmstadt 1994.*

EP-WG, 1989. *Europäisches Parlament, Generaldirektion Wissenschaft (Hrsg.): Sammlung Wissenschaft und Dokumentation. Europa-Wahlgesetze. Reihe Politik Nr. 13. Luxemburg ²1989.*

EP-WG, 1994. *Europäisches Parlament (Hrsg.): Info-Memo. Sonderausgabe Wahlen Juni 1994. Ausübung eines Rechts. Vorschläge für die Wahl. Wähler stimmen für die Kandidaten des Landes, in dem sie leben.*

EP-Zugriff, 1993. *Europäisches Parlament, Generaldirektion Wissenschaft (Hrsg.): Der Zugang zur Dokumentation des Europäischen Parlaments. Serie Dokumentendaten Registerdienst E-1. Brüssel, Luxemburg 1993.*

Moritz, 1995. *Moritz, Gerhard: Wer ist was im Europäischen Parlament, hrsg. Europäisches Parlament, Informationsbüro für Deutschland. August 1995.*

5. Publikationen der DR-Fraktionen

Brissaud, 1989. *Brissaud, Jean-Marc: L'Europe face à Gorbatchev. une stratégie impériale contre l'impérialisme. Paris 1989.*

Brissaud, 1991. *Brissaud, Jean-Marc: L'Union Sovietique ne suvivra pas a la mort du communisme. Paris 1991.*

Dillen, 1991. *Dillen, Karel: Vlaanderen in Straatsburg. Brüssel 1991.*

Dillen, 1993. *Dillen, Karel: Vlaanderen in straatsburg. Tussenkomsten in het Europees Parlement. deel 2, 1991-1993. Brüssel 1993.*

E&P No 35, 1991. *Europe & Patries. Bulletin d'Information du groupe des Droites européennes. Paris 1991.*

E&P No 44; No 45; No 48; No 49; No 50, 1992. *Europe & Patries. Bulletin d'Information du groupe des Droites européennes. Paris 1992.*

E&P No 52; No 53; No 54; No 55; No 56; No 57, 1993. *Europe & Patries. Bulletin d'Information du groupe des Droites européennes. Paris 1993.*

E&P No 59; No 60, 1994. *Europe & Patries. Bulletin d'Information du groupe des Droites européennes. Paris 1994.*

E&P No 62, 1993. *Europe & Patries. Bulletin d'Information des députés européens du Front National. Paris 1994.*

E&P spécial No 39, 1991. *The Front National of France. Presented by the group of the European Right in the European Parliament. Numéro spécial d'Europe et Patries n° 39. Paris Automne 1991.*

ER, 11/1990, 12/1990. *Europa Rechts. Sonderveröffentlichung der Technischen Fraktion der Europäischen Rechten – Deutsche Abgeordnete. In: Deutsche Rundschau, 199o.*

ER, 1/1991. *Europa Rechts. Sonderveröffentlichung der Technischen Fraktion der Europäischen Rechten – Deutsche Abgeordnete. In: Deutsche Rundschau, 1991.*

ER, 2/1991, 4/1991, 5/1991, 9/1992, 11/1991, 12/1991. *Europa Rechts. Aus der Parlamentsarbeit der Technischen Fraktion der Europäischen Rechten – Deutsche Abgeordnete. In: Deutsche Rundschau 1991.*

ER, 2/1992, 4/1992, 8/1992, 9/1992, 11/1992, 12/1992. *Europa Rechts. Aus der Parlamentsarbeit der Technischen Fraktion der Europäischen Rechten – Deutsche Abgeordnete. In: Deutsche Rundschau 1992.*

ER, 2/1993, 3/1993, 4/1993, 5/1993, 6/1993, 7/1993, 8-9/1993, 11/1993, 12/1993. *Europa Rechts. Aus der Parlamentsarbeit der Technischen Fraktion der Europäischen Rechten – Deutsche Abgeordnete. In: Deutsche Rundschau 1993.*

GDE, 1991. *Le Groupe des Droites europeennes. Les Droites nationales au Parlement européen 1984-1991. Faltblatt. Paris 1991.*

Le Pen, 1987. *Le Pen, Jean-Marie et le groupe des droites européennes: Un Espoir pour l'Europe. Études et Réfléxions. Supplément au Numéro 8 d'Europe et Patries. Limoges 1987.*

Le Pen, 1989. *Le Pen, Jean-Marie: Europe. Discours et Interventions 1984-1989. Paris 1989.*

6. Veröffentlichungen der fraktionslosen deutschen Abgeordneten im EP

DZ-JF, 12/1993. *Grund, Johanna-Christina: DEUTSCHLAND ZUERST. Unabhängige deutsche Abgeordnete im Europäischen Parlament. In: Junge Freiheit, 1993.*

DZ-JF, 9/1994; 20/1994; 29/1994. *Grund, Johanna-Christina: DEUTSCHLAND ZUERST. Unabhängige deutsche Abgeordnete im Europäischen Parlament. In: Junge Freiheit, 1994.*

DZ-JF, 16/1994. *Schlee, Prof. Emil: DEUTSCHLAND ZUERST. Unabhängige deutsche Abgeordnete im Europäischen Parlament. In: Junge Freiheit, 1994.*

ES-REP, 10/1991. *Die Europaseite im Republikaner. In: DER REPUBLIKANER, 10/1991.*

ES-REP, 2/1992, 12/1992. *Die Europaseite im Republikaner. In: DER REPUBLIKANER, 1992.*

ES-REP, 10/1993. *Die Europaseite im Republikaner. In: DER REPUBLIKANER, 1993.*
ES-REP, 1/1994. *Die Europaseite im Republikaner. In: DER REPUBLIKANER, 1994.*

7. Materialien der rechten bis rechtsextremen Parteien

DLVH-Unterlagen, 1993. *Deutsche Liga für Volk und Heimat, Übersicht der Partei und der Landesverbände, Satzung, Programm. hrsg. vom Bundeswahlleiter, Wiesbaden. Stand: 11.06.1993.*

FN-Broschüre. *Un an de gouvernement RPR-UDF. Mais où est le changement? Broschüre der FN zur Präsidentschaftswahl 1995.*

FN-FB, 1994. *Contre l'Europe de Maastricht. Allez la france! Votez Le Pen. Faltblatt zur Europawahl 1994. Paris o.J.*

FN-Heft. *Comité de Soutien de Jean-Marie Le Pen (Hrsg.): Chômage – Immigration – Insécurité – Impôts. „Tournons la page" En Avant pour la 6e république. Saint-Cloud o.J.*

FN-Lettre, 1994. *La Lettre du Front. Villeurbanne, No 63, Avril 1994.*

JMLP, 1995. *Jean-Marie Le Pen. Le Pen. La France. Broschüre zur Präsidentschaftswahl 1995. Saint-Cloud o.J.*

REP, 2/1989, 9/1989, 11/1989, 12/1989. *DER REPUBLIKANER, München 1989.*

REP, 7/1990, 8/1990. *DER REPUBLIKANER, München 1990.*

REP, 12/1990. *DER REPUBLIKANER. Offizielles Organ der Bundespartei. Bonn 1990.*

REP, 1/1991, 10/1991. *DER REPUBLIKANER. Offizielles Organ der Bundespartei. Bonn 1991.*

REP, 9/1993. *DER REPUBLIKANER. Offizielles Organ der Bundespartei. Bonn 1993.*

REP, 3/1994, 6/1994: *DER REPUBLIKANER. Offizielles Organ der Bundespartei. Bonn 1994.*

REP-FB, 1990. *DIE REPUBLIKANER, Landesverband Schleswig-Holstein (Hrsg.): Unser Spitzenkandidat für Schleswig-Holstein, Am 2. Dezember 1990. Flugblatt. Kiel 1990.*

REP-FB, 1994. *DIE REPUBLIKANER (Hrsg.): Europa ja, Maastricht nein. Flugblatt.*

– –: Volksabstimmung, Nein zu Maastricht. Flugblatt. Beide Bonn 1994.

UUP-Manifesto, 1989. *European Parliamentary Election. Thursday 15th June 1989. The Ulster Unionist Party in Europe. MANIFESTO. Belfast 1989.*

VB, 1993. *Vlaams Blok (Hrsg.): Karim Van Overmeire: Vlaams Blok. Die flämische nationalische Partei. Deutsche Fassung: Heino Brandt. Brüssel ²1993.*

VB-Open. *Vlaams Blok (Hrsg.): Open uv Ogen. Brüssel o. J.*

8. Veröffentlichungen der Sozialdemokratischen Partei Deutschlands (Kapitel VII)

SDPR, 12.08.1993. *Samland, Detlev MdEP: Ja zu den Diäten, Nein zur Arbeit. Zur Präsenz der „Reps" im Europäischen Parlament. Sozialdemokratischer Pressedienst, 12. August 1993.*

SPD, 1994. *Europa muß man gelesen haben. Euro-Infothek der SPD. Große Sprüche – nichts dahinter. Die REP's im Europäischen Parlament: Faul sein für's Vaterland. Bonn o.J.*

SPD-FB, 1994. *Große Sprüche – nichts dahinter. Die REP's im Europäischen Parlament. Faul sein fürs Vaterland. Faltblatt. Bonn o.J.*

SPD-Lexikon, 1994. *Alle reden, wir geben Antworten. Das Europa-Lexikon der SPD klärt auf. Bonn o.J.*

Vorwärts, 10/1989, 13/1989, 15/1989. *Vorwärts. Bonn 1989.*

Vorwärts, 4/1994, 5/1994. *Vorwärts, Sozialdemokratisches Magazin. Bonn 1994.*

9. Übrige „Graue" Literatur

Breton, 1987. *Breton, Anne: Le Groupe des Droites Europeennes au Parlement Europeen. Reserach Seminar: Political Parties and pressure groups in the E.E.C.. College of Europe, Bruges 1987.*

DOC-EU, 1993. *Parlement Européen, Commission du Contrôle budgétaire. Document de travail en vue de l'élaboration d'un projet de rapport au Bureau enlargi sur les réunions tenues en dehors des trois lieus de travails habituels du Parlement européen. Rapporteur: M. John Tomlinson. 4 octobre 1993. DOC_FR\DT\233\233981.cj. PE 206.373 Or. EN.*

Keiner-Manuskript. *Analyse des Programms „Arbeit schaffen, den sozialen Fortschritt sichern, den zusammenhalt fördern – Ein Manifest der Sozialdemokratischen Partei Europas" von Dieter Keiner, 23.06.1994, angefertigt im Rahmen des Seminars (Hauptstudium): „Tripolarität, Bildungspolitik in Europa und Eurozentrismus" (091031), Sommersemester 1994.*

Ö-MdEP-Liste. *Europäisches Parlament, Informationsbüro für Österreich (Hrsg.): Die 21 österreichischen Abgeordneten im Europäischen Parlament; Beigabe zum Reinprecht-Brief.*

Rogalla-FB, 1995. *Bilddokumentation der 14. Eurotour per Fahrrad vom 8. bis 25. Juli 1995 von Amilly (Loiret), Frankreich über Nordwalde Kreis Steinfurt, Deutschland, nach Szczecin/Nordpolen. Flugblatt.*

Rogalla-Karte. *Bochum-Straßburg. Europa Endspurt. Ansichtskarte. o.O., o.J.*

Searchlight-Bericht, 1994. *Rassismus und Faschismus in der Europäischen Union. Bericht für den Kongreß Europäische Jugend: Gemeinsame Aktionen gegen Rassismus und Nationalismus! 13.-20. Februar 1994, Strasbourg (Frankreich). Organisiert von UNITED FOR INTERCULTURAL ACTION. Recherchiert und publiziert von Searchlight Information Services.*

Zimmermann, 1993. *Zimmermann, Claudia M.A., Praktikantin der sozialistischen Fraktion im EP: Die Tätigkeit der „Republikaner" im Europäischen Parlament 1989-1993. Analyse und Diskussionspapier. Stand: Juni 1993.*

10. Briefe und Interviews

Dimitriadis-Brief[1]. *Brief von Chryss.J.Dimitriadis (E.P.EN.), Athen, 07.08.1994, an den Autor.*

Dimitriadis-Brief[2]. *Brief von Chryss.J.Dimitriadis (E.P.EN.), Athen, 22.11.1994, an den Autor.*

ELDR-Brief. *Brief von Christian Ehlers, Brüssel, 29. April 1994, an den Autor.*

ELDR-Interview. *Interview mit einem Mitarbeiter der liberalen Fraktion im EP (ELDR), Brüssel im Juli 1994.*

Grund-Brief. *Brief von Johanna-Christina Grund, Mitglied des Europäischen Parlaments 1989-1994, Altötting, 01.09.1994, an den Autor.*

Neubauer-Brief. *Brief von Harald Neubauer, Nation & Europa, Coburg, 21.11.1994, an den Autor.*

PSE-Interview. *Interview mit einer Mitarbeiterin der Fraktion der Sozialdemokratischen Partei Europas im EP (PSE), Brüssel im Juli 1994.*

Raeck-Interview. *Interview mit Thomas Raeck, Mitarbeiter der Fraktion Koalition der Linken (CG) im EP (CG), Brüssel am 13.07.1994.*

Rogalla-Interview. *Interview mit Dr. Dieter Rogalla, MdEP (SPD), Brüssel am 14.07.1994; bestätigt.*

Samland-Brief. *Brief von Delev Samland, i.A. Katrin Gaertner, Brüssel, 10.07.1994, an den Autor.*

Schlee-Interview. *Interview mit MdEP Emil Schlee (Parteilos/Aufbruch '94, NI), Brüssel am 14.07.1994; bestätigt und redigiert am 15.05.1995.*

Schmid-Brief. *Brief von Dr. Gerhard Schmid (SPD), Mitglied des Europäischen Parlaments. Regensburg, den 27. September 1994, an den Autor.*

Schodruch-Brief. *Brief von Dr. Hans-Günter Schodruch, Rechtsanwalt, Mitglied des Europäischen Parlaments, Siegburg, 25. Februar 1994, an den Autor.*

Taylor-Brief. *Brief von The Rt. Hon. John D Taylor, B. Sc., MEP(Hon)., Member of Parliament for STRANGFORD, Westminster. Mullinure, ARMAGH CITY, BT61 9EL., UK. 03.09.1994, an den Autor.*

Theato-Brief[1]. *Brief von Frau Diemut R. Theato, Europäisches Parlament, Ausschuß für Haushaltskontrolle, Brüssel 29.03.1995, an den Autor.*

Theato-Brief[2]. *Brief von Frau Diemut R. Theato, Mitglied des Europäischen Parlament. 07.06.1995, an Herrn Dieter Rogalla.*

Wardenbach-Brief. *Brief von Klaus Wardenbach, Mitarbeiter der Regenbogen-Fraktion (ARC). Brüssel, den 02. Mai 1994, an den Autor.*

FANTIFA Marburg

Kameradinnen

Frauen stricken am Braunen Netz

145 Seiten, 30 Abbildungen, DM 19.80
ISBN 3-928300-25-3

Wenig beachtet ist bislang die Beteiligung von Frauen am neuen deutschen Rechtsruck. Faschismus gilt schließlich als ausdrücklich männlich-patriarchale Ideologie.

Hier setzen sich die Autorinnen mit der Attraktivität faschistischer Ideologie für Frauen, organisierten Neofaschistinnen in der BRD, dem Weiblichkeitskonzept im neugermanischen Heidentum, Rechtsextremen Funktionärinnen und Schreiberinnen, etc. grundlegend auseinander.

Ulrike Behnen (Hg.)

In einem Fremdenland

Flüchtlinge und Deutsche erzählen

238 Seiten, 4 farbige Abbildungen, DM 24.80
ISBN 3-928300-30-X

Viele der Erzählungen und Gedichte der Flüchtlinge in diesem Buch berichten von diesen Ängsten und Belastungen. Sie sind aber auch von einer vielfältigen Lebendigkeit, überraschen durch die sehr persönliche Sichtweise und nicht zuletzt durch menschliche Stärke und Souveränität. Hier sprechen Flüchtlinge über sich selbst und ihre Vorstellungen. Wer sonst, wenn nicht sie selbst, könnte Auskunft geben über das, was in ihnen vorgeht.

Fikret Aslan, Kemal Bozay u.a.

Graue Wölfe heulen wieder

Türkische Faschisten und ihre Vernetzung in der BRD

255 Seiten, DM 29.80
ISBN 3-928300-58-X

Vier ausgewiesene Spezialisten auf ihren Gebieten Faschismus in der Türkei/ Türkische Konterguerilla (Todesschwadrone in der Türkei und in Kurdistan) legen hiermit ein umfassendes Grundlagenwerk zu den Aktivitäten und Zielen der faschistischen türkischen Bewegung MHP und deren Machenschaften in der BRD vor.